ACCESO GRATIS a la Lectura en la Nube + Actualizaciones

Para visualizar el libro electrónico en la nube de lectura envíe junto a su nombre y apellidos una fotografía del código de barras situado en la contraportada del libro y otra del ticket de compra a la dirección:

ebooktirant@tirant.com

En un máximo de 72 horas laborables le enviaremos el código de acceso con sus instrucciones.

AF276683

Impuesto sobre el Valor Añadido
Normativa estatal 2025

Impuesto sobre el Valor Añadido

Normativa estatal 2025

(14ª Edición concordada y anotada)
Edición actualizada a 16 de julio de 2025

JOSÉ MANUEL PÉREZ LARA
ANTONIO DAMAS SERRANO
MARÍA JESÚS CALATRAVA ESCOBAR
Profesores de Derecho Financiero y Tributario
Universidad de Granada

tirant lo blanch
Valencia, 2025

© José Manuel Pérez Lara y otros

© TIRANT LO BLANCH
EDITA: TIRANT LO BLANCH
C/ Artes Gráficas, 14 - 46010 - Valencia
TELFS.: 96/361 00 48 - 50
FAX: 96/369 41 51
Email:tlb@tirant.com
www.tirant.com
Librería virtual: www.tirant.es
DEPÓSITO LEGAL: V-3121-2025
ISBN: 979-13-7010-993-6

Si tiene alguna queja o sugerencia, envíenos un mail a: *atencioncliente@tirant.com*. En caso de no ser atendida su sugerencia, por favor, lea en *www.tirant.net/index.php/ empresa/politicas-de-empresa* nuestro Procedimiento de quejas.

Responsabilidad Social Corporativa: http://www.tirant.net/Docs/RSCTirant.pdf

Sumario

Índice

2. REAL DECRETO 1624/1992, DE 29 DE DICIEMBRE, POR EL QUE SE APRUEBA EL REGLAMENTO DEL IMPUESTO SOBRE EL VALOR AÑADIDO Y SE MODIFICA EL REAL DECRETO 1041/1990, DE 27 DE JULIO, POR EL QUE SE REGULAN LAS DECLARACIONES CENSALES QUE HAN DE PRESENTAR A EFECTOS FISCALES LOS EMPRESARIOS, LOS PROFESIONALES Y OTROS OBLIGADOS TRIBUTARIOS; EL REAL DECRETO 338/1990, DE 9 DE MARZO, POR EL QUE SE REGULA LA COMPOSICIÓN Y LA FORMA DE UTILIZACIÓN DEL NÚMERO DE IDENTIFICACIÓN FISCAL, EL REAL DECRETO 2402/1985, DE 18 DE DICIEMBRE, POR EL QUE SE REGULA EL DEBER DE EXPEDIR Y ENTREGAR FACTURA QUE INCUMBE A LOS EMPRESARIOS Y PROFESIONALES, Y EL REAL DECRETO 1326/1987, DE 11 DE SEPTIEMBRE, POR EL QUE SE ESTABLECE EL PROCEDIMIENTO DE APLICACIÓN DE LAS DIRECTIVAS DE LA COMUNIDAD ECONÓMICA EUROPEA SOBRE INTERCAMBIO DE INFORMACIÓN TRIBUTARIA

3. ORDEN HAC/1347/2024, DE 28 DE NOVIEMBRE, POR LA QUE SE DESARROLLAN PARA EL AÑO 2025 EL MÉTODO DE ESTIMACIÓN OBJETIVA DEL IMPUESTO SOBRE LA RENTA DE LAS PERSONAS FÍSICAS Y EL RÉGIMEN ESPECIAL SIMPLIFICADO DEL IMPUESTO SOBRE EL VALOR AÑADIDO

4. REAL DECRETO 1619/2012, DE 30 DE NOVIEMBRE, POR EL QUE SE APRUEBA EL REGLAMENTO POR EL QUE SE REGULAN LAS OBLIGACIONES DE FACTURACIÓN

(BOE NÚM. 289, DE 1 DE DICIEMBRE DE 2012)

REGLAMENTO POR EL QUE SE REGULAN LAS OBLIGACIONES DE FACTURACIÓN

5. ORDEN HFP/417/2017, DE 12 DE MAYO, POR LA QUE SE REGULAN LAS ESPECIFICACIONES NORMATIVAS Y TÉCNICAS QUE DESARROLLAN LA LLEVANZA DE LOS LIBROS REGISTRO DEL IMPUESTO SOBRE EL VALOR AÑADIDO A TRAVÉS DE LA SEDE ELECTRÓNICA DE LA AGENCIA ESTATAL DE ADMINISTRACIÓN TRIBUTARIA ESTABLECIDA EN EL ARTÍCULO 62.6 DEL REGLAMENTO DEL IMPUESTO SOBRE EL VALOR AÑADIDO, APROBADO POR EL REAL DECRETO 1624/1992, DE 29 DE DICIEMBRE, Y SE MODIFICA OTRA NORMATIVA TRIBUTARIA

6. ORDEN HAP/2194/2013, DE 22 DE NOVIEMBRE, POR LA QUE SE REGULAN LOS PROCEDIMIENTOS Y LAS CONDICIONES GENERALES PARA LA PRESENTACIÓN DE DETERMINADAS AUTOLIQUIDACIONES, DECLARACIONES INFORMATIVAS, DECLARACIONES CENSALES, COMUNICACIONES Y SOLICITUDES DE DEVOLUCIÓN, DE NATURALEZA TRIBUTARIA

1. Ley 37/1992, de 28 de diciembre, del
IMPUESTO SOBRE EL VALOR AÑADIDO
(BOE núm. 312, de 29 diciembre de 1992;
Corrección de errores: BOE núm. 33 de 8 de febrero de 1993)[1]

---

[1] La Ley 37/1992, de 28 de diciembre, del Impuesto sobre el Valor Añadido ha sido objeto de múltiples modificaciones:

– Real Decreto-ley 9/2024, de 23 de diciembre, por el que se adoptan medidas urgentes en materia económica, tributaria, de transporte, y de Seguridad Social, y se prorrogan determinadas medidas para hacer frente a situaciones de vulnerabilidad social, que modifica el art. 19.5°, el núm. 2° del apartado undécimo del anexo y la disposición transitoria decimotercera. Sin efectos las anteriores modificaciones por Resolución de 22 de enero de 2025, que publica el Acuerdo del Congreso de los Diputados por el que se deroga el Real Decreto-ley 9/2024, de 23 de diciembre.

– Ley 7/2024, de 20 de diciembre, por la que se establecen un Impuesto Complementario para garantizar un nivel mínimo global de imposición para los grupos multinacionales y los grupos nacionales de gran magnitud, un Impuesto sobre el margen de intereses y comisiones de determinadas entidades financieras y un Impuesto sobre los líquidos para cigarrillos electrónicos y otros productos relacionados con el tabaco, y se modifican otras normas tributarias, modifica el art. 19.5°, apartado Dos.1.1° del artículo 91 y añade un apartado undécimo al anexo.

– Real Decreto-ley 4/2024, de 26 de junio, por el que se prorrogan determinadas medidas para afrontar las consecuencias económicas y sociales derivadas de los conflictos en Ucrania y Oriente Próximo y se adoptan medidas urgentes en materia fiscal, energética y social, modifica el art. 91.Dos.1.1° y establece los tipos impositivos con efectos desde el 1 de julio de 2024 y vigencia hasta el 30 de septiembre de 2024.

– Real Decreto-ley 8/2023, de 27 de diciembre, por el que se adoptan medidas para afrontar las consecuencias económicas y sociales derivadas de los conflictos en Ucrania y Oriente Próximo, así como para paliar los efectos de la sequía, modifica la disposición transitoria decimotercera.

– Ley 13/2023, de 24 de mayo, por la que se modifican la Ley 58/2003, de 17 de diciembre, General Tributaria, en transposición de la Directiva (UE) 2021/514 del Consejo de 22 de marzo de 2021, por la que se modifica la Directiva 2011/16/UE relativa a la cooperación administrativa en el ámbito de la fiscalidad, y otras normas tributarias, modifica el art. 18.Tres, art. 83.Dos, art. 70.Dos, art. 163 quinvicies.

– Ley 11/2023, de 8 de mayo, de trasposición de Directivas de la Unión Europea en materia de accesibilidad de determinados productos y servicios, migración de personas altamente cualificadas, tributaria y digitalización de actuaciones notariales y registrales; y por la que se modifica la Ley 12/2011, de 27 de mayo, sobre responsabilidad civil por daños nucleares o producidos por materiales radiactivos, modifica los arts. 164 a 166 quinquies.

– Real Decreto-ley 1/2023, de 10 de enero, de medidas urgentes en materia de incentivos a la contratación laboral y mejora de la protección social de las personas artistas: Disposición adicional decimosexta. Tipo del recargo de equivalencia en el Impuesto sobre el Valor Añadido.

Real Decreto-ley 20/2022, de 27 de diciembre, de medidas de respuesta a las consecuencias económicas y sociales de la Guerra de Ucrania y de apoyo a la reconstrucción de la isla de La Palma y a otras situaciones de vulnerabilidad: Art. 72. Tipo impositivo aplicable temporalmente del Impuesto sobre el Valor Añadido a determinadas entregas, importaciones y adquisiciones intracomunitarias de alimentos, así como a efectos del recargo de equivalencia.

Ley 31/2022, de 23 de diciembre, de Presupuestos Generales del Estado para el año 2023, modifica el art. 16.3º, art. 18.2 y 3, art. 19.5º, art. 21.3º y 7º, art. 22. 7, 10, 11 y 16, art. 23, art. 24, art. 62, art. 68.cuatro, art. 70.Dos, art. 73, art. 80, art. 83.Dos, art. 84, art. 91.dos.1, art. 167.Dos, Anexo apartado sexto, séptimo, disposición transitoria decimotercera.

– Ley 26/2022, de 19 de diciembre, por la que se modifica la Ley 38/2015, de 29 de septiembre, del sector ferroviario, modifica el art. 7.núm. 8º, letra F), d').

Real Decreto-ley 17/2022, de 20 de septiembre, por el que se adoptan medidas urgentes en el ámbito de la energía, en la aplicación del régimen retributivo a las instalaciones de cogeneración y se reduce temporalmente el tipo del Impuesto sobre el Valor Añadido aplicable a las entregas, importaciones y adquisiciones intracomunitarias de determinados combustibles (BOE» núm. 227, de 21 de septiembre de 2022), establece el tipo impositivo para las entregas, importaciones y adquisiciones intracomunitarias de gas natural y de briquetas y pellets procedentes de la biomasa y a la madera para leña.

– Ley 7/2022, de 8 de abril, de residuos y suelos contaminados para una economía circular, da nueva redacción al art. 79.Tres, regla 3ª e incorpora un nuevo apartado cuatro al art. 91.

Ley 22/2021, de 28 de diciembre, de Presupuestos Generales del Estado para el año 2022, nueva redacción de la Disp. Transitorio Decimotercera.

– Ley 11/2021, de 9 de julio, de medidas de prevención y lucha contra el fraude fiscal, de transposición de la Directiva (UE) 2016/1164, del Consejo, de 12 de julio de 2016, por la que se establecen normas contra las prácticas de elusión fiscal que inciden directamente en el funcionamiento del mercado interior, de modificación de diversas normas tributarias y en materia de regulación del juego, por la que se modifica el art. 87.Tres, art. 163 nonies Siete, apartado quinto del Anexo.

– Real Decreto-ley 7/2021, de 27 de abril, de transposición de directivas de la Unión Europea en las materias de competencia, prevención del blanqueo de capitales, entidades de crédito, telecomunicaciones, medidas tributarias, prevención y reparación de daños medioambientales, desplazamiento de trabajadores en la prestación de servicios transnacionales y defensa de los consumidores que modifica art. 9.3.º.h), art. 13.1.º.d) y g), art. 14.Dos, art. 68, art. 70.Uno.4.º y 8.º, art. 84.Uno.4.º, art. 94.Uno.1.º.c), art. 119. Cinco y Siete, art. 119 bis, art. 120.Uno.7.º y cinco, art. 163 septiesdecies, art. 163 octiesdecies, art. 163 noniesdecies, art. 163 vicies, art. 163 unvicies, art. 163 duovicies, art. 163 tervicies, art. 163 quatervicies, art. 167.Dos, 167.bis y disp. adicional segunda e incorpora el art. 8.Tres, art. 8 bis, art. 20.bis, art. 66.4.º, art. 73, art. 75.Tres, art. 163 quinvicies art. 163 sexvicies, art. 163 septvicies. art. 163 octovicies, art. 166 bis y art. 167.ter. Suprime el art. 34.

– Ley 11/2020, de 30 de diciembre, de Presupuestos Generales del Estado para el año 2021, modifica el art. 70.Dos, el número 1.º, del apartado uno.1 del art. 91 y Disposición transitoria decimotercera.

– Real Decreto-ley 15/2020, de 21 de abril, de medidas urgentes complementarias para apoyar la economía y el empleo, modifica el número 2.º del apartado dos.1 del art. 91.

– Real Decreto-ley 3/2020, de 4 de febrero, de medidas urgentes por el que se incorporan al ordenamiento jurídico español diversas directivas de la Unión Europea en el ámbito de la contratación pública en determinados sectores; de seguros privados; de planes y fondos de pensiones; del ámbito tributario y de litigios fiscales, modifica las letras a) y b) del número 1.º del art. 3.Dos, párrafo primero del número 3.º del art. 9, art. 15.Uno, art. 25.Uno, art. 68.Dos, número 9.º del art. 75.Uno, letra c') del número 2.º del art. 84.Uno y número 5.º, art. 164.Uno. Incorpora un nuevo art. 9 bis y el apartado cuatro al art. 25.

– Real Decreto-ley 18/2019, de 27 de diciembre, por el que se adoptan determinadas medidas en materia tributaria, catastral y de seguridad social, modifica la disposición transitoria decimotercera.

– Real Decreto-ley 27/2018, de 28 de diciembre, por el que se adoptan determinadas medidas en materia tributaria y catastral, modifica la Disp. Trans. Decimotercera.

– Real Decreto-ley 26/2018, de 28 de diciembre, por el que se aprueban medidas de urgencia sobre la creación artística y la cinematografía, modifica el art. 91.Uno.2.13°.

– Ley 6/2018, de 3 de julio, de Presupuestos Generales del Estado para el año 2018, modifica el art. 21 letra A), núm. 2° a), art. 22.trece, art. 91.Uno.2 núm. 6, art. 91.Dos.2 núm. 3. Con efectos a partir del 1 de enero de 2019, modifica la redacción del art. 20.Uno.6°, los números 4.° y 8.° del art. 70.Uno, la letra a) del 163 octiesdecies dos, letra a) del art. 163 noniesdecies uno.

– Real Decreto-Ley 20/2017, de 29 de diciembre, por el que se prorrogan y aprueban diversas medidas tributarias y otras medidas urgentes en materia social, nueva redacción de la Disposición transitoria decimotercera.

– Ley 9/2017, de 8 de noviembre, de Contratos del Sector Público, por la que se transponen al ordenamiento jurídico español las Directivas del Parlamento Europeo y del Consejo 2014/23/UE y 2014/24/UE, de 26 de febrero de 2014, da nueva redacción al núm. 8° del art. 7, al núm. 3° del art. 78.Dos, art. 93.Cinco y suprime el núm. 4° del art. 78.Tres.

– Ley 3/2017, de 27 de junio, de Presupuestos Generales del Estado para el año 2017, modifica la letra j), del apartado 18.° del punto uno del art. 20, los números 2.° y 6.° del apartado uno.2 del art. 91 y el primer guion del apartado octavo del anexo.

– Ley 48/2015, de 29 de octubre, de Presupuestos Generales del Estado para el año 2016, modifica el art. 21, 65 y añade la disposición transitoria decimotercera.

– Ley 28/2014, de 27 de noviembre, por la que se modifican la Ley 37/1992, de 28 de diciembre, del Impuesto sobre el Valor Añadido, la Ley 20/1991, de 7 de junio, de modificación de los aspectos fiscales del Régimen Económico Fiscal de Canarias, la Ley 38/1992, de 28 de diciembre, de Impuestos Especiales, y la Ley 16/2013, de 29 de octubre, por la que se establecen determinadas medidas en materia de fiscalidad medioambiental y se adoptan otras medidas tributarias y financieras que modifica los apartados dos y tres del art. 3, los números 1.°, 4.° y 8.° del art. 7, añade un número 8.° al apartado Dos del art. 8, modifica la letra c'), del tercer párrafo del art. 9, número 1°, letra c), el apartado dos del art. 18, el número 5.° del art. 19, suprime la letra ñ) del número 18.° y el número 21.° del apartado uno del art. 20 y modifica los números 9.°, 12.°, la letra a) del tercer párrafo del número 20.° y la letra b) del tercer párrafo del número 24.°, del citado apartado uno, y el apartado dos del art. 20, modifica la letra a) del párrafo segundo del número 5.° del art. 21, art. 65, el número 2.° del apartado dos del art. 68, el art. 69.Dos, añade un número 5.° al apartado tres del art. 69, Los números 4.° y 8.° del apartado uno y el apartado dos, del art. 70, el número 2.° bis del apartado Uno del art. 75, añade un número 4.° al apartado tres del art. 78, modifica el art. 79.Uno y el apartado tres, la norma 1.ª de la letra A) y la letra B) del apartado cuatro, y la regla 5.ª del apartado cinco, del art. 80, añade una letra g) al número 2.° del apartado Uno del art. 84, modifica la letra a) del párrafo tercero del apartado cinco del art. 89, los números 5.°, 6.° y 8.° del apartado Uno.1, los números 3.°, 4.° y 5.° del apartado Dos.1 y el número 1.° del apartado Dos.2, del art. 91, el art. 92.Uno, añade un apartado cinco al art. 93 y un apartado cinco al art. 98, modifica el art. 101.Uno, el número 2.° del apartado dos del art. 103, añade un número 3.° al párrafo primero del art. 119 bis, modifica el art. 120.Uno y Cinco, números 2.° y 3.° del apartado dos del art. 122, el apartado uno y el número 6.° del apartado dos del art. 124 y modifica el Capítulo VI del Título IX, el art. 154.Dos, el art. 163.quinquies. Uno y Dos, art. 163.octies.Tres, suprime el capítulo VIII y se añade un capítulo XI en el Título IX, modifica el número 4.° del apartado Uno del art. 164, el apartado Dos del art. 167, añaden los números 6.°, 7.° y 8.° al apartado Dos del art. 170 y los números 6.° y 7.° al apartado Uno y se modifica el apartado Dos, del art. 171 y una nueva disposición adicional octava y se modifica apartado quinto del anexo y se añaden dos apartados, el octavo y el décimo.

– Real Decreto-ley 1/2014, de 24 de enero, de reforma en materia de infraestructuras y transporte, y otras medidas económicas, incorpora números 4 y 5 al apartado uno del art. 91 y nueva redacción al núm. 3 del art. 135.Uno.

– Ley 22/2013, de 23 de diciembre, de Presupuestos Generales del Estado para el año 2014, nueva redacción del número 8° del apartado Uno del artículo 20, art. 70.Dos, art. 89.Tres, núm. 1.° del art. 104.Tres y la disposición adicional sexta, se suprime el núm. 6° del art. 75.Uno y párrafo tercero del art. 76

– Ley 26/2013, de 27 de diciembre, de cajas de ahorros y fundaciones bancarias, introduce una disposición adicional séptima.

– Ley 14/2013, de 27 de septiembre, de apoyo a los emprendedores y su internacionalización, modifica el art. 120.Uno, introduce un nuevo Capítulo X en el Título IX (art. 163 decies al art. 163 sexiesdecies).

– Ley 17/2012, de 27 de diciembre, de Presupuestos Generales del Estado para el año 2013 (BOE núm. 312, de 28 de diciembre), modifica el art. 75.Uno.núm. 7°, e incorpora el núm. 8°; modifica el art. 88.Dos y Tres, el art. 89.dos, el art. 163.ter.Uno.e) y Dos, los art. 164.Dos y 171.Uno.núm. 3°; el art. 20.Uno.6° y 12° y Tres, y la letra A) del art. 20.Uno.22°.

– Ley 16/2012, de 27 de diciembre, por la que se adoptan diversas medidas tributarias dirigidas a la consolidación de las finanzas públicas y al impulso de la actividad económica (BOE núm. 312, de 28 de diciembre), modifica art. 8.Dos.2° y art. 80.Cuatro y Cinco.

– Ley 7/2012, de 29 de octubre, de modificación de la normativa tributaria y presupuestaria y de adecuación de la normativa financiera para la intensificación de las actuaciones en la prevención y lucha contra el fraude (BOE núm. 261, de 30 de octubre), modifica: art. 4.4, art. 20.uno.18°.k), art. 80.3, segundo párrafo, art. 84.uno.2°.e), añade letra f), art. 89.5, art. 99.3 y 5, art. 114.2.2°, art. 170.2, 171.1 y disposición adicional sexta.

– Se modifica el número 1°, apartado dos del art. 8, art. 90, art. 91, art. 130, art. 135, art. 161 y se incorpora la disposición transitoria undécima por el Real Decreto-ley 20/2012, de 13 de julio, de medidas para garantizar la estabilidad presupuestaria y de fomento de la competitividad (BOE núm. 168, de 14 de julio de 2012).

– Se añade un nuevo número 18.° en el apartado uno.2 del artículo 91, por la Disposición final tercera de la Ley 4/2012, de 6 de julio, de contratos de aprovechamiento por turno de bienes de uso turístico, de adquisición de productos vacacionales de larga duración, de reventa y de intercambio y normas tributarias (BOE núm. 162, de 7 de julio de 2012). Dicho número había sido añadido previamente por la Disposición final tercera de Real Decreto-ley 8/2012, de 16 de marzo, de contratos de aprovechamiento por turno de bienes de uso turístico, de adquisición de productos vacacionales de larga duración, de reventa y de intercambio.

– Arts. 13.1°.g), art. 70.uno.5.A), art. 84.uno.4°, nueva redacción dada por la Ley 2/2012, de 29 de junio, de Presupuestos Generales del Estado para el año 2012 (BOE núm. 156, de 30 de junio de 2012).

– Se introduce una letra e) dentro al artículo 84.1.2.° y se da nueva redacción a la disposición adicional sexta por la Ley 38/2011, de 10 de octubre, de reforma de la Ley 22/2003, de 9 de julio, Concursal.

– Art. 20.Uno.19°, nueva redacción dada por la Ley 13/2011, de 27 de marzo, de regulación del Juego.

– Artículo 35.Tres afectado por la Disposición adicional primera de Ley Orgánica 6/2011, de 30 de junio, por la que se modifica la Ley Orgánica 12/1995, de 12 de diciembre, de represión del contrabando.

– Art. 117.bis nueva redacción dada por la Ley 2/2011, de 4 de marzo, de Economía Sostenible

– Los arts. 9, 20 a 22, 27, 61, 66, 68, 69, 86, 97, 99, 165, la disposición adicional 4 y el anexo, por la Ley 39/2010, de 22 de diciembre, de Presupuestos Generales del Estado para el año 2011.

– El art. 91.dos.2.3, por la Ley 32/2010, de 5 de agosto, por la que se establece un sistema específico de protección por cese de actividad de los trabajadores autónomos.

– Los arts. 8.1, 20.22, 80.4 y 5, 91.uno y dos, por el Real Decreto-ley 6/2010, de 9 de abril, de medidas para el impulso de la recuperación económica y el empleo.

– Los arts. 73 y 74 derogados e incorporación de los arts. 117 bis y 119 bis, por la Ley 2/2010, de 1 de marzo, por la que se trasponen determinadas Directivas en el ámbito de la imposición indirecta y se modifica la Ley del Impuesto sobre la Renta de no Residentes para adaptarla a la normativa comunitaria.

– Arts. 90.1, 91.1 y 130.5 por la Ley 26/2009, de 23 de diciembre, de Presupuestos Generales del Estado para el año 2010.

– Los arts. 80.4, 84.1, 91, por la Ley 11/2009, de 26 de octubre, por la que se regulan las Sociedades Anónimas Cotizadas de Inversión en el Mercado Inmobiliario.

– Los arts. 4.2, 5.1, 7.1, 34, 35, 80.4, 97.1, 99.4, 115, 16 y 163, por la Ley 4/2008, de 23 de diciembre, por la que se suprime el gravamen del Impuesto sobre el Patrimonio, se generaliza el sistema de devolución mensual en el Impuesto sobre el Valor Añadido, y se introducen otras modificaciones en la normativa tributaria.

– El Art. 20.Uno.22, por el Real Decreto-Ley 2/2008, de 21 de abril, de medidas de impulso a la actividad económica.

– Art-98.2 derogado y se modifica el 22.Uno, por la Ley 51/2007, de 26 de diciembre, de Presupuestos Generales del Estado para el año 2008.

– El art. 20.1, por la Ley Orgánica 8/2007, de 4 de julio, sobre financiación de los partidos políticos.

– Los arts. 12.3, 79.5, 87, 120.uno y se incorpora el capítulo IX al título IX, por la Ley 36/2006, de 29 de noviembre, de medidas para la prevención del fraude fiscal.

– El art. 20.1, por la Ley 6/2006, de 24 de abril, de modificación de la Ley 37/1992, de 28 de diciembre, del Impuesto sobre el Valor Añadido, para la clarificación del concepto de vehículo destinado al transporte de personas con minusvalía contenido en la misma ley.

– Los arts. 91.Dos.1.4 y 91.Dos.2, por la Ley 6/2006, de 24 de abril, de modificación de la Ley 37/1992, de 28 de diciembre, del Impuesto sobre el Valor Añadido (IVA), para la clarificación del concepto de vehículo destinado al transporte de personas con minusvalía contenido en la misma ley.

– El art. 130.5, por la Ley 4/2006, de 29 de marzo, de adaptación del régimen de las entidades navieras en función del tonelaje a las nuevas directrices comunitarias sobre ayudas de Estado al transporte marítimo y de modificación del régimen económico y fiscal de Canarias.

– Los arts. 20.Dos, 102.Uno, 104.Dos.2º, 106.Uno, 112.Dos y 123.Uno.A) y B), por la Ley 3/2006, de 29 de marzo, de modificación de la Ley 37/1992, de 28 de diciembre, del Impuesto sobre el Valor Añadido, para adecuar la aplicación de la regla de prorrata a la Sexta Directiva europea.

– Los arts. 20 y 91, por la Ley 30/2005, de 29 de diciembre, de Presupuestos Generales del Estado para el año 2006.

– Los arts. 20.uno.1 y 91.dos.1.6, por la Ley 23/2005, de 18 de noviembre, de reformas en materia tributaria para el impulso a la productividad.

– Los arts. 9, 13, 66, 68, 70, 84, 92, 119 y 170, por la Ley 22/2005, de 18 de noviembre, por la que se incorporan al ordenamiento jurídico español diversas directivas comunitarias en materia de fiscalidad de productos energéticos y electricidad y del régimen fiscal común aplicable a las sociedades matrices y filiales de estados miembros diferentes, y se regula el régimen fiscal de las aportaciones transfronterizas a fondos de pensiones en el ámbito de la Unión Europea.

– Los arts. 9, 20, 26, 80, 84, 97, 165 y anexo, por la Ley 62/2003, de 30 de diciembre, de medidas fiscales, administrativas y del orden social.

– Los arts. 170 y 171, por la Ley 58/2003, de 17 de diciembre, General Tributaria.

– El art. 91, por la Ley 36/2003, de 11 de noviembre, de medidas de reforma económica.

– El art. 91, por el Real Decreto-Ley 2/2003, de 25 de abril, de medidas de reforma económica.
– Arts. 8.7º, 9, 11,20,66,70, 78, 87, 88, 89, 91, 92, 97, 99, 101,115, 120, 122, 123, 124, 164 y 165 y se incorporan los art. 134.bis y 140 sexies y un capítulo VIII (arts. 163.bis al 163 quáter del título IX, por la Ley 53/2002, de 30 de diciembre, de Medidas Fiscales, Administrativas y del Orden Social.
– art. 67.2 y el apartado 8 del anexo derogados y modificación de los art. 9, 34, 75, 79, 84, 87, 91, 119, 164, y 165 por la Ley 24/2001, de 27 de diciembre, de Medidas Fiscales, Administrativas y del Orden Social.
– Los arts. 5, 78, 91, 93, 105, 111, 112 y 113 y se incorpora el art. 167 bis y una disposición adicional sexta, por la Ley 14/2000, de 29 de diciembre, de Medidas fiscales, administrativas y del orden social.
– El art. 104.2.2, por la Ley 6/2000, de 13 de diciembre, por la que se aprueban medidas fiscales urgentes de estímulo al ahorro familiar y a la pequeña y mediana empresa.
– El art. 130.5, por el Real Decreto-Ley 10/2000, de 6 de octubre, de medidas urgentes de apoyo a los sectores agrario, pesquero y del transporte.
– Se derogan los arts. 150 a 153 y se modifican los art. 9, 11, 20, 70, 84, 89, 99, 100, 114, 91, 101, 104, 120, 121, 136, capítulo V del Título IX, 148, 150, 165, disposición adicional cuarta y el anexo, por la Ley 55/1999, de 29 de diciembre, de Medidas fiscales, administrativas y del orden social.
– Los arts. 91 y 130, por la Ley 54/1999, de 29 de diciembre, de Presupuestos Generales del Estado para el año 2000.
– el art. 91.1, por el Real Decreto-Ley 15/1999, de 1 de octubre, por el que se aprueban medidas de liberalización, reforma estructural e incremento de la competencia en el sector de hidrocarburos.
– El art. 25.4 derogado y se modifica el anexo, por el Real Decreto-Ley 10/1999, de 11 de junio, por el que se deroga la exención del Impuesto sobre el Valor Añadido de las entregas de bienes efectuadas en las tiendas libres de impuestos a viajeros con destino a otros Estados miembros de la Comunidad Europea.
– El art. 20.uno.18.n) por la Ley 1/1999, de 5 de enero, reguladora de las Entidades de Capital-Riesgo y de sus sociedades gestoras.
– Los arts. 7, 20, 87 y 91, por la Ley 50/1998, de 30 de diciembre, de Medidas Fiscales, Administrativas y del Orden Social.
– El art. 20.1.8, por la Ley 23/1998, de 7 de julio, de Cooperación Internacional para el Desarrollo.
– Disposición transitoria 11 y el apartado 16 del art. 22 derogados y se modifican los arts. 19, 22, 70, 87, 91, 104, 124, anexo, la por ley 9/1998, de 21 de abril, por la que se modifica la ley 37/1992, de 28 de diciembre, del Impuesto sobre el Valor Añadido.
– Arts. 7.20, 22, 78, 80, 86, 95, 96, 101, 102, 104, 106, 111,115, 121, 122, 123, 129151, 125, 126, 127, 128, 130, 133, 154 y disposición adicional cuarta por la Ley 66/1997, de 30 de diciembre, de medidas fiscales, administrativas y del orden social.
– Art. 91, por la Ley 65/1997, de 30 de diciembre, de Presupuestos Generales del Estado para 1998.
– Se deroga el apartado 16 del art. 22, la Disposición Transitoria 11 y se modifican los arts. 19, 70, 87, 91 y el apartado quinto del anexo por el Real Decreto-ley 14/1997, de 29 de agosto, por el que se modifica la ley 37/1992, de 28 de diciembre, del Impuesto sobre el Valor Añadido.
– Núm. 8 del apartado uno.2 del art. 91, por la Ley 17/1997, de 3 de mayo, por la que se incorpora al derecho español la directiva 95/47/CE, de 24 de octubre, del parlamento europeo y del consejo, sobre el uso de normas para la transmisión de señales de televisión y se aprueban medidas adicionales para la liberalización del sector.
– Se suprime el núm. 8 del art. 91.1.2, por el Real Decreto-Ley 1/1997, de 31 de enero, por el que se incorpora al derecho español la directiva 95/47/ce, de 24 de octubre, de la comisión europea, sobre el uso de normas para la transmisión de señales de televisión y se aprueban medidas adicionales para la liberalización del sector.

EXPOSICIÓN DE MOTIVOS

1 *Fundamentos de la modificación de la normativa del Impuesto sobre el Valor Añadido*

La creación del Mercado interior en el ámbito comunitario implica la supresión de las fronteras fiscales y exige una regulación nueva y específica, a efectos del Impuesto sobre el Valor Añadido, de las operaciones intracomunitarias, así como una mínima armonización de los tipos impositivos del Impuesto y una adecuada cooperación administrativa entre los Estados miembros.

En este sentido, el Consejo de las Comunidades Europeas ha aprobado la Directiva 91/680/CEE, de 16 de diciembre, reguladora del régimen jurídico del tráfico intracomunitario, la Directiva 92/77/CEE, de 19 de octubre, sobre la armonización de los tipos impositivos y ha dictado el Reglamento 92/218/CEE, de 27 de enero de 1992, relativo a la cooperación que deben prestarse las Administraciones tributarias, creando con ello un cuadro normativo que debe incorporarse a nuestra legislación por imperativo del Tratado de Adhesión a las Comunidades Europeas.

Por otra parte, la experiencia acumulada durante los siete años de vigencia del IVA ha puesto de manifiesto la necesidad de introducir determinadas modificaciones en su legislación, para solucionar algunos problemas técnicos o simplificar su aplicación.

Todo ello determina una profunda modificación de la normativa del Impuesto sobre el Valor Añadido que justifica la aprobación de una nueva Ley reguladora de dicho Impuesto,

---

– Arts. 22, 23, 70, 80, 82, 89, 91, 111, 113, 114, 116, 137 y 161 por la Ley 13/1996, de 30 de diciembre, de Medidas Fiscales, Administrativas y del Orden Social.

– La Disposición Transitoria undécima, por la Ley 12/1996, de 30 de diciembre, de Presupuestos Generales del Estado para 1997.

– Arts. 8, 9, 16, 20, 21, 22, 25, 27, 68, 70, 72, 84, 90, 91, 96, capítulo IV del Título IX, por la Ley 12/1996, de 30 de diciembre, de Presupuestos Generales del Estado para 1997.

– Se deroga el art. 140 y se modifican los arts. 13, 20, 70, 98, 99, 101, 141 y 142 por la Ley 42/1994, de 30 de diciembre, de medidas fiscales, administrativas y de orden social.

– arts. 90 y 91 y Disposición Transitoria 11, por la Ley 41/1994, de 30 de diciembre, de Presupuestos Generales del Estado para 1995.).

– Arts. 9, 22, 25, 35, 70, 78, 145, por la Ley 23/1994, de 6 de julio, por la que se modifica la Ley 37/1992, de 28 de diciembre, del Impuesto sobre el Valor Añadido.

– Arts. 80.2, 83 y 84, por la Ley 22/1993, de 29 de diciembre, de medidas fiscales, de reforma del régimen jurídico de la función pública y de la protección por desempleo.

– los arts. 20, 70, 91 y la Disposición Transitoria 11, por la Ley 21/1993, de 29 de diciembre, de Presupuesto Generales del Estado para 1994.

– arts. 9, 26, 75, 76, 84, 107 y 119, por el Real Decreto-ley 7/1993, de 21 de mayo, de medidas urgentes de adaptación y modificación del Impuesto sobre el Valor Añadido, del Impuesto Especial sobre determinados Medios de Transporte, del Impuesto General Indirecto Canario, del Arbitrio sobre la Producción e Importación en las Islas Canarias y de la Tarifa Especial del Arbitrio Insular a la Entrada de Mercancías.

para incorporar las mencionadas disposiciones comunitarias y las modificaciones aludidas de perfeccionamiento de la normativa.

2 *La creación del Mercado interior*

El artículo 13 del Acta única ha introducido en el Tratado CEE el artículo 8 A, según el cual «la Comunidad adoptará las medidas destinadas a establecer progresivamente el Mercado interior, en el transcurso de un período que terminará el 31 de diciembre de 1992».

La creación del Mercado interior, que iniciará su funcionamiento el día 1 de enero de 1993, supone, entre otras consecuencias, la abolición de las fronteras fiscales y la supresión de los controles en frontera, lo que exigiría regular las operaciones intracomunitarias como las realizadas en el interior de cada Estado, aplicando el principio de tributación en origen, es decir, con repercusión del tributo de origen al adquirente y deducción por éste de las cuotas soportadas, según el mecanismo normal del Impuesto.

Sin embargo, los problemas estructurales de algunos Estados miembros y las diferencias, todavía importantes, de los tipos impositivos existentes en cada uno de ellos, incluso después de la armonización, han determinado que el pleno funcionamiento del Mercado interior, a efectos del Impuesto sobre el Valor Añadido, sólo se alcance después de superada una fase previa definida por el régimen transitorio.

En el régimen transitorio, que tendrá, en principio, una duración de cuatro años, se reconoce la supresión de fronteras fiscales, pero se mantiene el principio de tributación en destino con carácter general. Al término del indicado período, el Consejo de las Comunidades deberá adoptar las decisiones pertinentes sobre la aplicación del régimen definitivo o la continuación del régimen transitorio.

A) Regulación jurídica del régimen transitorio.

El régimen transitorio, regulado en la mencionada Directiva 91/680/CEE, se construye sobre cuatro puntos fundamentales:

1.º La creación del hecho imponible adquisición intracomunitaria de bienes.

La abolición de fronteras fiscales supone la desaparición de las importaciones entre los Estados miembros, pero la aplicación del principio de tributación en destino exige la creación de este hecho imponible, como solución técnica que posibilita la exigencia del tributo en el Estado miembro de llegada de los bienes.

Este nuevo hecho imponible se configura como la obtención del poder de disposición, efectuada por un sujeto pasivo o persona jurídica que no actúe como tal, sobre un bien mueble corporal objeto de una transmisión realizada por un sujeto pasivo, siempre que dicho bien se expida o transporte de un Estado miembro a otro.

2.º Las exenciones de las entregas intracomunitarias de bienes.

En las transacciones entre los Estados miembros es de gran importancia la delimitación de las exenciones de las entregas de bienes que se envían de unos Estados a otros, al objeto de que, en la operación económica que se inicia en uno de ellos y se ultima en otro, no se produzcan situaciones de no imposición o, contrariamente, de doble tributación.

Las entregas intracomunitarias de bienes estarán exentas del Impuesto cuando se remitan desde un Estado miembro a otro, con destino al adquirente, que habrá de ser sujeto pasivo o persona jurídica que no actúe como tal. Es decir, la entrega en origen se beneficiará de la exención cuando dé lugar a una adquisición intracomunitaria gravada en destino, de acuerdo con la condición del adquirente.

El transporte es un servicio fundamental en la configuración de las operaciones intracomunitarias: la exención de la entrega en origen y el gravamen de la adquisición en destino se condicionan a que el bien objeto de dichas operaciones se transporte de un Estado miembro a otro.

El transporte en el tráfico intracomunitario se configura como una operación autónoma de las entregas y adquisiciones y, contrariamente a la legislación anterior, no está exento del Impuesto, pero en conjunto resulta mejor su régimen de tributación, porque las cuotas soportadas se pueden deducir y se evitan las dificultades derivadas de la justificación de la exención.

3.º Los regímenes particulares.

Dentro del régimen transitorio se establecen una serie de regímenes particulares que servirán para impulsar la sustitución del régimen transitorio por el definitivo. Son los siguientes:

a) El de viajeros, que permite a las personas residentes en la Comunidad adquirir directamente, en cualquier Estado miembro, los bienes personales que no constituyan expedición comercial, tributando únicamente donde efectúen sus compras;

b) El de personas en régimen especial (agricultores, sujetos pasivos que sólo realicen operaciones exentas y personas jurídicas que no actúen como sujetos pasivos), cuyas compras tributan en origen cuando su volumen total por año natural no sobrepase ciertos límites (para España, *10.000 ECUs*);

c) El de ventas a distancia, que permitirá a las citadas personas en régimen especial y a las personas físicas que no tienen la condición de empresarios o profesionales, adquirir indirectamente, sin desplazamiento físico, sino a través de catálogos, anuncios, etc., cualquier clase de bienes, con tributación en origen, si el volumen de ventas del empresario no excede, por año natural, de ciertos límites (en España, *35.000 ECUs*), y

d) El de medios de transporte nuevos, cuya adquisición tributa siempre en destino, aunque se haga por las personas en régimen especial o que no tengan la condición de empresarios o profesionales y aunque el vendedor en origen tampoco tenga la condición de empresario o profesional. La especial significación de estos bienes en el mercado justifica que, durante el régimen transitorio, se aplique, sin excepción, el principio de tributación en destino.

4.º Las obligaciones formales.

La supresión de los controles en frontera precisa una más intensa cooperación administrativa, así como el establecimiento de obligaciones formales complementarias que permitan el seguimiento de las mercancías objeto de tráfico intracomunitario.

Así, se prevé en la nueva reglamentación que todos los operadores comunitarios deberán identificarse a efectos del IVA en los Estados miembros en que realicen operaciones sujetas al Impuesto; que los sujetos pasivos deberán presentar declaraciones periódicas, en las que consignarán separadamente las operaciones intracomunitarias y declaraciones anuales con el resumen de las entregas efectuadas con destino a los demás Estados miembros, para posibilitar a las Administraciones la confección de listados recapitulativos de los envíos que, durante cada período, se hayan realizado desde cada Estado miembro con destino a los demás y, asimismo, se prevé la obligación de una contabilización específica de determinadas operaciones intracomunitarias (ejecuciones de obra, transferencias de bienes) para facilitar su seguimiento.

B) La armonización de tipos impositivos.

La Directiva 92/77/CEE, de 19 de octubre, ha dictado las normas relativas a dicha armonización que, fundamentalmente, se concreta de la siguiente forma:

1.º Se establece una lista de categorías de bienes y servicios que pueden disfrutar del tipo reducido, en atención a su carácter social o cultural.

Es una lista de «máximos», que no puede superarse por los Estados miembros.

2.º Los Estados miembros deberán aplicar un tipo general, igual o superior al 15 por 100 y podrán aplicar uno o dos tipos reducidos, iguales o superiores al 5 por 100, para los bienes y servicios de la mencionada lista.

3.º Se reconocen los derechos adquiridos en favor de los Estados miembros que venían aplicando el tipo cero o tipos inferiores al reducido y se admiten ciertas facultades para aquellos otros que se vean obligados a subir más de dos puntos su tipo normal para cumplir las exigencias de armonización, como ocurre con España.

Aunque estas normas no definen un marco totalmente estricto de armonización, representan un avance importante en relación con la situación actual.

C) El comercio con terceros países.

La creación del Mercado interior supone también otros cambios importantes en la legislación comunitaria, que afectan, particularmente, a las operaciones de comercio exterior y que han determinado las correspondientes modificaciones de la Sexta Directiva, recogidas igualmente en la Directiva 91/680/CEE.

Como consecuencia de la abolición de fronteras fiscales, el hecho imponible importación de bienes sólo se produce respecto de los bienes procedentes de terceros países, mientras que la recepción de bienes procedentes de otros Estados miembros de la Comunidad configuran las adquisiciones intracomunitarias.

También se modifica la tributación de las entradas de bienes para ser introducidas en áreas exentas o al amparo de regímenes suspensivos.

En la legislación precedente, dichas operaciones se definían como importaciones de bienes, si bien gozaban de exención mientras se cumplían los requisitos que fundaban la autorización de las citadas situaciones o regímenes. En la nueva legislación fiscal comunitaria, dichas operaciones no constituyen objeto del Impuesto y, consecuentemente, no se prevé la exención de las mismas. Según la nueva regulación, la importación se produce en el lugar y momento en que los bienes salen de las citadas áreas o abandonan los regímenes indicados.

Asimismo, la abolición de las fronteras fiscales obliga a configurar las exenciones relativas a las exportaciones como entregas de bienes enviados o transportados fuera de la Comunidad y no cuando se envían a otro Estado miembro. En este último caso, se producirán las entregas intracomunitarias de bienes, que estarán exentas del Impuesto, cuando se den las circunstancias detalladas anteriormente.

3 *Modificaciones derivadas de la creación del Mercado interior*

La adaptación de nuestra legislación del Impuesto sobre el Valor Añadido a las nuevas disposiciones comunitarias implica una amplia modificación de la misma.

En esta materia, debe señalarse que la mencionada Directiva 91/680/CEE modifica la Sexta Directiva en materia del Impuesto sobre el Valor Añadido, incluyendo en uno solo de sus títulos, el VIII bis, toda la normativa correspondiente al régimen transitorio.

Contrariamente, la nueva Ley del IVA ha preferido utilizar una metodología distinta, regulando en cada uno de sus títulos la materia correspondiente a cada hecho imponible. Así, el Título Primero, relativo a la delimitación del hecho imponible, dedica un Capítulo a las entregas de bienes y prestaciones de servicios, otro a las adquisiciones intracomunitarias de bienes y otro a las importaciones; el Título II, regulador de las exenciones, consagra cada uno de sus capítulos a la configuración de las exenciones relativas a cada hecho imponible y así sucesivamente.

De esta manera se consigue un texto legal más comprensible que, dentro de la complejidad del régimen transitorio comunitario, evita la abstracción de la solución de la directiva y proporciona mayor simplificación y seguridad jurídica al contribuyente.

La incorporación de las modificaciones introducidas por la Directiva 91/680/CEE afectan, en primer lugar a la configuración de las importaciones, referidas ahora exclusivamente a los bienes procedentes de terceros países, lo que determina la total modificación del Título II de la Ley anterior para adaptarse al nuevo concepto de este hecho imponible. En él sólo se comprenden ya las entradas de bienes de procedencia extracomunitaria y se excluyen las entradas de bienes para ser introducidos en áreas exentas o al amparo de regímenes suspensivos.

Las conclusiones de armonización en materia de tipos impositivos obligan también a la modificación del Título III de la Ley precedente.

En aplicación de dichas conclusiones se suprime el tipo incrementado, se mantienen los actuales tipos general del 15 por 100 y reducido del 6 por 100, aunque respecto de este último se realizan los ajustes necesarios para respetar el cuadro de conclusiones del Consejo Ecofin en esta materia.

Igualmente, en uso de las autorizaciones contenidas en las normas intracomunitarias, se establece un tipo reducido del 3 por 100 para determinados consumos de primera necesidad.

El Título IV relativo a las deducciones y devoluciones se modifica para recoger las normas relativas a las operaciones intracomunitarias; el Título V, correspondiente a los regímenes especiales, tiene también importantes cambios para adaptarse al régimen transitorio y lo mismo ocurre con los Títulos reguladores de las obligaciones formales y de la gestión del Impuesto que deben adaptarse al nuevo régimen de obligaciones y cooperación administrativa.

En relación con las obligaciones formales, la presente Ley da cobertura a la exigencia de las obligaciones derivadas de la supresión de los controles en frontera, cuya precisión deberá hacerse por vía reglamentaria.

Finalmente, la creación del nuevo hecho imponible «adquisición intracomunitaria de bienes» exige una regulación específica del mismo, adaptada a la nueva Directiva, estableciendo las normas que determinen la realización del hecho imponible, las exenciones, lugar de realización, devengo, sujeto pasivo y base imponible aplicables a las referidas adquisiciones.

4 Modificaciones para perfeccionar la legislación del Impuesto

La aplicación del Impuesto sobre el Valor Añadido durante los últimos siete años ha puesto de manifiesto la necesidad de introducir también otros cambios para perfeccionar su regulación o simplificar su gestión, lo que afecta principalmente a las cuestiones siguientes:

1. Incorporación de normas reglamentarias.

Resulta procedente incorporar a la Ley algunos preceptos reglamentarios de la normativa anterior, para dejar a nivel reglamentario únicamente las previsiones relativas a las obligaciones formales y a los procedimientos correspondientes al ejercicio de los derechos reconocidos al contribuyente y al desarrollo de la gestión del Impuesto.

En particular, deben incorporarse a la Ley las normas que contribuyan a delimitar el hecho imponible y las exenciones, que figuraban en el Reglamento del Impuesto.

2. Territorialidad del Impuesto.

La aplicación del régimen transitorio en las operaciones intracomunitarias, con un régimen jurídico específico para los intercambios de bienes entre dos puntos del territorio comunitario del sistema común del IVA, exige delimitar con precisión este territorio, indicando las zonas o partes de la Comunidad que se excluyen de él, aunque estén integradas en la Unión Aduanera: Estas zonas tendrán, a efectos del IVA, la consideración de terceros países.

En nuestro territorio nacional, Canarias, Ceuta y Melilla están excluidas del ámbito de aplicación del sistema armonizado del IVA, aunque Canarias se integra en la Unión Aduanera.

3. Las transmisiones globales.

La regulación de este beneficio en la legislación anterior no estaba suficientemente armonizada con la Sexta Directiva, que prevé en estos casos la subrogación del adquirente en la posición del transmitente respecto de los bienes adquiridos.

Por ello, debe perfeccionarse esta regulación, reconociendo la subrogación del adquirente en cuanto a la regularización de los bienes de inversión y en lo que se refiere a la calificación de primera o segunda entrega de las edificaciones comprendidas en las transmisiones globales o parciales, evitándose así distorsiones en el funcionamiento del Impuesto.

4. Actividades de los entes públicos.

La no sujeción de las operaciones realizadas por los entes públicos adolecía de cierta complejidad y la interpretación literal de las disposiciones que la regulaban podía originar consecuencias contrarias a los principios que rigen la aplicación del Impuesto.

Era, por tanto, necesario aclarar este precepto y precisar el alcance del beneficio fiscal para facilitar la uniformidad de criterios y evitar soluciones que distorsionen la aplicación del tributo.

En este sentido, la nueva Ley establece criterios más claros, refiriendo la no sujeción a las actividades realizadas por los entes públicos y no a las operaciones concretas en que se manifiestan las mismas y definiendo como actividad no sujeta aquélla cuyas operaciones principales (las que representen más del 80 por 100 de los ingresos), se realicen sin contraprestación o mediante contraprestación tributaria.

5. Derechos reales sobre bienes inmuebles.

En relación con las entregas de bienes, se modifica la Ley anterior para disponer que la constitución, transmisión o modificación de derechos reales de uso o disfrute sobre bienes inmuebles constituyen prestaciones de servicios, al objeto de dar a estas operaciones el mismo tratamiento fiscal que corresponde al arrendamiento de bienes inmuebles, que tiene un significado económico similar a la constitución de los mencionados derechos reales.

6. Renuncia a las exenciones.

Para evitar las consecuencias de la ruptura de la cadena de las deducciones producida por las exenciones, la nueva Ley, dentro de las facultades que concede la Sexta Directiva en esta materia, concede a los sujetos pasivos la facultad de optar por la tributación de determinadas operaciones relativas a inmuebles que tienen reconocida la exención del Impuesto, concretamente, las entregas de terrenos no edificables, las entregas de terrenos a las Juntas de Compensación y las adjudicaciones efectuadas por dichas Juntas y las segundas y ulteriores entregas de edificaciones.

No obstante, considerando que el efecto que se persigue es permitir el ejercicio de las deducciones, la renuncia a la exención sólo procede cuando el destinatario de las operaciones exentas es sujeto pasivo con derecho a la deducción total de las cuotas soportadas.

7. Exenciones en las operaciones asimiladas a las exportaciones.

En este Capítulo tienen una particular importancia las exenciones de las operaciones relativas a los buques y aeronaves afectos a la navegación internacional.

La presente Ley, sin apartarse de los postulados de la normativa comunitaria, ha simplificado la delimitación de estas exenciones para facilitar su aplicación: la afectación definitiva a las navegaciones internacionales se alcanza en función de los recorridos efectuados en el año o año y medio siguiente a la entrega, transformación, adquisición intracomunitaria o importación de los buques o aeronaves, suprimiéndose la exigencia establecida por la legislación anterior de continuar en dicha afectación durante los quince años siguientes, con las consiguientes y complicadas regularizaciones que pudieran originarse.

El incumplimiento de los requisitos que determinan la afectación producirá el hecho imponible importación de bienes.

8. Rectificación de las cuotas repercutidas.

Para facilitar la regularización del Impuesto en los casos de error de hecho o de derecho, de variación de las circunstancias determinantes de su cuantía o cuando las operaciones queden sin efecto, se eleva a cinco años el plazo para rectificar las cuotas repercutidas, complementando esta regulación con la relativa a la rectificación de las deducciones, que permite al sujeto pasivo modificar dichas deducciones durante el plazo del año siguiente a la recepción de la nueva factura.

Sin embargo, por razones operativas y de control, se exceptúan de la posibilidad de rectificación las cuotas repercutidas a destinatarios que no actúen como empresarios o profesionales y, para evitar situaciones de fraude, se exceptúan también las rectificaciones de cuotas derivadas de actuaciones inspectoras cuando la conducta del sujeto pasivo sea merecedora de sanción por infracción tributaria

9. Deducciones.

En materia de deducciones, ha sido necesario introducir los ajustes correspondientes al nuevo hecho imponible (adquisiciones intracomunitarias), configurándolo como operación que origina el derecho a la deducción.

También se han introducido cambios en relación con las limitaciones del derecho a deducir, para recoger los criterios del Tribunal de Justicia de las Comunidades Europeas en esta materia, que ha reconocido recientemente el derecho a deducir en favor de los contribuyentes que utilicen parcialmente los bienes y servicios hoy excluidos en el desarrollo de sus actividades empresariales.

La complejidad de la regularización de las deducciones de las cuotas soportadas con anterioridad al inicio de la actividad ha propiciado también otros cambios en su regulación, con fines de simplificación.

Así, en la nueva normativa, sólo se precisa realizar una única regularización para las existencias y bienes de inversión que no sean inmuebles, completándose con otra regularización para estos últimos bienes cuando, desde su efectiva utilización, no hayan transcurrido diez años, y, para evitar economías de opción, se exige que el período transcurrido entre la solicitud de devoluciones anticipadas y el inicio de la actividad no sea superior a un año, salvo que, por causas justificadas, la Administración autorice su prórroga.

10. Régimen de la agricultura, ganadería y pesca.

En el régimen especial de la agricultura, ganadería y pesca se reduce su aplicación a los sujetos pasivos, personas físicas, cuyo volumen de operaciones no exceda de 300.506,05 euros *(50 millones de pesetas)*. Asimismo, se excluyen, en todo caso, las sociedades mercantiles que, por su naturaleza, están capacitadas para cumplir las obligaciones formales establecidas con carácter general por la normativa del Impuesto.

Además, para mantener la debida correlación con las reglas sobre regularización de deducciones por bienes de inversión, se eleva a cinco años el período de exclusión del régimen especial en el caso de que el contribuyente hubiese optado por someterse al régimen general del Impuesto.

11. Responsabilidad solidaria e infracciones.

Considerando las características de funcionamiento del Impuesto y la determinación de las obligaciones del sujeto pasivo que, en muchos casos, deberá aplicar tipos impositivos reducidos o exenciones en base exclusivamente a las declaraciones del destinatario de las operaciones, la Ley cubre una importante laguna de la legislación precedente, estableciendo la responsabilidad solidaria de aquellos destinatarios que, mediante sus declaraciones o manifestaciones inexactas se beneficiasen indebidamente de exenciones, supuestos de no sujeción o de la aplicación de tipos impositivos menores de los procedentes conforme a derecho.

Este cuadro de responsabilidades se completa con la tipificación de una infracción especial para aquellos destinatarios que no tengan derecho a la deducción total de las cuotas soportadas e incurran en las declaraciones o manifestaciones a que se refiere el párrafo anterior.

5 *Disposiciones transitorias*

La nueva regulación del Impuesto sobre el Valor Añadido hace necesario que se dicten las normas transitorias que resuelvan la tributación de aquellas operaciones que están afectadas por los cambios legislativos.

Así, se establecen las siguientes disposiciones transitorias:

1.ª En relación con las franquicias aplicables a los viajeros procedentes de Canarias, Ceuta y Melilla, se mantienen los límites establecidos por la legislación anterior para dichas procedencias, que coincidían con los correspondientes a los demás Estados miembros de la Comunidad.

Este régimen se aplicará hasta el momento de la entrada en vigor en Canarias del Arancel Aduanero Común en su integridad.

2.ª El nuevo régimen de exenciones de las operaciones relativas a los buques y aeronaves tendrá también efectos respecto de las operaciones efectuadas bajo el régimen anterior, para evitar distorsiones en la aplicación del Impuesto.

3.ª El nuevo plazo de cinco años para la rectificación de las cuotas repercutidas, previsto en esta Ley, será de aplicación con generalidad, en los mismos casos y condiciones, a las cuotas devengadas y no prescritas con anterioridad a su entrada en vigor.

4.ª El régimen de deducciones anteriores al inicio de las actividades previsto por la Ley pretende eliminar determinadas actuaciones especulativas derivadas del régimen anterior y establece reglas más sencillas para la regularización de dichas deducciones, que son razones suficientes para trasladar su eficacia a los procesos de deducción anticipada en curso.

5.ª En relación con los regímenes especiales, se reconocen los efectos de las renuncias y opciones efectuadas antes del 1 de enero de 1993, para respetar las expectativas de los contribuyentes que tomaron sus decisiones al amparo de la Ley anterior.

6.ª Finalmente, en relación con las operaciones intracomunitarias se ha mantenido el criterio general de aplicar el régimen vigente en el momento en que se inició la correspondiente operación económica, definiendo como importaciones las entradas en nuestro territorio después del 31 de diciembre de 1992 de mercancías que salieron de otro Estado miembro antes de dicha fecha y el abandono, también después de la fecha indicada, de los regímenes suspensivos autorizados con anterioridad.

TÍTULO PRELIMINAR. NATURALEZA Y ÁMBITO DE APLICACIÓN

Artículo 1. *Naturaleza del Impuesto*

El Impuesto sobre el Valor Añadido es un tributo de naturaleza indirecta que recae sobre el consumo y grava, en la forma y condiciones previstas en esta Ley, las siguientes operaciones[2]:

a) Las entregas de bienes y prestaciones de servicios efectuadas por empresarios o profesionales.

b) Las adquisiciones intracomunitarias de bienes.

c) Las importaciones de bienes.

Artículo 2[3]. *Normas aplicables*

Uno[4]. El Impuesto se exigirá de acuerdo con lo establecido en esta Ley y en las normas reguladoras de los regímenes de Concierto[5] y Convenio[6] Económico en vigor, respectivamente, en los Territorios Históricos del País Vasco y en la Comunidad Foral de Navarra.

---

[2]   En relación con la definición de las operaciones imponibles por el IVA, arts. 4 a 19 de la presente Ley.

[3]   La norma básica comunitaria relativa al sistema común del Impuesto sobre el Valor Añadido es la Directiva 2006/112/CE del Consejo, de 28 de noviembre de 2006 (DOUE de 11 y 20 de diciembre), modificada por las siguientes Directivas del Consejo: 2006/138/CE de 19 de diciembre (DOUE de 29 de diciembre de 2006); 2007/75/CE, de 20 de diciembre (DOUE de 29 de diciembre de 2007); 2008/8/CE, de 12 de febrero (DOUE de 20 de febrero de 2008); 2008/117/CE, de 16 de diciembre (DOUE de 20 de enero de 2009); 2009/47/CE, de 5 de mayo (DOUE de 9 de mayo de 2009); 2009/69/CE, de 25 de junio (DOUE de 4 de julio de 2009);

Dos[7]. En la aplicación del Impuesto se tendrá en cuenta lo dispuesto en los Tratados y Convenios internacionales que formen parte del ordenamiento interno español.

2009/162/CE, de 22 de diciembre (DOUE de 15 de enero de 2010); 2010/23/UE, de 16 de marzo (DOUE de 20 de marzo de 2010); 2010/45/UE de 13 de julio de 2010 (DOUE de 22 de julio de 2010) y 2010/88/UE, de 7 de diciembre de 2010 (DOUE de 10 de diciembre de 2010). Reglamento de ejecución (UE) núm. 282/2011 del Consejo, de 15 de marzo de 2011, por el que se establecen disposiciones de aplicación de la Directiva 2006/112/CE relativa al sistema común del Impuesto sobre el Valor Añadido (DOUE L 77/1 de 23 de marzo de 2011).

[4] En relación con la cesión parcial del rendimiento del IVA a las Comunidades Autónomas, véanse los siguientes arts. 10 a 12 y 19 de la Ley Orgánica 8/1980, de Financiación de las Comunidades Autónomas (BOE núm. 236, de 1 de octubre de 1980); 25, 26, 35, 54 y 61 de la Ley 22/2009, de 18 de diciembre, por la que se regula el sistema de financiación de las Comunidades Autónomas de régimen común y Ciudades con Estatuto de Autonomía y se modifican determinadas normas tributarias (BOE núm. 305, de 19 de diciembre de 2009), en el caso de aquellas Comunidades y Ciudades que hayan aceptado en Comisión Mixta el sistema regulado en dicha Ley; y arts. 17, 18, 27, 46.2 y 53 de la Ley 21/2001, de 27 de diciembre, por la que se regulan las medidas fiscales y administrativas del nuevo sistema de financiación de las Comunidades Autónomas de régimen común y Ciudades con Estatuto de Autonomía (BOE núm. 313, de 31 de diciembre de 2001), para las Comunidades y Ciudades que no hayan aceptado el nuevo sistema establecido por la Ley 22/2009.

[5] Ley 12/2002, de 23 de mayo, por la que se aprueba el Concierto Económico con la Comunidad Autónoma del País Vasco (BOE núm. 124, de 24 de mayo de 2002), en especial, los arts. 26 a 29. Norma Foral 7/1994, de 9 de noviembre de 1994, del Territorio Histórico de Bizkaia, del Impuesto sobre el Valor Añadido (BOB de 14 de diciembre de 1994), Decreto Foral 102/1992, de 29 de diciembre, de adaptación de la Ley del Impuesto sobre el Valor Añadido (BOG de 31 de diciembre de 1992) Decreto Foral Normativo 12/1993, de 19 de enero, por el que se aprueba la normativa reguladora del Impuesto sobre el Valor Añadido (BOTHA de 29 de enero de 1993).

[6] Ley 28/1990, de 26 de diciembre, que aprueba el Convenio con Navarra (BOE núm. 310, de 27 de diciembre de 1990), en especial arts. 27 al 29. Ley Foral 19/1992, de 30 de diciembre, del Impuesto sobre el Valor Añadido (BON núm. 158, de 31 de diciembre de 1992), con entrada en vigor el día 1 de enero de 1993 y el Decreto Foral 86/1993, de 8 de marzo, por el que se aprueba el Reglamento del Impuesto sobre el Valor Añadido (BON núm. 45, de 14 de abril de 1993), con entrada en vigor el día 1 de enero de 1993.

[7] Acuerdo entre el Estado Español y la Santa Sede sobre Asuntos Económicos, ratificado por Instrumento de 3 de enero de 1979 (BOE núm. 300, de 15 de diciembre de 1979), y Orden EHA/3958/2006, de 28 de diciembre, por la que se establecen el alcance y los efectos temporales de la supresión de la no sujeción y de las exenciones establecidas en los arts. III y IV del Acuerdo entre el Estado Español y la Santa Sede, de 3 de enero de 1979, respecto al Impuesto sobre el Valor Añadido y al Impuesto General Indirecto Canario (BOE núm. 311, de 29 de diciembre de 2006). Real Decreto 160/2008, por el que se aprueba el Reglamento por el que se desarrollan las exenciones fiscales relativas a la Organización del Tratado del Atlántico Norte, a los Cuarteles Generales Internacionales de dicha Organización y a los Estados parte en dicho Tratado y se establece el procedimiento para su aplicación (BOE núm. 52, de 29 de febrero de 2008). Real Decreto 3485/2000, de 29 de diciembre, sobre franquicias y exenciones en régimen diplomático, consular y de organismos internacionales (BOE núm. 313, de 30 de diciembre de 2000). Canje de Notas, realizado «ad referendum» en Bruselas el 24 de julio y el 2 de octubre de 1996, constitutivo de Acuerdo entre el Reino de España y la Comisión Europea, relativo a las disposiciones de desarrollo del Protocolo de Privilegios e Inmunidades de las Comunidades Europeas en el Reino de España (BOE núm. 33, de 7 de febrero de 1997).

Artículo 3. *Territorialidad*

Uno. El ámbito espacial de aplicación del Impuesto es el territorio español, determinado según las previsiones del apartado siguiente, incluyendo en él las islas adyacentes, el mar territorial hasta el límite de 12 millas náuticas, definido en el artículo 3.º de la Ley 10/1977, de 4 de enero, y el espacio aéreo correspondiente a dicho ámbito.

Dos[8]. A los efectos de esta Ley, se entenderá por:

1.º«Estado miembro», «Territorio de un Estado miembro» o «interior del país», el ámbito de aplicación del Tratado de Funcionamiento de la Unión Europea definido en el mismo, para cada Estado miembro, con las siguientes exclusiones:

a)[9] En la República Federal de Alemania, la Isla de Helgoland y el territorio de Büsingen; en el Reino de España, Ceuta y Melilla[10] y en la República Italiana, Livigno, en cuanto territorios no comprendidos en la Unión Aduanera.

b)[11] En el Reino de España, Canarias[12]; en la República Francesa, los territorios franceses a que se refieren el artículo 349 y el artículo 355, apartado 1, del Tratado de Funcionamiento de la Unión Europea; en la República Helénica, Monte Athos; en el Reino Unido, las Islas del Canal; en la República Italiana, Campione d'Italia y las aguas nacionales del lago de Lugano, y en la República de Finlandia, las islas Aland, en cuanto territorios excluidos de la armonización de los impuestos sobre el volumen de negocios.

---

[8]   Nueva redacción del apartado Dos del art. 3 dada por el art. 1.Uno de la Ley 28/2014, de 27 de noviembre (BOE núm. 288, de 28 de noviembre de 2014), en vigor desde el 1 de enero de 2015.

[9]   Nueva redacción de la letra a) dada por el art. 214.Uno del Real Decreto-ley 3/2020, de 4 de febrero (BOE núm. 31, de 5 de febrero de 2020).

[10]   En Ceuta y Melilla es aplicable el Impuesto sobre la Producción, los Servicios y la Importación en las citadas Ciudades, configurándose como un Impuesto de carácter municipal. Su regulación básica está contenida en la Ley 8/1991, de 25 de marzo, que aprueba el Arbitrio sobre la producción e importación en las ciudades de Ceuta y Melilla (BOE núm. 73, de 26 de marzo de 1991), modificada por el art. 68 [Impuesto sobre la producción, los servicios y la importación en las Ciudades de Ceuta y Melilla] de la Ley 13/1996, de 30 de diciembre, de Medidas Fiscales, Administrativas y del Orden Social (BOE núm. 315, de 31 de diciembre de 1996), que, además, deroga definitivamente a partir de 1 de enero de 1997 el Decreto 3314/1966, de 29 de diciembre, sobre el Impuesto General sobre el Tráfico de las Empresas, y demás normas reguladoras del citado Impuesto.

[11]   Nueva redacción de la letra b) dada por el art. 214.Uno del Real Decreto-ley 3/2020, de 4 de febrero (BOE núm. 31, de 5 de febrero de 2020).

[12]   En Canarias se aplican el Impuesto General Indirecto Canario y el Arbitrio sobre Importaciones y Entregas de Mercancías en las Islas Canarias, cuya regulación se contiene en la Ley 20/1991, de 7 de junio, de modificación de los aspectos fiscales del Régimen Económico Fiscal de Canarias (BOE núm. 137, de 8 de junio de 1991), arts. 50 y sigs. De la Ley 4/2012, de 25 de junio, de medidas administrativas y fiscales (BOE núm. 166, de 12 de julio de 2012) y Real Decreto 2538/1994, de 29 de diciembre, por el que se dictan Normas de Desarrollo relativas al Impuesto General Indirecto Canario y al Arbitrio sobre la Producción e Importación en las Islas Canarias (BOE núm. 313, de 31 de diciembre de 1994).

2.º «Comunidad» y «territorio de la Comunidad», el conjunto de los territorios que constituyen el «interior del país» para cada Estado miembro, según el número anterior.

3.º «Territorio tercero» y «país tercero», cualquier territorio distinto de los definidos como «interior del país» en el número 1.º anterior.

Tres[13]. A efectos de este Impuesto, las operaciones efectuadas con el Principado de Mónaco, con la Isla de Man y con las zonas de soberanía del Reino Unido en Akrotiri y Dhekelia tendrán la misma consideración que las efectuadas, respectivamente, con Francia, el Reino Unido y Chipre.

TÍTULO I. DELIMITACIÓN DEL HECHO IMPONIBLE

CAPÍTULO I. Entregas de bienes y prestaciones de servicios

Artículo 4. *Hecho imponible*

Uno[14]. Estarán sujetas al Impuesto las entregas de bienes y prestaciones de servicios realizadas en el ámbito espacial del Impuesto por empresarios o profesionales a título oneroso, con carácter habitual u ocasional, en el desarrollo de su actividad empresarial o profesional, incluso si se efectúan en favor de los propios socios, asociados, miembros o partícipes de las entidades que las realicen.

Dos[15]. Se entenderán realizadas en el desarrollo de una actividad empresarial o profesional:

a) Las entregas de bienes y prestaciones de servicios efectuadas por las sociedades mercantiles, cuando tengan la condición de empresario o profesional.

b) Las transmisiones o cesiones de uso a terceros de la totalidad o parte de cualesquiera de los bienes o derechos que integren el patrimonio empresarial o profesional de los sujetos pasivos, incluso las efectuadas con ocasión del cese en el ejercicio de las actividades económicas que determinan la sujeción al Impuesto.

c) Los servicios desarrollados por los Registradores de la Propiedad en su condición de liquidadores titulares de una Oficina Liquidadora de Distrito Hipotecario[16].

Tres. La sujeción al Impuesto se produce con independencia de los fines o resultados perseguidos en la actividad empresarial o profesional o en cada operación en particular.

---

[13]   Nueva redacción del apartado Tres del art. 3 dada por el art. 1.Uno de la Ley 28/2014, de 27 de noviembre (BOE núm. 288, de 28 de noviembre de 2014), en vigor desde el 1 de enero de 2015.

[14]   Arts. 3, 5 y 8 a 12 de la presente Ley. Informe núm. 2/2012 de la Subdirección General de Ordenación Legal y Asistencia Jurídica de 6 de julio de 2012 sobre «*la tributación en el Impuesto sobre el Valor Añadido de la actividad de los entes públicos*».

[15]   Nueva redacción del art. 4.Dos dada por el art. 5.uno de la Ley 4/2008, de 23 de diciembre (BOE núm. 310, de 25 de diciembre de 2008), de aplicación a partir de 25 de diciembre de 2008.

[16]   Nueva letra c) incorporada por el art. 1.Uno de la Ley 2/2010, de 1 de marzo (BOE núm. 53, de 2 de marzo de 2010), con efectos desde 1 de enero de 2010.

Cuatro[17]. Las operaciones sujetas a este impuesto no estarán sujetas al concepto «transmisiones patrimoniales onerosas» del Impuesto sobre Transmisiones Patrimoniales y Actos Jurídicos Documentados.

Se exceptúan de lo dispuesto en el párrafo anterior las entregas y arrendamientos de bienes inmuebles, así como la constitución o transmisión de derechos reales de goce o disfrute que recaigan sobre los mismos, cuando estén exentos del impuesto, salvo en los casos en que el sujeto pasivo renuncie a la exención en las circunstancias y con las condiciones recogidas en el artículo 20.Dos.

Artículo 5. *Concepto de empresario o profesional*

Uno[18].A los efectos de lo dispuesto en esta Ley, se reputarán empresarios o profesionales:

a) Las personas o entidades que realicen las actividades empresariales o profesionales definidas en el apartado siguiente de este artículo.

No obstante, no tendrán la consideración de empresarios o profesionales quienes realicen exclusivamente entregas de bienes o prestaciones de servicios a título gratuito, sin perjuicio de lo establecido en la letra siguiente.

b) Las sociedades mercantiles, salvo prueba en contrario.

c) Quienes realicen una o varias entregas de bienes o prestaciones de servicios que supongan la explotación de un bien corporal o incorporal con el fin de obtener ingresos continuados en el tiempo.

En particular, tendrán dicha consideración los arrendadores de bienes.

d) Quienes efectúen la urbanización de terrenos o la promoción, construcción o rehabilitación de edificaciones destinadas, en todos los casos, a su venta, adjudicación o cesión por cualquier título, aunque sea ocasionalmente.

e) Quienes realicen a título ocasional las entregas de medios de transporte nuevos exentas del Impuesto en virtud de lo dispuesto en el artículo 25, apartados uno y dos de esta Ley.

Los empresarios o profesionales a que se refiere esta letra sólo tendrán dicha condición a los efectos de las entregas de los medios de transporte que en ella se comprenden.

Dos[19].Son actividades empresariales o profesionales las que impliquen la ordenación por cuenta propia de factores de producción materiales y humanos o de uno de ellos, con la finalidad de intervenir en la producción o distribución de bienes o servicios.

---

[17]   Nueva redacción del apartado cuatro del artículo 4, dada por el art. 5.Uno de la Ley 7/2012, de 29 de octubre (BOE núm. 261, de 30 de octubre de 2012), con efectos desde el 31 de octubre de 2012.

[18]   Nueva redacción del art. 5.Uno dada por el art. 5.dos de la Ley 4/2008, de 23 de diciembre (BOE núm. 310, de 25 de diciembre de 2008), de aplicación a partir de 26 de diciembre de 2008.

[19]   Apartado Dos modificado por el art. 5 de la Ley 14/2000, de 29 de diciembre (BOE núm. 313, de 30 de diciembre de 2000), añadiendo el último párrafo, con efectos desde 1 de enero 2001.

En particular, tienen esta consideración las actividades extractivas, de fabricación, comercio y prestación de servicios, incluidas las de artesanía, agrícolas, forestales, ganaderas, pesqueras, de construcción, mineras y el ejercicio de profesiones liberales y artísticas.

A efectos de este impuesto, las actividades empresariales o profesionales se considerarán iniciadas desde el momento en que se realice la adquisición de bienes o servicios con la intención, confirmada por elementos objetivos, de destinarlos al desarrollo de tales actividades, incluso en los casos a que se refieren las letras b), c) y d) del apartado anterior. Quienes realicen tales adquisiciones tendrán desde dicho momento la condición de empresarios o profesionales a efectos del Impuesto sobre el Valor Añadido.

Tres. Se presumirá el ejercicio de actividades empresariales o profesionales:

a) En los supuestos a que se refiere el artículo 3.º del Código de Comercio[20].

b) Cuando para la realización de las operaciones definidas en el artículo 4 de esta Ley se exija contribuir por el Impuesto sobre Actividades Económicas[21].

Cuatro[22]**.** A los solos efectos de lo dispuesto en los artículos 69, 70 y 72 de esta Ley, se reputarán empresarios o profesionales actuando como tales respecto de todos los servicios que les sean prestados:

1.º Quienes realicen actividades empresariales o profesionales simultáneamente con otras que no estén sujetas al Impuesto de acuerdo con lo dispuesto en el apartado Uno del artículo 4 de esta Ley.

2.º Las personas jurídicas que no actúen como empresarios o profesionales siempre que tengan asignado un número de identificación a efectos del Impuesto sobre el Valor Añadido suministrado por la Administración española.

---

[20] Arts. 93, 105.Tres y 111 a 113 de la presente Ley, el art. 27 RIVA y los arts. 3.2, 5 y 9 y siguientes del Real Decreto 1065/2007, de 27 de julio, por el que se aprueba el Reglamento general de las actuaciones y procedimientos de gestión e inspección tributaria y de desarrollo de las normas comunes de los procedimientos de aplicación de los tributos (BOE núm. 213, de 5 de septiembre de 2007).

El art. 3 del Código de Comercio establece lo siguiente: «Existirá la presunción legal del ejercicio habitual del comercio desde que la persona que se proponga ejercerlo anunciare por circulares, periódicos, carteles, rótulos expuestos al público, o de otro modo cualquiera, un establecimiento que tenga por objeto alguna operación mercantil».

[21] Arts. 78 y siguientes del Real Decreto Legislativo 2/2004, de 5 de marzo, por el que se aprueba el Texto Refundido de la Ley de Haciendas Locales (BOE núm. 59, de 9 de marzo de 2004) y el Real Decreto Legislativo 1175/1990, de 28 septiembre, por el que se aprueban las tarifas y la instrucciones del Impuesto sobre Actividades Económicas (BOE núm. 234, de 29 de septiembre de 1990).

[22] Apartado Cuatro añadido por el art. 1.Dos de la Ley 2/2010, de 1 de marzo (BOE núm. 53, de 2 de marzo de 2010), con efectos desde 1 de enero de 2010.

Artículo 6. *Concepto de edificaciones*

Uno. A los efectos de este Impuesto, se considerarán edificaciones las construcciones unidas permanentemente al suelo o a otros inmuebles, efectuadas tanto sobre la superficie como en el subsuelo, que sean susceptibles de utilización autónoma e independiente.

Dos. En particular, tendrán la consideración de edificaciones las construcciones que a continuación se relacionan, siempre que estén unidas a un inmueble de una manera fija, de suerte que no puedan separarse de él sin quebranto de la materia ni deterioro del objeto:

a) Los edificios, considerándose como tales toda construcción permanente, separada e independiente, concebida para ser utilizada como vivienda o para servir al desarrollo de una actividad económica.

b) Las instalaciones industriales no habitables, tales como diques, tanques o cargaderos.

c) Las plataformas para exploración y explotación de hidrocarburos.

d) Los puertos, aeropuertos y mercados.

e) Las instalaciones de recreo y deportivas que no sean accesorias de otras edificaciones.

f) Los caminos, canales de navegación, líneas de ferrocarril, carreteras, autopistas y demás vías de comunicación terrestres o fluviales, así como los puentes o viaductos y túneles relativos a las mismas.

g) Las instalaciones fijas de transporte por cable.

Tres. No tendrán la consideración de edificaciones:

a) Las obras de urbanización de terrenos y en particular las de abastecimiento y evacuación de aguas, suministro de energía eléctrica, redes de distribución de gas, instalaciones telefónicas, accesos, calles y aceras.

b) Las construcciones accesorias de explotaciones agrícolas que guarden relación con la naturaleza y destino de la finca aunque el titular de la explotación, sus familiares o las personas que con él trabajen tengan en ellas su vivienda.

c) Los objetos de uso y ornamentación, tales como máquinas, instrumentos y utensilios y demás inmuebles por destino a que se refiere el artículo 334, números 4 y 5, del Código Civil[23].

d) Las minas, canteras o escoriales, pozos de petróleo o de gas u otros lugares de extracción de productos naturales.

---

[23]   Los objetos a que se refieren los números 4 y 5 del art. 334 del Código Civil son los siguientes:
   «*4.° Las estatuas, relieves, pinturas u otros objetos de uso u ornamentación, colocados en edificios o heredades por el dueño del inmueble en tal forma que revele el propósito de unirlos de un modo permanente al fundo.*
   5.° Las máquinas, vasos, instrumentos o utensilios destinados por el propietario de la finca a la industria o explotación que se realice en un edificio o heredad, y que directamente concurran a satisfacer las necesidades de la explotación misma».

Artículo 7. *Operaciones no sujetas al Impuesto*

No estarán sujetas al Impuesto[24]:

1.[025] La transmisión de un conjunto de elementos corporales y, en su caso, incorporales que, formando parte del patrimonio empresarial o profesional del sujeto pasivo, constituyan o sean susceptibles de constituir una unidad económica autónoma en el transmitente, capaz de desarrollar una actividad empresarial o profesional por sus propios medios, con independencia del régimen fiscal que a dicha transmisión le resulte de aplicación en el ámbito de otros tributos y del procedente conforme a lo dispuesto en el artículo 4, apartado cuatro, de esta Ley.

Quedarán excluidas de la no sujeción a que se refiere el párrafo anterior las siguientes transmisiones:

a) La mera cesión de bienes o de derechos.

b) Las realizadas por quienes tengan la condición de empresario o profesional exclusivamente conforme a lo dispuesto por el artículo 5, apartado uno, letra c) de esta Ley, cuando dichas transmisiones tengan por objeto la mera cesión de bienes.

c) Las efectuadas por quienes tengan la condición de empresario o profesional exclusivamente por la realización ocasional de las operaciones a que se refiere el artículo 5, apartado uno, letra d) de esta Ley.

A los efectos de lo dispuesto en este número, resultará irrelevante que el adquirente desarrolle la misma actividad a la que estaban afectos los elementos adquiridos u otra diferente, siempre que se acredite por el adquirente la intención de mantener dicha afectación al desarrollo de una actividad empresarial o profesional.

En relación con lo dispuesto en este número, se considerará como mera cesión de bienes o de derechos, la transmisión de éstos cuando no se acompañe de una estructura organizativa de factores de producción materiales y humanos, o de uno de ellos, que permita considerar a la misma constitutiva de una unidad económica autónoma.

En caso de que los bienes y derechos transmitidos, o parte de ellos, se desafecten posteriormente de las actividades empresariales o profesionales que determinan la no sujeción

---

[24] Arts. 11.2 de Ley 24/1992, de 10 de noviembre, por la que se aprueba el Acuerdo de Cooperación del Estado con la Federación de Entidades Religiosas Evangélicas de España, Ley 25/1992, de 10 de noviembre, por la que se aprueba el Acuerdo de Cooperación del Estado con la Federación de Comunidades Israelitas de España y Ley 26/1992, de 10 de noviembre, por la que se aprueba el Acuerdo de Cooperación del Estado con la Comisión Islámica de España (BOE núm. 6. 272, de 12 de noviembre de 1992). Art. 3 del Instrumento de Ratificación del Acuerdo entre el Estado español y la Santa Sede sobre asuntos económicos, firmado en la Ciudad del Vaticano el 3 de enero de 1979 (BOE de 15 de diciembre). Arts. 9 y 20 de la Ley 19/1995, de 4 de julio, de Modernización de las Explotaciones Agrarias (BOE núm. 159, de 15 de julio de 1995).

[25] Nueva redacción del núm. 1 del art. 7 dada por el art. 1.Dos de la Ley 28/2014, de 27 de noviembre (BOE núm. 288, de 28 de noviembre de 2014), en vigor desde el 1 de enero de 2015.
Redacción anterior dada por el art. 5.Tres de la Ley 4/2008, de 23 de diciembre (BOE núm. 310, de 25 de diciembre de 2008), de aplicación a partir de 26 de noviembre de 2008.

prevista en este número, la referida desafectación quedará sujeta al Impuesto en la forma establecida para cada caso en esta Ley.

Los adquirentes de los bienes y derechos comprendidos en las transmisiones que se beneficien de la no sujeción establecida en este número se subrogarán, respecto de dichos bienes y derechos, en la posición del transmitente en cuanto a la aplicación de las normas contenidas en el artículo 20, apartado uno, número 22.º y en los artículos 92 a 114 de esta Ley.

2.º Las entregas gratuitas de muestras de mercancías sin valor comercial estimable, con fines de promoción de las actividades empresariales o profesionales.

A los efectos de esta Ley, se entenderá por muestras de mercancías los artículos representativos de una categoría de las mismas que, por su modo de presentación o cantidad, sólo puedan utilizarse en fines de promoción.

3.º Las prestaciones de servicios de demostración a título gratuito efectuadas para la promoción de las actividades empresariales o profesionales.

4.º[26] Las entregas sin contraprestación de impresos u objetos de carácter publicitario.

Los impresos publicitarios deberán llevar de forma visible el nombre del empresario o profesional que produzca o comercialice bienes o que ofrezca determinadas prestaciones de servicios.

A los efectos de esta Ley, se considerarán objetos de carácter publicitario los que carezcan de valor comercial intrínseco, en los que se consigne de forma indeleble la mención publicitaria.

Por excepción a lo dispuesto en este número, quedarán sujetas al Impuesto las entregas de objetos publicitarios cuando el coste total de los suministros a un mismo destinatario durante el año natural exceda de 200 euros, a menos que se entreguen a otros sujetos pasivos para su redistribución gratuita.

5.º Los servicios prestados por personas físicas en régimen de dependencia derivado de relaciones administrativas o laborales, incluidas en estas últimas las de carácter especial.

6.º Los servicios prestados a las cooperativas de trabajo asociado por los socios de las mismas y los prestados a las demás cooperativas por sus socios de trabajo.

7.º Las operaciones previstas en el artículo 9.º, número 1.º, y en el artículo 12, números 1.º y 2.º de esta Ley, siempre que no se hubiese atribuido al sujeto pasivo el derecho a efectuar la deducción total o parcial del Impuesto sobre el Valor Añadido efectivamente soportado con ocasión de la adquisición o importación de los bienes o de sus elementos componentes que sean objeto de dichas operaciones.

Tampoco estarán sujetas al Impuesto las operaciones a que se refiere el artículo 12, número 3.º, de esta Ley cuando el sujeto pasivo se limite a prestar el mismo servicio recibido

---

[26]   Nueva redacción del núm. 4 del art. 7 dada por el art. 1.Dos de la Ley 28/2014, de 27 de noviembre (BOE núm. 288, de 28 de noviembre de 2014), en vigor desde el 1 de enero de 2015.

de terceros y no se le hubiera atribuido el derecho a deducir total o parcialmente el Impuesto sobre el Valor Añadido efectivamente soportado en la recepción de dicho servicio.

8.[027] A) Las entregas de bienes y prestaciones de servicios realizadas directamente por las Administraciones Públicas, así como las entidades a las que se refieren los apartados C) y D) de este número, sin contraprestación o mediante contraprestación de naturaleza tributaria.

B) A estos efectos se considerarán Administraciones Públicas:

a) La Administración General del Estado, las Administraciones de las Comunidades Autónomas y las Entidades que integran la Administración Local.

b) Las Entidades Gestoras y los Servicios Comunes de la Seguridad Social.

c) Los Organismos Autónomos, las Universidades Públicas y las Agencias Estatales.

d) Cualesquiera entidad de derecho público con personalidad jurídica propia, dependiente de las anteriores que, con independencia funcional o con una especial autonomía reconocida por la Ley tengan atribuidas funciones de regulación o control de carácter externo sobre un determinado sector o actividad.

No tendrán la consideración de Administraciones Públicas las entidades públicas empresariales estatales y los organismos asimilados dependientes de las Comunidades Autónomas y Entidades locales.

C) No estarán sujetos al Impuesto los servicios prestados en virtud de los encargos ejecutados por los entes, organismos y entidades del sector público que ostenten, de conformidad con lo establecido en el artículo 32 de la Ley de Contratos del Sector Público, la condición de medio propio personificado del poder adjudicador que haya ordenado el encargo, en los términos establecidos en el referido artículo 32.

D) Asimismo, no estarán sujetos al Impuesto los servicios prestados por cualesquiera entes, organismos o entidades del sector público, en los términos a que se refiere el artículo 3.1 de la Ley de Contratos del Sector Público, a favor de las Administraciones Públicas de la que dependan o de otra íntegramente dependiente de estas, cuando dichas Administraciones Públicas ostenten la titularidad íntegra de los mismos.

E) La no consideración como operaciones sujetas al impuesto que establecen los dos apartados C) y D) anteriores será igualmente aplicable a los servicios prestados entre las entidades a las que se refieren los mismos, íntegramente dependientes de la misma Administración Pública.

---

[27]   Nueva redacción del número 8.º dada por la Disposición final décima Uno de la Ley 9/2017, de 8 de noviembre (BOE núm. 272, de 9 de noviembre de 2017), en vigor desde el 10 de noviembre de 2017.
    Redacción anterior dada por el art. 1.Dos de la Ley 28/2014, de 27 de noviembre (BOE núm. 288, de 28 de noviembre de 2014), en vigor desde el 1 de enero de 2015.
    Redacción anterior dada por el art. 6.º de la Ley 66/1997, de 30 de diciembre (BOE núm. 313, de 31 de diciembre de 1997), con efectos desde 1 de enero de 1998.

F) En todo caso, estarán sujetas al Impuesto las entregas de bienes y prestaciones de servicios que las Administraciones, entes, organismos y entidades del sector público realicen en el ejercicio de las actividades que a continuación se relacionan:

a') Telecomunicaciones.

b') Distribución de agua, gas, calor, frío, energía eléctrica y demás modalidades de energía.

c') Transportes de personas y bienes.

d')[28] Servicios portuarios y aeroportuarios y servicios de administración de infraestructuras ferroviarias incluyendo, a estos efectos, las concesiones y autorizaciones exceptuadas de la no sujeción del Impuesto por el número 9.º siguiente.

e') Obtención, fabricación o transformación de productos para su transmisión posterior.

f') Intervención sobre productos agropecuarios dirigida a la regulación del mercado de estos productos.

g') Explotación de ferias y de exposiciones de carácter comercial.

h') Almacenaje y depósito.

i') Las de oficinas comerciales de publicidad.

j') Explotación de cantinas y comedores de empresas, economatos, cooperativas y establecimientos similares.

k') Las de agencias de viajes.

l') Las comerciales o mercantiles de los Entes públicos de radio y televisión, incluidas las relativas a la cesión del uso de sus instalaciones.

m') Las de matadero.

9.º[29] Las concesiones y autorizaciones administrativas, con excepción de las siguientes:

a) Las que tengan por objeto la cesión del derecho a utilizar el dominio público portuario.

b) Las que tengan por objeto la cesión de los inmuebles e instalaciones en aeropuertos.

c) Las que tengan por objeto la cesión del derecho a utilizar infraestructuras ferroviarias.

d) Las autorizaciones para la prestación de servicios al público y para el desarrollo de actividades comerciales o industriales en el ámbito portuario.

10.º Las prestaciones de servicios a título gratuito a que se refiere el artículo 12, número 3.º, de esta Ley que sean obligatorias para el sujeto pasivo en virtud de normas jurídicas

---

[28]   Nueva redacción de la letra d') dada por el art. 2 de la Ley 26/2022, de 19 de diciembre, por la que se modifica la Ley 38/2015, de 29 de septiembre, del sector ferroviario (BOE núm. 304, de 20 de diciembre de 2022), en vigor desde el día 21 de diciembre de 2022.

[29]   Número 9.º modificado por el art. 4.º.Uno de la Ley 50/1998, de 30 de diciembre (BOE núm. 313, de 31 de diciembre de 1998), con efectos desde 1 de enero de 1999.

o convenios colectivos, incluso los servicios telegráficos y telefónicos prestados en régimen de franquicia.

11.º Las operaciones realizadas por las Comunidades de Regantes para la ordenación y aprovechamiento de las aguas.

12.º Las entregas de dinero a título de contraprestación o pago.

Artículo 8. *Concepto de entrega de bienes*

Uno. Se considerará entrega de bienes la transmisión del poder de disposición sobre bienes corporales, incluso si se efectúa mediante cesión de títulos representativos de dichos bienes.

A estos efectos, tendrán la condición de bienes corporales el gas, el calor, el frío, la energía eléctrica y demás modalidades de energía.

Dos. También se considerarán entregas de bienes:

1.º[30] Las ejecuciones de obra que tengan por objeto la construcción o rehabilitación de una edificación, en el sentido del artículo 6 de esta ley, cuando el empresario que ejecute la obra aporte una parte de los materiales utilizados, siempre que el coste de los mismos exceda del 40 por 100 de la base imponible.

2.º[31] Las aportaciones no dinerarias efectuadas por los sujetos pasivos del Impuesto de elementos de su patrimonio empresarial o profesional a sociedades o comunidades de bienes o a cualquier otro tipo de entidades y las adjudicaciones de esta naturaleza en caso de liquidación o disolución total o parcial de aquéllas, sin perjuicio de la tributación que proceda con arreglo a las normas reguladoras de los conceptos «actos jurídicos documentados» y «operaciones societarias» del Impuesto sobre Transmisiones Patrimoniales y Actos Jurídicos Documentados.

En particular, se considerará entrega de bienes la adjudicación de terrenos o edificaciones promovidos por una comunidad de bienes realizada en favor de los comuneros, en proporción a su cuota de participación.

3.º Las transmisiones de bienes en virtud de una norma o de una resolución administrativa o jurisdiccional, incluida la expropiación forzosa.

4.º Las cesiones de bienes en virtud de contratos de venta con pacto de reserva de dominio o condición suspensiva.

5.º Las cesiones de bienes en virtud de contratos de arrendamiento-venta y asimilados.

---

[30]   Nueva redacción del número 1.º dada por el art. 23.uno del Real Decreto-ley 20/2012, de 13 de julio (BOE núm. 168, de 14 de julio de 2012), con efectos desde el 1 de septiembre de 2012.
       Redacción anterior dada por el art. 2 del Real Decreto-ley 6/2010, de 9 de abril (BOE núm. 89, de 13 de abril de 2010), en vigor desde el día 14 de abril de 2010, incrementando el límite en él contenido del 20 al 33 por 100.

[31]   Nueva redacción del art. 8.Dos.2º dada por el art. 12.Uno de la Ley 16/2012, de 27 de diciembre (BOE núm. 312, de 28 de diciembre de 2012), en vigor desde el día de su publicación en el «BOE».

A efectos de este Impuesto, se asimilarán a los contratos de arrendamiento-venta los de arrendamiento con opción de compra desde el momento en que el arrendatario se comprometa a ejercitar dicha opción y, en general, los de arrendamiento de bienes con cláusula de transferencia de la propiedad vinculante para ambas partes.

6.º Las transmisiones de bienes entre comitente y comisionista que actúe en nombre propio efectuadas en virtud de contratos de comisión de venta o comisión de compra.

7.º[32]El suministro de un producto informático normalizado efectuado en cualquier soporte material.

A estos efectos, se considerarán como productos informáticos normalizados aquellos que no precisen de modificación sustancial alguna para ser utilizados por cualquier usuario.

8.º[33] Las transmisiones de valores cuya posesión asegure, de hecho o de derecho, la atribución de la propiedad, el uso o disfrute de un inmueble o de una parte del mismo en los supuestos previstos en el artículo 20.Uno.18.º k) de esta Ley.

Tres[34]. A efectos de esta ley, se entenderá por:

1.º «Ventas a distancia intracomunitarias de bienes»: las entregas de bienes que hayan sido expedidos o transportados por el vendedor, directa o indirectamente, o por su cuenta, a partir de un Estado miembro distinto del de llegada de la expedición o del transporte con destino al cliente, cuando se cumplan las siguientes condiciones:

a) Que los destinatarios de las citadas entregas sean las personas cuyas adquisiciones intracomunitarias de bienes no estén sujetas al impuesto en virtud de lo dispuesto en el artículo 14 de esta Ley, o en el precepto equivalente al mismo que resulte aplicable en el Estado miembro de llegada de la expedición o el transporte, o bien cualquier otra persona que no tenga la condición de empresario o profesional actuando como tal.

b) Que los bienes objeto de dichas entregas sean bienes distintos de los que se indican a continuación:

a') Medios de transporte nuevos, definidos en el artículo 13.2.º de esta Ley.

b') Bienes objeto de instalación o montaje a que se refiere el artículo 68.Dos.2.º de esta Ley.

2.º «Ventas a distancia de bienes importados de países o territorios terceros»: las entregas de bienes que hayan sido expedidos o transportados por el vendedor, directa o indirectamente, o por su cuenta, a partir de un país o territorio tercero con destino a un cliente situado en un Estado miembro, cuando se cumplan las siguientes condiciones:

---

[32]   Nueva redacción del apartado 7.º dada por el art. 4.Uno de la Ley 53/2002, de 30 de diciembre (BOE núm. 313, de 31 de diciembre de 2002), con efectos desde 1 de enero de 2003.

[33]   Nuevo núm. 8.º incorporado por el art. 1.Tres de la Ley 28/2014, de 27 de noviembre (BOE núm. 288, de 28 de noviembre de 2014), en vigor desde el 1 de enero de 2015.

[34]   Art. 1 RIVA.
      Nuevo apartado incorporado por el art. 10.Uno del Real Decreto-ley 7/2021, de 27 de abril (BOE núm. 101, de 28 de abril de 2021), en vigor desde el 1 de julio de 2021.

a) Que los destinatarios de las citadas entregas sean las personas cuyas adquisiciones intracomunitarias de bienes no estén sujetas al impuesto en virtud de lo dispuesto en el artículo 14 de esta Ley, o en el precepto equivalente al mismo que resulte aplicable en el Estado miembro de llegada de la expedición o el transporte, o bien cualquier otra persona que no tenga la condición de empresario o profesional actuando como tal.

b) Que los bienes objeto de dichas entregas sean bienes distintos de los que se indican a continuación:

a') Medios de transporte nuevos, definidos en el artículo 13.2.º de esta Ley.

b') Bienes objeto de instalación o montaje a que se refiere el artículo 68.Dos.2.º de esta Ley.

Artículo 8 bis[35]. *Entregas de bienes facilitadas a través de una interfaz digital*

Cuando un empresario o profesional, utilizando una interfaz digital como un mercado en línea, una plataforma, un portal u otros medios similares, facilite:

a) La venta a distancia de bienes importados de países o territorios terceros en envíos cuyo valor intrínseco no exceda de 150 euros, o

b)[36] La entrega de bienes en el interior de la Comunidad por parte de un empresario o profesional no establecido en la Comunidad a una persona que no tenga la condición de empresario o profesional actuando como tal, se considerará en ambos supuestos que el empresario o profesional titular de la interfaz digital ha recibido y entregado por sí mismo los correspondientes bienes y que la expedición o el transporte de los bienes se encuentra vinculado a la entrega por él realizada.

A efectos de lo previsto en esta ley, la determinación del valor intrínseco de los bienes se efectuará en los términos previstos en la legislación aduanera.

Artículo 9. *Operaciones asimiladas a las entregas de bienes*

Se considerarán operaciones asimiladas a las entregas de bienes a título oneroso:

1.º El autoconsumo de bienes.

A los efectos de este Impuesto, se considerarán autoconsumos de bienes las siguientes operaciones realizadas sin contraprestación:

a) La transferencia, efectuada por el sujeto pasivo, de bienes corporales de su patrimonio empresarial o profesional a su patrimonio personal o al consumo particular de dicho sujeto pasivo.

b) La transmisión del poder de disposición sobre bienes corporales que integren el patrimonio empresarial o profesional del sujeto pasivo.

---

[35]   Art. 166 bis LIVA y Art. 1 bis RIVA.
      Nuevo artículo incorporado por el art. 10.Dos del Real Decreto-ley 7/2021, de 27 de abril (BOE núm. 101, de 28 de abril de 2021), en vigor desde el 1 de julio de 2021.
[36]   Art. 20.bis LIVA.

c)[37] El cambio de afectación de bienes corporales de un sector a otro diferenciado de su actividad empresarial o profesional.

El supuesto de autoconsumo a que se refiere este párrafo *c)* no resultará aplicable en los siguientes casos:

Cuando, por una modificación en la normativa vigente, una determinada actividad económica pase obligatoriamente a formar parte de un sector diferenciado distinto de aquel en el que venía estando integrada con anterioridad.

Cuando el régimen de tributación aplicable a una determinada actividad económica cambie del régimen general al régimen especial simplificado, al de la agricultura, ganadería y pesca, al del recargo de equivalencia o al de las operaciones con oro de inversión, o viceversa, incluso por el ejercicio de un derecho de opción.

Lo dispuesto en los dos guiones del párrafo anterior debe entenderse, en su caso, sin perjuicio de lo siguiente:

De las regularizaciones de deducciones previstas en los artículos 101, 105, 106, 107, 109, 110, 112 y 113 de esta Ley.

De la aplicación de lo previsto en el apartado dos del artículo 99 de esta Ley, en relación con la rectificación de deducciones practicadas inicialmente según el destino previsible de los bienes y servicios adquiridos, cuando el destino real de los mismos resulte diferente del previsto, en el caso de cuotas soportadas o satisfechas por la adquisición o importación de bienes o servicios distintos de los bienes de inversión que no hubiesen sido utilizados en ninguna medida en el desarrollo de la actividad empresarial o profesional con anterioridad al momento en que la actividad económica a la que estaban previsiblemente destinados en el momento en que se soportaron las cuotas pase a formar parte de un sector diferenciado distinto de aquel en el que venía estando integrada con anterioridad.

De lo previsto en los artículos 134 bis y 155 de esta Ley, en relación con los supuestos de comienzo o cese en la aplicación de los regímenes especiales de la agricultura, ganadería y pesca o del recargo de equivalencia respectivamente.

A efectos de lo dispuesto en esta Ley, se considerarán sectores diferenciados de la actividad empresarial o profesional los siguientes:

a') Aquellos en los que las actividades económicas realizadas y los regímenes de deducción aplicables sean distintos.

Se considerarán actividades económicas distintas aquellas que tengan asignados grupos diferentes en la Clasificación Nacional de Actividades Económicas[38].

---

[37]   Nueva redacción de letra c) dada por el art. 4.Dos de la Ley 53/2002, de 30 de diciembre (BOE núm. 313, de 31 de diciembre de 2002), con efectos desde 1 de enero de 2003.

[38]   A partir de 1/1/1993 se aplica la Clasificación Nacional de Actividades Económicas (CNAE-93) aprobada por Real Decreto 1560/1992, de 18 de diciembre (BOE núm. 306, de 22 de diciembre), modificado por Real Decreto 330/2003, de 14 de marzo (BOE de 2 de abril). Actualizada por Real Decreto 475/2007, de 13 de

No obstante lo establecido en el párrafo anterior, no se reputará distinta la actividad accesoria a otra cuando, en el año precedente, su volumen de operaciones no excediera del 15 por 100 del de esta última y, además, contribuya a su realización. Si no se hubiese ejercido la actividad accesoria durante el año precedente, en el año en curso el requisito relativo al mencionado porcentaje será aplicable según las previsiones razonables del sujeto pasivo, sin perjuicio de la regularización que proceda si el porcentaje real excediese del límite indicado.

Las actividades accesorias seguirán el mismo régimen que las actividades de las que dependan.

Los regímenes de deducción a que se refiere esta letra *a'*) se considerarán distintos si los porcentajes de deducción, determinados con arreglo a lo dispuesto en el artículo 104 de esta Ley, que resultarían aplicables en la actividad o actividades distintas de la principal difirieran en más de 50 puntos porcentuales del correspondiente a la citada actividad principal.

La actividad principal, con las actividades accesorias a la misma y las actividades económicas distintas cuyos porcentajes de deducción no difirieran en más 50 puntos porcentuales con el de aquélla constituirán un solo sector diferenciado.

Las actividades distintas de la principal cuyos porcentajes de deducción difirieran en más de 50 puntos porcentuales con el de ésta constituirán otro sector diferenciado del principal.

A los efectos de lo dispuesto en esta letra a'), se considerará principal la actividad en la que se hubiese realizado mayor volumen de operaciones durante el año inmediato anterior.

b') Las actividades acogidas a los regímenes especiales simplificado, de la agricultura, ganadería y pesca, de las operaciones con oro de inversión o del recargo de equivalencia.

c')[39] Las operaciones de arrendamiento financiero a que se refiere la disposición adicional tercera de la Ley 10/2014, de 26 de junio, de ordenación, supervisión y solvencia de entidades de crédito[40].

---

abril, por el que se aprueba la Clasificación Nacional de Actividades Económicas 2009 (CNAE-2009) (BOE núm. 102 de 28 de abril de 2007), aplicable desde 1 de enero de 2009.

[39] Nueva redacción dada por el art. 1.Cuatro de la Ley 28/2014, de 27 de noviembre (BOE núm. 288, de 28 de noviembre de 2014), en vigor desde el 1 de enero de 2015.

[40] Ley 10/2014, de 26 de junio, de ordenación, supervisión y solvencia de entidades de crédito (BOE núm. 156, de 27 de junio de 2014) dispone: Disposición adicional tercera. «Operaciones de arrendamiento financiero
1. Tendrán la consideración de operaciones de arrendamiento financiero aquellos contratos que tengan por objeto exclusivo la cesión del uso de bienes muebles o inmuebles, adquiridos para dicha finalidad según las especificaciones del futuro usuario, a cambio de una contraprestación consistente en el abono periódico de cuotas. Los bienes objeto de cesión habrán de quedar afectados por el usuario únicamente a sus explotaciones agrícolas, pesqueras, industriales, comerciales, artesanales, de servicios o profesionales. El contrato de arrendamiento financiero incluirá necesariamente una opción de compra, a su término, en favor del usuario.

d') Las operaciones de cesión de créditos o préstamos, con excepción de las realizadas en el marco de un contrato de «factoring»[41].

d) La afectación o, en su caso, el cambio de afectación de bienes producidos, construidos, extraídos, transformados, adquiridos o importados en el ejercicio de la actividad empresarial o profesional del sujeto pasivo para su utilización como bienes de inversión.

Lo dispuesto en esta letra no será de aplicación en los supuestos en que al sujeto pasivo se le hubiera atribuido el derecho a deducir íntegramente las cuotas del Impuesto sobre el Valor Añadido que hubiere soportado en el caso de adquirir a terceros bienes de idéntica naturaleza.

No se entenderá atribuido el derecho a deducir íntegramente las cuotas del Impuesto que hubiesen soportado los sujetos pasivos al adquirir bienes de idéntica naturaleza cuando, con posterioridad a su puesta en funcionamiento y durante el período de regularización de deducciones, los bienes afectados se destinasen a alguna de las siguientes finalidades:

a') Las que, en virtud de lo establecido en los artículos 95 y 96 de esta Ley, limiten o excluyan el derecho a deducir.

b') La utilización en operaciones que no originen el derecho a la deducción.

c') La utilización exclusiva en operaciones que originen el derecho a la deducción, siendo aplicable la regla de prorrata general.

Cuando por cualquier causa el usuario no llegue a adquirir el bien objeto del contrato, el arrendador podrá cederlo a un nuevo usuario, sin que el principio establecido en el párrafo anterior se considere vulnerado por la circunstancia de no haber sido adquirido el bien de acuerdo con las especificaciones de dicho nuevo usuario.

2. Con carácter complementario, las entidades que realicen operaciones de arrendamiento financiero podrán realizar también las siguientes actividades:

a) Actividades de mantenimiento y conservación de los bienes cedidos.

b) Conceder financiación conectada a una operación de arrendamiento financiero, actual o futura.

c) Intermediar y gestionar operaciones de arrendamiento financiero.

d) Actividades de arrendamiento no financiero, que podrán complementar o no con una opción de compra.

e) Asesorar y elaborar informes comerciales».

Ley 10/2014, de 26 de junio deroga la Ley 26/1988, de 29 de julio, sobre Disciplina e Intervención de las Entidades de Crédito y por tanto lo establecido en su apartado 1 de la disposición adicional 7.ª sobre las operaciones de arrendamiento financiero.

Art. 115 del texto refundido de la Ley del Impuesto sobre Sociedades, aprobado por Real Decreto legislativo 4/2004 de 5 de marzo, actualmente el art. 106 (Contratos de arrendamiento financiero) de la Ley 27/2014, de 27 de noviembre, del Impuesto sobre Sociedades (BOE núm. 288, de 28 de noviembre de 2014), en vigor desde el 1 de enero de 2015.

[41]   Letra d') modificada por el art. 7.Uno de la Ley 62/2003, de 30 de diciembre (BOE núm. 313, de 31 de diciembre de 2003), con efectos a partir de 1 de enero de 2004. Resolución 1/2004, de 6 de febrero, de la Dirección General de Tributos, sobre tratamiento de los contratos de «factoring» en el IVA (BOE núm. 46, de 23 de febrero de 2004).

d') La realización de una entrega exenta del Impuesto que no origine el derecho a deducir.

2.°⁴²

3.°⁴³ La transferencia por un sujeto pasivo de un bien corporal de su empresa con destino a otro Estado miembro, para afectarlo a las necesidades de aquella en este último. No tendrán esa consideración las transferencias realizadas en el marco de un acuerdo de ventas de bienes en consigna en los términos previstos en el artículo 9 bis de esta Ley.

Quedarán excluidas de lo dispuesto en este número las transferencias de bienes que se utilicen para la realización de las siguientes operaciones:

a) Las entregas de dichos bienes efectuadas por el sujeto pasivo que se considerarían efectuadas en el interior del Estado miembro de llegada de la expedición o del transporte por aplicación de los criterios contenidos en el artículo 68, apartados Dos, número 2.⊠, Tres y Cuatro, de esta Ley.

b) Las entregas de dichos bienes efectuadas por el sujeto pasivo a que se refiere el artículo 68, apartado Dos, número 4.°, de esta Ley.

c) Las entregas de dichos bienes efectuadas por el sujeto pasivo en el interior del país en las condiciones previstas en el artículo 21 o en el artículo 25 de esta Ley.

*d)*⁴⁴ Una ejecución de obra para el sujeto pasivo, cuando los bienes sean utilizados por el empresario que la realice en el Estado miembro de llegada de la expedición o transporte de los citados bienes, siempre que la obra fabricada o montada sea objeto de una entrega exenta con arreglo a los criterios contenidos en los artículos 21 y 25 de esta Ley.

*e)*⁴⁵La prestación de un servicio para el sujeto pasivo, que tenga por objeto informes periciales o trabajos efectuados sobre dichos bienes en el Estado miembro de llegada de la expedición o del transporte de los mismos, siempre que éstos, después de los mencionados servicios, se reexpidan con destino al sujeto pasivo en el territorio de aplicación del Impuesto.

Entre los citados trabajos se comprenden las reparaciones y las ejecuciones de obra que deban calificarse de prestaciones de servicios de acuerdo con el artículo 11 de esta Ley.

---

⁴²   Número 2.° suprimido por el art. 28.Segundo del Real Decreto-ley 12/1995, de 28 de diciembre (BOE núm. 212, de 30 de diciembre de 1995), en vigor desde 1 de enero de 1996.

⁴³   Nueva redacción del párrafo primero del núm. 3° del art. 9 dada por el art. 214.Dos del Real Decreto-ley 3/2020, de 4 de febrero (BOE núm. 31, de 5 de febrero de 2020).
      Arts. 66 y 79.1.1.° RIVA, relativos a la obligación del sujeto pasivo de llevar un libro registro de operaciones intracomunitarias y de presentar declaración recapitulativa.

⁴⁴   Letra d) modificadas por el art. 28.Tercero del Real Decreto-ley 12/1995, de 28 de diciembre (BOE núm. 212, de 30 de diciembre de 1995), en vigor desde 1 de enero de 1996.

⁴⁵   Letra e) modificadas por el art. 28.Tercero del Real Decreto-ley 12/1995, de 28 de diciembre (BOE núm. 212, de 30 de diciembre de 1995), en vigor desde 1 de enero de 1996.

f) La utilización temporal de dichos bienes, en el territorio del Estado miembro de llegada de la expedición o del transporte de los mismos, en la realización de prestaciones de servicios efectuadas por el sujeto pasivo establecido en España.

g) La utilización temporal de dichos bienes, por un período que no exceda de veinticuatro meses, en el territorio de otro Estado miembro en el interior del cual la importación del mismo bien procedente de un país tercero para su utilización temporal se beneficiaría del régimen de importación temporal, con exención total de los derechos de importación.

h)[46] Las entregas de gas a través de una red de gas natural situada en el territorio de la Comunidad o de cualquier red conectada a dicha red, las entregas de electricidad o las entregas de calor o de frío a través de las redes de calefacción o de refrigeración, que se considerarían efectuadas en otro Estado miembro de la Comunidad con arreglo a los criterios establecidos en el artículo 68.Seis de esta Ley.

Artículo 9 bis[47]. *Acuerdo de ventas de bienes en consigna*

Uno. A los efectos de lo dispuesto en esta Ley, se entenderá por acuerdo de ventas de bienes en consigna aquel en el que se cumplan los siguientes requisitos:

a) Que los bienes sean expedidos o transportados a otro Estado miembro, por el vendedor, o por un tercero en su nombre y por su cuenta, con el fin de que esos bienes sean adquiridos en un momento posterior a su llegada por otro empresario o profesional habilitado, de conformidad con un acuerdo previo entre ambas partes.

b) Que el vendedor que expida o transporte los bienes no tenga la sede de su actividad económica o un establecimiento permanente en el Estado miembro de llegada de la expedición o transporte de aquellos.

c) Que el empresario o profesional que va a adquirir los bienes esté identificado a efectos del Impuesto sobre el Valor Añadido en el Estado miembro de llegada de la expedición o transporte, y ese número de identificación fiscal, así como su nombre y apellidos, razón o denominación social completa, sean conocidos por el vendedor en el momento del inicio de la expedición o transporte.

d) Que el vendedor haya incluido el envío de dichos bienes tanto en el libro registro que se determine reglamentariamente como en la declaración recapitulativa a que se refiere

---

[46]   Nueva redacción de letra h) dada por el art. 10.Tres del Real Decreto-ley 7/2021, de 27 de abril (BOE núm. 101, de 28 de abril de 2021), en vigor desde el 1 de julio de 2021.
      Redacción anterior dada por el art. 79.1 de Ley 39/2010, de 22 de diciembre, de Presupuestos Generales del Estado para el año 2011 (BOE núm. 311, de 23 de diciembre de 2010), con efectos desde 1 de enero de 2011 y por el art. 9.3.º modificado por el art. 1 de la Ley 22/2005, de 18 de noviembre (BOE núm. 277, de 19 de noviembre de 2005), con efectos desde 1 de enero de 2005.

[47]   Nuevo art. 9. bis incorporado por el art. 214.Tres del Real Decreto-ley 3/2020, de 4 de febrero (BOE núm. 31, de 5 de febrero de 2020).

el artículo 164, apartado uno, número 5.º, de esta Ley, en la forma que se determine reglamentariamente.

Dos. Cuando, en el plazo de los doce meses siguientes a la llegada de los bienes al Estado miembro de destino en el marco de un acuerdo de ventas de bienes en consigna, el empresario o profesional mencionado en la letra c) del apartado anterior, o en la letra a') del segundo párrafo del apartado siguiente, adquiera el poder de disposición de los bienes, se entenderá que en el territorio de aplicación del Impuesto se realiza, según los casos:

a) Una entrega de bienes de las previstas en el artículo 68, apartado dos, número 1.º, letra A), primer párrafo, de esta Ley, por el vendedor, a la que resultará aplicable la exención prevista en el artículo 25 de esta Ley, o

b) una adquisición intracomunitaria de bienes de las previstas en el artículo 15, apartado uno, letra b), de esta Ley, por el empresario o profesional que los adquiere.

Tres. Se entenderá que se ha producido una transferencia de bienes a la que se refiere el artículo 9.3.º de esta Ley cuando, en el marco de un acuerdo de ventas de bienes en consigna, dentro del plazo de los doce meses previsto en el apartado anterior, se incumplan cualquiera de las condiciones establecidas en el apartado uno anterior, en particular:

a) Cuando los bienes no hubieran sido adquiridos por el empresario o profesional al que iban destinados inicialmente los mismos.

b) Cuando los bienes fueran expedidos o transportados a un destino distinto del Estado miembro al que estaban inicialmente destinados según el acuerdo de ventas de bienes en consigna.

c) En el supuesto de destrucción, pérdida o robo de los bienes.

No obstante, se entenderán cumplidos los requisitos del apartado uno anterior cuando dentro del referido plazo:

a') Los bienes sean adquiridos por un empresario o profesional que sustituya al referido en la letra c) del apartado uno anterior, con cumplimiento de los requisitos previstos en dicha letra.

b') No se haya transmitido el poder de disposición de los bienes y estos sean devueltos al Estado miembro desde el que se expidieron o transportaron.

c') Las circunstancias previstas en las letras a') y b') hayan sido incluidas por el vendedor en el libro registro que se determine reglamentariamente.

Cuatro. Se entenderá que se ha producido una transferencia de bienes a la que se refiere el artículo 9.3.º de esta Ley, en el marco de un acuerdo de ventas de bienes en consigna y cumpliéndose las condiciones previstas en el apartado uno anterior, al día siguiente de la expiración del plazo de 12 meses desde la llegada de los bienes al Estado miembro de destino sin que el empresario o profesional mencionado en la letra c) del apartado uno o en la letra a') del segundo párrafo del apartado tres del artículo 9 bis haya adquirido el poder de disposición de los bienes.

Cinco. Los empresarios o profesionales que suscriban un acuerdo de ventas de bienes en consigna y quienes sustituyan a aquel a quien estaban inicialmente destinados los bienes deberán llevar un libro registro de estas operaciones en las condiciones que se establezcan reglamentariamente.

Artículo 10. *Concepto de transformación*

Salvo lo dispuesto especialmente en otros preceptos de esta Ley, se considerará transformación cualquier alteración de los bienes que determine la modificación de los fines específicos para los cuales eran utilizables.

Artículo 11. *Concepto de prestación de servicios*

Uno. A los efectos del Impuesto sobre el Valor Añadido, se entenderá por prestación de servicios toda operación sujeta al citado tributo que, de acuerdo con esta Ley, no tenga la consideración de entrega, adquisición intracomunitaria o importación de bienes.

Dos. En particular, se considerarán prestaciones de servicios:

1.º El ejercicio independiente de una profesión, arte u oficio.

2.º Los arrendamientos de bienes, industria o negocio, empresas o establecimientos mercantiles, con o sin opción de compra.

3.º Las cesiones del uso o disfrute de bienes.

4.º Las cesiones y concesiones de derechos de autor, licencias, patentes, marcas de fábrica y comerciales y demás derechos de propiedad intelectual e industrial.

5.º Las obligaciones de hacer y no hacer y las abstenciones estipuladas en contratos de agencia o venta en exclusiva o derivadas de convenios de distribución de bienes en áreas territoriales delimitadas.

6.º Las ejecuciones de obra que no tengan la consideración de entregas de bienes con arreglo a lo dispuesto en el artículo 8.º de esta Ley.

7.º Los traspasos de locales de negocio.

8.º Los transportes.

9.º Los servicios de hostelería, restaurante o acampamento y las ventas de bebidas o alimentos para su consumo inmediato en el mismo lugar.

10.º Las operaciones de seguro, reaseguro y capitalización.

11.º Las prestaciones de hospitalización.

12.º[48]Los préstamos y créditos en dinero.

13.º El derecho a utilizar instalaciones deportivas o recreativas.

14.º La explotación de ferias y exposiciones.

---

[48]   Número 12.º modificado por el art. 6 de la Ley 55/1999, de 29 de diciembre (BOE núm. 312, de 30 diciembre de 1999), con efectos desde 1 de enero de 2000.

15.º Las operaciones de mediación y las de agencia o comisión cuando el agente o comisionista actúe en nombre ajeno. Cuando actúe en nombre propio y medie en una prestación de servicios se entenderá que ha recibido y prestado por sí mismo los correspondientes servicios.

16.º[49] El suministro de productos informáticos cuando no tenga la condición de entrega de bienes, considerándose accesoria a la prestación de servicios la entrega del correspondiente soporte.

En particular, se considerará prestación de servicios el suministro de productos informáticos que hayan sido confeccionados previo encargo de su destinatario conforme a las especificaciones de éste, así como aquellos otros que sean objeto de adaptaciones sustanciales necesarias para el uso por su destinatario.

Artículo 12[50]. *Operaciones asimiladas a las prestaciones de servicios*

Se considerarán operaciones asimiladas a las prestaciones de servicios a título oneroso los autoconsumos de servicios.

A efectos de este Impuesto serán autoconsumos de servicios las siguientes operaciones realizadas sin contraprestación:

1.º Las transferencias de bienes y derechos, no comprendidas en el artículo 9.º, número 1.º, de esta Ley, del patrimonio empresarial o profesional al patrimonio personal del sujeto pasivo.

2.º La aplicación total o parcial al uso particular del sujeto pasivo o, en general, a fines ajenos a su actividad empresarial o profesional de los bienes integrantes de su patrimonio empresarial o profesional.

3.º[51] Las demás prestaciones de servicios efectuadas a título gratuito por el sujeto pasivo no mencionadas en los números anteriores de este artículo, siempre que se realicen para fines ajenos a los de la actividad empresarial o profesional.

---

[49] Número 16.º modificado por el art. 4.Tres de la Ley 53/2002, de 30 de diciembre (BOE núm. 313, de 31 de diciembre de 2002), con efectos desde 1 de enero de 2003.

[50] Resolución 5/2004, de 23 de diciembre, de la Dirección General de Tributos, sobre el tratamiento en este impuesto de la cesión, efectuada por los productores, fabricantes y distribuidores de bebidas y productos alimenticios a las empresas comercializadoras, de aparatos o instalaciones relacionados con la venta o distribución de dichos productos o bebidas (BOE núm. 3, de 4 de enero de 2005).

[51] Número 3.º modificado por el art. Tercero de la ley 36/2006, de 29 de noviembre (BOE núm. 286, de 30 de noviembre), en vigor desde 1 de diciembre de 2006.

CAPÍTULO II. Adquisiciones intracomunitarias de bienes

Artículo 13[52]**. *Hecho imponible***

Estarán sujetas las siguientes operaciones realizadas en el ámbito espacial de aplicación del Impuesto:

1.ª Las adquisiciones intracomunitarias de bienes efectuadas a título oneroso por empresarios, profesionales o personas jurídicas que no actúen como tales cuando el transmitente sea un empresario o profesional.

No se comprenden en estas adquisiciones intracomunitarias de bienes las siguientes:

a) Las adquisiciones de bienes cuya entrega se efectúe por un empresario o profesional que se beneficie del régimen de franquicia del Impuesto en el Estado miembro desde el que se inicie la expedición o el transporte de los bienes.

b) Las adquisiciones de bienes cuya entrega haya tributado con sujeción a las reglas establecidas para el régimen especial de bienes usados, objetos de arte, antigüedades y objetos de colección en el Estado miembro en el que se inicie la expedición o el transporte de los bienes.

c) Las adquisiciones de bienes que se correspondan con las entregas de bienes que hayan de ser objeto de instalación o montaje comprendidas en el artículo 68, apartado Dos, número 2.º de esta Ley.

d)[53] Las adquisiciones de bienes que se correspondan con las ventas a distancia comprendidas en el artículo 68.Tres.a) de esta Ley.

e) Las adquisiciones de bienes que se correspondan con las entregas de bienes objeto de Impuestos Especiales, a que se refiere el artículo 68, apartado Cinco, de esta ley.

f) Las adquisiciones intracomunitarias de bienes cuya entrega en el Estado de origen de la expedición o transporte haya estado exenta del Impuesto por aplicación de los criterios establecidos en el artículo 22, apartados Uno al Once, de esta Ley.

g)[54] Las adquisiciones de bienes que se correspondan con las entregas de gas a través de una red de gas natural situada en el territorio de la Comunidad o de cualquier red conectada a dicha red, las entregas de electricidad o las entregas de calor o de frío a través de las redes

---

[52] Art. 13 modificado por el art. 17 de la Ley 42/1994, de 30 de diciembre,(BOE núm. 313, de 31 de diciembre de 1994), en vigor desde 1 de enero de 1995. Apartado 1.ª.g) modificado por el art. 1 de la Ley 22/2005, de 18 de noviembre (BOE núm. 277, de 19 de noviembre de 2005), con efectos desde 1 de enero de 2005. Arts. 71 y 72 de la presente Ley relativos al lugar de realización de las operaciones intracomunitarias y el 76 referente al devengo.

[53] Nueva redacción de letra d) dada por el art. 10.Cuatro del Real Decreto-ley 7/2021, de 27 de abril (BOE núm. 101, de 28 de abril de 2021), en vigor desde el 1 de julio de 2021.

[54] Nueva redacción de la letra g) dada por el art. 10.Cuatro del Real Decreto-ley 7/2021, de 27 de abril (BOE núm. 101, de 28 de abril de 2021), en vigor desde el 1 de julio de 2021.
Redacción anterior dada por el art. 67 de la Ley 2/2012, de 29 de junio (BOE núm. 156, de 30 de junio de 2012), en vigor desde el 1 de julio.

de calefacción o de refrigeración que se entiendan realizadas en el territorio de aplicación del impuesto de acuerdo con el artículo 68.Seis de esta Ley.

2.ª Las adquisiciones intracomunitarias de medios de transporte nuevos, efectuadas a título oneroso por las personas a las que sea de aplicación la no sujeción prevista en el artículo 14, apartados Uno y Dos, de esta Ley, así como las realizadas por cualquier otra persona que no tenga la condición de empresario o profesional, cualquiera que sea la condición del transmitente.

A estos efectos, se considerarán medios de transporte:

a) Los vehículos terrestres accionados a motor cuya cilindrada sea superior a 48 centímetros cúbicos o su potencia exceda de 7,2 Kw.

b) Las embarcaciones cuya eslora máxima sea superior a 7,5 metros, con excepción de aquéllas a las que afecte la exención del artículo 22, apartado Uno, de esta Ley.

c) Las aeronaves cuyo peso total al despegue exceda de 1.550 kilogramos, con excepción de aquéllas a las que afecte la exención del artículo 22, apartado Cuatro, de esta Ley.

Los referidos medios de transporte tendrán la consideración de nuevos cuando, respecto de ellos, se dé cualquiera de las circunstancias que se indican a continuación[55]:

a) Que su entrega se efectúe antes de los tres meses siguientes a la fecha de su primera puesta en servicio o, tratándose de vehículos terrestres accionados a motor, antes de los seis meses siguientes a la citada fecha.

b) Que los vehículos terrestres no hayan recorrido más de 6.000 kilómetros, las embarcaciones no hayan navegado más de cien horas y las aeronaves no hayan volado más de cuarenta horas.

Artículo 14. *Adquisiciones no sujetas*

Uno. No estarán sujetas al Impuesto las adquisiciones intracomunitarias de bienes, con las limitaciones establecidas en el apartado siguiente, realizadas por las personas o entidades que se indican a continuación:

1.º Los sujetos pasivos acogidos al régimen especial de la agricultura, ganadería y pesca, respecto de los bienes destinados al desarrollo de la actividad sometida a dicho régimen.

2.º Los sujetos pasivos que realicen exclusivamente operaciones que no originan el derecho a la deducción total o parcial del Impuesto.

3.º Las personas jurídicas que no actúen como empresarios o profesionales.

Esta letra g) fue introducida por el art. 1 de la Ley 22/2005, de 18 de noviembre (BOE núm. 277, de 19 de noviembre de 2005), con efectos desde 1 de enero de 2005.

Arts. 71 y 72 de la presente Ley relativos al lugar de realización de las operaciones intracomunitarias y el 76 referente al devengo.

[55] Art. 2.º del RIVA relativo a la definición de medio de transporte nuevo.

Dos[56]. La no sujeción establecida en el apartado anterior sólo se aplicará respecto de las adquisiciones intracomunitarias de bienes, efectuadas por las personas indicadas, cuando el importe total de las adquisiciones de bienes procedentes de los demás Estados miembros, excluido el impuesto devengado en dichos Estados, no haya alcanzado en el año natural precedente 10.000 euros.

La no sujeción se aplicará en el año natural en curso hasta alcanzar el citado importe.

En la aplicación del límite a que se refiere este apartado debe considerarse que el importe de la contraprestación relativa a los bienes adquiridos no podrá fraccionarse a estos efectos.

Para el cálculo del límite indicado en este apartado se computará el importe de la contraprestación de las entregas de bienes a que se refiere el artículo 8.Tres.1.º de esta Ley, cuando, por aplicación de las reglas comprendidas en el artículo 68 de esta Ley, se entiendan realizadas fuera del territorio de aplicación del impuesto.

Tres. Lo dispuesto en el presente artículo no será de aplicación respecto de las adquisiciones de medios de transporte nuevos y de los bienes que constituyen el objeto de los Impuestos Especiales, cuyo importe no se computará en el límite indicado en el apartado anterior.

Cuatro. No obstante lo establecido en el apartado Uno, las operaciones descritas en él quedarán sujetas al Impuesto cuando las personas que las realicen opten por la sujeción al mismo, en la forma que se determine reglamentariamente[57].

La opción abarcará un período mínimo de dos años.

Artículo 15. *Concepto de adquisición intracomunitaria de bienes*

Uno[58]. Se entenderá por adquisición intracomunitaria de bienes:

a) La obtención del poder de disposición sobre bienes muebles corporales expedidos o transportados al territorio de aplicación del Impuesto, con destino al adquirente, desde otro Estado miembro, por el transmitente, el propio adquirente o un tercero en nombre y por cuenta de cualquiera de los anteriores.

b) La obtención del poder de disposición sobre bienes muebles corporales en el marco de un acuerdo de ventas de bienes en consigna en los términos previstos en el artículo 9 bis, apartado dos, de esta Ley.

---

[56] Nueva redacción del art. 14.Dos dada por el art. 10.Cinco del Real Decreto-ley 7/2021, de 27 de abril (BOE núm. 101, de 28 de abril de 2021), en vigor desde el 1 de julio de 2021.
Primer párrafo del apartado Dos original modificado por el art. 6 de la Ley 24/2001, de 27 de diciembre, de Medidas Fiscales, Administrativas y del Orden Social (BOE núm. 313, de 31 de diciembre de 2001), convirtiendo a euros las referencias en ecus y pesetas.

[57] Art. 3 del RIVA.

[58] Nueva redacción del art. 15.Uno dada por el art. 214.Cuatro del Real Decreto-ley 3/2020, de 4 de febrero (BOE núm. 31, de 5 de febrero de 2020).

Dos. Cuando los bienes adquiridos por una persona jurídica que no actúe como empresario o profesional sean transportados desde un territorio tercero e importados por dicha persona en otro Estado miembro, dichos bienes se considerarán expedidos o transportados a partir del citado Estado miembro de importación.

Artículo 16. *Operaciones asimiladas a las adquisiciones intracomunitarias de bienes*

Se considerarán operaciones asimiladas a las adquisiciones intracomunitarias de bienes a título oneroso:

1.º[59] (...)

2.º La afectación a las actividades de un empresario o profesional desarrolladas en el territorio de aplicación del Impuesto de un bien expedido o transportado por ese empresario, o por su cuenta, desde otro Estado miembro en el que el referido bien haya sido producido, extraído, transformado, adquirido o importado por dicho empresario o profesional en el desarrollo de su actividad empresarial o profesional realizada en el territorio de este último Estado miembro.

Se exceptúan de lo dispuesto en este número las operaciones excluidas del concepto de transferencia de bienes según los criterios contenidos en el artículo 9.º, número 3.º, de esta Ley.

3.º[60] La afectación realizada por:

a) las fuerzas de un Estado parte del Tratado del Atlántico Norte en el territorio de aplicación del Impuesto, para su uso o el del elemento civil que les acompaña, o

b) las fuerzas armadas de cualquier Estado miembro para uso de dichas fuerzas o del personal civil a su servicio, siempre que dichas fuerzas estén afectadas a un esfuerzo de defensa realizado para llevar a cabo una actividad de la Unión en el ámbito de la política común de seguridad y defensa, de los bienes que no han sido adquiridos por dichas fuerzas o elemento civil en las condiciones normales de tributación del Impuesto en la Comunidad, o cuando su importación no pudiera beneficiarse de la exención del Impuesto establecida en el artículo 62 de esta ley.

4.º Cualquier adquisición resultante de una operación que, si se hubiese efectuado en el interior del país por un empresario o profesional, sería calificada como entrega de bienes en virtud de lo dispuesto en el artículo 8.º de esta Ley.

---

[59]   Apartado 1.º suprimido por el art. 28 del Real Decreto-ley 12/1995, de 28 de diciembre (BOE núm. 312, de 30 diciembre de 1995).

[60]   Nueva redacción del núm. 3º del art. 16 dada por el art. 72.Uno de la Ley 31/2022, de 23 de diciembre, de Presupuestos Generales del Estado para el año 2023 (BOE núm. 308, de 24 de diciembre de 2022), con efectos desde el 1 de julio de 2022.

CAPÍTULO III. Importaciones de bienes

Artículo 17. *Hecho imponible*

Estarán sujetas al Impuesto las importaciones de bienes, cualquiera que sea el fin a que se destinen y la condición del importador.

Artículo 18. *Concepto de importación de bienes*

Uno. Tendrá la consideración de importación de bienes:

1.º La entrada en el interior del país de un bien que no cumpla las condiciones previstas en los artículos 9.º y 10 del Tratado constitutivo de la Comunidad Económica Europea o, si se trata de un bien comprendido en el ámbito de aplicación del Tratado constitutivo de la Comunidad Europea del Carbón y del Acero, que no esté en libre práctica.

2.º La entrada en el interior del país de un bien procedente de un territorio tercero, distinto de los bienes a que se refiere el número anterior.

Dos[61]. No obstante lo dispuesto en el apartado uno, cuando un bien de los que se mencionan en él se coloque, desde su entrada en el interior del territorio de aplicación del impuesto, en las situaciones a que se refiere el artículo 23 o se vincule a los regímenes comprendidos en el artículo 24, ambos de esta ley, con excepción del régimen de depósito distinto del aduanero, la importación de dicho bien se producirá cuando cesen las situaciones o se ultimen los regímenes indicados en el territorio de aplicación del impuesto.

Lo dispuesto en el párrafo anterior solo será de aplicación cuando los bienes se coloquen en las citadas situaciones o se vinculen a los regímenes indicados con cumplimiento de la legislación que sea aplicable en cada caso.

El incumplimiento de la legislación reguladora de dichas situaciones y regímenes determinará el hecho imponible importación de bienes.

No obstante, no constituirá importación el cese de las situaciones a que se refiere el artículo 23 o la ultimación de los regímenes comprendidos en el artículo 24 cuando aquel determine una entrega de bienes a la que resulte aplicable las exenciones establecidas en los artículos 21, 22 o 25 de esta ley.

Tampoco constituirá importación el cese de las situaciones o la ultimación de los regímenes mencionados en el párrafo anterior cuando aquel determine un fletamento o un arrendamiento de buques o aeronaves, o bien un arrendamiento de los objetos que se incorporen a dichos buques y aeronaves, a los que resulte aplicable las exenciones previstas en el artículo 22, apartados uno, dos, cuatro y cinco de esta ley.

---

[61]   Nueva redacción del art. 18.Dos por art. 74.Uno de la Ley 31/2022, de 23 de diciembre, de Presupuestos Generales del Estado para el año 2023 (BOE núm. 308, de 24 de diciembre de 2022), con efectos desde el 1 de enero de 2023.
Redacción anterior dada por el art. 1.Cinco de la Ley 28/2014, de 27 de noviembre (BOE núm. 288, de 28 de noviembre de 2014), en vigor desde el 1 de enero de 2015.

Tres[62]. La vinculación de mercancías importadas al régimen de depósito distinto del aduanero se referirá exclusivamente a las referidas en el artículo 65 de esta ley.

La ultimación del régimen de depósito distinto del aduanero de los bienes previamente importados y vinculados a dicho régimen, a cuya importación se haya aplicado la exención prevista en el artículo 65 esta ley, determinará el hecho imponible importación de bienes.

Artículo 19. *Operaciones asimiladas a las importaciones de bienes*

Se considerarán asimiladas a las importaciones de bienes:

1.º El incumplimiento de los requisitos determinantes de la afectación a la navegación marítima internacional de los buques que se hubiesen beneficiado de exención del Impuesto en los casos a que se refieren los artículos 22, apartado Uno, número 1.º, 26, apartado Uno, y 27, número 2.º, de esta Ley.

2.º La no afectación exclusiva al salvamento, a la asistencia marítima o a la pesca costera de los buques cuya entrega, adquisición intracomunitaria o importación se hubiesen beneficiado de la exención del Impuesto[63].

3.º El incumplimiento de los requisitos que determinan la dedicación esencial a la navegación aérea internacional de las compañías que realicen actividades comerciales, en relación con las aeronaves cuya entrega, adquisición intracomunitaria o importación se hubiesen beneficiado de la exención del Impuesto en los casos a que se refieren los artículos 22, apartado Cuatro, 26, apartado Uno, y 27, número 3.º.

4.º Las adquisiciones realizadas en el territorio de aplicación del Impuesto de los bienes cuya entrega, adquisición intracomunitaria o importación previas se hubiesen beneficiado de la exención del Impuesto, en virtud de lo dispuesto en los artículos 22, apartados Ocho y Nueve, en su relación con el artículo anterior, 60 y 61 de esta Ley[64].

No obstante, lo dispuesto en el párrafo anterior no será de aplicación cuando el adquirente expida o transporte inmediata y definitivamente dichos bienes fuera del territorio de la Comunidad.

5º[65] El cese de las situaciones a que se refiere el artículo 23 o la ultimación de los regímenes comprendidos en el artículo 24 de esta ley, de los bienes cuya entrega o adquisición intracomunitaria para ser colocados en las citadas situaciones o vinculados a dichos regí-

---

[62]   Nuevo apartado tercero del art. 18 incorporadio por art. 74.Uno de la Ley 31/2022, de 23 de diciembre, de Presupuestos Generales del Estado para el año 2023 (BOE núm. 308, de 24 de diciembre de 2022), con efectos desde el 1 de enero de 2023.

[63]   Arts. 22.Uno.2.º, 26.Uno y 27.2.º de la presente Ley.

[64]   Art. 8 del Real Decreto 3485/2000, de 29 de diciembre, sobre franquicias y exenciones en régimen diplomático, consular y de organismos internacionales (BOE núm. 313, de 30 de diciembre de 2000).

[65]   Redacción dada por la Disp. Final Primera Uno de la Ley 7/2024, de 20 de diciembre, por la que se establecen un Impuesto Complementario para garantizar un nivel mínimo global de imposición para los grupos multinacionales y los grupos nacionales de gran magnitud, un Impuesto sobre el margen de intereses y comisiones de determinadas entidades financieras y un Impuesto sobre los líquidos para cigarrillos elec-

trónicos y otros productos relacionados con el tabaco, y se modifican otras normas tributarias, (BOE núm. 307, de 21 de diciembre de 2024), en vigor desde el día 22 de diciembre de 2024.

Redacción del núm. 5 del art. 19 dada por el art. 8 Uno del Real Decreto-ley 9/2024, de 23 de diciembre, por el que se adoptan medidas urgentes en materia económica, tributaria, de transporte, y de Seguridad Social, y se prorrogan determinadas medidas para hacer frente a situaciones de vulnerabilidad social, (BOE núm. 309, de 24 de diciembre de 2024), con efectos desde el 25 de diciembre de 2024:

«5º *El cese de las situaciones a que se refiere el artículo 23 o la ultimación de los regímenes comprendidos en el artículo 24 de esta Ley, de los bienes cuya entrega o adquisición intracomunitaria para ser colocados en las citadas situaciones o vinculados a dichos regímenes se hubiese beneficiado de la exención del Impuesto en virtud de lo dispuesto en los mencionados artículos y en el artículo 26, apartado uno, o hubiesen sido objeto de entregas o prestaciones de servicios igualmente exentas por dichos artículos.*

Por excepción a lo establecido en el párrafo anterior no constituirá operación asimilada a las importaciones el cese de las situaciones a que se refiere el artículo 23 ni la ultimación del régimen comprendido en el artículo 24 de esta ley de los siguientes bienes: estaño (código NC 8001), cobre (códigos NC 7402, 7403, 7405 y 7408), zinc (código NC 7901), níquel (código NC 7502), aluminio (código NC 7601), plomo (código NC 7801), indio (códigos NC ex 81 1292 y ex 81 1299), plata (código NC 7106) y platino, pladio y rodio (códigos NC 71101 100, 71 102100 y 71103100). En estos casos, el cese de las situaciones o la ultimación de los regímenes mencionados dará lugar a la liquidación del impuesto en los términos establecidos en el apartado sexto del anexo de esta Ley.

Tratándose de gasolinas, gasóleos y biocarburantes destinados a ser usados como carburante comprendidos en los epígrafes 1.1, 1.2.1, 1.2.2, 1.3, 1.4, 1.13 y 1.14 de la tarifa 1ª del artículo 50.1, de la Ley 38/1992, de 28 de diciembre, de Impuestos Especiales, la ultimación del régimen de depósito distinto del aduanero a que se refiere el artículo 24.Uno.1º, letra f), de esta Ley se entenderá realizada, en todo caso, por el último depositante del producto que se extraiga del depósito fiscal, al que se repercutirá el Impuesto sobre Hidrocarburos correspondiente y que estará obligado a liquidar el Impuesto sobre el Valor Añadido por la operación asimilada a la importación, o por el titular del depósito fiscal en caso de que sea el propietario del producto.

Asimismo, el último depositante del producto que se extraiga, o el titular del depósito fiscal en caso de que sea el propietario del producto, estará obligado a garantizar el ingreso del Impuesto sobre el Valor Añadido correspondiente a la posterior entrega sujeta y no exenta del bien extraído del depósito fiscal, en la forma prevista en el apartado undécimo del anexo de esta Ley.

No obstante, no constituirá operación asimilada a las importaciones el cese de las situaciones a que se refiere el artículo 23 o la ultimación de los regímenes comprendidos en el artículo 24 cuando aquella determine una entrega de bienes a la que resulte aplicable las exenciones establecidas en los artículos 21, 22 o 25 de esta Ley».

Resolución de 22 de enero de 2025, del Congreso de los Diputados, por la que se ordena la publicación del Acuerdo de derogación del Real Decreto-ley 9/2024, de 23 de diciembre, por el que se adoptan medidas urgentes en materia económica, tributaria, de transporte, y de Seguridad Social, y se prorrogan determinadas medidas para hacer frente a situaciones de vulnerabilidad social (BOE núm. 20, de 23 de enero de 2025).

Redacción anterior dada por el art. 74.Dos de la Ley 31/2022, de 23 de diciembre, de Presupuestos Generales del Estado para el año 2023 (BOE núm. 308, de 24 de diciembre de 2022), con efectos desde el 1 de enero de 2023: «5º. *El cese de las situaciones a que se refiere el artículo 23 o la ultimación de los regímenes comprendidos en el artículo 24 de esta ley, de los bienes cuya entrega o adquisición intracomunitaria para ser colocados en las citadas situaciones o vinculados a dichos regímenes se hubiese beneficiado de la exención del Impuesto en virtud de lo dispuesto en los mencionados artículos y en el artículo 26, apartado uno, o hubiesen sido objeto de entregas o prestaciones de servicios igualmente exentas por dichos artículos.*

menes se hubiese beneficiado de la exención del Impuesto en virtud de lo dispuesto en los mencionados artículos y en el artículo 26, apartado uno, o hubiesen sido objeto de entregas o prestaciones de servicios igualmente exentas por dichos artículos.

Por excepción a lo establecido en el párrafo anterior no constituirá operación asimilada a las importaciones el cese de las situaciones a que se refiere el artículo 23 ni la ultimación del régimen comprendido en el artículo 24 de esta ley de los siguientes bienes: estaño (código NC 8001), cobre (códigos NC 7402, 7403, 7405 y 7408), zinc (código NC 7901), níquel (código NC 7502), aluminio (código NC 7601), plomo (código NC 7801), indio (códigos NC ex 81 1292 y ex 81 1299), plata (código NC 7106) y platino, paladio y rodio (códigos NC 71101 100, 71 102100 y 71103100). En estos casos, el cese de las situaciones o la ultimación de los regímenes mencionados dará lugar a la liquidación del impuesto en los términos establecidos en el apartado sexto del anexo de esta ley.

Tratándose de gasolinas, gasóleos y biocarburantes destinados a ser usados como carburante comprendidos en los epígrafes 1.1, 1.2.1, 1.2.2, 1.3, 1.13 y 1.14 de la tarifa 1ª del artículo 50.1, de la Ley 38/1992, de 28 de diciembre, de Impuestos Especiales, la ultimación del régimen de depósito distinto del aduanero a que se refiere el artículo 24.Uno.1º, letra f) de esta ley se entenderá realizada, en todo caso, por el último depositante del producto que se extraiga del depósito fiscal, al que se repercutirá el Impuesto sobre Hidrocarburos correspondiente y que estará obligado a liquidar el Impuesto sobre el Valor Añadido por la operación asimilada a la importación, o por el titular del depósito fiscal en caso de que sea el propietario del producto. Asimismo, el último depositante del producto que se extraiga, o el titular del depósito fiscal en caso de que sea el propietario del producto, estará obligado a garantizar el ingreso del Impuesto sobre el Valor Añadido correspondiente a la posterior

---

Por excepción a lo establecido en el párrafo anterior, no constituirá operación asimilada a las importaciones el cese de las situaciones a que se refiere el artículo 23 ni la ultimación de los regímenes comprendidos en el artículo 24 de esta ley de los siguientes bienes: estaño (código NC 8001), cobre (códigos NC 7402, 7403, 7405 y 7408), zinc (código NC 7901), níquel (código NC 7502), aluminio (código NC 7601), plomo (código NC 7801), indio (códigos NC ex 811292 y ex 811299), plata (código NC 7106) y platino, paladio y rodio (códigos NC 71101100, 71102100 y 71103100). En estos casos, el cese de las situaciones o la ultimación de los regímenes mencionados dará lugar a la liquidación del impuesto en los términos establecidos en el apartado sexto del anexo de esta ley.

No obstante, no constituirá operación asimilada a las importaciones el cese de las situaciones a que se refiere el artículo 23 o la ultimación de los regímenes comprendidos en el artículo 24 cuando aquella determine una entrega de bienes a la que resulte aplicable las exenciones establecidas en los artículos 21, 22 o 25 de esta ley».

Redacción anterior dada por el art. 1.Seis de la Ley 28/2014, de 27 de noviembre (BOE núm. 288, de 28 de noviembre de 2014), en vigor desde el 1 de enero de 2015.

Redacción anterior por Real Decreto-ley 14/1997, de 29 de agosto (BOE núm. 208, de 30 de agosto de 1997), y modificado por Ley 9/1998, de 21 de abril (BOE núm. 96, de 22 de abril de 1998).

entrega sujeta y no exenta del bien extraído del depósito fiscal, en la forma prevista en el apartado undécimo del anexo de esta ley.

No obstante, no constituirá operación asimilada a las importaciones el cese de las situaciones a que se refiere el artículo 23 o la ultimación de los regímenes comprendidos en el artículo 24 cuando aquella determine una entrega de bienes a la que resulte aplicable las exenciones establecidas en los artículos 21, 22 o 25 de esta ley.

TÍTULO II. EXENCIONES

CAPÍTULO I. Entregas de bienes y prestaciones de servicios

Artículo 20. *Exenciones en operaciones interiores*

Uno. Estarán exentas de este Impuesto las siguientes operaciones:

1.º[66] Las prestaciones de servicios y las entregas de bienes accesorias a ellas que constituyan el servicio postal universal siempre que sean realizadas por el operador u operadores que se comprometen a prestar todo o parte del mismo.

Esta exención no se aplicará a los servicios cuyas condiciones de prestación se negocien individualmente

2.º Las prestaciones de servicios de hospitalización o asistencia sanitaria y las demás relacionadas directamente con las mismas realizadas por entidades de Derecho público o por entidades o establecimientos privados en régimen de precios autorizados o comunicados[67].

Se considerarán directamente relacionadas con las de hospitalización y asistencia sanitaria las prestaciones de servicios de alimentación, alojamiento, quirófano, suministro de medicamentos y material sanitario y otros análogos prestados por clínicas, laboratorios, sanatorios y demás establecimientos de hospitalización y asistencia sanitaria.

La exención no se extiende a las operaciones siguientes:

a) La entrega de medicamentos para ser consumidos fuera de los establecimientos mencionados en el primer párrafo de este número.

b) Los servicios de alimentación y alojamiento prestados a personas distintas de los destinatarios de los servicios de hospitalización y asistencia sanitaria y de sus acompañantes.

c) Los servicios veterinarios.

d) Los arrendamientos de bienes efectuados por las entidades a que se refiere el presente número.

---

[66]   Número 1.º modificado por el art. 79.Dos de la Ley 39/2010, de 22 de diciembre, de Presupuestos Generales del Estado para el año 2011 (BOE núm. 311, de 23 de diciembre de 2010), con efectos desde 1 de enero de 2011 y vigencia indefinida.

      Art. 22.2 de la Ley 43/2010, de 30 de diciembre, del servicio postal universal, de los derechos de los usuarios y del mercado postal (BOE núm. 318, de 31 de diciembre de 2010).

[67]   Art. 4.º del RIVA relativo al concepto de precios autorizados o comunicados.

3.º La asistencia a personas físicas por profesionales médicos o sanitarios, cualquiera que sea la persona destinataria de dichos servicios.

A efectos de este Impuesto tendrán la condición de profesionales médicos o sanitarios los considerados como tales en el ordenamiento jurídico y los psicólogos, logopedas y ópticos, diplomados en centros oficiales o reconocidos por la Administración.

La exención comprende las prestaciones de asistencia médica, quirúrgica y sanitaria, relativas al diagnóstico, prevención y tratamiento de enfermedades, incluso las de análisis clínicos y exploraciones radiológicas.

4.º Las entregas de sangre, plasma sanguíneo y demás fluidos, tejidos y otros elementos del cuerpo humano efectuadas para fines médicos o de investigación o para su procesamiento con idénticos fines.

5.º Las prestaciones de servicios realizadas en el ámbito de sus respectivas profesiones por estomatólogos, odontólogos, mecánicos dentistas y protésicos dentales, así como la entrega, reparación y colocación de prótesis dentales y ortopedias maxilares realizadas por los mismos, cualquiera que sea la persona a cuyo cargo se realicen dichas operaciones.

6.º[68] Los servicios prestados directamente a sus miembros por uniones, agrupaciones o entidades autónomas, incluidas las Agrupaciones de Interés Económico, constituidas exclusivamente por personas que ejerzan una actividad exenta o no sujeta al Impuesto que no origine el derecho a la deducción, cuando concurran las siguientes condiciones:

a) Que tales servicios se utilicen directa y exclusivamente en dicha actividad y sean necesarios para el ejercicio de la misma.

b) Que los miembros se limiten a reembolsar la parte que les corresponda en los gastos hechos en común.

c) Que la actividad exenta ejercida sea distinta de las señaladas en los números 16.º, 17.º, 18.º, 19.º, 20.º, 22.º, 23.º, 26.º y 28.º del apartado Uno de este artículo.

La exención también se aplicará cuando, cumplido el requisito previsto en la letra b) precedente, la prorrata de deducción no exceda del 10 por ciento y el servicio no se utilice directa y exclusivamente en las operaciones que originen el derecho a la deducción.

La exención no alcanza a los servicios prestados por sociedades mercantiles.

7.º Las entregas de bienes y prestaciones de servicios que, para el cumplimiento de sus fines específicos, realice la Seguridad Social, directamente o a través de sus entidades gestoras o colaboradoras.

---

[68]   Nueva redacción del núm. 6º dada por el art. 75 de la Ley 6/2018, de 3 de julio, de Presupuestos Generales del Estado para el año 2018 (BOE núm. 161, de 4 de julio de 2018), en vigor desde el día 1 de enero de 2019.

     La redacción anterior vigente hasta el 31-12-2018 fue dada por el art. 68 de la Ley 17/2012, de 27 de diciembre (BOE núm. 312, de 28 de diciembre de 2012), con efectos desde el 1 de enero de 2013.

Sólo será aplicable esta exención en los casos en que quienes realicen tales operaciones no perciban contraprestación alguna de los adquirentes de los bienes o de los destinatarios de los servicios, distinta de las cotizaciones efectuadas a la Seguridad Social.

La exención no se extiende a las entregas de medicamentos o de material sanitario realizadas por cuenta de la Seguridad Social.

8.º[69] Las prestaciones de servicios de asistencia social que se indican a continuación efectuadas por entidades de Derecho Público o entidades o establecimientos privados de carácter social[70]:

a) Protección de la infancia y de la juventud. Se considerarán actividades de protección de la infancia y de la juventud las de rehabilitación y formación de niños y jóvenes, la de asistencia a lactantes, la custodia y atención a niños, la realización de cursos, excursiones, campamentos o viajes infantiles y juveniles y otras análogas prestadas en favor de personas menores de veinticinco años de edad.

b) Asistencia a la tercera edad.

c) Educación especial y asistencia a personas con minusvalía.

d) Asistencia a minorías étnicas.

e) Asistencia a refugiados y asilados.

f) Asistencia a transeúntes.

g) Asistencia a personas con cargas familiares no compartidas.

h) Acción social comunitaria y familiar.

i) Asistencia a ex-reclusos.

j) Reinserción social y prevención de la delincuencia.

k) Asistencia a alcohólicos y toxicómanos.

l) Cooperación para el desarrollo.

La exención comprende la prestación de los servicios de alimentación, alojamiento o transporte accesorios de los anteriores prestados por dichos establecimientos o entidades, con medios propios o ajenos.

9.º[71] La educación de la infancia y de la juventud, la guarda y custodia de niños, incluida la atención a niños en los centros docentes en tiempo interlectivo durante el comedor

---

[69]   Nueva redacción del núm. 8.º del art. 20.Uno dada por el art. 74 de la Ley 22/2013, de 23 de diciembre, de Presupuestos Generales del Estado para el año 2014 (BOE núm. 309, de 26 de diciembre de 2013), con efectos desde el 1 de enero de 2014 y vigencia indefinida.

[70]   Apartado Tres de este mismo artículo, relativo a los requisitos de entidades y establecimientos de carácter social, y el art. 6.º del RIVA relativo a su reconocimiento.

[71]   Nueva redacción del núm. 9 dada el art. 1.Siete de la Ley 28/2014, de 27 de noviembre (BOE núm. 288, de 28 de noviembre de 2014), en vigor desde el 1 de enero de 2015.
         Redacción anterior modificada por el art. 6 de la Ley 66/1997, de 30 de diciembre, de Medidas Fiscales, Administrativas y del Orden Social (BOE núm. 313, de 31 de diciembre de 1997), con efectos desde 1 de enero de 1998.

escolar o en aulas en servicio de guardería fuera del horario escolar, la enseñanza escolar, universitaria y de postgraduados, la enseñanza de idiomas y la formación y reciclaje profesional, realizadas por Entidades de derecho público o entidades privadas autorizadas para el ejercicio de dichas actividades.

La exención se extenderá a las prestaciones de servicios y entregas de bienes directamente relacionadas con los servicios enumerados en el párrafo anterior, efectuadas, con medios propios o ajenos, por las mismas empresas docentes o educativas que presten los mencionados servicios.

La exención no comprenderá las siguientes operaciones:

a) Los servicios relativos a la práctica del deporte, prestados por empresas distintas de los centros docentes.

En ningún caso, se entenderán comprendidos en esta letra los servicios prestados por las Asociaciones de Padres de Alumnos vinculadas a los centros docentes.

b) Las de alojamiento y alimentación prestadas por Colegios Mayores o Menores y residencias de estudiantes.

c) Las efectuadas por escuelas de conductores de vehículos relativas a los permisos de conducción de vehículos terrestres de las clases A y B y a los títulos, licencias o permisos necesarios para la conducción de buques o aeronaves deportivos o de recreo.

d) Las entregas de bienes efectuadas a título oneroso.

10.º Las clases a título particular prestadas por personas físicas sobre materias incluidas en los planes de estudios de cualquiera de los niveles y grados del sistema educativo.

No tendrán la consideración de clases prestadas a título particular aquéllas para cuya realización sea necesario darse de alta en las tarifas de actividades empresariales o artísticas del Impuesto sobre Actividades Económicas.

11.º Las cesiones de personal realizadas en el cumplimiento de sus fines, por entidades religiosas inscritas en el Registro correspondiente del Ministerio de Justicia, para el desarrollo de las siguientes actividades:

a) Hospitalización, asistencia sanitaria y demás directamente relacionadas con las mismas.

b) Las de asistencia social comprendidas en el número 8.º de este apartado.

c) Educación, enseñanza, formación y reciclaje profesional.

12.º[72] Las prestaciones de servicios y las entregas de bienes accesorias a las mismas efectuadas directamente a sus miembros por organismos o entidades legalmente reconocidos que no tengan finalidad lucrativa, cuyos objetivos sean de naturaleza política, sindical,

---

Art. 7.º del RIVA.

[72] Art. 5.º del RIVA.

Nueva redacción del núm. 12º dada por el art. 1.Siete de la Ley 28/2014, de 27 de noviembre (BOE núm. 288, de 28 de noviembre de 2014), en vigor desde el 1 de enero de 2015.

religiosa, patriótica, filantrópica o cívica, realizadas para la consecución de sus finalidades específicas, siempre que no perciban de los beneficiarios de tales operaciones contraprestación alguna distinta de las cotizaciones fijadas en sus estatutos.

Se entenderán incluidos en el párrafo anterior los Colegios profesionales, las Cámaras Oficiales, las Organizaciones patronales y las Federaciones que agrupen a los organismos o entidades a que se refiere este número.

La aplicación de esta exención quedará condicionada a que no sea susceptible de producir distorsiones de competencia.

13.º[73] Los servicios prestados a personas físicas que practiquen el deporte o la educación física, cualquiera que sea la persona o entidad a cuyo cargo se realice la prestación, siempre que tales servicios estén directamente relacionados con dichas prácticas y sean prestados por las siguientes personas o entidades:

a) Entidades de derecho público.

b) Federaciones deportivas.

c) Comité Olímpico Español.

d) Comité Paralímpico Español.

e) Entidades o establecimientos deportivos privados de carácter social[74].

La exención no se extiende a los espectáculos deportivos.

14.º Las prestaciones de servicios que a continuación se relacionan efectuadas por entidades de Derecho público o por entidades o establecimientos culturales privados de carácter social[75]:

a) Las propias de bibliotecas, archivos y centros de documentación.

b) Las visitas a museos, galerías de arte, pinacotecas, monumentos, lugares históricos, jardines botánicos, parques zoológicos y parques naturales y otros espacios naturales protegidos de características similares.

c) Las representaciones teatrales, musicales, coreográficas, audiovisuales y cinematográficas.

d) La organización de exposiciones y manifestaciones similares.

Redacción anterior dada por el art. 68 de la Ley 17/2012, de 27 de diciembre, de Presupuestos Generales del Estado para el año 2013 (BOE núm. 312, de 28 de diciembre de 2012), con efectos desde el 1 de enero de 2013.

[73] Número 13.º modificado por el art. 4.2 de la Ley 50/1998, de 30 de diciembre, de Medidas Fiscales, Administrativas y del Orden Social (BOE núm. 313, de 31 de diciembre de 1998), con efectos desde 1 de enero de 1999.

[74] Apartado Tres de este mismo artículo, relativo a los requisitos de entidades y establecimientos de carácter social, y el art. 6.º del RIVA relativo a su reconocimiento.

[75] Apartado Tres de este mismo artículo, relativo a los requisitos de entidades y establecimientos de carácter social, y el art. 6.º del RIVA relativo a su reconocimiento.

15.º El transporte de enfermos heridos en ambulancias o vehículos especialmente adaptados para ello.

16.º[76] Las operaciones de seguro, reaseguro y capitalización.

Asimismo, los servicios de mediación, incluyendo la captación de clientes, para la celebración del contrato entre las partes intervinientes en la realización de las anteriores operaciones, con independencia de la condición del empresario o profesional que los preste.

Dentro de las operaciones de seguro se entenderán comprendidas las modalidades de previsión.

17.º Las entregas de sellos de Correos y efectos timbrados de curso legal en España por importe no superior a su valor facial. La exención no se extiende a los servicios de expedición de los referidos bienes prestados en nombre y por cuenta de terceros.

18.º[77] Las siguientes operaciones financieras:

a) Los depósitos en efectivo en sus diversas formas, incluidos los depósitos en cuenta corriente y cuentas de ahorro, y las demás operaciones relacionadas con los mismos, incluidos los servicios de cobro o pago prestados por el depositario en favor del depositante.

La exención no se extiende a los servicios de gestión de cobro de créditos, letras de cambio, recibos y otros documentos. Tampoco se extiende la exención a los servicios prestados al cedente en el marco de los contratos de «factoring», con excepción de los de anticipo de fondos que, en su caso, se puedan prestar en estos contratos[78].

---

[76]   Apartado 16.º modificado por la disposición adicional 8.ª de la Ley 26/2006, de 17 de julio, de mediación de seguros y reaseguros privados (BOE núm. 170, de 18 de julio de 2006), en vigor desde 19 de julio de 2006.

[77]   Letras a), h) e i) del presente número 18.º modificadas por el art. 7 de la Ley 62/2003, de 30 de diciembre, de Medidas Fiscales, Administrativas y del Orden Social (BOE núm. 313, de 31 de diciembre de 2003), con efectos a partir de 1/1/2004; letra j) modificada por el art. 6 de la Ley 55/1999, de 29 de diciembre, de Medidas Fiscales, Administrativas y del Orden Social (BOE núm. 312, de 30 de diciembre de 1999), con efectos desde 1/1/2000; letra n) por la disposición adicional 2.ª de la Ley 1/1999, de 5 de enero, reguladora de las Entidades de Capital-Riesgo y de sus sociedades gestoras (BOE núm. 5, de 6 de enero de 1999), en vigor desde 6 abril de 1999, sin perjuicio del régimen transitorio; y letra ñ) por la disposición adicional 29.ª de la Ley 66/1997, de 30 de diciembre, de Medidas Fiscales, Administrativa y del Orden Social (BOE núm. 313, del 31 de diciembre de 1997), con efectos desde 1 de enero de 1998.

Número 2 de la disposición adicional quinta de la Ley 37/1998, de 16 de noviembre (BOE núm. 275, de 17 de noviembre de 1998), a cuyo tenor: «2. *Los Fondos de Garantía de Inversiones gozarán de exención por los impuestos indirectos que pudieran devengarse por razón de su constitución, de su funcionamiento y de los actos y operaciones que realicen en el cumplimiento de sus fines. La exención se extenderá igualmente a las operaciones gravadas por tributos indirectos, cuyo importe deba repercutírseles en función de las disposiciones que regulan los tributos*».

Se entienden incluidos en el ámbito del presente apartado 18.º los servicios y operaciones relativos a préstamos de valores.

[78]   Resolución 1/2004, de 6 de febrero, de la Dirección General de Tributos, sobre el tratamiento de los contratos de «factoring» en el IVA (BOE núm. 46, de 23 de febrero de 2004).

No se considerarán de gestión de cobro las operaciones de abono en cuenta de cheques o talones.

b) La transmisión de depósitos en efectivo, incluso mediante certificados de depósito o títulos que cumplan análoga función.

c) La concesión de créditos y préstamos en dinero, cualquiera que sea la forma en que se instrumente, incluso mediante efectos financieros o títulos de otra naturaleza.

d) Las demás operaciones, incluida la gestión, relativas a préstamos o créditos efectuadas por quienes los concedieron en todo o en parte.

La exención no alcanza a los servicios prestados a los demás prestamistas en los préstamos sindicados.

En todo caso, estarán exentas las operaciones de permuta financiera.

e) La transmisión de préstamos o créditos.

f) La prestación de fianzas, avales, cauciones y demás garantías reales o personales, así como la emisión, aviso, confirmación y demás operaciones relativas a los créditos documentarios.

La exención se extiende a la gestión de garantías de préstamos o créditos efectuadas por quienes concedieron los préstamos o créditos garantizados o las propias garantías, pero no a la realizada por terceros.

g) La transmisión de garantías.

h) Las operaciones relativas a transferencias, giros, cheques, libranzas, pagarés, letras de cambio, tarjetas de pago o de crédito y otras órdenes de pago.

La exención se extiende a las operaciones siguientes:

a') La compensación interbancaria de cheques y talones.

b') La aceptación y la gestión de la aceptación.

c') El protesto o declaración sustitutiva y la gestión del protesto.

No se incluye en la exención el servicio de cobro de letras de cambio o demás documentos que se hayan recibido en gestión de cobro. Tampoco se incluyen en la exención los servicios prestados al cedente en el marco de los contratos de «factoring», con excepción de los de anticipo de fondos que, en su caso, se puedan prestar en estos contratos[79].

i) La transmisión de los efectos y órdenes de pago a que se refiere la letra anterior, incluso la transmisión de efectos descontados.

No se incluye en la exención la cesión de efectos en comisión de cobranza. Tampoco se incluyen en la exención los servicios prestados al cedente en el marco de los contratos de «factoring», con excepción de los de anticipo de fondos que, en su caso, se puedan prestar en estos contratos.

---

[79]   Resolución 1/2004, de 6 de febrero, de la Dirección General de Tributos, sobre el tratamiento de los contratos de «factoring» en el IVA (BOE núm. 46, de 23 de febrero de 2004).

j)[80] Las operaciones de compra, venta o cambio y servicios análogos que tengan por objeto divisas, billetes de banco y monedas que sean medios legales de pago, a excepción de las monedas y billetes de colección y de las piezas de oro, plata y platino.

A efectos de lo dispuesto en el párrafo anterior se considerarán de colección las monedas y los billetes que no sean normalmente utilizados para su función de medio legal de pago o tengan un interés numismático, con excepción de las monedas de colección entregadas por su emisor por un importe no superior a su valor facial que estarán exentas del impuesto.

No se aplicará esta exención a las monedas de oro que tengan la consideración de oro de inversión de acuerdo con lo establecido en el número 2.º del artículo 140 de esta Ley.

k)[81] Los servicios y operaciones, exceptuados el depósito y la gestión, relativos a acciones, participaciones en sociedades, obligaciones y demás valores no mencionados en las letras anteriores de este número, con excepción de los siguientes:

a′) Los representativos de mercaderías.

b′) Aquellos cuya posesión asegure de hecho o de derecho la propiedad, el uso o el disfrute exclusivo de la totalidad o parte de un bien inmueble, que no tengan la naturaleza de acciones o participaciones en sociedades.

c′) Aquellos valores no admitidos a negociación en un mercado secundario oficial, realizados en el mercado secundario, mediante cuya transmisión se hubiera pretendido eludir el pago del impuesto correspondiente a la transmisión de los inmuebles propiedad de las entidades a las que representen dichos valores, en los términos a que se refiere el artículo 108 de la Ley 24/1988, de 28 de julio, del Mercado de Valores[82].

---

[80]   Nueva redacción de la letra j) dada por el art. 59 de la Ley 3/2017, de 27 de junio, de Presupuestos Generales del Estado para el año 2017 (BOE núm. 153, de 28 de junio de 2017), en vigor desde el 29 de junio de 2017.
    Redacción anterior de la letra j) dada por el art. 6 de la Ley 55/1999, de 29 de diciembre, de Medidas Fiscales, Administrativas y del Orden Social BOE (núm. 312, de 30/12/1999).

[81]   Nueva redacción de la letra k) del número 18.º del apartado Uno del artículo 20 dada por el art. 5.Dos de la Ley 7/2012, de 29 de octubre (BOE núm. 261, de 30 de octubre de 2012), con efectos desde el 31 de octubre de 2012.

[82]   Ley 6/2023, de 17 de marzo, de los Mercados de Valores y de los Servicios de Inversión (BOE núm. 66, de 18 de marzo de 2023), en vigor a los veinte días de su publicación en el BOE.
    Artículo 338. *Exención del Impuesto sobre el Valor Añadido y del Impuesto sobre Transmisiones Patrimoniales y Actos Jurídicos Documentados.*
    1. La transmisión de valores, admitidos o no a negociación en un mercado secundario oficial, estará exenta del Impuesto sobre el Valor Añadido y del Impuesto sobre Transmisiones Patrimoniales y Actos Jurídicos Documentados.
    2. Quedan exceptuadas de lo dispuesto en el apartado anterior las transmisiones de valores no admitidos a negociación en un mercado secundario oficial realizadas en el mercado secundario, que tributarán en el impuesto al que estén sujetas como transmisiones onerosas de bienes inmuebles, cuando mediante tales transmisiones de valores se hubiera pretendido eludir el pago de los tributos que habrían gravado la transmisión de los inmuebles propiedad de las entidades a las que representen dichos valores.

Sin perjuicio de lo dispuesto en el párrafo anterior, se entenderá, salvo prueba en contrario, que se actúa con ánimo de elusión del pago del impuesto correspondiente a la transmisión de bienes inmuebles en los siguientes supuestos:

a) Cuando se obtenga el control de una entidad cuyo activo esté formado en al menos el 50 por ciento por inmuebles radicados en España que no estén afectos a actividades empresariales o profesionales, o cuando, una vez obtenido dicho control, aumente la cuota de participación en ella.

b) Cuando se obtenga el control de una entidad en cuyo activo se incluyan valores que le permitan ejercer el control en otra entidad cuyo activo esté integrado al menos en un 50 por ciento por inmuebles radicados en España que no estén afectos a actividades empresariales o profesionales, o cuando, una vez obtenido dicho control, aumente la cuota de participación en ella.

c) Cuando los valores transmitidos hayan sido recibidos por las aportaciones de bienes inmuebles realizadas con ocasión de la constitución de sociedades o de la ampliación de su capital social, siempre que tales bienes no se afecten a actividades empresariales o profesionales y que entre la fecha de aportación y la de transmisión no hubiera transcurrido un plazo de tres años.

3. En los supuestos en que la transmisión de valores quede sujeta a los impuestos citados sin exención, según lo previsto en el apartado 2 anterior, se aplicarán las siguientes reglas:

1.ª Para realizar el cómputo del activo, los valores netos contables de todos los bienes contabilizados se sustituirán por sus respectivos valores de mercado determinados a la fecha en que tenga lugar la transmisión o adquisición. A estos efectos, el sujeto pasivo estará obligado a formar un inventario del activo en dicha fecha y a facilitarlo a la Administración Tributaria a requerimiento de esta.

En el caso de bienes inmuebles, los valores netos contables se sustituirán por los valores que deban operar como base imponible del impuesto en cada caso, conforme a lo dispuesto en el texto refundido de la Ley del Impuesto sobre Transmisiones Patrimoniales y Actos Jurídicos Documentados, aprobado por el Real Decreto Legislativo 1/1993, de 24 de septiembre.

2.ª Tratándose de sociedades mercantiles, se entenderá obtenido dicho control cuando directa o indirectamente se alcance una participación en el capital social superior al 50 por ciento. A estos efectos se computarán también como participación del adquirente los valores de las demás entidades pertenecientes al mismo grupo de sociedades.

3.ª En los casos de transmisión de valores a la propia sociedad tenedora de los inmuebles para su posterior amortización por ella, se entenderá a efectos fiscales que tiene lugar el supuesto de elusión definido en las letras a) o b) del apartado anterior. En este caso será sujeto pasivo el accionista que, como consecuencia de dichas operaciones, obtenga el control de la sociedad, en los términos antes indicados.

4.ª En las transmisiones de valores que, conforme al apartado 2, estén sujetas al Impuesto sobre el Valor Añadido y no exentas, que tendrán la consideración de entrega de bienes a efectos del mismo, la base imponible se determinará en proporción al valor de mercado de los bienes que deban computarse como inmuebles. A este respecto, en los supuestos recogidos en el apartado 2.c), la base imponible del impuesto será la parte proporcional del valor de mercado de los inmuebles que fueron aportados en su día correspondiente a las acciones o participaciones transmitidas.

5.ª En las transmisiones de valores que, de acuerdo a lo expuesto en el apartado 2, deban tributar por la modalidad de transmisiones patrimoniales onerosas del Impuesto sobre Transmisiones Patrimoniales y Actos Jurídicos Documentados, para la práctica de la liquidación, se aplicarán los elementos de dicho impuesto a la parte proporcional del valor de los inmuebles, calculado de acuerdo con las reglas contenidas en su normativa. A tal fin se tomará como base imponible:

– En los supuestos a los que se refiere el apartado 2.a), la parte proporcional sobre el valor de la totalidad de las partidas del activo que, a los efectos de la aplicación de este precepto, deban computarse como

l) La transmisión de los valores a que se refiere la letra anterior y los servicios relacionados con ella, incluso por causa de su emisión o amortización, con las mismas excepciones.

m) La mediación en las operaciones exentas descritas en las letras anteriores de este número y en las operaciones de igual naturaleza no realizadas en el ejercicio de actividades empresariales o profesionales.

La exención se extiende a los servicios de mediación en la transmisión o en la colocación en el mercado, de depósitos, de préstamos en efectivo o de valores, realizados por cuenta de sus entidades emisoras, de los titulares de los mismos o de otros intermediarios, incluidos los casos en que medie el aseguramiento de dichas operaciones.

n) La gestión y depósito de las instituciones de inversión colectiva, de las entidades de capital-riesgo gestionadas por sociedades gestoras autorizadas y registradas en los Registros especiales administrativos, de los fondos de pensiones, de regulación del mercado hipotecario, de titulización de activos y colectivos de jubilación, constituidos de acuerdo con su legislación específica.

ñ)[83]

---

inmuebles, que corresponda al porcentaje total de participación que se pase a tener en el momento de la obtención del control o, una vez obtenido, onerosa o lucrativamente, dicho control, al porcentaje en el que aumente la cuota de participación.
– En los supuestos a los que se refiere el apartado 2.b), para determinar la base imponible solo se tendrán en cuenta los inmuebles de aquellas cuyo activo esté integrado al menos en un 50 por ciento por inmuebles no afectos a actividades empresariales o profesionales.
– En los supuestos a que se refiere el apartado 2.c), la parte proporcional del valor de los inmuebles que fueran aportados en su día correspondiente a las acciones o participaciones transmitidas.
Artículo 339. *Obligación de comunicación a la Administración Tributaria.*
1. Las entidades emisoras de valores, las sociedades y agencias de valores y los demás intermediarios financieros quedan obligados a comunicar a la Administración Tributaria cualquier operación de emisión, suscripción y transmisión de valores en la que hubieran intervenido. Esta comunicación implicará la presentación de relaciones nominales de compradores y vendedores, clase y número de los valores transmitidos, precios de compra o venta, fecha de la transmisión y número de identificación fiscal del adquirente y transmitente en los plazos y en la forma que reglamentariamente se determine.
2. A los efectos previstos en el apartado anterior, quien pretenda adquirir o transmitir valores deberá comunicar, al tiempo de dar la orden correspondiente, su número de identificación fiscal a la entidad emisora e intermediarios financieros respectivos, que no atenderán aquella hasta el cumplimiento de dicha obligación».
Norma que deroga el Real Decreto Legislativo 4/2015, de 23 de octubre, por el que se aprueba el texto refundido de la Ley del Mercado de Valores (BOE núm. 255, de 24 de octubre de 2015) que derogó la Ley 24/1988, de 28 de julio del Mercado de Valores.
Artículo 314. Exención del Impuesto sobre el Valor Añadido y del Impuesto sobre Transmisiones Patrimoniales y Actos Jurídicos Documentados (redacción dada por el art. séptimo de la Ley 11/2021, de 9 de julio).

[83] Letra ñ) suprimida dada por el art. 1.Siete de la Ley 28/2014, de 27 de noviembre (BOE núm. 288, de 28 de noviembre de 2014), en vigor desde el 1 de enero de 2015.

19.[084] Las loterías, apuestas y juegos organizados por la Sociedad Estatal Loterías y Apuestas del Estado y la Organización Nacional de Ciegos y por los organismos correspondientes de las Comunidades Autónomas, así como las actividades que constituyan los hechos imponibles de los tributos sobre el juego y combinaciones aleatorias.

La exención no se extiende a los servicios de gestión y demás operaciones de carácter accesorio o complementario de las incluidas en el párrafo anterior que no constituyan el hecho imponible de los tributos sobre el juego, con excepción de los servicios de gestión del bingo.

20.[085] Las entregas de terrenos rústicos y demás que no tengan la condición de edificables, incluidas las construcciones de cualquier naturaleza en ellos enclavadas, que sean indispensables para el desarrollo de una explotación agraria, y los destinados exclusivamente a parques y jardines públicos o a superficies viales de uso público.

A estos efectos, se consideran edificables los terrenos calificados como solares por la Ley sobre el Régimen del Suelo y Ordenación Urbana y demás normas urbanísticas, así como los demás terrenos aptos para la edificación por haber sido ésta autorizada por la correspondiente licencia administrativa.

La exención no se extiende a las entregas de los siguientes terrenos, aunque no tengan la condición de edificables:

a)[86] Las de terrenos urbanizados o en curso de urbanización, excepto los destinados exclusivamente a parques y jardines públicos o a superficies viales de uso público.

b) Las de terrenos en los que se hallen enclavadas edificaciones en curso de construcción o terminadas cuando se transmitan conjuntamente con las mismas y las entregas de dichas edificaciones estén sujetas y no exentas al Impuesto. No obstante, estarán exentas las entregas de terrenos no edificables en los que se hallen enclavadas construcciones de carácter agrario indispensables para su explotación y las de terrenos de la misma naturaleza en los que existan construcciones paralizadas, ruinosas o derruidas.

21.[087]

---

[84]   Nueva redacción del art. 20.Uno.19º dada por la Disp. Final Séptima de la Ley 13/2011, de 27 mayo, de regulación del Juego (BOE núm. 127, de 28 de mayo de 2011), en vigor al día siguiente al de su publicación en el *Boletín Oficial del Estado.*

[85]   Apartado Dos del presente art. 20 y el art. 8.º del RIVA, relativos a la renuncia a las exenciones contenidas en los números 20º, 21º y 22º del art. 20.Uno de la presente Ley. También, el art. 12 de la Ley 19/1995, de 4 de julio, de Modernización de las Explotaciones Agrarias (BOE núm. 159, de 5 julio de 1995), relativo a la exención de determinadas permutas de fincas rústicas.

[86]   Nueva redacción dada por el art. 1.Siete de la Ley 28/2014, de 27 de noviembre (BOE núm. 288, de 28 de noviembre de 2014), en vigor desde el 1 de enero de 2015.

[87]   Núm. 21.º suprimido dada por el art. 1.Siete de la Ley 28/2014, de 27 de noviembre (BOE núm. 288, de 28 de noviembre de 2014), en vigor desde el 1 de enero de 2015.
     Apartado Dos del presente art. 20 y el art. 8.º del RIVA, relativos a la renuncia a las exenciones contenidas en los números 20º, 21º y 22º del art. 20.Uno de la presente Ley.

22.º A)[88] Las segundas y ulteriores entregas de edificaciones, incluidos los terrenos en que se hallen enclavadas, cuando tengan lugar después de terminada su construcción o rehabilitación.

A los efectos de lo dispuesto en esta Ley, se considerará primera entrega la realizada por el promotor que tenga por objeto una edificación cuya construcción o rehabilitación esté terminada. No obstante, no tendrá la consideración de primera entrega la realizada por el promotor después de la utilización ininterrumpida del inmueble por un plazo igual o superior a dos años por su propietario o por titulares de derechos reales de goce o disfrute o en virtud de contratos de arrendamiento sin opción de compra, salvo que el adquirente sea quien utilizó la edificación durante el referido plazo. No se computarán a estos efectos los períodos de utilización de edificaciones por los adquirentes de los mismos en los casos de resolución de las operaciones en cuya virtud se efectuaron las correspondientes transmisiones.

Los terrenos en que se hallen enclavadas las edificaciones comprenderán aquéllos en los que se hayan realizado las obras de urbanización accesorias a las mismas. No obstante, tratándose de viviendas unifamiliares, los terrenos urbanizados de carácter accesorio no podrán exceder de 5.000 metros cuadrados.

Las transmisiones no sujetas al Impuesto en virtud de lo establecido en el número 1.º del artículo 7 de esta Ley no tendrán, en su caso, la consideración de primera entrega a efectos de lo dispuesto en este número.

La exención prevista en este número no se aplicará:

a) A las entregas de edificaciones efectuadas en el ejercicio de la opción de compra inherente a un contrato de arrendamiento, por empresas dedicadas habitualmente a realizar operaciones de arrendamiento financiero. A estos efectos, el compromiso de ejercitar la opción de compra frente al arrendador se asimilará al ejercicio de la opción de compra.

Los contratos de arrendamiento financiero a que se refiere el párrafo anterior tendrán una duración mínima de diez años.

b) A las entregas de edificaciones para su rehabilitación por el adquirente, siempre que se cumplan los requisitos que reglamentariamente se establezcan.

c) A las entregas de edificaciones que sean objeto de demolición con carácter previo a una nueva promoción urbanística.

B) A los efectos de esta ley, son obras de rehabilitación de edificaciones las que reúnan los siguientes requisitos:

---

[88]	Nueva redacción de la letra A) del núm. 22º del apartado uno del art. 20 dada por el art. 69 de la Ley 17/2012, de 27 de diciembre (BOE núm. 312, de 28 de diciembre de 2012), con efectos desde el 1 de enero de 2013.
	Redacción anterior dada por el art. 2 del Real Decreto-ley 6/2010, de 9 de abril (BOE núm. 89, de 13 de abril de 2010), en vigor desde 14 de abril de 2010, por el art. 5 del Real Decreto-ley 2/2008, de medidas de impulso a la actividad económica (BOE núm. 97, de 22 de abril de 2008).

1.ºQue su objeto principal sea la reconstrucción de las mismas, entendiéndose cumplido este requisito cuando más del 50 por ciento del coste total del proyecto de rehabilitación se corresponda con obras de consolidación o tratamiento de elementos estructurales, fachadas o cubiertas o con obras análogas o conexas a las de rehabilitación.

2.ºQue el coste total de las obras a que se refiera el proyecto exceda del 25 por ciento del precio de adquisición de la edificación si se hubiese efectuado aquélla durante los dos años inmediatamente anteriores al inicio de las obras de rehabilitación o, en otro caso, del valor de mercado que tuviera la edificación o parte de la misma en el momento de dicho inicio. A estos efectos, se descontará del precio de adquisición o del valor de mercado de la edificación la parte proporcional correspondiente al suelo.

Se considerarán obras análogas a las de rehabilitación las siguientes:

a) Las de adecuación estructural que proporcionen a la edificación condiciones de seguridad constructiva, de forma que quede garantizada su estabilidad y resistencia mecánica.

b) Las de refuerzo o adecuación de la cimentación así como las que afecten o consistan en el tratamiento de pilares o forjados.

c) Las de ampliación de la superficie construida, sobre y bajo rasante.

d) Las de reconstrucción de fachadas y patios interiores.

e) Las de instalación de elementos elevadores, incluidos los destinados a salvar barreras arquitectónicas para su uso por discapacitados.

Se considerarán obras conexas a las de rehabilitación las que se citan a continuación cuando su coste total sea inferior al derivado de las obras de consolidación o tratamiento de elementos estructurales, fachadas o cubiertas y, en su caso, de las obras análogas a éstas, siempre que estén vinculadas a ellas de forma indisociable y no consistan en el mero acabado u ornato de la edificación ni en el simple mantenimiento o pintura de la fachada:

a) Las obras de albañilería, fontanería y carpintería.

b) Las destinadas a la mejora y adecuación de cerramientos, instalaciones eléctricas, agua y climatización y protección contra incendios.

c) Las obras de rehabilitación energética.

Se considerarán obras de rehabilitación energética las destinadas a la mejora del comportamiento energético de las edificaciones reduciendo su demanda energética, al aumento del rendimiento de los sistemas e instalaciones térmicas o a la incorporación de equipos que utilicen fuentes de energía renovables.

23.º Los arrendamientos que tengan la consideración de servicios con arreglo a lo dispuesto en el artículo 11 de esta Ley y la constitución y transmisión de derechos reales de goce y disfrute que tengan por objeto los siguientes bienes:

a) Terrenos, incluidas las construcciones inmobiliarias de carácter agrario utilizadas para la explotación de una finca rústica.

Se exceptúan las construcciones inmobiliarias dedicadas a actividades de ganadería independiente de la explotación del suelo.

b)[89] Los edificios o partes de los mismos destinados exclusivamente a viviendas o a su posterior arrendamiento por entidades gestoras de programas públicos de apoyo a la vivienda o por sociedades acogidas al régimen especial de Entidades dedicadas al arrendamiento de viviendas establecido en el Impuesto sobre Sociedades. La exención se extenderá a los garajes y anexos accesorios a las viviendas y los muebles, arrendados conjuntamente con aquéllos.

La exención no comprenderá:

a') Los arrendamientos de terrenos para estacionamientos de vehículos.

b') Los arrendamientos de terrenos para depósito o almacenaje de bienes, mercancías o productos, o para instalar en ellos elementos de una actividad empresarial.

c') Los arrendamientos de terrenos para exposiciones o para publicidad.

d') Los arrendamientos con opción de compra de terrenos o viviendas cuya entrega estuviese sujeta y no exenta al impuesto.

e') Los arrendamientos de apartamentos o viviendas amueblados cuando el arrendador se obligue a la prestación de alguno de los servicios complementarios propios de la industria hotelera, tales como los de restaurante, limpieza, lavado de ropa u otros análogos.

f') Los arrendamientos de edificios o parte de los mismos para ser subarrendados, con excepción de los realizados de acuerdo con lo dispuesto en la letra *b)* anterior.

g') Los arrendamientos de edificios o parte de los mismos asimilados a viviendas de acuerdo con lo dispuesto en la Ley de Arrendamientos Urbanos.

h') La constitución o transmisión de derechos reales de goce o disfrute sobre los bienes a que se refieren las letras *a')*, *b')*, *c')*, *e')* y *f')* anteriores.

i') La constitución o transmisión de derechos reales de superficie.

24.º[90] Las entregas de bienes que hayan sido utilizados por el transmitente en la realización de operaciones exentas del Impuesto en virtud de lo establecido en este artículo, siempre que al sujeto pasivo no se le haya atribuido el derecho a efectuar la deducción total o parcial del Impuesto soportado al realizar la adquisición, afectación o importación de dichos bienes o de sus elementos componentes.

A efectos de lo dispuesto en el párrafo anterior, se considerará que al sujeto pasivo no se le ha atribuido el derecho a efectuar la deducción parcial de las cuotas soportadas cuando haya utilizado los bienes o servicios adquiridos exclusivamente en la realización de operaciones exentas que no originen el derecho a la deducción, aunque hubiese sido de aplicación la regla de prorrata.

Lo dispuesto en este número no se aplicará:

---

[89]   Letra b) modificada por el art. 64 de la Ley 30/2005, de 29 de diciembre, de Presupuestos Generales del Estado para 2006 (BOE núm. 312, de 30 de diciembre de 2005), con efectos desde 1 de enero de 2006.

[90]   Número 24.º modificado por el art. 6.5.º de la Ley 66/1997, de 30 de diciembre (BOE núm. 313, de 31 de diciembre de 1997), con efectos desde 1 de enero de 1998.

a) A las entregas de bienes de inversión que se realicen durante su período de regularización.

b)[91] Cuando resulten procedentes las exenciones establecidas en los números 20.º y 22.º anteriores.

25.º Las entregas de bienes cuya adquisición, afectación o importación o la de sus elementos componentes hubiera determinado la exclusión total del derecho a deducir en favor del transmitente en virtud de lo dispuesto en los artículos 95 y 96 de esta Ley.

26.º Los servicios profesionales, incluidos aquéllos cuya contraprestación consista en derechos de autor, prestados por artistas plásticos, escritores, colaboradores literarios, gráficos y fotográficos de periódicos y revistas, compositores musicales, autores de obras teatrales y de argumento, adaptación, guión y diálogos de las obras audiovisuales, traductores y adaptadores.

27.º[92]

28.º[93] Las prestaciones de servicios y las entregas de bienes realizadas por los partidos políticos con motivo de manifestaciones destinadas a reportarles un apoyo financiero para el cumplimiento de su finalidad específica y organizadas en su exclusivo beneficio.

Dos[94]. Las exenciones relativas a los números 20.º y 22.º del apartado anterior podrán ser objeto de renuncia por el sujeto pasivo, en la forma y con los requisitos que se determinen reglamentariamente[95], cuando el adquirente sea un sujeto pasivo que actúe en el ejercicio de sus actividades empresariales o profesionales y se le atribuya el derecho a efectuar la deducción total o parcial del Impuesto soportado al realizar la adquisición o, cuando no cumpliéndose lo anterior, en función de su destino previsible, los bienes adquiridos vayan a ser utilizados, total o parcialmente, en la realización de operaciones, que originen el derecho a la deducción.

Tres[96]. A efectos de lo dispuesto en este artículo, se considerarán entidades o establecimientos de carácter social aquéllos en los que concurran los siguientes requisitos:

---

[91]   Nueva redacción dada por el art. 1.Siete de la Ley 28/2014, de 27 de noviembre (BOE núm. 288, de 28 de noviembre de 2014), en vigor desde el 1 de enero de 2015.

[92]   Número 27.º suprimido por el art. 7.3 de la Ley 62/2003, de 30 de diciembre (BOE núm. 313, de 31 de diciembre de 2003), con efectos a partir de 1 de enero de 2004.

[93]   Número 28.º añadido por la disposición adicional 3.ª de la Ley Orgánica 8/2007, de 4 de julio (BOE núm. 160, de 5 de julio de 2007), sobre financiación de los partidos políticos, en vigor desde el día 6 de enero de 2007.

[94]   Nueva redacción del apartado Dos dada por el art. 1.Siete de la Ley 28/2014, de 27 de noviembre (BOE núm. 288, de 28 de noviembre de 2014), en vigor desde el 1 de enero de 2015.
      Redacción anterior, modificada por el número Uno del art. único de la Ley 3/2006, de 29 de marzo (BOE núm. 76, de 30 marzo de 2006), en vigor desde 1 de enero de 2006.

[95]   Art. 8.º del RIVA.

[96]   Nueva redacción del apartado Tres dada por el art. 68 de la Ley 17/2012, de 27 de diciembre (BOE núm. 312, de 28 de diciembre de 2012), con efectos desde el 1 de enero de 2013.

1.º Carecer de finalidad lucrativa y dedicar, en su caso, los beneficios eventualmente obtenidos al desarrollo de actividades exentas de idéntica naturaleza.

2.º Los cargos de presidente, patrono o representante legal deberán ser gratuitos y carecer de interés en los resultados económicos de la explotación por sí mismos o a través de persona interpuesta.

3.º Los socios, comuneros o partícipes de las entidades o establecimientos y sus cónyuges o parientes consanguíneos, hasta el segundo grado inclusive, no podrán ser destinatarios principales de las operaciones exentas ni gozar de condiciones especiales en la prestación de los servicios.

Este requisito no se aplicará cuando se trate de las prestaciones de servicios a que se refiere el apartado Uno, números 8.º y 13.º, de este artículo.

Las entidades que cumplan los requisitos anteriores podrán solicitar de la Administración tributaria su calificación como entidades o establecimientos privados de carácter social en las condiciones, términos y requisitos que se determinen reglamentariamente[97]. La eficacia de dicha calificación, que será vinculante para la Administración, quedará subordinada, en todo caso, a la subsistencia de las condiciones y requisitos que, según lo dispuesto en esta Ley, fundamentan la exención.

Las exenciones correspondientes a los servicios prestados por entidades o establecimientos de carácter social que reúnan los requisitos anteriores se aplicarán con independencia de la obtención de la calificación a que se refiere el párrafo anterior, siempre que se cumplan las condiciones que resulten aplicables en cada caso.

Artículo 20 bis[98] *Exención de las entregas de bienes facilitadas a través de una interfaz digital*

Estarán exentas del impuesto, en el supuesto previsto en el artículo 8 bis.b) de esta Ley, las entregas de bienes efectuadas a favor del empresario o profesional que facilite la entrega a través de la interfaz digital, cuando dichas entregas se entiendan realizadas en el territorio de aplicación del impuesto.

Artículo 21. *Exenciones en las exportaciones de bienes*

Estarán exentas del Impuesto, en las condiciones y con los requisitos que se establezcan reglamentariamente[99], las siguientes operaciones:

1.º[100] Las entregas de bienes expedidos o transportados fuera de la Comunidad por el transmitente o por un tercero que actúe en nombre y por cuenta de éste.

---

[97] Art. 6.º del RIVA.
[98] Nuevo artículo incorporado por el art. 10.Seis del Real Decreto-ley 7/2021, de 27 de abril (BOE núm. 101, de 28 de abril de 2021), en vigor desde el 1 de julio de 2021.
[99] Art. 9.º del RIVA
[100] Arts. 2.2.d) y 9.º1.1.º del RIVA.

2.º[101] Las entregas de bienes expedidos o transportados fuera de la Comunidad por el adquirente no establecido en el territorio de aplicación del Impuesto o por un tercero que actúe en nombre y por cuenta de él.

Se excluyen de lo dispuesto en el párrafo anterior los bienes destinados al equipamiento o avituallamiento de embarcaciones deportivas o de recreo, de aviones de turismo o de cualquier medio de transporte de uso privado.

Estarán también exentas del Impuesto:

A) Las entregas de bienes a viajeros con cumplimiento de los siguientes requisitos[102]:

a)[103] La exención se hará efectiva mediante el reembolso del impuesto soportado en las adquisiciones.

b) Que los viajeros tengan su residencia habitual fuera del territorio de la Comunidad.

c) Que los bienes adquiridos salgan efectivamente del territorio de la Comunidad.

d) Que el conjunto de los bienes adquiridos no constituya una expedición comercial.

A los efectos de esta Ley, se considerará que los bienes conducidos por los viajeros no constituyen una expedición comercial cuando se trate de bienes adquiridos ocasionalmente, que se destinen al uso personal o familiar de los viajeros o a ser ofrecidos como regalos y que, por su naturaleza y cantidad, no pueda presumirse que sean el objeto de una actividad comercial.

B)[104] Las entregas de bienes efectuadas en las tiendas libres de impuestos que, bajo control aduanero, existen en los puertos y aeropuertos cuando los adquirentes sean personas que salgan inmediatamente con destino a territorios terceros, así como las efectuadas a bor-

---

[101]   Art. 9.º1.2.º A) del RIVA.Orden HAP/2652/2012, de 5 de diciembre, por la que se aprueban las tablas de devolución que deberán aplicar las entidades autorizadas a intervenir como entidades colaboradoras en el procedimiento de devolución del Impuesto sobre el Valor Añadido en régimen de viajeros regulado en el artículo 21, número 2.º, de la Ley 37/1992, de 28 de diciembre, del Impuesto sobre el Valor Añadido (BOE núm. 300, de 14 de diciembre de 2012), modificada por la Orden HAC/748/2018, de 4 de julio (BOE núm. 170, de 14 de julio de 2018).

[102]   Arts. 117 de la presente Ley y 9.1.2.º B) del RIVA. La Resolución 2/1996, de 25 de septiembre, de la Dirección General de Tributos, regula el procedimiento para devolución del IVA en régimen de viajeros a las personas residentes en Ceuta y Melilla (BOE núm. 237, de 1 de octubre de 1996).

[103]   Nueva redacción de letra a) dada por el art. 76 de la Ley 6/2018, de 3 de julio BOE núm. 161, de 4 de julio de 2018, en vigor desde el día 5 de julio de 2018.
      Redacción anterior por el art. 28.5 del Real Decreto-ley 12/1995, de 28 de diciembre (BOE núm. 312, de 30 de diciembre de 1995), en vigor desde 1 de enero de 1996].
      Art. 71.7.6.º del RIVA, relativo a la declaración para solicitar el reintegro de cuotas que los sujetos pasivos hubiesen reembolsado a viajeros.

[104]   Art. 9.º 1.2.º C) del RIVA. Orden HAC/559/2021, de 4 de junio, por la que se aprueban las normas en el ámbito aduanero, del Impuesto sobre el Valor Añadido y de los Impuestos Especiales de Fabricación, sobre el avituallamiento y equipamiento exento a buques y aeronaves, distintos de los privados de recreo, así como las entregas en tiendas libres de impuestos y para la venta a bordo a viajeros (BOE núm. 136, 8 de junio de 2021).

do de los buques o aeronaves que realicen navegaciones con destino a puertos o aeropuertos situados en territorios terceros.

3.º[105] Las prestaciones de servicios que consistan en trabajos realizados sobre bienes muebles adquiridos o importados para ser objeto de dichos trabajos en el territorio de aplicación del Impuesto y, seguidamente, expedidos o transportados fuera de la Comunidad por quien ha efectuado los mencionados trabajos, por el destinatario de los mismos no establecido en el territorio de aplicación del Impuesto, por persona distinta de las anteriores que ostente la condición de exportador de conformidad con lo dispuesto en la normativa aduanera o, bien, por otra persona que actúe en nombre y por cuenta de cualquiera de los anteriores.

La exención no se extiende a los trabajos de reparación o mantenimiento de embarcaciones deportivas o de recreo, aviones de turismo o cualquier otro medio de transporte de uso privado introducidos en régimen de tránsito o de importación temporal.

4.º[106] Las entregas de bienes a Organismos reconocidos que los exporten fuera del territorio de la Comunidad en el marco de sus actividades humanitarias, caritativas o educativas, previo reconocimiento del derecho a la exención.

No obstante, cuando quien entregue los bienes a que se refiere el párrafo anterior de este número sea un Ente público o un establecimiento privado de carácter social, se podrá solicitar a la Agencia Estatal de Administración Tributaria la devolución del Impuesto soportado que no haya podido deducirse totalmente previa justificación de su importe en el plazo de tres meses desde que dichas entregas se realicen[107].

5.º[108] Las prestaciones de servicios, incluidas las de transporte y operaciones accesorias, distintas de las que gocen de exención conforme al artículo 20 de esta Ley, cuando

---

[105] Nueva redacción del núm. 3.º dada por el art. 74.Tres de la Ley 31/2022, de 23 de diciembre, de Presupuestos Generales del Estado para el año 2023 (BOE núm. 308, de 24 de diciembre de 2022), con efectos desde el 1 de enero de 2023.
   Art. 9.º 1.3.º del RIVA.
[106] Art. 9.º1.4.º del RIVA.
[107] Párrafo segundo añadido por la Disposición adicional Cuadragésima novena de la Ley 39/2010, de 22 de diciembre (BOE núm. 311, de 23 de diciembre de 2010), con efectos desde 1 de enero de 2011 y vigencia indefinida. La Orden EHA/1033/2011, de 18 de abril, por la que se modifica la Orden EHA/3786/2008, de 29 de diciembre, por la que se aprueban el modelo 303 Impuesto sobre el Valor Añadido, Autoliquidación, y el modelo 308 Impuesto sobre el Valor Añadido, solicitud de devolución: Recargo de equivalencia, artículo 30 bis del Reglamento del IVA y sujetos pasivos ocasionales y se modifican los Anexos I y II de la Orden EHA/3434/2007, de 23 de noviembre, por la que se aprueban los modelos 322 de autoliquidación mensual, modelo individual, y 353 de autoliquidación mensual, modelo agregado, así como otra normativa tributaria (BOE núm. 100, de 27 de abril de 2011), habilita el sistema que permite ejercer el derecho a solicitar la devolución a que se refiere este precepto.
[108] Art. 9.º 1.5.º del RIVA.
   Nueva redacción dada por el art. 68 de la Ley 48/2015, de 29 de octubre (BOE» núm. 260, de 30 octubre de 2015), con efectos desde el 1 de enero de 2015.

estén directamente relacionadas con las exportaciones de bienes fuera del territorio de la Comunidad.

Se considerarán directamente relacionados con las mencionadas exportaciones los servicios respecto de los cuales concurran las siguientes condiciones:

a) Que se presten a quienes realicen dichas exportaciones, a los destinatarios de los bienes, a sus representantes aduaneros, o a los transitarios y consignatarios que actúen por cuenta de unos u otros.

b) Que se realicen a partir del momento en que los bienes se expidan directamente con destino a un punto situado fuera del territorio de la Comunidad o a un punto situado en zona portuaria, aeroportuaria o fronteriza para su inmediata expedición fuera de dicho territorio.

La condición a que se refiere la letra b) anterior no se exigirá en relación con los servicios de arrendamiento de medios de transporte, embalaje y acondicionamiento de la carga, reconocimiento de las mercancías por cuenta de los adquirentes y otros análogos cuya realización previa sea imprescindible para llevar a cabo el envío.

6.º Las prestaciones de servicios realizadas por intermediarios que actúen en nombre y por cuenta de terceros cuando intervengan en las operaciones exentas descritas en el presente artículo.

7.º[109] Las entregas de bienes expedidos o transportados fuera de la Comunidad por quien ostente la condición de exportador, de conformidad con lo dispuesto en la normativa aduanera, distinto del transmitente o el adquirente no establecido en el territorio de aplicación del impuesto, o por un tercero que actúe en nombre y por cuenta del mismo.

Artículo 22. *Exenciones en las operaciones asimiladas a las exportaciones*

Estarán exentas del Impuesto, en las condiciones y con los requisitos que se establezcan reglamentariamente[110], las siguientes operaciones:

Uno[111]. Las entregas, construcciones, transformaciones, reparaciones, mantenimiento, fletamento, total o parcial, y arrendamiento de los buques que se indican a continuación:

1.º Los buques aptos para navegar por alta mar que se afecten a la navegación marítima internacional en el ejercicio de actividades comerciales de transporte remunerado de mercancías o pasajeros, incluidos los circuitos turísticos, o de actividades industriales o de pesca.

Redacción anterior dada por el art. 1.Ocho de la Ley 28/2014, de 27 de noviembre (BOE núm. 288, de 28 de noviembre de 2014), en vigor desde el 1 de enero de 2015.

[109] Nuevo núm. 7º incorporado por el art. 74.Tres de la Ley 31/2022, de 23 de diciembre, de Presupuestos Generales del Estado para el año 2023 (BOE núm. 308, de 24 de diciembre de 2022), con efectos desde el 1 de enero de 2023.

[110] Art. 10 del RIVA.

[111] Apartado Uno modificado por la disposición final 7.ª de la Ley 51/2007, de 26 de diciembre (BOE núm. 310, de 27 diciembre de 2007), con efectos desde 1 de enero de 2008. El art. 19, números 1.º y 2.º de la presente Ley.

La exención no se aplicará en ningún caso a los buques destinados a actividades deportivas, de recreo o, en general, de uso privado.

2.º Los buques afectos exclusivamente al salvamento, a la asistencia marítima o a la pesca costera.

La desafectación de un buque de las finalidades indicadas en el párrafo anterior producirá efectos durante un plazo mínimo de un año, excepto en los supuestos de entrega posterior del mismo.

3.º Los buques de guerra.

La exención descrita en el presente apartado queda condicionada a que el adquirente de los bienes o destinatario de los servicios indicados sea la propia Compañía que realiza las actividades mencionadas y utilice los buques en el desarrollo de dichas actividades o, en su caso, la propia entidad pública que utilice los buques en sus fines de defensa.

A los efectos de esta Ley, se considerará:

Primero. Navegación marítima internacional, la que se realice a través de las aguas marítimas en los siguientes supuestos:

a) La que se inicie en un puerto situado en el ámbito espacial de aplicación del Impuesto y termine o haga escala en otro puerto situado fuera de dicho ámbito espacial.

b) La que se inicie en un puerto situado fuera del ámbito espacial de aplicación del Impuesto y termine o haga escala en otro puerto situado dentro o fuera de dicho ámbito espacial.

c) La que se inicie y finalice en cualquier puerto, sin realizar escalas, cuando la permanencia en aguas situadas fuera del mar territorial del ámbito espacial de aplicación del Impuesto exceda de cuarenta y ocho horas.

Lo dispuesto en esta letra c) no se aplicará a los buques que realicen actividades comerciales de transporte remunerado de personas o mercancías.

En este concepto de navegación marítima internacional no se comprenderán las escalas técnicas realizadas para repostar, reparar o servicios análogos.

Segundo. Que un buque está afecto a la navegación marítima internacional, cuando sus recorridos en singladuras de dicha navegación representen más del 50 por ciento del total recorrido efectuado durante los períodos de tiempo que se indican a continuación:

a) El año natural anterior a la fecha en que se efectúen las correspondientes operaciones de reparación o mantenimiento, salvo lo dispuesto en la letra siguiente.

b) En los supuestos de entrega, construcción, transformación, adquisición intracomunitaria, importación, fletamento, total o parcial, o arrendamiento del buque o en los de desafectación de los fines a que se refiere el número 2.º anterior, el año natural en que se efectúen dichas operaciones, a menos que tuviesen lugar después del primer semestre de dicho año, en cuyo caso el período a considerar comprenderá ese año natural y el siguiente.

Este criterio se aplicará también en relación con las operaciones mencionadas en la letra anterior cuando se realicen después de las citadas en la presente letra.

A efectos de lo dispuesto en esta letra, se considerará que la construcción de un buque ha finalizado en el momento de su matriculación definitiva en el Registro marítimo correspondiente.

Si, transcurridos los períodos a que se refiere esta letra *b)*, el buque no cumpliese los requisitos que determinan la afectación a la navegación marítima internacional, se regularizará su situación tributaria en relación con las operaciones de este apartado, de acuerdo con lo dispuesto en el artículo 19, número 1.º.

Dos. Las entregas, arrendamientos, reparaciones y mantenimiento de los objetos, incluidos los equipos de pesca, que se incorporen o se encuentren a bordo de los buques a que afectan las exenciones establecidas en el apartado anterior, siempre que se realicen durante los períodos en que dichos beneficios fiscales resulten de aplicación.

La exención quedará condicionada a la concurrencia de los siguientes requisitos:

1.º Que el destinatario directo de dichas operaciones sea el titular de la explotación del buque o, en su caso, su propietario.

2.º Que los objetos mencionados se utilicen o, en su caso, se destinen a ser utilizados exclusivamente en la explotación de dichos buques.

3.º Que las operaciones a que afecten las exenciones se efectúen después de la matriculación definitiva de los mencionados buques en el Registro Marítimo correspondiente.

Tres. Las entregas de productos de avituallamiento para los buques que se indican a continuación, cuando se adquieran por los titulares de la explotación de dichos buques:

1.º Los buques a que se refieren las exenciones del apartado Uno anterior, números 1.º y 2.º, siempre que se realicen durante los períodos en que dichos beneficios fiscales resulten de aplicación.

No obstante, cuando se trate de buques afectos a la pesca costera, la exención no se extiende a las entregas de provisiones de a bordo.

2.º Los buques de guerra que realicen navegación marítima internacional, en los términos descritos en el apartado Uno.

Cuatro. Las entregas, transformaciones, reparaciones, mantenimiento, fletamento total o arrendamiento de las siguientes aeronaves:

1.º Las utilizadas exclusivamente por compañías dedicadas esencialmente a la navegación aérea internacional en el ejercicio de actividades comerciales de transporte remunerado de mercancías o pasajeros.

2.º[112] Las utilizadas por entidades públicas en el cumplimiento de sus funciones públicas.

---

[112]   Resolución de 20 de noviembre de 1998, de la Dirección General de Tributos, sobre el alcance de la exención relativa a los arrendamientos y fletamentos de aeronaves utilizadas por entidades públicas en el cumplimiento de sus funciones públicas (BOE núm. 290, de 4 de diciembre de 1998).

La exención está condicionada a que el adquirente o destinatario de los servicios indicados sea la propia compañía que realice las actividades mencionadas y utilice las aeronaves en el desarrollo de dichas actividades o, en su caso, la propia entidad pública que utilice las aeronaves en las funciones públicas[113].

A los efectos de esta Ley, se considerará:

Primero. Navegación aérea internacional, la que se realice en los siguientes supuestos:

a) La que se inicie en un aeropuerto situado en el ámbito espacial de aplicación del Impuesto y termine o haga escala en otro aeropuerto situado fuera de dicho ámbito espacial.

b) La que se inicie en un aeropuerto situado fuera del ámbito espacial del Impuesto y termine o haga escala en otro aeropuerto situado dentro o fuera de dicho ámbito espacial.

En este concepto de navegación aérea internacional no se comprenderán las escalas técnicas realizadas para repostar, reparar o servicios análogos.

Segundo[114].Que una compañía está dedicada esencialmente a la navegación aérea internacional cuando corresponda a dicha navegación más del 50 por 100 de la distancia total recorrida en los vuelos efectuados por todas las aeronaves utilizadas por dicha compañía durante los períodos de tiempo que se indican a continuación:

a) El año natural anterior a la realización de las operaciones de reparación o mantenimiento, salvo lo dispuesto en la letra siguiente.

b) En los supuestos de entrega, construcción, transformación, adquisición intracomunitaria, importación, fletamento total o arrendamiento de las aeronaves, el año natural en que se efectúen dichas operaciones, a menos que tuviesen lugar después del primer semestre de dicho año, en cuyo caso el período a considerar comprenderá ese año natural y el siguiente.

Este criterio se aplicará también en relación con las operaciones mencionadas en la letra anterior cuando se realicen después de las citadas en la presente letra.

Si al transcurrir los períodos a que se refiere esta letra *b)* la compañía no cumpliese los requisitos que determinan su dedicación a la navegación aérea internacional, se regularizará su situación tributaria en relación con las operaciones de este apartado de acuerdo con lo dispuesto en el artículo 19, número 3.º[115].

Cinco. Las entregas, arrendamientos, reparaciones y mantenimiento de los objetos que se incorporen o se encuentren a bordo de las aeronaves a que se refieren las exenciones establecidas en el apartado anterior.

La exención quedará condicionada a la concurrencia de los siguientes requisitos:

---

[113]   Art. 19 de la presente Ley.

[114]   Número Segundo modificado por el art. 6.8 de la Ley 66/1997, de 30 de diciembre, de Medidas Fiscales, Administrativas y del Orden Social (BOE núm. 313, de 31 de diciembre de 1997), con efectos desde 1 de enero de 1998.

[115]   Disposición transitoria 3.ª de la presente Ley.

1.º Que el destinatario de dichas operaciones sea el titular de la explotación de la aeronave a que se refieran.

2.º Que los objetos mencionados se utilicen o, en su caso, se destinen a ser utilizados en la explotación de dichas aeronaves y a bordo de las mismas.

3.º[116] Que las operaciones a que se refieren las exenciones se realicen después de la matriculación de las mencionadas aeronaves en el Registro de Matrícula que se determine reglamentariamente.

Seis[117]. Las entregas de productos de avituallamiento para las aeronaves a que se refieren las exenciones establecidas en el apartado Cuatro, cuando sean adquiridos por las compañías o entidades públicas titulares de la explotación de dichas aeronaves.

Siete[118]. Las prestaciones de servicios, distintas de las relacionadas en los apartados anteriores de este artículo, realizadas para atender las necesidades directas de los buques y de las aeronaves a los que corresponden las exenciones establecidas en los apartados uno y cuatro anteriores, o para atender las necesidades del cargamento de dichos buques y aeronaves[119].

Los servicios a que se refiere el párrafo anterior deberán tener por destinatarios a los titulares de la explotación de dichos buques o a las compañías o entidades públicas que utilizan dichas aeronaves.

Por excepción a lo dispuesto en el párrafo anterior, estarán exentos los servicios de carga, estiba, descarga, desestiba y transbordo, relacionados con las necesidades de cargamento de los buques contemplados en el apartado uno del artículo 22 de esta ley, prestados por profesionales estibadores, en nombre propio, a favor de empresas estibadoras y utilizados por estas en los servicios prestados, a su vez, a los titulares de la explotación de dichos buques.

Ocho[120]. Las entregas de bienes y prestaciones de servicios realizadas en el marco de las relaciones diplomáticas y consulares, en los casos y con los requisitos que se determinen reglamentariamente.

---

[116] Número 3.º modificado por el art. 10.12 de la Ley 13/1996, de 30 de diciembre BOE núm. 315, de 31 de diciembre de 1996).

[117] Orden HAC/559/2021, de 4 de junio, por la que se aprueban las normas en el ámbito aduanero, del Impuesto sobre el Valor Añadido y de los Impuestos Especiales de Fabricación, sobre el avituallamiento y equipamiento exento a buques y aeronaves, distintos de los privados de recreo, así como las entregas en tiendas libres de impuestos y para la venta a bordo a viajeros (BOE núm. 136, 8 de junio de 2021).

[118] Nueva redacción del art. 22.siete dada por el art. 74.Cuatrode la Ley 31/2022, de 23 de diciembre, de Presupuestos Generales del Estado para el año 2023 (BOE núm. 308, de 24 de diciembre de 2022), con efectos desde el 1 de enero de 2023.

[119] Apartado 2 del art. 10 del RIVA y la Resolución 4/1997, de 22 de mayo, de la Dirección General de Tributos (BOE núm. 138, de junio de 1997).

[120] Números Ocho y Nueve desarrollados por Real Decreto 3485/2000, de 29 de diciembre, sobre franquicias y exenciones en régimen diplomático, consular y de organismos internacionales (BOE núm. 313, de 30 de

Nueve[121]. Las entregas de bienes y prestaciones de servicios destinadas a los organismos internacionales reconocidos por España o al personal de dichos organismos con estatuto diplomático, dentro de los límites y en las condiciones fijadas en los convenios internacionales por los que se crean tales organismos o en los acuerdos de sede que sean aplicables en cada caso.

En particular, se incluirán en este apartado las entregas de bienes y las prestaciones de servicios destinadas a la Comunidad Europea, a la Comunidad Europea de la Energía Atómica, al Banco Central Europeo o al Banco Europeo de Inversiones, o a los organismos creados por las Comunidades a los que se aplica el Protocolo del 8 de abril de 1965 sobre los privilegios y las inmunidades de las Comunidades Europeas, dentro de los límites y conforme a las condiciones de dicho Protocolo y a los acuerdos para su aplicación o a los acuerdos de sede, siempre que con ello no se provoquen distorsiones en la competencia.

Diez[122]. Las entregas de bienes y prestaciones de servicios efectuadas para:

a) Las fuerzas de los demás Estados partes del Tratado del Atlántico Norte, en los términos establecidos en el Convenio entre los Estados partes de dicho Tratado relativo al estatuto de sus fuerzas;

b) las fuerzas armadas de cualquier Estado miembro distinto de España, para uso de dichas fuerzas o del personal civil a su servicio, o para el abastecimiento de sus comedores o cantinas, siempre que dichas fuerzas estén afectadas a un esfuerzo de defensa realizado

---

diciembre de 2000) y Orden de 24 de mayo de 2001, por la que se establecen los límites de las citadas franquicias y exenciones (BOE núm. 126, de 26 de mayo de 2001). Art. 19.4.º de esta Ley y la disposición adicional 4.ª del RIVA.

[121] Número nueve modificado por el art. 79.Tres de la Ley 39/2010, de 22 de diciembre (BOE núm. 311, de 23 de diciembre de 2010), con efectos desde 1 de enero de 2011 y vigencia indefinida.

Números Ocho y Nueve del presente art. desarrollados por Real Decreto 3485/2000, de 29 de diciembre, sobre franquicias y exenciones en régimen diplomático, consular y de organismos internacionales (BOE núm. 313, de 30 de diciembre de 2000) y Orden de 24 de mayo de 2001, por la que se establecen los límites de las citadas franquicias y exenciones (BOE núm. 126, de 26 de mayo de 2001). Art. 19.4.º de esta Ley y la disposición adicional 4.ª del RIVA.

[122] Nueva redacción art. 22.10 dada por el art. 72.Dos de la Ley 31/2022, de 23 de diciembre, de Presupuestos Generales del Estado para el año 2023 (BOE núm. 308, de 24 de diciembre de 2022), con efectos desde el 1 de julio de 2022.

Real Decreto 443/2023, de 13 de junio, por el que se aprueba el Reglamento por el que se desarrollan las exenciones fiscales relativas a las Fuerzas Armadas de los Estados miembros de la Unión Europea afectadas a un esfuerzo de defensa en el ámbito de la política común de seguridad y defensa y se establece el procedimiento para su aplicación, y por el que se modifica el Reglamento de los Impuestos Especiales, aprobado por el Real Decreto 1165/1995, de 7 de julio (BOE núm. 141, de 14 de junio de 2023).

Real Decreto 160/2008, de 8 de febrero, por el que se aprueba el Reglamento por el que se desarrollan las exenciones fiscales relativas a la Organización del Tratado del Atlántico Norte, a los Cuarteles Generales Internacionales de dicha Organización y a los Estados parte en dicho Tratado y se establece el procedimiento para su aplicación (BOE núm. 52, de 29 de febrero de 2008).

para llevar a cabo una actividad de la Unión en el ámbito de la política común de seguridad y defensa.

Once[123]. Las entregas de bienes y las prestaciones de servicios efectuadas con destino a otro Estado miembro y para:

a) las fuerzas de cualquier Estado parte del Tratado del Atlántico Norte, distinto del propio Estado miembro de destino, en los términos establecidos en el Convenio entre los Estados partes de dicho Tratado relativo al estatuto de sus fuerzas;

b) las fuerzas armadas de cualquier Estado miembro distinto del propio Estado miembro de destino, para uso de dichas fuerzas o del personal civil a su servicio, o para el abastecimiento de sus comedores o cantinas, siempre que dichas fuerzas estén afectadas a un esfuerzo de defensa realizado para llevar a cabo una actividad de la Unión en el ámbito de la política común de seguridad y defensa.

Doce. Las entregas de oro al Banco de España.

Trece[124]. Los transportes de viajeros y sus equipajes por vía marítima o aérea procedentes de o con destino a un puerto o aeropuerto situado fuera del ámbito espacial del impuesto.

Se entenderán incluidos en este apartado los transportes por vía aérea amparados por un único título de transporte que incluya vuelos de conexión aérea.

Catorce. Las prestaciones de transporte intracomunitario de bienes, definido en el artículo 72, apartado Dos, de esta Ley, con destino a las islas Azores o Madeira o procedentes de dichas islas.

---

[123] Nueva redacción art. 22.11 dada por el art. 72.Dos de la Ley 31/2022, de 23 de diciembre, de Presupuestos Generales del Estado para el año 2023 (BOE núm. 308, de 24 de diciembre de 2022), con efectos desde el 1 de julio de 2022.
Real Decreto 443/2023, de 13 de junio, por el que se aprueba el Reglamento por el que se desarrollan las exenciones fiscales relativas a las Fuerzas Armadas de los Estados miembros de la Unión Europea afectadas a un esfuerzo de defensa en el ámbito de la política común de seguridad y defensa y se establece el procedimiento para su aplicación, y por el que se modifica el Reglamento de los Impuestos Especiales, aprobado por el Real Decreto 1165/1995, de 7 de julio (BOE núm. 141, de 14 de junio de 2023).
Desarrollado por Real Decreto 160/2008, de 8 de febrero, por el que se aprueba el Reglamento por el que se desarrollan las exenciones fiscales relativas a la Organización del Tratado del Atlántico Norte, a los Cuarteles Generales Internacionales de dicha Organización y a los Estados parte en dicho Tratado y se establece el procedimiento para su aplicación (BOE núm. 52, de 29 de febrero de 2008).

[124] Nueva redacción del art. 22.trece dada por el art. 77 de la Ley 6/2018, de 3 de julio (BOE núm. 161, de 4 de julio de 2018), en vigor desde el día 5 de julio de 2018.
Redacción anterior: «*Los transportes de viajeros y sus equipajes por vía marítima o aérea procedentes de o con destino a un puerto o aeropuerto situado fuera del ámbito espacial del Impuesto*».
Apartado 3 del art. 10 del RIVA.

Quince[125]. Las prestaciones de servicios realizadas por intermediarios que actúen en nombre y por cuenta de terceros cuando intervengan en las operaciones que estén exentas del Impuesto en virtud de lo dispuesto en este artículo.

Dieciséis[126]. Las operaciones exentas por aplicación de lo dispuesto en los apartados anteriores no comprenderán las que gocen de exención en virtud de los artículos 20, 20 bis, 21 y 25 de esta ley.

Diecisiete[127].

Artículo 23[128]. *Exenciones relativas a las situaciones de depósito temporal y otras situaciones*

Uno Estarán exentas, en las condiciones y con los requisitos que se establezcan reglamentariamente, las siguientes operaciones:

1.º Las entregas de bienes que se encuentren en situación de depósito temporal, así como las prestaciones de servicios relacionadas directamente con las entregas de bienes anteriores y las realizadas mientras los bienes se mantengan en dicha situación.

2.º Las entregas de bienes que sean conducidos al mar territorial para incorporarlos a plataformas de perforación o de explotación para su construcción, reparación, mantenimiento, transformación o equipamiento o para unir dichas plataformas al continente.

La exención se extiende a las entregas de bienes destinados al avituallamiento de las plataformas a que se refiere el párrafo anterior.

3.º Las prestaciones de servicios relacionadas directamente con las entregas de bienes descritas en el número 2.º anterior, así como con las importaciones de bienes destinados a ser colocados en las situaciones a que se refiere este apartado.

---

[125]   Apartado Quince modificado por el art. 28.6 del Real Decreto-ley 12/1995, de 28 de diciembre (BOE núm. 312, de 30 de diciembre de 1995), en vigor desde 1 de enero de 1996.

[126]   Nueva redacción del art. 22.Dieciséis dada por el art. 74.Cuatro de la Ley 31/2022, de 23 de diciembre, de Presupuestos Generales del Estado para el año 2023 (BOE núm. 308, de 24 de diciembre de 2022), con efectos desde el 1 de enero de 2023.
    Apartado Dieciséis, que se refería a servicios de telecomunicación, suprimido por Real Decreto-ley 14/1997, de 29 de agosto (*BOE* núm. 208, de 30 agosto de 1997), aplicable desde 1/9/1997, y posteriormente por Ley 9/1998, de 21 de abril (BOE núm. 96, de 22 de abril de 1997), que sustituye y deroga al anterior.

[127]   Apartado Diecisiete añadido por Ley 23/1994, de 6 de julio (BOE núm. 161, de 7 de julio de 1994), y suprimido con posterioridad por el art. 28.7 del Real Decreto-ley 12/1995, de 28 de diciembre (BOE núm. 312, de 30 de diciembre de 1995), con efectos desde 1 de enero de 1996.

[128]   Art. 19.5.º y disposición transitoria 9.ª de esta Ley y el art. 11 del RIVA.
    Nueva redacción del art. 23 dada por el art. 74 Cinco de la Ley 31/2022, de 23 de diciembre, de Presupuestos Generales del Estado para el año 2023 (BOE núm. 308, de 24 de diciembre de 2022), con efectos desde el 1 de enero de 2023.

4.º Las entregas de los bienes que se encuentren en la situación indicada en el número 2.º precedente, así como las prestaciones de servicios realizadas mientras los bienes se mantengan en dicha situación.

Dos. La situación de depósito temporal, así como la colocación de los bienes en situación de depósito temporal mencionados en el presente artículo, se ajustarán a la definición, normas y requisitos establecidos por la legislación aduanera.

Tres. Las exenciones establecidas en este artículo están condicionadas, en todo caso, a que los bienes a que se refieren no sean utilizados ni destinados a su consumo final en las situaciones indicadas.

Cuatro. Las prestaciones de servicios exentas en virtud del apartado uno no comprenderán las que gocen de exención por los artículos 20, 21 y 22 de esta ley.

Artículo 24[129]. *Exenciones relativas a regímenes aduaneros y fiscales*

Uno. Estarán exentas del Impuesto, en las condiciones y con los requisitos que se establezcan reglamentariamente, las siguientes operaciones:

1.º Las entregas de los bienes que se indican a continuación:

a) Los destinados a ser vinculados al régimen de zona franca y los que estén vinculados a dicho régimen.

b) Los destinados a ser utilizados en los procesos efectuados al amparo de los regímenes aduanero y fiscal de perfeccionamiento activo, así como de los que estén vinculados a dichos regímenes, con excepción de la modalidad de exportación anticipada del perfeccionamiento activo.

c) Los que se encuentren vinculados al régimen de importación temporal con exención total de derechos de importación o de tránsito externo.

d) Los comprendidos en el artículo 18, apartado uno, número 2.º, que se encuentren al amparo del régimen fiscal de importación temporal o del régimen de tránsito interno.

e) Los destinados a ser vinculados al régimen de depósito aduanero y los que estén vinculados a dicho régimen.

f) Los destinados a ser vinculados a un régimen de depósito distinto del aduanero y de los que estén vinculados a dicho régimen.

2.º Las prestaciones de servicios relacionadas directamente con las entregas descritas en el número anterior.

3.º Las prestaciones de servicios relacionadas directamente con las siguientes operaciones y bienes:

---

[129]   Art. 19.5.º y disposición transitoria 9.ª de esta Ley y el art. 12 del RIVA.
     Nueva redacción del art. 24 dada por el art. 74 seis de la Ley 31/2022, de 23 de diciembre, de Presupuestos Generales del Estado para el año 2023 (BOE núm. 308, de 24 de diciembre de 2022), con efectos desde el 1 de enero de 2023.

a) Las importaciones de bienes que se vinculen al régimen de zona franca.

b) Las importaciones de bienes que se vinculen al régimen de tránsito externo.

c) Las importaciones de los bienes comprendidos en el artículo 18, apartado uno, número 2.º, que se coloquen al amparo del régimen fiscal de importación temporal o del tránsito interno.

d) Las importaciones de bienes que se vinculen a los regímenes aduanero y fiscal de perfeccionamiento activo.

e) Las importaciones de bienes que se vinculen al régimen de depósito aduanero.

f) Las importaciones de bienes que se vinculen al régimen de importación temporal con exención total.

g) Las importaciones de bienes que se vinculen a un régimen de depósito distinto del aduanero exentas conforme el artículo 65 de esta ley.

h) Los bienes vinculados a los regímenes descritos en las letras a), b), c), d), e) y g) anteriores.

Dos. Los regímenes a que se refiere el apartado anterior son los definidos en la legislación aduanera y su vinculación y permanencia en ellos se ajustarán a las normas y requisitos establecidos en dicha legislación.

El régimen fiscal de perfeccionamiento activo se autorizará respecto de los bienes que quedan excluidos del régimen aduanero de la misma denominación, con sujeción, en lo demás, a las mismas normas que regulan el mencionado régimen aduanero.

El régimen fiscal de importación temporal se autorizará respecto de los bienes procedentes de los territorios comprendidos en el artículo 3, apartado dos, número 1.º, letra b), de esta ley, cuya importación temporal se beneficie de exención total de derechos de importación o se beneficiaría de dicha exención si los bienes procediesen de terceros países.

A los efectos de esta ley, el régimen de depósito distinto de los aduaneros será el definido en el apartado quinto del Anexo de la misma.

Tres. Las exenciones descritas en el apartado uno se aplicarán mientras los bienes a que se refieren permanezcan vinculados a los regímenes indicados.

Cuatro. Las exenciones relativas a los regímenes aduaneros y fiscales están condicionadas, en todo caso, a que los bienes a que se refieren no sean utilizados ni destinados a su consumo final durante la vigencia de los mismos, sin perjuicio de los bienes incorporados a los procesos de transformación que se realicen al amparo de los regímenes aduanero y fiscal de perfeccionamiento activo.

Cinco. Las prestaciones de servicios exentas por aplicación del apartado uno no comprenderán las que gocen de exención en virtud del artículo 20 de esta ley.

Artículo 25[130]. *Exenciones en las entregas de bienes destinados a otro Estado miembro*

Estarán exentas del Impuesto las siguientes operaciones:

---

[130]   Arts. 13, 30 y 78 a 81 del RIVA.

Uno[131]. Las entregas de bienes definidas en el artículo 8 de esta Ley, expedidos o transportados, por el vendedor, por el adquirente o por un tercero en nombre y por cuenta de cualquiera de los anteriores, al territorio de otro Estado miembro, siempre que el adquirente sea un empresario o profesional o una persona jurídica que no actúe como tal, que disponga de un número de identificación a efectos del Impuesto sobre el Valor Añadido asignado por un Estado miembro distinto del Reino de España, que haya comunicado dicho número de identificación fiscal al vendedor.

La aplicación de esta exención quedará condicionada a que el vendedor haya incluido dichas operaciones en la declaración recapitulativa de operaciones intracomunitarias prevista en el artículo 164, apartado uno, número 5.º, de esta Ley, en las condiciones que se establezcan reglamentariamente.

La exención descrita en este apartado no se aplicará a las entregas de bienes efectuadas para aquellas personas cuyas adquisiciones intracomunitarias de bienes no estén sujetas al Impuesto en el Estado miembro de destino en virtud de los criterios contenidos en el artículo 14, apartados uno y dos, de esta Ley.

Tampoco se aplicará esta exención a las entregas de bienes acogidas al régimen especial de bienes usados, objetos de arte, antigüedades y objetos de colección, regulado en el capítulo IV del título IX de esta Ley.

Dos[132].Las entregas de medios de transporte nuevos, efectuadas en las condiciones indicadas en el apartado Uno, cuando los adquirentes en destino sean las personas comprendidas en el penúltimo párrafo del apartado precedente o cualquier otra persona que no tenga la condición de empresario o profesional.

Tres. Las entregas de bienes comprendidas en el artículo 9, número 3.º, de esta Ley a las que resultaría aplicable la exención del apartado Uno si el destinatario fuese otro empresario o profesional.

Cuatro[133]. Las entregas de bienes efectuadas en el marco de un acuerdo de ventas de bienes en consigna en las condiciones previstas en el artículo 9 bis, apartado dos, de esta Ley.

---

[131]   Nueva redacción del art. 25.Uno dada por el art. 214.Cinco del Real Decreto-ley 3/2020, de 4 de febrero (BOE núm. 31, de 5 de febrero de 2020).
     Redacción anterior dada art. 28.Ocho del Real Decreto-ley 12/1995, de 28 de diciembre, sobre Medidas Urgentes en Materia Presupuestaria, Tributaria y Financiera (BOE núm. 312, de 30 diciembre de 1995), en vigor desde 1 de enero de 1996.

[132]   Apartado Dos modificado por el art. 17.Tres de la Ley 42/1994, de 30 de diciembre, de Medidas Fiscales, Administrativas y del Orden Social (BOE núm. 313, de 31 diciembre de 1994), en vigor desde 1 de enero de 1995.

[133]   Nuevo contenido del art. 25.Cuatro dada por el art. 214.Cinco del Real Decreto-ley 3/2020, de 4 de febrero (BOE núm. 31, de 5 de febrero de 2020).

CAPÍTULO II. Adquisiciones intracomunitarias de bienes

Artículo 26. *Exenciones en las adquisiciones intracomunitarias de bienes*
Estarán exentas del Impuesto:

Uno. Las adquisiciones intracomunitarias de bienes cuya entrega en el territorio de aplicación del Impuesto hubiera estado, en todo caso, no sujeta o exenta en virtud de lo dispuesto en los artículos 7, 20, 22, 23 y 24 de esta Ley[134].

Dos. Las adquisiciones intracomunitarias de bienes cuya importación hubiera estado, en todo caso, exenta del Impuesto en virtud de lo dispuesto en el Capítulo III de este Título.

Tres[135]. Las adquisiciones intracomunitarias de bienes en las que concurran los siguientes requisitos:

1.º Que se realicen por un empresario o profesional que:

a) No esté establecido ni identificado a efectos del Impuesto sobre el Valor Añadido en el territorio de aplicación del Impuesto, y

b) Que esté identificado a efectos del Impuesto sobre el Valor Añadido en otro Estado miembro de la Comunidad.

2.º Que se efectúen para la ejecución de una entrega subsiguiente de los bienes adquiridos, realizada en el interior del territorio de aplicación del Impuesto por el propio adquirente.

3.º Que los bienes adquiridos se expidan o transporten directamente a partir de un Estado miembro distinto de aquél en el que se encuentre identificado a efectos del Impuesto sobre el Valor Añadido el adquirente y con destino a la persona para la cual se efectúe la entrega subsiguiente.

4.º Que el destinatario de la posterior entrega sea un empresario o profesional o una persona jurídica que no actúe como tal, a quienes no les afecte la no sujeción establecida en el artículo 14 de esta Ley y que tengan atribuido un número de identificación a efectos del Impuesto sobre el Valor Añadido suministrado por la Administración española.

Cuatro[136].Las adquisiciones intracomunitarias de bienes respecto de las cuales se atribuya al adquirente, en virtud de lo dispuesto en los artículos 119 o 119 bis de esta Ley, el derecho a la devolución total del Impuesto que se hubiese devengado por las mismas.

El anterior apartado cuatro, sin contenido, recogía la exención de entregas de bienes en tiendas libres de impuestos a viajeros con destino a otros Estados miembros de la C.E., derogado por Real Decreto-ley 10/1999, de 11 de junio (BOE núm. 140, de 12 junio de 1999), en vigor desde 1 de julio de 1999.

[134]   Art. 19 de la presente Ley.

[135]   Apartado Tres modificado por el art. 1.2 del Real Decreto-Ley 7/1993, de 21 de mayo, de Medidas Urgentes de Adaptación y Modificación de Determinados Impuestos (BOE núm. 126, de 27 de mayo de 1993), en vigor desde el día de su publicación.

[136]   Apartado Cuatro modificado por el art. 1.Tres de la Ley 2/2010, de 1 de marzo, por la que se trasponen determinadas directivas en el ámbito de la imposición indirecta y se modifica la Ley del Impuesto sobre la

Cinco[137].

CAPÍTULO III. Importaciones de bienes

Artículo 27[138]. *Importaciones de bienes cuya entrega en el interior estuviese exenta del Impuesto*

Estarán exentas del Impuesto las importaciones de los siguientes bienes:

1.º La sangre, el plasma sanguíneo y los demás fluidos, tejidos y otros elementos del cuerpo humano para fines médicos o de investigación o para su procesamiento por idénticos fines.

2.º[139] Los buques y los objetos para ser incorporados a ellos a que se refieren las exenciones establecidas en el artículo 22, apartados Uno y Dos de esta Ley.

3.º[140] Las aeronaves y los objetos para ser incorporados a ellas a que se refieren las exenciones establecidas en el artículo 22, apartados Cuatro y Cinco de esta Ley.

4.º Los productos de avituallamiento que, desde el momento en que se produzca la entrada en el ámbito espacial de aplicación del Impuesto hasta la llegada al puerto o puertos situados en dicho ámbito territorial y durante la permanencia en los mismos por el plazo necesario para el cumplimiento de sus fines, se hayan consumido o se encuentren a bordo de los buques a los que corresponden las exenciones de las entregas de avituallamientos establecidas en el artículo 22, apartado Tres de esta Ley, con las limitaciones previstas en dicho precepto.

5.º Los productos de avituallamiento que, desde la entrada en el ámbito espacial de aplicación del Impuesto hasta la llegada al aeropuerto o aeropuertos situados en dicho ámbito territorial y durante la permanencia en los mismos por el plazo necesario para el cumplimiento de sus fines, se hayan consumido o se encuentren a bordo de las aeronaves a que afectan las exenciones correspondientes a las entregas de avituallamientos establecidas en el artículo 22, apartado Seis de esta Ley, y en las condiciones previstas en él.

6.º Los productos de avituallamiento que se importen por las empresas titulares de la explotación de los buques y aeronaves a que afectan las exenciones establecidas en el artículo 22, apartados Tres y Seis de esta Ley, con las limitaciones establecidas en dichos preceptos y para ser destinados exclusivamente a los mencionados buques y aeronaves.

Renta de no Residentes para adaptarla a la normativa comunitaria (BOE núm. 53, de 2 de marzo de 2010), con efectos desde 1 de enero de 2010.

[137] Apartado Cinco, referido a materiales de recuperación, suprimido por el art. 7.3 de la Ley 62/2003, de 30 de diciembre, de Medidas Fiscales, Administrativas y del Orden Social (BOE núm. 313, de 31 de diciembre), con efectos a partir de 1 de enero de 2004.

[138] Art. 14 del RIVA.

[139] Art. 19 y disposiciones transitorias 2.ª y 3.ª de esta Ley.

[140] Art. 19 y disposiciones transitorias 2.ª y 3.ª de esta Ley.

7.º[141] Las divisas, billetes de banco y monedas que sean medios legales de pago, a excepción de las monedas y billetes de colección y de las piezas de oro, plata y platino.

8.º Los títulos-valores.

9.º[142]

10.º El oro importado directamente por el Banco de España.

11.º Los bienes destinados a las plataformas a que se refiere el artículo 23, apartado Uno, número 2.º, de esta Ley, cuando se destinen a los mismos fines mencionados en dicho precepto.

12.º[143] Los bienes cuya expedición o transporte tenga como punto de llegada un lugar situado en otro Estado miembro, siempre que la entrega ulterior de dichos bienes efectuada por el importador o su representante fiscal estuviese exenta en virtud de lo dispuesto en el artículo 25 de esta Ley.

La exención prevista en este número quedará condicionada al cumplimiento de los requisitos que se establezcan reglamentariamente.

Artículo 28[144]. *Importaciones de bienes personales por traslado de residencia habitual*

Uno. Estarán exentas del Impuesto las importaciones de bienes personales pertenecientes a personas físicas que trasladen su residencia habitual desde un territorio tercero al Reino de España.

Dos. La exención quedará condicionada a la concurrencia de los siguientes requisitos:

1.º Los interesados deberán haber tenido su residencia habitual fuera de la Comunidad al menos durante los doce meses consecutivos anteriores al traslado.

2.º Los bienes importados habrán de destinarse en la nueva residencia a los mismos usos o finalidades que en la anterior.

3.º Que los bienes hubiesen sido adquiridos o importados en las condiciones normales de tributación en el país de origen o procedencia y no se hubieran beneficiado de ninguna exención o devolución de las cuotas devengadas con ocasión de su salida de dicho país.

Se considerará cumplido este requisito cuando los bienes se hubiesen adquirido o importado al amparo de las exenciones establecidas en los regímenes diplomático o consular en favor de los miembros de los organismos internacionales reconocidos y con sede en el Estado

---

[141]   Número 7.º modificado por el art. 79.Cuatro de la Ley 39/2010, de 22 de diciembre, de Presupuestos Generales del Estado para el año 2011 (BOE núm. 311, de 23 de diciembre de 2010), con efectos desde 1 de enero de 2011 y vigencia indefinida.

[142]   Número 9.º suprimido por el art. 17.Cuarto de la Ley 42/1994, de 30 de diciembre, de Medidas Fiscales, Administrativas y del Orden Social (BOE núm. 313, de 31 de diciembre de 1994).

[143]   Apartado 12º modificado por el art. 78.Uno de la Ley 39/2010, de 22 de diciembre, de Presupuestos Generales del Estado para el año 2011 (BOE núm. 311, de 23 de diciembre de 2010), con efectos desde 1 de enero de 2011 y vigencia indefinida.

[144]   Apartados 1.º, 2.º y 3.º del art. 15 del RIVA.

de origen, con los límites y condiciones fijados por los Convenios internacionales por los que se crean dichos organismos o por los Acuerdos de sede.

4.º Que los bienes objeto de importación hubiesen estado en posesión del interesado o, tratándose de bienes no consumibles, hubiesen sido utilizados por él en su antigua residencia durante un período mínimo de seis meses antes de haber abandonado dicha residencia.

No obstante, cuando se trate de vehículos provistos de motor mecánico para circular por carretera, sus remolques, caravanas de camping, viviendas transportables, embarcaciones de recreo y aviones de turismo, que se hubiesen adquirido o importado al amparo de las exenciones a que se refiere el segundo párrafo del número 3.º anterior, el período de utilización descrito en el párrafo precedente habrá de ser superior a doce meses.

No se exigirá el cumplimiento de los plazos establecidos en este número, en los casos excepcionales en que se admita por la legislación aduanera a efectos de los derechos de importación.

5.º Que la importación de los bienes se realice en el plazo máximo de doce meses a partir de la fecha del traslado de residencia al territorio de aplicación del Impuesto.

No obstante, los bienes personales podrán importarse antes del traslado, previo compromiso del interesado de establecer su nueva residencia antes de los seis meses siguientes a la importación, pudiendo exigirse garantía en cumplimiento de dicho compromiso.

En el supuesto a que se refiere el párrafo anterior, los plazos establecidos en el número anterior se calcularán con referencia a la fecha de la importación.

6.º Que los bienes importados con exención no sean transmitidos, cedidos o arrendados durante el plazo de doce meses posteriores a la importación, salvo causa justificada.

El incumplimiento de este requisito determinará la exacción del Impuesto referido a la fecha en que se produjera dicho incumplimiento.

Tres. Quedan excluidos de la exención los siguientes bienes:

1.º Los productos alcohólicos comprendidos en los códigos NC 22.03 a 22.08 del Arancel aduanero.

2.º El tabaco en rama o manufacturado.

No obstante, los bienes comprendidos en este número 2.º y en el 1.º anterior podrán ser importados con exención hasta el límite de las cantidades autorizadas con franquicia en el régimen de viajeros regulado en el artículo 35 de esta Ley.

3.º Los medios de transporte de carácter industrial.

4.º Los materiales de uso profesional distintos de instrumentos portátiles para el ejercicio de la profesión u oficio del importador.

5.º Los vehículos de uso mixto utilizados para fines comerciales o profesionales.

Artículo 29. *Concepto de bienes personales*

A los efectos de esta Ley, se considerarán bienes personales los destinados normalmente al uso personal del interesado o de las personas que convivan con él o para las necesidades de su hogar, siempre que, por su naturaleza y cantidad, no pueda presumirse su afectación a una actividad empresarial o profesional.

No obstante lo dispuesto en el párrafo anterior, constituyen también bienes personales los instrumentos portátiles necesarios para el ejercicio de la profesión u oficio del importador.

Artículo 30. *Importaciones de bienes personales destinados al amueblamiento de una vivienda secundaria*

Uno. Estarán exentas del Impuesto las importaciones de bienes personales efectuadas por particulares, con el fin de amueblar una vivienda secundaria del importador.

Dos. La exención establecida en el apartado anterior quedará condicionada a la concurrencia de los siguientes requisitos:

1.º Los establecidos en el apartado Dos, números 2.º, 3.º, 4.º y 6.º, del artículo 28 de esta Ley, en cuanto sean aplicables.

2.º Que el importador fuese propietario de la vivienda secundaria o, en su caso, arrendatario de la misma, por un plazo mínimo de doce meses.

3.º Que los bienes importados correspondan al mobiliario o ajuar normal de la vivienda secundaria.

Artículo 31. *Importaciones de bienes personales por razón de matrimonio*

Uno. Estarán exentas las importaciones de los bienes integrantes del ajuar y los objetos de mobiliario, incluso nuevos, pertenecientes a personas que, con ocasión de su matrimonio, trasladen su residencia habitual desde terceros países al territorio de aplicación del Impuesto.

Dos. La exención quedará condicionada a la concurrencia de los siguientes requisitos:

1.º Los establecidos en el artículo 28, apartado Dos, números 1.º, 3.º y 6.º, de esta Ley.

2.º Que el interesado aporte la prueba de su matrimonio y, en su caso, de la iniciación de las gestiones oficiales para su celebración.

3.º Que la importación se efectúe dentro del período comprendido entre los dos meses anteriores y los cuatro meses posteriores a la celebración del matrimonio.

La Administración podrá exigir garantía suficiente en los supuestos en que la importación se efectúe antes de la fecha de celebración del matrimonio.

Tres[145]. La exención se extiende también a las importaciones de los regalos ofrecidos normalmente por razón de matrimonio, efectuados por personas que tengan su residencia habitual fuera de la Comunidad y recibidos por aquellas otras a las que se refiere el apartado

---

[145] Apartado Tres modificado por el art. 6 de la Ley 24/2001, de 27 de diciembre, de Medidas Fiscales, Administrativas y del Orden Social (BOE núm. 313, de 31 de diciembre de 2001), convirtiendo a euros las referencias en ecus y pesetas.

uno anterior, siempre que el valor unitario de los objetos ofrecidos como regalo no excediera de 200 euros.

Cuatro. Lo dispuesto en este artículo no será de aplicación a los vehículos con motor mecánico para circular por carretera, sus remolques, caravanas de camping, viviendas transportables, embarcaciones de recreo y aviones de turismo, sin perjuicio de lo dispuesto en el artículo 28 de esta Ley.

Cinco. Se excluyen igualmente de la exención los productos comprendidos en el artículo 28, apartado Tres, números 1.º y 2.º, de esta Ley, con las excepciones consignadas en dicho precepto.

Seis. La falta de justificación del matrimonio, en el plazo de cuatro meses a partir de la fecha indicada para la celebración del mismo, determinará la exacción del Impuesto referida a la fecha en que tuvo lugar la importación.

Artículo 32[146]. *Importaciones de bienes personales por causa de herencia*

Uno. Estarán exentas del Impuesto sobre el Valor Añadido las importaciones de bienes personales adquiridos «mortis causa», cuando se efectúen por personas físicas que tengan su residencia habitual en el territorio de aplicación del Impuesto.

Dos. La exención sólo se aplicará respecto de los bienes importados en el plazo de dos años a partir del momento en que el interesado hubiese entrado en posesión de los bienes adquiridos, salvo causas excepcionales apreciadas por la Administración.

Tres. Lo dispuesto en los apartados anteriores se aplicará también a las importaciones de bienes personales adquiridos «mortis causa» por entidades sin fines de lucro establecidas en el territorio de aplicación del Impuesto.

Cuatro. Quedan excluidos de la exención los siguientes bienes:

1.º Los productos alcohólicos comprendidos en los códigos NC 22.03 a 22.08 del Arancel aduanero.

2.º El tabaco en rama o manufacturado.

3.º Los medios de transporte de carácter industrial.

4.º Los materiales de uso profesional distintos de los instrumentos portátiles necesarios para el ejercicio de la profesión del difunto.

5.º Las existencias de materias primas y de productos terminados o semiterminados.

6.º El ganado vivo y las existencias de productos agrícolas que excedan de las cantidades correspondientes a un aprovisionamiento familiar normal.

---

[146]   Apartado 4.º del art. 15 del RIVA.

Artículo 33[147]. *Importaciones de bienes muebles efectuadas por estudiantes*)

Uno. Estarán exentas del Impuesto las importaciones del ajuar, material de estudio y otros bienes muebles usados que constituyan el equipamiento normal de una habitación de estudiante, pertenecientes a personas que vayan a residir temporalmente en el territorio de aplicación del Impuesto para realizar en él sus estudios y que se destinen a su uso personal mientras duren los mismos.

Para la aplicación de esta exención se entenderá por:

a) Estudiante: Toda persona regularmente inscrita en un centro de enseñanza establecido en el territorio de aplicación del Impuesto para seguir con plena dedicación los cursos que se impartan en dicho centro.

b) Ajuar: La ropa de uso personal o de casa, incluso en estado nuevo.

c) Material de estudio: Los objetos e instrumentos empleados normalmente por los estudiantes para la realización de sus estudios.

Dos. La exención se concederá solamente una vez por año escolar.

Artículo 34[148]. *(suprimido)*

Artículo 35[149]. *Importaciones de bienes en régimen de viajeros*

Uno. Estarán exentas del Impuesto sobre el Valor Añadido las importaciones de los bienes contenidos en los equipajes personales de los viajeros procedentes de países terceros, con las limitaciones y requisitos que se indican a continuación:

1.º Que las mencionadas importaciones no tengan carácter comercial, en los términos previstos en el artículo 21, número 2.º, letra A), letra d).

2.º Que el valor global de los citados bienes no exceda, por persona, de 300 euros. No obstante, cuando se trate de viajeros que lleguen al territorio de aplicación del impuesto por vía marítima o aérea, este importe ascenderá a 430 euros.

En todo caso, tratándose de viajeros menores de quince años de edad, el valor global admitido con exención será 150 euros.

---

[147] Art. 15 del RIVA.
[148] Artículo suprimido por el art. 10.Siete del Real Decreto-ley 7/2021, de 27 de abril, de transposición de directivas de la Unión Europea en las materias de competencia, prevención del blanqueo de capitales, entidades de crédito, telecomunicaciones, medidas tributarias, prevención y reparación de daños medioambientales, desplazamiento de trabajadores en la prestación de servicios transnacionales y defensa de los consumidores (BOE núm. 101, de 28 de abril de 2021), en vigor desde el 1 de julio de 2021.
Redacción anterior dada por el art. 1.Cuatro de la Ley 2/2010, de 1 de marzo, por la que se trasponen determinadas directivas en el ámbito de la imposición indirecta y se modifica la Ley del Impuesto sobre la Renta de no Residentes para adaptarla a la normativa comunitaria (BOE núm. 53, de 2 de marzo de 2010), con efectos desde 1 de enero de 2010.
[149] Art. 35 modificado por el art. 5.Cinco de la Ley 4/2008, de 23 de diciembre (BOE núm. 310, de 25 de diciembre de 2008), de aplicación a partir de 1 de diciembre de 2008.

Cuando el valor global exceda de las cantidades indicadas, la exención se concederá hasta el límite de dichas cantidades, exclusivamente para aquellos bienes que, importados separadamente, hubiesen podido beneficiarse de la exención.

Para la determinación de los límites de exención señalados anteriormente no se computará el valor de los bienes que sean objeto de importación temporal o de reimportación derivada de una previa exportación temporal, ni el de los medicamentos necesarios para uso normal del viajero.

Dos. A los efectos de esta exención, se considerarán equipajes personales de los viajeros, el conjunto de equipajes que presenten a la Aduana en el momento de su llegada, así como los que se presenten con posterioridad, siempre que se justifique que, en el momento de la salida, fueron registrados en la empresa responsable de su transporte como equipajes acompañados.

No constituyen equipajes personales los combustibles que excedan de las siguientes cantidades:

a) Los contenidos en los depósitos normales de combustible de los medios de transporte motorizados.

b) Los contenidos en depósitos portátiles de combustible hasta un máximo de 10 litros.

Tres[150]**.** Sin perjuicio de lo establecido en el apartado uno, estarán exentas del Impuesto las siguientes importaciones de bienes:

a) Labores del tabaco:

Cigarrillos: 200 unidades;

Puritos (cigarros con un peso máximo 3 gramos unidad): 100 unidades;

Cigarros puros: 50 unidades;

Tabaco para fumar: 250 gramos.

---

[150] Ley Orgánica 6/2011, de 30 de junio, por la que se modifica la Ley Orgánica 12/1995, de 12 de diciembre, de represión del contrabando (BOE núm. 156, de 1 de julio de 2011), dispone en redacción dada por la disposición final 23 de la Ley 17/2012, de 27 de diciembre que: Disposición adicional primera. Reducción de las exenciones fiscales previstas en los artículos 35.Tres de la Ley 37/1992, de 28 de diciembre, del Impuesto sobre el Valor Añadido, y 61.2.a) de la Ley 38/1992, de 28 de noviembre, de Impuestos Especiales, en relación con las labores de tabaco para los residentes de la zona fronteriza con Gibraltar y el Principado de Andorra y de los trabajadores fronterizos de las citadas zonas.

«Se reducen a 80 cigarrillos las exenciones fiscales previstas en el artículo 35.Tres de la Ley 37/1992, de 28 de diciembre, del Impuesto sobre el Valor Añadido, y en el artículo 61.2.a) de la Ley 38/1992, de 28 de noviembre, de Impuestos Especiales, para los viajeros residentes y trabajadores fronterizos de la zona fronteriza con Gibraltar y en relación con las labores de tabaco que introduzcan en España, con las excepciones previstas en el apartado 2 del artículo 13 de la Directiva 2007/74/CE.

A estos efectos, se entenderá como zona fronteriza el territorio español que se extiende a 15 kilómetros en línea recta a partir de la frontera con Gibraltar y que incluirá la totalidad del territorio de los municipios cuya demarcación territorial forma parte, aunque fuese parcial, de esta zona».

Para todo viajero, la franquicia se podrá aplicar a cualquier combinación de labores del tabaco, siempre que el total de los porcentajes utilizados de cada franquicia autorizada no supere el 100 por ciento.

b) Alcoholes y bebidas alcohólicas:

Bebidas destiladas y bebidas espirituosas de una graduación alcohólica superior a 22 por 100 vol.; alcohol etílico, no desnaturalizado, de 80 por 100 vol. o más: 1 litro en total;

Bebidas destiladas y bebidas espirituosas, aperitivos a base de vino o de alcohol, tafia, sake o bebidas similares de una graduación alcohólica igual o inferior a 22 por 100 vol; vinos espumosos y generosos: 2 litros en total;

Otros vinos: 4 litros en total;

Cerveza: 16 litros en total.

Para todo viajero, la franquicia se podrá aplicar a cualquier combinación de los tipos de alcohol y bebidas alcohólicas mencionados, siempre que el total de los porcentajes utilizados de cada franquicia autorizada no supere el 100 por ciento.

El valor de estos bienes no se computará para la determinación de los límites de valor global señalados en el apartado uno precedente.

Los viajeros menores de diecisiete años de edad no se beneficiarán de las exenciones señaladas en este apartado.

Cuatro. Cuando el viajero proceda de un país tercero en régimen de tránsito, y acredite que los bienes han sido adquiridos en las condiciones normales de tributación de otro Estado miembro, la importación de dichos bienes efectuada al amparo del régimen de viajeros estará exenta, sin sujeción a los límites de valor global y de cantidad establecidos en los apartados uno y tres anteriores. A estos efectos, no se considerarán en régimen de tránsito los pasajeros que sobrevuelen el territorio de aplicación del impuesto sin aterrizar en él.

Cinco. Los límites previstos para la exención del Impuesto que se establecen en este artículo se reducirán a la décima parte de las cantidades señaladas cuando los bienes a que se refieran se importen por el personal de los medios de transporte utilizados en el tráfico internacional y con ocasión de los desplazamientos efectuados en el ejercicio de sus actividades profesionales.

Artículo 36. *Importaciones de pequeños envíos*

Uno. Estarán exentas del Impuesto sobre el Valor Añadido las importaciones de pequeños envíos, procedentes de países terceros, que no constituyan una expedición comercial y se remitan por un particular con destino a otro particular que se encuentre en territorio de aplicación del Impuesto.

Dos. A estos efectos, se considerarán pequeños envíos sin carácter comercial aquéllos en los que concurran los siguientes requisitos:

1.º Que se importen ocasionalmente.

2.º Que comprendan exclusivamente bienes de uso personal del destinatario o de su familia y que, por su naturaleza o cantidad, no pueda presumirse su afectación a una actividad empresarial o profesional.

3.º Que se envíen por el remitente a título gratuito.

4.º Que el valor global de los bienes importados no exceda de 45 euros[151].

Tres. La exención se aplicará también a los bienes que se relacionan y hasta las cantidades que igualmente se indican a continuación:

a) Labores del tabaco:

— cigarrillos: 50 unidades, o

— puritos (cigarros con un peso máximo de tres gramos unidad): 25 unidades, o

— cigarros puros: 10 unidades, o

— tabaco para fumar: 50 gramos.

b) Alcoholes y bebidas alcohólicas:

— bebidas destiladas y bebidas espirituosas de una graduación alcohólica superior a 22 por 100 volumen; alcohol etílico, no desnaturalizado, de 80 por 100 volumen o más: Una botella estándar (hasta un litro), o

— bebidas destiladas y bebidas espirituosas, aperitivos a base de vino o de alcohol, tafia, sake o bebidas similares de una graduación alcohólica igual o inferior a 22 por 100 de volumen; vinos espumosos y generosos: Una botella estándar (hasta un litro), u

— otros vinos: Dos litros en total.

c) Perfumes: 50 gramos, y aguas de tocador: 1/4 de litro u ocho onzas.

d) Café: 500 gramos, o extractos y esencias de café: 200 gramos.

e) Té: 100 gramos, o extractos y esencias de té: 40 gramos.

Si los bienes comprendidos en este apartado excedieran de las cantidades señaladas, se excluirán en su totalidad del beneficio de la exención.

Artículo 37. *Importaciones de bienes con ocasión del traslado de la sede de actividad*

Uno. Estarán exentas del Impuesto las importaciones de los bienes de inversión afectos a la actividad empresarial o profesional de una empresa de producción o de servicios que cesa definitivamente en su actividad empresarial en un país tercero para desarrollar una similar en el territorio de aplicación del Impuesto.

La exención no alcanzará a los bienes pertenecientes a empresas establecidas en un país tercero cuya transferencia al territorio de aplicación del Impuesto se produzca con ocasión de la fusión con una empresa establecida previamente en este territorio o de la absorción por una de estas empresas, sin que se inicie una actividad nueva.

---

151   Número 4.º del apartado Dos del art. 36 modificado por el art. 6 de la Ley 24/2001, de 27 de diciembre, de Medidas Fiscales, Administrativas y del Orden Social (BOE núm. 313, de 31 de diciembre de 2001), convirtiendo a euros las referencias en ecus y pesetas.

Si la empresa que transfiere su actividad se dedicase en el lugar de procedencia al desarrollo de una actividad ganadera, la exención se aplicará también al ganado vivo utilizado en dicha explotación.

Quedarán excluidos de la presente exención los siguientes bienes:

a) Los medios de transporte que no tengan el carácter de instrumentos de producción o de servicios.

b) Las provisiones de toda clase destinadas al consumo humano o a la alimentación de los animales.

c) Los combustibles.

d) Las existencias de materias primas, productos terminados o semiterminados.

e) El ganado que esté en posesión de los tratantes de ganado.

Dos[152]. La exención establecida en el apartado anterior quedará condicionada al cumplimiento de los siguientes requisitos:

a) Que los bienes importados hayan sido utilizados por la empresa durante un período mínimo de doce meses antes del cese de la actividad en el lugar de procedencia.

b) Que se destinen a los mismos usos en el territorio de aplicación del Impuesto.

c) Que la importación de los bienes se efectúe dentro del plazo de doce meses siguientes al cese de la actividad en el lugar de procedencia.

d) Que los bienes importados no se destinen al desarrollo de una actividad que consista fundamentalmente en la realización de operaciones exentas del Impuesto en virtud de lo establecido en el artículo 20 de esta Ley.

e) Que los bienes sean adecuados a la naturaleza e importancia de la empresa considerada.

f) Que la empresa, que transfiera su actividad al territorio de aplicación del Impuesto, presente declaración de alta como sujeto pasivo del Impuesto antes de realizar la importación de los bienes.

Artículo 38. *Bienes obtenidos por productores agrícolas o ganaderos en tierras situadas en terceros países*

Uno. Estarán exentas las importaciones de productos agrícolas, ganaderos, hortícolas o silvícolas procedentes de tierras situadas en un país tercero contiguo al territorio de aplicación del Impuesto, obtenidos por productores cuya sede de explotación se encuentre en el mencionado territorio en la proximidad inmediata de aquel país.

Dos. La exención prevista en este artículo estará condicionada al cumplimiento de los siguientes requisitos:

1.º Los productos ganaderos deben proceder de animales criados, adquiridos o importados en las condiciones generales de tributación de la Comunidad.

---

[152]   Art. 16 del RIVA.

2.º Los caballos de raza pura no podrán tener más de seis meses de edad y deberán haber nacido en el país tercero de un animal fecundado en el territorio de aplicación del Impuesto y exportado temporalmente para parir.

3.º Los bienes deberán ser importados por el productor o por persona que actúe en nombre y por cuenta de él.

Artículo 39. *Semillas, abonos y productos para el tratamiento del suelo y de los vegetales*

Uno. Estarán exentas del Impuesto, a condición de reciprocidad, las importaciones de semillas, abonos y productos para el tratamiento del suelo y de los vegetales, destinados a la explotación de tierras situadas en la proximidad inmediata de un país tercero y explotadas por productores agrícolas cuya sede de explotación se encuentre en dicho país tercero, en la proximidad inmediata del territorio de aplicación del Impuesto.

Dos. La exención estará condicionada a los siguientes requisitos:

1.º Que los mencionados productos se importen en cantidades no superiores a las necesarias para la explotación de las tierras a que se destinen.

2.º Que la importación se efectúe por el productor o por persona que actúe en nombre y por cuenta de él.

Artículo 40. *Importaciones de animales de laboratorio y sustancias biológicas y químicas destinados a la investigación*

Estarán exentas del Impuesto las importaciones, a título gratuito, de animales especialmente preparados para ser utilizados en laboratorios y de sustancias biológicas y químicas procedentes de países terceros, siempre que unos y otras se importen por establecimientos públicos, o servicios dependientes de ellos, que tengan por objeto esencial la enseñanza o investigación científica, o, previa autorización[153], por establecimientos privados dedicados también esencialmente a las mismas actividades.

La exención establecida en este artículo se concederá con los mismos límites y condiciones fijados en la legislación aduanera.

Artículo 41. *Importaciones de sustancias terapéuticas de origen humano y de reactivos para la determinación de los grupos sanguíneos y de los tejidos humanos*

Uno. Sin perjuicio de lo dispuesto en el artículo 27, número 1.º, de esta Ley, estarán exentas del Impuesto las importaciones de sustancias terapéuticas de origen humano y de reactivos destinados a la determinación de los grupos sanguíneos y de los tejidos humanos.

La exención alcanzará también a los embalajes especiales indispensables para el transporte de dichos productos, así como a los disolventes y accesorios necesarios para su conservación y utilización.

Dos. A estos efectos, se considerarán:

---

[153]   Art. 17 del RIVA.

«Sustancias terapéuticas de origen humano»: La sangre humana y sus derivados, tales como sangre humana total, plasma humano desecado, albúmina humana y soluciones estables de proteínas plasmáticas humanas, inmoglobulina y fibrinógeno humano.

«Reactivos para la determinación de los grupos sanguíneos»: Todos los reactivos de origen humano, vegetal u otro, para la determinación de los grupos sanguíneos y la detección de incompatibilidades sanguíneas.

«Reactivos para la determinación de los grupos de tejidos humanos»: Todos los reactivos de origen humano, animal, vegetal u otro, para la determinación de los grupos de los tejidos humanos.

Tres. Esta exención sólo se aplicará cuando se cumplan los siguientes requisitos:

1.º Que se destinen a organismos o laboratorios autorizados por la Administración[154], para su utilización exclusiva en fines médicos o científicos con exclusión de toda operación comercial.

2.º Que los bienes importados se presenten en recipientes provistos de una etiqueta especial de identificación.

3.º Que la naturaleza y destino de los productos importados se acredite en el momento de la importación mediante un certificado expedido por organismo habilitado para ello en el país de origen.

Artículo 42. *Importaciones de sustancias de referencia para el control de calidad de los medicamentos*

Estarán exentas del Impuesto las importaciones de muestras de sustancias referenciadas, autorizadas por la Organización Mundial de la Salud para el control de calidad de las materias utilizadas para la fabricación de medicamentos, cuando se importen por entidades autorizadas[155] para recibir dichos envíos con exención.

Artículo 43. *Importaciones de productos farmacéuticos utilizados con ocasión de competiciones deportivas internacionales*

Estarán exentas del Impuesto las importaciones de los productos farmacéuticos destinados al uso de las personas o de los animales que participen en competiciones deportivas internacionales, en cantidades apropiadas a sus necesidades durante el tiempo de su permanencia en el territorio de aplicación del Impuesto.

---

[154]   Art. 17 del RIVA, relativo a la autorización administrativa.
[155]   Art. 17 del RIVA, regula la autorización administrativa.

Artículo 44. *Importaciones de bienes destinados a organismos caritativos o filantrópicos*

Uno. Estarán exentas del Impuesto las importaciones de los siguientes bienes, que se realicen por entidades públicas o por organismos privados autorizados[156], de carácter caritativo o filantrópico:

1.º Los bienes de primera necesidad, adquiridos a título gratuito, para ser distribuidos gratuitamente a personas necesitadas.

A estos efectos, se entiende por bienes de primera necesidad los que sean indispensables para la satisfacción de necesidades inmediatas de las personas, tales como alimentos, medicamentos y ropa de cama y de vestir.

2.º Los bienes de cualquier clase, que no constituyan el objeto de una actividad comercial, remitidos a título gratuito por personas o entidades establecidas fuera de la Comunidad y destinados a las colectas de fondos organizadas en el curso de manifestaciones ocasionales de beneficencia en favor de personas necesitadas.

3.º Los materiales de equipamiento y de oficina, que no constituyan el objeto de una actividad comercial, remitidos, a título gratuito, por personas o entidades establecidas fuera de la Comunidad para las necesidades del funcionamiento y de la realización de los objetivos caritativos y filantrópicos que persiguen dichos organismos.

Dos. La exención no alcanza a los siguientes bienes:

a) Los productos alcohólicos comprendidos en los códigos NC 22.03 a 22.08 del Arancel aduanero.

b) El tabaco en rama o manufacturado.

c) El café y el té.

d) Los vehículos de motor distintos de las ambulancias.

Tres. Los bienes a que se refiere el apartado Uno anterior no podrán ser utilizados, prestados, arrendados o cedidos a título oneroso o gratuito para fines distintos de los previstos en los números 1.º y 2.º de dicho apartado sin que dichas operaciones se hayan comunicado previamente a la Administración.

En caso de incumplimiento de lo establecido en el párrafo anterior o cuando los organismos a que se refiere este artículo dejasen de cumplir los requisitos que justificaron la aplicación de la exención, se exigirá el pago del Impuesto con referencia a la fecha en que se produjeran dichas circunstancias.

No obstante, los mencionados bienes podrán ser objeto de préstamo, arrendamiento o cesión, sin pérdida de la exención, cuando dichas operaciones se realicen en favor de otros organismos que cumplan los requisitos previstos en el presente artículo.

---

[156] Art. 17 del RIVA.

Artículo 45. *Bienes importados en beneficio de personas con minusvalía*

Uno. Estarán exentas del Impuesto las importaciones de bienes especialmente concebidos para la educación, el empleo o la promoción social de las personas física o mentalmente disminuidas, efectuadas por instituciones u organismos debidamente autorizados[157] que tengan por actividad principal la educación o asistencia a estas personas, cuando se remitan gratuitamente y sin fines comerciales a las mencionadas instituciones u organismos.

La exención se extenderá a las importaciones de los repuestos, elementos o accesorios de los citados bienes y de las herramientas o instrumentos utilizados en su mantenimiento, control, calibrado o reparación, cuando se importen conjuntamente con los bienes o se identifique que correspondan a ellos.

Dos. Los bienes importados con exención podrán ser prestados, alquilados o cedidos, sin ánimo de lucro, por las entidades o establecimientos beneficiarios a las personas mencionadas en el apartado anterior, sin pérdida del beneficio de la exención.

Tres. Sin perjuicio de lo previsto en el apartado precedente, a las exenciones reguladas en este artículo y en relación con los fines descritos en él, será de aplicación lo dispuesto en el artículo 44, apartado Tres, de esta Ley.

Artículo 46. *Importaciones de bienes en beneficio de las víctimas de catástrofes*

Uno. Estarán exentas del Impuesto las importaciones de bienes de cualquier clase, efectuadas por entidades públicas o por organismos privados o autorizados[158], de carácter caritativo o filantrópico, siempre que se destinen a los siguientes fines:

1.º La distribución gratuita a las víctimas de catástrofes que afecten al territorio de aplicación del Impuesto.

2.º La cesión de uso gratuita a las víctimas de dichas catástrofes, manteniendo los mencionados organismos la propiedad de los bienes.

Dos. Igualmente estarán exentas las importaciones de bienes efectuadas por unidades de socorro para atender sus necesidades durante el tiempo de su intervención en auxilio de las citadas personas.

Tres. Se excluirán de la exención establecida en el presente artículo los materiales de cualquier clase destinados a la reconstrucción de las zonas siniestradas.

Cuatro. La exención contemplada en este artículo quedará condicionada a la previa autorización de la Comisión de las Comunidades Europeas. No obstante, hasta que se conceda la mencionada autorización podrá realizarse la importación con suspensión provisional del pago del Impuesto, si el importador presta garantía suficiente.

Cinco. En las exenciones reguladas en este artículo y en relación con los fines que las condicionan, será de aplicación lo dispuesto en el artículo 44, apartado Tres, de esta Ley.

---

[157]　Art. 17 del RIVA, relativo a la autorización administrativa.
[158]　El art. 17 del RIVA regula la autorización administrativa.

Artículo 47. *Importaciones de bienes efectuadas en el marco de ciertas relaciones internacionales*

Estarán exentas del Impuesto las importaciones, desprovistas de carácter comercial, de los siguientes bienes:

1.º Las condecoraciones concedidas por las autoridades de un país tercero a personas que tengan su residencia habitual en el territorio de aplicación del Impuesto.

2.º Las copas, medallas y objetos similares que tengan carácter esencialmente simbólico y sean concedidos en un país tercero a personas que tengan su residencia habitual en el territorio de aplicación del Impuesto, en homenaje a la actividad que dichas personas hayan desarrollado en las artes, las ciencias, los deportes o los servicios públicos, o en reconocimiento de sus méritos con ocasión de un acontecimiento concreto, siempre que se importen por los propios interesados.

3.º Los bienes comprendidos en el número anterior que sean ofrecidos gratuitamente por autoridades o personas establecidas en un país tercero para ser entregados, por las mismas causas, en el interior del territorio de aplicación del Impuesto.

4.º Las recompensas, trofeos, recuerdos de carácter simbólico y de escaso valor destinados a ser distribuidos gratuitamente a personas que tengan su residencia habitual fuera del territorio de aplicación del Impuesto con ocasión de congresos, reuniones de negocios o manifestaciones similares de carácter internacional que tengan lugar en el territorio de aplicación del Impuesto.

5.º Los bienes que en concepto de obsequio y con carácter ocasional:

a) Se importen por personas que, teniendo su residencia habitual en el ámbito espacial del Impuesto, hubiesen realizado una visita oficial a un país tercero y hubiesen recibido tales obsequios de las autoridades de ese país con ocasión de dicha visita.

b) Se importen por personas que efectúen una visita oficial al territorio de aplicación del Impuesto para entregarlos como regalo a las autoridades de este territorio con ocasión de dicha visita.

c) Se envíen, en concepto de regalo, a las autoridades, corporaciones públicas o agrupaciones que ejerzan actividades de interés público en el territorio de aplicación del Impuesto, por las autoridades, corporaciones o agrupaciones de igual naturaleza de un país tercero en prueba de amistad o buena voluntad.

En todos los casos a que se refiere este número quedarán excluidos de la exención los productos alcohólicos y el tabaco en rama o manufacturado.

Lo dispuesto en este número se aplicará sin perjuicio de las disposiciones relativas al régimen de viajeros.

6.º Los bienes donados a los Reyes de España.

7.º Los bienes que normalmente puedan considerarse como destinados a ser utilizados o consumidos durante su permanencia oficial en el territorio de aplicación del Impuesto por los Jefes de los Estados extranjeros, por quienes los representen o por quienes tengan prerrogativas análogas, a condición de reciprocidad.

Artículo 48. *Importaciones de bienes con fines de promoción comercial*

Uno. Estarán exentas del Impuesto las importaciones de los siguientes bienes:

1.º Las muestras de mercancías sin valor comercial estimable.

La exención de este número se aplicará sin perjuicio de lo dispuesto en el número 4.º, letra *a)*, siguiente.

2.º Los impresos de carácter publicitario, tales como catálogos, listas de precios, instrucciones de uso o folletos comerciales que se refieran a:

a) Mercancías destinadas a la venta o arrendamiento por empresarios o profesionales no establecidos en el territorio de la Comunidad.

b) Prestaciones de servicios en materia de transporte, de seguro comercial o de banca, ofrecidas por personas establecidas en un país tercero.

La exención de este número quedará condicionada al cumplimiento de los siguientes requisitos:

a) Los impresos deberán llevar de forma visible el nombre del empresario o profesional que produzca, venda o alquile las mercancías o que ofrezca las prestaciones de servicios a que se refieran.

b) Cada envío comprenderá un solo ejemplar de cada documento o, si comprendiese varios ejemplares, el peso bruto total no podrá exceder de un kilogramo.

c) Los impresos no deberán ser objeto de envíos agrupados de un mismo remitente a un mismo destinatario.

3.º Los objetos de carácter publicitario que, careciendo de valor comercial intrínseco, se remitan gratuitamente por los proveedores a sus clientes, siempre que no tengan otra finalidad económica distinta de la publicitaria.

4.º Los bienes que a continuación se relacionan, destinados a una exposición o manifestación similar:

a) Las pequeñas muestras representativas de mercancías.

La exención quedará condicionada a la concurrencia de los requisitos que a continuación se relacionan:

a') Que sean importadas gratuitamente como tales o que sean obtenidas en la manifestación a partir de las mercancías importadas a granel.

b') Que se distribuyan gratuitamente al público durante la manifestación o exposición para su utilización o consumo.

c') Que sean identificables como muestras de carácter publicitario de escaso valor unitario.

d') Que no sean susceptibles de ser comercializadas y se presenten, en su caso, en envases que contengan una cantidad de mercancías inferior a la más pequeña cantidad de la misma mercancía ofrecida efectivamente en el comercio.

e') Tratándose de muestras de los productos alimenticios y bebidas no acondicionados en la forma indicada en la letra anterior, que se consuman en el acto en la propia manifestación.

f') Que su valor global y cantidad estén en consonancia con la naturaleza de la exposición o manifestación, el número de visitantes y la importancia de la participación del expositor.

b) Los que hayan de utilizarse exclusivamente en la realización de demostraciones o para permitir el funcionamiento de máquinas o aparatos presentados en dichas exposiciones o manifestaciones.

La exención estará condicionada a los siguientes requisitos:

a') Que los bienes importados sean consumidos o destruidos en el curso de la manifestación o exposición.

b') Que su valor global y cantidad sea proporcionada a la naturaleza de la exposición o manifestación, al número de visitantes y la importancia de la participación del expositor.

c) Los materiales de escaso valor, tales como pinturas, barnices, papeles pintados o similares, utilizados para la construcción, instalación o decoración de los pabellones de los expositores y que se utilicen al emplearlos en dichos fines.

d) Los impresos, catálogos, prospectos, listas de precios, carteles, calendarios, fotografías no enmarcadas o similares distribuidos gratuitamente con fines exclusivos de publicidad de los bienes objeto de la exposición o manifestación.

La exención quedará condicionada a la concurrencia de los siguientes requisitos:

a') Que los bienes importados se destinen exclusivamente a ser distribuidos gratuitamente al público en el lugar de la exposición o manifestación.

b') Que, por su valor global y cantidad, sean proporcionados a la naturaleza de la manifestación, al número de sus visitantes y la importancia de la participación del expositor.

Dos. Las exenciones establecidas en el número 4.º del apartado anterior no se aplicarán a las bebidas alcohólicas, al tabaco en rama o manufacturado, a los combustibles ni a los carburantes.

Tres. A los efectos de lo dispuesto en esta Ley, se entenderá por exposiciones o manifestaciones similares las exposiciones, ferias, salones o acontecimientos análogos del comercio, la industria, la agricultura o la artesanía, las organizadas principalmente con fines filantrópicos, científicos, técnicos, de artesanía, artísticos, educativos, culturales, deportivos o religiosos o para el mejor desarrollo de las actividades sindicales, turísticas o de las relaciones entre los pueblos. Asimismo se comprenderán en este concepto las reuniones de representantes de organizaciones o grupos internacionales y las ceremonias de carácter oficial o conmemorativo.

No tendrán esta consideración las que se organicen con carácter privado en almacenes o locales comerciales utilizados para la venta de mercancías.

Artículo 49. *Importaciones de bienes para ser objeto de exámenes, análisis o ensayos*
   Uno. Estarán exentas del Impuesto las importaciones de bienes destinados a ser objeto de exámenes, análisis o ensayos para determinar su composición, calidad u otras características técnicas con fines de información o de investigaciones de carácter industrial o comercial.
   Se excluyen de la exención los bienes que se utilicen en exámenes, análisis o ensayos que en sí mismos constituyan operaciones de promoción comercial.
   Dos. La exención sólo alcanzará a la cantidad de los mencionados bienes que sea estrictamente necesaria para la realización de los objetivos indicados y quedará condicionada a que los mismos sean totalmente consumidos o destruidos en el curso de las operaciones de investigación.
   No obstante, la exención se extenderá igualmente a los productos restantes que pudieran resultar de dichas operaciones si, con autorización de la Administración[159], fuesen destruidos o convertidos en bienes sin valor comercial, abandonados en favor del Estado libres de gastos o reexportados a un país tercero. En defecto de la citada autorización los mencionados productos quedarán sujetos al pago del Impuesto en el estado en que se encontrasen, con referencia al momento en que se ultimasen las operaciones de examen, análisis o ensayo.
   A estos efectos, se entiende por productos restantes los que resulten de los exámenes, análisis o ensayos, o bien las mercancías importadas con dicha finalidad que no fuesen efectivamente utilizadas.

Artículo 50. *Importaciones de bienes destinados a los organismos competentes en materia de protección de la propiedad intelectual o industrial*
   Estarán exentas del Impuesto las importaciones de marcas, modelos o diseños, así como de los expedientes relativos a la solicitud de derechos de propiedad intelectual o industrial destinados a los organismos competentes para tramitarlos.

Artículo 51. *Importaciones de documentos de carácter turístico*
   Estarán exentas del Impuesto las importaciones de los siguientes documentos de carácter turístico:
   1.º Los destinados a ser distribuidos gratuitamente con fines de propaganda sobre viajes a lugares situados fuera de la Comunidad, principalmente para asistir a reuniones o manifestaciones que presenten carácter cultural, turístico, deportivo, religioso o profesional, siempre que no contengan más de un 25 por 100 de publicidad comercial privada y que sea evidente su finalidad de propaganda de carácter general.

---

[159]   Art. 17 del RIVA, relativo a la autorización administrativa.

2.º Las listas o anuarios de hoteles extranjeros, así como las guías de servicios de transporte, explotados fuera de la Comunidad y que hayan sido publicados por organismos oficiales de turismo o bajo su patrocinio, siempre que se destinen a su distribución gratuita, y no contengan más de un 25 por 100 de publicidad comercial privada.

3.º El material técnico enviado a los representantes acreditados o corresponsales designados por organismos oficiales nacionales de turismo, que no se destine a su distribución, como anuarios, listas de abonados de teléfono o de télex, lista de hoteles, catálogos de ferias, muestras de productos de artesanía sin valor comercial estimable, documentación sobre museos, universidades, estaciones termales y otras instituciones análogas.

Artículo 52. *Importaciones de documentos diversos*

Estarán exentas del Impuesto las importaciones de los siguientes bienes:

1.º Los documentos enviados gratuitamente a las entidades públicas.

2.º Las publicaciones de gobiernos de terceros países y de organismos oficiales internacionales para su distribución gratuita.

3.º Las papeletas de voto para las elecciones convocadas por organismos establecidos fuera del territorio de aplicación del Impuesto.

4.º Los objetos destinados a servir de prueba o para fines similares ante los juzgados, tribunales u otras instancias oficiales del Reino de España.

5.º Los reconocimientos de firmas y las circulares impresas relacionadas que se expidan en los intercambios usuales de información entre servicios públicos o establecimientos bancarios.

6.º Los impresos de carácter oficial dirigidos al Banco de España.

7.º Los informes, memorias de actividades, notas de información, prospectos, boletines de suscripción y otros documentos dirigidos a los tenedores o suscriptores de títulos emitidos por sociedades extranjeras.

8.º Las fichas perforadas, registros sonoros, microfilmes y otros soportes grabados utilizados para la transmisión de información remitidos gratuitamente a sus destinatarios.

9.º Los expedientes, archivos, formularios y demás documentos destinados a ser utilizados en reuniones, conferencias o congresos internacionales, así como las actas y resúmenes de dichas manifestaciones.

10.º Los planos, dibujos técnicos, copias, descripciones y otros documentos análogos importados para la obtención o ejecución de pedidos o para participar en un concurso organizado en el territorio de aplicación del Impuesto.

11.º Los documentos destinados a ser utilizados en exámenes organizados en el ámbito de aplicación del Impuesto por instituciones establecidas fuera de la Comunidad.

12.º Los formularios destinados a ser utilizados como documentos oficiales en el tráfico internacional de vehículos o mercancías, en aplicación de los convenios internacionales.

13.º Los formularios, etiquetas, títulos de transporte y documentos similares expedidos por empresas de transporte u hoteleras establecidas fuera de la Comunidad y dirigidas a las agencias de viaje establecidas en el territorio de aplicación del Impuesto.

14.º Los formularios y títulos de transporte, conocimientos de embarque, cartas de porte y demás documentos comerciales o de oficina ya utilizados.

15.º Los impresos oficiales de las autoridades nacionales o internacionales y los impresos ajustados a modelos internacionales dirigidos por asociaciones establecidas fuera de la Comunidad a las asociaciones correspondientes establecidas en el territorio de aplicación del Impuesto para su distribución.

16.º Las fotografías, diapositivas y clichés para fotografías, incluso acompañados de leyendas, dirigidos a las agencias de prensa o a los editores de periódicos o revistas.

17.º Las publicaciones oficiales que constituyan el medio de expresión de la autoridad pública del país de exportación, de organismos internacionales, de entidades públicas y organismos de derecho público, establecidos en el país de exportación, así como los impresos distribuidos por organizaciones políticas extranjeras reconocidas oficialmente como tales por España con motivo de elecciones, siempre que dichas publicaciones e impresos hayan estado gravados por el Impuesto sobre el Valor Añadido o un tributo análogo en el país de exportación y no hayan sido objeto de desgravación a la exportación.

Artículo 53. *Importaciones de material audiovisual producido por la Organización de las Naciones Unidas*

Estarán exentas las importaciones de los materiales audiovisuales de carácter educativo, científico o cultural, producidos por la Organización de las Naciones Unidas o alguno de sus Organismos especializados, que se relacionan a continuación:

Código NC	Designación de la mercancía
3704 00	-Placas, películas, papel, cartón y textiles, fotográficos, impresionados pero sin revelar.
ex 3704 00 10	-Placas y películas. -Películas cinematográficas, positivas, de carácter educativo, científico o cultural.
ex 3705	-Placas y películas, fotográficas, impresionadas y reveladas, excepto las cinematográficas: -De carácter educativo, científico o cultural.
3706	-Películas cinematográficas, impresionadas y reveladas, con registro de sonido o sin él o con registro de sonido solamente:
3706 10	-De anchura superior o igual a 35 mm: -Las demás:

Código NC	Designación de la mercancía
ex 3706 10 99	-Las demás positivas. -Películas de actualidad (tengan o no sonido) que recojan sucesos que tengan carácter de actualidad en el momento de la importación e importadas para su reproducción en número de dos copias por tema como máximo. -Películas de archivo (que tengan o no sonido) destinadas a acompañar a películas de actualidad. -Películas recreativas especialmente adecuadas para los niños y los jóvenes. -Las demás de carácter educativo, científico o cultural. -Las demás:
370690	-Las demás: -Las demás positivas:
ex 3706 90 51 ex 3706 90 91 ex 3706 90 99	-Películas de actualidad (tengan o no sonido) que recojan sucesos que tengan carácter de actualidad en el momento de la importación e importadas para su reproducción en número de dos copias por tema como máximo. -Películas de archivo (que tengan o no sonido) destinadas a acompañar a películas de actualidad. -Películas recreativas especialmente adecuadas para los niños y los jóvenes. -Las demás de carácter educativo, científico o cultural.
4911	-Los demás impresos, incluidas las estampas, grabados y fotografías: -Las demás:
4911 99	-Las demás:
ex 4911 99 90	-Las demás. -Microtarjetas u otros soportes utilizados por los servicios de información y de documentación por ordenador, de carácter educativo, científico o cultural. -Murales destinados exclusivamente a la demostración y la enseñanza.
ex 8524	-Discos, cintas y demás soportes para grabar sonido o para grabaciones análogas, grabados, incluso las matrices y moldes galvánicos para la fabricación de discos con exclusión de los productos del Capítulo 37: -De carácter educativo, científico o cultural.
ex 9023 00	-Instrumentos, aparatos y modelos, proyectados para demostraciones (por ejemplo en la enseñanza o exposiciones), que no sean susceptibles de otros usos: -Modelos, maquetas y murales de carácter educativo, científico o cultural, destinados exclusivamente a la demostración y la enseñanza. -Maquetas o modelos visuales reducidos de conceptos abstractos tales como las estructuras moleculares o fórmulas matemáticas.

Código NC	Designación de la mercancía
Varios	-Hologramas para proyección por láser. -Juegos multimedia. -Material de enseñanza programada, incluido material en forma de equipo, acompañado del material impreso correspondiente.

Artículo 54. *Importaciones de objetos de colección o de arte*

Estarán exentas del Impuesto las importaciones de los objetos de colección o de arte de carácter educativo, científico o cultural, no destinados a la venta e importados por museos, galerías y otros establecimientos autorizados[160] para recibir esos objetos con exención.

La exención estará condicionada a que los objetos se importen a título gratuito o, si lo fueran a título oneroso, que sean entregados por una persona o Entidad que no actúe como empresario o profesional.

Artículo 55. *Importaciones de materiales para el acondicionamiento y protección de mercancías*

Estarán exentas del Impuesto las importaciones de los materiales utilizados para el acondicionamiento o protección, incluso térmica, de mercancías durante su transporte, siempre que con respecto de dichos materiales se cumplan los siguientes requisitos:

a) Que no sean normalmente susceptibles de reutilización.

b) Que su contraprestación esté incluida en la base imponible del Impuesto en la importación de las mercancías a que se refieran.

Artículo 56. *Importaciones de bienes destinados al acondicionamiento o a la alimentación en ruta de animales*

Estarán exentas del Impuesto las importaciones de los bienes destinados al acondicionamiento o a la alimentación en ruta de animales importados, siempre que los mencionados bienes se utilicen o distribuyan a los animales durante el transporte.

Artículo 57. *Importaciones de carburantes y lubricantes*

Uno. Estarán exentas del Impuesto las importaciones de carburantes y lubricantes contenidos en los depósitos de los vehículos automóviles industriales y de turismo y en los de los contenedores de uso especial que se introduzcan en el territorio de aplicación del Impuesto, con los siguientes requisitos:

1.º El carburante contenido en los depósitos normales de los vehículos automóviles industriales y de los contenedores de usos especiales, sólo podrá importarse con exención hasta el límite de 200 litros.

---

[160]   Art. 17 del RIVA.

Para los demás vehículos, podrá importarse con exención el carburante contenido en los depósitos normales, sin limitación alguna.

2.º El carburante contenido en los depósitos portátiles de los vehículos de turismo sólo podrá importarse con exención hasta el límite de 10 litros.

3.º Los lubricantes que se encuentren a bordo de los vehículos en las cantidades que correspondan a las necesidades normales de funcionamiento de dichos vehículos durante el trayecto en curso.

Dos. A los efectos de este artículo, se entiende por:

1.º Vehículo automóvil industrial: Todo vehículo a motor capaz de circular por carretera que, por sus características y equipamiento, resulte apto y esté destinado al transporte, con o sin remuneración, de personas, con capacidad superior a nueve personas incluido el conductor, o de mercancías, así como para otros usos industriales distintos del transporte.

2.º Vehículo automóvil de turismo: Todo vehículo a motor, apto para circular por carretera que no esté comprendido en el concepto de vehículo automóvil industrial.

3.º Contenedores de usos especiales: Todo contenedor equipado con dispositivos especialmente adaptados para los sistemas de refrigeración, oxigenación, aislamiento térmico u otros similares.

4.º Depósitos normales: Los depósitos, incluso los de gas, incorporados de una manera fija por el constructor en todos los vehículos de serie o en los contenedores de un mismo tipo y cuya disposición permita la utilización directa del carburante en la tracción del vehículo o, en su caso, el funcionamiento de los sistemas de refrigeración o de cualquier otro con que esté equipado el vehículo o los contenedores de usos especiales.

Tres. Los carburantes admitidos con exención no podrán ser empleados en vehículos distintos de aquéllos en los que se hubiesen importado, ni extraídos de los mismos, ni almacenados, salvo los casos en que los mencionados vehículos fuesen objeto de una reparación necesaria, ni podrán ser objeto de una cesión onerosa o gratuita por parte del beneficiario de la exención.

En otro caso, quedarán sujetas al Impuesto las cantidades que hubiesen recibido los destinos irregulares mencionados.

Artículo 58. *Importaciones de ataúdes, materiales y objetos para cementerios*

Uno. Estarán exentas del Impuesto las importaciones de ataúdes y urnas que contengan cadáveres o restos de su incineración, así como las flores, coronas y demás objetos de adorno conducidos por personas residentes en un país tercero que asistan a funerales o las utilicen para decorar las tumbas situadas en el territorio de aplicación del Impuesto, siempre que se presenten en cantidades que no sean propias de una actividad de carácter comercial.

Dos. También estarán exentas las importaciones de bienes de cualquier naturaleza destinados a la construcción, conservación o decoración de los cementerios, sepulturas y monumentos conmemorativos de las víctimas de guerra de un país tercero, inhumadas en el territorio de aplicación del Impuesto, siempre que dichas importaciones se realicen por organizaciones debidamente autorizadas[161].

Artículo 59. *Importaciones de productos de la pesca*

Estarán exentas del Impuesto las importaciones realizadas por las Aduanas marítimas, de productos de la pesca cuando se cumplan los siguientes requisitos:

1.º Que se efectúen por los propios armadores de los buques pesqueros o en nombre y por cuenta de ellos y procedan directamente de sus capturas.

2.º Que los productos se importen en el mismo estado en que se capturaron o se hubiesen sometido a operaciones destinadas exclusivamente a preservarlos para su comercialización, tales como limpieza, troceado, clasificación y embalaje, refrigeración, congelación o adición de sal.

3.º Que dichos productos no hubiesen sido objeto de una entrega previa a la importación.

Artículo 60[162]. *Importaciones de bienes en régimen diplomático o consular*

Estarán exentas del Impuesto las importaciones de bienes en régimen diplomático o consular cuando gocen de exención de los derechos de importación.

Artículo 61[163]. *Importaciones de bienes destinados a Organismos internacionales*

Estarán exentas del Impuesto las importaciones de bienes efectuadas por organismos internacionales reconocidos por España y las realizadas por sus miembros con estatuto diplomático, dentro de los límites y en las condiciones fijadas en los convenios internacionales por los que se crean tales organismos o en los acuerdos de sede que sean aplicables en cada caso.

En particular, estarán exentas del Impuesto las importaciones de bienes realizadas por la Comunidad Europea, la Comunidad Europea de la Energía Atómica, el Banco Central Europeo o el Banco Europeo de Inversiones, o por los organismos creados por las Comunidades a los

---

[161] Art. 17 del RIVA, relativo a la autorización administrativa.

[162] Real Decreto 3485/2000, de 29 de diciembre, sobre franquicias y exenciones en régimen diplomático, consular y de organismos internacionales (BOE núm. 313, de 30 de diciembre de 2000) y Orden de 24 de mayo de 2001, por la que se establecen los límites de las citadas franquicias y exenciones (BOE núm. 126, de 26 de mayo de 2001). Art. 19.4.º de la presente Ley.

[163] Art. 61 modificado por el art. 79.Cinco de la Ley 39/2010, de 22 de diciembre, de Presupuestos Generales del Estado para el año 2011 (BOE núm. 311, de 23 de diciembre de 2010), con efectos desde 1 de enero de 2011 y vigencia indefinida.
Real Decreto 3485/2000, de 29 de diciembre, sobre franquicias y exenciones en régimen diplomático, consular y de organismos internacionales (BOE núm. 313, de 30 de diciembre de 2000) y Orden de 24 de mayo de 2001, por la que se establecen los límites de las citadas franquicias y exenciones (BOE núm. 126, de 26 de mayo de 2001). Art. 19.4.º de la presente Ley.

cuales se aplica el Protocolo de 8 de abril de 1965 sobre los privilegios y las inmunidades de las Comunidades Europeas, dentro de los límites y conforme a las condiciones de dicho Protocolo y a los acuerdos para su aplicación o a los acuerdos de sede, siempre que dicha exención no provoque distorsiones en la competencia.

Artículo 62[164]. *Importaciones de bienes destinados a la Organización del Tratado del Atlántico Norte y las fuerzas armadas en el ámbito de la política común de seguridad y defensa europeos*

Estarán exentas del Impuesto las importaciones de bienes efectuadas por:

a) las fuerzas de los demás Estados partes del Tratado del Atlántico Norte, en los términos establecidos en el Convenio entre los Estados partes de dicho Tratado relativo al estatuto de sus fuerzas;

b) las fuerzas armadas de cualquier Estado miembro distinto de España, para uso de dichas fuerzas o del personal civil a su servicio, o para el abastecimiento de sus comedores o cantinas, siempre que dichas fuerzas estén afectadas a un esfuerzo de defensa realizado para llevar a cabo una actividad de la Unión en el ámbito de la política común de seguridad y defensa.

Artículo 63[165]. *Reimportaciones de bienes*

Estarán exentas del Impuesto las reimportaciones de bienes en el mismo estado en que fueran exportados previamente, cuando se efectúen por quien los hubiese exportado y se beneficien, asimismo, de la exención de los derechos de importación.

Artículo 64[166]. *Prestaciones de servicios relacionados con las importaciones*

Estarán exentas del Impuesto las prestaciones de servicios, distintas de las declaradas exentas en el artículo 20 de esta Ley, cuya contraprestación esté incluida en la base imponible de las importaciones de bienes a que se refieran, de acuerdo con lo establecido en el artículo 83 de esta Ley.

---

[164]   Nueva redacción del art. 62 dada por el art. 72.Tres de la Ley 31/2022, de 23 de diciembre, de Presupuestos Generales del Estado para el año 2023 (BOE núm. 308, de 24 de diciembre de 2022), con efectos desde el 1 de julio de 2022.
Real Decreto 443/2023, de 13 de junio, por el que se aprueba el Reglamento por el que se desarrollan las exenciones fiscales relativas a las Fuerzas Armadas de los Estados miembros de la Unión Europea afectadas a un esfuerzo de defensa en el ámbito de la política común de seguridad y defensa y se establece el procedimiento para su aplicación, y por el que se modifica el Reglamento de los Impuestos Especiales, aprobado por el Real Decreto 1165/1995, de 7 de julio (BOE núm. 141, de 14 de junio de 2023).
[165]   Requisitos en el art. 18 del RIVA.
[166]   Art. 19 del RIVA, relativo a las formas de justificación de la exención de estas prestaciones de servicios.

Artículo 65[167]. *Importaciones de bienes que se vinculen al régimen de depósito distinto del aduanero*

Estarán exentas del Impuesto, en las condiciones y con los requisitos que se determinen reglamentariamente, las importaciones de bienes que se vinculen al régimen de depósito distinto del aduanero que se relacionan a continuación, mientras permanezcan en dicha situación, así como las prestaciones de servicios relacionadas directamente con las mencionadas importaciones:

a) Los bienes a que se refiere la letra a) del apartado quinto del anexo de esta Ley.

b) Los bienes procedentes de los territorios comprendidos en la letra b) del número 1.º del apartado dos del artículo 3 de esta Ley.

c) Los que se relacionan a continuación: Patatas (Código NC 0701), aceitunas (Código NC 071120), cocos, nueces de Brasil y nueces de cajuil (Código NC 0801), otros frutos de cáscara (Código NC 0802), café sin tostar (Código NC 09011100 y 09011200), té (Código NC 0902), cereales (Código NC 1001 a 1005 y NC 1007 y 1008), arroz con cáscara (Código NC 1006), semillas y frutos oleaginosos (incluidas las de soja) (Código NC 1201 a 1207), grasas y aceites vegetales y sus fracciones, en bruto, refinados pero sin modificar químicamente (Código NC 1507 a 1515), azúcar en bruto (Código NC 170111 y 170112), cacao en grano o partido, crudo o tostado (Código NC 1801), hidrocarburos (incluidos el propano y el butano, y los petróleos crudos de origen mineral (Código NC 2709, 2710, 271112 y 271113), productos químicos a granel (Código NC capítulos 28 y 29), caucho en formas primarias o en placas, hojas o bandas (Código NC 4001 y 4002), lana (Código NC 5101), estaño (Código NC 8001), cobre (Código NC 7402, 7403, 7405 y 7408), zinc (Código NC 7901), níquel (Código NC 7502), aluminio (Código NC 7601), plomo (Código NC 7801), indio (Código NC ex 811292 y ex 811299), plata (Código NC 7106) y platino, paladio y rodio (Código NC 71101100, 71102100 y 71103100).

d)[168] Los bienes que se destinen a tiendas libres de impuestos que, bajo control aduanero, existen en los puertos y aeropuertos.

Artículo 66[169]. *Exenciones en las importaciones de bienes para evitar la doble imposición*

Estarán exentas del Impuesto las siguientes operaciones:

---

[167]   Art. 20 del RIVA.
     Redacción del art. 65 dada por el art. 1.Diez de la Ley 28/2014, de 27 de noviembre (BOE núm. 288, de 28 de noviembre de 2014), en vigor desde el 1 de enero de 2016.

[168]   Nueva letra incorporada por el art. 69 de la Ley 48/2015, de 29 de octubre, de Presupuestos Generales del Estado para el año 2016 (BOE» núm. 260, de 30 octubre de 2015), con efectos desde el 1 de enero de 2016.

[169]   Art. 66 modificado por el art. 1.Cinco de la Ley 2/2010, de 1 de marzo (BOE núm. 53, de 2 de marzo de 2010), con efectos desde 1 de enero de 2010.
     Art. 21 del RIVA.

1.º Las importaciones de bienes cuya entrega se entienda realizada en el territorio de aplicación del Impuesto, en virtud de lo establecido en el artículo 68, apartado Dos, número 2.º, de esta Ley.

2.º Las importaciones temporales de bienes con exención parcial de los derechos de importación, cuando sean cedidos por su propietario mediante la realización de las prestaciones de servicios a que se refiere el artículo 69, apartado Dos, letra *j*), de esta Ley, que se encuentren sujetas y no exentas del Impuesto.

3.º[170]Las importaciones de gas a través del sistema de distribución de gas natural o de electricidad, con independencia del lugar en el que deba considerarse efectuada la entrega de dichos productos.

4.º[171] Las importaciones de bienes, cuando el impuesto sobre el valor añadido deba declararse en virtud del régimen especial previsto en el Título IX, Capítulo XI, Sección 4.ª de esta Ley, o la normativa equivalente aplicable en el Estado miembro de llegada de la expedición o transporte del bien y se haya aportado a la Aduana el número de identificación individual asignado para la aplicación de dicho régimen especial, con arreglo a lo establecido en el artículo 163 septvicies de esta Ley, o la normativa aplicable en el Estado miembro de identificación, por el vendedor o por el intermediario que actúe por su cuenta, a más tardar en el momento de presentar la declaración aduanera de importación.

Artículo 67[172]. *Normas generales aplicables a las exenciones previstas en el presente Capítulo*

El importador deberá aportar las pruebas suficientes para acreditar el cumplimiento de los requisitos establecidos en los artículos precedentes.

---

[170]   Número 3º del art. 66 modificado por el art. 79.Seis de la Ley 39/2010, de 22 de diciembre, de Presupuestos Generales del Estado para el año 2011 (BOE núm. 311, de 23 de diciembre de 2010), con efectos desde 1 de enero de 2011 y vigencia indefinida.

[171]   Nuevo apartado incorporado por el art. 10.Ocho del Real Decreto-ley 7/2021, de 27 de abril, de transposición de directivas de la Unión Europea en las materias de competencia, prevención del blanqueo de capitales, entidades de crédito, telecomunicaciones, medidas tributarias, prevención y reparación de daños medioambientales, desplazamiento de trabajadores en la prestación de servicios transnacionales y defensa de los consumidores (BOE núm. 101, de 28 de abril de 2021), en vigor desde el 1 de julio de 2021.

[172]   Apartado Dos de la redacción original derogado por Ley 24/2001, de 27 de diciembre, de Medidas Fiscales, Administrativas y del Orden Social (BOE núm. 313, de 31 de diciembre de 2001), con efectos desde 1 de enero de 2002, quedando el apartado Uno como párrafo único.
Arts. 14 a 21 del RIVA.

TÍTULO III. LUGAR DE REALIZACIÓN DEL HECHO IMPONIBLE

CAPÍTULO I. Entregas de bienes y prestaciones de servicios

Artículo 68[173]. *Lugar de realización de las entregas de bienes*

El lugar de realización de las entregas de bienes se determinará según las reglas siguientes:

Uno. Las entregas de bienes que no sean objeto de expedición o transporte, se entenderán realizadas en el territorio de aplicación del Impuesto cuando los bienes se pongan a disposición del adquirente en dicho territorio.

Dos. También se entenderán realizadas en el territorio de aplicación del Impuesto:

1.º A) Las entregas de bienes muebles corporales que deban ser objeto de expedición o transporte con destino al adquirente, distintas de las señaladas en los apartados tres y cuatro siguientes, cuando la expedición o transporte se inicien en el referido territorio.

No obstante, lo dispuesto en el párrafo anterior, cuando el lugar de iniciación de la expedición o del transporte de los bienes que hayan de ser objeto de importación esté situado en un país tercero, las entregas de los mismos efectuadas por el importador y, en su caso, por sucesivos adquirentes se entenderán realizadas en el territorio de aplicación del impuesto.

B) A los efectos de lo dispuesto en el primer párrafo de la letra A) anterior, tratándose de bienes objeto de entregas sucesivas, enviados o transportados con destino a otro Estado miembro directamente desde el primer proveedor al adquirente final de la cadena, la expedición o transporte se entenderá vinculada únicamente a la entrega de bienes efectuada a favor del intermediario.

No obstante, la expedición o el transporte se entenderá vinculada únicamente a la entrega efectuada por el intermediario cuando hubiera comunicado a su proveedor un número de identificación fiscal a efectos del impuesto sobre el valor añadido suministrado por el Reino de España.

---

[173]   Nueva redacción dada por el art. 10.Nueve del Real Decreto-ley 7/2021, de 27 de abril, de transposición de directivas de la Unión Europea en las materias de competencia, prevención del blanqueo de capitales, entidades de crédito, telecomunicaciones, medidas tributarias, prevención y reparación de daños medioambientales, desplazamiento de trabajadores en la prestación de servicios transnacionales y defensa de los consumidores (BOE núm. 101, de 28 de abril de 2021), en vigor desde el 1 de julio de 2021.
Redacción original modificada por el art. 17 de la Ley 42/1994, de 30 de diciembre, de Medidas Fiscales, Administrativas y del Orden Social (BOE núm. 313, de 31 de diciembre de 1994), en vigor desde 1 de enero de 1995, por el art. 6 de la Ley 24/2001, de 27 de diciembre, de Medidas Fiscales, Administrativas y del Orden Social (BOE núm. 313, de 31 de diciembre de 2001) y por el art. 79.Siete de la Ley 39/2010, de 22 de diciembre, de Presupuestos Generales del Estado para el año 2011 (BOE núm. 311, de 23 de diciembre de 2010), con efectos desde 1 de enero de 2011.

A los efectos de los dos párrafos anteriores, se entenderá por intermediario un empresario o profesional distinto del primer proveedor, que expida o transporte los bienes directamente, o por un tercero en su nombre y por su cuenta.

Lo anterior no será de aplicación a los supuestos previstos en el artículo 8 bis de esta Ley.

2.º Las entregas de los bienes que hayan de ser objeto de instalación o montaje antes de su puesta a disposición, cuando la instalación se ultime en el referido territorio y siempre que la instalación o montaje implique la inmovilización de los bienes entregados.

3.º Las entregas de bienes inmuebles que radiquen en dicho territorio.

4.º Las entregas de bienes a los pasajeros que se efectúen a bordo de un buque, de un avión o de un tren, en el curso de la parte de un transporte realizada en el interior de la Comunidad, cuyo lugar de inicio se encuentre en el ámbito espacial del Impuesto y el lugar de llegada en otro punto de la Comunidad.

Cuando se trate de un transporte de ida y vuelta, el trayecto de vuelta se considerará como un transporte distinto.

A los efectos de este número, se considerará como:

a) La parte de un transporte realizada en el interior de la Comunidad, la parte de un transporte que, sin escalas en territorios terceros, discurra entre los lugares de inicio y de llegada situados en la Comunidad.

b) Lugar de inicio, el primer lugar previsto para el embarque de pasajeros en el interior de la Comunidad, incluso después de la última escala fuera de la Comunidad.

c) Lugar de llegada, el último lugar previsto para el desembarque en la Comunidad de pasajeros embarcados también en ella, incluso antes de otra escala en territorios terceros.

Tres. Se entenderán también realizadas en el territorio de aplicación del impuesto:

a) Las ventas a distancia intracomunitarias de bienes cuando dicho territorio sea el lugar de llegada de la expedición o del transporte con destino al cliente.

La regla anterior no resultará de aplicación cuando se cumplan los siguientes requisitos:

a') que las ventas sean efectuadas por un empresario o profesional que actúe como tal establecido únicamente en otro Estado miembro por tener en el mismo la sede de su actividad económica o su único establecimiento o establecimientos permanentes en la Comunidad o, en su defecto, el lugar de su domicilio permanente o residencia habitual; y

b') que no se haya superado el límite previsto en el artículo 73 de esta Ley, ni se haya ejercitado la opción de tributación en destino prevista en dicho artículo, o sus equivalentes en la legislación del Estado miembro referido en la letra a').

b) Las ventas a distancia intracomunitarias de bienes efectuadas por un empresario o profesional que actúe como tal establecido únicamente en el territorio de aplicación del impuesto por tener en el mismo la sede de su actividad económica, o su único establecimiento o establecimientos permanentes en la Comunidad, o, en su defecto, el lugar de su domicilio permanente o residencia habitual; y se cumplan los siguientes requisitos:

a') cuando el territorio de aplicación del impuesto sea el lugar de inicio de la expedición o del transporte con destino al cliente;

b') que no se haya superado el límite previsto en el artículo 73 de esta Ley, ni se haya ejercitado la opción de tributación en destino prevista en dicho artículo.

c) Las ventas a distancia de bienes importados de países o territorios terceros en un Estado miembro distinto del de llegada de la expedición o del transporte con destino al cliente, cuando el territorio de aplicación del impuesto sea el lugar de llegada de dicha expedición o transporte.

d) Las ventas a distancia de bienes importados de países o territorios terceros en el Estado miembro de llegada de la expedición o del transporte con destino al cliente cuando el territorio de aplicación del impuesto sea el lugar de llegada de dicha expedición o transporte, siempre que se declare el impuesto sobre el valor añadido de dichas ventas mediante el régimen especial del Título IX, Capítulo XI, Sección 4.ª de esta Ley.

Lo previsto en este apartado no resultará de aplicación a los bienes cuyas entregas hayan tributado conforme al régimen especial de bienes usados, objetos de arte, antigüedades y objetos de colección en el Estado miembro de inicio de la expedición o transporte.

Cuatro[174]. No se entenderán realizadas en el territorio de aplicación del impuesto las entregas de bienes cuya expedición o transporte se inicie en dicho territorio con destino a otro Estado miembro de llegada de esa expedición o transporte al cliente final, cuando se trate de ventas a distancia intracomunitarias de bienes distintas de las referidas en la letra b) del apartado tres anterior.

Las ventas a distancia intracomunitarias de bienes referidas en la letra b) del apartado tres anterior no se entenderán realizadas, en ningún caso, en el territorio de aplicación del impuesto cuando los bienes sean objeto de los impuestos especiales y sus destinatarios sean las personas cuyas adquisiciones intracomunitarias de bienes no estén sujetas al impuesto en virtud de lo dispuesto en el artículo 14 de esta ley o en el precepto equivalente al mismo que resulte aplicable en el Estado miembro de llegada de la expedición o el transporte.

Cinco. Las entregas de bienes que sean objeto de impuestos especiales, efectuadas en las condiciones descritas en el apartado tres, letra a), se entenderán, en todo caso, realizadas en el territorio de aplicación del impuesto cuando el lugar de llegada de la expedición o del transporte se encuentre en el referido territorio y los destinatarios de las citadas entregas sean las personas cuyas adquisiciones intracomunitarias de bienes no estén sujetas al impuesto en virtud de lo dispuesto en el artículo 14 de esta Ley.

---

[174]   Art. 22 RIVA.
Nueva redacción del art. 68.Cuatro dada por el art. 76.Uno de la Ley 31/2022, de 23 de diciembre, de Presupuestos Generales del Estado para el año 2023 (BOE núm. 308, de 24 de diciembre de 2022), con efectos desde el 1 de enero de 2023.

El importe de las entregas de bienes a que se refiere este apartado no se computará a los efectos de determinar el límite previsto en el artículo 73 de esta Ley.

Seis. Las entregas de gas a través de una red de gas natural situada en el territorio de la Comunidad o de cualquier red conectada a dicha red, las entregas de electricidad o las entregas de calor o de frío a través de las redes de calefacción o de refrigeración, se entenderán efectuadas en el territorio de aplicación del impuesto en los supuestos que se citan a continuación:

1.º Las efectuadas a un empresario o profesional revendedor, cuando este tenga la sede de su actividad económica o posea un establecimiento permanente o, en su defecto, su domicilio en el citado territorio, siempre que dichas entregas tengan por destinatarios a dicha sede, establecimiento permanente o domicilio.

A estos efectos, se entenderá por empresario o profesional revendedor aquel cuya actividad principal respecto de las compras de gas, electricidad, calor o frío, consista en su reventa y el consumo propio de los mismos sea insignificante.

2.º Cualesquiera otras, cuando el adquirente efectúe el uso o consumo efectivos de dichos bienes en el territorio de aplicación del impuesto. A estos efectos, se considerará que tal uso o consumo se produce en el citado territorio cuando en él se encuentre el contador en el que se efectúe su medición.

Cuando el adquirente no consuma efectivamente el total o parte de dichos bienes, los no consumidos se considerarán usados o consumidos en el territorio de aplicación del impuesto cuando el adquirente tenga en este territorio la sede de su actividad económica o posea un establecimiento permanente o, en su defecto, su domicilio, siempre que las entregas hubieran tenido por destinatarios a dicha sede, establecimiento permanente o domicilio.

Artículo 69[175]. *Lugar de realización de las prestaciones de servicios. Reglas generales*

Uno. Las prestaciones de servicios se entenderán realizadas en el territorio de aplicación del Impuesto, sin perjuicio de lo dispuesto en el apartado siguiente de este artículo y en los artículos 70 y 72 de esta Ley, en los siguientes casos:

1.º Cuando el destinatario sea un empresario o profesional que actúe como tal y radique en el citado territorio la sede de su actividad económica, o tenga en el mismo un establecimiento permanente o, en su defecto, el lugar de su domicilio o residencia habitual, siempre que se trate de servicios que tengan por destinatarios a dicha sede, establecimiento permanente, domicilio o residencia habitual, con independencia de dónde se encuentre establecido el prestador de los servicios y del lugar desde el que los preste.

2.º Cuando el destinatario no sea un empresario o profesional actuando como tal, siempre que los servicios se presten por un empresario o profesional y la sede de su actividad eco-

---

[175]   Art. 69 modificado por el art. 1.Seis de la Ley 2/2010, de 1 de marzo (BOE núm. 53, de 2 de marzo de 2010), con efectos desde 1 de enero de 2010.

nómica o establecimiento permanente desde el que los preste o, en su defecto, el lugar de su domicilio o residencia habitual, se encuentre en el territorio de aplicación del Impuesto.

Dos[176]. Por excepción de lo dispuesto en el número 2.º del apartado Uno del presente artículo, no se entenderán realizados en el territorio de aplicación del Impuesto los servicios que se enumeran a continuación cuando el destinatario de los mismos no sea un empresario o profesional actuando como tal y esté establecido o tenga su domicilio o residencia habitual fuera de la Comunidad, salvo en el caso de que dicho destinatario esté establecido o tenga su domicilio o residencia habitual en las Islas Canarias, Ceuta o Melilla:

a) Las cesiones y concesiones de derechos de autor, patentes, licencias, marcas de fábrica o comerciales y los demás derechos de propiedad intelectual o industrial, así como cualesquiera otros derechos similares.

b) La cesión o concesión de fondos de comercio, de exclusivas de compra o venta o del derecho a ejercer una actividad profesional.

c) Los de publicidad[177].

d) Los de asesoramiento, auditoría, ingeniería, gabinete de estudios, abogacía, consultores, expertos contables o fiscales y otros similares, con excepción de los comprendidos en el número 1.º del apartado Uno del artículo 70 de esta Ley.

e) Los de tratamiento de datos y el suministro de informaciones, incluidos los procedimientos y experiencias de carácter comercial.

f) Los de traducción, corrección o composición de textos, así como los prestados por intérpretes.

g) Los de seguro, reaseguro y capitalización, así como los servicios financieros, citados respectivamente por el artículo 20, apartado Uno, números 16.º y 18.º, de esta Ley, incluidos los que no estén exentos, con excepción del alquiler de cajas de seguridad.

h) Los de cesión de personal.

i) El doblaje de películas.

j) Los arrendamientos de bienes muebles corporales, con excepción de los que tengan por objeto cualquier medio de transporte y los contenedores.

k) La provisión de acceso a las redes de gas natural situadas en el territorio de la Comunidad o a cualquier red conectada a dichas redes, a la red de electricidad, de calefacción o de refrigeración, y el transporte o distribución a través de dichas redes, así como la prestación de otros servicios directamente relacionados con cualesquiera de los servicios comprendidos en esta letra.

l) Las obligaciones de no prestar, total o parcialmente, cualquiera de los servicios enunciados en este apartado.

---

[176]   Nueva redacción del art. 69.Dos dada por el art. 1.Doce de la Ley 28/2014, de 27 de noviembre (BOE núm. 288, de 28 de noviembre de 2014), en vigor desde el 1 de enero de 2015.
[177]   Art. 23.1 del RIVA.

Tres. A efectos de esta Ley, se entenderá por:

1.º Sede de la actividad económica: lugar en el que los empresarios o profesionales centralicen la gestión y el ejercicio habitual de su actividad empresarial o profesional.

2.º Establecimiento permanente: cualquier lugar fijo de negocios donde los empresarios o profesionales realicen actividades empresariales o profesionales.

En particular, tendrán esta consideración:

a) La sede de dirección, sucursales, oficinas, fábricas, talleres, instalaciones, tiendas y, en general, las agencias o representaciones autorizadas para contratar en nombre y por cuenta del sujeto pasivo.

b) Las minas, canteras o escoriales, pozos de petróleo o de gas u otros lugares de extracción de productos naturales.

c) Las obras de construcción, instalación o montaje cuya duración exceda de doce meses.

d) Las explotaciones agrarias, forestales o pecuarias.

e) Las instalaciones explotadas con carácter de permanencia por un empresario o profesional para el almacenamiento y posterior entrega de sus mercancías.

f) Los centros de compras de bienes o de adquisición de servicios.

g) Los bienes inmuebles explotados en arrendamiento o por cualquier título.

3.º Servicios de telecomunicación: aquellos servicios que tengan por objeto la transmisión, emisión y recepción de señales, textos, imágenes y sonidos o información de cualquier naturaleza, por hilo, radio, medios ópticos u otros medios electromagnéticos, incluyendo la cesión o concesión de un derecho al uso de medios para tal transmisión, emisión o recepción e, igualmente, la provisión de acceso a redes informáticas.

4.º Servicios prestados por vía electrónica: aquellos servicios que consistan en la transmisión enviada inicialmente y recibida en destino por medio de equipos de procesamiento, incluida la compresión numérica y el almacenamiento de datos, y enteramente transmitida, transportada y recibida por cable, radio, sistema óptico u otros medios electrónicos y, entre otros, los siguientes:

a) El suministro y alojamiento de sitios informáticos.

b) El mantenimiento a distancia de programas y de equipos.

c) El suministro de programas y su actualización.

d) El suministro de imágenes, texto, información y la puesta a disposición de bases de datos.

E) El suministro de música, películas, juegos, incluidos los de azar o de dinero, y de emisiones y manifestaciones políticas, culturales, artísticas, deportivas, científicas o de ocio.

f) El suministro de enseñanza a distancia.

A estos efectos, el hecho de que el prestador de un servicio y su destinatario se comuniquen por correo electrónico no implicará, por sí mismo, que el servicio tenga la consideración de servicio prestado por vía electrónica.

5.º[178] Servicios de radiodifusión y televisión: aquellos servicios consistentes en el suministro de contenidos de audio y audiovisuales, tales como los programas de radio o de televisión suministrados al público a través de las redes de comunicaciones por un prestador de servicios de comunicación, que actúe bajo su propia responsabilidad editorial, para ser escuchados o vistos simultáneamente siguiendo un horario de programación.

Artículo 70[179]. *Lugar de realización de las prestaciones de servicios. Reglas especiales*

Uno. Se entenderán prestados en el territorio de aplicación del Impuesto los siguientes servicios:

Los relacionados con bienes inmuebles que radiquen en el citado territorio.

Se considerarán relacionados con bienes inmuebles, entre otros, los siguientes servicios:

a) El arrendamiento o cesión de uso por cualquier título de dichos bienes, incluidas las viviendas amuebladas.

b) Los relativos a la preparación, coordinación y realización de las ejecuciones de obra inmobiliarias.

c) Los de carácter técnico relativos a dichas ejecuciones de obra, incluidos los prestados por arquitectos, arquitectos técnicos e ingenieros.

d) Los de gestión relativos a bienes inmuebles u operaciones inmobiliarias.

e) Los de vigilancia o seguridad relativos a bienes inmuebles.

f) Los de alquiler de cajas de seguridad.

g) La utilización de vías de peaje.

h) Los de alojamiento en establecimientos de hostelería, acampamento y balneario.

2.º Los de transporte que se citan a continuación, por la parte de trayecto que discurra por el territorio de aplicación del Impuesto tal y como éste se define en el artículo 3 de esta Ley:

a) Los de transporte de pasajeros, cualquiera que sea su destinatario.

b) Los de transporte de bienes distintos de los referidos en el artículo 72 de esta Ley cuyo destinatario no sea un empresario o profesional actuando como tal.

3.º[180] El acceso a manifestaciones culturales, artísticas, deportivas, científicas, educativas, recreativas o similares, como las ferias y exposiciones, y los servicios accesorios al

---

[178] Nuevo núm. 5.º incorporado dada por el art. 1.Trece de la Ley 28/2014, de 27 de noviembre (BOE núm. 288, de 28 de noviembre de 2014), en vigor desde el 1 de enero de 2015.

[179] Art. 70 modificado por el art. 1.Siete de la Ley 2/2010, de 1 de marzo (BOE núm. 53, de 2 marzo de 2010), con efectos desde 1 de enero de 2010, sin perjuicio del régimen transitorio que se reproduce en las siguientes notas.

[180] Redacción en vigor a partir del 1 de enero de 2011, en virtud de lo establecido en la Disposición transitoria primera de la Ley 2/2010, de 1 de marzo, por la que se trasponen determinadas directivas en el ámbito de la imposición indirecta y se modifica la Ley del Impuesto sobre la Renta de no Residentes para adaptarla a la normativa comunitaria (BOE núm. 53, de 2 de marzo de 2010).

mismo, siempre que su destinatario sea un empresario o profesional actuando como tal y dichas manifestaciones tengan lugar efectivamente en el citado territorio.

4.º[181] Los prestados por vía electrónica, de telecomunicaciones y de radiodifusión y televisión, cuando el destinatario no sea un empresario o profesional actuando como tal, siempre que éste se encuentre establecido o tenga su residencia o domicilio habitual en el territorio de aplicación del impuesto, en los siguientes casos:

a) Cuando concurran los siguientes requisitos:

a') que sean efectuados por un empresario o profesional que actúe como tal establecido únicamente en otro Estado miembro por tener en el mismo la sede de su actividad económica, o su único establecimiento o establecimientos permanentes en la Comunidad, o, en su defecto, el lugar de su domicilio permanente o residencia habitual; y

b') que se haya superado el límite previsto en el artículo 73 de esta Ley o que se haya ejercitado la opción de tributación en destino prevista en dicho artículo.

b) Que sean efectuados por un empresario o profesional que actúe como tal distinto de los referidos en la letra a') de la letra a) anterior.

5.º*A)*[182] Los de restauración y catering en los siguientes supuestos:

a) Los prestados a bordo de un buque, de un avión o de un tren, en el curso de la parte de un transporte de pasajeros realizado en la Comunidad cuyo lugar de inicio se encuentre en el territorio de aplicación del Impuesto.

Cuando se trate de un transporte de ida y vuelta, el trayecto de vuelta se considerará como un transporte distinto.

b) Los restantes servicios de restauración y catering cuando se presten materialmente en el territorio de aplicación del Impuesto.

B) A los efectos de lo dispuesto en el apartado *A)*, letra *a)*, de este número, se considerará como:

---

[181]   Art. 73 LIVA.
 Nueva redacción del núm. 4º. dada por el art. 10.Diez del Real Decreto-ley 7/2021, de 27 de abril, de transposición de directivas de la Unión Europea en las materias de competencia, prevención del blanqueo de capitales, entidades de crédito, telecomunicaciones, medidas tributarias, prevención y reparación de daños medioambientales, desplazamiento de trabajadores en la prestación de servicios transnacionales y defensa de los consumidores (BOE núm. 101, de 28 de abril de 2021), en vigor desde el 1 de julio de 2021. Redacción anterior dada por el art. 79.uno de la Ley 6/2018, de 3 de julio, de Presupuestos Generales del Estado para el año 2018 (BOE núm. 161, de 4 de julio de 2018), en vigor desde el día 1 de enero de 2019. Redacción anterior vigente hasta el 31-12-2018 dada por el art. 1.Catorce de la Ley 28/2014, de 27 de noviembre (BOE núm. 288, de 28 de noviembre de 2014), en vigor desde el 1 de enero de 2015.

[182]   Nueva redacción del art. 70.uno.5º.A) dada por art. 68 de la Ley 2/2012, de 29 de junio, de Presupuestos Generales del Estado para el año 2012 (BOE núm. 156, de 30 de junio de 2012), en vigor desde el 1 de julio y vigencia indefinida.

a) Parte de un transporte de pasajeros realizado en la Comunidad: la parte de un transporte de pasajeros que, sin hacer escala en un país o territorio tercero, discurra entre los lugares de inicio y de llegada situados en la Comunidad.

b) Lugar de inicio: el primer lugar previsto para el embarque de pasajeros en la Comunidad, incluso después de la última escala fuera de la Comunidad.

c) Lugar de llegada: el último lugar previsto para el desembarque en la Comunidad de pasajeros embarcados también en ella, incluso antes de otra escala hecha en un país o territorio tercero.

6.º Los de mediación en nombre y por cuenta ajena cuyo destinatario no sea un empresario o profesional actuando como tal, siempre que las operaciones respecto de las que se intermedie se entiendan realizadas en el territorio de aplicación del Impuesto de acuerdo con lo dispuesto en esta Ley.

7.º[183] Los que se enuncian a continuación, cuando se presten materialmente en dicho territorio y su destinatario no sea un empresario o profesional actuando como tal:

a) Los servicios accesorios a los transportes tales como la carga y descarga, transbordo, manipulación y servicios similares.

b) Los trabajos y las ejecuciones de obra realizados sobre bienes muebles corporales y los informes periciales, valoraciones y dictámenes relativos a dichos bienes.

c) Los servicios relacionados con manifestaciones culturales, artísticas, deportivas, científicas, educativas, recreativas, juegos de azar o similares, como las ferias y exposiciones, incluyendo los servicios de organización de los mismos y los demás servicios accesorios a los anteriores.

8.º[184] Los prestados por vía electrónica, de telecomunicaciones y de radiodifusión y televisión, que sean efectuados por un empresario o profesional que actúe como tal establecido únicamente en el territorio de aplicación del impuesto por tener en el mismo la sede de su actividad económica, o su único establecimiento o establecimientos permanentes en la Comunidad, o, en su defecto, el lugar de su domicilio permanente o residencia habitual y se cumplan los siguientes requisitos:

---

[183]   Redacción en vigor a partir de 1 de enero de 2011, en virtud de lo establecido en la Disposición transitoria segunda de la Ley 2/2010, de 1 de marzo (BOE núm. 53, de 2 de marzo de 2010).

[184]   Art. 73 LIVA y Art. 22 RIVA.
        Nueva redacción del núm. 8º. dada por el art. 10.Diez del Real Decreto-ley 7/2021, de 27 de abril, de transposición de directivas de la Unión Europea en las materias de competencia, prevención del blanqueo de capitales, entidades de crédito, telecomunicaciones, medidas tributarias, prevención y reparación de daños medioambientales, desplazamiento de trabajadores en la prestación de servicios transnacionales y defensa de los consumidores (BOE núm. 101, de 28 de abril de 2021), en vigor desde el 1 de julio de 2021.
        Redacción anterior dada por el art. 79.dos de la Ley 6/2018, de 3 de julio, de Presupuestos Generales del Estado para el año 2018 (BOE núm. 161, de 4 de julio de 2018), en vigor desde el día 1 de enero de 2019.
        Redacción anterior vigente hasta el 31-12-2018 del núm. 8 dada por el art. 1.Catorce de la Ley 28/2014, de 27 de noviembre (BOE núm. 288, de 28 de noviembre de 2014), en vigor desde el 1 de enero de 2015.

a) que el destinatario no sea un empresario o profesional actuando como tal, siempre que este se encuentre establecido o tenga su residencia o domicilio habitual en otro Estado miembro; y

b) que no se haya superado el límite previsto en el artículo 73 de esta Ley, ni se haya ejercitado la opción de tributación en destino prevista en dicho artículo.

9.º[185] A) Los servicios de arrendamiento de medios de transporte en los siguientes casos:

a) Los de arrendamiento a corto plazo cuando los medios de transporte se pongan efectivamente en posesión del destinatario en el citado territorio.

b) Los de arrendamiento a largo plazo cuando el destinatario no tenga la condición de empresario o profesional actuando como tal siempre que se encuentre establecido o tenga su domicilio o residencia habitual en el citado territorio.

No obstante, cuando los arrendamientos a largo plazo cuyo destinatario no sea un empresario o profesional actuando como tal tengan por objeto embarcaciones de recreo, se entenderán prestados en el territorio de aplicación del Impuesto cuando éstas se pongan efectivamente en posesión del destinatario en el mismo siempre que el servicio sea realmente prestado por un empresario o profesional desde la sede de su actividad económica o un establecimiento permanente situado en dicho territorio.

B) A los efectos de lo dispuesto en este número, se entenderá por corto plazo la tenencia o el uso continuado de los medios de transporte durante un periodo ininterrumpido no superior a treinta días y, en el caso de los buques, no superior a noventa días.

Dos[186]. Asimismo, se considerarán prestados en el territorio de aplicación del Impuesto los servicios que se enumeran a continuación cuando, conforme a las reglas referentes al lugar de realización aplicables a estos servicios, no se entiendan realizados en la Comunidad,

---

[185]   Redacción dada por la Disposición transitoria tercera «*Lugar de realización en el Impuesto sobre el Valor Añadido de los servicios de arrendamiento de medios de transporte*» de la Ley 2/2010, de 1 de marzo (BOE núm. 53, de 2 de marzo de 2010), con efectos a partir de 1 de enero de 2013.

[186]   Nueva redacción del art. 70.Dos dada por art. 73 de la Ley 31/2022, de 23 de diciembre, de Presupuestos Generales del Estado para el año 2023 (BOE núm. 308, de 24 de diciembre de 2022), con efectos desde el 1 de enero de 2023.

Redacción anterior dada por el art. 68 de la Ley 11/2020, de 30 de diciembre, de Presupuestos Generales del Estado para el año 2021, en vigor desde el 1 de enero de 2021: «*Dos. Asimismo, se considerarán prestados en el territorio de aplicación del Impuesto los servicios que se enumeran a continuación cuando, conforme a las reglas de localización aplicables a estos servicios, no se entiendan realizados en la Comunidad, Islas Canarias, Ceuta o Melilla, pero su utilización o explotación efectivas se realicen en dicho territorio:*

1.º Los enunciados en el apartado Dos del artículo 69 de esta Ley, cuyo destinatario sea un empresario o profesional actuando como tal.

2.º Los de mediación en nombre y por cuenta ajena cuyo destinatario sea un empresario o profesional actuando como tal.

3.º Los de arrendamiento de medios de transporte.

4.º Los prestados por vía electrónica, los de telecomunicaciones, de radiodifusión y de televisión».

Islas Canarias, Ceuta o Melilla, pero su utilización o explotación efectivas se realicen en dicho territorio:

1.º Los enunciados en el apartado dos del artículo 69 de esta ley y los de arrendamiento de medios de transporte, cuyo destinatario no tenga la consideración de empresario o profesional actuando como tal.

2.º Los referidos en la letra g) del apartado dos del artículo 69 de esta ley y los de arrendamiento de medios de transporte, cuyo destinatario sea un empresario o profesional actuando como tal.

CAPÍTULO II. Operaciones intracomunitarias

Artículo 71. *Lugar de realización de las adquisiciones intracomunitarias de bienes*

Uno. Las adquisiciones intracomunitarias de bienes se considerarán realizadas en el territorio de aplicación del Impuesto cuando se encuentre en este territorio el lugar de la llegada de la expedición o transporte con destino al adquirente.

Dos. También se considerarán realizadas en el territorio de aplicación del Impuesto las adquisiciones intracomunitarias a que se refiere el artículo 13, número 1.º, de la presente Ley cuando el adquirente haya comunicado al vendedor el número de identificación a efectos del Impuesto sobre el Valor Añadido atribuido por la Administración española, en la medida en que no hayan sido gravadas en el Estado miembro de llegada de la expedición o del transporte[187].

Artículo 72[188]. *Lugar de realización de los transportes intracomunitarios de bienes cuyo destinatario no sea un empresario o profesional actuando como tal*

Uno. Los transportes intracomunitarios de bienes cuyo destinatario no sea un empresario o profesional actuando como tal se considerarán realizados en el territorio de aplicación del Impuesto cuando se inicien en el mismo.

Dos. A los efectos de lo dispuesto en esta Ley se entenderá por:

a) Transporte intracomunitario de bienes: el transporte de bienes cuyos lugares de inicio y de llegada estén situados en los territorios de dos Estados miembros diferentes.

b) Lugar de inicio: el lugar donde comience efectivamente el transporte de los bienes, sin tener en cuenta los trayectos efectuados para llegar al lugar en que se encuentren los bienes.

Redacción anterior dada por el art. 1.Catorce de la Ley 28/2014, de 27 de noviembre (BOE núm. 288, de 28 de noviembre de 2014), en vigor desde el 1 de enero de 2015.

Redacción anterior dada por el art. 75 de la Ley 22/2013, de 23 de diciembre (BOE núm. 309, de 26 de diciembre de 2013), con efectos desde el 1 de enero de 2014.

[187] Art. 23.2 del RIVA.

[188] Art. 72 modificado por el art. 1.Ocho de la Ley 2/2010, de 1 de marzo (BOE núm. 53, de 2 de marzo de 2010), con efectos desde 1 de enero de 2010.

c) Lugar de llegada: el lugar donde se termine efectivamente el transporte de los bienes.»

CAPÍTULO III. Límite cuantitativo aplicable a determinadas ventas a distancia intracomunitarias de bienes y prestaciones de servicios[189]

Artículo 73[190]. *Límite cuantitativo aplicable a las ventas a distancia intracomunitarias de bienes a que se refiere el artículo 68.Tres.a) y b) de esta ley, y a las prestaciones de servicios a que se refiere el artículo 70.Uno.4.º y 8.º de esta ley*

Uno. A los efectos previstos en el artículo 68.tres.a) y b) de esta ley, y en el artículo 70.uno.4.º y 8.º de esta ley, el límite referido será de 10.000 euros para el importe total, excluido el impuesto, de dichas entregas de bienes y/o prestaciones de servicios realizadas en la Comunidad, durante el año natural precedente, o su equivalente en su moneda nacional.

Cuando las operaciones efectuadas durante el año en curso superen el límite indicado en el párrafo anterior, será de aplicación lo establecido en el artículo 68.Tres.a) de esta ley y en el artículo 70.uno.4.º a) de esta ley.

El límite previsto en el párrafo primero de este apartado no será de aplicación cuando las ventas a distancia intracomunitarias de bienes sean efectuadas, total o parcialmente, desde un Estado miembro distinto del establecimiento.

Dos. Los empresarios o profesionales que realicen estas operaciones podrán optar, en el Estado miembro de inicio de la expedición o transporte de los bienes con destino al cliente o en el que estén establecidos, tratándose de las prestaciones de servicios, por la tributación de las mismas como si el límite previsto en el párrafo primero hubiera excedido los 10.000 euros. Cuando se trate de empresarios o profesionales que estén establecidos en el territorio de aplicación del impuesto y sea dicho territorio desde el que presten los servicios o el de inicio de la expedición o transporte de los bienes, la opción se realizará en la forma que reglamentariamente se establezca y comprenderá, como mínimo, dos años naturales.

Para la aplicación del límite a que se refiere este artículo debe considerarse que el importe de la contraprestación de las operaciones no podrá fraccionarse a estos efectos.

(...)

---

[189] Nuevo Capítulo III y nuevo art. 73 incorporados por el art. 10.Once del Real Decreto-ley 7/2021, de 27 de abril (BOE núm. 101, de 28 de abril de 2021), en vigor desde el 1 de julio de 2021.

[190] Art. 22 RIVA.
Nueva redacción del art. 73 dada por el art. 76.Dos de la Ley 31/2022, de 23 de diciembre, de Presupuestos Generales del Estado para el año 2023 (BOE núm. 308, de 24 de diciembre de 2022), con efectos desde el 1 de enero de 2023.
Art. 73 incorporado por el art. 10.Once del Real Decreto-ley 7/2021, de 27 de abril (BOE núm. 101, de 28 de abril de 2021), en vigor desde el 1 de julio de 2021.
El anterior art. 73 fue derogado por la disposición derogatoria de la Ley 2/2010, de 1 de marzo (BOE núm. 53, de 2 de marzo de 2010), con efectos desde 1 de enero de 2010.

Artículo 74[191]

(...)

TÍTULO IV: DEVENGO DEL IMPUESTO

CAPÍTULO I. ENTREGAS DE BIENES Y PRESTACIONES DE SERVICIOS

Artículo 75. *Devengo del Impuesto*

Uno[192]. Se devengará el Impuesto:

1.º En las entregas de bienes, cuando tenga lugar su puesta a disposición del adquirente o, en su caso, cuando se efectúen conforme a la legislación que les sea aplicable.

No obstante lo dispuesto en el párrafo anterior, en las entregas de bienes efectuadas en virtud de contratos de venta con pacto de reserva de dominio o cualquier otra condición suspensiva, de arrendamiento-venta de bienes o de arrendamiento de bienes con cláusula de transferencia de la propiedad vinculante para ambas partes, se devengará el Impuesto cuando los bienes que constituyan su objeto se pongan en posesión del adquirente.

2.º[193] En las prestaciones de servicios, cuando se presten, ejecuten o efectúen las operaciones gravadas.

No obstante, en las prestaciones de servicios en las que el destinatario sea el sujeto pasivo del Impuesto conforme a lo previsto en los números 2.º y 3.º del apartado Uno del artículo 84 de esta Ley, que se lleven a cabo de forma continuada durante un plazo superior a un año y que no den lugar a pagos anticipados durante dicho período, el devengo del Impuesto se producirá a 31 de diciembre de cada año por la parte proporcional correspondiente al período transcurrido desde el inicio de la operación o desde el anterior devengo hasta la citada fecha, en tanto no se ponga fin a dichas prestaciones de servicios.

Por excepción de lo dispuesto en los párrafos anteriores, cuando se trate de ejecuciones de obra con aportación de materiales, en el momento en que los bienes a que se refieran se pongan a disposición del dueño de la obra.

2.º bis[194]. Cuando se trate de ejecuciones de obra, con o sin aportación de materiales, cuyas destinatarias sean las Administraciones públicas, en el momento de su recepción,

---

[191]   Art. 74 derogado por la disposición derogatoria de la Ley 2/2010, de 1 de marzo (BOE núm. 53, de 2 de marzo de 2010), con efectos desde 1 de enero de 2010.

[192]   Apartado Uno modificado por el art. 5 de la Ley 24/2001, de 27 de diciembre (BOE núm. 313, de 31 de diciembre de 2001), con efectos desde 1/1/2002. Número 2.º modificado por el art. 1.Nueve de la Ley 2/2010, de 1 de marzo (BOE núm. 53, de 2 de marzo de 2010), con efectos desde 1 de enero de 2010.

[193]   Número 2.º modificado por el art. 1.Nueve de la Ley 2/2010, de 1 de marzo (BOE núm. 53, de 2 de marzo de 2010), con efectos desde 1 de enero de 2010.

[194]   Nueva redacción del núm. 2.bis. dada por el art. 1.Quince de la Ley 28/2014, de 27 de noviembre (BOE núm. 288, de 28 de noviembre de 2014), en vigor desde el 1 de enero de 2015.

conforme a lo dispuesto en el artículo 235 del Texto Refundido de la Ley de Contratos del Sector Público, aprobado por el Real Decreto Legislativo 3/2011, de 14 de noviembre[195].

3.º En las transmisiones de bienes entre el comitente y comisionista efectuadas en virtud de contratos de comisión de venta, cuando el último actúe en nombre propio, en el momento en que el comisionista efectúe la entrega de los respectivos bienes.

Cuando se trate de entregas de bienes efectuadas en virtud de contratos por los que una de las partes entrega a la otra bienes muebles, cuyo valor se estima en una cantidad cierta, obligándose quien los recibe a procurar su venta dentro de un plazo y a devolver el valor estimado de los bienes vendidos y el resto de los no vendidos, el devengo de las entregas relativas a los bienes vendidos se producirá cuando quien los recibe los ponga a disposición del adquirente.

4.º En las transmisiones de bienes entre comisionista y comitente efectuadas en virtud de contratos de comisión de compra, cuando el primero actúe en nombre propio, en el momento en que al comisionista le sean entregados los bienes a que se refieran.

5.º En los supuestos de autoconsumo, cuando se efectúen las operaciones gravadas.

No obstante, en los casos a que se refiere el artículo 9, número 1.º, letra *d)*, párrafo tercero de esta Ley, el Impuesto se devengará:

a) Cuando se produzcan las circunstancias que determinan la limitación o exclusión del derecho a la deducción.

b) El último día del año en que los bienes que constituyan su objeto se destinen a operaciones que no originen el derecho a la deducción.

c) El último día del año en que sea de aplicación la regla de prorrata general.

e) *(sic)* Cuando se produzca el devengo de la entrega exenta.

6.º[196]

7.º[197] En los arrendamientos, en los suministros y, en general, en las operaciones de tracto sucesivo o continuado, en el momento en que resulte exigible la parte del precio que comprenda cada percepción[198].

---

[195]   El Real Decreto Legislativo 3/2011, de 14 de noviembre ha sido derogado por la Ley 9/2017, de 8 de noviembre, de Contratos del Sector Público, por la que se transponen al ordenamiento jurídico español las Directivas del Parlamento Europeo y del Consejo 2014/23/UE y 2014/24/UE, de 26 de febrero de 2014 (BOE núm. 272, de 9 de noviembre de 2017). La referencia al art. 235 «recepción y plazo de garantía» se debe entender al art. 243 «recepción y plazo de garantía» de la Ley 9/2017.

[196]   Núm. 6.º del art. 75.Uno suprimido por el art. 76 de la Ley 22/2013, de 23 de diciembre, de Presupuestos Generales del Estado para el año 2014 (BOE núm. 309, de 26 de diciembre de 2013), con efectos desde el 1 de enero de 2014 y vigencia indefinida.

[197]   Nueva redacción del núm. 7º dada por el art. 66 de la Ley 17/2012, de 27 de diciembre, de Presupuestos Generales del Estado para el año 2013 (BOE núm. 312, de 28 de diciembre de 2012), con efectos desde el 1 de enero de 2013.

[198]   Apartado IV de la Resolución 1/2004, de 6 de febrero, de la Dirección General de Tributos (BOE núm. 46, de 23 de febrero de 2004), sobre tratamiento de los contratos de «factoring» en este impuesto.

No obstante, cuando no se haya pactado precio o cuando, habiéndose pactado, no se haya determinado el momento de su exigibilidad, o la misma se haya establecido con una periodicidad superior a un año natural, el devengo del Impuesto se producirá a 31 de diciembre de cada año por la parte proporcional correspondiente al periodo transcurrido desde el inicio de la operación, o desde el anterior devengo, hasta la citada fecha.

Cuando los referidos suministros constituyan entregas de bienes comprendidas en los apartados Uno y Tres del artículo 25 de esta Ley, y no se haya pactado precio o cuando, habiéndose pactado, no se haya determinado el momento de su exigibilidad, o la misma se haya establecido con una periodicidad superior al mes natural, el devengo del Impuesto se producirá el último día de cada mes por la parte proporcional correspondiente al periodo transcurrido desde el inicio de la operación, o desde el anterior devengo, hasta la citada fecha.

Se exceptúan de lo dispuesto en los párrafos anteriores las operaciones a que se refiere el párrafo segundo del número 1.º precedente.

8.º[199] En las entregas de bienes comprendidas en el artículo 25 de esta Ley, distintas de las señaladas en el número anterior, el devengo del Impuesto se producirá el día 15 del mes siguiente a aquel:

a) En el que se inicie la expedición o el transporte de los bienes con destino al adquirente.

b) En el que los bienes se pongan a disposición del adquirente, en las entregas de bienes efectuadas en las condiciones señaladas en el artículo 9 bis, apartado dos, de esta Ley.

A efectos de las letras a) y b) anteriores, si con anterioridad a la citada fecha se hubiera expedido factura por dichas operaciones, el devengo del Impuesto tendrá lugar en la fecha de expedición de la misma.

c) En el momento en que se produzca el incumplimiento de las condiciones a que se refiere el apartado tres del artículo 9 bis de esta Ley.

d) Al día siguiente de la expiración del plazo de 12 meses a que se refiere el apartado cuatro del artículo 9 bis de esta Ley.

Dos. No obstante lo dispuesto en el apartado anterior, en las operaciones sujetas a gravamen que originen pagos anticipados anteriores a la realización del hecho imponible, el Impuesto se devengará en el momento del cobro total o parcial del precio por los importes efectivamente percibidos.

---

[199]   Nueva redacción del art. 75.Uno núm. 8º dada por el art. 214.Siete del Real Decreto-ley 3/2020, de 4 de febrero (BOE núm. 31, de 5 de febrero de 2020).

      Anterior redacción por su incorporación el art. 66 de la Ley 17/2012, de 27 de diciembre, de Presupuestos Generales del Estado para el año 2013 (BOE núm. 312, de 28 de diciembre de 2012), con efectos desde el 1 de enero de 2013.

Lo dispuesto en el párrafo anterior no será aplicable a las entregas de bienes comprendidas en el artículo 25 de esta Ley[200].

Tres[201]. No obstante lo dispuesto en los apartados anteriores, en las entregas de bienes realizadas en los términos previstos en el artículo 8 bis de esta Ley, el devengo del impuesto de la entrega efectuada a favor del empresario o profesional que facilite la venta o la entrega, así como la efectuada por el mismo, se producirá con la aceptación del pago del cliente.

CAPÍTULO II. Adquisiciones intracomunitarias de bienes

Artículo 76. *Devengo del Impuesto*

En las adquisiciones intracomunitarias de bienes, el Impuesto se devengará en el momento en que se consideren efectuadas las entregas de bienes similares de conformidad con lo dispuesto en el artículo 75 de esta Ley.

No obstante lo dispuesto en el párrafo anterior, en las adquisiciones intracomunitarias de bienes no será de aplicación el apartado Dos del artículo 75, relativo al devengo de las operaciones que originen pagos anticipados anteriores a la realización de dichas adquisiciones[202] [203].

CAPÍTULO III. Importaciones

Artículo 77[204]. *Devengo del Impuesto*

Uno. En las importaciones de bienes, el devengo del Impuesto se producirá en el momento en que hubiera tenido lugar el devengo de los derechos de importación, de acuerdo con la legislación aduanera[205], independientemente de que dichas importaciones estén o no sujetas a los mencionados derechos de importación.

No obstante, en el supuesto de abandono del régimen de depósito distinto del aduanero, el devengo se producirá en el momento en que tenga lugar el abandono de dicho régimen.

---

[200]   El segundo párrafo del apartado Dos del art. 75 fue añadido por el art. 1 del Real Decreto-Ley 7/1993, de 21 de mayo (BOE núm. 126, de 27 de mayo de 1993), en vigor desde el día de su publicación.

[201]   Art. 23 bis RIVA.
     Nuevo apartado Tres incorporado por el art. 10.Doce del Real Decreto-ley 7/2021, de 27 de abril (BOE núm. 101, de 28 de abril de 2021), en vigor desde el 1 de julio de 2021.

[202]   El segundo párrafo del art. 76 fue modificado por el art. 1 del Real Decreto-Ley 7/1993, de 21 de mayo (BOE núm. 126, de 27 de mayo de 1993), en vigor desde el día de su publicación.

[203]   Párrafo tercero del art. 76 suprimido por el art. 76 de la Ley 22/2013, de 23 de diciembre (BOE núm. 309, de 26 de diciembre de 2013), con efectos desde el 1 de enero de 2014 y vigencia indefinida.

[204]   Resolución 1/1994, de 10 de enero, de la Dirección General de Tributos (BOE núm. 12, de 14 de enero de 1994), aclarando ciertos extremos de este precepto.

[205]   Reglamento (CEE) núm. 2913/92 del consejo, de 12 de octubre de 1992, por el que se aprueba el Código Aduanero Comunitario (DOUE núm. 302, de 19 de octubre de 1992).

Dos. En las operaciones asimiladas a las importaciones definidas en el artículo 19 de esta Ley, el devengo se producirá en el momento en que tengan lugar las circunstancias que en el mismo se indican.

TÍTULO V. BASE IMPONIBLE

CAPÍTULO I. Entrega de bienes y prestaciones de servicios

Artículo 78. *Base imponible. Regla general*

Uno. La base imponible del Impuesto estará constituida por el importe total de la contraprestación de las operaciones sujetas al mismo procedente del destinatario o de terceras personas.

Dos. En particular, se incluyen en el concepto de contraprestación:

1.°[206] Los gastos de comisiones, portes y transporte, seguros, primas por prestaciones anticipadas y cualquier otro crédito efectivo a favor de quien realice la entrega o preste el servicio, derivado de la prestación principal o de las accesorias a la misma.

No obstante lo dispuesto en el párrafo anterior, no se incluirán en la contraprestación los intereses por el aplazamiento en el pago del precio en la parte en que dicho aplazamiento corresponda a un período posterior a la entrega de los bienes o la prestación de los servicios.

A efectos de lo previsto en el párrafo anterior sólo tendrán la consideración de intereses las retribuciones de las operaciones financieras de aplazamiento o demora en el pago del precio, exentas del Impuesto en virtud de lo dispuesto en el artículo 20, apartado Uno, número 18.°, letra *c)*, de esta Ley que se haga constar separadamente en la factura emitida por el sujeto pasivo.

En ningún caso se considerará interés la parte de la contraprestación que exceda del usualmente aplicado en el mercado para similares operaciones.

2.°[207] (...)

3.°[208] Las subvenciones vinculadas directamente al precio de las operaciones sujetas al Impuesto.

Se considerarán vinculadas directamente al precio de las operaciones sujetas al Impuesto las subvenciones establecidas en función del número de unidades entregadas o del

---

[206] Número 1.° modificado por el número 7 del art. único de la Ley 23/1994, de 6 de julio (BOE núm. 161, de 7 de julio de 1994), en vigor desde el 8 de julio de 1994.

[207] Número 2.° derogado con efectos desde el 8 de julio de 1994, por el número 8 del art. único de la Ley 23/1994, de 6 de julio (BOE núm. 161, de 7 de julio de 1994).

[208] Nueva redacción del núm. 3.° dada por la Disposición final décima Dos de la Ley 9/2017, de 8 de noviembre (BOE núm. 272, de 9 de noviembre de 2017), en vigor desde el 10 de noviembre de 2017.
Redacción anterior dada por el art. 5 de la Ley 14/2000, de 29 de diciembre (BOE núm. 313, de 30 de diciembre de 2000), con efectos desde 1 de enero de 2001.

volumen de los servicios prestados cuando se determinen con anterioridad a la realización de la operación.

No obstante, no se considerarán subvenciones vinculadas al precio ni integran en ningún caso el importe de la contraprestación a que se refiere el apartado Uno del presente artículo, las aportaciones dinerarias, sea cual sea su denominación, que las Administraciones Públicas realicen para financiar:

a) La gestión de servicios públicos o de fomento de la cultura en los que no exista una distorsión significativa de la competencia, sea cual sea su forma de gestión.

b) Actividades de interés general cuando sus destinatarios no sean identificables y no satisfagan contraprestación alguna.

4.º Los tributos y gravámenes de cualquier clase que recaigan sobre las mismas operaciones gravadas, excepto el propio Impuesto sobre el Valor Añadido.

Lo dispuesto en este número comprenderá los impuestos especiales que se exijan en relación con los bienes que sean objeto de las operaciones gravadas, con excepción del Impuesto especial sobre determinados medios de transporte.

5.º Las percepciones retenidas con arreglo a derecho por el obligado a efectuar la prestación en los casos de resolución de las operaciones sujetas al Impuesto.

6.º El importe de los envases y embalajes, incluso los susceptibles de devolución, cargado a los destinatarios de la operación, cualquiera que sea el concepto por el que dicho importe se perciba.

7.º El importe de las deudas asumidas por el destinatario de las operaciones sujetas como contraprestación total o parcial de las mismas.

Tres. No se incluirán en la base imponible:

1.º Las cantidades percibidas por razón de indemnizaciones, distintas de las contempladas en el apartado anterior que, por su naturaleza y función, no constituyan contraprestación o compensación de las entregas de bienes o prestaciones de servicios sujetas al Impuesto.

2.º Los descuentos y bonificaciones que se justifiquen por cualquier medio de prueba admitido en derecho y que se concedan previa o simultáneamente al momento en que la operación se realice y en función de ella.

Lo dispuesto en el párrafo anterior no será de aplicación cuando las minoraciones de precio constituyan remuneraciones de otras operaciones.

3.º Las sumas pagadas en nombre y por cuenta del cliente en virtud de mandato expreso del mismo. El sujeto pasivo vendrá obligado a justificar la cuantía efectiva de tales gastos y no podrá proceder a la deducción del Impuesto que eventualmente los hubiera gravado.

4.º[209]

---

[209] Núm. 4º suprimido por la Disposición final décima Cuatro de la Ley 9/2017, de 8 de noviembre (BOE núm. 272, de 9 de noviembre de 2017), en vigor desde el 10 de noviembre de 2017.

Cuatro[210]. Cuando las cuotas del Impuesto sobre el Valor Añadido que graven las operaciones sujetas a dicho tributo no se hubiesen repercutido expresamente en factura, se entenderá que la contraprestación no incluyó dichas cuotas.

Se exceptúan de lo dispuesto en el párrafo anterior:

1.º Los casos en que la repercusión expresa del impuesto no fuese obligatoria.

2.º Los supuestos a que se refiere el apartado dos, número 5.º de este artículo.

Artículo 79. *Base imponible. Reglas especiales*

Uno[211]. En las operaciones cuya contraprestación no consista en dinero se considerará como base imponible el importe, expresado en dinero, que se hubiera acordado entre las partes.

Salvo que se acredite lo contrario, la base imponible coincidirá con los importes que resulten de aplicar las reglas previstas en los apartados tres y cuatro siguientes.

No obstante, si la contraprestación consistiera parcialmente en dinero, se considerará base imponible el resultado de añadir al importe, expresado en dinero, acordado entre las partes, por la parte no dineraria de la contraprestación, el importe de la parte dineraria de la misma, siempre que dicho resultado fuere superior al determinado por aplicación de lo dispuesto en los párrafos anteriores.

Dos. Cuando en una misma operación y por precio único se entreguen bienes o se presten servicios de diversa naturaleza, incluso en los supuestos de transmisión de la totalidad o parte de un patrimonio empresarial, la base imponible correspondiente a cada uno de ellos se determinará en proporción al valor de mercado de los bienes entregados o de los servicios prestados.

Lo dispuesto en el párrafo anterior no se aplicará cuando dichos bienes o servicios constituyan el objeto de prestaciones accesorias de otra principal sujeta al Impuesto.

Tres. En los supuestos de autoconsumo y de transferencia de bienes, comprendidos en el artículo 9.º, números 1.º y 3.º, de esta Ley, serán de aplicación las siguientes reglas para la determinación de la base imponible:

1.ª Si los bienes fuesen entregados en el mismo estado en que fueron adquiridos sin haber sido sometidos a proceso alguno de fabricación, elaboración o transformación por el propio sujeto pasivo o por su cuenta, la base imponible será la que se hubiese fijado en la operación por la que se adquirieron dichos bienes.

Núm. 4.º fue incorporado por el art. 1.Dieciséis de la Ley 28/2014, de 27 de noviembre (BOE núm. 288, de 28 de noviembre de 2014), en vigor desde el 1 de enero de 2015.

[210] Apartado Cuatro modificado por el art. 4.Siete de la Ley 53/2002, de 30 de diciembre (BOE núm. 313, de 31 de diciembre de 2002), con efectos desde 1 de enero de 2003.

[211] Nueva redacción del art. 79.Uno dada por el art. 1.Dieciséis de la Ley 28/2014, de 27 de noviembre (BOE núm. 288, de 28 de noviembre de 2014), en vigor desde el 1 de enero de 2015.

Tratándose de bienes importados, la base imponible será la que hubiera prevalecido para la liquidación del Impuesto a la importación de los mismos.

2.ª Si los bienes entregados se hubiesen sometido a procesos de elaboración o transformación por el transmitente o por su cuenta, la base imponible será el coste de los bienes o servicios utilizados por el sujeto pasivo para la obtención de dichos bienes, incluidos los gastos de personal efectuados con la misma finalidad.

3.ª[212] No obstante, si el valor de los bienes entregados hubiese experimentado alteraciones como consecuencia de su utilización, deterioro, obsolescencia, envilecimiento, revalorización o cualquier otra causa, se considerará como base imponible el valor de los bienes en el momento en que se efectúe la entrega.

A los efectos de lo dispuesto en la regla 3.ª precedente, se presumirá que ha tenido lugar un deterioro total cuando las operaciones a que se refiere el presente apartado Tres tengan por objeto bienes adquiridos por entidades sin fines lucrativos definidas de acuerdo con lo dispuesto en el artículo 2 de la Ley 49/2002, de 23 de diciembre, de régimen fiscal de las entidades sin fines lucrativos y de los incentivos fiscales al mecenazgo, siempre que se destinen por las mismas a los fines de interés general que desarrollen de acuerdo con lo dispuesto por el artículo 3, apartado 1.º, de dicha Ley.

Cuatro. En los casos de autoconsumo de servicios, se considerará como base imponible el coste de prestación de los servicios incluida, en su caso, la amortización de los bienes cedidos.

Cinco[213]. Cuando exista vinculación entre las partes que intervengan en una operación, su base imponible será su valor normal de mercado.

La vinculación podrá probarse por cualquiera de los medios admitidos en derecho. Se considerará que existe vinculación en los siguientes supuestos:

a) En el caso de que una de las partes intervinientes sea un sujeto pasivo del Impuesto sobre Sociedades o un contribuyente del Impuesto sobre la Renta de las Personas Físicas o del Impuesto sobre la Renta de No Residentes, cuando así se deduzca de las normas reguladoras de dichos Impuestos que sean de aplicación.

b) En las operaciones realizadas entre los sujetos pasivos y las personas ligadas a ellos por relaciones de carácter laboral o administrativo.

c) En las operaciones realizadas entre el sujeto pasivo y su cónyuge o sus parientes consanguíneos hasta el tercer grado inclusive.

---

[212] Nueva redacción de la regla 3ª dada por la Disposición final tercera Uno de la Ley 7/2022, de 8 de abril (BOE núm. 85, de 9 de abril de 2022), en vigor desde el 10 de abril de 2022.

[213] Apartado Cinco modificado por el art. 3 de la ley 36/2006, de 29 de noviembre (BOE núm. 286, de 30 noviembre de 2006), aplicable a las operaciones cuyo Impuesto sobre el Valor Añadido se devengue a partir de 1 de diciembre de 2006, según establece su disposición transitoria 3.ª.

d) En las operaciones realizadas entre una entidad sin fines lucrativos a las que se refiere el artículo 2 de la Ley 49/2002, de 23 de diciembre, sobre Régimen fiscal de las entidades sin fines lucrativos y de los incentivos fiscales al mecenazgo y sus fundadores, asociados, patronos, representantes estatutarios, miembros de los órganos de gobierno, los cónyuges o parientes hasta el tercer grado inclusive de cualquiera de ellos.

e) En las operaciones realizadas entre una entidad que sea empresario o profesional y cualquiera de sus socios, asociados, miembros o partícipes.

Esta regla de valoración únicamente será aplicable cuando se cumplan los siguientes requisitos:

a) Que el destinatario de la operación no tenga derecho a deducir totalmente el impuesto correspondiente a la misma y la contraprestación pactada sea inferior a la que correspondería en condiciones de libre competencia.

b) Cuando el empresario o profesional que realice la entrega de bienes o prestación de servicios determine sus deducciones aplicando la regla de prorrata y, tratándose de una operación que no genere el derecho a la deducción, la contraprestación pactada sea inferior al valor normal de mercado.

c) Cuando el empresario o profesional que realice la entrega de bienes o prestación de servicios determine sus deducciones aplicando la regla de prorrata y, tratándose de una operación que genere el derecho a la deducción, la contraprestación pactada sea superior al valor normal de mercado.

A los efectos de esta Ley, se entenderá por valor normal de mercado aquel que, para adquirir los bienes o servicios en cuestión en ese mismo momento, un destinatario, en la misma fase de comercialización en la que se efectúe la entrega de bienes o prestación de servicios, debería pagar en el territorio de aplicación del Impuesto en condiciones de libre competencia a un proveedor independiente.

Cuando no exista entrega de bienes o prestación de servicios comparable, se entenderá por valor de mercado:

a) Con respecto a las entregas de bienes, un importe igual o superior al precio de adquisición de dichos bienes o bienes similares o, a falta de precio de compra, a su precio de coste, determinado en el momento de su entrega.

b) Con respecto a las prestaciones de servicios, la totalidad de los costes que su prestación le suponga al empresario o profesional.

A efectos de los dos párrafos anteriores, será de aplicación, en cuanto proceda, lo dispuesto en el artículo 16 del texto refundido de la Ley del Impuesto sobre Sociedades, aprobado por el Real Decreto Legislativo 4/2004, de 5 de marzo.

Seis. En las transmisiones de bienes del comitente al comisionista en virtud de contratos de comisión de venta en los que el comisionista actúe en nombre propio, la base imponible estará constituida por la contraprestación convenida por el comisionista menos el importe de la comisión.

Siete. En las transmisiones de bienes del comisionista al comitente, en virtud de contratos de comisión de compra en los que el comisionista haya actuado en nombre propio, la base imponible estará constituida por la contraprestación convenida por el comisionista más el importe de la comisión.

Ocho. En las prestaciones de servicios realizadas por cuenta de tercero, cuando quien presta los servicios actúe en nombre propio, la base imponible de la operación realizada entre el comitente y el comisionista estará constituida por la contraprestación del servicio concertada por el comisionista menos el importe de la comisión.

Nueve. En las adquisiciones de servicios realizadas por cuenta de terceros, cuando quien adquiera los servicios actúe en nombre propio, la base imponible de la operación realizada entre el comisionista y el comitente estará constituida por la contraprestación del servicio convenida por el comisionista más el importe de la comisión.

Diez[214]. En las entregas de bienes o prestaciones de servicios que no tengan por objeto o resultado oro de inversión y en las que se emplee oro aportado por el destinatario de la operación cuya adquisición o importación hubiese estado exenta por aplicación de la exención prevista en el apartado Uno, número 1.º del artículo 140 bis de esta Ley o de su equivalente en la legislación de otro Estado miembro de la Comunidad, la base imponible resultará de añadir al importe total de la contraprestación, el valor de mercado de dicho oro, determinado en la fecha de devengo del Impuesto.

Once. En las operaciones cuya contraprestación se hubiese fijado en moneda o divisa distintas de las españolas, se aplicará el tipo de cambio vendedor, fijado por el Banco de España, que esté vigente en el momento del devengo.

Doce. En la base imponible de las operaciones a que se refieren los apartados anteriores, en cuanto proceda, deberán incluirse o excluirse los gastos o componentes comprendidos, respectivamente, en los apartados Dos y Tres del artículo anterior.

Artículo 80[215]. *Modificación de la base imponible*

Uno. La base imponible determinada con arreglo a lo dispuesto en los artículos 78 y 79 anteriores se reducirá en las cuantías siguientes:

1.º El importe de los envases y embalajes susceptibles de reutilización que hayan sido objeto de devolución.

---

[214]   Apartado Diez incorporado por el art. 5.4 de la Ley 24/2001, de 27 de diciembre (BOE núm. 313, de 31 de diciembre de 2001), con efectos desde 1 de enero de 2002. Los apartados Diez y Once anteriores pasan a ser el Once y el Doce, respectivamente.
     Art. 24 bis del RIVA.

[215]   Art. 80 modificado por el art. 6.10 de la Ley 66/1997, de 30 de diciembre, de Medidas Fiscales, Administrativas y del Orden Social (BOE núm. 313, de 31 de diciembre de 1997), con efectos desde 1 de enero de 1998.

2.º Los descuentos y bonificaciones otorgados con posterioridad al momento en que la operación se haya realizado siempre que sean debidamente justificados.

Dos. Cuando por resolución firme, judicial o administrativa o con arreglo a Derecho o a los usos de comercio queden sin efecto total o parcialmente las operaciones gravadas o se altere el precio después del momento en que la operación se haya efectuado, la base imponible se modificará en la cuantía correspondiente.

Tres[216]. La base imponible podrá reducirse cuando el destinatario de las operaciones sujetas al Impuesto no haya hecho efectivo el pago de las cuotas repercutidas y siempre que, con posterioridad al devengo de la operación, se dicte auto de declaración de concurso. La modificación, en su caso, no podrá efectuarse después de transcurrido el plazo de dos meses contados a partir del fin del plazo máximo fijado en el número 5.º del apartado 1 del artículo 21 de la Ley 22/2003, de 9 de julio, Concursal.

Solo cuando se acuerde la conclusión del concurso por las causas expresadas en el artículo 176.1, apartados 1.º, 4.º y 5.º de la Ley Concursal, el acreedor que hubiese modificado la base imponible deberá modificarla nuevamente al alza mediante la emisión, en el plazo que se fije reglamentariamente, de una factura rectificativa en la que se repercuta la cuota procedente.

Cuatro[217].La base imponible también podrá reducirse proporcionalmente cuando los créditos correspondientes a las cuotas repercutidas por las operaciones gravadas sean total o parcialmente incobrables. A estos efectos:

A) Un crédito se considerará total o parcialmente incobrable cuando reúna las siguientes condiciones:

1.ª[218] Que haya transcurrido un año desde el devengo del Impuesto repercutido sin que se haya obtenido el cobro de todo o parte del crédito derivado del mismo.

---

[216] Nueva redacción del art. 80.Tres dada por el art. 1. Dieciocho de la Ley 28/2014, de 27 de noviembre (BOE núm. 288, de 28 de noviembre de 2014), con efectos desde el 1 de enero de 2015.
 Redacción anterior dada por los apartados Primero.Uno.Tres y Segundo del art. 7 de la Ley 62/2003, de 30 de diciembre (BOE núm. 261, de 30 de octubre de 2012), con efectos desde el 31 de octubre de 2012.

[217] Nueva redacción del apartado Cuatro dada por el art. 12.dos de la Ley 16/2012, de 27 de diciembre (BOE núm. 312, de 28 de diciembre de 2012), en vigor desde el día de su publicación en el «BOE».
 Redacción anterior dada por el art. 7 del Real Decreto-ley 6/2010, de 9 de abril (BOE núm. 89, de 13 de abril de 2010), en vigor desde 14 de abril de 2010 y afectado por su Disposición transitoria primera.
 Redacción anterior dada por la disposición final 3.ª de la Ley 11/2009, de 26 de octubre, por la que se regulan las Sociedades Anónimas Cotizadas (BOE núm. 259, de 27 de octubre de 2009), en vigor desde 28 de octubre de 2009.

[218] Nueva redacción del 1.ª dada por el art. 1. Dieciocho de la Ley 28/2014, de 27 de noviembre (BOE núm. 288, de 28 de noviembre de 2014), con efectos desde el 1 de enero de 2015.
 Ley 31/2022, de 23 de diciembre, de Presupuestos Generales del Estado para el año 2023 (BOE núm. 308, de 24 de diciembre de 2022), con efectos desde el 1 de enero de 2023:

No obstante, cuando se trate de operaciones a plazos o con precio aplazado, deberá haber transcurrido un año desde el vencimiento del plazo o plazos impagados a fin de proceder a la reducción proporcional de la base imponible. A estos efectos, se considerarán operaciones a plazos o con precio aplazado aquéllas en las que se haya pactado que su contraprestación deba hacerse efectiva en pagos sucesivos o en uno sólo, respectivamente, siempre que el período transcurrido entre el devengo del Impuesto repercutido y el vencimiento del último o único pago sea superior a un año.

Cuando el titular del derecho de crédito cuya base imponible se pretende reducir sea un empresario o profesional cuyo volumen de operaciones, calculado conforme a lo dispuesto en el artículo 121 de esta Ley, no hubiese excedido durante el año natural inmediato anterior de 6.010.121,04 euros, el plazo a que se refiere esta condición 1.ª podrá ser, de seis meses o un año.

En el caso de operaciones a las que sea de aplicación el régimen especial del criterio de caja esta condición se entenderá cumplida en la fecha de devengo del impuesto que se produzca por aplicación de la fecha límite del 31 de diciembre a que se refiere el artículo 163 terdecies de esta Ley.

No obstante lo previsto en el párrafo anterior, cuando se trate de operaciones a plazos o con precio aplazado será necesario que haya transcurrido el plazo de seis meses o un año a que se refiere esta regla 1.ª, desde el vencimiento del plazo o plazos correspondientes hasta la fecha de devengo de la operación.

2.ª Que esta circunstancia haya quedado reflejada en los Libros Registros exigidos para este Impuesto.

3.ª[219] Que el destinatario de la operación actúe en la condición de empresario o profesional, o, en otro caso, que la base imponible de aquella, Impuesto sobre el Valor Añadido excluido, sea superior a 50 euros.

«Disposición transitoria quinta. Plazo para la modificación de la base imponible del Impuesto sobre el Valor Añadido por créditos incobrables.

En los supuestos de modificación de la base imponible de créditos total o parcialmente incobrables, cuando a la fecha de entrada en vigor de esta ley no hubiera transcurrido el plazo de tres meses desde la finalización del periodo de seis meses o un año a que se refiere la condición 1.ª de la letra A) del apartado cuatro del artículo 80 de la Ley 37/1992, de 28 de diciembre, del Impuesto sobre el Valor Añadido, el plazo para modificar la base imponible referido en la letra B) de dicho apartado cuatro será de seis meses desde la finalización del aludido periodo de seis meses o un año.

En el caso de operaciones a las que sea de aplicación el régimen especial del criterio de caja, la modificación de la base imponible podrá realizarse dentro de los 6 meses siguientes a partir de la fecha límite del 31 de diciembre a que se refiere el artículo 163 terdecies de la referida Ley 37/1992, de 28 de diciembre».

[219] Nueva redacción del núm. 3.ª dada por el art. 77 de la Ley 31/2022, de 23 de diciembre, de Presupuestos Generales del Estado para el año 2023 (BOE núm. 308, de 24 de diciembre de 2022), con efectos desde el 1 de enero de 2023.

4.ª[220] Que el sujeto pasivo haya instado su cobro mediante reclamación judicial al deudor o por medio de requerimiento notarial al mismo, o por cualquier otro medio que acredite fehacientemente la reclamación del cobro a aquel, incluso cuando se trate de créditos afianzados por Entes públicos.

Cuando se trate de las operaciones a plazos a que se refiere la condición 1.ª anterior, resultará suficiente instar el cobro de uno de ellos mediante cualquiera de los medios a los que se refiere la condición 4.ª anterior para proceder a la modificación de la base imponible en la proporción que corresponda por el plazo o plazos impagados.

Cuando se trate de créditos adeudados por Entes públicos, los medios a los que se refiere la condición 4.ª anterior se sustituirán por una certificación expedida por el órgano competente del Ente público deudor de acuerdo con el informe del Interventor o Tesorero de aquel en el que conste el reconocimiento de la obligación a cargo del mismo y su cuantía.

B)[221] La modificación deberá realizarse en el plazo de los seis meses siguientes a la finalización del periodo de seis meses o un año a que se refiere la condición 1.ª anterior y comunicarse a la Agencia Estatal de Administración Tributaria en el plazo que se fije reglamentariamente.

En el caso de operaciones a las que sea de aplicación el régimen especial del criterio de caja, el plazo de seis meses para realizar la modificación se computará a partir de la fecha límite del 31 de diciembre a que se refiere el artículo 163 terdecies de esta ley.

C) Una vez practicada la reducción de la base imponible, ésta no se volverá a modificar al alza aunque el sujeto pasivo obtuviese el cobro total o parcial de la contraprestación, salvo cuando el destinatario no actúe en la condición de empresario o profesional. En este caso, se entenderá que el Impuesto sobre el Valor Añadido está incluido en las cantidades percibidas y en la misma proporción que la parte de contraprestación percibida.

No obstante lo dispuesto en el párrafo anterior, cuando el sujeto pasivo desista de la reclamación judicial al deudor o llegue a un acuerdo de cobro con el mismo con posterioridad al requerimiento notarial efectuado, como consecuencia de éste o por cualquier otra causa, deberá modificar nuevamente la base imponible al alza mediante la expedición, en el plazo de un mes a contar desde el desistimiento o desde el acuerdo de cobro, respectivamente, de una factura rectificativa en la que se repercuta la cuota procedente.

---

[220] Nueva redacción del núm. 3.ª dada por el art. 77 de la Ley 31/2022, de 23 de diciembre, de Presupuestos Generales del Estado para el año 2023 (BOE núm. 308, de 24 de diciembre de 2022), con efectos desde el 1 de enero de 2023.

[221] Nueva redacción de la letra B) dada por el art. 77 de la Ley 31/2022, de 23 de diciembre, de Presupuestos Generales del Estado para el año 2023 (BOE núm. 308, de 24 de diciembre de 2022), con efectos desde el 1 de enero de 2023.

  Redacción anterior dada por el art. 1. Dieciocho de la Ley 28/2014, de 27 de noviembre (BOE núm. 288, de 28 de noviembre de 2014), con efectos desde el 1 de enero de 2015.

Cinco[222]. En relación con los supuestos de modificación de la base imponible comprendidos en los apartados tres y cuatro anteriores, se aplicarán las siguientes reglas:

1.ª No procederá la modificación de la base imponible en los casos siguientes:

a) Créditos que disfruten de garantía real, en la parte garantizada.

b) Créditos afianzados por entidades de crédito o sociedades de garantía recíproca o cubiertos por un contrato de seguro de crédito o de caución, en la parte afianzada o asegurada.

c) Créditos entre personas o entidades vinculadas definidas en el artículo 79, apartado cinco, de esta Ley.

d) Créditos adeudados o afianzados por Entes públicos.

Lo dispuesto en esta letra d) no se aplicará a la reducción de la base imponible realizada de acuerdo con el apartado cuatro del artículo 80 de esta Ley para los créditos que se consideren total o parcialmente incobrables, sin perjuicio de la necesidad de cumplir con el requisito de acreditación documental del impago a que se refiere la condición 4.ª de dicho precepto.

2.ª[223] Tampoco procederá la modificación de la base imponible cuando el destinatario de las operaciones no esté establecido en el territorio de aplicación del Impuesto, ni en Canarias, Ceuta o Melilla.

Quedan excluidos de lo dispuesto en el párrafo anterior los supuestos de créditos incobrables como consecuencia de un proceso de insolvencia declarado por un órgano jurisdiccional de otro Estado miembro cuando se trate de procedimientos de insolvencia a los que resulte de aplicación el Reglamento (UE) 2015/848 del Parlamento Europeo y del Consejo, de 20 de mayo de 2015, sobre procedimientos de insolvencia, que podrán dar lugar, en su caso, a la modificación de la base imponible del sujeto pasivo en los términos previstos en el artículo 80.tres de esta ley.

3.ª Tampoco procederá la modificación de la base imponible de acuerdo con el apartado cuatro del artículo 80 de esta Ley con posterioridad al auto de declaración de concurso para los créditos correspondientes a cuotas repercutidas por operaciones cuyo devengo se produzca con anterioridad a dicho auto.

4.ª En los supuestos de pago parcial anteriores a la citada modificación, se entenderá que el Impuesto sobre el Valor Añadido está incluido en las cantidades percibidas y en la misma proporción que la parte de contraprestación satisfecha.

---

[222] Nueva redacción del apartado Cinco dada por el art. 12.dos de la Ley 16/2012, de 27 de diciembre (BOE núm. 312, de 28 de diciembre de 2012), en vigor desde el día de su publicación en el «BOE».
Redacción anterior dada por el art. 7 del Real Decreto-ley 6/2010, de 9 de abril (BOE núm. 89, de 13 de abril), en vigor desde 14 de abril, de 2010.

[223] Nueva redacción del núm. 2ª dada por el art. 77 de la Ley 31/2022, de 23 de diciembre, de Presupuestos Generales del Estado para el año 2023 (BOE núm. 308, de 24 de diciembre de 2022), con efectos desde el 1 de enero de 2023.

5.ª[224] La rectificación de las deducciones del destinatario de las operaciones, que deberá practicarse según lo dispuesto en el artículo 114, apartado dos, número 2.º, cuarto párrafo, de esta Ley, determinará el nacimiento del correspondiente crédito en favor de la Hacienda Pública.

Si el destinatario de las operaciones sujetas no hubiese tenido derecho a la deducción total del Impuesto, resultará también deudor frente a la Hacienda Pública por el importe de la cuota del impuesto no deducible. En el supuesto de que el destinatario no actúe en la condición de empresario o profesional y en la medida en que no haya satisfecho dicha deuda, resultará de aplicación lo establecido en el apartado Cuatro C) anterior.

Seis. Si el importe de la contraprestación no resultara conocido en el momento del devengo del Impuesto, el sujeto pasivo deberá fijarlo provisionalmente aplicando criterios fundados, sin perjuicio de su rectificación cuando dicho importe fuera conocido.

Siete. En los casos a que se refieren los apartados anteriores la modificación de la base imponible estará condicionada al cumplimiento de los requisitos que reglamentariamente se establezcan[225].

Artículo 81. *Determinación de la base imponible*

Uno. Con carácter general, la base imponible se determinará en régimen de estimación directa, sin más excepciones que las establecidas en esta Ley y en las normas reguladoras del régimen de estimación indirecta de las bases imponibles[226].

La aplicación del régimen de estimación indirecta comprenderá el importe de las adquisiciones de bienes y servicios efectuadas por el sujeto pasivo y el Impuesto soportado correspondiente a las mismas.

Dos. Reglamentariamente, en los sectores o actividades económicas y con las limitaciones que se especifiquen, podrá establecerse el régimen de estimación objetiva para la determinación de la base imponible.

En ningún caso, este régimen se aplicará en las entregas de bienes inmuebles ni en las operaciones a que se refieren los artículos 9.º, número 1.º, letras *c*) y *d*), 13, 17 y 84, apartado Uno, número 2.º, de esta Ley.

Tres. En los supuestos de falta de presentación de las declaraciones-liquidaciones se estará a lo dispuesto en el artículo 168 de esta Ley en relación con la liquidación provisional de oficio.

---

[224] Nueva redacción de la regla 5.ª dada por el art. 1. Dieciocho de la Ley 28/2014, de 27 de noviembre (BOE núm. 288, de 28 de noviembre de 2014), con efectos desde el 1 de enero de 2015.

[225] Art. 24 del RIVA.

[226] Para el régimen simplificado, el art. 123.Dos de esta Ley.

CAPÍTULO II. Adquisiciones intracomunitarias de bienes

Artículo 82. *Base imponible*

Uno[227].La base imponible de las adquisiciones intracomunitarias de bienes se determinará de acuerdo con lo dispuesto en el Capítulo anterior.

En particular, en las adquisiciones a que se refiere el artículo 16, número 2.º, de esta Ley, la base imponible se determinará de acuerdo con lo dispuesto en el artículo 79, apartado Tres, de la presente Ley.

En el supuesto de que el adquirente obtenga la devolución de los impuestos especiales en el Estado miembro de partida de la expedición o del transporte de los bienes, se regularizará su situación tributaria en la forma que se determine reglamentariamente.

Dos. Cuando sea de aplicación lo previsto en el artículo 71, apartado Dos, la base imponible será la correspondiente a las adquisiciones intracomunitarias que no se hayan gravado en el Estado miembro de llegada de la expedición o del transporte de los bienes.

CAPÍTULO III. Importaciones

Artículo 83[228]. *Base imponible*

Uno. Regla general.

En las importaciones de bienes, la base imponible resultará de adicionar al valor en aduana los siguientes conceptos en cuanto no estén comprendidos en el mismo:

a) Los impuestos, derechos, exacciones y demás gravámenes que se devenguen fuera del territorio de aplicación del Impuesto, así como los que se devenguen con motivo de la importación, con excepción del Impuesto sobre el Valor Añadido.

b) Los gastos accesorios, como las comisiones y los gastos de embalaje, transporte y seguro que se produzcan hasta el primer lugar de destino de los bienes en el interior de la Comunidad.

Se entenderá por «primer lugar de destino» el que figure en la carta de porte o en cualquier otro documento que ampare la entrada de los bienes en el interior de la Comunidad. De no existir esta indicación, se considerará que el primer lugar de destino es aquél en que se produzca la primera desagregación de los bienes en el interior de la Comunidad.

Dos[229]. Reglas especiales.

---

[227] Apartado Uno modificado por el art. 10.4 de la Ley 13/1996, de 30 de diciembre, de Medidas Fiscales, Administrativas y del Orden Social (BOE núm. 315, de 31 de diciembre de 1996), en vigor desde 1 de enero de 1997.

[228] Art. 83 modificado por el art. 5.º de la Ley 22/1993, de 29 de diciembre (BOE núm. 313, de 31 de diciembre de 1993), de Medidas fiscales, de reforma del régimen jurídico de la función pública y de la protección por desempleo, con efectos desde 1 de enero de 1994.

[229] Nueva redacción del art. 83.Dos dada por el art. 74 Siete de la Ley 31/2022, de 23 de diciembre, de Presupuestos Generales del Estado para el año 2023 (BOE núm. 308, de 24 de diciembre de 2022), con efectos

1.ª La base imponible de las reimportaciones de bienes exportados temporalmente fuera de la Comunidad para ser objeto de trabajos de reparación, transformación, adaptación o trabajos por encargo, será la contraprestación de los referidos trabajos determinada según las normas contenidas en el Capítulo I de este Título.

También se comprenderán en la base imponible los conceptos a que se refieren las letras a) y b) del apartado anterior cuando no estén incluidos en la contraprestación definida en el párrafo precedente.

2.ª La base imponible de las importaciones a que se refiere el artículo 19, números 1.º, 2.º y 3.º, incluirá el importe de la contraprestación de todas las operaciones relativas a los correspondientes medios de transporte, efectuadas con anterioridad a estas importaciones, que se hubiesen beneficiado de la exención del Impuesto.

3.ª En las importaciones a las que hace referencia el artículo 18, apartados dos y tres, de esta ley, cuando los bienes hubieran sido objeto de entregas o prestaciones de servicios que hubieran quedado exentas del impuesto por aplicación de lo dispuesto en el artículo 23 o el artículo 24 de esta ley, la base imponible será el resultado de adicionar a la contraprestación correspondiente a los servicios que hubieran quedado exentos:

i. El valor resultante de la aplicación del apartado uno anterior o, en su caso,

ii. a la contraprestación de la última entrega realizada durante la vigencia de dichos regímenes aduaneros o fiscales, o durante la permanencia de los bienes en las situaciones reguladas en dicho precepto.

4.ª La base imponible de los bienes que abandonen el régimen de depósito distinto del aduanero cuando no determine el hecho imponible importación en virtud de lo dispuesto en el artículo 18.tres de esta ley, sino operación asimilada a una importación en virtud de lo dispuesto en el artículo 19.5.º de esta ley, será la siguiente:

a) Para los bienes procedentes de otro Estado miembro, la que resulte de aplicar, respectivamente, las normas del artículo 82 o del apartado uno de este artículo o, en su caso, la que corresponda a la última entrega realizada en dicho depósito.

b) Para los bienes procedentes del interior del país, la que corresponda a la última entrega de dichos bienes exenta del Impuesto.

c) Para los bienes resultantes de procesos de incorporación o transformación de los bienes comprendidos en las letras anteriores, la suma de las bases imponibles que resulten de aplicar las reglas contenidas en dichas letras.

d) En todos los casos, deberá comprender el importe de las contraprestaciones correspondientes a los servicios exentos del Impuesto prestados después de la adquisición intracomunitaria o, en su caso, última entrega de los bienes.

---

desde el 1 de enero de 2023.

e) En todos los supuestos de abandono del régimen de depósito distinto de los aduaneros por operación asimilada a la importación de bienes, se integrará en la base imponible el impuesto especial exigible por el abandono de dicho régimen.

5.ª La base imponible de las demás operaciones a que se refiere el artículo 19, número 5.º, de esta ley, será la suma de las contraprestaciones de la última entrega o adquisición intracomunitaria de bienes y de los servicios prestados después de dicha entrega o adquisición, exentos todos ellos del Impuesto, determinadas de conformidad con lo dispuesto en los Capítulos I y II del presente Título.

6.ª En las importaciones de productos informáticos normalizados, la base imponible será la correspondiente al soporte y a los programas o informaciones incorporados al mismo.

Tres. Las normas contenidas en el artículo 80 de esta Ley serán también aplicables, cuando proceda, a la determinación de la base imponible de las importaciones.

Cuatro. Cuando los elementos determinantes de la base imponible se hubiesen fijado en moneda o divisa distintas de las españolas, el tipo de cambio se determinará de acuerdo con las disposiciones comunitarias en vigor para calcular el Valor de aduana.

TÍTULO VI. SUJETOS PASIVOS

CAPÍTULO I. Entregas de bienes y prestaciones de servicios

Artículo 84[230]. *Sujetos pasivos*

Uno. Serán sujetos pasivos del Impuesto:

1.º Las personas físicas o jurídicas que tengan la condición de empresarios o profesionales y realicen las entregas de bienes o presten los servicios sujetos al Impuesto, salvo lo dispuesto en los números siguientes.

2.º Los empresarios o profesionales para quienes se realicen las operaciones sujetas al Impuesto en los supuestos que se indican a continuación:

a) Cuando las mismas se efectúen por personas o entidades no establecidas en el territorio de aplicación del Impuesto.

No obstante, lo dispuesto en esta letra no se aplicará en los siguientes casos:

a') Cuando se trate de prestaciones de servicios en las que el destinatario tampoco esté establecido en el territorio de aplicación del Impuesto, salvo cuando se trate de prestaciones de servicios comprendidas en el número 1.º del apartado uno del artículo 69 de esta Ley.

b') Cuando se trate de las entregas de bienes a que se refiere el artículo 68, apartados tres y cinco de esta Ley.

---

[230] Art. 84 modificado por el art. 1.Diez de la Ley 2/2010, de 1 de marzo (BOE núm. 53, de 2 de marzo de 2010), con efectos desde 1 de enero de 2010.
Disposición Adicional 6.ª de la presente Ley, relativa a los procedimientos administrativos y judiciales de ejecución forzosa.

c')[231] Cuando se trate de entregas de bienes que estén exentas del Impuesto por aplicación de lo previsto en los artículos 20 bis, 21, números 1.º, 2.º y 7.º, o 25 de esta Ley, así como de entregas de bienes referidas en este último artículo que estén sujetas y no exentas del Impuesto.

d')[232] Cuando se trate de prestaciones de servicios de arrendamientos de bienes inmuebles que estén sujetas y no exentas del Impuesto.

e')[233] Cuando se trate de prestaciones de servicios de intermediación en el arrendamiento de bienes inmuebles.

b) Cuando se trate de entregas de oro sin elaborar o de productos semielaborados de oro, de ley igual o superior a 325 milésimas[234].

c)[235] Cuando se trate de:

– Entregas de desechos nuevos de la industria, desperdicios y desechos de fundición, residuos y demás materiales de recuperación constituidos por metales férricos y no férricos, sus aleaciones, escorias, cenizas y residuos de la industria que contengan metales o sus aleaciones.

– Las operaciones de selección, corte, fragmentación y prensado que se efectúen sobre los productos citados en el guion anterior.

– Entregas de desechos, desperdicios o recortes de plástico.

– Entregas de desperdicios o desechos de papel, cartón o vidrio.

– Entregas de desperdicios o artículos inservibles de trapos, cordeles, cuerdas o cordajes.

– Entregas de productos semielaborados resultantes de la transformación, elaboración o fundición de los metales no férricos referidos en el primer guion, con excepción de los compuestos por níquel. En particular, se considerarán productos semielaborados los lingotes, bloques, placas, barras, grano, granalla y alambrón.

---

[231] Nueva redacción del art. 84.Uno núm. 2º letra c') dada por el art. 75. Uno de la Ley 31/2022, de 23 de diciembre, de Presupuestos Generales del Estado para el año 2023 (BOE núm. 308, de 24 de diciembre de 2022), con efectos desde el 1 de enero de 2023.
Redacción anterior dada por el art. 214.Ocho del Real Decreto-ley 3/2020, de 4 de febrero (BOE núm. 31, de 5 de febrero de 2020).

[232] Nueva letra d`) incorporada por el art. 75. Uno de la Ley 31/2022, de 23 de diciembre, de Presupuestos Generales del Estado para el año 2023 (BOE núm. 308, de 24 de diciembre de 2022), con efectos desde el 1 de enero de 2023.

[233] Nueva letra e`) incorporada por el art. 75. Uno de la Ley 31/2022, de 23 de diciembre, de Presupuestos Generales del Estado para el año 2023 (BOE núm. 308, de 24 de diciembre de 2022), con efectos desde el 1 de enero de 2023.

[234] Art. 24.ter del RIVA, relativo a la definición de oro sin elaborar y producto semielaborado de oro.

[235] Nueva redacción de la letra c) dada por el art. 75. Uno de la Ley 31/2022, de 23 de diciembre, de Presupuestos Generales del Estado para el año 2023 (BOE núm. 308, de 24 de diciembre de 2022), con efectos desde el 1 de enero de 2023.

En todo caso, se considerarán comprendidas en los párrafos anteriores las entregas de los materiales definidos en el anexo de esta ley.

d) Cuando se trate de prestaciones de servicios que tengan por objeto derechos de emisión, reducciones certificadas de emisiones y unidades de reducción de emisiones de gases de efecto invernadero a que se refieren la Ley 1/2005, de 9 de marzo, por la que se regula el régimen del comercio de derechos de emisión de gases de efecto invernadero y el Real Decreto 1031/2007, de 20 de julio, por el que se desarrolla el marco de participación en los mecanismos de flexibilidad del Protocolo de Kioto.

e)[236] Cuando se trate de las siguientes entregas de bienes inmuebles:

– Las entregas efectuadas como consecuencia de un proceso concursal.

– Las entregas exentas a que se refieren los apartados 20.º y 22.º del artículo 20.Uno en las que el sujeto pasivo hubiera renunciado a la exención.

– Las entregas efectuadas en ejecución de la garantía constituida sobre los bienes inmuebles, entendiéndose, asimismo, que se ejecuta la garantía cuando se transmite el inmueble a cambio de la extinción total o parcial de la deuda garantizada o de la obligación de extinguir la referida deuda por el adquirente.

f)[237] Cuando se trate de ejecuciones de obra, con o sin aportación de materiales, así como las cesiones de personal para su realización, consecuencia de contratos directamente formalizados entre el promotor y el contratista que tengan por objeto la urbanización de terrenos o la construcción o rehabilitación de edificaciones.

Lo establecido en el párrafo anterior será también de aplicación cuando los destinatarios de las operaciones sean a su vez el contratista principal u otros subcontratistas en las condiciones señaladas.

g)[238] Cuando se trate de entregas de los siguientes productos definidos en el apartado décimo del anexo de esta Ley:

– Plata, platino y paladio, en bruto, en polvo o semilabrado; se asimilarán a los mismos las entregas que tengan por objeto dichos metales resultantes de la realización de actividades de transformación por el empresario o profesional adquirente. En todo caso ha de tratarse de productos que no estén incluidos en el ámbito de aplicación del régimen especial aplicable a los bienes usados, objetos de arte, antigüedades y objetos de colección.

---

[236]   Nueva redacción de la letra e) dada por el art. 5.Cuatro de la Ley 7/2012, de 29 de octubre (BOE núm. 261, de 30 de octubre de 2012), con efectos desde el 31 de octubre de 2012.

     La letra e) fue incorporada por el art. único. Ciento dieciocho de la Ley 38/2011, de 10 de octubre, de reforma de la Ley 22/2003, de 9 de julio, Concursal (BOE núm. 245, de 11 de octubre de 2011), con efectos desde el 1 de enero de 2012.

[237]   Nueva letra f) incorporada por el art. 5.Cuatro de la Ley 7/2012, de 29 de octubre (BOE núm. 261, de 30 de octubre de 2012), con efectos desde el 31 de octubre de 2012.

[238]   Nueva letra g) incorporada por el art. 1. Diecinueve de la Ley 28/2014, de 27 de noviembre (BOE núm. 288, de 28 de noviembre de 2014), con efectos desde el 1 de enero de 2015.

– Teléfonos móviles.

– Consolas de videojuegos, ordenadores portátiles y tabletas digitales.

Lo previsto en estos dos últimos guiones solo se aplicará cuando el destinatario sea:

a') Un empresario o profesional revendedor de estos bienes, cualquiera que sea el importe de la entrega.

b') Un empresario o profesional distinto de los referidos en la letra anterior, cuando el importe total de las entregas de dichos bienes efectuadas al mismo, documentadas en la misma factura, exceda de 10.000 euros, excluido el Impuesto sobre el Valor Añadido.

A efectos del cálculo del límite mencionado, se atenderá al importe total de las entregas realizadas cuando, documentadas en más de una factura, resulte acreditado que se trate de una única operación y que se ha producido el desglose artificial de la misma a los únicos efectos de evitar la aplicación de esta norma.

La acreditación de la condición del empresario o profesional a que se refieren las dos letras anteriores deberá realizarse con carácter previo o simultáneo a la adquisición, en las condiciones que se determinen reglamentariamente.

Las entregas de dichos bienes, en los casos en que sean sujetos pasivos del Impuesto sus destinatarios conforme a lo establecido en este número 2.º, deberán documentarse en una factura mediante serie especial.

3.º Las personas jurídicas que no actúen como empresarios o profesionales pero sean destinatarias de las operaciones sujetas al Impuesto que se indican a continuación realizadas por empresarios o profesionales no establecidos en el territorio de aplicación del mismo:

a) Las entregas subsiguientes a las adquisiciones intracomunitarias a que se refiere el artículo 26, apartado Tres, de esta Ley, cuando hayan comunicado al empresario o profesional que las realiza el número de identificación que, a efectos del Impuesto sobre el Valor Añadido, tengan asignado por la Administración española.

b) Las prestaciones de servicios a que se refieren los artículos 69 y 70 de esta Ley.

4.º[239] Sin perjuicio de lo dispuesto en los números anteriores, los empresarios o profesionales, así como las personas jurídicas que no actúen como empresarios o profesionales, que sean destinatarios de entregas de gas y electricidad o las entregas de calor o de frío a través de las redes de calefacción o de refrigeración que se entiendan realizadas en el territorio de aplicación del impuesto conforme a lo dispuesto en el artículo 68.Seis de esta Ley,

---

[239]   Nueva redacción del art. 84.uno.4º dada por el art. 10.Trece del Real Decreto-ley 7/2021, de 27 de abril, de transposición de directivas de la Unión Europea en las materias de competencia, prevención del blanqueo de capitales, entidades de crédito, telecomunicaciones, medidas tributarias, prevención y reparación de daños medioambientales, desplazamiento de trabajadores en la prestación de servicios transnacionales y defensa de los consumidores (BOE núm. 101, de 28 de abril de 2021), en vigor desde el 1 de julio de 2021. Redacción anterior dada por el art. 69 de la Ley 2/2012, de 29 de junio, de Presupuestos Generales del Estado para el año 2012 (BOE núm. 156, de 30 de junio de 2012), en vigor desde el 1 de julio y vigencia indefinida.

siempre que la entrega la efectúe un empresario o profesional no establecido en el citado territorio y le hayan comunicado el número de identificación que a efectos del impuesto sobre el valor añadido tengan asignado por la Administración española.

Dos. A los efectos de lo dispuesto en este artículo, se considerarán establecidos en el territorio de aplicación del Impuesto los sujetos pasivos que tengan en el mismo la sede de su actividad económica, su domicilio fiscal o un establecimiento permanente que intervenga en la realización de las entregas de bienes y prestaciones de servicios sujetas al Impuesto.

Se entenderá que dicho establecimiento permanente interviene en la realización de entregas de bienes o prestaciones de servicios cuando ordene sus factores de producción materiales y humanos o uno de ellos con la finalidad de realizar cada una de ellas.

Tres. Tienen la consideración de sujetos pasivos las herencias yacentes, comunidades de bienes y demás entidades que, careciendo de personalidad jurídica, constituyan una unidad económica o un patrimonio separado susceptible de imposición, cuando realicen operaciones sujetas al Impuesto.

CAPÍTULO II. Adquisiciones intracomunitarias de bienes

Artículo 85. *Sujetos pasivos*

En las adquisiciones intracomunitarias de bienes los sujetos pasivos del Impuesto serán quienes las realicen, de conformidad con lo previsto en el artículo 71 de esta Ley.

CAPÍTULO III. Importaciones

Artículo 86[240]. *Sujetos pasivos*

Uno. Serán sujetos pasivos del Impuesto quienes realicen las importaciones.

Dos. Se considerarán importadores, siempre que se cumplan en cada caso los requisitos previstos en la legislación aduanera:

1.º Los destinatarios de los bienes importados, sean adquirentes, cesionarios o propietarios de los mismos o bien consignatarios que actúen en nombre propio en la importación de dichos bienes.

2.º Los viajeros, para los bienes que conduzcan al entrar en el territorio de aplicación del Impuesto.

3.º Los propietarios de los bienes en los casos no contemplados en los números anteriores.

4.º Los adquirentes o, en su caso, los propietarios, los arrendatarios o fletadores de los bienes a que se refiere el artículo 19 de esta Ley.

---

[240]   Art. 86 modificado por el art. 78.Dos de la Ley 39/2010, de 22 de diciembre, de Presupuestos Generales del Estado para el año 2011 (BOE núm. 311, de 23 de diciembre de 2010), con efectos desde 1 de enero de 2011 y vigencia indefinida.

Tres. Sin perjuicio de lo dispuesto en el apartado uno de este artículo, cuando se trate de las importaciones a que se refiere el número 12.º del artículo 27 de esta Ley y el importador actúe mediante representante fiscal, este último quedará obligado al cumplimiento de las obligaciones materiales y formales derivadas de dichas importaciones en los términos que se establezcan reglamentariamente.

CAPÍTULO IV. Responsables del Impuesto

Artículo 87. *Responsables del Impuesto*

Uno[241]. Serán responsables solidarios de la deuda tributaria que corresponda satisfacer al sujeto pasivo, los destinatarios de las operaciones que, mediante acción u omisión culposa o dolosa, eludan la correcta repercusión del impuesto.

A estos efectos, la responsabilidad alcanzará a la sanción que pueda proceder.

Dos. En las importaciones de bienes, también serán responsables solidarios del pago del Impuesto:

1.º Las asociaciones garantes en los casos determinados en los Convenios internacionales.

2.º La RENFE, cuando actúe en nombre de terceros en virtud de Convenios internacionales.

3.º Las personas o entidades que actúen en nombre propio y por cuenta de los importadores[242].

Tres[243]. Serán responsables subsidiarios del pago del impuesto las personas o entidades que actúen en nombre y por cuenta del importador.

Cuatro. Las responsabilidades establecidas en los apartados Dos y Tres no alcanzarán a las deudas tributarias que se pongan de manifiesto como consecuencia de actuaciones practicadas fuera de los recintos aduaneros.

---

[241] Apartado Uno modificado por el art. 4.Ocho de la Ley 53/2002, de 30 de diciembre, de Medidas Fiscales, Administrativas y del Orden Social (BOE núm. 313, de 31 de diciembre de 2002), con efectos desde 1 de enero de 2003.

[242] Número 3.º modificado por el art. 4.3 de la Ley 50/1998, de 30 de diciembre, de Medidas Fiscales, Administrativas y del Orden Social (BOE núm. 313, de 31 de diciembre de 1998), con efectos desde 1/1/1999. Véase primera nota al art. 115 de la presente Ley.

[243] Véase primera nota al art. 115 de la presente Ley.
Nueva redacción del art. 87.Tres dada por por el art. octavo Uno de la Ley 11/2021, de 9 de julio, de medidas de prevención y lucha contra el fraude fiscal, de transposición de la Directiva (UE) 2016/1164, del Consejo, de 12 de julio de 2016, por la que se establecen normas contra las prácticas de elusión fiscal que inciden directamente en el funcionamiento del mercado interior, de modificación de diversas normas tributarias y en materia de regulación del juego (BOE núm. 164, de 10 de julio de 2021).

Cinco[244].1. Serán responsables subsidiarios de las cuotas tributarias correspondientes a las operaciones gravadas que hayan de satisfacer los sujetos pasivos aquellos destinatarios de las mismas que sean empresarios o profesionales, que debieran razonablemente presumir que el Impuesto repercutido o que hubiera debido repercutirse por el empresario o profesional que las realiza, o por cualquiera de los que hubieran efectuado la adquisición y entrega de los bienes de que se trate, no haya sido ni va a ser objeto de declaración e ingreso.

2. A estos efectos, se considerará que los destinatarios de las operaciones mencionadas en el número anterior debían razonablemente presumir que el Impuesto repercutido o que hubiera debido repercutirse no ha sido ni será objeto de declaración e ingreso, cuando, como consecuencia de ello, hayan satisfecho por ellos un precio notoriamente anómalo.

Se entenderá por precio notoriamente anómalo:

a) El que sea sensiblemente inferior al correspondiente a dichos bienes en las condiciones en que se ha realizado la operación o al satisfecho en adquisiciones anteriores de bienes idénticos.

b) El que sea sensiblemente inferior al precio de adquisición de dichos bienes por parte de quien ha efectuado su entrega.

Para la calificación del precio de la operación como notoriamente anómalo, la Administración tributaria estudiará la documentación de que disponga, así como la aportada por los destinatarios, y valorará, cuando sea posible, otras operaciones realizadas en el mismo sector económico que guarden un alto grado de similitud con la analizada, con objeto de cuantificar el valor normal de mercado de los bienes existente en el momento de realización de la operación.

No se considerará como precio notoriamente anómalo aquel que se justifique por la existencia de factores económicos distintos a la aplicación del Impuesto.

3. Para la exigencia de esta responsabilidad, la Administración tributaria deberá acreditar la existencia de un Impuesto repercutido o que hubiera debido repercutirse que no ha sido objeto de declaración e ingreso.

4. Una vez que la Administración tributaria haya constatado la concurrencia de los requisitos establecidos en los apartados anteriores declarará la responsabilidad conforme a lo dispuesto en el artículo 41.5 de la Ley 58/2003, General Tributaria.

---

[244] Apartado Cinco añadido por el art. Tercero de la ley 36/2006, de 29 de noviembre, de medidas para la prevención del fraude fiscal (BOE núm. 286, de 30 noviembre de 2006), aplicable a las operaciones cuyo Impuesto sobre el Valor Añadido se devengue a partir de 1/12/2006, según se establece en su disposición transitoria 3.ª.

CAPÍTULO V. Repercusión del Impuesto

Artículo 88. *Repercusión del Impuesto*

Uno. Los sujetos pasivos deberán repercutir íntegramente el importe del Impuesto sobre aquél para quien se realice la operación gravada, quedando éste obligado a soportarlo siempre que la repercusión se ajuste a lo dispuesto en esta Ley, cualesquiera que fueran las estipulaciones existentes entre ellos.

En las entregas de bienes y prestaciones de servicios sujetas y no exentas al Impuesto cuyos destinatarios fuesen entes públicos se entenderá siempre que los sujetos pasivos del Impuesto, al formular sus propuestas económicas, aunque sean verbales, han incluido dentro de las mismas el Impuesto sobre el Valor Añadido que, no obstante, deberá ser repercutido como partida independiente, cuando así proceda, en los documentos que se presenten para el cobro, sin que el importe global contratado experimente incremento como consecuencia de la consignación del tributo repercutido[245].

Dos[246]. La repercusión del Impuesto deberá efectuarse mediante factura en las condiciones y con los requisitos que se determinen reglamentariamente.

A estos efectos, la cuota repercutida se consignará separadamente de la base imponible, incluso en el caso de precios fijados administrativamente, indicando el tipo impositivo aplicado.

Se exceptuarán de lo dispuesto en los párrafos anteriores de este apartado las operaciones que se determinen reglamentariamente.

---

[245] Art. 25 del RIVA. La Resolución 6/1997, de 10 de julio, de la Dirección General de Tributos contiene instrucciones sobre la aplicación del IVA a los contratos del Estado y otras Administraciones Públicas relativos a bienes o servicios suministrados desde el extranjero (BOE núm. 170, de 17 de julio de 1997).

[246] Nueva redacción del art. 88.Dos dada por el art. 67.Uno de la Ley 17/2012, de 27 de diciembre, de Presupuestos Generales del Estado para el año 2013 (BOE núm. 312, de 28 de diciembre de 2012), con efectos desde el 1 de enero de 2013.

Redacción anterior del apartado dada por el art. 4.Nueve de la Ley 53/2002, de 30 de diciembre, de Medidas Fiscales, Administrativas y del Orden Social (BOE núm. 313, de 31 de diciembre de 2002), con efectos desde 1 de enero de 2003.

Real Decreto 1619/2012, de 30 de noviembre, por el que se aprueba el Reglamento por el que se regulan las obligaciones de facturación (BOE núm. 289, de 1 de diciembre de 2012), Orden EHA/962/2007, de 10 de abril, por la que se desarrollan determinadas disposiciones sobre facturación telemática y conservación electrónica de facturas (BOE núm. 90, de 14 de abril de 2007), Orden PRE/2971/2007, de 5 octubre, sobre expedición de facturas por medios electrónicos cuando el destinatario de las mismas sea la Administración General del Estado u organismos públicos vinculados o dependientes de aquélla y sobre la presentación ante la Administración General del Estado o sus organismos públicos vinculados o dependientes de facturas expedidas entre particulares (BOE núm. 247, de 15 de octubre de 2007) y Resolución 2/2003, de 14 de febrero, de la Dirección General de la Agencia Estatal de Administración Tributaria, sobre Determinados aspectos relacionados con la facturación telemática (BOE núm. 51, de 28 de febrero de 2003).

Tres[247]. La repercusión del Impuesto deberá efectuarse al tiempo de expedir y entregar la factura correspondiente.

Cuatro. Se perderá el derecho a la repercusión cuando haya transcurrido un año desde la fecha del devengo.

Cinco. El destinatario de la operación gravada por el Impuesto sobre el Valor Añadido no estará obligado a soportar la repercusión del mismo con anterioridad al momento del devengo de dicho Impuesto.

Seis. Las controversias que puedan producirse con referencia a la repercusión del Impuesto, tanto respecto a la procedencia como a la cuantía de la misma, se considerarán de naturaleza tributaria a efectos de las correspondientes reclamaciones en la vía económico-administrativa.

Artículo 89[248]. *Rectificación de las cuotas impositivas repercutidas*

Uno. Los sujetos pasivos deberán efectuar la rectificación de las cuotas impositivas repercutidas cuando el importe de las mismas se hubiese determinado incorrectamente o se produzcan las circunstancias que, según lo dispuesto en el artículo 80 de esta Ley, dan lugar a la modificación de la base imponible.

La rectificación deberá efectuarse en el momento en que se adviertan las causas de la incorrecta determinación de las cuotas o se produzcan las demás circunstancias a que se refiere el párrafo anterior, siempre que no hubiesen transcurrido cuatro años a partir del momento en que se devengó el Impuesto correspondiente a la operación o, en su caso, se produjeron las circunstancias a que se refiere el citado artículo 80[249].

Dos[250]. Lo dispuesto en el apartado anterior será también de aplicación cuando, no habiéndose repercutido cuota alguna, se hubiese expedido la factura correspondiente a la operación.

---

[247]   Nueva redacción del art. 88.Tres dada por el art. 67.Uno de la Ley 17/2012, de 27 de diciembre, de Presupuestos Generales del Estado para el año 2013 (BOE núm. 312, de 28 de diciembre de 2012), con efectos desde el 1 de enero de 2013.
Redacción anterior del apartado Tres modificado por el art. 4.Nueve de la Ley 53/2002, de 30 de diciembre, de Medidas Fiscales, Administrativas y del Orden Social (BOE núm. 313, de 31 de diciembre de 2002), con efectos desde 1 de enero de 2003.

[248]   Art. 89 modificado por el art. 10.5 de la Ley 13/1996, de 30 de diciembre, de Medidas Fiscales, Administrativas y del Orden Social (BOE núm. 315, de 31 de diciembre de 1996), en vigor desde 1 de enero de 1997.

[249]   El art. 6.6 de la Ley 55/1999, de 29 de diciembre, de Medidas Fiscales, Administrativas y del Orden Social (BOE núm. 312, de 30 diciembre de 1999), redujo el plazo de cinco a cuatro años, con efectos desde 1 de enero de 2000.

[250]   Nueva redacción del art. 89.Dos dada por el art. 67.Dos de la Ley 17/2012, de 27 de diciembre, de Presupuestos Generales del Estado para el año 2013 (BOE núm. 312, de 28 de diciembre de 2012), con efectos desde el 1 de enero de 2013.

Tres[251]. No obstante lo dispuesto en los apartados anteriores, no procederá la rectificación de las cuotas impositivas repercutidas en los siguientes casos:

1.º Cuando la rectificación no esté motivada por las causas previstas en el artículo 80 de esta Ley, implique un aumento de las cuotas repercutidas y los destinatarios de las operaciones no actúen como empresarios o profesionales, salvo en supuestos de elevación legal de los tipos impositivos, en que la rectificación podrá efectuarse en el mes en que tenga lugar la entrada en vigor de los nuevos tipos impositivos y en el siguiente.

2.º Cuando sea la Administración Tributaria la que ponga de manifiesto, a través de las correspondientes liquidaciones, cuotas impositivas devengadas y no repercutidas mayores que las declaradas por el sujeto pasivo y resulte acreditado, mediante datos objetivos, que dicho sujeto pasivo participaba en un fraude, o que sabía o debía haber sabido, utilizando al efecto una diligencia razonable, que realizaba una operación que formaba parte de un fraude.

Cuatro. La rectificación de las cuotas impositivas repercutidas deberá documentarse en la forma que reglamentariamente se establezca[252].

Cinco[253]. Cuando la rectificación de las cuotas implique un aumento de las inicialmente repercutidas y no haya mediado requerimiento previo, el sujeto pasivo deberá presentar una declaración-liquidación rectificativa aplicándose a la misma el recargo y los intereses de demora que procedan de conformidad con lo establecido en los artículos 26 y 27 de la Ley General Tributaria.

No obstante lo dispuesto en el párrafo anterior, cuando la rectificación se funde en las causas de modificación de la base imponible establecidas en el artículo 80 de esta Ley o se deba a un error fundado de derecho, el sujeto pasivo podrá incluir la diferencia correspondiente en la declaración-liquidación del periodo en que se deba efectuar la rectificación.

Cuando la rectificación determine una minoración de las cuotas inicialmente repercutidas, el sujeto pasivo podrá optar por cualquiera de las dos alternativas siguientes:

Redacción anterior del apartado Dos dada por el art. 4.Diez de la Ley 53/2002, de 30 de diciembre, de Medidas Fiscales, Administrativas y del Orden Social (BOE núm. 313, de 31 de diciembre de 2002), con efectos desde 1 de enero de 2003.

[251] Nueva redacción del art. 89.Tres dada por el art. 77 de la Ley 22/2013, de 23 de diciembre, de Presupuestos Generales del Estado para el año 2014 (BOE núm. 309, de 26 de diciembre de 2013), con efectos desde el 1 de enero de 2014 y vigencia indefinida.

[252] Art. 13 del Real Decreto 1496/2003, de 28 de noviembre, por el que se aprueba el Reglamento que regula las obligaciones de facturación y se modifica el Reglamento del Impuesto sobre el Valor Añadido (BOE núm. 286, de 29 de noviembre de 2003).

[253] Nueva redacción del apartado cinco del artículo 89, dada por el art. 5.Cinco de la Ley 7/2012, de 29 de octubre, de modificación de la normativa tributaria y presupuestaria y de adecuación de la normativa financiera para la intensificación de las actuaciones en la prevención y lucha contra el fraude (BOE núm. 261, de 30 de octubre de 2012), con efectos desde el 31 de octubre de 2012.

a)[254] Iniciar ante la Administración Tributaria el procedimiento de rectificación de autoliquidaciones previsto en el artículo 120.3 de la Ley 58/2003, de 17 de diciembre, General Tributaria, y en su normativa de desarrollo.

b) Regularizar la situación tributaria en la declaración-liquidación correspondiente al periodo en que deba efectuarse la rectificación o en las posteriores hasta el plazo de un año a contar desde el momento en que debió efectuarse la mencionada rectificación. En este caso, el sujeto pasivo estará obligado a reintegrar al destinatario de la operación el importe de las cuotas repercutidas en exceso.

En los supuestos en que la operación gravada quede sin efecto como consecuencia del ejercicio de una acción de reintegración concursal u otras de impugnación ejercitadas en el seno del concurso, el sujeto pasivo deberá proceder a la rectificación de las cuotas inicialmente repercutidas en la declaración-liquidación correspondiente al periodo en que fueron declaradas las cuotas devengadas.

TÍTULO VII. EL TIPO IMPOSITIVO[255]

Artículo 90. *Tipo impositivo general*

Uno[256]. El Impuesto se exigirá al tipo del 21 por 100, salvo lo dispuesto en el artículo siguiente.

---

[254]   Nueva redacción de la letra a) dada por el art. 1. Veinte de la Ley 28/2014, de 27 de noviembre, por la que se modifican la Ley 37/1992, de 28 de diciembre, del Impuesto sobre el Valor Añadido, la Ley 20/1991, de 7 de junio, de modificación de los aspectos fiscales del Régimen Económico Fiscal de Canarias, la Ley 38/1992, de 28 de diciembre, de Impuestos Especiales, y la Ley 16/2013, de 29 de octubre, por la que se establecen determinadas medidas en materia de fiscalidad medioambiental y se adoptan otras medidas tributarias y financieras (BOE núm. 288, de 28 de noviembre de 2014), con efectos desde el 1 de enero de 2015.

[255]   Real Decreto-ley 15/2020, de 21 de abril, de medidas urgentes complementarias para apoyar la economía y el empleo (BOE núm. 112, de 22/04/2020), en vigor desde el 23 de abril de 2020: Artículo 8. *Tipo impositivo aplicable del Impuesto sobre el Valor Añadido a las entregas, importaciones y adquisiciones intracomunitarias de bienes necesarios para combatir los efectos del COVID-19.*

Disp. Adicional Cuarta del Real Decreto-ley 27/2020, de 4 de agosto, de medidas financieras, de carácter extraordinario y urgente, aplicables a las entidades locales (BOE núm. 211, de 05/08/2020), en vigor desde el 5 de agosto de 2020 pero quedo sin efecto por Resolución de 10 de septiembre de 2020 que publica el Acuerdo del Congreso de los Diputados por el que deroga el Real Decreto-ley 27/2020, de 4 de agosto.

Ley 10/2021, de 9 de julio, de trabajo a distancia (BOE núm. 164, de 10 de julio de 2021) que deroga el Real Decreto-ley 28/2020, de 22 de septiembre, de trabajo a distancia (BOE núm. 253, de 23 de septiembre de 2020). Ambas normas recogen en su Disposición adicional séptima. *Tipo impositivo aplicable del Impuesto sobre el Valor Añadido a las entregas, importaciones y adquisiciones intracomunitarias de bienes necesarios para combatir los efectos del COVID-19.*

Real Decreto-ley 34/2020, de 17 de noviembre, de medidas urgentes de apoyo a la solvencia empresarial y al sector energético, y en materia tributaria (BOE núm. 303, de 18/11/2020): Artículo 6. *Tipo impositivo*

Dos. El tipo impositivo aplicable a cada operación será el vigente en el momento del devengo.

Tres[257]. En las reimportaciones de bienes que hayan sido exportados temporalmente fuera de la Comunidad y que se efectúen después de haber sido objeto en un país tercero de trabajos de reparación, transformación, adaptación, ejecuciones de obra o incorporación de otros bienes, se aplicará el tipo impositivo que hubiera correspondido a las operaciones indicadas si se hubiesen realizado en el territorio de aplicación del Impuesto.

En las operaciones asimiladas a las importaciones de bienes que hayan sido exclusivamente objeto de servicios exentos mientras han permanecido vinculados a los regímenes o situaciones a que se refieren los artículos 23 y 24 de esta Ley, se aplicará el tipo impositivo que hubiera correspondido a los citados servicios si no hubiesen estado exentos.

Artículo 91[258]. Tipos impositivos reducidos

Uno[259]. Se aplicará el tipo del 10 por ciento a las operaciones siguientes:

---

aplicable del Impuesto sobre el Valor Añadido a las entregas, importaciones y adquisiciones intracomunitarias de bienes necesarios para combatir los efectos del COVID-19.

Real Decreto-ley 35/2020, de 22 de diciembre, de medidas urgentes de apoyo al sector turístico, la hostelería y el comercio y en materia tributaria (BOE núm. 334, de 23/12/2020), en vigor desde el 24/12/2020: Disposición final séptima. *Tipo impositivo aplicable del Impuesto sobre el Valor Añadido a las entregas, importaciones y adquisiciones intracomunitarias de determinados bienes y prestaciones de servicios necesarios para combatir los efectos del SARS-CoV-2 así como a efectos del régimen especial del recargo de equivalencia.*

Real Decreto-ley 17/2022, de 20 de septiembre, por el que se adoptan medidas urgentes en el ámbito de la energía, en la aplicación del régimen retributivo a las instalaciones de cogeneración y se reduce temporalmente el tipo del Impuesto sobre el Valor Añadido aplicable a las entregas, importaciones y adquisiciones intracomunitarias de determinados combustibles (BOE» núm. 227, de 21 de septiembre de 2022), en vigor desde el 22 de septiembre de 2022: Artículo 5. *Tipo del Impuesto sobre el Valor Añadido aplicable temporalmente a las entregas, importaciones y adquisiciones intracomunitarias de gas natural.* Artículo 6. *Tipo del Impuesto sobre el Valor Añadido aplicable temporalmente a las entregas, importaciones y adquisiciones intracomunitarias de briquetas y pellets procedentes de la biomasa y a la madera para leña.*

[256] Nueva redacción del art. 90.Uno dada por el art. 23.dos del Real Decreto-ley 20/2012, de 13 de julio, de medidas para garantizar la estabilidad presupuestaria y fomento de la competitividad (BOE núm. 168, de 14 de julio de 2012), con efectos desde el 1 de septiembre de 2012.

Redacción anterior dada por el art. 79.Uno de la Ley 26/2009, de 23 de diciembre, de Presupuestos Generales del Estado para 2010 (BOE núm. 309, de 24 de diciembre de 2009), con efectos desde de 1 de julio de 2010, incrementando el tipo del 16 al 18 por 100.

[257] Apartado Tres modificado por el art. 28.13 del Real Decreto-ley 12/1995, de 28 de diciembre, sobre Medidas Urgentes en Materia Presupuestaria, Tributaria y Financiera (BOE núm. 212, de 30 de diciembre de 1995), en vigor desde 1 de enero de 1996.

[258] Nueva a redacción del art. 91 dada por el art. 23.tres del Real Decreto-ley 20/2012, de 13 de julio, de medidas para garantizar la estabilidad presupuestaria y fomento de la competitividad (BOE núm. 168, de 14 de julio de 2012), con efectos desde el 1 de septiembre de 2012.

Redacción anterior dada por el por el art. 78.2 de la Ley 41/1994, de 30 de diciembre, de Presupuestos Generales del Estado para 1995 (BOE del 31) y por las modificaciones posteriores que se indican a continuación: Encabezado del apartado Uno modificado por el art. 79.Dos de la Ley 26/2009, de 23 de diciembre, de Presupuestos Generales del Estado para 2010 (BOE núm. 309, de 24 diciembre de 2009), con efectos desde de 1 de julio de 2010, incrementando el tipo del 7 al 8 por 10°; el número 2.° modificado por el art. 71.1 de la Ley 54/1999, de 29 de diciembre, de Presupuestos Generales del Estado para 2000 (BOE del 30), con efectos desde 1 de enero de 2000; número 3.° modificado por el art. 44 de la ley 50/1998, de 30 de diciembre, de Medidas Fiscales, Administrativas y del Orden Social (BOE núm. 313, de 31 de diciembre de 1998), con efectos desde 1 de enero de 1999; número 5.° modificado por el art. 68.1.1 de la Ley 65/1997, de 30 de diciembre, de Presupuestos Generales del Estado para 1998 (BOE del 31), con efectos desde 1 de enero de 1998; número 6.° modificado por el art. 4.Once de la Ley 53/2002, de 30 de diciembre, de Medidas Fiscales, Administrativas y del Orden Social (BOE núm. 313, de 31 de diciembre de 2002), con efectos desde 1 de enero de 2003; número 7.° modificado por el art. 2.3 del Real Decreto-ley 6/2010, de 9 de abril, de medidas para el impulso de la recuperación económica y el empleo (BOE núm. 89, de 13 de abril de 2010), en vigor desde 14 de enero de 2010; número 8.° derogado por la Disp. derogatoria única de la Ley 24/2001, de 27 de diciembre, de Medidas Fiscales, Administrativas y del Orden Social (BOE núm. 313, de 31 de diciembre de 2001), con efectos desde 1 de enero de 2002]; número 10.° derogado por la Disp. derogatoria única de la Ley 24/2001, de 27 de diciembre, de Medidas Fiscales, Administrativas y del Orden Social (BOE núm. 313, de 31 de diciembre de 2001), con efectos desde 1 de enero de 2002].

Número 1.° modificado por el art. 5.7 de la Ley 24/2001, de 27 de diciembre, de Medidas Fiscales, Administrativas y del Orden Social (BOE núm. 313, de 31 de diciembre de 2001), con efectos desde 1 de enero de 2002; eercer párrafo del número 3.° añadido por el art. 6.7 de la Ley 55/1999, de 29 de diciembre, de Medidas Fiscales, Administrativas y del Orden Social (BOE núm. 312, de 30 diciembre de 1999), con efectos desde 1 de enero de 2000], número 6.° modificado por el art. 71.7 de la Ley 54/1999, de 29 de diciembre, de Presupuestos Generales del Estado para el año 2000 (BOE del 30), con efectos desde 1/1/2000; número 7.° modificado por el art. 4.5 de la Ley 50/1998, de 30 de diciembre, de Medidas Fiscales, Administrativas y del Orden Social (BOE núm. 313, de 31 de diciembre de 1998), con efectos desde 1/1/1999]; número 8.° modificado por el art. 71.3 de la Ley 54/1999, de 29 de diciembre, de Presupuestos Generales del Estado para 2000 (BOE del 30), con efectos desde 1 de enero 2000; número 9.° modificado por el art. 16.1 del Real Decreto-ley 6/2010, de 9 de abril, de medidas para el impulso de la recuperación económica y el empleo (BOE núm. 89, de 13 de abril de 2010), en vigor desde 14 de abril de 2010; número 10.° modificado por el art. 5.3 de la Ley 14/2000, de 29 de diciembre, de Medidas Fiscales, Administrativas y del Orden Social (BOE núm. 313, de 30 de diciembre de 2000), con efectos desde 1 de enero de 2001; número 14.° añadido por el art. 71.6 de la Ley 54/1999, de 29 de diciembre, de Presupuestos Generales del Estado para 2000 (BOE núm. 312, de 30 de diciembre de 1999), con efectos desde 1 de enero de 2000; número 15.° modificado por el art. 2.4 del Real Decreto-ley 6/2010, de 9 de abril, de medidas para el impulso de la recuperación económica y el empleo (BOE núm. 89, de 13 de abril de 2010), con efectos desde 14 de abril de 2010 hasta 31 de diciembre de 2012; número 16.° añadido por el art. 63 de la Ley 30/2005, de 29 de diciembre, de Presupuestos Generales del Estado para 2006 (BOE núm. 312, de 30 de diciembre de 2005), con efectos desde 1 de enero de 2006; número 17° añadido por la disposición final Tercera.Tres de la Ley 11/2009, de 26 de octubre, por la que se regulan las Sociedades Anónimas Cotizadas (BOE de 27 de octubre de 2009), siendo de aplicación a las rentas correspondientes a contratos de arrendamiento con opción de compra de viviendas que resulten exigibles desde la entrada en vigor de dicha Ley (esto es, desde 28 de octubre de 2009) siempre que no se haya ejercitado dicha opción de compra; número 18° añadido por la Disposición final tercera Ley 4/2012, de 6 de julio, de contratos de aprovechamiento por turno de bienes de uso turístico, de adquisición de productos vacacionales de larga duración, de reventa y de intercambio y normas tributarias (BOE núm. 162, de 7 de julio de 2012).

1. Las entregas, adquisiciones intracomunitarias o importaciones de los bienes que se indican a continuación:

Apartado 3 modificado por el art. 4.Doce de la Ley 53/2002, de 30 de diciembre, de Medidas Fiscales, Administrativas y del Orden Social (BOE núm. 313, de 31 de diciembre de 2002), con efectos desde 1 de enero de 2003; número 1.º modificado por el art. 68.3º.1 de la Ley 65/1997, de 30 de diciembre, de Presupuestos Generales del Estado para 1998 (BOE núm. 313, de 31 de diciembre de 1997), con efectos desde 1 de enero de 1998; número 2.º modificado por el apartado Diez del artículo Único de la Ley 9/1998, de 21 de abril (BOE núm. 96, de 22 de abril de 1998), con efectos desde 1 de abril de 1998; número 3.º modificado por el art. 68.3.3 de la Ley 65/1997, de 30 de diciembre, de Presupuestos Generales del Estado para 1998 (BOE del 31), con efectos desde 1 de enero de 1998; número 4.º modificado por el artículo Primero de la Ley 6/2006, de 24 de abril (BOE núm. 98, de 25 de abril de 2006), en vigor desde 26 de abril de 2006; número 6.º modificado por el art. 2.2 de la Ley 23/2005, de 18 de noviembre, de reformas en materia tributaria para el impulso a la productividad (BOE núm. 277, de 19 de noviembre de 2005), en vigor desde el día 20 de noviembre de 2005. Apartado Dos.2 modificado por el art. 16.2 del Real Decreto-ley 6/2010, de 9 de abril, de medidas para el impulso de la recuperación económica y el empleo (BOE núm. 89, de 13 de abril de 2010), en vigor desde 14 de abril de 2010, añadiendo el número 3.º, posteriormente modificado por la disposición adicional 15.ª de la Ley 32/2010, de 5 de agosto, por la que se establece un sistema específico de protección por cese de actividad de los trabajadores autónomos (BOE núm. 190, de 6 de agosto de 2010), con efectos desde 5 noviembre de 2010]; número 3.º modificado por la disposición adicional 15.ª de la Ley 32/2010, de 5 de agosto, por la que se establece un sistema específico de protección por cese de actividad de los trabajadores autónomos (BOE núm. 190, de 6 de agosto de 2010), con efectos desde 5 de noviembre de 2010. Redacción anterior, dada por el art. 16 del Real Decreto-ley 6/201; apartado Tres añadido por el art. 28.14 del Real Decreto-ley 12/1995, de 28 de diciembre, sobre Medidas Urgentes en Materia Presupuestaria, Tributaria y Financiera (BOE núm. 212, de 30 de diciembre de 1995), en vigor desde 1 de enero de 1996.

²⁵⁹ **Real Decreto-ley 4/2024, de 26 de junio, por el que se prorrogan determinadas medidas para afrontar las consecuencias económicas y sociales derivadas de los conflictos en Ucrania y Oriente Próximo y se adoptan medidas urgentes en materia fiscal, energética y social** (BOE núm. 155, de 27 de junio de 2024), en vigor desde el 28 de junio de 2024.
Artículo 1. *Tipo impositivo aplicable temporalmente del Impuesto sobre el Valor Añadido a determinadas entregas, importaciones y adquisiciones intracomunitarias de alimentos, así como a efectos del recargo de equivalencia.*
Uno. Con efectos desde el 1 de julio de 2024 y vigencia hasta el 30 de septiembre de 2024:
1. Se aplicará el tipo del 5 por ciento del Impuesto sobre el Valor Añadido a las entregas, importaciones y adquisiciones intracomunitarias de los siguientes productos:
a) Los aceites de semillas.
b) Las pastas alimenticias.
El tipo del recargo de equivalencia aplicable a estas operaciones será del 0,62 por ciento.
2. Se aplicará el tipo del 0 por ciento del Impuesto sobre el Valor Añadido a las entregas, importaciones y adquisiciones intracomunitarias de los siguientes productos:
a) El pan común, así como la masa de pan común congelada y el pan común congelado destinados exclusivamente a la elaboración del pan común.
b) Las harinas panificables.
c) Los siguientes tipos de leche producida por cualquier especie animal: natural, certificada, pasterizada, concentrada, desnatada, esterilizada, UHT, evaporada y en polvo.

d) Los quesos.

e) Los huevos.

f) Las frutas, verduras, hortalizas, legumbres, tubérculos y cereales, que tengan la condición de productos naturales de acuerdo con el Código Alimentario y las disposiciones dictadas para su desarrollo.

g) Los aceites de oliva.

El tipo del recargo de equivalencia aplicable a estas operaciones será del 0 por ciento.

Dos. Con efectos desde el 1 de octubre de 2024 y vigencia hasta el 31 de diciembre de 2024:

1. Se aplicará el tipo del 7,5 por ciento del Impuesto sobre el Valor Añadido a las entregas, importaciones y adquisiciones intracomunitarias de los siguientes productos:

a) Los aceites de semillas.

b) Las pastas alimenticias.

El tipo del recargo de equivalencia aplicable a estas operaciones será del 1 por ciento.

2. Se aplicará el tipo del 2 por ciento del Impuesto sobre el Valor Añadido a las entregas, importaciones y adquisiciones intracomunitarias de los siguientes productos:

a) El pan común, así como la masa de pan común congelada y el pan común congelado destinados exclusivamente a la elaboración del pan común.

b) Las harinas panificables.

c) Los siguientes tipos de leche producida por cualquier especie animal: natural, certificada, pasterizada, concentrada, desnatada, esterilizada, UHT, evaporada y en polvo.

d) Los quesos.

e) Los huevos.

f) Las frutas, verduras, hortalizas, legumbres, tubérculos y cereales, que tengan la condición de productos naturales de acuerdo con el Código Alimentario y las disposiciones dictadas para su desarrollo.

g) Los aceites de oliva.

El tipo del recargo de equivalencia aplicable a estas operaciones será del 0,26 por ciento.

Tres. Las reducciones del tipo impositivo referidas en los apartados anteriores beneficiarán íntegramente al consumidor, sin que, por tanto, el importe de la reducción pueda dedicarse total o parcialmente a incrementar el margen de beneficio empresarial con el consiguiente aumento de los precios en la cadena de producción, distribución o consumo de los productos, sin perjuicio de los compromisos adicionales que asuman y publiciten los sectores afectados, por responsabilidad social.

La efectividad de esta medida se verificará mediante un sistema de seguimiento de la evolución de los precios, independientemente de las actuaciones que corresponda realizar a la Comisión Nacional de los Mercados y de la Competencia en el ámbito de sus competencias».

Real Decreto-ley 8/2023, de 27 de diciembre, por el que se adoptan medidas para afrontar las consecuencias económicas y sociales derivadas de los conflictos en Ucrania y Oriente Próximo, así como para paliar los efectos de la sequía (BOE núm. 310, de 28/12/2023)].

Artículo 21. Tipo impositivo del Impuesto sobre el Valor Añadido aplicable temporalmente a determinadas entregas, importaciones y adquisiciones intracomunitarias de productos energéticos.

«**1.** Con efectos desde el 1 de enero de 2024 y vigencia hasta el 31 de diciembre de 2024, se aplicará el tipo del 10 por ciento del Impuesto sobre el Valor Añadido a las entregas, importaciones y adquisiciones intracomunitarias de energía eléctrica efectuadas a favor de:

– Titulares de contratos de suministro de electricidad, cuya potencia contratada (término fijo de potencia) sea inferior o igual a 10 kW, con independencia del nivel de tensión del suministro y la modalidad de contratación, cuando el precio medio aritmético del mercado diario correspondiente al último mes natural anterior al del último día del periodo de facturación haya superado los 45 euros/MWh.

– Titulares de contratos de suministro de electricidad que sean perceptores del bono social de electricidad y tengan reconocida la condición de vulnerable severo o vulnerable severo en riesgo de exclusión social, de conformidad con lo establecido en el Real Decreto 897/2017, de 6 de octubre, por el que se regula la figura del consumidor vulnerable, el bono social y otras medidas de protección para los consumidores domésticos de energía eléctrica;

2. Con efectos desde el 1 de enero de 2024 y vigencia hasta el 31 de marzo de 2024, se aplicará el tipo del 10 por ciento del Impuesto sobre el Valor Añadido a las entregas, importaciones y adquisiciones intracomunitarias de gas natural.

3. Con efectos desde el 1 de enero de 2024 y vigencia hasta el 30 de junio de 2024, se aplicará el tipo del 10 por ciento del Impuesto sobre el Valor Añadido a las entregas, importaciones y adquisiciones intracomunitarias de briquetas y «pellets» procedentes de la biomasa y a la madera para leña».

Real Decreto-ley 1/2023, de 10 de enero, de medidas urgentes en materia de incentivos a la contratación laboral y mejora de la protección social de las personas artistas (BOE núm. 9, de 11 de enero de 2023).

Disposición adicional decimosexta. *Tipo del recargo de equivalencia en el Impuesto sobre el Valor Añadido.*

Con efectos desde el 1 de enero de 2023, el tipo del recargo de equivalencia aplicable en el Impuesto sobre el Valor Añadido a las operaciones a que se refieren el apartado 2 del artículo 1 y el párrafo cuarto del apartado 1 del artículo 72 del Real Decreto-ley 20/2022, de 27 de diciembre, de medidas de respuesta a las consecuencias económicas y sociales de la Guerra de Ucrania y de apoyo a la reconstrucción de la isla de La Palma y a otras situaciones de vulnerabilidad, será del 0,62 por ciento, resultando de aplicación durante la vigencia de dichos preceptos».

Real Decreto-ley 20/2022, de 27 de diciembre, de medidas de respuesta a las consecuencias económicas y sociales de la Guerra de Ucrania y de apoyo a la reconstrucción de la isla de La Palma y a otras situaciones de vulnerabilidad (BOE núm. 311, de 28 de diciembre de 2022)

Artículo 72. Tipo impositivo aplicable temporalmente del Impuesto sobre el Valor Añadido a determinadas entregas, importaciones y adquisiciones intracomunitarias de alimentos, así como a efectos del recargo de equivalencia. [En redacción dada por el art. 20 del Real Decreto-ley 8/2023, de 27 de diciembre, por el que se adoptan medidas para afrontar las consecuencias económicas y sociales derivadas de los conflictos en Ucrania y Oriente Próximo, así como para paliar los efectos de la sequía (BOE núm. 310, de 28/12/2023)].

Con efectos desde el 1 de enero de 2023 y vigencia hasta el 30 de junio de 2024:

1. Se aplicará el tipo del 5 por ciento del Impuesto sobre el Valor Añadido a las entregas, importaciones y adquisiciones intracomunitarias de los siguientes productos:

a) Los aceites de oliva y de semillas.

b) Las pastas alimenticias.

El tipo del recargo de equivalencia aplicable a estas operaciones será del 0,62 por ciento.

2. Se aplicará el tipo del 0 por ciento del Impuesto sobre el Valor Añadido a las entregas, importaciones y adquisiciones intracomunitarias de los siguientes productos:

a) El pan común, así como la masa de pan común congelada y el pan común congelado destinados exclusivamente a la elaboración del pan común.

b) Las harinas panificables.

c) Los siguientes tipos de leche producida por cualquier especie animal: natural, certificada, pasterizada, concentrada, desnatada, esterilizada, UHT, evaporada y en polvo.

d) Los quesos.

---

e) Los huevos.

f) Las frutas, verduras, hortalizas, legumbres, tubérculos y cereales, que tengan la condición de productos naturales de acuerdo con el Código Alimentario y las disposiciones dictadas para su desarrollo.

El tipo del recargo de equivalencia aplicable a estas operaciones será del 0 por ciento.

3. La reducción del tipo impositivo beneficiará íntegramente al consumidor, sin que, por tanto, el importe de la reducción pueda dedicarse total o parcialmente a incrementar el margen de beneficio empresarial con el consiguiente aumento de los precios en la cadena de producción, distribución o consumo de los productos, sin perjuicio de los compromisos adicionales que asuman y publiciten los sectores afectados, por responsabilidad social.

La efectividad de esta medida se verificará mediante un sistema de seguimiento de la evolución de los precios, independientemente de las actuaciones que corresponda realizar a la Comisión Nacional de los Mercados y de la Competencia en el ámbito de sus competencias».

Redacción original: Artículo 72. *Tipo impositivo aplicable temporalmente del Impuesto sobre el Valor Añadido a determinadas entregas, importaciones y adquisiciones intracomunitarias de alimentos, así como a efectos del recargo de equivalencia.*

Con efectos desde el 1 de enero de 2023 y vigencia hasta el 30 de junio de 2023:

1. Se aplicará el tipo del 5 por ciento del Impuesto sobre el Valor Añadido a las entregas, importaciones y adquisiciones intracomunitarias de los siguientes productos:

a) Los aceites de oliva y de semillas.

b) Las pastas alimenticias.

El tipo del recargo de equivalencia aplicable a estas operaciones será del 0,625 por ciento.

No obstante, el tipo impositivo aplicable será el 10 por ciento a partir del día 1 del mes de mayo de 2023, en el caso de que la tasa interanual de la inflación subyacente del mes de marzo, publicada en abril, sea inferior al 5,5 por ciento. En este caso, el tipo del recargo de equivalencia aplicable a estas operaciones será del 1,4 por ciento.

2. Se aplicará el tipo del 0 por ciento del Impuesto sobre el Valor Añadido a las entregas, importaciones y adquisiciones intracomunitarias de los siguientes productos:

a) El pan común, así como la masa de pan común congelada y el pan común congelado destinados exclusivamente a la elaboración del pan común.

b) Las harinas panificables.

c) Los siguientes tipos de leche producida por cualquier especie animal: natural, certificada, pasterizada, concentrada, desnatada, esterilizada, UHT, evaporada y en polvo.

d) Los quesos.

e) Los huevos.

f) Las frutas, verduras, hortalizas, legumbres, tubérculos y cereales, que tengan la condición de productos naturales de acuerdo con el Código Alimentario y las disposiciones dictadas para su desarrollo.

El tipo del recargo de equivalencia aplicable a estas operaciones será del 0 por ciento.

No obstante, el tipo impositivo aplicable será el 4 por ciento a partir del día 1 del mes de mayo de 2023, en el caso de que la tasa interanual de la inflación subyacente del mes de marzo, publicada en abril, sea inferior al 5,5 por ciento. En este caso, el tipo del recargo de equivalencia aplicable a estas operaciones será del 0,5 por ciento.

3. La reducción del tipo impositivo beneficiará íntegramente al consumidor, sin que, por tanto, el importe de la reducción pueda dedicarse total o parcialmente a incrementar el margen de beneficio empresarial con el consiguiente aumento de los precios en la cadena de producción, distribución o consumo de los productos, sin

1.º[260] Las sustancias o productos, cualquiera que sea su origen que, por sus características, aplicaciones, componentes, preparación y estado de conservación, sean susceptibles de ser habitual e idóneamente utilizados para la nutrición humana o animal, de acuerdo con lo establecido en el Código Alimentario y las disposiciones dictadas para su desarrollo.

Se excluyen de lo dispuesto en el párrafo anterior:

a) Las bebidas alcohólicas.

Se entiende por bebida alcohólica todo líquido apto para el consumo humano por ingestión que contenga alcohol etílico.

b) Las bebidas refrescantes, zumos y gaseosas con azúcares o edulcorantes añadidos.

A los efectos de este número no tendrán la consideración de alimento el tabaco ni las sustancias no aptas para el consumo humano o animal en el mismo estado en que fuesen objeto de entrega, adquisición intracomunitaria o importación.

2.º Los animales, vegetales y los demás productos susceptibles de ser utilizados habitual e idóneamente para la obtención de los productos a que se refiere el número anterior, directamente o mezclados con otros de origen distinto.

Se comprenden en este número los animales destinados a su engorde antes de ser utilizados en el consumo humano o animal y los animales reproductores de los mismos o de aquellos otros a que se refiere el párrafo anterior.

---

perjuicio de los compromisos adicionales que asuman y publiciten los sectores afectados, por responsabilidad social.

La efectividad de esta medida se verificará mediante un sistema de seguimiento de la evolución de los precios, independientemente de las actuaciones que corresponda realizar a la Comisión Nacional de los Mercados y de la Competencia en el ámbito de sus competencias».

Real Decreto-ley 11/2022, de 25 de junio, por el que se adoptan y se prorrogan determinadas medidas para responder a las consecuencias económicas y sociales de la guerra en Ucrania, para hacer frente a situaciones de vulnerabilidad social y económica, y para la recuperación económica y social de la isla de La Palma (BOE núm. 152, de 26 de junio 2022), en vigor desde el 27 de junio de 2022. «Artículo 18. Tipo impositivo aplicable del Impuesto sobre el Valor Añadido a determinadas entregas, importaciones y adquisiciones intracomunitarias de energía eléctrica.

Real Decreto-ley 12/2021, de 24 de junio, por el que se adoptan medidas urgentes en el ámbito de la fiscalidad energética y en materia de generación de energía, y sobre gestión del canon de regulación y de la tarifa de utilización del agua (BOE núm. 151, de 25 de junio de 2021, corrección de errores, BOE núm. 158, de 3 de julio), con efectos desde el día 26 de junio de 2021: «Artículo 1. Tipo impositivo aplicable del Impuesto sobre el Valor Añadido a determinadas entregas, importaciones y adquisiciones intracomunitarias de energía eléctrica. Prórroga: disposición adicional primera del Real Decreto-ley 29/2021, de 21 de diciembre, por el que se adoptan medidas urgentes en el ámbito energético para el fomento de la movilidad eléctrica, el autoconsumo y el despliegue de energías renovables (BOE núm. 305, de 22 de diciembre de 2021).

[260]   Nueva redacción del art. 91.Uno.1.1º dada por el art. 69 de la Ley 11/2020, de 30 de diciembre, de Presupuestos Generales del Estado para el año 2021 (BOE núm. 341, de 31 de diciembre de 2020), en vigor desde el 1 de enero de 2021.

3.º Los siguientes bienes cuando por sus características objetivas, envasado, presentación y estado de conservación, sean susceptibles de ser utilizados directa, habitual e idóneamente en la realización de actividades agrícolas, forestales o ganaderas: semillas y materiales de origen exclusivamente animal o vegetal susceptibles de originar la reproducción de animales o vegetales; fertilizantes, residuos orgánicos, correctores y enmiendas, herbicidas, plaguicidas de uso fitosanitario o ganadero; los plásticos para cultivos en acolchado, en túnel o en invernadero y las bolsas de papel para la protección de las frutas antes de su recolección.

4.º Las aguas aptas para la alimentación humana o animal o para el riego, incluso en estado sólido.

5.º[261] Los medicamentos de uso veterinario.

6.º[262] Los siguientes bienes:

a) Los productos farmacéuticos comprendidos en el Capítulo 30 «Productos farmacéuticos» de la Nomenclatura Combinada, susceptibles de uso directo por el consumidor final, distintos de los incluidos en el número 5.º de este apartado uno.1 y de aquellos a los que les resulte de aplicación el tipo impositivo establecido en el número 3.º del apartado dos.1 de este artículo.

b)[263].

c) Los equipos médicos, aparatos y demás instrumental, relacionados en el apartado octavo del anexo de esta Ley, que por sus características objetivas, estén diseñados para aliviar o tratar deficiencias, para uso personal y exclusivo de personas que tengan deficiencias físicas, mentales, intelectuales o sensoriales, sin perjuicio de lo previsto en el apartado dos.1 de este artículo.

No se incluyen en esta letra otros accesorios, recambios y piezas de repuesto de dichos bienes.

7.º Los edificios o partes de los mismos aptos para su utilización como viviendas, incluidas las plazas de garaje, con un máximo de dos unidades, y anexos en ellos situados que se transmitan conjuntamente.

---

[261] Nueva redacción del núm. 5.º dada por el art. 1. Veintiuno de la Ley 28/2014, de 27 de noviembre, por la que se modifican la Ley 37/1992, de 28 de diciembre, del Impuesto sobre el Valor Añadido, la Ley 20/1991, de 7 de junio, de modificación de los aspectos fiscales del Régimen Económico Fiscal de Canarias, la Ley 38/1992, de 28 de diciembre, de Impuestos Especiales, y la Ley 16/2013, de 29 de octubre, por la que se establecen determinadas medidas en materia de fiscalidad medioambiental y se adoptan otras medidas tributarias y financieras (BOE núm. 288, de 28 de noviembre de 2014), con efectos desde el 1 de enero de 2015.

[262] Nueva redacción del núm. 6.º dada por el art. 1. Veintiuno de la Ley 28/2014, de 27 de noviembre (BOE núm. 288, de 28 de noviembre de 2014), con efectos desde el 1 de enero de 2015.

[263] Letra b) suprimida por el art. 78 de la Ley 31/2022, de 23 de diciembre, de Presupuestos Generales del Estado para el año 2023 (BOE núm. 308, de 24 de diciembre de 2022), con efectos desde el 1 de enero de 2023.

En lo relativo a esta ley no tendrán la consideración de anexos a viviendas los locales de negocio, aunque se transmitan conjuntamente con los edificios o parte de los mismos destinados a viviendas.

No se considerarán edificios aptos para su utilización como viviendas las edificaciones destinadas a su demolición a que se refiere el artículo 20, apartado uno, número 22.º, parte A), letra c) de esta ley.

8.º[264] Las flores, las plantas vivas de carácter ornamental, así como las semillas, bulbos, esquejes y otros productos de origen exclusivamente vegetal susceptibles de ser utilizados en su obtención.

2. Las prestaciones de servicios siguientes:

1.º Los transportes de viajeros y sus equipajes.

2.º[265] Los servicios de hostelería, acampamento y balneario, los de restaurantes y, en general, el suministro de comidas y bebidas para consumir en el acto, incluso si se confeccionan previo encargo del destinatario.

3.º Las efectuadas en favor de titulares de explotaciones agrícolas, forestales o ganaderas, necesarias para el desarrollo de las mismas, que se indican a continuación: plantación, siembra, injertado, abonado, cultivo y recolección; embalaje y acondicionamiento de los productos, incluido su secado, limpieza, descascarado, troceado, ensilado, almacenamiento y desinfección de los productos; cría, guarda y engorde de animales; nivelación, explanación o abancalamiento de tierras de cultivo; asistencia técnica; la eliminación de plantas y animales dañinos y la fumigación de plantaciones y terrenos; drenaje; tala, entresaca, astillado y descortezado de árboles y limpieza de bosques; y servicios veterinarios.

Lo dispuesto en el párrafo anterior no será aplicable en ningún caso a las cesiones de uso o disfrute o arrendamiento de bienes[266].

Igualmente se aplicará este tipo impositivo a las prestaciones de servicios realizadas por las cooperativas agrarias a sus socios como consecuencia de su actividad cooperativizada y

---

[264]   Nueva redacción del núm. 8.º dada por el art. 1. Veintiuno de la Ley 28/2014, de 27 de noviembre, por la que se modifican la Ley 37/1992, de 28 de diciembre, del Impuesto sobre el Valor Añadido, la Ley 20/1991, de 7 de junio, de modificación de los aspectos fiscales del Régimen Económico Fiscal de Canarias, la Ley 38/1992, de 28 de diciembre, de Impuestos Especiales, y la Ley 16/2013, de 29 de octubre, por la que se establecen determinadas medidas en materia de fiscalidad medioambiental y se adoptan otras medidas tributarias y financieras (BOE núm. 288, de 28 de noviembre de 2014), con efectos desde el 1 de enero de 2015.

[265]   Nueva redacción dada por el art. 60 de la Nueva redacción de la letra j) dada por el art. 59 de la Ley 3/2017, de 27 de junio, de Presupuestos Generales del Estado para el año 2017 (BOE núm. 153, de 28 de junio de 2017), en vigor desde el 29 de junio de 2017.

[266]   Art. 127 de la presente Ley, respecto a los servicios accesorios incluidos en el régimen especial de la agricultura ganadería y pesca. Resolución de 4 de marzo de 1993, de la Dirección General de Tributos, sobre la tributación por el Impuesto sobre el Valor Añadido de determinadas operaciones (BOE núm. 73, de 26 de marzo de 1993).

en cumplimiento de su objeto social, incluida la utilización por los socios de la maquinaria en común.

4.º Los servicios de limpieza de vías públicas, parques y jardines públicos.

5.º Los servicios de recogida, almacenamiento, transporte, valorización o eliminación de residuos, limpieza de alcantarillados públicos y desratización de los mismos y la recogida o tratamiento de las aguas residuales.

Se comprenden en el párrafo anterior los servicios de cesión, instalación y mantenimiento de recipientes normalizados utilizados en la recogida de residuos.

Se incluyen también en este número los servicios de recogida o tratamiento de vertidos en aguas interiores o marítimas[267].

6.º[268] La entrada a bibliotecas, archivos y centros de documentación, museos, galerías de arte, pinacotecas, salas cinematográficas, teatros, circos, festejos taurinos, conciertos, y a los demás espectáculos culturales en vivo.

7.º Las prestaciones de servicios a que se refiere el número 8º del apartado uno del artículo 20 de esta ley cuando no estén exentas de acuerdo con dicho precepto ni les resulte de aplicación el tipo impositivo establecido en el número 3º del apartado dos.2 de este artículo.

8.º Los espectáculos deportivos de carácter aficionado.

9.º Las exposiciones y ferias de carácter comercial.

10.º Las ejecuciones de obra de renovación y reparación realizadas en edificios o partes de los mismos destinados a viviendas, cuando se cumplan los siguientes requisitos:

a) Que el destinatario sea persona física, no actúe como empresario o profesional y utilice la vivienda a que se refieren las obras para su uso particular.

No obstante lo dispuesto en el párrafo anterior, también se comprenderán en este número las citadas ejecuciones de obra cuando su destinatario sea una comunidad de propietarios.

b) Que la construcción o rehabilitación de la vivienda a que se refieren las obras haya concluido al menos dos años antes del inicio de estas últimas.

c) Que la persona que realice las obras no aporte materiales para su ejecución o, en el caso de que los aporte, su coste no exceda del 40 por ciento de la base imponible de la operación.

---

[267] La Resolución de 30 de septiembre de 1998, de la Dirección General de Tributos, aclara determinadas cuestiones relativas a la sujeción al presente Impuesto de las prestaciones de servicios efectuadas en el marco de sistemas integrados de gestión de residuos de envases y envases usados, regulados en la Ley 11/1997, de 24 de abril, de Envases y Residuos de Envases, por las entidades de gestión de los referidos sistemas y por otros agentes económicos (BOE núm. 257, de 27 de octubre de 1998).

[268] Nueva redacción dada por el art. 78 de la Ley 6/2018, de 3 de julio, de Presupuestos Generales del Estado para el año 2018 (BOE núm. 161, de 4 de julio de 2018), en vigor desde el día 5 de julio de 2018.
Redacción anterior dada por el art. 60 de la Nueva redacción de la letra j) dada por el art. 59 de la Ley 3/2017, de 27 de junio, de Presupuestos Generales del Estado para el año 2017 (BOE núm. 153, de 28 de junio de 2017), en vigor desde el 29 de junio de 2017.

11.º Los arrendamientos con opción de compra de edificios o partes de los mismos destinados exclusivamente a viviendas, incluidas las plazas de garaje, con un máximo de dos unidades, y anexos en ellos situados que se arrienden conjuntamente.

12.º La cesión de los derechos de aprovechamiento por turno de edificios, conjuntos inmobiliarios o sectores de ellos arquitectónicamente diferenciados cuando el inmueble tenga, al menos, diez alojamientos, de acuerdo con lo establecido en la normativa reguladora de estos servicios[269].

13.º[270] Los prestados por intérpretes, artistas, directores y técnicos, que sean personas físicas, a los productores de películas cinematográficas susceptibles de ser exhibidas en salas de espectáculos y a los organizadores de obras teatrales y musicales.

3. Las siguientes operaciones:

1.º Las ejecuciones de obras, con o sin aportación de materiales, consecuencia de contratos directamente formalizados entre el promotor y el contratista que tengan por objeto la construcción o rehabilitación[271] de edificaciones o partes de las mismas destinadas principalmente a viviendas, incluidos los locales, anejos, garajes, instalaciones y servicios complementarios en ellos situados.

Se considerarán destinadas principalmente a viviendas, las edificaciones en las que al menos el 50 por ciento de la superficie construida se destine a dicha utilización.

2.º Las ventas con instalación de armarios de cocina y de baño y de armarios empotrados para las edificaciones a que se refiere el número 1º anterior, que sean realizadas como consecuencia de contratos directamente formalizados con el promotor de la construcción o rehabilitación de dichas edificaciones.

3.º Las ejecuciones de obra, con o sin aportación de materiales, consecuencia de contratos directamente formalizados entre las Comunidades de Propietarios de las edificaciones o partes de las mismas a que se refiere el número 1º anterior y el contratista que tengan por objeto la construcción de garajes complementarios de dichas edificaciones, siempre que dichas ejecuciones de obra se realicen en terrenos o locales que sean elementos comunes de dichas Comunidades y el número de plazas de garaje a adjudicar a cada uno de los propietarios no exceda de dos unidades.

---

[269] Ley 4/2012, de 6 de julio, de contratos de aprovechamiento por turno de bienes de uso turístico, de adquisición de productos vacacionales de larga duración, de reventa y de intercambio y normas tributarias (BOE núm. 162, de 7 de julio de 2012). Con anterioridad, art. 19 de la Ley 42/1998, de 15 de diciembre, sobre Derechos de aprovechamiento por turno de bienes inmuebles de uso turístico y normas tributarias, en redacción dada por la disposición adicional 4.ª de la Ley 14/2000, de 29 de diciembre (BOE núm. 313, de 30 de diciembre de 2000.

[270] Nuevo apartado incorporado por el art. Segundo del Real Decreto-ley 26/2018, de 28 de diciembre, por el que se aprueban medidas de urgencia sobre la creación artística y la cinematografía (BOE núm. 314, de 29 de diciembre de 2018), en vigor desde el día 1 de enero de 2019.

[271] Concepto de rehabilitación contenido en el art. 20, apartado Uno, número 22, de la presente Ley.

4[272]. Las importaciones de objetos de arte, antigüedades y objetos de colección, cualquiera que sea el importador de los mismos, y las entregas de objetos de arte realizadas por las siguientes personas:

1.º Por sus autores o derechohabientes.

2.º Por empresarios o profesionales distintos de los revendedores de objetos de arte a que se refiere el artículo 136 de esta Ley, cuando tengan derecho a deducir íntegramente el Impuesto soportado por repercusión directa o satisfecho en la adquisición o importación del mismo bien.

5[273]. Las adquisiciones intracomunitarias de objetos de arte cuando el proveedor de los mismos sea cualquiera de las personas a que se refieren los números 1.º y 2.º del número 4 precedente.

Dos. Se aplicará el tipo del 4 por ciento a las operaciones siguientes[274]:

1. Las entregas, adquisiciones intracomunitarias o importaciones de los bienes que se indican a continuación:

1º[275] Los siguientes productos:

---

[272] Núm. 4 del apartado uno del art. 91 incorporado por el art. Noveno.uno del Real Decreto-ley 1/2014, de 24 de enero, de reforma en materia de infraestructuras y transporte, y otras medidas económicas (BOE núm. 22, de 25 de enero de 2014), en vigor desde el 26 de enero de 2014.

[273] Núm. 5 del apartado uno del art. 91 incorporado por el art. Noveno.uno del Real Decreto-ley 1/2014, de 24 de enero, de reforma en materia de infraestructuras y transporte, y otras medidas económicas (BOE núm. 22, de 25 de enero de 2014), en vigor desde el 26 de enero de 2014.

[274] Real Decreto-ley 34/2020, de 17 de noviembre, de medidas urgentes de apoyo a la solvencia empresarial y al sector energético, y en materia tributaria (BOE núm. 303, de 18/11/2020):
Artículo 7. *Aplicación del tipo del 4 por ciento del Impuesto sobre el Valor Añadido a las entregas, importaciones y adquisiciones intracomunitarias de mascarillas.* Prórroga: Disposición adicional primera del Real Decreto-ley 29/2021, de 21 de diciembre, por el que se adoptan medidas urgentes en el ámbito energético para el fomento de la movilidad eléctrica, el autoconsumo y el despliegue de energías renovables (BOE núm. 305, de 22 de diciembre de 2021) y art. 17 del Real Decreto-ley 11/2022, de 25 de junio, por el que se adoptan y se prorrogan determinadas medidas para responder a las consecuencias económicas y sociales de la guerra en Ucrania, para hacer frente a situaciones de vulnerabilidad social y económica, y para la recuperación económica y social de la isla de La Palma (BOE núm. 152, de 27 de junio de 2022).

[275] Nueva redacción del art. 91.Dos.1.1º dada por la Disposición final primera Dos de la Ley 7/2024, de 20 de diciembre, por la que se establecen un Impuesto Complementario para garantizar un nivel mínimo global de imposición para los grupos multinacionales y los grupos nacionales de gran magnitud, un Impuesto sobre el margen de intereses y comisiones de determinadas entidades financieras y un Impuesto sobre los líquidos para cigarrillos electrónicos y otros productos relacionados con el tabaco, y se modifican otras normas tributarias (BOE núm. 307, de 21 de diciembre de 2024).
Redacción anterior dada por el art. 2 Real Decreto-ley 4/2024, de 26 de junio, por el que se prorrogan determinadas medidas para afrontar las consecuencias económicas y sociales derivadas de los conflictos en Ucrania y Oriente Próximo y se adoptan medidas urgentes en materia fiscal, energética y social (BOE núm. 155, de 27 de junio de 2024), con efectos desde el 1 de enero de 2025: «*1º Los siguientes productos:*

a) El pan común, así como la masa de pan común congelada y el pan común congelado destinados exclusivamente a la elaboración del pan común.

b) Las harinas panificables.

c) Los siguientes tipos de leche producida por cualquier especie animal: natural, certificada, pasterizada, concentrada, desnatada, esterilizada, UHT, evaporada, en polvo y fermentada.

d) Los quesos.

e) Los huevos.

f) Las frutas, verduras, hortalizas, legumbres, tubérculos y cereales, que tengan la condición de productos naturales de acuerdo con el Código Alimentario y las disposiciones dictadas para su desarrollo.

g) Los aceites de oliva.

2.º[276] Los libros, periódicos y revistas, incluso cuando tengan la consideración de servicios prestados por vía electrónica, que no contengan única o fundamentalmente publicidad y no consistan íntegra o predominantemente en contenidos de vídeo o música audible, así

---

a) El pan común, así como la masa de pan común congelada y el pan común congelado destinados exclusivamente a la elaboración del pan común.

b) Las harinas panificables.

c) Los siguientes tipos de leche producida por cualquier especie animal: natural, certificada, pasterizada, concentrada, desnatada, esterilizada, UHT, evaporada y en polvo.

d) Los quesos.

e) Los huevos.

f) Las frutas, verduras, hortalizas, legumbres, tubérculos y cereales, que tengan la condición de productos naturales de acuerdo con el Código Alimentario y las disposiciones dictadas para su desarrollo.

g) Los aceites de oliva».

Redacción anterior: «*1º Los siguientes productos:*

a) El pan común, así como la masa de pan común congelada y el pan común congelado destinados exclusivamente a la elaboración del pan común.

b) Las harinas panificables.

c) Los siguientes tipos de leche producida por cualquier especie animal: natural, certificada, pasterizada, concentrada, desnatada, esterilizada, UHT, evaporada y en polvo.

d) Los quesos.

e) Los huevos.

f) Las frutas, verduras, hortalizas, legumbres, tubérculos y cereales, que tengan la condición de productos naturales de acuerdo con el Código Alimentario y las disposiciones dictadas para su desarrollo».

[276] Nueva redacción del núm. 2.º dada por la Disposición final segunda del Real Decreto-ley 15/2020, de 21 de abril, de medidas urgentes complementarias para apoyar la economía y el empleo (BOE núm. 112, de 22 de abril de 2020), en vigor desde el 32 de abril de 2020.

Respecto a libros, periódicos y revistas (en lo que proceda y no haya sido modificado con la nueva redacción) el apartado segundo de la Resolución de 4 de marzo de 1993, de la Dirección General de Tributos, sobre la tributación por el Impuesto sobre el Valor Añadido de determinadas operaciones (BOE núm. 73, de 26 de marzo de 1993).

como los elementos complementarios que se entreguen conjuntamente con aquellos mediante precio único.

Se comprenderán en este número las ejecuciones de obra que tengan como resultado inmediato la obtención de un libro, periódico o revista en pliego o en continuo, de un fotolito de dichos bienes o que consistan en la encuadernación de los mismos.

A estos efectos tendrán la consideración de elementos complementarios las cintas magnetofónicas, discos, videocasetes y otros soportes sonoros o videomagnéticos similares que constituyan una unidad funcional con el libro, periódico o revista, perfeccionando o completando su contenido y que se vendan con ellos, con las siguientes excepciones:

a) Los discos y cintas magnetofónicas que contengan exclusivamente obras musicales y cuyo valor de mercado sea superior al del libro, periódico o revista con el que se entreguen conjuntamente.

b) Los videocasetes y otros soportes sonoros o videomagnéticos similares que contengan películas cinematográficas, programas o series de televisión de ficción o musicales y cuyo valor de mercado sea superior al del libro, periódico o revista con el que se entreguen conjuntamente.

c) Los productos informáticos grabados por cualquier medio en los soportes indicados en las letras anteriores, cuando contengan principalmente programas o aplicaciones que se comercialicen de forma independiente en el mercado.

Se entenderá que los libros, periódicos y revistas contienen fundamentalmente publicidad cuando más del 90 por ciento de los ingresos que proporcionen a su editor se obtengan por este concepto.

Se considerarán comprendidos en este número las partituras, mapas y cuadernos de dibujo, excepto los artículos y aparatos electrónicos.

3.º[277] Los medicamentos de uso humano, así como las formas galénicas, fórmulas magistrales y preparados oficinales.

4.º[278] Los vehículos para personas con movilidad reducida a que se refiere el número 20 del Anexo I del Real Decreto Legislativo 339/1990, de 2 de marzo, por el que se aprueba el Texto Articulado de la Ley sobre Tráfico, Circulación de Vehículos a Motor y Seguridad Vial, en la redacción dada por el Anexo II A del Real Decreto 2822/1998, de 23 de diciembre, por el que se aprueba el Reglamento General de Vehículos, y las sillas de ruedas para uso exclusivo de personas con discapacidad.

---

[277] Nueva redacción del núm. 3.º dada por el art. 1. Veintiuno de la Ley 28/2014, de 27 de noviembre (BOE núm. 288, de 28 de noviembre de 2014), con efectos desde el 1 de enero de 2015.

[278] Art. 26 bis.Dos del RIVA.
Nueva redacción del núm. 4.º dada por el art. 1. Veintiuno de la Ley 28/2014, de 27 de noviembre (BOE núm. 288, de 28 de noviembre de 2014), con efectos desde el 1 de enero de 2015.

Los vehículos destinados a ser utilizados como autotaxis o autoturismos especiales para el transporte de personas con discapacidad en silla de ruedas, bien directamente o previa su adaptación, así como los vehículos a motor que, previa adaptación o no, deban transportar habitualmente a personas con discapacidad en silla de ruedas o con movilidad reducida, con independencia de quien sea el conductor de los mismos.

La aplicación del tipo impositivo reducido a los vehículos comprendidos en el párrafo anterior requerirá el previo reconocimiento del derecho del adquirente, que deberá justificar el destino del vehículo[279].

A efectos de este apartado dos, se considerarán personas con discapacidad aquellas con un grado de discapacidad igual o superior al 33 por ciento. El grado de discapacidad deberá acreditarse mediante certificación o resolución expedida por el Instituto de Mayores y Servicios Sociales o el órgano competente de la comunidad autónoma.

5.º[280] Las prótesis, ortesis e implantes internos para personas con discapacidad[281].

6.º Las viviendas calificadas administrativamente como de protección oficial de régimen especial o de promoción pública, cuando las entregas se efectúen por sus promotores, incluidos los garajes y anexos situados en el mismo edificio que se transmitan conjuntamente. A estos efectos, el número de plazas de garaje no podrá exceder de dos unidades.

Las viviendas que sean adquiridas por las entidades que apliquen el régimen especial previsto en el capítulo III del Título VII del Texto Refundido de la Ley del Impuesto sobre Sociedades aprobado por el Real Decreto Legislativo 4/2004, de 5 de marzo, siempre que a las rentas derivadas de su posterior arrendamiento les sea aplicable la bonificación establecida en el apartado 1 del artículo 54 de la citada Ley. A estos efectos, la entidad adquirente comunicará esta circunstancia al sujeto pasivo con anterioridad al devengo de la operación en la forma que se determine reglamentariamente[282].

7.º[283] Las compresas, tampones, protegeslips, preservativos y otros anticonceptivos no medicinales

---

[279] El procedimiento para el reconocimiento de este derecho puede entenderse desestimado por haber vencido el plazo máximo establecido sin que se haya notificado resolución expresa, según establece la disposición adicional 1.ª.Uno.9 del Real Decreto 1065/2007, de 27 de julio (BOE núm. 213, de 5 de septiembre de 2007).

[280] Nueva redacción del núm. 4.º dada por el art. 1. Veintiuno de la Ley 28/2014, de 27 de noviembre (BOE núm. 288, de 28 de noviembre de 2014), con efectos desde el 1 de enero de 2015.

[281] Apartado Primero de la Resolución de 4 de marzo de 1993, de la Dirección General de Tributos, sobre la tributación por el Impuesto sobre el Valor Añadido de determinadas operaciones (BOE núm. 73, de 26 de marzo de 1993), si bien hay que tener en cuenta que la nueva redacción de este número 5.º incluye los implantes internos.

[282] Art. 26 bis.Uno del RIVA.

[283] Nuevo núm. 7.º incorporado por el art. 78 de la Ley 31/2022, de 23 de diciembre, de Presupuestos Generales del Estado para el año 2023 (BOE núm. 308, de 24 de diciembre de 2022), con efectos desde el 1 de enero de 2023.

2. Las prestaciones de servicios siguientes:

1.º[284] Los servicios de reparación de los vehículos y de las sillas de ruedas comprendidos en el párrafo primero del número 4.º del apartado dos.1 de este artículo y los servicios de adaptación de los autotaxis y autoturismos para personas con discapacidad y de los vehículos a motor a los que se refiere el párrafo segundo del mismo precepto, independientemente de quién sea el conductor de los mismos.

2.º Los arrendamientos con opción de compra de edificios o partes de los mismos destinados exclusivamente a viviendas calificadas administrativamente como de protección oficial de régimen especial o de promoción pública, incluidas las plazas de garaje, con un máximo de dos unidades, y anexos en ellos situados que se arrienden conjuntamente.

3.º[285] Los servicios de teleasistencia, ayuda a domicilio, centro de día y de noche y atención residencial, a que se refieren las letras b), c), d) y e) del apartado 1 del artículo 15 de la Ley 39/2006, de 14 de diciembre, de Promoción de la Autonomía Personal y Atención a las personas en situación de dependencia, siempre que se presten en plazas concertadas en centros o residencias o mediante precios derivados de un concurso administrativo adjudicado a las empresas prestadoras, o como consecuencia de una prestación económica vinculada a tales servicios que cubra más del 10 por ciento de su precio, en aplicación, en ambos casos, de lo dispuesto en la Ley.

Tres. Lo dispuesto en los apartados uno.1 y dos.1 de este artículo será también aplicable a las ejecuciones de obra que sean prestaciones de servicios, de acuerdo con lo previsto en el artículo 11 de esta Ley, y tengan como resultado inmediato la obtención de alguno de los bienes a cuya entrega resulte aplicable uno de los tipos reducidos previstos en dichos preceptos.

El contenido del párrafo anterior no será de aplicación a las ejecuciones de obra que tengan por objeto la construcción o rehabilitación de viviendas de protección oficial de régimen especial o de promoción pública a que se refiere el apartado uno.3 de este artículo.

Cuatro[286]. Se aplicará el tipo del 0 por ciento a las entregas de bienes realizadas en concepto de donativos a las entidades sin fines lucrativos definidas de acuerdo con lo dispuesto

---

[284] Nueva redacción del núm. 1.º dada por el art. 1. Veintiuno de la Ley 28/2014, de 27 de noviembre, por la que se modifican la Ley 37/1992, de 28 de diciembre, del Impuesto sobre el Valor Añadido, la Ley 20/1991, de 7 de junio, de modificación de los aspectos fiscales del Régimen Económico Fiscal de Canarias, la Ley 38/1992, de 28 de diciembre, de Impuestos Especiales, y la Ley 16/2013, de 29 de octubre, por la que se establecen determinadas medidas en materia de fiscalidad medioambiental y se adoptan otras medidas tributarias y financieras (BOE núm. 288, de 28 de noviembre de 2014), con efectos desde el 1 de enero de 2015.

[285] Nueva redacción dada por el art. 78 de la Ley 6/2018, de 3 de julio, de Presupuestos Generales del Estado para el año 2018 (BOE núm. 161, de 4 de julio de 2018), en vigor desde el día 5 de julio de 2018.

[286] Nuevo apartado Cuatro incorporado por la Disposición final tercera Dos de la Ley 7/2022, de 8 de abril, de residuos y suelos contaminados para una economía circular (BOE núm. 85, de 9 de abril de 2022), en vigor desde el 10 de abril de 2022.

en el artículo 2 de la Ley 49/2002, de 23 de diciembre, de régimen fiscal de las entidades sin fines lucrativos y de los incentivos fiscales al mecenazgo, siempre que se destinen por las mismas a los fines de interés general que desarrollen de acuerdo con lo dispuesto por el artículo 3, apartado 1.º, de dicha Ley.

TÍTULO VIII. DEDUCCIONES Y DEVOLUCIONES

CAPÍTULO I. Deducciones

Artículo 92. *Cuotas tributarias deducibles*

Uno[287]**.** Los sujetos pasivos podrán deducir de las cuotas del Impuesto sobre el Valor Añadido devengadas por las operaciones gravadas que realicen en el interior del país las que, devengadas en el mismo territorio, hayan soportado por repercusión directa o correspondan a las siguientes operaciones:

1.º Las entregas de bienes y prestaciones de servicios efectuadas por otro sujeto pasivo del Impuesto.

2.º Las importaciones de bienes.

3º. Las entregas de bienes y prestaciones de servicios comprendidas en los artículos 9.1.º c) y d); 84.uno.2.º y 4.º, y 140 quinque, todos ellos de la presente Ley.

4.º Las adquisiciones intracomunitarias de bienes definidas en los artículos 13, número 1.º, y 16 de esta Ley.

Dos. El derecho a la deducción, establecido en el apartado anterior sólo procederá en la medida en que los bienes y servicios adquiridos se utilicen en la realización de las operaciones comprendidas en el artículo 94, apartado uno, de esta Ley.

Artículo 93[288]**.** *Requisitos subjetivos de la deducción*

Uno. Podrán hacer uso del derecho a deducir los sujetos pasivos del Impuesto que tengan la condición de empresarios o profesionales de conformidad con lo dispuesto en

---

[287]　Nueva redacción del art. 92.Uno dada por el art. 1. Veintidós de la Ley 28/2014, de 27 de noviembre, por la que se modifican la Ley 37/1992, de 28 de diciembre, del Impuesto sobre el Valor Añadido, la Ley 20/1991, de 7 de junio, de modificación de los aspectos fiscales del Régimen Económico Fiscal de Canarias, la Ley 38/1992, de 28 de diciembre, de Impuestos Especiales, y la Ley 16/2013, de 29 de octubre, por la que se establecen determinadas medidas en materia de fiscalidad medioambiental y se adoptan otras medidas tributarias y financieras (BOE núm. 288, de 28 de noviembre de 2014), en vigor desde el 1 de enero de 2015.
　　Redacción anterior modificada por el art. 4.Trece de la Ley 53/2002, de 30 de diciembre, de Medidas Fiscales, Administrativas y del Orden Social (BOE núm. 313, de 31 de diciembre de 2002).

[288]　Art. 93 modificado por el art. 5.cuatro de la Ley 14/2000, de 29 de diciembre, de Medidas Fiscales, Administrativas y del Orden Social (BOE núm. 313, de 30 de diciembre de 2000), con efectos desde 1 de enero de 2001.

el artículo 5 de esta Ley y hayan iniciado la realización habitual de entregas de bienes o prestaciones de servicios correspondientes a sus actividades empresariales o profesionales.

No obstante lo dispuesto en el párrafo anterior, las cuotas soportadas o satisfechas con anterioridad al inicio de la realización habitual de entregas de bienes o prestaciones de servicios correspondientes a sus actividades empresariales o profesionales podrán deducirse con arreglo a lo dispuesto en los artículos 111, 112 y 113 de esta Ley.

Dos. También podrán hacer uso del derecho a deducir los sujetos pasivos del Impuesto que realicen con carácter ocasional las entregas de los medios de transporte nuevos a que se refiere el artículo 25, apartados Uno y Dos de esta Ley.

Tres. El ejercicio del derecho a la deducción correspondiente a los sectores o actividades a los que resulten aplicables los regímenes especiales regulados en el Título IX de esta Ley se realizará de acuerdo con las normas establecidas en dicho Título para cada uno de ellos.

Cuatro. No podrán ser objeto de deducción, en ninguna medida ni cuantía, las cuotas soportadas o satisfechas por las adquisiciones o importaciones de bienes o servicios efectuadas sin la intención de utilizarlos en la realización de actividades empresariales o profesionales, aunque ulteriormente dichos bienes o servicios se afecten total o parcialmente a las citadas actividades.

Cinco[289]**.** Los sujetos pasivos que realicen conjuntamente operaciones sujetas al Impuesto y operaciones no sujetas por aplicación de lo establecido en el artículo 7.8.º de esta Ley podrán deducir las cuotas soportadas por la adquisición de bienes y servicios destinados de forma simultánea a la realización de unas y otras operaciones en función de un criterio razonable y homogéneo de imputación de las cuotas correspondientes a los bienes y servicios utilizados para el desarrollo de las operaciones sujetas al Impuesto, incluyéndose, a estos efectos, las operaciones a que se refiere el artículo 94.Uno.2.º de esta Ley. Este criterio deberá ser mantenido en el tiempo salvo que por causas razonables haya de procederse a su modificación.

A estos efectos, podrá atenderse a la proporción que represente el importe total, excluido el Impuesto sobre el Valor Añadido, determinado para cada año natural, de las entregas

---

[289]   Nueva redacción art. 93.Cinco dada por la Disposición final décima Tres de la Ley 9/2017, de 8 de noviembre, de Contratos del Sector Público, por la que se transponen al ordenamiento jurídico español las Directivas del Parlamento Europeo y del Consejo 2014/23/UE y 2014/24/UE, de 26 de febrero de 2014 (BOE núm. 272, de 9 de noviembre de 2017), en vigor desde el 10 de noviembre de 2017.

Redacción anterior dada por su incorporación por el art. 1. Veintitrés. de la Ley 28/2014, de 27 de noviembre, por la que se modifican la Ley 37/1992, de 28 de diciembre, del Impuesto sobre el Valor Añadido, la Ley 20/1991, de 7 de junio, de modificación de los aspectos fiscales del Régimen Económico Fiscal de Canarias, la Ley 38/1992, de 28 de diciembre, de Impuestos Especiales, y la Ley 16/2013, de 29 de octubre, por la que se establecen determinadas medidas en materia de fiscalidad medioambiental y se adoptan otras medidas tributarias y financieras (BOE núm. 288, de 28 de noviembre de 2014), en vigor desde el 1 de enero de 2015.

de bienes y prestaciones de servicios de las operaciones sujetas al Impuesto, respecto del total de ingresos que obtenga el sujeto pasivo en cada año natural por el conjunto de su actividad.

El cálculo resultante de la aplicación de dicho criterio se podrá determinar provisionalmente atendiendo a los datos del año natural precedente, sin perjuicio de la regularización que proceda a final de cada año.

No obstante lo anterior, no serán deducibles en proporción alguna las cuotas soportadas o satisfechas por las adquisiciones o importaciones de bienes o servicios destinados, exclusivamente, a la realización de las operaciones no sujetas a que se refiere el artículo 7.8.º de esta Ley.

Las deducciones establecidas en este apartado se ajustarán también a las condiciones y requisitos previstos en el Capítulo I del Título VIII de esta Ley y, en particular, los que se refieren a la regla de prorrata.

Lo previsto en este apartado no será de aplicación a las actividades de gestión de servicios públicos en las condiciones señaladas en la letra a) del artículo 78.Dos.3.º de esta Ley.

Artículo 94. *Operaciones cuya realización origina el derecho a la deducción*

Uno. Los sujetos pasivos a que se refiere el apartado Uno del artículo anterior podrán deducir las cuotas del Impuesto sobre el Valor Añadido comprendidas en el artículo 92 en la medida en que los bienes o servicios, cuya adquisición o importación determinen el derecho a la deducción, se utilicen por el sujeto pasivo en la realización de las siguientes operaciones:

1.º Las efectuadas en el ámbito espacial de aplicación del Impuesto que se indican a continuación:

a) Las entregas de bienes y prestaciones de servicios sujetas y no exentas del Impuesto sobre el Valor Añadido[290].

b) Las prestaciones de servicios cuyo valor esté incluido en la base imponible de las importaciones de bienes, de acuerdo con lo establecido en el artículo 83 de esta Ley.

c)[291] Las operaciones exentas en virtud de lo dispuesto en los artículos 20 bis, 21, 22, 23, 24 y 25 de esta Ley, así como las demás exportaciones definitivas de bienes fuera de la

---

[290] Apartado IV de la Resolución 5/2004, de 23 de diciembre, de la Dirección General de Tributos, sobre el tratamiento en el Impuesto sobre el Valor Añadido de la cesión, efectuada por los productores, fabricantes y distribuidores de bebidas y productos alimenticios a las empresas comercializadoras, de aparatos o instalaciones relacionados con la venta o distribución de dichos productos o bebidas (BOE de 4 de enero de 2005) y Orden EHA/3958/2006, de 28 de diciembre, por la que se establecen el alcance y los efectos temporales de la supresión de la no sujeción y de las exenciones establecidas en los artículos III y IV del Acuerdo entre el Estado Español y la Santa Sede, de 3 de enero de 1979, respecto al Impuesto sobre el Valor Añadido y al Impuesto General Indirecto Canario (BOE de 29 de diciembre de 2006).

[291] Nueva redacción letra c) dada por el art. 10.Catorce del Real Decreto-ley 7/2021, de 27 de abril, de transposición de directivas de la Unión Europea en las materias de competencia, prevención del blanqueo de

Comunidad que no se destinen a la realización de las operaciones a que se refiere el número 2.º de este apartado.

d) Los servicios prestados por agencias de viajes que estén exentos del Impuesto en virtud de lo establecido en el artículo 143 de esta Ley.

2.º Las operaciones realizadas fuera del territorio de aplicación del Impuesto que originarían el derecho a la deducción si se hubieran efectuado en el interior del mismo.

3.º Las operaciones de seguro, reaseguro, capitalización y servicios relativos a las mismas, así como las bancarias o financieras, que estarían exentas si se hubiesen realizado en el territorio de aplicación del Impuesto, en virtud de lo dispuesto en el artículo 20, apartado Uno, números 16.º y 18.º, de esta Ley, siempre que el destinatario de tales prestaciones esté establecido fuera de la Comunidad o que las citadas operaciones estén directamente relacionadas con exportaciones fuera de la Comunidad y se efectúen a partir del momento en que los bienes se expidan con tal destino, cualquiera que sea el momento en que dichas operaciones se hubiesen concertado.

A efectos de lo dispuesto en el párrafo anterior, las personas o entidades que no tengan la condición de empresarios o profesionales se considerarán no establecidas en la Comunidad cuando no esté situado en dicho territorio ningún lugar de residencia habitual o secundaria, ni el centro de sus intereses económicos, ni presten con habitualidad en el mencionado territorio servicios en régimen de dependencia derivados de relaciones laborales o administrativas.

Dos. Los sujetos pasivos comprendidos en el apartado Dos del artículo anterior únicamente podrán deducir el Impuesto soportado o satisfecho por la adquisición de los medios de transporte que sean objeto de la entrega a que se refiere el artículo 25, apartado Dos, de esta Ley, hasta la cuantía de la cuota del Impuesto que procedería repercutir si la entrega no estuviese exenta.

Tres. En ningún caso procederá la deducción de las cuotas en cuantía superior a la que legalmente corresponda ni antes de que se hubiesen devengado con arreglo a derecho.

Artículo 95. *Limitaciones del derecho a deducir*

Uno. Los empresarios o profesionales no podrán deducir las cuotas soportadas o satisfechas por las adquisiciones o importaciones de bienes o servicios que no se afecten, directa y exclusivamente, a su actividad empresarial o profesional.

Dos. No se entenderán afectos directa y exclusivamente a la actividad empresarial o profesional, entre otros:

---

capitales, entidades de crédito, telecomunicaciones, medidas tributarias, prevención y reparación de daños medioambientales, desplazamiento de trabajadores en la prestación de servicios transnacionales y defensa de los consumidores (BOE núm. 101, de 28 de abril de 2021), en vigor desde el 1 de julio de 2021.

1.º Los bienes que se destinen habitualmente a dicha actividad y a otras de naturaleza no empresarial ni profesional por períodos de tiempo alternativos.

2.º Los bienes o servicios que se utilicen simultáneamente para actividades empresariales o profesionales y para necesidades privadas.

3.º Los bienes o derechos que no figuren en la contabilidad o registros oficiales de la actividad empresarial o profesional del sujeto pasivo.

4.º Los bienes y derechos adquiridos por el sujeto pasivo que no se integren en su patrimonio empresarial o profesional.

5.º Los bienes destinados a ser utilizados en la satisfacción de necesidades personales o particulares de los empresarios o profesionales, de sus familiares o del personal dependiente de los mismos, con excepción de los destinados al alojamiento gratuito en los locales o instalaciones de la empresa del personal encargado de la vigilancia y seguridad de los mismos, y a los servicios económicos y socio-culturales del personal al servicio de la actividad.

Tres[292]. No obstante lo dispuesto en los apartados anteriores, las cuotas soportadas por la adquisición, importación, arrendamiento o cesión de uso por otro título de los bienes de inversión que se empleen en todo o en parte en el desarrollo de la actividad empresarial o profesional podrán deducirse de acuerdo con las siguientes reglas:

1.ª Cuando se trate de bienes de inversión distintos de los comprendidos en la regla siguiente, en la medida en que dichos bienes vayan a utilizarse previsiblemente, de acuerdo con criterios fundados, en el desarrollo de la actividad empresarial o profesional.

2.ª Cuando se trate de vehículos automóviles de turismo y sus remolques, ciclomotores y motocicletas, se presumirán afectados al desarrollo de la actividad empresarial o profesional en la proporción del 50 por 100.

A estos efectos, se considerarán automóviles de turismo, remolques, ciclomotores y motocicletas los definidos como tales en el anexo del Real Decreto legislativo 339/1990, de 2 de marzo, por el que se aprueba el texto articulado de la Ley sobre Tráfico, Circulación de Vehículos a Motor y Seguridad Vial, así como los definidos como vehículos mixtos en dicho anexo y, en todo caso, los denominados vehículos todo terreno o tipo «jeep».

No obstante lo dispuesto en esta regla 2.ª, los vehículos que se relacionan a continuación se presumirán afectados al desarrollo de la actividad empresarial o profesional en la proporción del 100 por 100:

a) Los vehículos mixtos utilizados en el transporte de mercancías.

b) Los utilizados en la prestación de servicios de transporte de viajeros mediante contraprestación.

---

[292]   Apartados Tres modificado por el art. 6.º.Duodécimo de la Ley 66/1997, de 30 de diciembre, de Medidas Fiscales, Administrativas y del Orden Social (BOE núm. 313, de 31 de diciembre de 1997), con efectos desde 1 de enero de 1998.

c) Los utilizados en la prestación de servicios de enseñanza de conductores o pilotos mediante contraprestación.

d) Los utilizados por sus fabricantes en la realización de pruebas, ensayos, demostraciones o en la promoción de ventas.

e) Los utilizados en los desplazamientos profesionales de los representantes o agentes comerciales.

f) Los utilizados en servicios de vigilancia.

3.ª Las deducciones a que se refieren las reglas anteriores deberán regularizarse cuando se acredite que el grado efectivo de utilización de los bienes en el desarrollo de la actividad empresarial o profesional es diferente del que se haya aplicado inicialmente.

La mencionada regularización se ajustará al procedimiento establecido en el Capítulo I del Título VIII de esta Ley para la deducción y regularización de las cuotas soportadas por la adquisición de los bienes de inversión, sustituyendo el porcentaje de operaciones que originan derecho a la deducción respecto del total por el porcentaje que represente el grado de utilización en el desarrollo de la actividad empresarial o profesional.

4.ª El grado de utilización en el desarrollo de la actividad empresarial o profesional deberá acreditarse por el sujeto pasivo por cualquier medio de prueba admitido en derecho. No será medio de prueba suficiente la declaración-liquidación presentada por el sujeto pasivo ni la contabilización o inclusión de los correspondientes bienes de inversión en los registros oficiales de la actividad empresarial o profesional.

5.ª A efectos de lo dispuesto en este apartado, no se entenderán afectos en ninguna proporción a una actividad empresarial o profesional los bienes que se encuentren en los supuestos previstos en los números 3.º y 4.º del apartado Dos de este artículo.

Cuatro[293]. Lo dispuesto en el apartado anterior será también de aplicación a las cuotas soportadas o satisfechas por la adquisición o importación de los siguientes bienes y servicios directamente relacionados con los bienes a que se refiere dicho apartado:

1.º Accesorios y piezas de recambio para los mencionados bienes.

2.º Combustibles, carburantes, lubricantes y productos energéticos necesarios para su funcionamiento.

3.º Servicios de aparcamiento y utilización de vías de peaje.

4.º Rehabilitación, renovación y reparación de los mismos.

---

[293] Apartado Cuatro modificado por el art. 6.º.Decimotercero de la Ley 66/1997, de 30 de diciembre, de Medidas Fiscales, Administrativas y del Orden Social (BOE núm. 313, de 31 de diciembre de 1997), con efectos desde 1 de enero de 1998.

Artículo 96[294]. *Exclusiones y restricciones del derecho a deducir*

Uno. No podrán ser objeto de deducción, en ninguna proporción, las cuotas soportadas como consecuencia de la adquisición, incluso por autoconsumo, importación, arrendamiento, transformación, reparación, mantenimiento o utilización de los bienes y servicios que se indican a continuación y de los bienes y servicios accesorios o complementarios a los mismos:

1.º Las joyas, alhajas, piedras preciosas, perlas naturales o cultivadas, y objetos elaborados total o parcialmente con oro o platino.

A efectos de este Impuesto se considerarán piedras preciosas el diamante, el rubí, el zafiro, la esmeralda, el aguamarina, el ópalo y la turquesa.

2.º[295] (...)

3.º Los alimentos, las bebidas y el tabaco.

4.º Los espectáculos y servicios de carácter recreativo.

5.º Los bienes o servicios destinados a atenciones a clientes, asalariados o a terceras personas.

No tendrán esta consideración:

a) Las muestras gratuitas y los objetos publicitarios de escaso valor definidos en el artículo 7, números 2.º y 4.º, de esta Ley.

b) Los bienes destinados exclusivamente a ser objeto de entrega o cesión de uso, directamente o mediante transformación, a título oneroso, que, en un momento posterior a su adquisición, se destinasen a atenciones a clientes, asalariados o terceras personas.

6.º Los servicios de desplazamiento o viajes, hostelería y restauración, salvo que el importe de los mismos tuviera la consideración de gasto fiscalmente deducible a efectos del Impuesto sobre la Renta de las Personas Físicas o del Impuesto sobre Sociedades.

Dos. Se exceptúan de lo dispuesto en el apartado anterior las cuotas soportadas con ocasión de las operaciones mencionadas en ellos y relativas a los siguientes bienes y servicios:

1.º Los bienes que objetivamente considerados sean de exclusiva aplicación industrial, comercial, agraria, clínica o científica.

2.º Los bienes destinados exclusivamente a ser objeto de entrega o cesión de uso a título oneroso, directamente o mediante transformación por empresarios o profesionales dedicados con habitualidad a la realización de tales operaciones.

---

[294]   Art. 96 modificado por el 6.º.Décimotercero de la Ley 66/1997, de 30 de diciembre, de Medidas Fiscales, Administrativas y del Orden Social (BOE núm. 313, de 31 de diciembre de 1997), con efectos desde 1 de enero de 1998.

[295]   Número 2.º suprimido por el art. 6.8 de la Ley 55/1999, de 29 de diciembre, de Medidas Fiscales, Administrativas y del Orden Social (BOE núm. 312, de 30 diciembre de 1999), con efectos desde 1 de enero de 2000.

3.º Los servicios recibidos para ser prestados como tales a título oneroso por empresarios o profesionales dedicados con habitualidad a la realización de dichas operaciones.

Tres. Las deducciones establecidas en el presente artículo y en el anterior se ajustarán también a las condiciones y requisitos previstos en el Capítulo I del Título VIII de esta Ley y, en particular, los que se refieren a la regla de prorrata.

Artículo 97[296]. *Requisitos formales de la deducción*

Uno[297]. Sólo podrán ejercitar el derecho a la deducción los empresarios o profesionales que estén en posesión del documento justificativo de su derecho.

A estos efectos, únicamente se considerarán documentos justificativos del derecho a la deducción:

1.º La factura original expedida por quien realice la entrega o preste el servicio o, en su nombre y por su cuenta, por su cliente o por un tercero, siempre que, para cualquiera de estos casos, se cumplan los requisitos que se establezcan reglamentariamente.

2.º La factura original expedida por quien realice una entrega que dé lugar a una adquisición intracomunitaria de bienes sujeta al impuesto, siempre que dicha adquisición esté debidamente consignada en la declaración-liquidación a que se refiere el número 6.º del apartado uno del artículo 164 de esta ley.

3.º[298] En el caso de las importaciones, el documento en el que conste la liquidación practicada por la Administración o, si se trata de operaciones asimiladas a las importaciones, la autoliquidación en la que se consigne el Impuesto devengado con ocasión de su realización.

4.º[299] La factura original o el justificante contable de la operación expedido por quien realice una entrega de bienes o una prestación de servicios al destinatario, sujeto pasivo del Impuesto, en los supuestos a que se refieren los números 2.º, 3.º y 4.º del apartado uno del artículo 84 y el artículo 140 quinque de esta Ley, siempre que dicha entrega o prestación

---

[296] Art. 97 modificado por el art. 4.Catorce de la Ley 53/2002, de 30 de diciembre, de Medidas Fiscales, Administrativas y del Orden Social (BOE núm. 313, de 31 de diciembre de 2002), con efectos desde 1 de enero de 2003.

[297] Apartado Uno modificado por el art. 7.1 de la Ley 62/2003, de 30 de diciembre, de Medidas Fiscales, Administrativas y del Orden Social (BOE núm. 313, de 31 de diciembre de 2003), con efectos a partir de 11 de enero de 2004.

[298] Número 3.º modificado por el art. 5.Siete de la Ley 4/2008, de 23 de diciembre, por la que se suprime el gravamen del Impuesto sobre el Patrimonio, se generaliza el sistema de devolución mensual en el Impuesto sobre el Valor Añadido, y se introducen otras modificaciones en la normativa tributaria (BOE núm. 310, de 25 de diciembre de 2008), de aplicación a partir de 26 de diciembre de 2008.

[299] Número 4º modificado por el art. 79.Nueve de la Ley 39/2010, de 22 de diciembre, de Presupuestos Generales del Estado para el año 2011 (BOE núm. 311, de 23 de diciembre de 2010), con efectos desde 1 de enero de 2011 y vigencia indefinida.

esté debidamente consignada en la declaración-liquidación a que se refiere el número 6.º del apartado uno del artículo 164 de esta Ley.

Cuando quien realice la entrega de bienes o la prestación de servicios esté establecido en la Comunidad, la factura original a que se refiere el párrafo anterior deberá contener los requisitos recogidos en el artículo 226 de la Directiva 2006/112/CE, del Consejo, de 28 de noviembre de 2006, relativa al sistema común del impuesto sobre el valor añadido[300].

5.º El recibo original firmado por el titular de la explotación agrícola, forestal, ganadera o pesquera a que se refiere el artículo 134, apartado tres, de esta ley.

Dos. Los documentos anteriores que no cumplan todos y cada uno de los requisitos establecidos legal y reglamentariamente no justificarán el derecho a la deducción, salvo que se produzca la correspondiente rectificación de los mismos. El derecho a la deducción de las cuotas cuyo ejercicio se justifique mediante un documento rectificativo sólo podrá efectuarse en el período impositivo en el que el empresario o profesional reciba dicho documento o en los siguientes, siempre que no haya transcurrido el plazo al que hace referencia el artículo 100 de esta Ley, sin perjuicio de lo dispuesto en el apartado dos del artículo 114 de la misma.

Tres. En ningún caso será admisible el derecho a deducir en cuantía superior a la cuota tributaria expresa y separadamente consignada que haya sido repercutida o, en su caso, satisfecha según el documento justificativo de la deducción.

Cuatro. Tratándose de bienes o servicios adquiridos en común por varias personas, cada uno de los adquirentes podrá efectuar la deducción, en su caso, de la parte proporcional correspondiente, siempre que en el original y en cada uno de los ejemplares duplicados de la factura se consigne, en forma distinta y separada, la porción de base imponible y cuota repercutida a cada uno de los destinatarios.

Artículo 98. *Nacimiento del derecho a deducir*

Uno. El derecho a la deducción nace en el momento en que se devengan las cuotas deducibles, salvo en los casos previstos en los apartados siguientes.

Dos[301]. (...)

Tres. En las entregas de medios de transporte nuevos, realizadas ocasionalmente por las personas a que se refiere el artículo 5.º, apartado Uno, letra e), de esta Ley, el derecho a la deducción nace en el momento de efectuar la correspondiente entrega.

---

[300]   Reglamento de ejecución (UE) núm. 282/2011 del Consejo, de 15 de marzo de 2011, por el que se establecen disposiciones de aplicación de la Directiva 2006/112/CE relativa al sistema común del Impuesto sobre el Valor Añadido (DOUE L 77/1 de 23 de marzo de 2011).

[301]   Apartado Dos derogado por la disposición final 7.ª de la Ley 51/2007, de 26 de diciembre, de Presupuestos Generales del Estado para el año 2008 (BOE núm. 310, de 27 diciembre de 2007), con efectos desde 1 de enero de 2008.

Cuatro[302]. El derecho a la deducción de las cuotas soportadas o satisfechas con ocasión de la adquisición o importación de los objetos de arte, antigüedades y objetos de colección a que se refiere el artículo 135, apartado Dos, de esta Ley, nace en el momento en que se devengue el Impuesto correspondiente a las entregas de dichos bienes.

Cinco[303]. El derecho a la deducción de las cuotas soportadas o satisfechas con ocasión de la adquisición o importación de los bienes y servicios que, efectuadas para la realización del viaje, redunden directamente en beneficio del viajero que se citan en el artículo 146 de esta Ley y se destinen a la realización de una operación respecto de la que no resulte aplicable el régimen especial de las agencias de viajes, en virtud de lo previsto en el artículo 147 de la misma, nacerá en el momento en el que se devengue el Impuesto correspondiente a dicha operación.

Artículo 99. *Ejercicio del derecho a la deducción*

Uno. En las declaraciones-liquidaciones correspondientes a cada uno de los períodos de liquidación, los sujetos pasivos podrán deducir globalmente el montante total de las cuotas deducibles soportadas en dicho período del importe total de las cuotas del Impuesto sobre el Valor Añadido devengadas durante el mismo período de liquidación en el territorio de aplicación del Impuesto como consecuencia de las entregas de bienes, adquisiciones intracomunitarias de bienes o prestaciones de servicios por ellos realizadas.

Dos. Las deducciones deberán efectuarse en función del destino previsible de los bienes y servicios adquiridos, sin perjuicio de su rectificación posterior si aquél fuese alterado.

No obstante, en los supuestos de destrucción o pérdida de los bienes adquiridos o importados, por causa no imputable al sujeto pasivo debidamente justificada, no será exigible la referida rectificación.

Tres[304].El derecho a la deducción solo podrá ejercitarse en la declaración-liquidación relativa al periodo de liquidación en que su titular haya soportado las cuotas deducibles o en

---

[302]   Apartado Cuatro añadido por el art. 15.1 de la Ley 42/1994, de 30 de diciembre, de Medidas Fiscales, Administrativas y del Orden Social (BOE núm. 313, de 31 de diciembre de 1994), en vigor desde 1 de enero de 1995.

[303]   Nuevo apartado cinco incorporado por el art. 1. Veinticuatro. de la Ley 28/2014, de 27 de noviembre, por la que se modifican la Ley 37/1992, de 28 de diciembre, del Impuesto sobre el Valor Añadido, la Ley 20/1991, de 7 de junio, de modificación de los aspectos fiscales del Régimen Económico Fiscal de Canarias, la Ley 38/1992, de 28 de diciembre, de Impuestos Especiales, y la Ley 16/2013, de 29 de octubre, por la que se establecen determinadas medidas en materia de fiscalidad medioambiental y se adoptan otras medidas tributarias y financieras (BOE núm. 288, de 28 de noviembre de 2014), en vigor desde el 1 de enero de 2015.

[304]   Nueva redacción del apartado Tres del artículo 99, dada por el art. 5.Seis de la Ley 7/2012, de 29 de octubre, de modificación de la normativa tributaria y presupuestaria y de adecuación de la normativa financiera para la intensificación de las actuaciones en la prevención y lucha contra el fraude (BOE núm. 261, de 30 de octubre de 2012), con efectos desde el 31 de octubre de 2012.

las de los sucesivos, siempre que no hubiera transcurrido el plazo de cuatro años, contados a partir del nacimiento del mencionado derecho.

Sin embargo, en caso de declaración de concurso, el derecho a la deducción de las cuotas soportadas con anterioridad a la misma, que estuvieran pendientes de deducir, deberá ejercitarse en la declaración-liquidación correspondiente al periodo de liquidación en el que se hubieran soportado.

Cuando no se hubieran incluido las cuotas soportadas deducibles a que se refiere el párrafo anterior en dichas declaraciones-liquidaciones, y siempre que no hubiera transcurrido el plazo de cuatro años, contados a partir del nacimiento del derecho a la deducción de tales cuotas, el concursado o, en los casos previstos por el artículo 86.3 de la Ley Concursal, la administración concursal, podrá deducirlas mediante la rectificación de la declaración-liquidación relativa al periodo en que fueron soportadas.

Cuando hubiese mediado requerimiento de la Administración o actuación inspectora, serán deducibles, en las liquidaciones que procedan, las cuotas soportadas que estuviesen debidamente contabilizadas en los libros registros establecidos reglamentariamente para este Impuesto, mientras que las cuotas no contabilizadas serán deducibles en la declaración-liquidación del periodo correspondiente a su contabilización o en las de los siguientes. En todo caso, unas y otras cuotas solo podrán deducirse cuando no haya transcurrido el plazo a que se refiere el primer párrafo.

En el supuesto de las ventas ocasionales a que se refiere el artículo 5, apartado uno, letra e), de esta Ley, el derecho a la deducción solo podrá ejercitarse en la declaración relativa al periodo en que se realice la entrega de los correspondientes medios de transporte nuevos.

Cuatro[305].Se entenderán soportadas las cuotas deducibles en el momento en que el empresario o profesional que las soportó reciba la correspondiente factura o demás documentos justificativos del derecho a la deducción.

Si el devengo del Impuesto se produjese en un momento posterior al de la recepción de la factura, dichas cuotas se entenderán soportadas cuando se devenguen.

En el caso al que se refiere el artículo 98, apartado cuatro de esta Ley, las cuotas deducibles se entenderán soportadas en el momento en que nazca el derecho a la deducción.

Redacción anterior del apartado Tres dada por el art. 15.2 de la Ley 42/1994, de 30 de diciembre, de Medidas Fiscales, Administrativas y del Orden Social (BOE núm. 313, de 31 de diciembre de 1994), en vigor desde 1 de enero de 1995.

En virtud del art. 6.6 de la Ley 55/1999, de 29 de diciembre, de Medidas Fiscales, Administrativas y del Orden Social (BOE núm. 312, de 30 diciembre de 1999), se reduce el plazo de cinco a cuatro años, con efectos desde 1 de enero de 2000, sin perjuicio del régimen transitorio.

[305]   Apartado Cuatro modificado por el art. 79.Diez de la Ley 39/2010, de 22 de diciembre, de Presupuestos Generales del Estado para el año 2011 (BOE núm. 311, de 23 de diciembre de 2010), con efectos desde 1 de enero de 2011 y vigencia indefinida.

Cinco[306]. Cuando la cuantía de las deducciones procedentes supere el importe de las cuotas devengadas en el mismo periodo de liquidación, el exceso podrá ser compensado en las declaraciones-liquidaciones posteriores, siempre que no hubiesen transcurrido cuatro años contados a partir de la presentación de la declaración-liquidación en que se origine dicho exceso.

No obstante, el sujeto pasivo podrá optar por la devolución del saldo existente a su favor cuando resulte procedente en virtud de lo dispuesto en el Capítulo II de este Título, sin que en tal caso pueda efectuar su compensación en declaraciones-liquidaciones posteriores, cualquiera que sea el periodo de tiempo transcurrido hasta que dicha devolución se haga efectiva.

En la declaración-liquidación, prevista reglamentariamente, referida a los hechos imponibles anteriores a la declaración de concurso se deberá aplicar la totalidad de los saldos acumulados a compensar de periodos de liquidación anteriores a dicha declaración.

Artículo 100. *Caducidad del derecho a la deducción*

El derecho a la deducción caduca cuando el titular no lo hubiera ejercitado en los plazos y cuantías señalados en el artículo 99 de esta Ley.

No obstante, en los casos en que la procedencia del derecho a deducir o la cuantía de la deducción esté pendiente de la resolución de una controversia en vía administrativa o jurisdiccional, el derecho a la deducción caducará cuando hubiesen transcurrido cuatro años[307] desde la fecha en que la resolución o sentencia sean firmes.

Artículo 101[308]. *Régimen de deducciones en sectores diferenciados de la actividad empresarial o profesional*

Uno[309]. Los sujetos pasivos que realicen actividades económicas en sectores diferenciados de la actividad empresarial o profesional deberán aplicar separadamente el régimen de deducciones respecto de cada uno de ellos.

---

[306]   Nueva redacción del apartado cinco del artículo 99, dada por el art. 5.Seis de la Ley 7/2012, de 29 de octubre, de modificación de la normativa tributaria y presupuestaria y de adecuación de la normativa financiera para la intensificación de las actuaciones en la prevención y lucha contra el fraude (BOE núm. 261, de 30 de octubre de 2012), con efectos desde el 31 de octubre de 2012.
     En virtud del art. 6.6 de la Ley 55/1999, de 29 de diciembre, de Medidas Fiscales, Administrativas y del Orden Social (BOE núm. 312, de 30 diciembre de 1999), se reduce el plazo de cinco a cuatro años, con efectos desde 1 de enero de 2000, sin perjuicio del régimen transitorio.

[307]   En virtud del art. 6 de la Ley 55/1999, de 29 de diciembre, de Medidas Fiscales, Administrativas y del Orden Social (BOE núm. 312, de 30 de diciembre de 1999), se reduce el plazo de cinco a cuatro años, con efectos desde 1 de enero de 2000.

[308]   Art. 101 modificado por el 6.Décimocuarto de la Ley 66/1997, de 30 de diciembre, de Medidas Fiscales, Administrativas y del Orden Social (BOE núm. 313, de 31 de diciembre de 1997), con efectos desde 1 de enero de 1998.

[309]   Nueva redacción del art. 101.Uno dada por el art. 1. Veinticinco de la Ley 28/2014, de 27 de noviembre, por la que se modifican la Ley 37/1992, de 28 de diciembre, del Impuesto sobre el Valor Añadido, la Ley

La aplicación de la regla de prorrata especial podrá efectuarse independientemente respecto de cada uno de los sectores diferenciados de la actividad empresarial o profesional determinados por aplicación de lo dispuesto en el artículo 9, número 1.º, letra c), letras a'), c') y d') de esta Ley.

Los regímenes de deducción correspondientes a los sectores diferenciados de actividad determinados por aplicación de lo dispuesto en el artículo 9, número 1.º, letra c), letra b') de esta Ley se regirán, en todo caso, por lo previsto en la misma para los regímenes especiales simplificado, de la agricultura, ganadería y pesca, de las operaciones con oro de inversión y del recargo de equivalencia, según corresponda.

Cuando se efectúen adquisiciones o importaciones de bienes o servicios para su utilización en común en varios sectores diferenciados de actividad, será de aplicación lo establecido en el artículo 104, apartados dos y siguientes de esta Ley, para determinar el porcentaje de deducción aplicable respecto de las cuotas soportadas en dichas adquisiciones o importaciones, computándose a tal fin las operaciones realizadas en los sectores diferenciados correspondientes y considerándose que, a tales efectos, no originan el derecho a deducir las operaciones incluidas en el régimen especial de la agricultura, ganadería y pesca o en el régimen especial del recargo de equivalencia.

Por excepción a lo dispuesto en el párrafo anterior, no se tendrán en cuenta las operaciones realizadas en el sector diferenciado de actividad de grupo de entidades. Asimismo y, siempre que no pueda aplicarse lo previsto en dicho párrafo, cuando tales bienes o servicios se destinen a ser utilizados simultáneamente en actividades acogidas al régimen especial simplificado y en otras actividades sometidas al régimen especial de la agricultura, ganadería y pesca o del recargo de equivalencia, el referido porcentaje de deducción a efectos del régimen simplificado será del 50 por ciento si la afectación se produce respecto de actividades sometidas a dos de los citados regímenes especiales, o de un tercio en otro caso.

Dos. La Administración podrá autorizar la aplicación de un régimen de deducción común a los sectores diferenciados de la actividad empresarial o profesional del sujeto pasivo determinados únicamente por aplicación de lo dispuesto en el artículo 9, número 1.º, letra c), letra a'), de esta Ley.

La autorización no surtirá efectos en el año en que el montante total de las cuotas deducibles por la aplicación del régimen de deducción común exceda en un 20 por 100 al

---

20/1991, de 7 de junio, de modificación de los aspectos fiscales del Régimen Económico Fiscal de Canarias, la Ley 38/1992, de 28 de diciembre, de Impuestos Especiales, y la Ley 16/2013, de 29 de octubre, por la que se establecen determinadas medidas en materia de fiscalidad medioambiental y se adoptan otras medidas tributarias y financieras (BOE núm. 288, de 28 de noviembre de 2014), en vigor desde el 1 de enero de 2015.

Redacción anterior dada por el art. 4.Diecisiete de la Ley 53/2002, de 30 de diciembre, de Medidas Fiscales, Administrativas y del Orden Social (BOE núm. 313, de 31 de diciembre de 2002), con efectos desde 1 de enero de 2003.

que resultaría de aplicar con independencia el régimen de deducciones respecto de cada sector diferenciado.

La autorización concedida continuará vigente durante los años sucesivos en tanto no sea revocada o renuncie a ella el sujeto pasivo.

Reglamentariamente se establecerán los requisitos y el procedimiento a los que deban ajustarse las autorizaciones a que se refiere este apartado[310].

Artículo 102. *Regla de prorrata*

Uno[311]. La regla de prorrata será de aplicación cuando el sujeto pasivo, en el ejercicio de su actividad empresarial o profesional, efectúe conjuntamente entregas de bienes o prestaciones de servicios que originen el derecho a la deducción y otras operaciones de análoga naturaleza que no habiliten para el ejercicio del citado derecho.

Dos. No obstante lo dispuesto en el apartado anterior, los sujetos pasivos podrán deducir íntegramente las cuotas soportadas en las adquisiciones o importaciones de bienes o en las prestaciones de servicios en la medida en que se destinen a la realización de los autoconsumos a que se refiere el artículo 9.º, número 1.º, letra c), que tengan por objeto bienes constitutivos de las existencias y de los autoconsumos comprendidos en la letra d) del mismo artículo y número de esta Ley[312].

Artículo 103. *Clases de prorrata y criterios de aplicación*

Uno. La regla de prorrata tendrá dos modalidades de aplicación: general y especial.

La regla de prorrata general se aplicará cuando no se den las circunstancias indicadas en el apartado siguiente.

Dos. La regla de prorrata especial será aplicable en los siguientes supuestos:

1.º Cuando los sujetos pasivos opten por la aplicación de dicha regla en los plazos y forma que se determinen reglamentariamente[313].

2.º[314] Cuando el montante total de las cuotas deducibles en un año natural por aplicación de la regla de prorrata general exceda en un 10 por ciento o más del que resultaría por aplicación de la regla de prorrata especial.

---

[310]   Art. 28 del RIVA.

[311]   Apartado Uno modificado por el art. único.Dos de la Ley 3/2006, de 29 de marzo (BOE núm. 76, de 30 marzo de 2006), en vigor desde 1 de enero de 2006.

[312]   Disposición transitoria Quinta de esta Ley.

[313]   Art. 28 del RIVA.

[314]   Nueva redacción del núm. 2º. dada por el art. 1. Veintiséis de la Ley 28/2014, de 27 de noviembre, por la que se modifican la Ley 37/1992, de 28 de diciembre, del Impuesto sobre el Valor Añadido, la Ley 20/1991, de 7 de junio, de modificación de los aspectos fiscales del Régimen Económico Fiscal de Canarias, la Ley 38/1992, de 28 de diciembre, de Impuestos Especiales, y la Ley 16/2013, de 29 de octubre, por la que se establecen determinadas medidas en materia de fiscalidad medioambiental y se adoptan otras medidas

Artículo 104. *La prorrata general*

Uno[315]. En los casos de aplicación de la regla de prorrata general, sólo será deducible el Impuesto soportado en cada período de liquidación en el porcentaje que resulte de lo dispuesto en el apartado Dos siguiente.

Para la aplicación de lo dispuesto en el párrafo anterior no se computarán en el Impuesto soportado las cuotas que no sean deducibles en virtud de lo dispuesto en los artículos 95 y 96 de esta Ley.

Dos[316]. El porcentaje de deducción a que se refiere el apartado anterior se determinará multiplicando por 100 el resultante de una fracción en la que figuren:

1.º En el numerador, el importe total, determinado para cada año natural, de las entregas de bienes y prestaciones de servicios que originen el derecho a la deducción, realizadas por el sujeto pasivo en el desarrollo de su actividad empresarial o profesional o, en su caso, en el sector diferenciado que corresponda.

2.º[317] En el denominador, el importe total, determinado para el mismo período de tiempo, de las entregas de bienes y prestaciones de servicios realizadas por el sujeto pasivo en el desarrollo de su actividad empresarial o profesional o, en su caso, en el sector diferenciado que corresponda, incluidas aquellas que no originen el derecho a deducir.

En las operaciones de cesión de divisas, billetes de banco y monedas que sean medios legales de pago, exentas del impuesto, el importe a computar en el denominador será el de la contraprestación de la reventa de dichos medios de pago, incrementado, en su caso, en el de las comisiones percibidas y minorado en el precio de adquisición de las mismas o, si éste no pudiera determinarse, en el precio de otras divisas, billetes o monedas de la misma naturaleza adquiridas en igual fecha.

En las operaciones de cesión de pagarés y valores no integrados en la cartera de las entidades financieras, el importe a computar en el denominador será el de la contraprestación de la reventa de dichos efectos incrementado, en su caso, en el de los intereses y comisiones exigibles y minorado en el precio de adquisición de los mismos.

Tratándose de valores integrados en la cartera de las entidades financieras deberán computarse en el denominador de la prorrata los intereses exigibles durante el período de

---

tributarias y financieras (BOE núm. 288, de 28 de noviembre de 2014), en vigor desde el 1 de enero de 2015.

[315] Apartado Uno modificado por el art. 6.º.Décimosexto de la Ley 66/1997, de 30 de diciembre, de Medidas Fiscales, Administrativas y del Orden Social (BOE núm. 313, de 31 de diciembre de 1997), con efecto general desde 1 de enero de 1998.

[316] Apartado Dos modificado por el art. 6.º.Décimosexto de la Ley 66/1997, de 30 de diciembre, de Medidas Fiscales, Administrativas y del Orden Social (BOE núm. 313, de 31 de diciembre de 1997), con efecto general desde 1 de enero de 1998.

[317] Número 2.º modificado por el art. único.Tres de la Ley 3/2006, de 29 de marzo (BOE núm. 76, de 30 marzo de 2006), en vigor desde 1 de enero de 2006.

tiempo que corresponda y, en los casos de transmisión de los referidos valores, las plusvalías obtenidas.

La prorrata de deducción resultante de la aplicación de los criterios anteriores se redondeará en la unidad superior.

Tres. Para la determinación del porcentaje de deducción no se computarán en ninguno de los términos de la relación:

1.º[318] Las operaciones realizadas desde establecimientos permanentes situados fuera del territorio de aplicación del Impuesto.

2.º Las cuotas del Impuesto sobre el Valor Añadido que hayan gravado directamente las operaciones a que se refiere el apartado anterior.

3.º El importe de las entregas y exportaciones de los bienes de inversión que el sujeto pasivo haya utilizado en su actividad empresarial o profesional.

4.º El importe de las operaciones inmobiliarias o financieras que no constituyan actividad empresarial o profesional habitual del sujeto pasivo.

En todo caso se reputará actividad empresarial o profesional habitual del sujeto pasivo la de arrendamiento.

Tendrán la consideración de operaciones financieras a estos efectos las descritas en el artículo 20, apartado Uno, número 18.º, de esta Ley, incluidas las que no gocen de exención.

5.º Las operaciones no sujetas al Impuesto según lo dispuesto en el artículo 7.º de esta Ley.

6.º Las operaciones a que se refiere el artículo 9.º, número 1.º, letra d), de esta Ley.

Cuatro. A los efectos del cálculo de la prorrata, se entenderá por importe total de las operaciones la suma de las contraprestaciones correspondientes a las mismas, determinadas según lo establecido en los artículos 78 y 79 de esta Ley, incluso respecto de las operaciones exentas o no sujetas al Impuesto.

A efectos de lo dispuesto en el párrafo anterior, en aquellas operaciones en las que la contraprestación fuese inferior a la base imponible del Impuesto sobre el Valor Añadido deberá computarse el importe de esta última en lugar de aquélla.

Tratándose de entregas con destino a otros Estados miembros o de exportaciones definitivas, en defecto de contraprestación se tomará como importe de la operación el valor de mercado en el interior del territorio de aplicación del Impuesto de los productos entregados o exportados.

Cinco. En las ejecuciones de obras y prestaciones de servicios realizadas fuera del territorio de aplicación del Impuesto se tomará como importe de la operación el resultante de

---

[318]　Nueva redacción del núm. 1.º del art. 104.Tres dada por el art. 78 de la Ley 22/2013, de 23 de diciembre, de Presupuestos Generales del Estado para el año 2014 (BOE núm. 309, de 26 de diciembre de 2013), con efectos desde el 1 de enero de 2014 y vigencia indefinida.

multiplicar la total contraprestación por el coeficiente obtenido de dividir la parte de coste soportada en territorio de aplicación del Impuesto por el coste total de la operación.

A efectos de lo dispuesto en el párrafo anterior, no se computarán los gastos de personal dependiente de la empresa.

Seis. Para efectuar la imputación temporal serán de aplicación, respecto de la totalidad de operaciones incluidas en los apartados anteriores, las normas sobre el devengo del Impuesto establecidas en el Título IV de esta Ley.

No obstante, las exportaciones exentas del Impuesto en virtud de lo establecido en el artículo 21 de esta Ley y las demás exportaciones definitivas de bienes se entenderán realizadas, a estos efectos, en el momento en que sea admitida por la Aduana la correspondiente solicitud de salida.

Artículo 105. *Procedimiento de la prorrata general*

Uno. Salvo lo dispuesto en los apartados Dos y Tres de este artículo, el porcentaje de deducción provisionalmente aplicable cada año natural será el fijado como definitivo para el año precedente.

Dos. Podrá solicitarse la aplicación de un porcentaje provisional distinto del establecido en el apartado anterior cuando se produzcan circunstancias susceptibles de alterarlo significativamente[319].

Tres[320]. En los supuestos de inicio de actividades empresariales o profesionales, y en los de inicio de actividades que vayan a constituir un sector diferenciado respecto de las que se viniesen desarrollando con anterioridad, el porcentaje provisional de deducción aplicable durante el año en que se comience la realización de las entregas de bienes y prestaciones de servicios correspondientes a la actividad de que se trate será el que se hubiese determinado según lo previsto en el apartado Dos del artículo 111 de esta Ley.

En los casos en que no se hubiese determinado un porcentaje provisional de deducción según lo dispuesto en el apartado Dos del artículo 111 de esta Ley, el porcentaje provisional a que se refiere el párrafo anterior se fijará de forma análoga a lo previsto en dicho precepto.

Cuatro. En la última declaración-liquidación del Impuesto correspondiente a cada año natural el sujeto pasivo calculará la prorrata de deducción definitiva en función de las operaciones realizadas en dicho año natural y practicará la consiguiente regularización de las deducciones provisionales.

Cinco. En los supuestos de interrupción durante uno o más años naturales de la actividad empresarial o profesional o, en su caso, de un sector diferenciado de la misma, el

---

[319] Art. 28 del RIVA.

[320] Apartado Tres modificado por el art. 5.cinco de la Ley 14/2000, de 29 de diciembre, de Medidas Fiscales, Administrativas y del Orden Social (BOE núm. 313, de 30 de diciembre de 2000), con efectos desde 1 de enero de 2001.

porcentaje de deducción definitivamente aplicable durante cada uno de los mencionados años será el que globalmente corresponda al conjunto de los tres últimos años naturales en que se hubiesen realizado operaciones.

Seis. El porcentaje de deducción, determinado con arreglo a lo dispuesto en los apartados anteriores de este artículo, se aplicará a la suma de las cuotas soportadas por el sujeto pasivo durante el año natural correspondiente, excluidas las que no sean deducibles en virtud de lo establecido en los artículos 95 y 96 de esta Ley.

Artículo 106. *La prorrata especial*

Uno[321]. El ejercicio del derecho a deducir en la prorrata especial se ajustará a las siguientes reglas:

1.ª Las cuotas impositivas soportadas en la adquisición o importación de bienes o servicios utilizados exclusivamente en la realización de operaciones que originen el derecho a la deducción podrán deducirse íntegramente.

2.ª Las cuotas impositivas soportadas en la adquisición o importación de bienes o servicios utilizados exclusivamente en la realización de operaciones que no originen el derecho a deducir no podrán ser objeto de deducción.

3.ª Las cuotas impositivas soportadas en la adquisición o importación de bienes o servicios utilizados sólo en parte en la realización de operaciones que originen el derecho a la deducción podrán ser deducidas en la proporción resultante de aplicar al importe global de las mismas el porcentaje a que se refiere el artículo 104, apartados Dos y siguientes.

La aplicación de dicho porcentaje se ajustará a las normas de procedimiento establecidas en el artículo 105 de esta Ley.

Dos. En ningún caso podrán ser objeto de deducción las cuotas no deducibles en virtud de lo dispuesto en los artículos 95 y 96 de esta Ley.

Artículo 107[322]. *Regularización de deducciones por bienes de inversión*

Uno. Las cuotas deducibles por la adquisición o importación de bienes de inversión deberán regularizarse durante los cuatro años naturales siguientes a aquél en que los sujetos pasivos realicen las citadas operaciones.

---

[321] Apartado Uno modificado por el art. único.Cuatro de la Ley 3/2006, de 29 de marzo (BOE núm. 76, de 30 marzo de 2006), en vigor desde 1 de enero de 2006.
Resolución 2/2005, de 14 de noviembre, de la Dirección General de Tributos, sobre la incidencia en el derecho a la deducción en el Impuesto sobre el Valor Añadido de la percepción de subvenciones no vinculadas al precio de las operaciones a partir de la sentencia del Tribunal de Justicia de las Comunidades Europeas de 6 de octubre de 2005 (BOE de 22 de noviembre de 2005).

[322] Arts. 65 y 68 del RIVA, relativo al Libro Registro de bienes de inversión que han de llevar los sujetos pasivos que deban regularizar las deducciones practicadas por los bienes de inversión.

No obstante, cuando la utilización efectiva o entrada en funcionamiento de los bienes se inicien con posterioridad a su adquisición o importación, la regularización se efectuará el año en que se produzcan dichas circunstancias y los cuatro siguientes.

Las regularizaciones indicadas en este apartado sólo se practicarán cuando, entre el porcentaje de deducción definitivo correspondiente a cada uno de dichos años y el que prevaleció en el año en que se soportó la repercusión, exista una diferencia superior a diez puntos.

Dos. Asimismo se aplicará la regularización a que se refiere el apartado anterior cuando los sujetos pasivos hubiesen realizado, durante el año de adquisición de los bienes de inversión, exclusivamente operaciones que originen derecho a deducción o exclusivamente operaciones que no originen tal derecho y, posteriormente, durante los años siguientes indicados en dicho apartado se modificase esta situación en los términos previstos en el apartado anterior.

Tres[323]. Tratándose de terrenos o edificaciones, las cuotas deducibles por su adquisición deberán regularizarse durante los nueve años naturales siguientes a la correspondiente adquisición.

Sin embargo, si su utilización efectiva o entrada en funcionamiento se inician con posterioridad a su adquisición la regularización se efectuará el año en que se produzcan dichas circunstancias y los nueve años naturales siguientes.

Cuatro. La regularización de las cuotas impositivas que hubiesen sido soportadas con posterioridad a la adquisición o importación de los bienes de inversión o, en su caso, del inicio de su utilización o de su entrada en funcionamiento, deberá efectuarse al finalizar el año en que se soporten dichas cuotas con referencia a la fecha en que se hubieran producido las circunstancias indicadas y por cada uno de los años transcurridos desde entonces.

Cinco. Lo dispuesto en este artículo no será de aplicación en las operaciones a que se refiere el artículo 7.º, número 1.º, de esta Ley, quedando el adquirente automáticamente subrogado en la posición del transmitente.

En tales casos, la prorrata de deducción aplicable para practicar la regularización de deducciones de dichos bienes durante el mismo año y los que falten para terminar el período de regularización será la que corresponda al adquirente.

Seis. En los supuestos de pérdida o inutilización definitiva de los bienes de inversión, por causa no imputable al sujeto pasivo debidamente justificada, no procederá efectuar regularización alguna durante los años posteriores a aquél en que se produzca dicha circunstancia.

Siete. Los ingresos o, en su caso, deducciones complementarias resultantes de la regularización de deducciones por bienes de inversión deberán efectuarse en la declaración-li-

---

[323]   Apartado Tres modificado por el art. Uno.6 del Real Decreto-Ley 7/1993, de 21 de mayo, de Medidas Urgentes de Adaptación y Modificación de Determinados Impuestos (BOE núm. 126, de 27 de mayo de 1993), en vigor desde 27 de mayo de 1993.

quidación correspondiente al último período de liquidación del año natural a que se refieran, salvo en el supuesto mencionado en el apartado Cuatro, en el que deberá realizarse en el mismo año en que se soporten las cuotas repercutidas.

Artículo 108. *Concepto de bienes de inversión*

Uno. A los efectos de este Impuesto, se considerarán de inversión los bienes corporales, muebles, semovientes o inmuebles que, por su naturaleza y función, estén normalmente destinados a ser utilizados por un período de tiempo superior a un año como instrumentos de trabajo o medios de explotación.

Dos. No tendrán la consideración de bienes de inversión:

1.º Los accesorios y piezas de recambio adquiridos para la reparación de los bienes de inversión utilizados por el sujeto pasivo.

2.º Las ejecuciones de obra para la reparación de otros bienes de inversión.

3.º Los envases y embalajes, aunque sean susceptibles de reutilización.

4.º Las ropas utilizadas para el trabajo por los sujetos pasivos o el personal dependiente.

5.º Cualquier otro bien cuyo valor de adquisición sea inferior a 3.005,06 euros *(quinientas mil pesetas)*.

Artículo 109. *Procedimiento para practicar la regularización de deducciones por bienes de inversión*

La regularización de las deducciones a que se refiere el artículo 107 de esta Ley se realizará del siguiente modo:

1.º Conocido el porcentaje de deducción definitivamente aplicable en cada uno de los años en que deba tener lugar la regularización, se determinará el importe de la deducción que procedería si la repercusión de las cuotas se hubiesen soportado en el año que se considere.

2.º Dicho importe se restará del de la deducción efectuada en el año en que tuvo lugar la repercusión.

3.º La diferencia positiva o negativa se dividirá por cinco o, tratándose de terrenos o edificaciones, por diez, y el cociente resultante será la cuantía del ingreso o de la deducción complementarios a efectuar.

Artículo 110. *Entregas de bienes de inversión durante el período de regularización*

Uno. En los casos de entregas de bienes de inversión durante el período de regularización se efectuará una regularización única por el tiempo de dicho período que quede por transcurrir.

A tal efecto, se aplicarán las siguientes reglas:

1.ª Si la entrega estuviere sujeta al Impuesto y no exenta, se considerará que el bien de inversión se empleó exclusivamente en la realización de operaciones que originan el derecho a deducir durante todo el año en que se realizó dicha entrega y en los restantes hasta la expiración del período de regularización.

No obstante, no será deducible la diferencia entre la cantidad que resulte de la aplicación de lo dispuesto en el párrafo anterior y el importe de la cuota devengada por la entrega del bien.

2.ª Si la entrega resultare exenta o no sujeta, se considerará que el bien de inversión se empleó exclusivamente en la realización de operaciones que no originan el derecho a deducir durante todo el año en que se realizó dicha entrega y en los restantes hasta la expiración del período de regularización.

La regla establecida en el párrafo anterior también será de aplicación en los supuestos en que el sujeto pasivo destinase bienes de inversión a fines que, con arreglo a lo establecido en los artículos 95 y 96 de esta Ley, determinen la aplicación de limitaciones, exclusiones o restricciones del derecho a deducir, durante todo el año en que se produjesen dichas circunstancias y los restantes hasta la terminación del período de regularización.

Se exceptúan de lo previsto en el primer párrafo de esta regla las entregas de bienes de inversión exentas o no sujetas que originen el derecho a la deducción, a las que se aplicará la regla primera. Las deducciones que procedan en este caso no podrán exceder de la cuota que resultaría de aplicar el tipo impositivo vigente en relación con las entregas de bienes de la misma naturaleza al valor interior de los bienes exportados o enviados a otro Estado miembro de la Comunidad.

Dos. La regularización a que se refiere este artículo deberá practicarse incluso en el supuesto de que en los años anteriores no hubiere sido de aplicación la regla de prorrata.

Tres. Lo dispuesto en este artículo será también de aplicación cuando los bienes de inversión se transmitiesen antes de su utilización por el sujeto pasivo.

Cuatro. Lo dispuesto en este artículo no será de aplicación, en ningún caso, a las operaciones a que se refiere el artículo 7.º, número 1.º, de esta Ley.

Artículo 111[324]. *Deducciones de las cuotas soportadas o satisfechas con anterioridad al inicio de la realización de las entregas de bienes o prestaciones de servicios correspondientes a actividades empresariales o profesionales*

Uno. Quienes no viniesen desarrollando con anterioridad actividades empresariales o profesionales y adquieran la condición de empresario o profesional por efectuar adquisi-

---

[324]   Art. 111 modificado por el art. 5.seis de la Ley 14/2000, de 29 de diciembre, de Medidas Fiscales, Administrativas y del Orden Social (BOE núm. 313, de 30 de diciembre de 2000), con efectos desde 1 de enero de 2001.

Art. 27 del RIVA y Resolución 1/2000, de 11 de octubre, de la D.G. de Tributos, relativa al ejercicio del derecho a la deducción de las cuotas del IVA soportadas por los empresarios o profesionales con anterioridad a la realización por los mismos de las entregas de bienes y/o prestaciones de servicios que constituyen el objeto de su actividad empresarial o profesional (BOE de 4 de noviembre de 2000).

ciones o importaciones de bienes o servicios con la intención, confirmada por elementos objetivos, de destinarlos a la realización de actividades de tal naturaleza, podrán deducir las cuotas que, con ocasión de dichas operaciones, soporten o satisfagan antes del momento en que inicien la realización habitual de las entregas de bienes o prestaciones de servicios correspondientes a dichas actividades, de acuerdo con lo dispuesto en este artículo y en los artículos 112 y 113 siguientes.

Lo dispuesto en el párrafo anterior será igualmente aplicable a quienes, teniendo ya la condición de empresario o profesional por venir realizando actividades de tal naturaleza, inicien una nueva actividad empresarial o profesional que constituya un sector diferenciado respecto de las actividades que venían desarrollando con anterioridad.

Dos[325]. Las deducciones a las que se refiere el apartado anterior se practicarán aplicando el porcentaje que proponga el empresario o profesional a la Administración, salvo en el caso de que esta última fije uno diferente en atención a las características de las correspondientes actividades empresariales o profesionales.

Tales deducciones se considerarán provisionales y estarán sometidas a las regularizaciones previstas en los artículos 112 y 113 de esta Ley.

Tres. Los empresarios o profesionales podrán solicitar la devolución de las cuotas que sean deducibles en virtud de lo establecido en el presente artículo, con arreglo a lo dispuesto en el artículo 115 de esta Ley.

Cuatro. Los empresarios que, en virtud de lo establecido en esta Ley, deban quedar sometidos al régimen especial del recargo de equivalencia desde el inicio de su actividad comercial, no podrán efectuar las deducciones a que se refiere este artículo en relación con las actividades incluidas en dicho régimen.

Cinco. Los empresarios o profesionales que hubiesen practicado las deducciones a que se refiere este artículo no podrán acogerse al régimen especial de la agricultura, ganadería y pesca por las actividades en las que utilicen los bienes y servicios por cuya adquisición hayan soportado o satisfecho las cuotas objeto de deducción hasta que finalice el tercer año natural de realización de las entregas de bienes o prestaciones de servicios efectuadas en el desarrollo de dichas actividades.

La aplicación de lo dispuesto en el párrafo anterior tendrá los mismos efectos que la renuncia al citado régimen especial.

Seis. A efectos de lo dispuesto en este artículo y en los artículos 112 y 113 de esta Ley, se considerará primer año de realización de entregas de bienes o prestaciones de servicios en el desarrollo de actividades empresariales o profesionales, aquél durante el cual el empresario o profesional comience el ejercicio habitual de dichas operaciones, siempre que el inicio de las mismas tenga lugar antes del día 1 de julio y, en otro caso, el año siguiente.

---

[325] Art. 28 del RIVA, en el que se desarrolla el procedimiento para formular la solicitud por la que se propone el porcentaje de deducción.

Artículo 112[326]. *Regularización de las deducciones de las cuotas soportadas con anterioridad al inicio de la realización de entregas de bienes o prestaciones de servicios correspondientes a actividades empresariales o profesionales*

Uno. Las deducciones provisionales a que se refiere el artículo 111 de esta Ley se regularizarán aplicando el porcentaje definitivo que globalmente corresponda al período de los cuatro primeros años naturales de realización de entregas de bienes o prestaciones de servicios efectuadas en el ejercicio de actividades empresariales o profesionales.

Dos[327]. El porcentaje definitivo a que se refiere el apartado anterior se determinará según lo dispuesto en el artículo 104 de esta Ley, computando al efecto el conjunto de las operaciones realizadas durante el período a que se refiere el citado apartado.

Tres. La regularización de las deducciones a que se refiere este artículo se realizará del siguiente modo:

1.º Conocido el porcentaje de deducción definitivamente aplicable a las cuotas soportadas o satisfechas con anterioridad al inicio de la realización de las entregas de bienes o prestaciones de servicios correspondientes a la actividad empresarial o profesional, se determinará el importe de la deducción que procedería en aplicación del mencionado porcentaje.

2.º Dicho importe se restará de la suma total de las deducciones provisionales practicadas conforme a lo dispuesto por el artículo 111 de esta Ley.

3.º La diferencia, positiva o negativa, será la cuantía del ingreso o de la deducción complementaria a efectuar.

Artículo 113[328]. *Regularización de las cuotas correspondientes a bienes de inversión, soportadas con anterioridad al inicio de la realización de las entregas de bienes o prestaciones de servicios correspondientes a actividades empresariales o profesionales*

Uno. Las deducciones provisionales a que se refiere el artículo 111 de esta Ley correspondientes a cuotas soportadas o satisfechas por la adquisición o importación de bienes de inversión, una vez regularizadas con arreglo a lo dispuesto en el artículo anterior, deberán ser objeto de la regularización prevista en el artículo 107 de esta misma Ley durante los años del período de regularización que queden por transcurrir.

Dos. Para la práctica de las regularizaciones previstas en este artículo, se considerará deducción efectuada el año en que tuvo lugar la repercusión a efectos de lo dispuesto en el artículo 109, número 2.º de esta Ley, la que resulte del porcentaje de deducción defini-

---

[326]   Art. 112 modificado por el art. 5.siete de la Ley 14/2000, de 29 de diciembre, de Medidas Fiscales, Administrativas y del Orden Social (BOE núm. 313, de 30 de diciembre de 2000), con efectos desde 1 de enero de 2001.

[327]   Apartado Dos modificado por el art. único.Cinco de la Ley 3/2006, de 29 de marzo (BOE núm. 76, de 30 marzo de 2006), en vigor desde 1 de enero de 2006.

[328]   Art. 113 modificado por el art. 5 de la Ley 14/2000, de 29 de diciembre, de Medidas Fiscales, Administrativas y del Orden Social (BOE núm. 313, de 30 de diciembre de 2000), con efectos desde 1 de enero de 2001.

tivamente aplicable en virtud de lo establecido en el apartado Uno del artículo 112 de esta misma Ley.

Tres. Cuando los bienes de inversión a que se refiere este artículo sean objeto de entrega antes de la terminación del período de regularización a que se refiere el mismo, se aplicarán las reglas del artículo 110 de esta Ley, sin perjuicio de lo previsto en los artículos 111 y 112 de la misma y en los apartados anteriores de este artículo.

Artículo 114[329]. *Rectificación de deducciones*

Uno. Los sujetos pasivos, cuando no haya mediado requerimiento previo, podrán rectificar las deducciones practicadas cuando el importe de las mismas se hubiese determinado incorrectamente o el importe de las cuotas soportadas haya sido objeto de rectificación de acuerdo con lo dispuesto en el artículo 89 de esta Ley.

La rectificación de las deducciones será obligatoria cuando implique una minoración del importe inicialmente deducido.

Dos. La rectificación de deducciones originada por la previa rectificación del importe de las cuotas inicialmente soportadas se efectuará de la siguiente forma:

1.º Cuando la rectificación determine un incremento del importe de las cuotas inicialmente deducidas, podrá efectuarse en la declaración-liquidación correspondiente al período impositivo en que el sujeto pasivo reciba el documento justificativo del derecho a deducir en el que se rectifiquen las cuotas inicialmente repercutidas, o bien en las declaraciones-liquidaciones siguientes, siempre que no hubiesen transcurrido cuatro años[330] desde el devengo de la operación o, en su caso, desde la fecha en que se hayan producido las circunstancias que determinan la modificación de la base imponible de la operación.

Sin perjuicio de lo anterior, en los supuestos en que la rectificación de las cuotas inicialmente soportadas hubiese estado motivado por causa distinta de las previstas en el artículo 80 de esta Ley, no podrá efectuarse la rectificación de la deducción de las mismas después de transcurrido un año desde la fecha de expedición del documento justificativo del derecho a deducir por el que se rectifican dichas cuotas.

2.º[331] Cuando la rectificación determine una minoración del importe de las cuotas inicialmente deducidas, el sujeto pasivo deberá presentar una declaración-liquidación rectifica-

---

[329] Art. 114 modificado por el art. 10.8 de la Ley 13/1996, de 30 de diciembre, de Medidas Fiscales, Administrativas y del Orden Social (BOE núm. 315, de 31 de diciembre de 1996), en vigor desde 1 de enero de 1997.

[330] En virtud del art. 6.6 de la Ley 55/1999, de 29 de diciembre, de Medidas Fiscales, Administrativas y del Orden Social (BOE núm. 312, de 30 diciembre de 1999), se reduce el plazo de cinco a cuatro años, con efectos desde 1 de enero de 2000.

[331] Nueva redacción del número 2.º del apartado dos del artículo 114 dada por el art. 5.Siete de la Ley 7/2012, de 29 de octubre, de modificación de la normativa tributaria y presupuestaria y de adecuación de la normativa financiera para la intensificación de las actuaciones en la prevención y lucha contra el fraude (BOE núm. 261, de 30 de octubre de 2012), con efectos desde el 31 de octubre de 2012.

tiva aplicándose a la misma el recargo y los intereses de demora que procedan de conformidad con lo previsto en los artículos 26 y 27 de la Ley General Tributaria[332].

Tratándose del supuesto previsto en el artículo 80.Tres de esta Ley, la rectificación deberá efectuarse en la declaración-liquidación correspondiente al periodo en que se ejerció el derecho a la deducción de las cuotas soportadas, sin que proceda la aplicación de recargos ni de intereses de demora.

En los supuestos en que la operación gravada quede sin efecto como consecuencia del ejercicio de una acción de reintegración concursal u otras de impugnación ejercitadas en el seno del concurso, si el comprador o adquirente inicial se encuentra también en situación de concurso, deberá proceder a la rectificación de las cuotas inicialmente deducidas en la declaración-liquidación correspondiente al periodo en que se ejerció el derecho a la deducción de las cuotas soportadas, sin que proceda la aplicación de recargos ni de intereses de demora.

No obstante, cuando la rectificación tenga su origen en un error fundado de derecho o en las restantes causas del artículo 80 de esta Ley deberá efectuarse en la declaración-liquidación correspondiente al periodo impositivo[333]en que el sujeto pasivo reciba el documento justificativo del derecho a deducir en el que se rectifiquen las cuotas inicialmente soportadas.

CAPÍTULO II. Devoluciones

Artículo 115[334]. *Supuestos generales de devolución*

Uno. Los sujetos pasivos que no hayan podido hacer efectivas las deducciones originadas en un período de liquidación por el procedimiento previsto en el artículo 99 de esta Ley, por exceder la cuantía de las mismas de la de las cuotas devengadas, tendrán derecho

---

[332] Arts. 26 y 27.2 de la Ley 58/2003, de 17 de diciembre, General Tributaria (BOE núm. 302, de 18 de diciembre de 2003).

[333] Siendo un impuesto instantáneo, la expresión «periodo impositivo» debe ser entendida como «período de liquidación».

[334] Art. 115 modificado por el art. 5.Nueve de la Ley 4/2008, de 23 de diciembre, por la que se suprime el gravamen del Impuesto sobre el Patrimonio, se generaliza el sistema de devolución mensual en el Impuesto sobre el Valor Añadido, y se introducen otras modificaciones en la normativa tributaria (BOE núm. 310, de 25 de diciembre de 2008), de aplicación a los períodos de liquidación que se inicien a partir de 1 de enero de 2009.
Supuesto especial de devolución previsto en la disposición adicional única de la Ley 9/1998, de 21 de abril (BOE núm. 96, de 22 de abril de 1998), en redacción dada por la disposición adicional 13.ª de la Ley 53/2002, de 30 de diciembre, de Medidas Fiscales, Administrativas y del Orden Social (BOE núm. 313, de 31 de diciembre de 2002), con efectos desde 1 de enero de 2003: *Disposición adicional única: Reembolso del Impuesto sobre el Valor Añadido en importaciones de bienes mediante Agentes de Aduanas y personas o entidades que actúen en nombre propio y por cuenta de los importadores.*
Las condiciones para aplicar el supuesto especial de reembolso a los Agentes de Aduanas se especifican en la disposición adicional única del Real Decreto 1496/2003, de 28 de noviembre.

a solicitar la devolución del saldo a su favor existente a 31 de diciembre de cada año en la autoliquidación correspondiente al último período de liquidación de dicho año.

Dos. No obstante, tendrán derecho a solicitar la devolución del saldo a su favor existente al término de cada período de liquidación los sujetos pasivos a que se refiere el artículo 116 de esta Ley.

Tres. En los supuestos a que se refieren este artículo y el siguiente, la Administración procederá, en su caso, a practicar liquidación provisional dentro de los seis meses siguientes al término del plazo previsto para la presentación de la autoliquidación en que se solicite la devolución del Impuesto. No obstante, cuando la citada autoliquidación se hubiera presentado fuera de este plazo, los seis meses se computarán desde la fecha de su presentación.

Cuando de la autoliquidación o, en su caso, de la liquidación provisional resulte cantidad a devolver, la Administración tributaria procederá a su devolución de oficio, sin perjuicio de la práctica de las ulteriores liquidaciones provisionales o definitivas, que procedan.

El procedimiento de devolución será el previsto en los artículos 124 a 127, ambos inclusive, de la Ley 58/2003, de 17 de diciembre, General Tributaria, y en su normativa de desarrollo.

Si la liquidación provisional no se hubiera practicado en el plazo establecido en el primer párrafo de este apartado, la Administración tributaria procederá a devolver de oficio el importe total de la cantidad solicitada, sin perjuicio de la práctica de las liquidaciones provisionales o definitivas ulteriores que pudieran resultar procedentes.

Transcurrido el plazo establecido en el primer párrafo de este apartado sin que se haya ordenado el pago de la devolución por causa imputable a la Administración tributaria, se aplicará a la cantidad pendiente de devolución el interés de demora a que se refiere el artículo 26.6 de la Ley General Tributaria, desde el día siguiente al de la finalización de dicho plazo y hasta la fecha del ordenamiento de su pago, sin necesidad de que el sujeto pasivo así lo reclame.

Reglamentariamente[335] se determinarán el procedimiento y la forma de pago de la devolución de oficio a que se refiere el presente apartado.

Artículo 116[336]. *Solicitud de devoluciones al fin de cada período de liquidación*

Uno. Los sujetos pasivos podrán optar por solicitar la devolución del saldo a su favor existente al término de cada período de liquidación conforme a las condiciones, términos, requisitos y procedimiento que se establezcan reglamentariamente.

---

[335]   Art. 29 del RIVA.

[336]   Art. 116 modificado por el art. 5.Diez de la Ley 4/2008, de 23 de diciembre, por la que se suprime el gravamen del Impuesto sobre el Patrimonio, se generaliza el sistema de devolución mensual en el Impuesto sobre el Valor Añadido, y se introducen otras modificaciones en la normativa tributaria (BOE núm. 310, de 25 de diciembre de 2008), de aplicación a los períodos de liquidación que se inicien a partir de 1 de enero de 2009. Arts. 30 y 30 bis del RIVA.

El período de liquidación de los sujetos pasivos que opten por este procedimiento coincidirá con el mes natural, con independencia de su volumen de operaciones.

Dos. En los supuestos a que se refiere el artículo 15, apartado dos de esta Ley, la persona jurídica que importe los bienes en el territorio de aplicación del Impuesto podrá recuperar la cuota correspondiente a la importación cuando acredite la expedición o transporte de los bienes a otro Estado miembro y el pago del Impuesto en dicho Estado.

Artículo 117[337]. *Devoluciones a exportadores en régimen de viajeros*

Uno. En el régimen de viajeros regulado en el artículo 21, número 2.º, de esta Ley, la devolución de las cuotas soportadas en las adquisiciones de bienes se ajustará a los requisitos y procedimiento que se establezcan reglamentariamente.

Dos. La devolución de las cuotas a que se refiere el apartado anterior también procederá respecto de las ventas efectuadas por los sujetos pasivos a quienes sea aplicable el régimen especial del recargo de equivalencia.

Tres. La devolución de las cuotas regulada en el presente artículo podrá realizarse también a través de entidades colaboradoras, en las condiciones que se determinen reglamentariamente.

Artículo 117 bis[338]. *Solicitudes de devolución de empresarios o profesionales establecidos en el territorio de aplicación del Impuesto correspondientes a cuotas soportadas por operaciones efectuadas en la Comunidad con excepción de las realizadas en dicho territorio*

Los empresarios o profesionales que estén establecidos en el territorio de aplicación del Impuesto, Islas Canarias, Ceuta y Melilla, solicitarán la devolución de las cuotas soportadas por adquisiciones o importaciones de bienes o servicios efectuadas en la Comunidad, con

---

[337] Art. 9.1.2.º.B) del RIVA. Orden HAP/2652/2012, de 5 de diciembre, por la que se aprueban las tablas de devolución que deberán aplicar las entidades autorizadas a intervenir como entidades colaboradoras en el procedimiento de devolución del Impuesto sobre el Valor Añadido en régimen de viajeros regulado en el artículo 21, número 2.º, de la Ley 37/1992, de 28 de diciembre, del Impuesto sobre el Valor Añadido (BOE núm. 300, de 14 de diciembre de 2012), modificada por la Orden HAC/748/2018, de 4 de julio (BOE núm. 170, de 14 de julio de 2018).

Art. 2 de la Orden EHA/3786/2008, de 29 de diciembre, por la que se aprueba el modelo 308 «Impuesto sobre el Valor Añadido, solicitud de devolución: recargo de equivalencia, artículo 30 bis del Reglamento del IVA y sujetos pasivos ocasionales» (BOE núm. 314, de 30 de diciembre de 2008). Arts. 8, 9, 10 y 11 de la misma relativos al lugar, procedimiento y presentación telemática por internet. Modificada por Orden EHA/1033/2011, de 18 de abril (BOE núm. 100, de 27 de abril de 2011).

[338] Nueva redacción del art. 117.bis dada por la Disposición final cuadragésima octava de la Ley 2/2011, de 4 de marzo, de Economía Sostenible (BOE núm. 55, de 5 de marzo de 2011), con efectos desde 6 de marzo de 2011. Artículo 117.bis. incorporado por el art. 1.Once de la Ley 2/2010, de 1 de marzo, por la que se trasponen determinadas directivas en el ámbito de la imposición indirecta y se modifica la Ley del Impuesto sobre la Renta de no Residentes para adaptarla a la normativa comunitaria (BOE núm. 53, de 2 de marzo de 2010), con efectos desde 1 de enero de 2010.

excepción de las realizadas en el territorio de aplicación del Impuesto, mediante la presentación por vía electrónica de una solicitud a través de los formularios dispuestos al efecto en el portal electrónico de la Agencia Estatal de Administración Tributaria.

La recepción y la tramitación de la solicitud a que se refiere este artículo se llevarán a cabo a través del procedimiento que se establezca reglamentariamente[339].

Artículo 118. *Garantías de las devoluciones*

La Administración tributaria podrá exigir de los sujetos pasivos la prestación de garantías suficientes en los supuestos de devolución regulados en este Capítulo.

CAPÍTULO III. DEVOLUCIONES A EMPRESARIOS O PROFESIONALES NO

ESTABLECIDOS EN EL TERRITORIO DE APLICACIÓN DEL IMPUESTO[340]

Artículo 119[341]. *Régimen especial de devoluciones a empresarios o profesionales no establecidos en el territorio de aplicación del Impuesto pero establecidos en la Comunidad, Islas Canarias, Ceuta o Melilla*

Uno. Los empresarios o profesionales no establecidos en el territorio de aplicación del Impuesto pero establecidos en la Comunidad, Islas Canarias, Ceuta o Melilla, podrán solicitar la devolución de las cuotas del Impuesto sobre el Valor Añadido que hayan soportado por las adquisiciones o importaciones de bienes o servicios realizadas en dicho territorio, de acuerdo con lo previsto en este artículo y con arreglo a los plazos y al procedimiento que se establezcan reglamentariamente[342].

A estos efectos, se considerarán no establecidos en el territorio de aplicación del Impuesto los empresarios o profesionales que, siendo titulares de un establecimiento permanente situado en el mencionado territorio, no realicen desde dicho establecimiento entregas de bienes ni prestaciones de servicios durante el periodo a que se refiera la solicitud.

Dos. Los empresarios o profesionales que soliciten las devoluciones a que se refiere este artículo deberán reunir las siguientes condiciones durante el periodo al que se refiera su solicitud:

1.º Estar establecidos en la Comunidad o en las Islas Canarias, Ceuta o Melilla.

---

[339]   Art. 30.ter del RIVA, en el que se regula dicho procedimiento.

[340]   Texto del epígrafe del presente capítulo modificado por el art. 1.Doce de la Ley 2/2010, de 1 de marzo (BOE núm. 53, de 2 de marzo de 2010), con efectos desde 1 de enero de 2010.

[341]   Art. 31 RIVA.

Art. 119 modificado por el art. 1.Trece de la Ley 2/2010, de 1 de marzo (BOE núm. 53, de 2 de marzo de 2010), con efectos desde 1 de enero de 2010, sin perjuicio de la disposición transitoria 7.ª, a tenor de la cual: «*Las solicitudes de devolución de empresarios o profesionales no establecidos en el territorio de aplicación del Impuesto sobre el Valor Añadido pero establecidos en la Comunidad, Islas Canarias, Ceuta o Melilla presentadas hasta el 31 de diciembre de 2009, se tramitarán de acuerdo con el art. 119 de la Ley 37/1992, de 28 de diciembre, del Impuesto sobre el Valor Añadido, según su redacción vigente hasta esa fecha*».

[342]   Art. 31 del RIVA.

2.º No haber realizado en el territorio de aplicación del Impuesto entregas de bienes o prestaciones de servicios sujetas al mismo distintas de las que se relacionan a continuación:

a) Entregas de bienes y prestaciones de servicios en las que los sujetos pasivos del Impuesto sean sus destinatarios, de acuerdo con lo dispuesto en los números 2.º, 3.º y 4.º del apartado Uno del artículo 84 de esta Ley.

b) Servicios de transporte y sus servicios accesorios que estén exentos del Impuesto en virtud de lo dispuesto en los artículos 21, 23, 24 y 64 de esta Ley.

3.º No ser destinatarios de entregas de bienes ni de prestaciones de servicios respecto de las cuales tengan dichos solicitantes la condición de sujetos pasivos en virtud de lo dispuesto en los números 2.º y 4.º del apartado Uno del artículo 84 de esta Ley.

4.º Cumplir con la totalidad de los requisitos y limitaciones establecidos en el Capítulo I del Título VIII de esta Ley para el ejercicio del derecho a la deducción, en particular, los contenidos en los artículos 95 y 96 de la misma, así como los referidos en este artículo.

5.º Destinar los bienes adquiridos o importados o los servicios de los que hayan sido destinatarios en el territorio de aplicación del Impuesto a la realización de operaciones que originen el derecho a deducir de acuerdo con lo dispuesto en la normativa vigente en el Estado miembro en donde estén establecidos y en función del porcentaje de deducción aplicable en dicho Estado.

Si con posterioridad a la presentación de la solicitud de devolución se regularizara el porcentaje de deducción aplicable, el solicitante deberá proceder en todo caso a corregir su importe, rectificando la cantidad solicitada o reembolsando la cantidad devuelta en exceso de acuerdo con el procedimiento que se establezca reglamentariamente.

En la determinación del importe a devolver se aplicarán los criterios contenidos en el artículo 106 de esta Ley. A estos efectos, se tendrá en cuenta cuál es la utilización de los bienes o servicios por el empresario o profesional no establecido en la realización de operaciones que le originan el derecho a deducir, en primer lugar, según la normativa aplicable en el Estado miembro en el que esté establecido y, en segundo lugar, según lo dispuesto en esta Ley.

6.º Presentar su solicitud de devolución por vía electrónica a través del portal electrónico dispuesto al efecto por el Estado miembro en el que estén establecidos[343].

Tres. Lo previsto en el número 5.º del apartado Dos de este artículo resultará igualmente aplicable a los empresarios o profesionales establecidos en las Islas Canarias, Ceuta o Melilla,

---

[343] Orden EHA/789/2010, de 16 de marzo, por la que se aprueban el formulario 360 de solicitud de devolución del Impuesto sobre el Valor Añadido soportado por empresarios o profesionales establecidos en el territorio de aplicación del impuesto, el contenido de la solicitud de devolución a empresarios o profesionales no establecidos en el territorio de aplicación del impuesto, pero establecidos en la Comunidad, Islas Canarias, Ceuta o Melilla, y el modelo 361 de solicitud de devolución del Impuesto sobre el Valor Añadido a determinados empresarios o profesionales no establecidos en el territorio de aplicación del impuesto, ni en la Comunidad, Islas Canarias, Ceuta o Melilla, y se establecen, asimismo, las condiciones generales y el procedimiento para su presentación telemática (BOE núm. 77, de 30 de marzo de 2010).

de acuerdo con las características propias de los impuestos indirectos generales sobre el consumo vigentes en dichos territorios.

Cuatro. No se admitirán solicitudes de devolución por un importe global inferior al umbral que, en función del periodo de devolución, se determine reglamentariamente[344].

Cinco[345]. Las solicitudes de devolución deberán referirse a períodos no superiores al año natural ni inferiores a tres meses.

No obstante, las solicitudes de devolución podrán referirse a un período de tiempo inferior a tres meses cuando dicho período constituya el saldo de un año natural.

Seis. Transcurridos los plazos establecidos reglamentariamente sin que se haya ordenado el pago de la devolución por causa imputable a la Administración Tributaria, se aplicará a la cantidad pendiente de devolución el interés de demora a que se refiere el artículo 26 de la Ley 58/2003, de 17 de diciembre, General Tributaria[346], desde el día siguiente al de la

---

[344]   Art. 31.5 del RIVA.

[345]   Nueva redacción del art. 119.Cinco dada por el art. 10.Quince del Real Decreto-ley 7/2021, de 27 de abril, de transposición de directivas de la Unión Europea en las materias de competencia, prevención del blanqueo de capitales, entidades de crédito, telecomunicaciones, medidas tributarias, prevención y reparación de daños medioambientales, desplazamiento de trabajadores en la prestación de servicios transnacionales y defensa de los consumidores (BOE núm. 101, de 28 de abril de 2021), en vigor desde el 1 de julio de 2021.

[346]

Año	Interés de Demora	Texto Legal
2025	4,0625%	*Hasta que se apruebe la nueva Ley de PGE*
2024	4,0625%	Hasta que se apruebe la nueva Ley de PGE
2023	4,0625%	Disp. Adic. 42.ª de la Ley 31/2022, de 23 de diciembre, de Presupuestos Generales del Estado para el año 2023
2022	3,75%	*Disp. Adic. 46.ª de la Ley 22/2021, de 28 de diciembre, de PGE para el año 2022*
2021	3,75%	*Disp. Adic. 49.ª de la Ley 11/2020, de 30 de diciembre, de diciembre, de PGE para el año 2021*
Del 5/7 al 31/12 de 2018	3,75%	*Disp. Adic. 57.ª Ley 6/2018, de 3 de julio, de PGE para el año 2018*
Desde el 29/6/2017 hasta el 4/7/2018	3,75%	*Disp. Adic. 44.ª Ley 3/2017, de 27 de junio, de PGE para el año 2017*
2016 y hasta el 28-6-2017	3,75%	*Disp. Adic. 34.ª Ley 48/2015, de 29 de octubre, PGE para el año 2016*
2015	4,375	*Disp. Adic. 30.ª Ley de PGE para el año 2015*
2014	5%	*Disp. Adic. 32.ª Ley 22/2013, de 23 de diciembre, de PGE para el año 2014.*
2013	5%	*Disp. Adic. 39.ª Ley 17/2012, de 27 de diciembre, de PGE para el año 2013.*

finalización de dichos plazos y hasta la fecha del ordenamiento de su pago, sin necesidad de que el solicitante así lo reclame.

No obstante, no se devengarán intereses de demora si el solicitante no atiende en el plazo previsto reglamentariamente los requerimientos de información adicional o ulterior que le sean hechos.

Tampoco procederá el devengo de intereses de demora hasta que no se presente copia electrónica de las facturas o documentos de importación a que se refiera la solicitud en los casos previstos reglamentariamente.

Siete[347]. La Administración tributaria, en el procedimiento específico derivado de la solicitud de devolución, podrá exigir a los solicitantes, a la Administración tributaria del Estado miembro de establecimiento o a terceros, la aportación de información adicional y, en su caso, ulterior, así como los justificantes necesarios para poder apreciar el fundamento

Año	Interés de Demora	Texto Legal
1/7/2012	5%	Disp. Adic. 10.ª Ley 2/2012, de 29 de junio, de PGE para el año 2012
2011	5%	Disp. Adic. 17.ª Ley 39/2010, de 22 de diciembre, de PGE para el año 2011
2010	5%	Disp. Adic. 18.ª de la Ley 26/2009, de 23 de diciembre, de PGE para 2010
2009	5%	Artículo 1 del Real Decreto-ley 3/2009, de 27 de marzo, de medidas urgentes en materia tributaria, financiera y concursal ante la evolución de la situación económica, en vigor desde el 1-04-2009.
2009	7%	Disp. Adic. 27.ª de la Ley 2/2008, de 23 de diciembre, de PGE para el año 2009, en vigor desde el 1-1-2009 al 31-03-2009.
2008	7%	Disp. Adic. 34.ª de la Ley 51/2007, de 26 de diciembre, de PGE para 2008
2007	6,25%	Disp. Adic. 30.ª de la Ley 42/2006, de 28-12-2006, de PGE para 2007
2006	5,00%	Disp. Adic. 21.ª de la Ley 30/2005, de 28-12-2005, de PGE para 2006
2005	5,00%	Disp. Adic. 5.ª de la Ley 2/2004, de 27-12-2004, de PGE para 2005
2004	4,75%	Disp. Adic. 6.ª de la Ley 61/2003, de 30-12-2003, de PGE para 2004
2003	5,50%	Ley 52/2002, de 30-12-2002, de PGE para 2003

[347] Nueva redacción del art. 119.Siete dada por el art. 10.Quince del Real Decreto-ley 7/2021, de 27 de abril, de transposición de directivas de la Unión Europea en las materias de competencia, prevención del blanqueo de capitales, entidades de crédito, telecomunicaciones, medidas tributarias, prevención y reparación de daños medioambientales, desplazamiento de trabajadores en la prestación de servicios transnacionales y defensa de los consumidores (BOE núm. 101, de 28 de abril de 2021), en vigor desde el 1 de julio de 2021.

de las solicitudes de devolución que se presenten y, en particular, para la correcta determinación del importe de la devolución según lo previsto en este artículo y en su desarrollo reglamentario.

La tramitación del procedimiento de devolución se regirá por lo dispuesto en este artículo, sus disposiciones de desarrollo y en la normativa comunitaria dictada al efecto, con aplicación exclusiva de los trámites que están expresamente regulados en dicha normativa.

Si con posterioridad al abono de una devolución se pusiera de manifiesto su improcedencia por no cumplirse los requisitos y limitaciones establecidos por este artículo o por su desarrollo reglamentario, o bien por haberse obtenido aquélla en virtud de datos falsos, incorrectos o inexactos, la Administración tributaria procederá directamente a recuperar su importe junto con los intereses de demora devengados y la sanción que se pudiera imponer instruido el expediente que corresponda, de acuerdo con el procedimiento de recaudación regulado en el Capítulo V del Título III de la Ley 58/2003, de 17 de diciembre, General Tributaria, sin perjuicio de las disposiciones sobre asistencia mutua en materia de recaudación relativas al impuesto.

La falta de pago por el solicitante en periodo voluntario de la cuota del impuesto, de una sanción o de los intereses de demora devengados, permitirá adoptar las medidas cautelares a que se refiere el artículo 81 de la Ley 58/2003, de 17 de diciembre, General Tributaria.

Artículo 119 bis[348]. *Régimen especial de devoluciones a determinados empresarios o profesionales no establecidos en el territorio de aplicación del impuesto, ni en la Comunidad, Islas Canarias, Ceuta o Melilla*

Uno. Los empresarios o profesionales no establecidos en el territorio de aplicación del impuesto ni en la Comunidad, Islas Canarias, Ceuta o Melilla, podrán solicitar la devolución de las cuotas del impuesto sobre el valor añadido que hayan soportado por las adquisiciones o importaciones de bienes o servicios realizadas en dicho territorio, cuando concurran las condiciones y limitaciones previstas en el artículo 119 de esta Ley sin más especialidades que las que se indican a continuación y con arreglo al procedimiento que se establezca reglamentariamente:

---

[348]   Art. 31 bis RIVA.

Nueva redacción del art. 119.bis dada por el art. 10. Dieciséis del Real Decreto-ley 7/2021, de 27 de abril, de transposición de directivas de la Unión Europea en las materias de competencia, prevención del blanqueo de capitales, entidades de crédito, telecomunicaciones, medidas tributarias, prevención y reparación de daños medioambientales, desplazamiento de trabajadores en la prestación de servicios transnacionales y defensa de los consumidores (BOE núm. 101, de 28 de abril de 2021), en vigor desde el 1 de julio de 2021.

Redacción anterior tras ser incorporado por el art. 1.Catorce de la Ley 2/2010, de 1 de marzo (BOE núm. 53, de 2 de marzo de 2010), con efectos desde 1 de enero de 2010, incorporándose el núm. 3º por el art. 1. Veintisiete de la Ley 28/2014, de 27 de noviembre, por la que se modifican la Ley 37/1992, de 28 de diciembre (BOE núm. 288, de 28 de noviembre de 2014), en vigor desde el 1 de enero de 2015.

1.º Los solicitantes deberán nombrar con carácter previo un representante que sea residente en el territorio de aplicación del impuesto que habrá de cumplir las obligaciones formales o de procedimiento correspondientes y que responderá solidariamente con aquellos en los casos de devolución improcedente. La Hacienda Pública podrá exigir a dicho representante caución suficiente a estos efectos.

2.º Dichos solicitantes deberán estar establecidos en un Estado en que exista reciprocidad de trato a favor de los empresarios o profesionales establecidos en el territorio de aplicación del impuesto, Islas Canarias, Ceuta y Melilla.

El reconocimiento de la existencia de la reciprocidad de trato a que se refiere el párrafo anterior se efectuará por resolución de la persona titular de la Dirección General de Tributos del Ministerio de Hacienda.

3.º Por excepción a lo previsto en el número anterior, cualquier empresario y profesional no establecido a que se refiere este artículo, podrá obtener la devolución de las cuotas del impuesto soportadas respecto de las importaciones de bienes y las adquisiciones de bienes y servicios relativas a:

– El suministro de plantillas, moldes y equipos adquiridos o importados en el territorio de aplicación del impuesto por el empresario o profesional no establecido, para su puesta a disposición a un empresario o profesional establecido en dicho territorio para ser utilizados en la fabricación de bienes que sean expedidos o transportados fuera de la Comunidad con destino al empresario o profesional no establecido, siempre que al término de la fabricación de los bienes sean expedidos con destino al empresario o profesional no establecido o destruidos.

– Los servicios de acceso, hostelería, restauración y transporte, vinculados con la asistencia a ferias, congresos y exposiciones de carácter comercial o profesional que se celebren en el territorio de aplicación del impuesto.

Dos. La tramitación del procedimiento de devolución se regirá por lo dispuesto en este artículo, sus disposiciones de desarrollo y en la normativa comunitaria dictada al efecto, con aplicación exclusiva de los trámites que están expresamente regulados en dicha normativa.

TÍTULO IX. REGÍMENES ESPECIALES

CAPÍTULO I. NORMAS GENERALES

Artículo 120[349]. *Normas generales*

Uno[350]. Los regímenes especiales en el Impuesto sobre el Valor Añadido son los siguientes:

---

[349]   Nueva redacción del art. 120 dada por el art. 4.18 de la Ley 53/2002, de 30 de diciembre, de Medidas Fiscales, Administrativas y del Orden Social (BOE núm. 313 de 31 de diciembre), con efectos desde 1 de enero de 2003. Art. 33 RIVA.

1.º Régimen simplificado[351].

2.º Régimen especial de la agricultura, ganadería y pesca[352].

3.º Régimen especial de los bienes usados, objetos de arte, antigüedades y objetos de colección[353].

4.º Régimen especial aplicable a las operaciones con oro de inversión[354].

5.º Régimen especial de las agencias de viajes[355].

6.º Régimen especial del recargo de equivalencia[356].

7.º[357] Regímenes especiales aplicables a las ventas a distancia y a determinadas entregas interiores de bienes y prestaciones de servicios.

8.º Régimen especial del grupo de entidades[358].

9.º Régimen especial del criterio de caja[359].

Dos[360]. Los regímenes especiales regulados en este Título tendrán carácter voluntario, a excepción de los comprendidos en los números 4.º, 5.º y 6.º del apartado anterior, sin perjuicio de lo establecido en el artículo 140 ter de esta Ley.

Tres. El régimen especial de los bienes usados, objetos de arte, antigüedades y objetos de colección se aplicará exclusivamente a los sujetos pasivos que hayan presentado la declaración prevista en el artículo 164, apartado uno, número 1.º de esta Ley, relativa al comienzo de las actividades que determinan su sujeción al impuesto.

---

[350] Nueva redacción del art. 120.Uno por el art. 1. Veintiocho de la Ley 28/2014, de 27 de noviembre (BOE núm. 288, de 28 de noviembre de 2014), en vigor desde el 1 de enero de 2015.
Redacción anterior dada por el art. 23.Uno de la Ley 14/2013, de 27 de septiembre (BOE núm. 233, de 28 de septiembre de 2013), con efectos desde el 1 de enero de 2014 y por el art. 3.4 de la ley 36/2006, de 29 de noviembre, de medidas para la prevención del fraude fiscal (BOE núm. 286 de 30 de noviembre), aplicable en relación con las operaciones cuyo Impuesto se devengue a partir del 1 de enero de 2008.

[351] Arts. 34 a 42 del RIVA.

[352] Arts. 43 a 49.bis. del RIVA.

[353] Arts. 50 a 51 del RIVA.

[354] Arts. 51.bis a 51.quáter del RIVA

[355] Arts. 52 a 53 del RIVA.

[356] Arts. 54 a 61 del RIVA.

[357] Arts. 61. duodecies a 61 septiesdecies del RIVA
Nueva redacción del núm. 7.º dada por el art. 10. Diecisiete del Real Decreto-ley 7/2021, de 27 de abril, de transposición de directivas de la Unión Europea en las materias de competencia, prevención del blanqueo de capitales, entidades de crédito, telecomunicaciones, medidas tributarias, prevención y reparación de daños medioambientales, desplazamiento de trabajadores en la prestación de servicios transnacionales y defensa de los consumidores (BOE núm. 101, de 28 de abril de 2021), en vigor desde el 1 de julio de 2021.

[358] Arts. 61.bis a 61.sexies del RIVA.

[359] Arts. 61 septies a 61 undecies del RIVA.

[360] Disposición Transitoria Octava de la Ley.

Cuatro. Los regímenes especiales simplificado y de la agricultura, ganadería y pesca se aplicarán salvo renuncia de los sujetos pasivos, ejercitada en los plazos y forma que se determinen reglamentariamente.

El régimen especial de los bienes usados, objetos de arte, antigüedades y objetos de colección se aplicará salvo renuncia de los sujetos pasivos, que podrá efectuarse para cada operación en particular y sin comunicación expresa a la Administración.

Cinco[361]. Los regímenes especiales aplicables a las ventas a distancia y a determinadas entregas interiores de bienes y prestaciones de servicios se aplicarán a aquellos empresarios o profesionales que hayan presentado las declaraciones previstas en los artículos 163 noniesdecies, 163 duovicies y 163 septvicies de esta Ley.

Artículo 121[362]. *Determinación del volumen de operaciones*

Uno. A efectos de lo dispuesto en esta Ley, se entenderá por volumen de operaciones el importe total, excluido el propio impuesto sobre el Valor Añadido y, en su caso, el recargo de equivalencia y la compensación a tanto alzado, de las entregas de bienes y prestaciones de servicios efectuadas por el sujeto pasivo durante el año natural anterior, incluidas las exentas del Impuesto.

En los supuestos de transmisión de la totalidad o parte de un patrimonio empresarial o profesional, el volumen de operaciones a computar por el sujeto pasivo adquirente será el resultado de añadir al realizado, en su caso, por este último durante el año natural anterior, el volumen de operaciones realizadas durante el mismo período por el transmitente en relación a la parte de su patrimonio transmitida.

Dos. Las operaciones se entenderán realizadas cuando se produzca o, en su caso, se hubiera producido el devengo del Impuesto sobre el Valor Añadido.

Tres. Para la determinación del volumen de operaciones no se tomarán en consideración las siguientes:

1.º Las entregas ocasionales de bienes inmuebles.

2.º Las entregas de bienes calificados como de inversión respecto del transmitente, de acuerdo con lo dispuesto en el artículo 108 de esta Ley.

---

[361] Nueva redacción del art. 120.Cinco dada por el art. 10. Diecisiete del Real Decreto-ley 7/2021, de 27 de abril, de transposición de directivas de la Unión Europea en las materias de competencia, prevención del blanqueo de capitales, entidades de crédito, telecomunicaciones, medidas tributarias, prevención y reparación de daños medioambientales, desplazamiento de trabajadores en la prestación de servicios transnacionales y defensa de los consumidores (BOE núm. 101, de 28 de abril de 2021), en vigor desde el 1 de julio de 2021.

Redacción anterior dada por el art. 1. Veintiocho de la Ley 28/2014, de 27 de noviembre (BOE núm. 288, de 28 de noviembre de 2014), en vigor desde el 1 de enero de 2015.

[362] Nueva redacción dada por el art. 6.12 de la Ley 55/1999, de 29 de diciembre, de Medidas Fiscales, Administrativas y del Orden Social (BOE núm. 312, de 30 de diciembre), con efectos desde 1 de enero del año 2000.

3.º Las operaciones financieras mencionadas en el artículo 20, apartado Uno, número 18.º de esta Ley, incluidas las que no gocen de exención, así como las operaciones exentas relativas al oro de inversión comprendidas en el artículo 140 bis de esta Ley, cuando unas y otras no sean habituales de la actividad empresarial o profesional del sujeto pasivo.

CAPÍTULO II. Régimen simplificado[363]

Artículo 122[364]. *Régimen simplificado*

Uno. El régimen simplificado se aplicará a las personas físicas y a las entidades en régimen de atribución de rentas en el Impuesto sobre la Renta de las Personas Físicas, que

---

[363]   Arts. 34 a 42 del RIVA.

   Orden HAC/1347/2024, de 28 de noviembre, por la que se desarrollan para el año 2025 el método de estimación objetiva del Impuesto sobre la Renta de las Personas Físicas y el régimen especial simplificado del Impuesto sobre el Valor Añadido (BOE núm. 289, de 30 de noviembre de 2024).

   Orden HFP/1359/2023, de 19 de diciembre, por la que se desarrollan para el año 2024 el método de estimación objetiva del Impuesto sobre la Renta de las Personas Físicas y el régimen especial simplificado del Impuesto sobre el Valor Añadido (BOE núm. 304, de 21 de diciembre de 2023).

   Orden HFP/1172/2022, de 29 de noviembre, por la que se desarrollan para el año 2023 el método de estimación objetiva del Impuesto sobre la Renta de las Personas Físicas y el régimen especial simplificado del Impuesto sobre el Valor Añadido (BOE núm. 288, de 1 de diciembre de 2022).

   Orden HFP/1335/2021, de 1 de diciembre, por la que se desarrollan para el año 2022 el método de estimación objetiva del Impuesto sobre la Renta de las Personas Físicas y el régimen especial simplificado del Impuesto sobre el Valor Añadido (BOE núm. 288, de 2 de diciembre de 2021).

   Orden HAC/1155/2020, de 25 de noviembre, por la que se desarrollan, para el año 2021, el método de estimación objetiva del Impuesto sobre la Renta de las Personas Físicas y el régimen especial simplificado del Impuesto sobre el Valor Añadido (BOE núm. 317, de 4 de diciembre de 2020).

   Orden HAC/1164/2019, de 22 de noviembre, por la que se desarrollan para el año 2020 el método de estimación objetiva del Impuesto sobre la Renta de las Personas Físicas y el régimen especial simplificado del Impuesto sobre el Valor Añadido (BOE núm. 288, de 30 de noviembre de 2019)

   Orden HAC/1264/2018, de 27 de noviembre, por la que se desarrollan para el año 2019 el método de estimación objetiva del Impuesto sobre la Renta de las Personas Físicas y el régimen especial simplificado del Impuesto sobre el Valor Añadido (BOE núm. 289, de 30 de noviembre de 2018).

   Orden HFP/1159/2017, de 28 de noviembre, por la que se desarrollan para el año 2018 el método de estimación objetiva del Impuesto sobre la Renta de las Personas Físicas y el régimen especial simplificado del Impuesto sobre el Valor Añadido (BOE núm. 291, de 30 de noviembre de 2017).

   Orden HFP/1823/2016, de 25 de noviembre, por la que se desarrollan para el año 2017 el método de estimación objetiva del Impuesto sobre la Renta de las Personas Físicas y el régimen especial simplificado del Impuesto sobre el Valor Añadido (BOE núm. 288, de 29 de noviembre de 2016).

   Orden HAP/2430/2015, de 12 de noviembre, por la que se desarrollan para el año 2016 el método de estimación objetiva del Impuesto sobre la Renta de las Personas Físicas y el régimen especial simplificado del Impuesto sobre el Valor Añadido (BOE núm. 276, de 18 de noviembre de 2015).

   Orden HAP/2222/2014, de 27 de noviembre, por la que se desarrollan para el año 2015 el método de estimación objetiva del Impuesto sobre la Renta de las Personas Físicas y el régimen especial simplificado del Impuesto sobre el Valor Añadido (BOE núm. 289, de 29 de noviembre de 2014).

desarrollen las actividades y reúnan los requisitos previstos en las normas que lo regulen, salvo que renuncien a él en los términos que reglamentariamente[365] se establezcan.

Dos. Quedarán excluidos del régimen simplificado:

1.º Los empresarios o profesionales que realicen otras actividades económicas no comprendidas en el régimen simplificado, salvo que por tales actividades estén acogidos a los regímenes especiales de la agricultura, ganadería y pesca o del recargo de equivalencia. No obstante, no supondrá la exclusión del régimen simplificado la realización por el empresario o profesional de otras actividades que se determinen reglamentariamente.

2.º[366] Aquellos empresarios o profesionales en los que concurra cualquiera de las siguientes circunstancias, en los términos que reglamentariamente se establezcan:

Que el volumen de ingresos en el año inmediato anterior, supere cualquiera de los siguientes importes:

– Para el conjunto de sus actividades empresariales o profesionales, excepto las agrícolas, forestales y ganaderas, 150.000 euros anuales.

– Para el conjunto de las actividades agrícolas, forestales y ganaderas que se determinen por el Ministro de Hacienda y Administraciones Públicas, 250.000 euros anuales.

Cuando en el año inmediato anterior se hubiese iniciado una actividad, el volumen de ingresos se elevará al año.

A efectos de lo previsto en este número, el volumen de ingresos incluirá la totalidad de los obtenidos en el conjunto de las actividades mencionadas, no computándose entre ellos las subvenciones corrientes o de capital ni las indemnizaciones, así como tampoco el Impuesto sobre el Valor Añadido y, en su caso, el recargo de equivalencia que grave la operación.

3.º[367] Aquellos empresarios o profesionales cuyas adquisiciones e importaciones de bienes y servicios para el conjunto de sus actividades empresariales o profesionales, excluidas

---

Para el ejercicio 2014: Orden HAP/2206/2013, de 26 de noviembre, por la que se desarrollan para el año 2014 el método de estimación objetiva del Impuesto sobre la Renta de las Personas Físicas y el Régimen Especial Simplificado del Impuesto sobre el Valor Añadido. Para el año 2013: Orden HAP/2549/2012, de 28 de noviembre, por la que se desarrollan para el año 2013 el método de estimación objetiva del Impuesto sobre la Renta de las Personas Físicas y el Régimen Especial Simplificado del Impuesto sobre el Valor Añadido (BOE núm. 288, de 30 de noviembre de 2012). Para otros ejercicios, ver nota a pié de página núm. 1 de la anterior Orden.

[364] Nueva redacción del art. 122 dada por el art. 4.19 de la Ley 53/2002, de 30 de diciembre, de Medidas Fiscales, Administrativas y del Orden Social (BOE núm. 313 de 31 de diciembre), con efectos desde 1 de enero de 2003.

[365] Arts. 34 y 35 del RIVA.

[366] Nueva redacción del núm. 2.º en vitud del art. 1. Veintinueve de la Ley 28/2014, de 27 de noviembre (BOE núm. 288, de 28 de noviembre de 2014), en vigor desde el 1 de enero de 2016.

[367] Nueva redacción del núm. 3.º en virtud del art. 1. Veintinueve de la Ley 28/2014, de 27 de noviembre (BOE núm. 288, de 28 de noviembre de 2014), en vigor desde 1 de enero de 2016.

las relativas a elementos del inmovilizado, hayan superado en el año inmediato anterior el importe de 150.000 euros anuales, excluido el Impuesto sobre el Valor Añadido.

Cuando en el año inmediato anterior se hubiese iniciado una actividad, el importe de las citadas adquisiciones e importaciones se elevará al año.

4.º Los empresarios o profesionales que renuncien o hubiesen quedado excluidos de la aplicación del régimen de estimación objetiva del Impuesto sobre la Renta de las Personas Físicas por cualquiera de sus actividades.

Tres. La renuncia al régimen simplificado tendrá efecto para un período mínimo de tres años, en las condiciones que reglamentariamente se establezcan[368].

Artículo 123[369]. *Contenido del régimen simplificado*

Uno[370]. *A)*[371] Los empresarios o profesionales acogidos al régimen simplificado determinarán, para cada actividad a que resulte aplicable este régimen especial, el importe de las cuotas devengadas en concepto de Impuesto sobre el Valor Añadido y del recargo de equivalencia, en virtud de los índices, módulos y demás parámetros, así como del procedimiento que establezca el Ministro de Economía y Hacienda[372].

Del importe de las cuotas devengadas indicado en el párrafo anterior, podrá deducirse el importe de las cuotas soportadas o satisfechas por operaciones corrientes relativas a bienes o servicios afectados a la actividad por la que el empresario o profesional esté acogido a este régimen especial, de conformidad con lo previsto en el Capítulo I del Título VIII de esta Ley. No obstante, la deducción de las mismas se ajustará a las siguientes reglas:

a) No serán deducibles las cuotas soportadas por los servicios de desplazamiento o viajes, hostelería y restauración en el supuesto de empresarios o profesionales que desarrollen su actividad en local determinado. A estos efectos, se considerará local determinado cualquier edificación, excluyendo los almacenes, aparcamientos o depósitos cerrados al público.

b) Las cuotas soportadas o satisfechas sólo serán deducibles en la declaración-liquidación correspondiente al último período impositivo del año en el que deban entenderse soportadas o satisfechas, por lo que, con independencia del régimen de tributación aplicable en años sucesivos, no procederá su deducción en un período impositivo posterior.

---

[368] Art. 35 del RIVA.

[369] Nueva redacción dada por el art. 6.22 de la Ley 66/1997, de 30 de diciembre, de Medidas Fiscales, Administrativas y del Orden Social (BOE núm. 313, del 31 de diciembre), con efectos desde 1 de enero de 1998.

[370] Nueva redacción dada por el art. 4.20 de la Ley 53/2002, de 30 de diciembre, de Medidas Fiscales, Administrativas y del Orden Social (BOE núm. 313 de 31 de diciembre), con efectos desde 1 de enero de 2003.

[371] Nueva redacción de la letra A) dada por el ap. Seis del art. único de la Ley 3/2006, de 29 de marzo (BOE núm. 76, de 30 de marzo), en vigor desde 1 de enero de 2006.

[372] Orden HAC/1155/2020, de 25 de noviembre, por la que se desarrollan, para el año 2021, el método de estimación objetiva del Impuesto sobre la Renta de las Personas Físicas y el régimen especial simplificado del Impuesto sobre el Valor Añadido (BOE núm. 317, de 4 de diciembre de 2020). Para otros ejercicios, ver nota a píe de página núm. 1 de la anterior Orden.

c) Cuando se realicen adquisiciones o importaciones de bienes y servicios para su utilización en común en varias actividades por las que el empresario o profesional esté acogido a este régimen especial, la cuota a deducir en cada una de ellas será la que resulte del prorrateo en función de su utilización efectiva. Si no fuese posible aplicar dicho procedimiento, se imputarán por partes iguales a cada una de las actividades.

d) Podrán deducirse las compensaciones agrícolas a que se refiere el artículo 130 de esta Ley, satisfechas por los empresarios o profesionales por la adquisición de bienes o servicios a empresarios acogidos al régimen especial de la agricultura, ganadería y pesca.

e) Adicionalmente, los empresarios o profesionales tendrán derecho, en relación con las actividades por las que estén acogidos a este régimen especial, a deducir el 1 por ciento del importe de la cuota devengada a que se refiere el párrafo primero de este apartado, en concepto de cuotas soportadas de difícil justificación.

B) Al importe resultante de lo dispuesto en la letra anterior se añadirán las cuotas devengadas por las siguientes operaciones:

1.º Las adquisiciones intracomunitarias de bienes.

2.º Las operaciones a que se refiere el artículo 84, apartado uno, número 2.º de esta Ley.

3.º Las entregas de activos fijos materiales y las transmisiones de activos fijos inmateriales.

C)[373] Del resultado de las dos letras anteriores se deducirá el importe de las cuotas soportadas o satisfechas por la adquisición o importación de activos fijos, considerándose como tales los elementos del inmovilizado y, en particular, aquéllos de los que se disponga en virtud de contratos de arrendamiento financiero con opción de compra, tanto si dicha opción es vinculante, como si no lo es.

El ejercicio de este derecho a la deducción se efectuará en los términos que reglamentariamente[374] se establezcan.

D) La liquidación del impuesto correspondiente a las importaciones de bienes destinados a ser utilizados en actividades por las que el empresario o profesional esté acogido a este régimen especial, se efectuará con arreglo a las normas generales establecidas para la liquidación de las importaciones de bienes.

Dos. En la estimación indirecta del Impuesto sobre el Valor Añadido se tendrán en cuenta preferentemente los índices, módulos y demás parámetros establecidos para el régimen simplificado, cuando se trate de sujetos pasivos que hayan renunciado a este último régimen.

Tres. Los sujetos pasivos que hubiesen incurrido en omisión o falseamiento de los índices, módulos a que se refiere el apartado Uno anterior, estarán obligados al pago de las

---

[373] Nueva redacción de la letra C) dada por el ap. 7 del art. Único de la Ley 3/2006, de 29 de marzo (BOE núm. 76, de 30 de marzo), con entrada en vigor el día 1 de enero de 2006.

[374] Art. 38.2 del RIVA.

cuotas tributarias totales que resulten de la aplicación del régimen simplificado, con las sanciones e intereses de demora que proceda.

Cuatro. Reglamentariamente se regulará este régimen simplificado y se determinarán las obligaciones formales y registrales que deberán cumplir los sujetos pasivos acogidos al mismo[375].

Cinco. En el supuesto de que el sujeto pasivo acogido al régimen especial simplificado realice otras actividades empresariales o profesionales sujetas al Impuesto sobre el Valor Añadido, las sometidas al referido régimen especial tendrán en todo caso la consideración de sector diferenciado de la actividad económica.

CAPÍTULO III. Régimen especial de la agricultura, ganadería y pesca[376]

Artículo 124[377]. *Ámbito subjetivo de aplicación*

Uno[378]. El régimen especial de la agricultura, ganadería y pesca será de aplicación a los titulares de explotaciones agrícolas, forestales, ganaderas o pesqueras en quienes concurran los requisitos señalados en este Capítulo, salvo que renuncien a él en los términos que reglamentariamente se establezcan[379].

No se considerarán titulares de explotaciones agrícolas, forestales, ganaderas o pesqueras a efectos de este régimen especial:

a) Los propietarios de fincas o explotaciones que las cedan en arrendamiento o en aparcería o que de cualquier otra forma cedan su explotación, así como cuando cedan el aprovechamiento de la resina de los pinos ubicados en sus fincas o explotaciones.

b) Los que realicen explotaciones ganaderas en régimen de ganadería integrada.

Dos. Quedarán excluidos del régimen especial de la agricultura, ganadería y pesca:

1.º Las sociedades mercantiles.

2.º Las sociedades cooperativas y las sociedades agrarias de transformación.

3.º Los empresarios o profesionales cuyo volumen de operaciones durante el año inmediatamente anterior hubiese excedido del importe que se determine reglamentariamente[380].

---

[375]   Arts. 40 y 41 del RIVA.

[376]   Arts. 43 a 49 del RIVA.

[377]   Nueva redacción dada por el art. 4.21 de la Ley 53/2002, de 30 de diciembre, de Medidas Fiscales, Administrativas y del Orden Social (BOE núm. 313, de 31 de diciembre), con efectos desde 1 de enero de 2003.

[378]   Nueva redacción del art. 124.Uno dada por el art. 1. Treinta de la Ley 28/2014, de 27 de noviembre (BOE núm. 288, de 28 de noviembre de 2014), en vigor desde el 1 de enero de 2015.

[379]   Resolución 4/1999, de 3 de diciembre, de la Dirección General de Tributos, sobre la aplicación del IVA cuando las comunidades titulares de montes vecinales en mano común suscriben convenio con la Junta de Galicia para desarrollo de la explotación forestal (BOE de 14 de enero de 2000).

[380]   Art. 43 del RIVA y art. 121 de la presente Ley.

4.º Los empresarios o profesionales que renuncien a la aplicación del régimen de estimación objetiva del Impuesto sobre la Renta de las Personas Físicas por cualquiera de sus actividades económicas.

5.º Los empresarios o profesionales que renuncien a la aplicación del régimen simplificado.

6.º[381] Aquellos empresarios o profesionales cuyas adquisiciones e importaciones de bienes y servicios para el conjunto de sus actividades empresariales o profesionales, excluidas las relativas a elementos del inmovilizado, hayan superado en el año inmediato anterior el importe de 150.000 euros anuales, excluido el Impuesto sobre el Valor Añadido.

Cuando en el año inmediato anterior se hubiese iniciado una actividad, el importe de las citadas adquisiciones e importaciones se elevará al año.

Tres. Los empresarios o profesionales que, habiendo quedado excluidos de este régimen especial por haber superado los límites de volumen de operaciones o de adquisiciones o importaciones de bienes o servicios previstos en los números 3.º y 6.º del apartado dos anterior, no superen dichos límites en años sucesivos, quedarán sometidos al régimen especial de la agricultura, ganadería y pesca, salvo que renuncien al mismo.

Cuatro. La renuncia al régimen especial de la agricultura, ganadería y pesca tendrá efecto para un período mínimo de tres años, en las condiciones que reglamentariamente[382] se establezcan.

Artículo 125[383]. *Ámbito objetivo de aplicación*

El régimen especial de la agricultura, ganadería y pesca será aplicable a las explotaciones agrícolas, forestales, ganaderas o pesqueras que obtengan directamente productos naturales, vegetales o animales de sus cultivos, explotaciones o capturas para su transmisión a terceros, así como a los servicios accesorios a dichas explotaciones a que se refiere el artículo 127 de esta Ley.

Artículo 126[384]. *Actividades excluidas del régimen especial de la agricultura, ganadería y pesca*

Uno. El régimen especial regulado en este Capítulo no será aplicable a las explotaciones agrícolas forestales, ganaderas o pesqueras, en la medida en que los productos naturales

---

[381] Nueva redacción del núm. 6.º en virtud del art. 1. Treinta de la Ley 28/2014, de 27 de noviembre (BOE núm. 288, de 28 de noviembre de 2014), con efectos desde el 1 de enero de 2016.

[382] Arts. 33 y 43.3 del RIVA

[383] Nueva redacción dada por el 6º.25 de la Ley 66/1997, de 30 de diciembre, de Medidas Fiscales, Administrativas y del Orden Social (BOE núm. 313, de 31 de diciembre) con efectos desde 1 de enero de 1998. Art. 44 del RIVA

[384] Nueva redacción dada por el 6º.27 de la Ley 66/1997, de 30 de diciembre, de Medidas Fiscales, Administrativas y del Orden Social (BOE núm. 313, de 31 de diciembre), con efectos desde 1 de enero de 1998.

obtenidos en las mismas se utilicen por el titular de la explotación en cualquiera de los siguientes fines:

1.º La transformación, elaboración y manufactura, directamente o por medio de terceros para su posterior transmisión[385].

Se presumirá en todo caso de transformación toda actividad para cuyo ejercicio sea preceptivo el alta en un epígrafe correspondiente a actividades industriales de las tarifas del Impuesto sobre Actividades Económicas.

2.º La comercialización, mezclados con otros productos adquiridos a terceros, aunque sean de naturaleza idéntica o similar, salvo que estos últimos tengan por objeto la mera conservación de aquéllos.

3.º La comercialización efectuada de manera continuada en establecimientos fijos situados fuera del lugar donde radique la explotación agrícola, forestal, ganadera o pesquera.

4.º La comercialización efectuada en establecimientos en los que el sujeto pasivo realice además otras actividades empresariales o profesionales distintas de la propia explotación agrícola, forestal, ganadera o pesquera.

Dos. No será aplicable el régimen especial de la agricultura, ganadería y pesca a las siguientes actividades:

1.º Las explotaciones cinegéticas de carácter deportivo o recreativo.

2.º La pesca marítima.

3.º La ganadería independiente.

A estos efectos, se considerará ganadería independiente la definida como tal en el Impuesto sobre Actividades Económicas, con referencia al conjunto de la actividad ganadera explotada directamente por el sujeto pasivo.

4.º La prestación de servicios distintos de los previstos en el artículo 127 de esta Ley.

Artículo 127[386]. *Servicios accesorios incluidos en el régimen especial*

Uno. Se considerarán incluidos en el régimen especial de la agricultura, ganadería y pesca los servicios de carácter accesorio a las explotaciones a las que resulte aplicable dicho régimen especial que presten los titulares de las mismas a terceros con los medios ordinariamente utilizados en dichas explotaciones, siempre que tales servicios contribuyan a la realización de las producciones agrícolas, forestales, ganaderas o pesqueras de los destinatarios.

Dos. Lo dispuesto en el apartado precedente no será de aplicación si durante el año inmediato anterior el importe del conjunto de los servicios accesorios prestados excediera del 20 por 100 del volumen total de operaciones de las explotaciones agrícolas, forestales,

---

[385] El art. 45 del RIVA delimita las operaciones que no se considerarán procesos de transformación.

[386] Nueva redacción dada por el art. 6.28 de la Ley 66/1997, de 30 de diciembre, de Medidas Fiscales, Administrativas y del Orden Social (BOE núm. 313 de 31 de diciembre), con efectos desde 1 de enero de 1998. Art. 46 del RIVA.

ganaderas o pesqueras principales a las que resulte aplicable el régimen especial regulado en este Capítulo.

Artículo 128[387]. *Realización de actividades económicas en sectores diferenciados de la actividad empresarial o profesional*

Podrán acogerse al régimen especial regulado en este Capítulo los titulares de explotaciones agrícolas, forestales, ganaderas o pesqueras a las que resulte aplicable el mismo, aunque realicen otras actividades de carácter empresarial o profesional. En tal caso, el régimen especial sólo producirá efectos respecto a las actividades incluidas en el mismo y dichas actividades tendrán siempre la consideración de sector diferenciado de la actividad económica del sujeto pasivo.

Artículo 129[388]. *Obligaciones de los sujetos pasivos acogidos al régimen especial de la agricultura, ganadería y pesca*

Uno. Los sujetos pasivos acogidos a este régimen especial no estarán sometidos, en lo que concierne a las actividades incluidas en el mismo, a las obligaciones de liquidación, repercusión o pago del Impuesto ni, en general, a cualesquiera de las establecidas en los títulos X y XI de esta Ley, a excepción de las contempladas en el artículo 164, apartado Uno, números 1.º, 2.º y 5.º, de dicha Ley y de las de registro y contabilización, que se determinen reglamentariamente.

La regla anterior también será de aplicación respecto de las entregas de bienes de inversión distintos de los bienes inmuebles, utilizados exclusivamente en las referidas actividades.

Dos. Se exceptúan de lo dispuesto en el apartado anterior las operaciones siguientes:

1.º Las importaciones de bienes.

2.º Las adquisiciones intracomunitarias de bienes.

3.º Las operaciones a que se refiere el artículo 84, apartado Uno, número 2.º, de esta Ley.

Tres. Si los empresarios acogidos a este régimen especial realizasen actividades en otros sectores diferenciados, deberán llevar y conservar en debida forma los libros y documentos que se determinen reglamentariamente.

---

[387] Nueva redacción dada por el art. 6.29 de la Ley 66/1997, de 30 de diciembre, de Medidas Fiscales, Administrativas y del Orden Social (BOE núm. 313 de 31 de diciembre), con efectos desde 1 de enero de 1998.

[388] Nueva redacción dada por el art. 6.23 de la Ley 66/1997, de 30 de diciembre, de Medidas Fiscales, Administrativas y del Orden Social (BOE núm. 313, de 31 de diciembre), con efectos desde 1 de enero de 1998. Art. 47 del RIVA.

Artículo 130[389]. *Régimen de deducciones y compensaciones*

Uno. Los sujetos pasivos acogidos al régimen especial de la agricultura, ganadería y pesca no podrán deducir las cuotas soportadas o satisfechas por las adquisiciones o importaciones de bienes de cualquier naturaleza o por los servicios que les hayan sido prestados, en la medida en que dichos bienes o servicios se utilicen en la realización de las actividades a las que sea de aplicación este régimen especial.

A efectos de lo dispuesto en el Capítulo I del Título VIII de esta Ley, se considerará que no originan el derecho a deducir las operaciones llevadas a cabo en el desarrollo de actividades a las que resulte aplicable este régimen especial.

Dos. Los empresarios acogidos al régimen especial de la agricultura, ganadería y pesca tendrán derecho a percibir una compensación a tanto alzado por las cuotas del Impuesto sobre el Valor Añadido que hayan soportado o satisfecho por las adquisiciones o importaciones de bienes o en los servicios que les hayan sido prestados, en la medida en que utilicen dichos bienes y servicios en la realización de actividades a las que resulte aplicable dicho régimen especial.

El derecho a percibir la compensación nacerá en el momento en que se realicen las operaciones a que se refiere el apartado siguiente.

Tres. Los empresarios titulares de las explotaciones a las que sea de aplicación el régimen especial de la agricultura, ganadería y pesca tendrán derecho a percibir la compensación a que se refiere este artículo cuando realicen las siguientes operaciones:

1.º Las entregas de los productos naturales obtenidos en dichas explotaciones a otros empresarios o profesionales, cualquiera que sea el territorio en el que estén establecidos, con las siguientes excepciones:

a) Las efectuadas a empresarios que estén acogidos a este mismo régimen especial en el territorio de aplicación del Impuesto y que utilicen los referidos productos en el desarrollo de las actividades a las que apliquen dicho régimen especial.

b) Las efectuadas a empresarios o profesionales que en el territorio de aplicación del Impuesto realicen exclusivamente operaciones exentas del Impuesto distintas de las enumeradas en el artículo 94, apartado Uno, de esta Ley.

2.º Las entregas a que se refiere el artículo 25 de esta Ley de los productos naturales obtenidos en dichas explotaciones, cuando el adquirente sea una persona jurídica que no actúe como empresario o profesional y no le afecte en el Estado miembro de destino la no sujeción establecida según los criterios contenidos en el artículo 14 de esta Ley.

3.º Las prestaciones de servicios a que se refiere el artículo 127 de esta Ley, cualquiera que sea el territorio en el que estén establecidos sus destinatarios y siempre que estos últimos no estén acogidos a este mismo régimen especial en el ámbito espacial del Impuesto.

---

[389]   Nueva redacción dada por el art. 6.30 de la Ley 66/1997, de 30 de diciembre, de Medidas Fiscales, Administrativas y del Orden Social (BOE núm. 313 de 31 de diciembre), con efectos desde 1 de enero de 1998.

Cuatro. Lo dispuesto en los apartados Dos y Tres de este artículo no será de aplicación cuando los sujetos pasivos acogidos al régimen especial de la agricultura, ganadería y pesca efectúen las entregas o exportaciones de productos naturales en el desarrollo de actividades a las que no fuese aplicable dicho régimen especial, sin perjuicio de su derecho a las deducciones establecidas en el Título VIII de esta Ley.

Cinco[390]. La compensación a tanto alzado a que se refiere el apartado tres de este artículo será la cantidad resultante de aplicar, al precio de venta de los productos o de los servicios indicados en dicho apartado, el porcentaje que proceda de entre los que se indican a continuación:

1.º El 12 por 100, en las entregas de productos naturales obtenidos en explotaciones agrícolas o forestales y en los servicios de carácter accesorio de dichas explotaciones.

2.º El 10,5 por 100, en las entregas de productos naturales obtenidos en explotaciones ganaderas o pesqueras y en los servicios de carácter accesorio de dichas explotaciones.

Para la determinación de los referidos precios, no se computarán los tributos indirectos que graven las citadas operaciones, ni los gastos accesorios o complementarios a las mismas cargados separadamente al adquirente, tales como comisiones, embalajes, portes, transportes, seguros, financieros u otros.

En las operaciones realizadas sin contraprestación dineraria, los referidos porcentajes se aplicarán sobre el valor de mercado de los productos entregados o de los servicios prestados.

El porcentaje aplicable en cada operación será el vigente en el momento en que nazca el derecho a percibir la compensación.

Artículo 131[391]. *Obligados al reintegro de las compensaciones*

El reintegro de las compensaciones a que se refiere el artículo 130 de esta Ley se efectuará por:

1.º La Hacienda Pública por las entregas de bienes que sean objeto de exportación o de expedición o transporte a otro Estado miembro y por los servicios comprendidos en el

---

[390] Nueva redacción del apartado cinco del art. 130 dada por el art. 23.cuatro del Real Decreto-ley 20/2012, de 13 de julio, de medidas para garantizar la estabilidad presupuestaria y de fomento de la competitividad (BOE núm. 168, de 14 de julio de 2012), con efectos desde el 1 de septiembre de 2012.
Arts. 48 y 49 del RIVA.
Redacción anterior dada por el art. 79.3 de la Ley 26/2009, de 23 de diciembre, de Presupuestos Generales del Estado para 2010 (BOE núm. 309, de 24 de diciembre), con efectos desde 1 de julio de 2010.

[391] Art. 48 del RIVA. Orden de 15 de diciembre de 2000 por la que se aprueba el modelo 341 en pesetas y en euros, de solicitud de reintegro de compensaciones en el régimen especial de la agricultura, ganadería y pesca del Impuesto sobre el Valor Añadido (BOE núm. 303, de 19 de diciembre) y Orden EHA/3212/2004, de 30 de septiembre, por la que se establecen las condiciones generales y el procedimiento para la presentación telemática por internet de las declaraciones correspondientes a los modelos 308, 309, 341, 370, 371, 430 y 480 (BOE núm. 243, de 8 de octubre).

régimen especial prestados a destinatarios establecidos fuera del territorio de aplicación del Impuesto.

2.º El adquirente de los bienes que sean objeto de entregas distintas de las mencionadas en el número anterior y el destinatario de los servicios comprendidos en el régimen especial establecido en el territorio de aplicación del Impuesto.

Artículo 132. *Recursos*

Las controversias que puedan producirse con referencia a las compensaciones correspondientes a este régimen especial, tanto respecto a la procedencia como a la cuantía de las mismas, se considerarán de naturaleza tributaria a efectos de las pertinentes reclamaciones económico-administrativas[392].

Artículo 133[393]. *Devolución de compensaciones indebidas*

Las compensaciones indebidamente percibidas deberán ser reintegradas a la Hacienda Pública por quien las hubiese recibido, sin perjuicio de las demás obligaciones y responsabilidades que le sean exigibles.

Artículo 134. *Deducción de las compensaciones correspondientes al régimen especial de la agricultura, ganadería y pesca*

Uno. Los sujetos pasivos que hayan satisfecho las compensaciones a que se refiere el artículo 130 de esta Ley podrán deducir su importe de las cuotas devengadas por las operaciones que realicen aplicando lo dispuesto en el Título VIII de esta Ley, respecto de las cuotas soportadas deducibles.

Dos. Se exceptúan de lo dispuesto en el apartado anterior los sujetos pasivos a quienes sea aplicable el régimen especial del recargo de equivalencia en relación con las adquisiciones de los productos naturales destinados a su comercialización al amparo de dicho régimen especial.

Tres. Para ejercitar el derecho establecido en este artículo deberán estar en posesión del documento emitido por ellos mismos en la forma y con los requisitos que se determinen reglamentariamente[394].

---

[392] Real Decreto 520/2005, de 13 de mayo, por el que se aprueba el Reglamento general de desarrollo de la Ley 58/2003, de 17 de diciembre, General Tributaria, en materia de revisión en vía administrativa (BOE núm. 126, de 27 de mayo de 2005).

[393] Nueva redacción dada por el art. 6.31 de la Ley 66/1997, de 30 de diciembre, de Medidas Fiscales, Administrativas y del Orden Social (BOE núm. 313, de 31 de diciembre); con efectos desde 1 de enero de 1998.

[394] Art. 49 del RIVA. Arts. 3.2 y 14.1 del Real Decreto 1496/2003, de 28 de noviembre, por el que se aprueba el Reglamento por el que se regulan las obligaciones de facturación y se modifica el Reglamento del Impuesto sobre el Valor Añadido (BOE núm. 286, de 29 de noviembre).

Artículo 134 bis[395]. *Comienzo o cese en la aplicación del régimen especial de la agricultura, ganadería y pesca*

Uno. Cuando el régimen de tributación aplicable a una determinada actividad agrícola, ganadera, forestal o pesquera cambie del régimen general del Impuesto al especial de la agricultura, ganadería y pesca, el empresario o profesional titular de la actividad quedará obligado a:

1.º Ingresar el importe de la compensación correspondiente a la futura entrega de los productos naturales que ya se hubieren obtenido en la actividad a la fecha del cambio del régimen de tributación y que no se hubieran entregado a dicha fecha. El cálculo de esta compensación se efectuará con arreglo a lo dispuesto en el artículo 130 de esta Ley, fijando provisionalmente la base de su cálculo mediante la aplicación de criterios fundados, sin perjuicio de su rectificación cuando dicho importe resulte conocido.

2.º Rectificar las deducciones correspondientes a los bienes, salvo los de inversión, y los servicios que no hayan sido consumidos o utilizados efectivamente de forma total o parcial en la actividad o explotación.

Al efecto del cumplimiento de las obligaciones que se establecen en este apartado, el empresario o profesional quedará obligado a confeccionar y presentar un inventario a la fecha en que deje de aplicarse el régimen general. Tanto la presentación de este inventario como la realización del ingreso correspondiente se ajustarán a los requisitos y condiciones que se establezcan reglamentariamente.

Dos. Cuando el régimen de tributación aplicable a una determinada actividad agrícola, ganadera, forestal o pesquera cambie del régimen especial de la agricultura, ganadería y pesca al general del Impuesto, el empresario o profesional titular de la actividad tendrá derecho a:

1.º Efectuar la deducción de la cuota resultante de aplicar al valor de los bienes afectos a la actividad, Impuesto sobre el Valor Añadido excluido, en la fecha en que deje de aplicarse el régimen especial, los tipos de dicho impuesto que estuviesen vigentes en la citada fecha. A estos efectos, no se tendrán en cuenta los siguientes:

a) Bienes de inversión, definidos conforme a lo dispuesto en el artículo 108 de esta Ley.

b) Bienes y servicios que hayan sido utilizados o consumidos total o parcialmente en la actividad.

---

[395] Precepto incorporado por el art. 4.22 de la Ley 53/2002, de 30 de diciembre, de Medidas Fiscales, Administrativas y del Orden Social (BOE núm. 313, de 31 de diciembre), con efectos desde 1 de enero de 2003, sin perjuicio de lo prescrito en la Disposición Transitoria 2.ª de la misma, cuyo tenor es el siguiente: «Mientras no entre en vigor el desarrollo reglamentario del art. 134.bis de la Ley 37/1992, de 28 de diciembre, del Impuesto sobre el Valor Añadido, se aplicará, en cuanto resulte procedente, el desarrollo reglamentario del art. 155 de dicha Ley». Arts. 49.bis y 60 del RIVA.

2.º Deducir la compensación a tanto alzado que prevé el artículo 130 de esta Ley por los productos naturales obtenidos en las explotaciones que no se hayan entregado a la fecha del cambio del régimen de tributación.

A efectos del ejercicio de los derechos recogidos en este apartado, el empresario o profesional deberá confeccionar y presentar un inventario a la fecha en que deje de aplicarse el régimen general. Tanto la presentación de este inventario como el ejercicio de estos derechos se ajustarán a los requisitos y condiciones que se establezcan reglamentariamente.

Tres. Para la regularización de deducciones de las cuotas soportadas o satisfechas por la adquisición o importación de bienes de inversión, será cero la prorrata de deducción aplicable durante el período o períodos en que la actividad esté acogida a este régimen especial.

CAPÍTULO IV[396]. RÉGIMEN ESPECIAL DE LOS BIENES USADOS, OBJETOS DE ARTE, ANTIGÜEDADES Y OBJETOS DE COLECCIÓN

Artículo 135. *Régimen especial de los bienes usados, objetos de arte, antigüedades y objetos de colección*

Uno[397]. Los sujetos pasivos revendedores de bienes usados o de bienes muebles que tengan la consideración de objetos de arte, antigüedades u objetos de colección aplicarán el régimen especial regulado en este Capítulo a las siguientes entregas de bienes:

1.º Entregas de bienes usados, objetos de arte, antigüedades y objetos de colección adquiridos por el revendedor a:

a) Una persona que no tenga la condición de empresario o profesional.

b) Un empresario o profesional que se beneficie del régimen de franquicia del Impuesto en el Estado miembro de inicio de la expedición o transporte del bien, siempre que dicho bien tuviera para el referido empresario o profesional la consideración de bien de inversión.

c) Un empresario o profesional en virtud de una entrega exenta del Impuesto, por aplicación de lo dispuesto en el artículo 20, apartado uno, números 24º o 25º de esta Ley.

---

[396]   Arts. 50 y 51 del RIVA.
     Arts. 135 al 139 redactados por el art. 17.8 de la Ley 42/1994, de 30 de diciembre, de Medidas Fiscales, Administrativas y del Orden Social (BOE núm. 313, de 31 de diciembre), en vigor desde 1 de enero de 1995, que agrupó en este capítulo el régimen de los bienes usados y el de los objetos de arte, antigüedades y objetos de colección. Dichos arts. fueron modificados parcialmente por Ley 13/1996, de 30 de diciembre (BOE núm. 315 de 31 de diciembre). Obligaciones formales y registrales en el art. 51 del RIVA. Resolución 1/1995, de 29 de marzo, de la Dirección General de Tributos, sobre la aplicación del régimen especial de bienes usados, objetos de arte, antigüedades y objetos de colección (BOE de 1 de abril).

[397]   Nueva redacción del apartado uno del art. 135 dada por el art. 23.cinco del Real Decreto-ley 20/2012, de 13 de julio, de medidas para garantizar la estabilidad presupuestaria y de fomento de la competitividad (BOE núm. 168, de 14 de julio de 2012), con efectos desde el 1 de septiembre de 2012.
     Redacción anterior dada por la Ley 42/1994, de 30 de diciembre, de Medidas Fiscales, Administrativas y del Orden Social (BOE núm. 313, de 31 de diciembre), en vigor desde 1 de enero de 1995.

d) Otro sujeto pasivo revendedor que haya aplicado a su entrega el régimen especial de los bienes usados, objetos de arte, antigüedades y objetos de colección.

2.º Entregas de objetos de arte, antigüedades u objetos de colección que hayan sido importados por el propio sujeto pasivo revendedor.

3.º[398] Entregas de objetos de arte adquiridos a empresarios o profesionales en virtud de las operaciones a las que haya sido de aplicación el tipo impositivo reducido establecido en el artículo 91, apartado uno, números 4 y 5, de esta Ley.

Dos. No obstante lo dispuesto en el apartado anterior, los sujetos pasivos revendedores podrán aplicar a cualquiera de las operaciones enumeradas en el mismo el régimen general del Impuesto, en cuyo caso tendrán derecho a deducir las cuotas del Impuesto soportadas o satisfechas en la adquisición o importación de los bienes objeto de reventa, con sujeción a las reglas establecidas en el Título VIII de esta Ley.

Tres[399]. No será de aplicación el régimen especial regulado en este Capítulo a las entregas de los medios de transporte nuevos definidos en el número 2.º del artículo 13 cuando dichas entregas se realicen en las condiciones previstas en el artículo 25, apartados Uno, Dos y Tres, de la presente Ley.

Artículo 136. *Concepto de bienes usados, objetos de arte, antigüedades y objetos de colección y de sujeto pasivo revendedor*

Uno. A los efectos de lo dispuesto en esta Ley se considerarán:

1.º Bienes usados, los bienes muebles corporales susceptibles de uso duradero que, habiendo sido utilizados con anterioridad por un tercero, sean susceptibles de nueva utilización para sus fines específicos.

No tienen la consideración de bienes usados:

a) Los materiales de recuperación, los envases, los embalajes, el oro, el platino y las piedras preciosas.

b) Los bienes que hayan sido utilizados, renovados o transformados por el propio sujeto pasivo transmitente o por su cuenta. A efectos de lo establecido en este Capítulo se considerarán de renovación las operaciones que tengan por finalidad el mantenimiento de las características originales de los bienes cuando su coste exceda del precio de adquisición de los mismos.

2.º Objetos de arte, los bienes enumerados a continuación:

a) Cuadros, «collages» y cuadros de pequeño tamaño similares, pinturas y dibujos, realizados totalmente a mano por el artista, con excepción de los planos de arquitectura e

---

[398] Nueva redacción del núm. 3 del apartado uno del art. 135 dada por el art. Noveno.dos del Real Decreto-ley 1/2014, de 24 de enero, de reforma en materia de infraestructuras y transporte, y otras medidas económicas (BOE núm. 22, de 25 de enero de 2014), en vigor desde el 26 de enero de 2014.

[399] Apartado añadido por el art. 10.10 de la Ley 13/1996, de 30 de diciembre, de Medidas Fiscales, Administrativas y del Orden Social (BOE núm. 315, de 31 de diciembre), en vigor desde 1 de enero de 1997.

ingeniería y demás dibujos industriales, comerciales, topográficos o similares, de los artí-culos manufacturados decorados a mano, de los lienzos pintados para decorados de teatro, fondos de estudios o usos análogos (código NC 9701).

b) Grabados, estampas y litografías originales de tiradas limitadas a 200 ejemplares, en blanco y negro o en color, que procedan directamente de una o varias planchas totalmente ejecutadas a mano por el artista, cualquiera que sea la técnica o la materia empleada, a excepción de los medios mecánicos o fotomecánicos (código NC 9702 00 00).

c) Esculturas originales y estatuas de cualquier materia, siempre que hayan sido realiza-das totalmente por el artista; vaciados de esculturas, de tirada limitada a ocho ejemplares y controlada por el artista o sus derechohabientes (código NC 9703 00 00).

d) Tapicerías (código NC 5805 00 00) y textiles murales (código NC 6304 00 00) tejidos a mano sobre la base de cartones originales realizados por artistas, a condición de que no haya más de ocho ejemplares de cada uno de ellos.

e) Ejemplares únicos de cerámica, realizados totalmente por el artista y firmados por él.

f) Esmaltes sobre cobre realizados totalmente a mano, con un límite de ocho ejemplares numerados y en los que aparezca la firma del artista o del taller, a excepción de los artículos de bisutería, orfebrería y joyería.

g) Fotografías tomadas por el artista y reveladas e impresas por el autor o bajo su con-trol, firmadas y numeradas con un límite de treinta ejemplares en total, sean cuales fueren los formatos y soportes.

3.º Objetos de colección, los bienes enumerados a continuación:

a) Sellos de correos, timbres fiscales, marcas postales, sobres primer día, artículos fran-queados y análogos, obliterados, o bien sin obliterar que no tengan ni hayan de tener curso legal (código NC 9704 00 00).

b) Colecciones y especímenes para colecciones de zoología, botánica, mineralogía o anatomía, o que tengan interés histórico, arqueológico, paleontológico, etnográfico o nu-mismático (código NC 9705 00 00).

4.º Antigüedades, los objetos que tengan más de cien años de antigüedad y no sean objetos de arte o de colección (código NC 9706 00 00).

5.º[400] Revendedor de bienes, el empresario que realice con carácter habitual entregas de los bienes comprendidos en los números anteriores, que hubiesen sido adquiridos o impor-tados para su posterior reventa.

También tiene la condición de revendedor el organizador de ventas en subasta pública de los bienes citados en el párrafo anterior, cuando actúe en nombre propio en virtud de un contrato de comisión de venta.

---

[400] Disposición transitoria undécima (Régimen especial de los bienes usados, objetos de arte, antigüedades y
       objetos de colección) de la LIVA.

Dos[401].En ningún caso se aplicará este régimen especial al oro de inversión definido en el artículo 140 de esta Ley.

Artículo 137[402]. *La base imponible*

Uno. La base imponible de las entregas de bienes a las que se aplique el régimen especial de los bienes usados, objetos de arte, antigüedades y objetos de colección estará constituida por el margen de beneficio de cada operación aplicado por el sujeto pasivo revendedor, minorado en la cuota del Impuesto sobre el Valor Añadido correspondiente a dicho margen.

A estos efectos, se considerará margen de beneficio la diferencia entre el precio de venta y el precio de compra del bien.

El precio de venta estará constituido por el importe total de la contraprestación de la transmisión, determinada de conformidad con lo establecido en los artículos 78 y 79 de esta Ley, más la cuota del Impuesto sobre el Valor Añadido que grave la operación.

El precio de compra estará constituido por el importe total de la contraprestación correspondiente a la adquisición del bien transmitido, determinada de acuerdo con lo dispuesto por los artículos 78, 79 y 82 de esta Ley, más el importe del Impuesto sobre el Valor Añadido que, en su caso, haya gravado la operación.

Cuando se transmitan objetos de arte, antigüedades u objetos de colección importados por el sujeto pasivo revendedor, para el cálculo del margen de beneficio se considerará como precio de compra la base imponible de la importación del bien, determinada con arreglo a lo previsto en el artículo 83 de esta Ley, más la cuota del Impuesto sobre el Valor Añadido que grave la importación.

Dos. Los sujetos pasivos revendedores podrán optar por determinar la base imponible mediante el margen de beneficio global, para cada período de liquidación, aplicado por el sujeto pasivo, minorado en la cuota del Impuesto sobre el Valor Añadido correspondiente a dicho margen.

El margen de beneficio global será la diferencia entre el precio de venta y el precio de compra de todas las entregas de bienes efectuadas en cada período de liquidación. Estos precios se determinarán en la forma prevista en el apartado anterior para calcular el margen de beneficio de cada operación sujeta al régimen especial.

La aplicación de esta modalidad de determinación de la base imponible se ajustará a las siguientes reglas:

1.ª La modalidad del margen de beneficio global sólo podrá aplicarse para los siguientes bienes:

---

[401]   Apartado añadido por el art. 6.13 de la Ley 55/1999, de 29 de diciembre, de Medidas Fiscales, Administrativas y del Orden Social (BOE núm. 312, de 30 de diciembre), en vigor desde 1 de enero de 2007.

[402]   Nueva redacción dada por el art. 10.11 de la Ley 13/1996, de 30 de diciembre, de Medidas Fiscales, Administrativas y del Orden Social (BOE núm. 315, de 31 de diciembre), en vigor desde 1 de enero de 1997.

a) Sellos, efectos timbrados, billetes y monedas, de interés filatélico o numismático.

b) Discos, cintas magnéticas y otros soportes sonoros o de imagen.

c) Libros, revistas y otras publicaciones.

No obstante, la Administración tributaria, previa solicitud del interesado, podrá autorizar la aplicación de la modalidad del margen de beneficio global para determinar la base imponible respecto de bienes distintos de los indicados anteriormente, fijando las condiciones de la autorización y pudiendo revocarla cuando no se den las circunstancias que la motivaron.

2.ª La opción se efectuará en la forma que se determine reglamentariamente[403], y surtirá efectos hasta su renuncia y, como mínimo, hasta la finalización del año natural siguiente. El sujeto pasivo revendedor que hubiera ejercitado la opción deberá determinar con arreglo a dicha modalidad la base imponible correspondiente a todas las entregas que de los referidos bienes realice durante el período de aplicación de la misma, sin que quepa aplicar a las citadas entregas el régimen general del Impuesto.

3.ª Si el margen de beneficio global correspondiente a un período de liquidación fuese negativo, la base imponible de dicho período será cero y el referido margen se añadirá al importe de las compras del período siguiente.

4.ª Los sujetos pasivos revendedores que hayan optado por esta modalidad de determinación de la base imponible deberán practicar una regularización anual de sus existencias, para lo cual deberá calcularse la diferencia entre el saldo final e inicial de las existencias de cada año y añadir esa diferencia, si fuese positiva, al importe de las ventas del último período y si fuese negativa añadirla al importe de las compras del mismo período.

5.ª Cuando los bienes fuesen objeto de entregas exentas en aplicación de los artículos 21, 22, 23 ó 24 de esta Ley, el sujeto pasivo deberá disminuir del importe total de las compras del período el precio de compra de los citados bienes. Cuando no fuese conocido el citado precio de compra podrá utilizarse el valor de mercado de los bienes en el momento de su adquisición por el revendedor.

Asimismo, el sujeto pasivo no computará el importe de las referidas entregas exentas entre las ventas del período.

6.ª A efectos de la regularización a que se refiere la regla 4.ª, en los casos de inicio o de cese en la aplicación de esta modalidad de determinación de la base imponible el sujeto pasivo deberá hacer un inventario de las existencias a la fecha de inicio o del cese, consignando el precio de compra de los bienes o, en su defecto, el valor del bien en la fecha de su adquisición[404].

---

[403]   Art. 50 del RIVA
[404]   Art. 51. 5º del RIVA.

Artículo 138[405]**. *Repercusión del Impuesto***

En las facturas que documenten las operaciones a que resulte aplicable este régimen especial, los sujetos pasivos no podrán consignar separadamente la cuota repercutida, debiendo entenderse ésta comprendida en el precio total de la operación.

No serán deducibles las cuotas soportadas por los adquirentes de bienes usados, objetos de arte, antigüedades u objetos de colección que les hayan sido entregados por sujetos pasivos revendedores con aplicación del régimen especial regulado en este Capítulo.

Artículo 139. *Deducciones*

Los sujetos pasivos revendedores no podrán deducir las cuotas del Impuesto soportadas o satisfechas por la adquisición o importación de bienes que sean a su vez transmitidos por aquéllos en virtud de entregas sometidas a este régimen especial.

CAPÍTULO V. Régimen especial del oro de inversión[406]

Artículo 140[407]**. *Concepto de oro de inversión***

A efectos de lo dispuesto en la presente Ley, se considerarán oro de inversión:

1.º Los lingotes o láminas de oro de ley igual o superior a 995 milésimas y cuyo peso se ajuste a lo dispuesto en el apartado noveno del anexo de esta Ley.

2.º Las monedas de oro que reúnan los siguientes requisitos:

a) Que sean de ley igual o superior a 900 milésimas.

b) Que hayan sido acuñadas con posterioridad al año 1800.

c) Que sean o hayan sido moneda de curso legal en su país de origen.

d) Que sean comercializadas habitualmente por un precio no superior en un 80 por 100 al valor de mercado del oro contenido en ellas.

En todo caso, se entenderá que los requisitos anteriores se cumplen en relación con las monedas de oro incluidas en la relación que, a tal fin, se publicará en el *Diario Oficial de las Comunidades Europeas* serie C, con anterioridad al 1 de diciembre de cada año. Se considerará que dichas monedas cumplen los requisitos exigidos para ser consideradas como oro de inversión durante el año natural siguiente a aquél en que se publique la relación citada o en los años sucesivos mientras no se modifiquen las publicadas anteriormente.

---

[405]   Art. 51 del RIVA.
[406]   Arts. 51.bis a 51.quáter del RIVA.
        Régimen especial introducido por el art. 6.14 de la Ley 55/1999, de 29 de diciembre, de Medidas Fiscales, Administrativas y del Orden Social (BOE núm. 312, de 30 de diciembre), dando redacción a todo el Capítulo V. Arts. 51 bis a 51 quáter del RIVA.
[407]   Art. 140 derogado por Ley 42/1994, de 30 de diciembre (BOE núm. 313, de 31 de diciembre) y vuelto a redactar por el art. 6.14 de la Ley 55/1999, de 29 de diciembre, de Medidas Fiscales, Administrativas y del Orden Social (BOE núm. 312, de 30 de diciembre), con efectos desde 1 de enero del año 2000. Art. 51 bis del RIVA.

Artículo 140 bis[408]. *Exenciones*

Uno. Estarán exentas del impuesto las siguientes operaciones:

1.º Las entregas, adquisiciones intracomunitarias e importaciones de oro de inversión. Se incluirán en el ámbito de la exención, en concepto de entregas, los préstamos y las operaciones de permuta financiera, así como las operaciones derivadas de contratos de futuro o a plazo, siempre que tengan por objeto, en todos los casos, oro de inversión y siempre que impliquen la transmisión del poder de disposición sobre dicho oro.

No se aplicará lo dispuesto en el párrafo anterior:

a) A las prestaciones de servicios que tengan por objeto oro de inversión, sin perjuicio de lo dispuesto en el número 2.º de este artículo.

b) A las adquisiciones intracomunitarias de oro de inversión en el caso de que el empresario que efectúe la entrega haya renunciado a la exención del impuesto en el régimen especial previsto para dicha entrega en el Estado miembro de origen.

2.º Los servicios de mediación en las operaciones exentas de acuerdo con el número 1.º anterior, prestados en nombre y por cuenta ajena.

Dos. En el caso de que a una misma entrega le sean de aplicación la exención regulada en este precepto y la contemplada en el artículo 25 de esta Ley, se considerará aplicable la regulada en este precepto, salvo que se efectúe la renuncia a la misma, de acuerdo con lo dispuesto en el apartado Uno del artículo 140 ter.

Artículo 140 ter[409]. *Renuncia a la exención*

Uno. La exención del impuesto aplicable a las entregas de oro de inversión, a que se refiere el artículo 140 bis, Uno.1.º de esta Ley, podrá ser objeto de renuncia por parte del transmitente, en la forma y con los requisitos que reglamentariamente se determinen y siempre que se cumplan las condiciones siguientes:

1.ª Que el transmitente se dedique con habitualidad a la realización de actividades de producción de oro de inversión o de transformación de oro que no sea de inversión en oro de inversión y siempre que la entrega tenga por objeto oro de inversión resultante de las actividades citadas.

2.ª Que el adquirente sea un empresario o profesional que actúe en el ejercicio de sus actividades empresariales o profesionales.

Dos. La exención del impuesto aplicable a los servicios de mediación a que se refiere el número 2.º del apartado Uno del artículo 140 bis de esta Ley podrá ser objeto de renuncia, siempre que el destinatario del servicio de mediación sea un empresario o profesional que

---

[408] Art. incorporado por el art. 6.14 de la Ley 55/1999, de 29 de diciembre, de Medidas Fiscales, Administrativas y del Orden Social (BOE núm. 312, de 30 de diciembre), con efectos desde 1 de enero del año 2000.

[409] Art. incorporado por el art. 6.14 de la Ley 55/1999, de 29 de diciembre, de Medidas Fiscales, Administrativas y del Orden Social (BOE núm. 312, de 30 de diciembre), con efectos desde 1 de enero del año 2000. Art. 51 ter del RIVA.

actúe en el ejercicio de sus actividades empresariales o profesionales, en la forma y con los requisitos que reglamentariamente se determinen y siempre que se efectúe la renuncia a la exención aplicable a la entrega del oro de inversión a que se refiere el servicio de mediación.

Artículo 140 quáter[410]. *Deducciones*

Uno. Las cuotas del Impuesto sobre el Valor Añadido comprendidas en el artículo 92 de esta Ley no serán deducibles en la medida en que los bienes o servicios por cuya adquisición o importación se soporten o satisfagan dichas cuotas se utilicen en la realización de las entregas de oro de inversión exentas de acuerdo con lo dispuesto en el artículo 140 bis de esta Ley.

Dos. Por excepción a lo dispuesto en el apartado anterior, la realización de las entregas de oro de inversión a que se refiere el mismo generará el derecho a deducir las siguientes cuotas:

1.º Las soportadas por la adquisición de ese oro cuando el proveedor del mismo haya efectuado la renuncia a la exención regulada en el artículo 140 ter, apartado Uno.

Lo dispuesto en el párrafo anterior se aplicará también a las cuotas correspondientes a las adquisiciones intracomunitarias de oro de inversión en el caso de que el empresario que efectúe la entrega haya renunciado a la exención del impuesto en el régimen especial previsto para dicha entrega en el Estado miembro de origen.

2.º Las soportadas o satisfechas por la adquisición o importación de ese oro, cuando en el momento de la adquisición o importación no reunía los requisitos para ser considerado como oro de inversión, habiendo sido transformado en oro de inversión por quien efectúa la entrega exenta o por su cuenta.

3.º Las soportadas por los servicios que consistan en el cambio de forma, de peso o de ley de ese oro.

Tres. Igualmente, por excepción a lo dispuesto en el apartado Uno anterior, la realización de entregas de oro de inversión exentas del impuesto por parte de los empresarios o profesionales que lo hayan producido directamente u obtenido mediante transformación generará el derecho a deducir las cuotas del impuesto soportadas o satisfechas por la adquisición o importación de bienes y servicios vinculados con dicha producción o transformación.

Artículo 140 quinque[411]. *Sujeto pasivo*

Será sujeto pasivo del impuesto correspondiente a las entregas de oro de inversión que resulten gravadas por haberse efectuado la renuncia a la exención a que se refiere el artículo 140 ter, el empresario o profesional para quien se efectúe la operación gravada.

---

[410]   Art. incorporado por el 6.14 de la Ley 55/1999, de 29 de diciembre, de Medidas Fiscales, Administrativas y del Orden Social (BOE núm. 312, de 30 de diciembre), con efectos desde 1 de enero del año 2000.

[411]   Art. incorporado por el art. 6.14 de la Ley 55/1999, de 29 de diciembre, de Medidas Fiscales, Administrativas y del Orden Social (BOE núm. 312, de 3º de diciembre), con efectos desde 1 de enero del año 2000.

Artículo 140 sexies[412]**. *Conservación de las facturas***

Los empresarios y profesionales que realicen operaciones que tengan por objeto oro de inversión, deberán conservar las copias de las facturas correspondientes a dichas operaciones, así como los registros de las mismas, durante un período de cinco años.

CAPÍTULO VI. Régimen especial de las agencias de viajes[413]

Artículo 141. *Régimen especial de las agencias de viajes*

Uno. El régimen especial de las agencias de viajes será de aplicación:

1.º A las operaciones realizadas por las agencias de viajes cuando actúen en nombre propio respecto de los viajeros y utilicen en la realización del viaje bienes entregados o servicios prestados por otros empresarios o profesionales.

A efectos de este régimen especial, se considerarán viajes los servicios de hospedaje o transporte prestados conjuntamente o por separado y, en su caso, con otros de carácter accesorio o complementario de los mismos.

2.º A las operaciones realizadas por los organizadores de circuitos turísticos y cualquier empresario o profesional en los que concurran las circunstancias previstas en el número anterior.

Dos. El régimen especial de las agencias de viajes no será de aplicación a las operaciones llevadas a cabo utilizando para la realización del viaje exclusivamente medios de transporte o de hostelería propios.

Tratándose de viajes realizados utilizando en parte medios propios y en parte medios ajenos, el régimen especial sólo se aplicará respecto de los servicios prestados mediante medios ajenos.

---

[412] Art. añadido por el art. 4.23 de la Ley 53/2002, de 30 de diciembre, de Medidas Fiscales, Administrativas y del Orden Social (BOE núm. 312, de 3º de diciembre), con efectos desde 1 de enero de 2003.

[413] Arts. 52 y 53 del RIVA.
Nueva redacción Capítulo VI del Título IX dada por el art. 1.Treinta y uno de la Ley 28/2014, de 27 de noviembre, por la que se modifican la Ley 37/1992, de 28 de diciembre, del Impuesto sobre el Valor Añadido, la Ley 20/1991, de 7 de junio, de modificación de los aspectos fiscales del Régimen Económico Fiscal de Canarias, la Ley 38/1992, de 28 de diciembre, de Impuestos Especiales, y la Ley 16/2013, de 29 de octubre, por la que se establecen determinadas medidas en materia de fiscalidad medioambiental y se adoptan otras medidas tributarias y financieras (BOE núm. 288, de 28 de noviembre de 2014), en vigor desde el 1 de enero de 2015.
Redacción anterior del segundo párrafo dada por el art. 16.1 y 2 de la Ley 42/1994, de 30 de diciembre, de Medidas Fiscales, Administrativas y del Orden Social (BOE núm. 313, de 31 de diciembre), en vigor desde 1 de enero de 1995y redacción del tercer párrafo dada por el art. único 9 de la Ley 23/1994, de 6 de julio (BOE núm. 161, de 7 de julio), en vigor desde el 8 de julio de 1994.

Artículo 142. *Repercusión del Impuesto*

En las operaciones a las que resulte aplicable este régimen especial los sujetos pasivos no estarán obligados a consignar en factura separadamente la cuota repercutida, debiendo entenderse, en su caso, comprendida en el precio de la operación.

Artículo 143. *Exenciones*

Estarán exentos del Impuesto los servicios prestados por los sujetos pasivos sometidos al régimen especial de las agencias de viajes cuando las entregas de bienes o prestaciones de servicios, adquiridos en beneficio del viajero y utilizados para efectuar el viaje, se realicen fuera de la Comunidad.

En el caso de que las mencionadas entregas de bienes o prestaciones de servicios se realicen sólo parcialmente en el territorio de la Comunidad, únicamente gozará de exención la parte de la prestación de servicios de la agencia correspondiente a las efectuadas fuera de dicho territorio.

Artículo 144. *Lugar de realización del hecho imponible*

Las operaciones efectuadas por las agencias respecto de cada viajero para la realización de un viaje tendrán la consideración de prestación de servicios única, aunque se le proporcionen varias entregas o servicios en el marco del citado viaje.

Dicha prestación se entenderá realizada en el lugar donde la agencia tenga establecida la sede de su actividad económica o posea un establecimiento permanente desde donde efectúe la operación.

Artículo 145. *La base imponible*

Uno. La base imponible será el margen bruto de la agencia de viajes.

A estos efectos, se considerará margen bruto de la agencia la diferencia entre la cantidad total cargada al cliente, excluido el Impuesto sobre el Valor Añadido que grave la operación, y el importe efectivo, impuestos incluidos, de las entregas de bienes o prestaciones de servicios que, efectuadas por otros empresarios o profesionales, sean adquiridos por la agencia para su utilización en la realización del viaje y redunden directamente en beneficio del viajero.

A efectos de lo dispuesto en el párrafo anterior, se considerarán adquiridos por la agencia para su utilización en la realización del viaje, entre otros, los servicios prestados por otras agencias de viajes con dicha finalidad, excepto los servicios de mediación prestados por las agencias minoristas, en nombre y por cuenta de las mayoristas, en la venta de viajes organizados por estas últimas.

Para la determinación del margen bruto de la agencia no se computarán las cantidades o importes correspondientes a las operaciones exentas del Impuesto en virtud de lo dispuesto en el artículo 143 de esta Ley, ni los de los bienes o servicios utilizados para la realización de las mismas.

Dos. No se considerarán prestados para la realización de un viaje, entre otros, los siguientes servicios:

1.º Las operaciones de compraventa o cambio de moneda extranjera.

2.º Los gastos de teléfono, télex, correspondencia y otros análogos efectuados por la agencia.

Artículo 146. *Deducciones*

Las agencias de viajes a las que se aplique este régimen especial podrán practicar sus deducciones en los términos establecidos en el Título VIII de esta Ley.

No obstante, no podrán deducir el Impuesto soportado en las adquisiciones de bienes y servicios que, efectuadas para la realización del viaje, redunden directamente en beneficio del viajero.

Artículo 147. *Supuesto de no aplicación del régimen especial*

Por excepción a lo previsto en el artículo 141 de esta Ley, y en la forma que se establezca reglamentariamente, los sujetos pasivos podrán no aplicar el régimen especial previsto en este Capítulo y aplicar el régimen general de este Impuesto, operación por operación, respecto de aquellos servicios que realicen y de los que sean destinatarios empresarios o profesionales que tengan derecho a la deducción o a la devolución del Impuesto sobre el Valor Añadido según lo previsto en el Título VIII de esta Ley.

CAPÍTULO VII. Régimen especial del recargo de equivalencia[414]

SECCIÓN 1.ª

(...)[415]

Artículo 148[416]. *Régimen especial del recargo de equivalencia*

Uno. El régimen especial del recargo de equivalencia se aplicará a los comerciantes minoristas que sean personas físicas o entidades en régimen de atribución de rentas en el

---

[414] Arts. 54 y 59 a 61 del RIVA.
      Nueva redacción del Capítulo VII dada por el art. 6 de la Ley 55/1999, de 29 de diciembre, de Medidas Fiscales, Administrativas y del Orden Social (BOE núm. 312, de 30 de diciembre), con efectos desde 1 de enero del año 2000, que suprime el régimen especial de determinación de bases imponibles, en virtud de lo recogido en su Disposición Adicional 23ª.

[415] El título de la Sección 1ª ha sido suprimido por el art. 6.15 de la Ley 55/1999, de 29 de diciembre, de Medidas Fiscales, Administrativas y del Orden Social (BOE núm. 312, de 30 de diciembre), con efectos desde 1 de enero del año 2000, como consecuencia de la reordenación del articulado derivada de la desaparición del régimen especial del comercio minorista de determinación proporcional de bases imponibles: «Disposiciones comunes».

[416] Nueva redacción dada por el art. 6.15 de la Ley 55/1999, de 29 de diciembre, de Medidas Fiscales, Administrativas y del Orden Social (BOE núm. 312, de 30 de diciembre), con efectos desde 1 de enero del año

Impuesto sobre la Renta de las Personas Físicas, que desarrollen su actividad en los sectores económicos y cumplan los requisitos que se determinen reglamentariamente.

Dos. En el supuesto de que el sujeto pasivo a quien sea de aplicación este régimen especial realizase otras actividades empresariales o profesionales sujetas al Impuesto sobre el Valor Añadido, la de comercio minorista sometida a dicho régimen especial tendrá, en todo caso, la consideración de sector diferenciado de la actividad económica.

Tres[417]. Reglamentariamente podrán determinarse los artículos o productos cuya comercialización quedará excluida de este régimen especial.

Artículo 149. *Concepto de comerciante minorista*

Uno. A los efectos de esta Ley, se considerarán comerciantes minoristas los sujetos pasivos en quienes concurran los siguientes requisitos:

1.º Realizar con habitualidad entregas de bienes muebles o semovientes sin haberlos sometido a proceso alguno de fabricación, elaboración o manufactura, por sí mismos o por medio de terceros.

No se considerarán comerciantes minoristas, en relación con los productos por ellos transformados, quienes hubiesen sometido los productos objeto de su actividad por sí mismos o por medio de terceros, a algunos de los procesos indicados en el párrafo anterior, sin perjuicio de su consideración como tales respecto de otros productos de análoga o distinta naturaleza que comercialicen en el mismo estado en que los adquirieron.

2.º Que la suma de las contraprestaciones correspondientes a las entregas de dichos bienes a la Seguridad Social, a sus entidades gestoras o colaboradoras o a quienes no tengan la condición de empresarios o profesionales, efectuadas durante el año precedente, hubiese excedido del 80 por 100 del total de las entregas realizadas de los citados bienes.

El requisito establecido en el párrafo anterior no será de aplicación en relación con los sujetos pasivos que tengan la condición de comerciantes minoristas según las normas reguladoras del Impuesto sobre Actividades Económicas[418], siempre que en ellos concurra alguna de las siguientes circunstancias:

a) Que no puedan calcular el porcentaje que se indica en dicho párrafo por no haber realizado durante el año precedente actividades comerciales.

b) Que les sea de aplicación y no hayan renunciado a la modalidad de signos, índices y módulos del método de estimación objetiva del Impuesto sobre la Renta de las Personas Físicas[419].

2000.

[417]   Art. 59.2 del RIVA.

[418]   Arts. 79 a 82 del Real Decreto Legislativo 2/2004, de 5 de marzo, por el que se aprueba el texto refundido de la Ley Reguladora de las Haciendas Locales (BOE, nº 59, de 9 de marzo de 2004).

[419]   Actualmente solo el método de estimación objetiva, art. 31 de la Ley 35/2006, de 28 de noviembre, del Impuesto sobre la Renta de las Personas Físicas y de modificación parcial de las leyes de los Impuestos so-

Dos[420]. Reglamentariamente se determinarán las operaciones o procesos que no tienen la consideración de transformación a los efectos de la pérdida de la condición de comerciante minorista.

SECCIÓN 2.ª

(...)[421]

Artículo 150[422]
(...)

Artículo 151[423]
(...)

Artículo 152[424]
(...)

SECCIÓN 3.ª

(...)[425]

---

bre Sociedades, sobre la Renta de no Residentes y sobre el Patrimonio (BOE núm. 285, de 29 de noviembre de 2006).

[420] Art. 54 del RIVA

[421] El título de la Sección 2ª ha sido suprimido por el art. 6.15.2° de la Ley 55/1999, de 29 de diciembre, de Medidas Fiscales, Administrativas y del Orden Social (BOE núm. 312, de 30 de diciembre), con efectos desde 1 de enero del año 2000, como consecuencia de la reordenación del articulado derivada de la desaparición del régimen especial de determinación de bases imponibles: «Régimen especial de determinación proporcional de las bases imponibles».

[422] Artículo derogado por el art. 6.16 de la Ley 55/1999, de 29 de diciembre, de Medidas Fiscales, Administrativas y del Orden Social (BOE núm. 312, de 30 de diciembre), con efectos desde 1 de enero del año 2000, al suprimir el régimen especial de determinación de bases imponibles: «Régimen especial de determinación proporcional de las bases imponibles».

[423] Derogado por el art. 6.16 de la Ley 55/1999, de 29 de diciembre, de Medidas Fiscales, Administrativas y del Orden Social (BOE núm. 312, de 30 de diciembre), con efectos desde 1 de enero del año 2000, al suprimir el régimen especial de determinación de bases imponibles: «Exclusiones del régimen especial de determinación proporcional de las bases imponibles».

[424] Derogado por el art. 6.16 de la Ley 55/1999, de 29 de diciembre, de Medidas Fiscales, Administrativas y del Orden Social (BOE núm. 312, de 30 de diciembre), con efectos desde 1 de enero del año 2000, al suprimir el régimen especial de determinación de bases imponibles: «Contenido del régimen especial de determinación proporcional de las bases imponibles».

[425] El título de la Sección 3ª ha sido suprimido por el art. 6.15.2° de la Ley 55/1999, de 29 de diciembre, de Medidas Fiscales, Administrativas y del Orden Social (BOE núm. 312, de 30 de diciembre), con efectos desde 1 de enero del año 2000, como consecuencia de la reordenación del articulado derivada de la desaparición del régimen especial de determinación de bases imponibles: «Régimen especial del recargo de equivalencias».

Artículo 153[426]

(...)

Artículo 154[427]. *Contenido del régimen especial del recargo de equivalencia*

Uno. La exacción del Impuesto sobre el Valor Añadido exigible a los comerciantes minoristas a quienes resulte aplicable este régimen especial se efectuará mediante la repercusión del recargo de equivalencia efectuada por sus proveedores.

Lo dispuesto en este apartado se entenderá sin perjuicio de la obligación de autoliquidación y pago del Impuesto correspondiente a las adquisiciones intracomunitarias de bienes y a las operaciones a que se refiere el artículo 84, apartado Uno, número 2.º, de esta Ley.

Dos[428]. Los sujetos pasivos sometidos a este régimen especial no estarán obligados a efectuar la liquidación ni el pago del Impuesto a la Hacienda Pública en relación con las operaciones comerciales por ellos efectuadas a las que resulte aplicable este régimen especial, ni por las transmisiones de los bienes o derechos utilizados exclusivamente en dichas actividades, con exclusión de las entregas de bienes inmuebles sujetas y no exentas, por las que el transmitente habrá de repercutir, liquidar e ingresar las cuotas del Impuesto devengadas.

Tampoco podrán deducir las cuotas soportadas por las adquisiciones o importaciones de bienes de cualquier naturaleza o por los servicios que les hayan sido prestados, en la medida en que dichos bienes o servicios se utilicen en la realización de las actividades a las que afecte este régimen especial.

A efectos de la regularización de deducciones por bienes de inversión, la prorrata de deducción aplicable en este sector diferenciado de actividad económica durante el período en que el sujeto pasivo esté sometido a este régimen especial será cero. No procederá efectuar la regularización a que se refiere el artículo 110 de esta Ley en los supuestos de transmisión de bienes de inversión utilizados exclusivamente para la realización de actividades sometidas a este régimen especial.

Tres. Los comerciantes minoristas sometidos a este régimen especial repercutirán a sus clientes la cuota resultante de aplicar el tipo tributario del Impuesto a la base imponible correspondiente a las ventas y a las demás operaciones gravadas por dicho tributo que

---

[426] Derogado por el art. 6.16 de la Ley 55/1999, de 29 de diciembre, de Medidas Fiscales, Administrativas y del Orden Social (BOE núm. 312, de 30 de diciembre), con efectos desde 1 de enero del año 2000, al suprimir el régimen especial de determinación de bases imponibles: «Régimen especial del recargo de equivalencia».

[427] Art. 61 del RIVA.

[428] Nueva redacción del art. 154.Dos dada por el art. 1.Treinta y dos de la Ley 28/2014, de 27 de noviembre, por la que se modifican la Ley 37/1992, de 28 de diciembre, del Impuesto sobre el Valor Añadido, la Ley 20/1991, de 7 de junio, de modificación de los aspectos fiscales del Régimen Económico Fiscal de Canarias, la Ley 38/1992, de 28 de diciembre, de Impuestos Especiales, y la Ley 16/2013, de 29 de octubre, por la que se establecen determinadas medidas en materia de fiscalidad medioambiental y se adoptan otras medidas tributarias y financieras (BOE núm. 288, de 28 de noviembre de 2014), en vigor desde el 1 de enero de 2015.

realicen, sin que, en ningún caso, puedan incrementar dicho porcentaje en el importe del recargo de equivalencia.

Artículo 155[429]. *Comienzo o cese de actividades sujetas al régimen especial del recargo de equivalencia*

En los supuestos de iniciación o cese en el régimen especial del recargo de equivalencia serán de aplicación las siguientes reglas:

1.º En los casos de iniciación los sujetos pasivos deberán efectuar la liquidación e ingreso de la cantidad resultante de aplicar al valor de adquisición de las existencias inventariadas, Impuesto sobre el Valor Añadido excluido, los tipos del citado Impuesto y del recargo de equivalencia vigentes en la fecha de iniciación.

Lo dispuesto en el párrafo anterior no será de aplicación cuando las existencias hubiesen sido adquiridas a un comerciante sometido igualmente a dicho régimen especial en virtud de la transmisión de la totalidad o parte de un patrimonio empresarial no sujeta al Impuesto sobre el Valor Añadido en virtud de lo establecido en el artículo 7.º, número 1.º, de esta Ley.

2.º En los casos de cese debido a la falta de concurrencia de los requisitos previstos en el artículo 149 de esta Ley, los sujetos pasivos podrán efectuar la deducción de la cuota resultante de aplicar al valor de adquisición de sus existencias inventariadas en la fecha del cese, Impuesto sobre el Valor Añadido y recargo de equivalencia excluidos, los tipos de dicho Impuesto y recargo que estuviesen vigentes en la misma fecha.

Si el cese se produjese como consecuencia de la transmisión, total o parcial, del patrimonio empresarial no sujeta al Impuesto a comerciantes no sometidos al régimen especial del recargo de equivalencia, los adquirentes podrán deducir la cuota resultante de aplicar los tipos del Impuesto que estuviesen vigentes el día de la transmisión al valor del mercado de las existencias en dicha fecha.

---

[429]   Art. 60 del RIVA.

Ley 48/2015, de 29 de octubre, de Presupuestos Generales del Estado para el año 2016 (BOE» núm. 260, de 30 octubre de 2015): *Disposición transitoria tercera. Cese en el régimen especial del recargo de equivalencia del Impuesto sobre el Valor Añadido por sociedades civiles.* «Las sociedades civiles que durante el año 2015 hayan tributado en régimen de atribución de rentas en el Impuesto sobre la Renta de las Personas Físicas y hayan estado acogidas al régimen especial del recargo de equivalencia del Impuesto sobre el Valor Añadido, y que con efectos de 1 de enero de 2016 pasen a tener la condición de contribuyentes en el Impuesto sobre Sociedades y, por tanto, cesen en el citado régimen especial, podrán aplicar, en su caso, lo previsto en el artículo 155 de la Ley 37/1992, de 28 de diciembre, del Impuesto sobre el Valor Añadido, y en el artículo 60 del Reglamento del Impuesto sobre el Valor Añadido, aprobado por el Real Decreto 1624/1992, de 29 de diciembre».

3.º A los efectos de lo dispuesto en las dos reglas anteriores, los sujetos pasivos deberán confeccionar, en la forma que reglamentariamente se determine[430], inventarios de sus existencias con referencia a los días de iniciación y cese en la aplicación de este régimen.

Artículo 156. *Recargo de equivalencia*

El recargo de equivalencia se exigirá en las siguientes operaciones que estén sujetas y no exentas del Impuesto sobre el Valor Añadido:

1.º Las entregas de bienes muebles o semovientes que los empresarios efectúen a comerciantes minoristas que no sean sociedades mercantiles.

2.º Las adquisiciones intracomunitarias o importaciones de bienes realizadas por los comerciantes a que se refiere el número anterior.

3.º Las adquisiciones de bienes realizadas por los citados comerciantes a que se refiere el artículo 84, apartado Uno, número 2.º, de esta Ley.

Artículo 157[431]. *Supuestos de no aplicación del recargo de equivalencia*

Se exceptúan de lo dispuesto en el artículo anterior las siguientes operaciones:

1.º Las entregas efectuadas a comerciantes que acrediten, en la forma que reglamentariamente se determine, no estar sometidos al régimen especial del recargo de equivalencia.

2.º Las entregas efectuadas por los sujetos pasivos acogidos al régimen especial de la agricultura, ganadería y pesca con sujeción a las normas que regulan dicho régimen especial.

3.º Las entregas, adquisiciones intracomunitarias e importaciones de bienes de cualquier naturaleza que no sean objeto de comercio por el adquirente.

4.º Las operaciones del número anterior relativas a artículos excluidos de la aplicación del régimen especial del recargo de equivalencia.

Artículo 158. *Sujetos pasivos del recargo de equivalencia*

Estarán obligados al pago del recargo de equivalencia:

1.º Los sujetos pasivos del Impuesto que efectúen las entregas sometidas al mismo.

2.º Los propios comerciantes sometidos a este régimen especial en las adquisiciones intracomunitarias de bienes e importaciones que efectúen, así como en los supuestos contemplados en el artículo 84, apartado Uno, número 2, de esta Ley.

Artículo 159. *Repercusión del recargo de equivalencia*

Los sujetos pasivos indicados en el número 1.º del artículo anterior están obligados a efectuar la repercusión del recargo de equivalencia sobre los respectivos adquirentes en la forma establecida en el artículo 88 de esta Ley.

---

[430] Art. 60 del RIVA.
[431] Art. 59.2 del RIVA.

Artículo 160. *Base imponible*

La base imponible del recargo de equivalencia será la misma que resulte para el Impuesto sobre el Valor Añadido.

Artículo 161[432]. *Tipos*

Los tipos del recargo de equivalencia serán los siguientes:

1.º Con carácter general, el 5,2 por ciento.

2.º Para las entregas de bienes a las que resulte aplicable el tipo impositivo establecido en el artículo 91, apartado uno de esta Ley, el 1,4 por ciento.

3.º Para las entregas de bienes a las que sea aplicable el tipo impositivo previsto en el artículo 91, apartado dos de esta Ley, el 0,50 por ciento.

4.º Para las entregas de bienes objeto del Impuesto Especial sobre las Labores del Tabaco, el 1,75 por ciento.

Artículo 162[433]. Liquidación e ingreso

La liquidación y el ingreso del recargo de equivalencia se efectuarán conjuntamente con el Impuesto sobre el Valor Añadido y ajustándose a las mismas normas establecidas para la exacción de dicho Impuesto.

Artículo 163. *Obligación de acreditar la sujeción al régimen especial del recargo de equivalencia*

Las personas o entidades que no sean sociedades mercantiles y realicen habitualmente operaciones de ventas al por menor estarán obligadas a acreditar ante sus proveedores o, en su caso, ante la Aduana, el hecho de estar sometidos o no al régimen especial del recargo de equivalencia en relación con las adquisiciones o importaciones de bienes que realicen.

CAPÍTULO VIII[434]

---

[432] Nueva redacción del art. 161 dada por el art. 23.seis del Real Decreto-ley 20/2012, de 13 de julio, de medidas para garantizar la estabilidad presupuestaria y de fomento de la competitividad (BOE núm. 168, de 14 de julio de 2012), con efectos desde el 1 de septiembre de 2012.
Redacción anterior dada por el art. 10.15 de la Ley 13/1996, de 30 de diciembre, de Medidas Fiscales, Administrativas y del Orden Social (BOE núm. 315, de 31 de diciembre), vigente desde 1 de enero de 1997.

[433] Arts. 71 y siguientes del RIVA.

[434] Capítulo VIII suprimido por el art. 1.Treinta y cinco de la Ley 28/2014, de 27 de noviembre, por la que se modifican la Ley 37/1992, de 28 de diciembre, del Impuesto sobre el Valor Añadido, la Ley 20/1991, de 7 de junio, de modificación de los aspectos fiscales del Régimen Económico Fiscal de Canarias, la Ley 38/1992, de 28 de diciembre, de Impuestos Especiales, y la Ley 16/2013, de 29 de octubre, por la que se establecen determinadas medidas en materia de fiscalidad medioambiental y se adoptan otras medidas tributarias y financieras (BOE núm. 288, de 28 de noviembre de 2014), en vigor desde el 1 de enero de 2015. En su lugar se incorpora el «Capítulo XI. Regímenes especiales aplicables a los servicios de telecomunicaciones, de radiodifusión o de televisión y a los prestados por vía electrónica».

CAPÍTULO IX. Régimen especial del grupo de entidades[435]

Artículo 163 quinquies. *Requisitos subjetivos del régimen especial del grupo de entidades*

Uno[436]. Podrán aplicar el régimen especial del grupo de entidades los empresarios o profesionales que formen parte de un grupo de entidades. Se considerará como grupo de entidades el formado por una entidad dominante y sus entidades dependientes, que se ha-

---

Redacción anterior: Capítulo VIII «Régimen especial aplicable a los servicios prestados por vía electrónica» incorporado por el art. 4. Veinticuatro de la Ley 53/2002, de 30 de diciembre, de Medidas Fiscales, Administrativas y del Orden Social (BOE núm. 313, de 31 de diciembre), con efectos desde 1 de julio de 2003 y modificado por el art. 1.15 de la Ley 2/2010, de 1 de marzo, por la que se trasponen determinadas directivas en el ámbito de la imposición indirecta y se modifica la Ley del Impuesto sobre la Renta de no Residentes para adaptarla a la normativa comunitaria (BOE núm. 53, de 2 de marzo), con efectos desde 1 de enero de 2010, por el art. 67.Tres de la Ley 17/2012, de 27 de diciembre, de Presupuestos Generales del Estado para el año 2013 (BOE núm. 312, de 28 de diciembre de 2012), con efectos desde el 1 de enero de 2013, por el art. 1.16 y art. 1.17 de la Ley 2/2010, de 1 de marzo, por la que se trasponen determinadas directivas en el ámbito de la imposición indirecta y se modifica la Ley del Impuesto sobre la Renta de no Residentes para adaptarla a la normativa comunitaria (BOE núm. 53, de 2 de marzo), con efectos desde 1 de enero de 2010.

[435]   Arts. 61 bis al 61 sexies del RIVA.
Capítulo incorporado por el art. 3.5 de la ley 36/2006, de 29 de noviembre, de medidas para la prevención del fraude fiscal (BOE núm. 286, de 30 de noviembre), de aplicación en relación con las operaciones cuyo Impuesto se devengue a partir del 1 de enero de 2008, según prescribe la disposición adicional 7ª de la misma.
Disposición transitoria 2.ª de la Ley 4/2008, de 23 de diciembre, por la que se suprime el gravamen del Impuesto sobre el Patrimonio, se generaliza el sistema de devolución mensual en el Impuesto sobre el Valor Añadido, y se introducen otras modificaciones en la normativa tributaria (BOE núm. 310, de 25 de diciembre): «*Las entidades que hayan optado por la aplicación del régimen especial del grupo de entidades de acuerdo con las condiciones establecidas en el Art. 163 sexies de la Ley 37/1992, de 28 de diciembre, del Impuesto sobre el Valor Añadido y en el Art. 58 sexies de la Ley 20/1991, de 7 de junio, de modificación de los aspectos fiscales del Régimen Económico Fiscal de Canarias, podrán renunciar al mismo hasta el 31 de enero de 2009, sin que, a estos efectos, les sea de aplicación el plazo de tres años a que se refieren dichos arts.*».

[436]   Nueva redacción del art. 163. quinquies.Uno dada por el art. 1.Treinta y tres de la Ley 28/2014, de 27 de noviembre (BOE núm. 288, de 28 de noviembre de 2014), en vigor desde el 1 de enero de 2015.
Se establece en la Disp. Transitoria única de la Ley 28/2014, de 27 de noviembre que: «Régimen especial del grupo de entidades.
Las entidades que a la entrada en vigor de esta Ley estuvieran acogidas al régimen especial del grupo de entidades, que no cumplan los nuevos requisitos de vinculación a que se refiere el apartado treinta y tres del artículo primero de esta Ley, podrán seguir acogidas a dicho régimen hasta el 31 de diciembre de 2015, con sujeción a los requisitos de vinculación exigibles conforme con la normativa vigente antes de la entrada en vigor de esta Ley».
Art. 7.5 del Real Decreto-ley 11/2010, de 9 de julio, de órganos de gobierno y otros aspectos del régimen jurídico de las Cajas de Ahorros (BOE núm. 169 de 13 julio).

llen firmemente vinculadas entre sí en los órdenes financiero, económico y de organización, en los términos que se desarrollen reglamentariamente, siempre que las sedes de actividad económica o establecimientos permanentes de todas y cada una de ellas radiquen en el territorio de aplicación del Impuesto.

Ningún empresario o profesional podrá formar parte simultáneamente de más de un grupo de entidades.

Dos[437]. Se considerará como entidad dominante aquella que cumpla los requisitos siguientes:

a) Que tenga personalidad jurídica propia. No obstante, los establecimientos permanentes ubicados en el territorio de aplicación del Impuesto podrán tener la condición de entidad dominante respecto de las entidades cuyas participaciones estén afectas a dichos establecimientos, siempre que se cumplan el resto de requisitos establecidos en este apartado.

b) Que tenga el control efectivo sobre las entidades del grupo, a través de una participación, directa o indirecta, de más del 50 por ciento, en el capital o en los derechos de voto de las mismas.

c) Que dicha participación se mantenga durante todo el año natural.

d) Que no sea dependiente de ninguna otra entidad establecida en el territorio de aplicación del Impuesto que reúna los requisitos para ser considerada como dominante.

No obstante lo previsto en el apartado uno anterior, las sociedades mercantiles que no actúen como empresarios o profesionales, podrán ser consideradas como entidad dominante, siempre que cumplan los requisitos anteriores.

Tres. Se considerará como entidad dependiente aquella que, constituyendo un empresario o profesional distinto de la entidad dominante, se encuentre establecida en el territorio de aplicación del Impuesto y en la que la entidad dominante posea una participación que reúna los requisitos contenidos en las letras *b)* y *c)* del apartado anterior. En ningún caso un establecimiento permanente ubicado en el territorio de aplicación del Impuesto podrá constituir por sí mismo una entidad dependiente.

Cuatro. Las entidades sobre las que se adquiera una participación como la definida en la letra *b)* del apartado dos anterior se integrarán en el grupo de entidades con efecto desde el año natural siguiente al de la adquisición de la participación. En el caso de entidades de nueva creación, la integración se producirá, en su caso, desde el momento de su constitución, siempre que se cumplan los restantes requisitos necesarios para formar parte del grupo.

Cinco. Las entidades dependientes que pierdan tal condición quedarán excluidas del grupo de entidades con efecto desde el período de liquidación en que se produzca tal circunstancia.

---

[437]   Nueva redacción del art. 163. quinquies.Dos dada por el art. 1.Treinta y tres de la Ley 28/2014, de 27 de noviembre (BOE núm. 288, de 28 de noviembre de 2014), en vigor desde el 1 de enero de 2015.

Artículo 163 sexies. *Condiciones para la aplicación del régimen especial del grupo de entidades*

Uno. El régimen especial del grupo de entidades se aplicará cuando así lo acuerden individualmente las entidades que cumplan los requisitos establecidos en el artículo anterior y opten por su aplicación. La opción tendrá una validez mínima de tres años, siempre que se cumplan los requisitos exigibles para la aplicación del régimen especial, y se entenderá prorrogada, salvo renuncia, que se efectuará conforme a lo dispuesto en el artículo 163 nonies. cuatro.1.ª de esta Ley. Esta renuncia tendrá una validez mínima de tres años y se efectuará del mismo modo. En todo caso, la aplicación del régimen especial quedará condicionada a su aplicación por parte de la entidad dominante.

Dos. Los acuerdos a los que se refiere el apartado anterior deberán adoptarse por los Consejos de administración, u órganos que ejerzan una función equivalente, de las entidades respectivas antes del inicio del año natural en que vaya a resultar de aplicación el régimen especial.

Tres. Las entidades que en lo sucesivo se integren en el grupo y decidan aplicar este régimen especial deberán cumplir las obligaciones a que se refieren los apartados anteriores antes del inicio del primer año natural en el que dicho régimen sea de aplicación.

Cuatro. La falta de adopción en tiempo y forma de los acuerdos a los que se refieren los apartados uno y dos de este artículo determinará la imposibilidad de aplicar el régimen especial del grupo de entidades por parte de las entidades en las que falte el acuerdo, sin perjuicio de su aplicación, en su caso, al resto de entidades del grupo.

Cinco. El grupo de entidades podrá optar por la aplicación de lo dispuesto en los apartados uno y tres del artículo 163 octies, en cuyo caso deberá cumplirse la obligación que establece el artículo 163 nonies.cuatro.3.ª, ambos de esta Ley.

Esta opción se referirá al conjunto de entidades que apliquen el régimen especial y formen parte del mismo grupo de entidades, debiendo adoptarse conforme a lo dispuesto por el apartado dos de este artículo.

En relación con las operaciones a que se refiere el artículo 163 octies.uno de esta Ley, el ejercicio de esta opción supondrá la facultad de renunciar a las exenciones reguladas en el artículo 20.uno de la misma, sin perjuicio de que resulten exentas, en su caso, las demás operaciones que realicen las entidades que apliquen el régimen especial del grupo de entidades. El ejercicio de esta facultad se realizará con los requisitos, límites y condiciones que se determinen reglamentariamente[438].

---

[438]   Arts. 61 bis y siguientes del RIVA

Artículo 163 septies. *Causas determinantes de la pérdida del derecho al régimen especial del grupo de entidades*

Uno. El régimen especial regulado en este Capítulo se dejará de aplicar por las siguientes causas:

1.ª La concurrencia de cualquiera de las circunstancias que, de acuerdo con lo establecido en el artículo 53 de la Ley 58/2003, de 17 de diciembre, General Tributaria, determinan la aplicación del método de estimación indirecta.

2.ª El incumplimiento de la obligación de confección y conservación del sistema de información a que se refiere el artículo 163 nonies.cuatro.3.ª de esta Ley.

La no aplicación del régimen especial regulado en este capítulo por las causas anteriormente enunciadas no impedirá la imposición, en su caso, de las sanciones previstas en el artículo 163 nonies.siete de esta Ley.

Dos. El cese en la aplicación del régimen especial del grupo de entidades que se establece en el apartado anterior producirá efecto en el período de liquidación en que concurra alguna de estas circunstancias y siguientes, debiendo el total de las entidades integrantes del grupo cumplir el conjunto de las obligaciones establecidas en esta Ley a partir de dicho período.

Tres. En el supuesto de que una entidad perteneciente al grupo se encontrase al término de cualquier período de liquidación en situación de concurso o en proceso de liquidación, quedará excluida del régimen especial del grupo desde dicho período. Lo anterior se entenderá sin perjuicio de que se continúe aplicando el régimen especial al resto de entidades que cumpla los requisitos establecidos al efecto.

Artículo 163 octies. *Contenido del régimen especial del grupo de entidades*

Uno. Cuando se ejercite la opción que se establece en el artículo 163 sexies.cinco de esta Ley, la base imponible de las entregas de bienes y prestaciones de servicios realizadas en el territorio de aplicación del Impuesto entre entidades de un mismo grupo que apliquen el régimen especial regulado en este Capítulo estará constituida por el coste de los bienes y servicios utilizados directa o indirectamente, total o parcialmente, en su realización y por los cuales se haya soportado o satisfecho efectivamente el Impuesto. Cuando los bienes utilizados tengan la condición de bienes de inversión, la imputación de su coste se deberá efectuar por completo dentro del período de regularización de cuotas correspondientes a dichos bienes que establece el artículo 107, apartados uno y tres, de esta Ley.

No obstante, a los efectos de lo dispuesto en los artículos 101 a 119 y 121 de esta Ley, la valoración de estas operaciones se hará conforme a los artículos 78 y 79 de la misma.

Dos. Cada una de las entidades del grupo actuará, en sus operaciones con entidades que no formen parte del mismo grupo, de acuerdo con las reglas generales del Impuesto, sin que, a tal efecto, el régimen del grupo de entidades produzca efecto alguno.

Tres[439]. Cuando se ejercite la opción que se establece en el artículo 163 sexies.cinco de esta Ley, las operaciones a que se refiere el apartado uno de este artículo constituirán un sector diferenciado de la actividad, al que se entenderán afectos los bienes y servicios utilizados directa o indirectamente, total o parcialmente, en la realización de las citadas operaciones y por los cuales se hubiera soportado o satisfecho efectivamente el Impuesto.

Los empresarios o profesionales podrán deducir íntegramente las cuotas soportadas o satisfechas por la adquisición de bienes y servicios destinados directa o indirectamente, total o parcialmente, a la realización de estas operaciones, siempre que dichos bienes y servicios se utilicen en la realización de operaciones que generen el derecho a la deducción conforme a lo previsto en el artículo 94 de esta Ley. Esta deducción se practicará en función del destino previsible de los citados bienes y servicios, sin perjuicio de su rectificación si aquél fuese alterado.

Cuatro. El importe de las cuotas deducibles para cada uno de los empresarios o profesionales integrados en el grupo de entidades será el que resulte de la aplicación de lo dispuesto en el Capítulo I del Título VIII de esta Ley y las reglas especiales establecidas en el apartado anterior. Estas deducciones se practicarán de forma individual por parte de cada uno de los empresarios o profesionales que apliquen el régimen especial del grupo de entidades.

Determinado el importe de las cuotas deducibles para cada uno de dichos empresarios o profesionales, serán ellos quienes individualmente ejerciten el derecho a la deducción conforme a lo dispuesto en dichos Capítulo y Título.

No obstante, cuando un empresario o profesional incluya el saldo a compensar que resultare de una de sus declaraciones-liquidaciones individuales en una declaración-liquidación agregada del grupo de entidades, no se podrá efectuar la compensación de ese importe en ninguna declaración-liquidación individual correspondiente a un período ulterior, con independencia de que resulte aplicable o no con posterioridad el régimen especial del grupo de entidades.

Cinco. En caso de que a las operaciones realizadas por alguna de las entidades incluidas en el grupo de entidades les fuera aplicable cualquiera de los restantes regímenes especiales regulados en esta Ley, dichas operaciones seguirán el régimen de deducciones que les corresponda según dichos regímenes.

Artículo 163 nonies[440]. *Obligaciones específicas en el régimen especial del grupo de entidades*

Uno. Las entidades que apliquen el régimen especial del grupo de entidades tendrán las obligaciones tributarias establecidas en este Capítulo.

---

[439]   Nueva redacción del art. 163. octies.Tres dada por el art. 1.Treinta y cuatro de la Ley 28/2014, de 27 de noviembre (BOE núm. 288, de 28 de noviembre de 2014), en vigor desde el 1 de enero de 2015.
[440]   Arts. 61 ter y 61 quinquies del RIVA.

Dos. La entidad dominante ostentará la representación del grupo de entidades ante la Administración tributaria. En tal concepto, la entidad dominante deberá cumplir las obligaciones tributarias materiales y formales específicas que se derivan del régimen especial del grupo de entidades.

Tres[441]. Tanto la entidad dominante como cada una de las entidades dependientes deberán cumplir las obligaciones establecidas en el artículo 164 de esta Ley, excepción hecha del pago de la deuda tributaria o de la solicitud de compensación o devolución, debiendo procederse, a tal efecto, conforme a lo dispuesto en la obligación 2.ª del apartado siguiente.

Cuatro[442].La entidad dominante, sin perjuicio del cumplimiento de sus obligaciones propias, y con los requisitos, límites y condiciones que se determinen reglamentariamente, será responsable del cumplimiento de las siguientes obligaciones:

1.ª Comunicar a la Administración tributaria la siguiente información:

a) El cumplimiento de los requisitos exigidos, la adopción de los acuerdos correspondientes y la opción por la aplicación del régimen especial a que se refieren los artículos 163 quinquies y sexies de esta Ley. Toda esta información deberá presentarse en el mes de diciembre anterior al inicio del año natural en el que se vaya a aplicar el régimen especial.

b) La relación de entidades del grupo que apliquen el régimen especial, identificando las entidades que motiven cualquier alteración en su composición respecto a la del año anterior, en su caso. Esta información deberá comunicarse durante el mes de diciembre de cada año natural respecto al siguiente.

c) La renuncia al régimen especial, que deberá ejercitarse durante el mes de diciembre anterior al inicio del año natural en que deba surtir efecto, tanto en lo relativo a la renuncia del total de entidades que apliquen el régimen especial como en cuanto a las renuncias individuales.

d) La opción que se establece en el artículo 163 sexies.cinco de esta Ley, que deberá comunicarse durante el mes de diciembre anterior al inicio del año natural en que deba surtir efecto.

2.ª Presentar las autoliquidaciones periódicas agregadas del grupo de entidades, procediendo, en su caso, al ingreso de la deuda tributaria o a la solicitud de compensación o devolución que proceda. Dichas autoliquidaciones agregadas integrarán los resultados de las autoliquidaciones individuales de las entidades que apliquen el régimen especial del grupo de entidades.

---

[441]   Orden EHA/3434/2007, de 23 de noviembre, por la que se aprueban los modelos 322 de autoliquidación mensual, modelo individual, y 353 de autoliquidación mensual, modelo agregado, y el modelo 039 de Comunicación de datos, correspondientes al Régimen especial del Grupo de Entidades en el Impuesto sobre el Valor Añadido (BOE núm. 286, de 29 de noviembre de 2007).

[442]   Nueva redacción del apartado Cuatro dada por el Art. 5.Once de la Ley 4/2008, de 23 de diciembre (BOE núm. 310 de 25 de diciembre), de aplicación a los períodos de liquidación que se inicien a partir de 1 de enero de 2009.

Las autoliquidaciones periódicas agregadas del grupo de entidades deberán presentarse una vez presentadas las autoliquidaciones periódicas individuales de cada una de las entidades que apliquen el régimen especial del grupo de entidades.

El período de liquidación de las entidades que apliquen el régimen especial del grupo de entidades coincidirá con el mes natural, con independencia de su volumen de operaciones.

Cuando, para un período de liquidación, la cuantía total de los saldos a devolver a favor de las entidades que apliquen el régimen especial del grupo de entidades supere el importe de los saldos a ingresar del resto de entidades que apliquen el régimen especial del grupo de entidades para el mismo período de liquidación, se podrá solicitar la devolución del exceso, siempre que no hubiesen transcurrido cuatro años contados a partir de la presentación de las autoliquidaciones individuales en que se originó dicho exceso. Esta devolución se practicará en los términos dispuestos en el apartado tres del artículo 115 de esta Ley. En tal caso, no procederá la compensación de dichos saldos a devolver en autoliquidaciones agregadas posteriores, cualquiera que sea el período de tiempo transcurrido hasta que dicha devolución se haga efectiva.

En caso de que deje de aplicarse el régimen especial del grupo de entidades y queden cantidades pendientes de devolución o compensación para las entidades integradas en el grupo, estas cantidades se imputarán a dichas entidades en proporción al volumen de operaciones del último año natural en que el régimen especial hubiera sido de aplicación, aplicando a tal efecto lo dispuesto en el artículo 121 de esta Ley.

3.ª Disponer de un sistema de información analítica basado en criterios razonables de imputación de los bienes y servicios utilizados directa o indirectamente, total o parcialmente, en la realización de las operaciones a que se refiere el artículo 163 octies.uno de esta Ley. Este sistema deberá reflejar la utilización sucesiva de dichos bienes y servicios hasta su aplicación final fuera del grupo.

El sistema de información deberá incluir una memoria justificativa de los criterios de imputación utilizados, que deberán ser homogéneos para todas las entidades del grupo y mantenerse durante todos los períodos en los que sea de aplicación el régimen especial, salvo que se modifiquen por causas razonables, que deberán justificarse en la propia memoria.

Este sistema de información deberá conservarse durante el plazo de prescripción del Impuesto.

Cinco. En caso de que alguna de las entidades integradas en el grupo de entidades presente una declaración-liquidación individual extemporánea, se aplicarán los recargos e intereses que, en su caso, procedan conforme al artículo 27 de la Ley 58/2003, de 17 de diciembre, General Tributaria, sin que a tales efectos tenga incidencia alguna el hecho de que se hubiera incluido originariamente el saldo de la declaración-liquidación individual, en su caso, presentada, en una declaración-liquidación agregada del grupo de entidades.

Cuando la declaración-liquidación agregada correspondiente al grupo de entidades se presente extemporáneamente, los recargos que establece el artículo 27 de la Ley 58/2003, de 17 de diciembre, General Tributaria, se aplicarán sobre el resultado de la misma, siendo responsable de su ingreso la entidad dominante.

Seis. Las entidades que apliquen el régimen especial del grupo de entidades responderán solidariamente del pago de la deuda tributaria derivada de este régimen especial.

Siete[443]. La no llevanza o conservación del sistema de información a que se refiere la obligación 3.ª del apartado cuatro será considerada como infracción tributaria grave de la entidad dominante. La sanción consistirá en multa pecuniaria proporcional del 2 por ciento del volumen de operaciones del grupo.

Las inexactitudes u omisiones en el sistema de información a que se refiere la obligación 3.ª del apartado cuatro serán consideradas como infracción tributaria grave de la entidad dominante. La sanción consistirá en multa pecuniaria proporcional del 10 por ciento del importe de los bienes y servicios adquiridos a terceros a los que se refiera la información inexacta u omitida.

De acuerdo con lo dispuesto en el apartado 3 del artículo 180 de la Ley 58/2003, de 17 de diciembre, General Tributaria, las sanciones previstas en los dos párrafos anteriores serán compatibles con las que procedan por la aplicación de los artículos 191, 193, 194 y 195 de dicha Ley. Las imposiciones de las sanciones establecidas en este apartado impedirán la calificación de las infracciones tipificadas en los artículos 191 y 193 de dicha Ley como graves o muy graves por la no llevanza, llevanza incorrecta o no conservación del sistema de información a que se refiere la obligación 3.ª del apartado cuatro.

La entidad dominante será sujeto infractor por los incumplimientos de las obligaciones específicas del régimen especial del grupo de entidades, incluidas las obligaciones derivadas del ingreso de la deuda tributaria, de la solicitud de compensación o de la devolución resultante de la declaración-liquidación agregada correspondiente al grupo de entidades, siendo responsable de la veracidad y exactitud de los importes y calificaciones consignadas por las entidades dependientes que se integran en la declaración-liquidación agregada. Las demás entidades que apliquen el régimen especial del grupo de entidades responderán solidariamente del pago de estas sanciones.

Las entidades que apliquen el régimen especial del grupo de entidades responderán de las infracciones derivadas de los incumplimientos de sus propias obligaciones tributarias.

Ocho. Las actuaciones dirigidas a comprobar el adecuado cumplimiento de las obligaciones de las entidades que apliquen el régimen especial del grupo de entidades se entenderán con la entidad dominante, como representante del mismo. Igualmente, las actuaciones podrán entenderse con las entidades dependientes, que deberán atender a la Administración tributaria.

---

[443] Nueva redacción del art. 163 nonies Siete dada por el art. octavo dos de la Ley 11/2021, de 9 de julio, de medidas de prevención y lucha contra el fraude fiscal, de transposición de la Directiva (UE) 2016/1164, del Consejo, de 12 de julio de 2016, por la que se establecen normas contra las prácticas de elusión fiscal que inciden directamente en el funcionamiento del mercado interior, de modificación de diversas normas tributarias y en materia de regulación del juego (BOE núm. 164, de 10 de julio de 2021).

Las actuaciones de comprobación o investigación realizadas a cualquier entidad del grupo de entidades interrumpirán el plazo de prescripción del Impuesto referente al total de entidades del grupo desde el momento en que la entidad dominante tenga conocimiento formal de las mismas.

Las actas y liquidaciones que deriven de la comprobación de este régimen especial se extenderán a la entidad dominante.

Se entenderá que concurre la circunstancia de especial complejidad prevista en el artículo 150.1 de la Ley 58/2003, de 17 de diciembre, General Tributaria, cuando se aplique este régimen especial.

CAPÍTULO X. Régimen especial del criterio de caja[444]

Artículo 163 decies. *Requisitos subjetivos de aplicación*

Uno. Podrán aplicar el régimen especial del criterio de caja los sujetos pasivos del Impuesto cuyo volumen de operaciones durante el año natural anterior no haya superado los 2.000.000 de euros.

Dos. Cuando el sujeto pasivo hubiera iniciado la realización de actividades empresariales o profesionales en el año natural anterior, el importe del volumen de operaciones deberá elevarse al año.

Tres. Cuando el sujeto pasivo no hubiera iniciado la realización de actividades empresariales o profesionales en el año natural anterior, podrá aplicar este régimen especial en el año natural en curso.

Cuatro. A efectos de determinar el volumen de operaciones efectuadas por el sujeto pasivo referido en los apartados anteriores, las mismas se entenderán realizadas cuando se produzca o, en su caso, se hubiera producido el devengo del Impuesto sobre el Valor Añadido, si a las operaciones no les hubiera sido de aplicación el régimen especial del criterio de caja.

Cinco. Quedarán excluidos del régimen de caja los sujetos pasivos cuyos cobros en efectivo respecto de un mismo destinatario durante el año natural superen la cuantía que se determine reglamentariamente.

Artículo 163 undecies. *Condiciones para la aplicación del régimen especial del criterio de caja*

El régimen especial del criterio de caja podrá aplicarse por los sujetos pasivos que cumplan los requisitos establecidos en el artículo anterior y opten por su aplicación en los términos que se establezcan reglamentariamente. La opción se entenderá prorrogada salvo

---

[444]   Arts. 61 septies a 61 undecies del RIVA.

Nuevo Capítulo X en el Título IX incorporado por el art. 23.Dos de la Ley 14/2013, de 27 de septiembre, de apoyo a los emprendedores y su internacionalización (BOE núm. 233, de 28 de septiembre de 2013), con efectos desde el 1 de enero de 2014.

renuncia, que se efectuará en las condiciones que reglamentariamente se establezcan. Esta renuncia tendrá una validez mínima de 3 años.

Artículo 163 duodecies. *Requisitos objetivos de aplicación*

Uno. El régimen especial del criterio de caja podrá aplicarse por los sujetos pasivos a que se refiere el artículo 163 decies a las operaciones que se entiendan realizadas en el territorio de aplicación del Impuesto.

El régimen especial del criterio de caja se referirá a todas las operaciones realizadas por el sujeto pasivo sin perjuicio de lo establecido en el apartado siguiente de este artículo.

Dos. Quedan excluidas del régimen especial del criterio de caja las siguientes operaciones:

a) Las acogidas a los regímenes especiales simplificado, de la agricultura, ganadería y pesca, del recargo de equivalencia, del oro de inversión, aplicable a los servicios prestados por vía electrónica y del grupo de entidades.

b) Las entregas de bienes exentas a las que se refieren los artículos 21, 22, 23, 24 y 25 de esta Ley.

c) Las adquisiciones intracomunitarias de bienes.

d) Aquellas en las que el sujeto pasivo del Impuesto sea el empresario o profesional para quien se realiza la operación de conformidad con los números 2.º, 3.º y 4.º del apartado uno del artículo 84 de esta Ley.

e) Las importaciones y las operaciones asimiladas a las importaciones.

f) Aquellas a las que se refieren los artículos 9.1.º y 12 de esta Ley.

Artículo 163 terdecies. *Contenido del régimen especial del criterio de caja*

Uno. En las operaciones a las que sea de aplicación este régimen especial, el Impuesto se devengará en el momento del cobro total o parcial del precio por los importes efectivamente percibidos o si este no se ha producido, el devengo se producirá el 31 de diciembre del año inmediato posterior a aquel en que se haya realizado la operación.

A estos efectos, deberá acreditarse el momento del cobro, total o parcial, del precio de la operación.

Dos. La repercusión del Impuesto en las operaciones a las que sea de aplicación este régimen especial deberá efectuarse al tiempo de expedir y entregar la factura correspondiente, pero se entenderá producida en el momento del devengo de la operación determinado conforme a lo dispuesto en el apartado anterior.

Tres. Los sujetos pasivos a los que sea de aplicación este régimen especial podrán practicar sus deducciones en los términos establecidos en el Título VIII de esta Ley, con las siguientes particularidades:

a) El derecho a la deducción de las cuotas soportadas por los sujetos pasivos acogidos a este régimen especial nace en el momento del pago total o parcial del precio por los importes efectivamente satisfechos, o si este no se ha producido, el 31 de diciembre del año inmediato posterior a aquel en que se haya realizado la operación.

Lo anterior será de aplicación con independencia del momento en que se entienda realizado el hecho imponible.

A estos efectos, deberá acreditarse el momento del pago, total o parcial, del precio de la operación.

b) El derecho a la deducción solo podrá ejercitarse en la declaración-liquidación relativa al periodo de liquidación en que haya nacido el derecho a la deducción de las cuotas soportadas o en las de los sucesivos, siempre que no hubiera transcurrido el plazo de cuatro años, contados a partir del nacimiento del mencionado derecho.

c) El derecho a la deducción de las cuotas soportadas caduca cuando el titular no lo hubiera ejercitado en el plazo establecido en la letra anterior.

Cuatro. Reglamentariamente se determinarán las obligaciones formales que deban cumplir los sujetos pasivos que apliquen este régimen especial.

Artículo 163 quaterdecies. *Efectos de la renuncia o exclusión del régimen especial del criterio de caja*

La renuncia o exclusión de la aplicación del régimen especial del criterio de caja determinará el mantenimiento de las normas reguladas en el mismo respecto de las operaciones efectuadas durante su vigencia en los términos señalados en el artículo anterior.

Artículo 163 quinquiesdecies. *Operaciones afectadas por el régimen especial del criterio de caja*

Uno. El nacimiento del derecho a la deducción de los sujetos pasivos no acogidos al régimen especial del criterio de caja, pero que sean destinatarios de las operaciones incluidas en el mismo, en relación con las cuotas soportadas por esas operaciones, se producirá en el momento del pago total o parcial del precio de las mismas, por los importes efectivamente satisfechos, o, si este no se ha producido, el 31 de diciembre del año inmediato posterior a aquel en que se haya realizado la operación.

Lo anterior será de aplicación con independencia del momento en que se entienda realizado el hecho imponible.

A estos efectos, deberá acreditarse el momento del pago, total o parcial, del precio de la operación.

Reglamentariamente se determinarán las obligaciones formales que deban cumplir los sujetos pasivos que sean destinatarios de las operaciones afectadas por el régimen especial del criterio de caja.

Dos. La modificación de la base imponible a que se refiere el apartado cuatro del artículo 80 de esta Ley, efectuada por sujetos pasivos que no se encuentren acogidos al régimen especial del criterio de caja, determinará el nacimiento del derecho a la deducción de las cuotas soportadas por el sujeto pasivo deudor, acogido a dicho régimen especial correspondientes a las operaciones modificadas y que estuvieran aún pendientes de deducción en la fecha en que se realice la referida modificación de la base imponible.

Artículo 163 sexiesdecies. *Efectos del auto de declaración del concurso*

La declaración de concurso del sujeto pasivo acogido al régimen especial de criterio de caja o del sujeto pasivo destinatario de sus operaciones determinará, en la fecha del auto de declaración de concurso:

a) el devengo de las cuotas repercutidas por el sujeto pasivo acogido al régimen especial del criterio de caja que estuvieran aún pendientes de devengo en dicha fecha;

b) el nacimiento del derecho a la deducción de las cuotas soportadas por el sujeto pasivo respecto de las operaciones que haya sido destinatario y a las que haya sido de aplicación el régimen especial del criterio de caja que estuvieran pendientes de pago y en las que no haya transcurrido el plazo previsto en el artículo 163.terdecies.Tres, letra a), en dicha fecha;

c) el nacimiento del derecho a la deducción de las cuotas soportadas por el sujeto pasivo concursado acogido al régimen especial del criterio de caja, respecto de las operaciones que haya sido destinatario no acogidas a dicho régimen especial que estuvieran aún pendientes de pago y en las que no haya transcurrido el plazo previsto en el artículo 163. terdecies.Tres, letra a), en dicha fecha.

El sujeto pasivo en concurso deberá declarar las cuotas devengadas y ejercitar la deducción de las cuotas soportadas referidas en los párrafos anteriores en la declaración-liquidación prevista reglamentariamente, correspondiente a los hechos imponibles anteriores a la declaración de concurso. Asimismo, el sujeto pasivo deberá declarar en dicha declaración-liquidación, las demás cuotas soportadas que estuvieran pendientes de deducción a dicha fecha.

CAPÍTULO XI. Regímenes especiales aplicables a las ventas a distancia y a determinadas entregas interiores de bienes y prestaciones de servicios[445]

Sección 1.ª Disposiciones comunes

Artículo 163 septiesdecies[446]. *Definiciones y causas de exclusión*

Uno. A efectos del presente capítulo, serán de aplicación las siguientes definiciones:

---

[445] Arts. 61 duodecies a 61 septiesdecies del RIVA.

Nueva redacción del nombre del Capítulo XI dada por el art. 10. Dieciocho del Real Decreto-ley 7/2021, de 27 de abril, de transposición de directivas de la Unión Europea en las materias de competencia, prevención del blanqueo de capitales, entidades de crédito, telecomunicaciones, medidas tributarias, prevención y reparación de daños medioambientales, desplazamiento de trabajadores en la prestación de servicios transnacionales y defensa de los consumidores (BOE núm. 101, de 28 de abril de 2021), en vigor desde el 1 de julio de 2021.

Capítulo XI incorporado por el art. 1.Treinta y cinco de la Ley 28/2014, de 27 de noviembre, por la que se modifican la Ley 37/1992, de 28 de diciembre, del Impuesto sobre el Valor Añadido, la Ley 20/1991,

a) «Declaraciones-liquidaciones periódicas de los regímenes especiales»: las declaraciones-liquidaciones en las que consta la información necesaria para determinar la cuantía del impuesto correspondiente en cada Estado miembro de consumo.

b) «Estado miembro de consumo»: el definido como tal para cada uno de los regímenes especiales.

c) «Estado miembro de identificación»: el definido como tal para cada uno de los regímenes especiales.

Dos. Serán causas de exclusión de los empresarios o profesionales acogidos a estos regímenes especiales cualesquiera de las siguientes circunstancias que se relacionan a continuación:

a) La presentación de la declaración de cese de las operaciones comprendidas en dichos regímenes especiales.

b) La existencia de hechos que permitan presumir que las operaciones del empresario o profesional incluidas en estos regímenes especiales han concluido.

c) El incumplimiento de los requisitos necesarios para acogerse a estos regímenes especiales.

d) El incumplimiento reiterado de las obligaciones impuestas por la normativa de estos regímenes especiales.

e) Para los empresarios o profesionales acogidos al régimen especial previsto en la Sección 4.ª de este capítulo, que operen a través de un intermediario, también será causa de exclusión que dicho intermediario notifique a la Administración tributaria que ha dejado de representarlos.

La decisión de exclusión será competencia exclusiva del Estado miembro de identificación.

---

de 7 de junio, de modificación de los aspectos fiscales del Régimen Económico Fiscal de Canarias, la Ley 38/1992, de 28 de diciembre, de Impuestos Especiales, y la Ley 16/2013, de 29 de octubre, por la que se establecen determinadas medidas en materia de fiscalidad medioambiental y se adoptan otras medidas tributarias y financieras (BOE núm. 288, de 28 de noviembre de 2014), en vigor desde el 1 de enero de 2015.

[446] Nueva redacción dada por el art. 10. Diecinueve del Real Decreto-ley 7/2021, de 27 de abril, de transposición de directivas de la Unión Europea en las materias de competencia, prevención del blanqueo de capitales, entidades de crédito, telecomunicaciones, medidas tributarias, prevención y reparación de daños medioambientales, desplazamiento de trabajadores en la prestación de servicios transnacionales y defensa de los consumidores (BOE núm. 101, de 28 de abril de 2021), en vigor desde el 1 de julio de 2021.

Redacción anterior dada por el art. 1.Treinta y cinco de la Ley 28/2014, de 27 de noviembre, por la que se modifican la Ley 37/1992, de 28 de diciembre, del Impuesto sobre el Valor Añadido, la Ley 20/1991, de 7 de junio, de modificación de los aspectos fiscales del Régimen Económico Fiscal de Canarias, la Ley 38/1992, de 28 de diciembre, de Impuestos Especiales, y la Ley 16/2013, de 29 de octubre, por la que se establecen determinadas medidas en materia de fiscalidad medioambiental y se adoptan otras medidas tributarias y financieras (BOE núm. 288, de 28 de noviembre de 2014), en vigor desde el 1 de enero de 2015.

Tres. Serán causas de exclusión del intermediario del régimen especial previsto en la Sección 4.ª de este capítulo cualesquiera de las siguientes circunstancias:

a) La falta de actuación durante dos trimestres naturales como intermediario por cuenta de un empresario o profesional acogido al citado régimen especial.

b) El incumplimiento de los requisitos necesarios para actuar como intermediario.

c) El incumplimiento reiterado de las obligaciones impuestas por la normativa del citado régimen especial.

Cuatro. Sin perjuicio de lo previsto en los apartados anteriores, el empresario o profesional, o el intermediario, podrá darse de baja voluntaria de estos regímenes especiales o de actuar como tal.

Cinco. Reglamentariamente se establecerán las disposiciones necesarias para el desarrollo y aplicación de lo dispuesto en este capítulo.

Sección 2.ª Régimen exterior de la Unión. Régimen especial aplicable a los servicios prestados por empresarios o profesionales no establecidos en la Comunidad a destinatarios que no tengan la condición de empresarios o profesionales actuando como tales[447]

Artículo 163 octiesdecies. *Ámbito de aplicación*

Uno. Los empresarios o profesionales no establecidos en la Comunidad, que presten servicios a personas que no tengan la condición de empresario o profesional, actuando como tales, y que estén establecidas en la Comunidad o que tengan en ella su domicilio o residencia habitual, podrán acogerse al régimen especial previsto en esta sección.

El régimen especial se aplicará a todas las prestaciones de servicios que, de acuerdo con lo dispuesto en esta ley, o sus equivalentes en las legislaciones de otros Estados miembros, deban entenderse efectuadas en la Comunidad.

Dos. A efectos de la presente sección, se considerará:

---

[447]   Nueva redacción de la Sección 2.ª dada por el art. 10. Veinte del Real Decreto-ley 7/2021, de 27 de abril, de transposición de directivas de la Unión Europea en las materias de competencia, prevención del blanqueo de capitales, entidades de crédito, telecomunicaciones, medidas tributarias, prevención y reparación de daños medioambientales, desplazamiento de trabajadores en la prestación de servicios transnacionales y defensa de los consumidores (BOE núm. 101, de 28 de abril de 2021), en vigor desde el 1 de julio de 2021. Redacción anterior por su incorporación por el art. 1.35 de la Ley 28/2014, de 27 de noviembre, por la que se modifican la Ley 37/1992, de 28 de diciembre, del Impuesto sobre el Valor Añadido, la Ley 20/1991, de 7 de junio, de modificación de los aspectos fiscales del Régimen Económico Fiscal de Canarias, la Ley 38/1992, de 28 de diciembre, de Impuestos Especiales, y la Ley 16/2013, de 29 de octubre, por la que se establecen determinadas medidas en materia de fiscalidad medioambiental y se adoptan otras medidas tributarias y financieras (BOE núm. 288, de 28 de noviembre de 2014). Redacción del art. 163 octiesdecies afectada por la redacción dada por el art. 79.dos y Tres de la Ley 6/2018, de 3 de julio, de Presupuestos Generales del Estado para el año 2018 (BOE núm. 161, de 4 de julio de 2018), en vigor desde el día 1 de enero de 2019.

a) «Empresario o profesional no establecido en la Comunidad»: todo empresario o profesional que tenga la sede de su actividad económica fuera de la Comunidad y no posea un establecimiento permanente en el territorio de la Comunidad.

b) «Estado miembro de identificación»: el Estado miembro por el que haya optado el empresario o profesional no establecido en la Comunidad para declarar el inicio de su actividad como tal empresario o profesional en el territorio de la Comunidad.

c) «Estado miembro de consumo»: el Estado miembro en el que se considera que tiene lugar la prestación de los servicios conforme a lo dispuesto en esta ley o sus equivalentes en las legislaciones de otros Estados miembros.

Artículo 163 noniesdecies. *Obligaciones formales*

Uno. En caso de que el Reino de España sea el Estado miembro de identificación elegido por el empresario o profesional no establecido en la Comunidad, este quedará obligado a:

a) Disponer del número de identificación fiscal al que se refiere el artículo 164.Uno.2.º de esta Ley.

b) Declarar la fecha de inicio, modificación o cese de sus operaciones comprendidas en este régimen especial. Dicha declaración se presentará por vía electrónica.

La información facilitada por el empresario o profesional no establecido en la Comunidad al declarar el inicio de sus actividades gravadas incluirá los siguientes datos de identificación: nombre, direcciones postales y de correo electrónico, direcciones electrónicas de los sitios de internet a través de los que opere en su caso, el número mediante el que esté identificado ante la Administración fiscal del territorio tercero en el que tenga su sede de actividad y una declaración en la que manifieste que no ha situado la sede de su actividad económica en el territorio de la Comunidad y que no posee en él un establecimiento permanente. Igualmente, el empresario o profesional no establecido en la Comunidad comunicará toda posible modificación de la citada información.

En el caso de empresarios o profesionales establecidos en las Islas Canarias, Ceuta o Melilla, la información a facilitar al declarar el inicio de sus actividades gravadas incluirá nombre, direcciones postales y de correo electrónico y las direcciones electrónicas de los sitios de internet a través de los que opere y número de identificación fiscal asignado por la Administración tributaria española.

A efectos de este régimen, la Administración tributaria identificará al empresario o profesional no establecido en la Comunidad mediante un número individual.

La Administración tributaria notificará por vía electrónica al empresario o profesional no establecido en la Comunidad el número de identificación que le haya asignado.

c) Presentar por vía electrónica una declaración-liquidación del impuesto sobre el valor añadido por cada trimestre natural, independientemente de que haya suministrado o no servicios cubiertos por este régimen. La declaración-liquidación se presentará durante el mes siguiente al del período al que se refiere la misma.

Esta declaración-liquidación deberá incluir el número de identificación individual que le haya sido notificado por la Administración tributaria conforme lo previsto en la letra b) anterior y, por cada Estado miembro de consumo en que se haya devengado el impuesto, el valor total, excluido el impuesto sobre el valor añadido que grave la operación, de los servicios cubiertos por este régimen durante el período al que se refiere la declaración, la cantidad global del impuesto correspondiente a cada Estado miembro desglosado por tipos impositivos y el importe total, resultante de la suma de todas estas, que debe ser ingresado en España.

Si el importe de la contraprestación de las operaciones se hubiera fijado en moneda distinta del euro, el mismo se convertirá a euros aplicando el tipo de cambio válido que corresponda al último día del período de liquidación. El cambio se realizará siguiendo los tipos de cambio publicados por el Banco Central Europeo para ese día o, si no hubiera publicación correspondiente a ese día, del día siguiente.

Cualquier modificación posterior de las cifras contenidas en las declaraciones-liquidaciones presentadas deberá efectuarse, en el plazo máximo de tres años a partir de la fecha en que debía presentarse la declaración-liquidación inicial, a través de una declaración-liquidación periódica posterior, en la forma y con el contenido que se determine reglamentariamente.

d) Ingresar el impuesto correspondiente a cada declaración-liquidación, haciendo referencia a la declaración-liquidación específica a la que corresponde. El importe se ingresará en euros en la cuenta bancaria designada por la Administración tributaria, dentro del plazo de presentación de la declaración.

e) Mantener un registro de las operaciones incluidas en este régimen especial. Este registro deberá llevarse con la precisión suficiente para que la Administración tributaria del Estado miembro de consumo pueda comprobar si la declaración mencionada en la letra c) anterior es correcta.

Este registro estará a disposición tanto del Estado miembro de identificación como del de consumo en los términos previstos en el artículo 47 decies del Reglamento (UE) n.º 904/2010 del Consejo de 7 de octubre de 2010, relativo a la cooperación administrativa y la lucha contra el fraude en el ámbito del impuesto sobre el valor añadido.

El empresario o profesional no establecido deberá conservar este registro durante un período de diez años desde el final del año en que se hubiera realizado la operación.

f) Expedir y entregar factura ajustada a lo que se determine reglamentariamente.

Dos. En caso de que el empresario o profesional no establecido en la Comunidad hubiera elegido cualquier otro Estado miembro distinto de España para presentar la declaración de inicio en este régimen especial, y en relación con las operaciones que deban considerarse efectuadas en el territorio de aplicación del impuesto, el ingreso del impuesto correspondiente a las mismas deberá efectuarse al tiempo de la presentación en el Estado miembro de identificación de la declaración-liquidación a que se hace referencia en el apartado anterior.

Además, el empresario o profesional no establecido en la Comunidad deberá cumplir el resto de obligaciones contenidas en el apartado Uno anterior en el Estado miembro de identificación y, en particular, la establecida en la letra e) de dicho apartado.

Artículo 163 vicies. *Derecho a la deducción de las cuotas soportadas*

Uno. Los empresarios o profesionales no establecidos en la Comunidad que se acojan a este régimen especial no podrán deducir en la declaración-liquidación a que se refiere el artículo 163 noniesdecies.Uno.c) de esta Ley cantidad alguna de las cuotas soportadas en la adquisición o importación de bienes y servicios que, conforme a las reglas que resulten aplicables, se destinen a la prestación de los servicios a los que se refiere este régimen.

No obstante lo anterior, dichos empresarios o profesionales acogidos a este régimen especial tendrán derecho a la devolución de las cuotas del impuesto sobre el valor añadido soportadas en la adquisición o importación de bienes y servicios que se destinen a la prestación de los servicios a los que se refiere este régimen especial que deban entenderse realizadas en el Estado miembro de consumo, conforme al procedimiento previsto en la normativa del Estado miembro de consumo en desarrollo de lo que dispone la Directiva 86/560/CEE, del Consejo, de 17 de noviembre de 1986, en los términos que prevé el artículo 368 de la Directiva 2006/112/CE, de 28 de noviembre de 2006. En particular, en el caso de empresarios o profesionales que estén establecidos en las Islas Canarias, Ceuta y Melilla solicitarán la devolución de las cuotas soportadas, con excepción de las realizadas en el territorio de aplicación del impuesto, a través del procedimiento previsto en el artículo 117 bis de esta Ley.

Dos. En caso de que el Reino de España sea el Estado miembro de consumo, sin perjuicio de lo dispuesto en el artículo 119. Dos.2.º de esta Ley, los empresarios o profesionales no establecidos en la Comunidad que se acojan a este régimen especial tendrán derecho a la devolución de las cuotas del impuesto sobre el valor añadido soportadas en la adquisición o importación de bienes y servicios que deban entenderse realizadas en el territorio de aplicación del impuesto, siempre que dichos bienes y servicios se destinen a la prestación de los servicios a los que se refiere este régimen especial. El procedimiento para el ejercicio de este derecho será el previsto en el artículo 119 bis de esta Ley.

A estos efectos no se exigirá que esté reconocida la existencia de reciprocidad de trato a favor de los empresarios o profesionales establecidos en el territorio de aplicación del impuesto. Los empresarios o profesionales que se acojan a lo dispuesto en este artículo no estarán obligados a nombrar representante ante la Administración tributaria a estos efectos.

En el caso de empresarios o profesionales establecidos en las Islas Canarias, Ceuta o Melilla el procedimiento para el ejercicio del derecho a la devolución de las cuotas del impuesto sobre el valor añadido a que se refiere este apartado será el previsto en el artículo 119 de esta Ley.

Tres. Los empresarios o profesionales que se acojan a este régimen especial y realicen en el territorio de aplicación del impuesto operaciones a las que se refiere este régimen especial conjuntamente con otras distintas que determinen la obligación de registrarse y de presentar declaraciones-liquidaciones en dicho territorio deberán deducir las cuotas soportadas en la adquisición o importación de bienes y servicios que se entiendan realizadas en dicho territorio y sean utilizados en la prestación de los servicios a que se refiere este régimen especial a través de las declaraciones-liquidaciones correspondientes que deban presentar en el territorio de aplicación del impuesto.

Sección 3.ª Régimen de la Unión. Régimen especial aplicable a los servicios prestados por empresarios o profesionales establecidos en la Comunidad, pero no en el Estado miembro de consumo, a destinatarios que no tengan la condición de empresarios o profesionales actuando como tales, a las ventas a distancia intracomunitarias de bienes y a las entregas interiores de bienes realizadas en las condiciones previstas en el artículo 8 bis.b) de esta Ley[448]

Artículo 163 unvicies. *Ámbito de aplicación*

Uno. Podrán acogerse al régimen especial previsto en esta sección los empresarios o profesionales establecidos en la Comunidad, pero no en el Estado miembro de consumo, que presten servicios que se consideren prestados en este último, a destinatarios que no tengan la condición de empresario o profesional actuando como tales, así como los que realicen ventas a distancia intracomunitarias de bienes o entregas interiores de bienes en las condiciones previstas en el artículo 8 bis.b) de esta Ley.

El régimen especial se aplicará a todas las prestaciones de servicios efectuadas por los empresarios o profesionales que se acojan a este régimen que, de acuerdo con lo dispuesto en esta Ley, o sus equivalentes en las legislaciones de otros Estados miembros, deban entenderse efectuadas en la Comunidad, siempre que se presten en un Estado miembro distinto a aquel en el que el empresario o profesional acogido a este régimen especial tenga establecida la sede de su actividad económica o tenga un establecimiento permanente, así como a todas las entregas de bienes a las que resulte de aplicación este régimen especial que sean efectuadas por los empresarios o profesionales que se acojan al mismo.

Dos. A efectos de la presente sección, se considerará:

---

[448]   Nueva redacción de la Sección 3.ª dada por el art. 10. Veintiuno del Real Decreto-ley 7/2021, de 27 de abril, de transposición de directivas de la Unión Europea en las materias de competencia, prevención del blanqueo de capitales, entidades de crédito, telecomunicaciones, medidas tributarias, prevención y reparación de daños medioambientales, desplazamiento de trabajadores en la prestación de servicios transnacionales y defensa de los consumidores (BOE núm. 101, de 28 de abril de 2021), en vigor desde el 1 de julio de 2021.

Redacción anterior por su incorporación por el art. 1.35 de la Ley 28/2014, de 27 de noviembre, por la que se modifican la Ley 37/1992, de 28 de diciembre, del Impuesto sobre el Valor Añadido, la Ley 20/1991, de 7 de junio, de modificación de los aspectos fiscales del Régimen Económico Fiscal de Canarias, la Ley 38/1992, de 28 de diciembre, de Impuestos Especiales, y la Ley 16/2013, de 29 de octubre, por la que se establecen determinadas medidas en materia de fiscalidad medioambiental y se adoptan otras medidas tributarias y financieras (BOE núm. 288, de 28 de noviembre de 2014).

a) «Empresario o profesional no establecido en el Estado miembro de consumo»: todo empresario o profesional que tenga establecida la sede de su actividad económica en el territorio de la Comunidad o que posea en ella un establecimiento permanente, pero que no tenga establecida dicha sede en el territorio del Estado miembro de consumo ni posea en él un establecimiento permanente;

b) «Estado miembro de identificación»: el Estado miembro en el que el empresario o profesional tenga establecida la sede de su actividad económica. Cuando el empresario o profesional no tenga establecida la sede de su actividad económica en la Comunidad, se atenderá al único Estado miembro en el que tenga un establecimiento permanente o, en caso de tener establecimientos permanentes en varios Estados miembros, al Estado por el que opte el empresario o profesional de entre los Estados miembros en que disponga de un establecimiento permanente.

Cuando el empresario o profesional no tenga establecida la sede de su actividad económica ni tenga establecimiento permanente alguno en la Comunidad, el Estado miembro de identificación será aquel en el que se inicie la expedición o el transporte de los bienes. Si hubiera más de un Estado miembro en el que se iniciase la expedición o el transporte de los bienes, el empresario o profesional deberá optar por uno de ellos.

La opción por un Estado miembro vinculará al empresario o profesional en tanto no sea revocada por el mismo. La opción por su aplicación tendrá una validez mínima de tres años naturales, incluido el año natural a que se refiere la opción ejercitada.

c) «Estado miembro de consumo»:

a') En el caso de las prestaciones de servicios, el Estado miembro en el que se considera que tiene lugar la prestación de servicios, de conformidad con lo dispuesto en esta Ley o sus equivalentes en las legislaciones de otros Estados miembros.

b') En el caso de ventas a distancia intracomunitarias de bienes, el Estado miembro de llegada de la expedición o el transporte de los bienes con destino al cliente.

c') En el caso de entregas de bienes por parte de un empresario o profesional que facilite tales entregas de conformidad con el artículo 8 bis.b) de esta Ley, cuando la expedición o el transporte de los bienes entregados comience y acabe en el mismo Estado miembro, dicho Estado miembro.

Tres. A efectos de la presente sección se considerará al Reino de España el «Estado miembro de identificación» en los siguientes supuestos:

a) En todo caso, para los empresarios o profesionales que tengan la sede de su actividad económica en el territorio de aplicación del impuesto y aquellos que no tengan establecida la sede de su actividad económica en el territorio de la Comunidad, pero tengan exclusivamente en el territorio de aplicación del impuesto uno o varios establecimientos permanentes.

b) Cuando se trate de empresarios o profesionales que no tengan la sede de su actividad económica en el territorio de la Comunidad y que teniendo más de un establecimiento permanente en el territorio de aplicación del impuesto y en algún otro Estado miembro hayan elegido a España como Estado miembro en el que se acogen para la aplicación del presente régimen especial.

c) Cuando se trate de empresarios o profesionales que no tengan su sede de actividad ni un establecimiento permanente en la Comunidad y el inicio de la expedición o transporte de los bienes sea exclusivamente el territorio de aplicación del impuesto o, habiéndose iniciado dicha expedición o transporte en varios Estados miembros, hayan elegido a España como Estado miembro en el que se acogen para la aplicación del presente régimen especial.

Artículo 163 duovicies. *Obligaciones formales*

Uno. En caso de que España sea el Estado miembro de identificación el empresario o profesional que realice operaciones acogidas a este régimen especial quedará obligado a:

a) Disponer del número de identificación fiscal al que se refiere el artículo 164.Uno.2.º de esta Ley.

b) Declarar la fecha de inicio, modificación o cese de sus operaciones comprendidas en este régimen especial. Dicha declaración se presentará por vía electrónica.

c) Presentar por vía electrónica una declaración-liquidación del impuesto sobre el valor añadido por cada trimestre natural, independientemente de que haya realizado operaciones a las que se les aplique el presente régimen especial. La declaración-liquidación se presentará durante el mes siguiente al del período al que se refiere la misma.

Esta declaración-liquidación deberá incluir el número de identificación fiscal asignado al empresario o profesional por la Administración tributaria previsto en la letra a) anterior y, por cada Estado miembro de consumo en que se haya devengado el impuesto, el valor total de las operaciones gravadas por este régimen, excluido el impuesto sobre el valor añadido que grave la operación, durante el período al que se refiere la misma, la cantidad global del impuesto correspondiente a cada Estado miembro, desglosado por tipos impositivos y el importe total, resultante de la suma de todas estas, que debe ser ingresado en España.

Cuando los bienes se expidan o transporten desde Estados miembros distintos de España, la declaración-liquidación deberá incluir también el valor total, excluido el impuesto sobre el valor añadido que grave la operación, durante el período al que se refiere la misma, la cantidad global del impuesto correspondiente, desglosado por tipos impositivos y el importe total, resultante de la suma de todas estas, para las siguientes entregas a las que resulte aplicable este régimen, por cada Estado miembro desde el que se hayan expedido o transportado tales bienes:

a′) Las ventas a distancia intracomunitarias de bienes distintas de las realizadas con arreglo al artículo 8 bis.b) de esta Ley o su equivalente en la legislación de dicho Estado miembro.

b′) Las ventas a distancia intracomunitarias de bienes y las entregas de bienes cuando la expedición o transporte de dichos bienes comience y acabe en el mismo Estado miembro efectuadas por un empresario o profesional de conformidad con lo dispuesto en artículo 8 bis.b) de esta Ley o su equivalente en la legislación de dicho Estado miembro.

En lo que respecta a las entregas de bienes a que se refiere la letra a'), la declaración-liquidación incluirá también el número de identificación individual a efectos del impuesto sobre el valor añadido o el número de identificación fiscal asignado por cada Estado miembro desde el que se hayan expedido o transportado tales bienes.

En lo que respecta a las entregas de bienes a que se refiere la letra b'), la declaración-liquidación incluirá también el número de identificación individual a efectos del impuesto sobre el valor añadido o el número de identificación fiscal asignado por cada Estado miembro desde el que se hayan expedido o transportado tales bienes, cuando se disponga del mismo.

La declaración-liquidación incluirá la información a que se hace referencia en esta letra c), desglosada por Estado miembro de consumo.

Cuando el empresario o profesional tenga uno o más establecimientos permanentes en Estados miembros distintos de España, desde los que preste los servicios a que se refiere este régimen especial, deberá incluir en sus declaraciones-liquidaciones el importe total de dichas prestaciones de servicios, por cada Estado miembro en que tenga un establecimiento permanente, junto con el número de identificación individual a efectos del impuesto sobre el valor añadido, o el número de identificación fiscal de dicho establecimiento permanente, y desglosado por Estado miembro de consumo.

Si el importe de la contraprestación de las operaciones se hubiera fijado en moneda distinta del euro, el mismo se convertirá a euros aplicando el tipo de cambio válido que corresponda al último día del período de liquidación. El cambio se realizará siguiendo los tipos de cambio publicados por el Banco Central Europeo para ese día o, si no hubiera publicación correspondiente a ese día, del día siguiente.

Cualquier modificación posterior de las cifras contenidas en las declaraciones-liquidaciones presentadas, deberá efectuarse, en el plazo máximo de tres años a partir de la fecha en que debía presentarse la declaración-liquidación inicial, a través de una declaración-liquidación periódica posterior, en la forma y el contenido que se determine reglamentariamente.

d) Ingresar el impuesto correspondiente a cada declaración-liquidación, haciendo referencia a la declaración específica a la que corresponde. El importe se ingresará en euros en la cuenta bancaria designada por la Administración tributaria, dentro del plazo de presentación de la declaración.

e) Mantener un registro de las operaciones incluidas en este régimen especial. Este registro deberá llevarse con la precisión suficiente para que la Administración tributaria del Estado miembro de consumo pueda comprobar si la declaración mencionada en la letra c) anterior es correcta.

Este registro estará a disposición tanto del Estado miembro de identificación como del de consumo en los términos previstos en el artículo 47 decies del Reglamento (UE) n.º

904/2010 del Consejo de 7 de octubre de 2010, relativo a la cooperación administrativa y la lucha contra el fraude en el ámbito del impuesto sobre el valor añadido.

El empresario o profesional deberá conservar este registro durante un período de diez años desde el final del año en que se hubiera realizado la operación.

f) Expedir y entregar factura, ajustada a lo que se determine reglamentariamente.

Dos. El empresario o profesional que considere al Reino de España como Estado miembro de identificación deberá presentar, exclusivamente en España, las declaraciones-liquidaciones e ingresar, en su caso, el importe del impuesto correspondiente a todas las operaciones a que se refiere este régimen especial realizadas en todos los Estados miembros de consumo.

Artículo 163 tervicies. *Derecho a la deducción de las cuotas soportadas*

Uno. Los empresarios o profesionales que se acojan a este régimen especial no podrán deducir en la declaración-liquidación a que se refiere el artículo 163 duovicies.Uno.c) de esta Ley cantidad alguna por las cuotas soportadas en la adquisición o importación de bienes y servicios que, conforme a las reglas que resulten aplicables, se destinen a la realización de las operaciones a que se refiere este régimen.

No obstante lo anterior, los empresarios o profesionales que se acojan a este régimen especial tendrán derecho a la devolución de las cuotas del impuesto sobre el valor añadido soportadas en la adquisición o importación de bienes y servicios que se destinen a la realización de las operaciones a que se refiere este régimen especial que deban entenderse realizadas en el Estado miembro de consumo, conforme al procedimiento previsto en la normativa del Estado miembro de consumo en desarrollo de lo que dispone la Directiva 86/560/CEE del Consejo, de 17 de noviembre de 1986, en los términos que prevé el artículo 368 de la Directiva 2006/112/CE, de 28 de noviembre de 2006, o la Directiva 2008/9/CE, del Consejo, de 12 de febrero de 2008, en los términos que prevé el artículo 369 undecies de la Directiva 2006/112/CE, de 28 de noviembre de 2006. En particular, en el caso de empresarios o profesionales que estén establecidos en el territorio de aplicación del impuesto solicitarán la devolución de las cuotas soportadas, con excepción de las realizadas en el indicado territorio, a través del procedimiento previsto en el artículo 117 bis de esta Ley.

Dos. En caso de que el Reino de España sea el Estado miembro de consumo, sin perjuicio de lo dispuesto en el artículo 119.Dos.2.º de esta Ley, los empresarios o profesionales que se acojan a este régimen especial tendrán derecho a la devolución de las cuotas del impuesto sobre el valor añadido soportadas en la adquisición o importación de bienes y servicios que deban entenderse realizadas en el territorio de aplicación del impuesto, siempre que dichos bienes y servicios se destinen a la realización de las operaciones a que se refiere este régimen especial.

Para los empresarios o profesionales que se encuentren establecidos en otro Estado miembro, el procedimiento para el ejercicio de este derecho será el previsto en el artículo 119 de esta Ley.

Para los empresarios o profesionales no establecidos en la Comunidad, el procedimiento para el ejercicio de este derecho será el previsto en el artículo 119 bis de esta Ley.

A estos efectos no se exigirá que esté reconocida la existencia de reciprocidad de trato a favor de los empresarios o profesionales establecidos en el territorio de aplicación del impuesto. Los empresarios o profesionales que se acojan a lo dispuesto en este artículo no estarán obligados a nombrar representante ante la Administración tributaria a estos efectos.

En el caso de empresarios o profesionales establecidos en las Islas Canarias, Ceuta o Melilla, el procedimiento para el ejercicio del derecho a la devolución de las cuotas del impuesto sobre el valor añadido a que se refiere este apartado será el previsto en el artículo 119 de esta Ley.

En caso de que el Reino de España sea el Estado miembro de identificación, los empresarios o profesionales que estén establecidos en el territorio de aplicación del impuesto podrán deducir las cuotas del impuesto sobre el valor añadido soportadas en la adquisición o importación de bienes y servicios utilizados en la realización de las operaciones acogidas al presente régimen conforme al régimen general del impuesto.

Tres. Los empresarios o profesionales que se acojan a este régimen especial y realicen en el territorio de aplicación del impuesto operaciones a las que se refiere este régimen especial conjuntamente con otras distintas que determinen la obligación de registrarse y de presentar declaraciones-liquidaciones en dicho territorio deberán deducir las cuotas soportadas en la adquisición o importación de bienes y servicios que se entiendan realizadas en dicho territorio y sean utilizados en la realización de las operaciones a que se refiere este régimen especial a través de las declaraciones-liquidaciones correspondientes que deban presentar en el territorio de aplicación del impuesto.

Artículo 163 quatervicies. *Prestaciones de servicios realizadas en el territorio de aplicación del impuesto por empresarios o profesionales establecidos en el mismo*

El régimen especial previsto en esta sección no resultará aplicable a las prestaciones de servicios realizadas en el territorio de aplicación del impuesto por empresarios o profesionales que tengan la sede de su actividad económica o un establecimiento permanente en el mismo. A dichas prestaciones de servicios les resultará aplicable el régimen general del impuesto.

Sección 4.ª Régimen de importación. Régimen especial aplicable a las ventas a distancia de bienes importados de países o territorios terceros[449]

Artículo 163 quinvicies. *Ámbito de aplicación*

Uno. Podrán acogerse al régimen especial previsto en la presente sección los empresarios o profesionales que realicen ventas a distancia de bienes importados de países o

---

[449]   Nueva Sección 4.ª incorporada por el art. 10. Veintidós del Real Decreto-ley 7/2021, de 27 de abril, de transposición de directivas de la Unión Europea en las materias de competencia, prevención del blanqueo de capitales, entidades de crédito, telecomunicaciones, medidas tributarias, prevención y reparación de

territorios terceros en envíos cuyo valor intrínseco no exceda de 150 euros, a excepción de los productos que sean objeto de impuestos especiales, siempre que sean:

– empresarios o profesionales establecidos en la Comunidad;

– empresarios o profesionales, establecidos o no en la Comunidad, que estén representados por un intermediario establecido en la Comunidad. A estos efectos no será posible designar más de un intermediario a la vez; o

– empresarios o profesionales establecidos en un país tercero con el que la Unión Europea haya celebrado un acuerdo de asistencia mutua con un ámbito de aplicación similar al de la Directiva 2010/24/UE del Consejo y al del Reglamento (UE) n.º 904/2010, y que realicen ventas a distancia de bienes procedentes de ese país tercero.

El presente régimen especial se aplicará a todas las ventas a distancia de bienes importados de países o territorios terceros efectuadas por el empresario o profesional.

Dos. A efectos de la presente sección, se considerará:

a) «Empresario o profesional no establecido en la Comunidad»: todo empresario o profesional que tenga la sede de su actividad económica fuera de la Comunidad y no tenga en ella un establecimiento permanente.

b) «Intermediario»: aquella persona establecida en la Comunidad a quien designa el empresario o profesional que realiza ventas a distancia de bienes importados de un país o territorio tercero y que, en nombre y por cuenta de éste, queda obligado al cumplimiento de las obligaciones materiales y formales derivadas del presente régimen especial y es titular de las relaciones jurídicas-tributarias derivadas del mismo.

Reglamentariamente se establecerán las condiciones y requisitos para actuar como intermediario de este régimen especial.

c) «Estado miembro de identificación»:

a') Cuando el empresario o profesional no esté establecido en la Comunidad, el Estado miembro por el que opte.

b') Cuando el empresario o profesional no tenga establecida la sede de su actividad económica en la Comunidad, pero tenga en ella varios establecimientos permanentes, el Estado miembro en el que, teniendo un establecimiento permanente, indique que se acoge al presente régimen especial. La citada opción por un Estado miembro vinculará al empresario o profesional en tanto no sea revocada por el mismo y tendrá una validez mínima del año natural a que se refiere la opción ejercitada y de los dos siguientes.

c') Cuando el empresario o profesional haya establecido la sede de su actividad económica en un Estado miembro o tenga exclusivamente uno o varios establecimientos permanentes en el mismo, dicho Estado miembro.

---

daños medioambientales, desplazamiento de trabajadores en la prestación de servicios transnacionales y defensa de los consumidores (BOE núm. 101, de 28 de abril de 2021), en vigor desde el 1 de julio de 2021.

d') Cuando el intermediario haya establecido la sede de su actividad económica en un Estado miembro, dicho Estado miembro.

e') Cuando el intermediario no tenga establecida la sede de su actividad económica en la Comunidad, pero tenga en ella varios establecimientos permanentes, el Estado miembro en el que, teniendo un establecimiento permanente, indique que se acoge al presente régimen especial. La citada opción por un Estado miembro vinculará al empresario o profesional en tanto no sea revocada por el mismo y tendrá una validez mínima del año natural a que se refiere la opción ejercitada y de los dos siguientes.

d) «Estado miembro de consumo»: el Estado miembro de llegada de la expedición o transporte de los bienes con destino al cliente.

Tres. A efectos de lo previsto en la presente sección se considerará al Reino de España el «Estado miembro de identificación» en los siguientes supuestos:

a) En todo caso, para los empresarios o profesionales o los intermediarios que tengan la sede de su actividad económica en el territorio de aplicación del impuesto, y aquellos que no tengan establecida la sede de su actividad económica en el territorio de la Comunidad, pero tengan exclusivamente en el territorio de aplicación del impuesto uno o varios establecimientos permanentes.

b) Cuando se trate de empresarios o profesionales o intermediarios que no tengan la sede de su actividad económica en el territorio de la Comunidad y que teniendo más de un establecimiento permanente en el territorio de aplicación del impuesto y en algún otro Estado miembro hayan elegido a España como Estado miembro en el que se acogen para la aplicación del presente régimen especial.

c) Cuando el empresario o profesional no tenga su sede de actividad ni disponga de establecimiento permanente alguno en el territorio de la Comunidad, cuando haya elegido a España como Estado miembro en el que se acoge para la aplicación del presente régimen especial.

Artículo 163 sexvicies[450]. *Devengo*

En las entregas de bienes acogidas a este régimen especial el devengo del impuesto se producirá en el momento de la entrega, que se entenderá producida con la aceptación del pago del cliente.

Artículo 163 septvicies. *Obligaciones formales*

Uno. En caso de que el Reino de España sea el Estado miembro de identificación, el empresario o profesional acogido al presente régimen especial, o el intermediario que actúe por su cuenta, quedarán obligados a:

---

[450]   Art. 23 bis RIVA.

a) Disponer del número de identificación fiscal al que se refiere el artículo 164.Uno. 2.º de esta Ley.

b) Declarar la fecha de inicio, modificación o cese de sus operaciones comprendidas en este régimen especial. Dicha declaración se presentará por vía electrónica.

La información que debe facilitar el empresario o profesional acogido al presente régimen especial, que no actúe por medio de intermediario, al declarar el inicio de sus actividades gravadas incluirá los siguientes datos de identificación: nombre, direcciones postales y de correo electrónico, direcciones electrónicas de los sitios de internet a través de los que opere y el número de identificación a efectos del impuesto sobre el valor añadido o el número de identificación fiscal.

La información que debe facilitar el intermediario a la Administración tributaria, antes de iniciar su actividad de intermediación, incluirá los siguientes datos de identificación: nombre, direcciones postales y de correo electrónico, direcciones electrónicas de los sitios de internet a través de los que opere y el número de identificación a efectos del impuesto sobre el valor añadido.

Además, el intermediario deberá facilitar a la Administración tributaria, en relación con cada empresario o profesional por cuyo nombre y cuenta actúa, antes del inicio de las actividades gravadas los siguientes datos de identificación: nombre, direcciones postales y de correo electrónico, direcciones electrónicas de los sitios de internet a través de los que opere, el número de identificación a efectos del impuesto sobre el valor añadido, o el número de identificación fiscal. Igualmente, aquel deberá facilitar el número de identificación fiscal que le haya sido asignado por el Estado miembro de identificación a efectos de este régimen especial.

El empresario o profesional acogido al presente régimen especial, o su eventual intermediario, comunicarán toda posible modificación de la citada información.

A efectos de este régimen, la Administración tributaria identificará al empresario o profesional que se acoja al presente régimen especial mediante un número de identificación a efectos del régimen. En caso de actuar mediante intermediario, se le asignará a este además un número de identificación a efectos del régimen en relación con cada empresario o profesional que lo haya designado como tal.

Estos números de identificación serán de uso exclusivo a efectos de este régimen especial y deberán aportarse para la aplicación de la exención prevista en el artículo 66.4.º de esta Ley.

La Administración tributaria notificará por vía electrónica al empresario o profesional acogido al presente régimen especial o, en su caso, al intermediario, los números de identificación que se le hayan asignado.

c) Presentar por vía electrónica una declaración-liquidación del impuesto sobre el valor añadido por cada mes natural, independientemente de que se hayan realizado o no operaciones a las que se aplique este régimen especial. La declaración-liquidación se presentará durante el mes siguiente al del período al que se refiere la misma.

Esta declaración-liquidación deberá incluir el número de identificación fiscal que le haya sido asignado por la Administración tributaria a efectos del presente régimen especial y, por cada Estado miembro de consumo en que se haya devengado el impuesto, el valor total de las operaciones gravadas por este régimen, excluido el impuesto sobre el valor añadido que grave la operación, durante el período al que se refiere la misma, la cantidad global del impuesto correspondiente a cada Estado miembro, desglosado por tipos impositivos y el importe total, resultante de la suma de todas estas, que debe ser ingresado en España.

Si el importe de la contraprestación de las operaciones se hubiera fijado en moneda distinta del euro, el mismo se convertirá a euros aplicando el tipo de cambio válido que corresponda al último día del período de liquidación. El cambio se realizará siguiendo los tipos de cambio publicados por el Banco Central Europeo para ese día o, si no hubiera publicación correspondiente a ese día, del día siguiente.

Cualquier modificación posterior de las cifras contenidas en las declaraciones-liquidaciones presentadas deberá efectuarse, en el plazo máximo de tres años a partir de la fecha en que debía presentarse la declaración-liquidación inicial, a través de una declaración-liquidación periódica posterior, en la forma y con el contenido que se determine reglamentariamente.

d) Ingresar el impuesto correspondiente a cada declaración-liquidación, haciendo referencia a la declaración-liquidación específica a la que corresponde. El importe se ingresará en euros en la cuenta bancaria designada por la Administración tributaria, dentro del plazo de presentación de la declaración-liquidación.

e) Mantener un registro de las operaciones incluidas en este régimen especial. Este registro deberá llevarse con la precisión suficiente para que la Administración tributaria del Estado miembro de consumo pueda comprobar si la declaración-liquidación mencionada en la letra c) anterior es correcta.

Este registro estará a disposición tanto del Estado miembro de identificación como del de consumo en los términos previstos en el artículo 47 decies del Reglamento (UE) n.º 904/2010 del Consejo de 7 de octubre de 2010, relativo a la cooperación administrativa y la lucha contra el fraude en el ámbito del impuesto sobre el valor añadido.

El empresario o profesional deberá conservar este registro durante un período de diez años desde el final del año en que se hubiera realizado la operación.

f) Expedir y entregar factura, ajustada a lo que se determine reglamentariamente.

Dos. El empresario o profesional que considere al Reino de España como Estado miembro de identificación deberá presentar, exclusivamente en España, las declaraciones-liquidaciones e ingresar, en su caso, el importe del impuesto correspondiente a todas las operaciones a que se refiere este régimen especial realizadas en todos los Estados miembros de consumo.

Artículo 163 octovicies. *Derecho a la deducción de las cuotas soportadas*

Uno. Los empresarios o profesionales que se acojan a este régimen especial no podrán deducir en la declaración-liquidación a que se refiere el artículo 163 septvicies.Uno.c) de esta Ley cantidad alguna por las cuotas soportadas en la adquisición o importación de bienes y servicios que, conforme a las reglas que resulten aplicables, se destinen a la realización de las operaciones a que se refiere este régimen.

No obstante lo anterior, los empresarios o profesionales acogidos a este régimen especial tendrán derecho a la devolución de las cuotas del impuesto sobre el valor añadido soportadas en la adquisición o importación de bienes y servicios que se destinen a la realización de las operaciones a que se refiere este régimen especial que deban entenderse realizadas en el Estado miembro de consumo, conforme al procedimiento previsto en la normativa del Estado miembro de consumo en desarrollo de lo que dispone la Directiva 86/560/CEE del Consejo, de 17 de noviembre de 1986, o de la Directiva 2008/9/CE del Consejo, de 12 de febrero de 2008, ambas en los términos que prevé el artículo 369 quatervicies de la Directiva 2006/112/CE, de 28 de noviembre de 2006. En particular, en el caso de empresarios o profesionales que estén establecidos en las Islas Canarias, Ceuta y Melilla, solicitarán la devolución de las cuotas soportadas, con excepción de las realizadas en el territorio de aplicación del impuesto, a través del procedimiento previsto en el artículo 117 bis de esta Ley.

Dos. En caso de que el Reino de España sea el Estado miembro de consumo, sin perjuicio de lo dispuesto en el artículo 119.Dos.2.º de esta Ley, los empresarios o profesionales que se acojan a este régimen especial tendrán derecho a la devolución de las cuotas del impuesto sobre el valor añadido soportadas en la adquisición o importación de bienes y servicios que deban entenderse realizadas en el territorio de aplicación del impuesto, siempre que dichos bienes y servicios se destinen a la realización de las operaciones a que se refiere este régimen especial.

Para los empresarios o profesionales que se encuentren establecidos en otro Estado miembro, el procedimiento para el ejercicio de este derecho será el previsto en el artículo 119 de esta Ley.

Para los empresarios o profesionales no establecidos en la Comunidad, el procedimiento para el ejercicio de este derecho será el previsto en el artículo 119 bis de esta Ley.

A estos efectos no se exigirá que esté reconocida la existencia de reciprocidad de trato a favor de los empresarios o profesionales establecidos en el territorio de aplicación del impuesto. Los empresarios o profesionales que se acojan a lo dispuesto en este artículo no estarán obligados a nombrar representante ante la Administración Tributaria a estos efectos.

En el caso de empresarios o profesionales establecidos en las Islas Canarias, Ceuta o Melilla, el procedimiento para el ejercicio del derecho a la devolución de las cuotas del impuesto sobre el valor añadido a que se refiere este apartado será el previsto en el artículo 119 de esta Ley.

En caso de que el Reino de España sea el Estado miembro de identificación, los empresarios o profesionales que estén establecidos en el territorio de aplicación del impuesto podrán deducir las cuotas del impuesto sobre el valor añadido soportadas en la adquisición o importación de bienes y servicios utilizados en la realización de las operaciones acogidas al presente régimen conforme al régimen general del impuesto.

Tres. Los empresarios o profesionales que se acojan a este régimen especial y realicen en el territorio de aplicación del impuesto operaciones a las que se refiere este régimen especial conjuntamente con otras distintas que determinen la obligación de registrarse y de presentar declaraciones-liquidaciones en dicho territorio, deberán deducir las cuotas soportadas en la adquisición o importación de bienes y servicios que se entiendan realizadas en dicho territorio y sean utilizados en la realización de las operaciones a que se refiere este régimen especial a través de las declaraciones-liquidaciones correspondientes que deban presentar en el territorio de aplicación del impuesto.

TÍTULO X[451]. OBLIGACIONES DE LOS SUJETOS PASIVOS

CAPÍTULO I. DISPOSICIONES ESPECIALES

Artículo 164[452]. *Obligaciones de los sujetos pasivos*

Uno. Sin perjuicio de lo establecido en el título anterior[453], los sujetos pasivos del Impuesto estarán obligados, con los requisitos, límites y condiciones que se determinen reglamentariamente[454], a:

---

[451]   Nueva redacción del Título X dada por el art. 33 de la Ley 11/2023, de 8 de mayo, de trasposición de Directivas de la Unión Europea en materia de accesibilidad de determinados productos y servicios, migración de personas altamente cualificadas, tributaria y digitalización de actuaciones notariales y registrales; y por la que se modifica la Ley 12/2011, de 27 de mayo, sobre responsabilidad civil por daños nucleares o producidos por materiales radiactivos (BOE núm. 110, de 9 de mayo de 2023), en vigor desde el 1 de enero de 2024.

[452]   Nueva redacción del art. 164 dada por el art. 33 de la Ley 11/2023, de 8 de mayo, de trasposición de Directivas de la Unión Europea en materia de accesibilidad de determinados productos y servicios, migración de personas altamente cualificadas, tributaria y digitalización de actuaciones notariales y registrales; y por la que se modifica la Ley 12/2011, de 27 de mayo, sobre responsabilidad civil por daños nucleares o producidos por materiales radiactivos (BOE núm. 110, de 9 de mayo de 2023), en vigor desde el 1 de enero de 2024.

     Redacción anterior dada por el art. 4.Veinticinco de la Ley 53/2002, de 30 de diciembre, de Medidas Fiscales, Administrativas y del Orden Social (BOE núm. 313, de 31 de diciembre de 2002), con efectos desde 1 de enero de 2003, afectada por la redacción dada por el art. 1.Treinta y seis de la Ley 28/2014, de 27 de noviembre (BOE núm. 288, de 28 de noviembre de 2014), en vigor desde el 1 de enero de 2015y por laRedacción dada por el art. 214.Nueve del Real Decreto-ley 3/2020, de 4 de febrero (BOE núm. 31, de 5 de febrero de 2020) y por la redacción del apartado dos dada por el art. 67.Cuatro de la Ley 17/2012, de 27 de diciembre (BOE núm. 312, de 28 de diciembre de 2012), con efectos desde el 1 de enero de 2013]. Disposición adicional 6.ª del Reglamento.

[453]   Sobre obligaciones formales de los sujetos pasivos acogidos a regímenes especiales, arts. 39, 40, 41, 47, 48, 49, 51, 51 quáter, 53 y 61 del RIVA.

[454]   Arts. 62 a 70 del RIVA.

1.º) Presentar declaraciones relativas al comienzo, modificación y cese de las actividades que determinen su sujeción al Impuesto[455].

2.º) Solicitar de la Administración el número de identificación fiscal y comunicarlo y acreditarlo en los supuestos que se establezcan[456].

3.º) Expedir y entregar factura de todas sus operaciones, ajustada a lo que se determine reglamentariamente[457].

4.º) Llevar la contabilidad y los registros que se establezcan en la forma definida reglamentariamente, sin perjuicio de lo dispuesto en el Código de Comercio y demás normas contables[458].

5.º) Presentar periódicamente, o a requerimiento de la Administración, información relativa a sus operaciones económicas con terceras personas y, en particular, una declaración recapitulativa de operaciones intracomunitarias[459].

6.º) Presentar las declaraciones-liquidaciones correspondientes e ingresar el importe del Impuesto resultante[460].

---

[455]   Arts. 9 y siguientes del Reglamento general de las actuaciones y procedimientos de gestión e inspección tributaria y de desarrollo de las normas comunes de los procedimientos de aplicación de los tributos. Modelo 036: «Declaración censal de alta, modificación y baja en el censo de obligados tributarios», Orden EHA/1274/2007, de 26 de abril, por la que se aprueban los modelos 036 de Declaración censal de alta, modificación y baja en el Censo de empresarios, profesionales y retenedores y 037 Declaración censal simplificada de alta, modificación y baja en el Censo de empresarios, profesionales y retenedores (BOE de 10 de mayo de 2007).

[456]   Art. 25 del Reglamento general de las actuaciones y procedimientos de gestión e inspección tributaria y de desarrollo de las normas comunes de los procedimientos de aplicación de los tributos. Orden EHA/451/2008, de 20 de febrero, por la que se regula la composición del número de identificación fiscal de las personas jurídicas y entidades sin personalidad jurídica (BOE de 26 de febrero de 2008).

[457]   Reglamento que regula las obligaciones de facturación, aprobado por Real Decreto 1496/2003, de 28 de noviembre (BOE núm. 286, de 29 de noviembre de 2003) y en relación a la facturación telemática, la Orden EHA/962/2007, de 10 de abril, por la que se desarrollan determinadas disposiciones sobre facturación telemática y conservación electrónica de facturas, contenidas en el Real Decreto 1496/2003, de 28 de noviembre, por el que se aprueba el reglamento por el que se regulan las obligaciones de facturación (BOE núm. 90, de 14 de abril de 2007).

[458]   Art. 166 de esta Ley y 62 y siguientes del RIVA.
El Real Decreto 1514/2007, de 16 de noviembre (BOE núm. 278, de 20 de noviembre y 29 de diciembre de 2007) ha aprobado el Plan General de Contabilidad, en vigor desde 1 de enero de 2008, y de aplicación a los ejercicios que se inicien a partir de dicha fecha, sin perjuicio de las adaptaciones sectoriales. Sustituye y deroga el Plan contenido en el Real Decreto 1643/1990, de 20 de diciembre. El Real Decreto 1515/2007, de 16 de noviembre (BOE número 279, de 21 y 29 de noviembre y 31 de diciembre de 2007), aprueba el Plan General de Contabilidad de Pequeñas y Medianas Empresas y los criterios contables específicos para microempresas.

[459]   Arts. 31 y siguientes del Real Decreto 1065/2007, de 27 de julio, por el que se aprueba el Reglamento general de las actuaciones y procedimientos de gestión e inspección tributaria y de desarrollo de las normas comunes de los procedimientos de aplicación de los tributos (BOE núm. 213, de 5 septiembre de 2007).

[460]   Arts. 167 de esta Ley y 71 y siguientes del RIVA.

Sin perjuicio de lo previsto en el párrafo anterior, los sujetos pasivos deberán presentar una declaración-resumen anual.

En los supuestos del artículo 13, número 2.º, de esta ley deberá acreditarse el pago del Impuesto para efectuar la matriculación definitiva del medio de transporte.

7.º) Nombrar un representante a efectos del cumplimiento de las obligaciones impuestas en esta ley cuando se trate de sujetos pasivos no establecidos en la Comunidad, salvo que se encuentren establecidos en Canarias, Ceuta o Melilla, o en un Estado con el que existan instrumentos de asistencia mutua análogos a los instituidos en la Comunidad[461].

Dos. La obligación de expedir y entregar factura por las operaciones efectuadas por los empresarios o profesionales se podrá cumplir, en los términos que reglamentariamente se establezcan, por el cliente de los citados empresarios o profesionales o por un tercero, los cuales actuarán, en todo caso, en nombre y por cuenta del mismo.

Cuando la citada obligación se cumpla por un cliente del empresario o profesional, deberá existir un acuerdo previo entre ambas partes. Asimismo, deberá garantizarse la aceptación por dicho empresario o profesional de cada una de las facturas expedidas en su nombre y por su cuenta, por su cliente.

La expedición de facturas por el empresario o profesional, por su cliente o por un tercero, en nombre y por cuenta del citado empresario o profesional, podrá realizarse por cualquier medio, en papel o en formato electrónico, siempre que, en este último caso, el destinatario de las facturas haya dado su consentimiento.

La factura, en papel o electrónica, deberá garantizar la autenticidad de su origen, la integridad de su contenido y su legibilidad, desde la fecha de expedición y durante todo el periodo de conservación.

Reglamentariamente se determinarán los requisitos a los que deba ajustarse la expedición, remisión y conservación de facturas[462].

Tres. Lo previsto en los apartados anteriores será igualmente aplicable a quienes, sin ser sujetos pasivos de este Impuesto, tengan sin embargo la condición de empresarios o profesionales a los efectos del mismo, con los requisitos, límites y condiciones que se determinen reglamentariamente.

Cuatro. La Administración tributaria, cuando lo considere necesario a los efectos de cualquier actuación dirigida a la comprobación de la situación tributaria del empresario o

---

[461] Art. 82 del RIVA.

[462] Orden PRE/2971/2007, de 5 de octubre, sobre la expedición de facturas por medios electrónicos cuando el destinatario de las mismas sea la Administración General del Estado u organismos públicos vinculados o dependientes de aquélla y sobre la presentación ante la Administración General del Estado o sus organismos públicos vinculados o dependientes de facturas expedidas entre particulares (BOE 15 de octubre de 2007). Orden EHA/962/2007, de 10 de abril, por la que se desarrollan determinadas disposiciones sobre facturación telemática y conservación electrónica de facturas, contenidas en el Real Decreto 1496/2003, de 28 de noviembre, por el que se aprueba el reglamento por el que se regulan las obligaciones de facturación.

profesional o sujeto pasivo, podrá exigir una traducción al castellano, o a cualquier otra lengua oficial, de las facturas correspondientes a entregas de bienes o prestaciones de servicios efectuadas en el territorio de aplicación del Impuesto, así como de las recibidas por los empresarios o profesionales o sujetos pasivos establecidos en dicho territorio.

Artículo 165[463]. *Reglas especiales en materia de facturación*

Uno. Las facturas recibidas, los justificantes contables y las copias de las facturas expedidas, deberán conservarse, incluso por medios electrónicos, durante el plazo de prescripción del Impuesto. Esta obligación se podrá cumplir por un tercero, que actuará en nombre y por cuenta del sujeto pasivo.

Cuando los documentos a que se refiere el párrafo anterior se refieran a adquisiciones por las cuales se hayan soportado o satisfecho cuotas del Impuesto sobre el Valor Añadido cuya deducción esté sometida a un período de regularización, deberán conservarse durante el período de regularización correspondiente a dichas cuotas y los cuatro años siguientes.

Reglamentariamente se establecerán los requisitos para el cumplimiento de las obligaciones que establece este apartado.

Dos. Reglamentariamente podrán establecerse fórmulas alternativas para el cumplimiento de las obligaciones de facturación y de conservación de los documentos a que se refiere el apartado anterior con el fin de impedir perturbaciones en el desarrollo de las actividades empresariales o profesionales.

Tres. Cuando el sujeto pasivo conserve por medios electrónicos los documentos a que se refiere el apartado uno de este artículo, se deberá garantizar a la Administración tributaria tanto el acceso en línea a los mismos como su carga remota y utilización. La anterior obligación será independiente del lugar de conservación.

Artículo 166[464]. *Obligaciones contables*

Uno. La contabilidad deberá permitir determinar con precisión:

---

[463] Nueva redacción del art. 165 dada el art. 33 de la Ley 11/2023, de 8 de mayo, de trasposición de Directivas de la Unión Europea en materia de accesibilidad de determinados productos y servicios, migración de personas altamente cualificadas, tributaria y digitalización de actuaciones notariales y registrales; y por la que se modifica la Ley 12/2011, de 27 de mayo, sobre responsabilidad civil por daños nucleares o producidos por materiales radiactivos (BOE núm. 110, de 9 de mayo de 2023), en vigor desde el 1 de enero de 2024. Redacción anterior dada por el art. 79.Once de la Ley 39/2010, de 22 de diciembre, de Presupuestos Generales del Estado para el año 2011 (BOE núm. 311, de 23 de diciembre de 2010), con efectos desde 1 de enero de 2011 y vigencia indefinida.

[464] Nueva redacción del art. 166 dada el art. 33 de la Ley 11/2023, de 8 de mayo, de trasposición de Directivas de la Unión Europea en materia de accesibilidad de determinados productos y servicios, migración de personas altamente cualificadas, tributaria y digitalización de actuaciones notariales y registrales; y por la que se modifica la Ley 12/2011, de 27 de mayo, sobre responsabilidad civil por daños nucleares o producidos por materiales radiactivos (BOE núm. 110, de 9 de mayo de 2023), en vigor desde el 1 de enero de 2024.

1.º El importe total del Impuesto sobre el Valor Añadido que el sujeto pasivo haya repercutido a sus clientes.

2.º El importe total del Impuesto soportado por el sujeto pasivo.

Dos Todas las operaciones realizadas por los sujetos pasivos en el ejercicio de sus actividades empresariales o profesionales deberán contabilizarse o registrarse dentro de los plazos establecidos para la liquidación y pago del Impuesto.

Tres La persona titular del Ministerio de Hacienda y Función Pública podrá disponer adaptaciones o modificaciones de las obligaciones registrales de determinados sectores empresariales o profesionales.

CAPÍTULO II[465]. DISPOSICIONES ESPECIALES

Sección 1.ª Obligaciones de las interfaces digitales

Artículo 166 bis[466]. *Registro de operaciones*

Uno. Cuando un empresario o profesional, actuando como tal, utilizando una interfaz digital como un mercado en línea, una plataforma, un portal u otros medios similares, facilite la entrega de bienes o la prestación de servicios a personas que no sean empresarios o profesionales, actuando como tales, y no tenga la condición de sujeto pasivo respecto de dichas entregas de bienes o prestaciones de servicios, tendrá la obligación de llevar un registro de dichas operaciones.

Su contenido se ajustará a lo dispuesto en el artículo 54 quater.2 del Reglamento (UE) n.º 282/2011 del Consejo, de 15 de marzo de 2011, por el que se establecen disposiciones de aplicación de la Directiva 2006/112/CE relativa al sistema común del impuesto sobre

---

[465]   Nuevo Capítulo incorporado por el art. 33 de la Ley 11/2023, de 8 de mayo, de trasposición de Directivas de la Unión Europea en materia de accesibilidad de determinados productos y servicios, migración de personas altamente cualificadas, tributaria y digitalización de actuaciones notariales y registrales; y por la que se modifica la Ley 12/2011, de 27 de mayo, sobre responsabilidad civil por daños nucleares o producidos por materiales radiactivos (BOE núm. 110, de 9 de mayo de 2023), en vigor desde el 1 de enero de 2024.

[466]   Art. 8 bis LIVA y art. 1 bis y 62 del RIVA.

    Nuevo artículo 166 bis dada el art. 33 de la Ley 11/2023, de 8 de mayo, de trasposición de Directivas de la Unión Europea en materia de accesibilidad de determinados productos y servicios, migración de personas altamente cualificadas, tributaria y digitalización de actuaciones notariales y registrales; y por la que se modifica la Ley 12/2011, de 27 de mayo, sobre responsabilidad civil por daños nucleares o producidos por materiales radiactivos (BOE núm. 110, de 9 de mayo de 2023), en vigor desde el 1 de enero de 2024.

    Redacción anterior por su incorporación ipor el art. 10. Veintitrés del Real Decreto-ley 7/2021, de 27 de abril, de transposición de directivas de la Unión Europea en las materias de competencia, prevención del blanqueo de capitales, entidades de crédito, telecomunicaciones, medidas tributarias, prevención y reparación de daños medioambientales, desplazamiento de trabajadores en la prestación de servicios transnacionales y defensa de los consumidores (BOE núm. 101, de 28 de abril de 2021), en vigor desde el 1 de julio de 2021.

el valor añadido, y deberá estar por vía electrónica, previa solicitud, a disposición de los Estados miembros interesados.

El registro se mantendrá por un período de diez años a partir del final del año en que se haya realizado la operación.

Dos Cuando un empresario o profesional, actuando como tal, utilizando una interfaz digital como un mercado en línea, una plataforma, un portal u otros medios similares, facilite la entrega de bienes en los términos del artículo 8 bis de esta ley o cuando participe en una prestación de servicios por vía electrónica para la cual se considere que actúa en nombre propio de conformidad con el artículo 9 bis del mencionado Reglamento (UE) n.º 282/2011, tendrá la obligación de llevar los siguientes registros:

a) Los registros establecidos en el artículo 63 quater del citado Reglamento (UE) n.º 282/2011 cuando dicho empresario o profesional se encuentre acogido a los regímenes especiales previstos en el capítulo XI del título IX de esta ley.

b) Los registros establecidos en el artículo 164.Uno.4.º de esta ley cuando no se encuentre acogido a los regímenes especiales previstos en el capítulo XI del título IX de esta ley.

Sección 2.ª Obligaciones de los proveedores de los servicios de pago

Artículo 166 ter[467]. *Definiciones*

A efectos de la presente sección, se entenderá por:

a) «proveedor de servicios de pago»: las entidades y organismos contemplados en los apartados 1 y 2 del artículo 5 del Real Decreto-ley 19/2018, de 23 de noviembre, de servicios de pago y otras medidas urgentes en materia financiera, y las personas físicas o jurídicas que se acojan a las exenciones previstas en los artículos 14 y 15 de dicho Real Decreto-ley;

b) «servicio de pago»: una o más actividades empresariales enumeradas en las letras c) a f) del artículo 1.2 del Real Decreto-ley 19/2018;

c) «pago»: a reserva de las exclusiones que contempla el artículo 4 del Real Decreto-ley 19/2018, una «operación de pago» según se define en el artículo 3, punto 26, de dicho Real Decreto-ley, o un «servicio de envío de dinero» según se define en el artículo 3, punto 36, del citado Real Decreto-ley;

d) «ordenante»: la persona física o jurídica titular de una cuenta de pago que autoriza una orden de pago a partir de dicha cuenta o, en el caso de que no exista una cuenta de pago, la persona física o jurídica que dicta una orden de pago;

---

[467] Nuevo art. incorporado por el art. 33 de la Ley 11/2023, de 8 de mayo, de trasposición de Directivas de la Unión Europea en materia de accesibilidad de determinados productos y servicios, migración de personas altamente cualificadas, tributaria y digitalización de actuaciones notariales y registrales; y por la que se modifica la Ley 12/2011, de 27 de mayo, sobre responsabilidad civil por daños nucleares o producidos por materiales radiactivos (BOE núm. 110, de 9 de mayo de 2023), en vigor desde el 1 de enero de 2024.

e) «beneficiario»: la persona física o jurídica que sea el destinatario previsto de los fondos que hayan sido objeto de una operación de pago;

f) «Estado miembro de origen»: uno de los siguientes:

a' El Estado miembro de la Unión Europea en el que el proveedor de servicio de pago tenga fijado su domicilio social, o

b' Si el proveedor de servicio de pago no posee domicilio social con arreglo a la legislación nacional, el Estado miembro de la Unión Europea en el que tenga fijada su administración central;

g) «Estado miembro de acogida»: el Estado miembro de la Unión Europea distinto del Estado miembro de origen en el cual el proveedor de servicio de pago tiene un agente o una sucursal o presta servicios de pago;

h) «cuenta de pago»: una cuenta a nombre de uno o varios usuarios de servicios de pago que sea utilizada para la ejecución de operaciones de pago;

i) «IBAN»: número identificador de una cuenta de pago internacional que identifica inequívocamente una cuenta de pago individual en un Estado miembro y cuyos elementos son especificados por la Organización Internacional de Normalización (ISO);

j) «BIC»: código identificador de la entidad que identifica inequívocamente a un proveedor de servicios de pago, y cuyos elementos son especificados por la ISO.

Artículo 166 quater[468]. *Obligaciones de proveedores de servicios de pago*

Los proveedores de servicio de pago cuyo Estado miembro de origen o de acogida sea el Reino de España, en las condiciones que se determinen reglamentariamente, estarán obligados a:

a) Mantener un registro suficientemente detallado de los beneficiarios y de los pagos en relación con los servicios de pago que presten en cada trimestre natural.

La obligación anterior se aplicará exclusivamente a los servicios de pago que se presten en relación con pagos transfronterizos. Un pago se considerará transfronterizo cuando el ordenante esté ubicado en un Estado miembro y el beneficiario esté situado en otro Estado miembro o en un país o territorio tercero.

Esta obligación se aplicará cuando, en el transcurso de un trimestre natural, un proveedor de servicios de pago preste servicios de pago correspondientes a más de 25 pagos transfronterizos al mismo beneficiario.

El número de pagos transfronterizos a que se refiere el párrafo anterior se calculará con referencia a los servicios de pago prestados por el proveedor de servicios de pago por cada

---

[468] Nuevo art. incorporado por el art. 33 de la Ley 11/2023, de 8 de mayo, de trasposición de Directivas de la Unión Europea en materia de accesibilidad de determinados productos y servicios, migración de personas altamente cualificadas, tributaria y digitalización de actuaciones notariales y registrales; y por la que se modifica la Ley 12/2011, de 27 de mayo, sobre responsabilidad civil por daños nucleares o producidos por materiales radiactivos (BOE núm. 110, de 9 de mayo de 2023), en vigor desde el 1 de enero de 2024.

Estado miembro y por cada uno de los identificadores a los que se refiere el artículo 166 quinquies.Dos. Cuando el proveedor de servicios de pago disponga de información según la cual el beneficiario posee varios identificadores, el cálculo se efectuará por beneficiario.

Esta obligación no se aplicará a los servicios de pago prestados por los proveedores de servicios de pago del ordenante por lo que respecta a cualquier pago cuando al menos uno de los proveedores de servicios de pago del beneficiario esté situado en un Estado miembro, tal como muestre el BIC de dicho proveedor de servicios de pago o cualquier otro código identificador de la entidad que identifique inequívocamente al proveedor de servicios de pago y su ubicación. No obstante, los proveedores de servicios de pago del ordenante incluirán esos servicios de pago en el cálculo mencionado en los párrafos tercero y cuarto de esta letra a).

Los registros serán conservados por los proveedores de servicios de pago en formato electrónico durante un período de tres años naturales contados desde el final del año natural de la fecha del pago.

b) Poner a disposición de la Administración tributaria los registros mencionados en la letra anterior.

Artículo 166 quinquies[469]. *Ubicación del ordenante y beneficiario*

Uno. A efectos de aplicación de lo dispuesto en el artículo 166 quater, letra a), segundo párrafo, de esta ley, se considerará que la ubicación del ordenante se encuentra en el Estado miembro que corresponda:

a) al número IBAN de la cuenta de pago del ordenante o a cualquier otro medio identificativo que permita identificar inequívocamente y proporcionar la ubicación del ordenante, o en ausencia de dichos medios identificativos;

b) al código BIC o a cualquier otro código identificador de la entidad que identifique inequívocamente y proporcione la ubicación del proveedor de servicios de pago que actúe en nombre del ordenante.

Dos. A efectos de aplicación de lo dispuesto en el artículo 166 quater, letra a), segundo párrafo, de esta ley, se considerará que la ubicación del beneficiario se encuentra en el Estado miembro o tercer territorio o país que corresponda:

a) al número IBAN de la cuenta de pago del beneficiario o a cualquier otro medio identificativo que permita identificar inequívocamente y proporcionar la ubicación del beneficiario, o en ausencia de dichos medios identificativos;

---

[469] Nuevo art. incorporado por el art. 33 de la Ley 11/2023, de 8 de mayo, de trasposición de Directivas de la Unión Europea en materia de accesibilidad de determinados productos y servicios, migración de personas altamente cualificadas, tributaria y digitalización de actuaciones notariales y registrales; y por la que se modifica la Ley 12/2011, de 27 de mayo, sobre responsabilidad civil por daños nucleares o producidos por materiales radiactivos (BOE núm. 110, de 9 de mayo de 2023), en vigor desde el 1 de enero de 2024.

b) al código BIC o a cualquier otro código identificador de la entidad que identifique inequívocamente y proporcione la ubicación del proveedor de servicios de pago que actúe en nombre del beneficiario.

TÍTULO XI. GESTIÓN DEL IMPUESTO

Artículo 167[470]. *Liquidación del Impuesto*

Uno. Salvo lo dispuesto en el apartado siguiente, los sujetos pasivos deberán determinar e ingresar la deuda tributaria en el lugar, forma, plazos e impresos que establezca el Ministro de Economía y Hacienda.

Dos[471]. En las importaciones de bienes el impuesto se liquidará en la forma prevista por la legislación aduanera para los derechos arancelarios o, en su caso, por el artículo 167 bis de esta ley.

La recaudación e ingreso de las cuotas del impuesto a la importación se efectuará en la forma que se determine reglamentariamente, donde se podrán establecer los requisitos exigibles a los sujetos pasivos, para que puedan incluir dichas cuotas en la declaración-liquidación correspondiente al período en que reciban el documento en el que conste la liquidación practicada por la Administración.

No obstante, cuando la declaración aduanera se presente en otro Estado miembro conforme a lo previsto en el artículo 179 del Reglamento (UE) 952/2013 del Parlamento Europeo y del Consejo, de 9 de octubre de 2013, por el que se establece el código aduanero de la Unión, la Administración liquidará el impuesto con base en la información recibida de la aduana del Estado miembro donde se haya presentado la declaración.

Tres. Reglamentariamente se determinarán las garantías que resulten procedentes para asegurar el cumplimiento de las correspondientes obligaciones tributarias.

Artículo 167 bis[472]. *Modalidad especial para la declaración y el pago del impuesto sobre el valor añadido sobre las importaciones*

Uno. Cuando los empresarios o profesionales que realicen las operaciones a que se refiere el Título IX, Capítulo XI, Sección 4.ª de esta Ley, no opten por la aplicación del régimen

---

[470] Arts. 71 a 74 del RIVA.
[471] Nueva redacción del art. 167.Dos dada por el art. 74 Ocho de la Ley 31/2022, de 23 de diciembre, de Presupuestos Generales del Estado para el año 2023 (BOE núm. 308, de 24 de diciembre de 2022), con efectos desde el 1 de enero de 2023.
      Redacción anterior dada por el art. 10. Veinticuatro del Real Decreto-ley 7/2021, de 27 de abril (BOE núm. 101, de 28 de abril de 2021), en vigor desde el 1 de julio de 2021.
      Redacción anterior dada por el art. 1.Treinta y siete de la Ley 28/2014, de 27 de noviembre (BOE núm. 288, de 28 de noviembre de 2014), en vigor desde el 1 de enero de 2015.
[472] Nueva redacción del art. 167.bis dada por el art. 10. Veinticinco del Real Decreto-ley 7/2021, de 27 de abril (BOE núm. 101, de 28 de abril de 2021), en vigor desde el 1 de julio de 2021.

especial previsto en esa sección, la persona que presente los bienes en la Aduana por cuenta del importador en el territorio de aplicación del impuesto podrá optar por una modalidad especial para la declaración y el pago del impuesto sobre el valor añadido correspondiente a la importación de los bienes en que concurran los siguientes requisitos:

a) que el valor intrínseco del envío no supere los 150 euros;

b) que se trate de bienes que no sean objeto de impuestos especiales; y

c) que el destino final de la expedición o transporte de los bienes sea el territorio de aplicación del impuesto.

Dos. En el supuesto de que se opte por la modalidad especial de declaración y pago, se aplicarán las siguientes disposiciones:

a) El destinatario de los bienes importados estará obligado al pago del impuesto sobre el valor añadido.

b) La persona que presente los bienes para su despacho ante la Aduana recaudará el impuesto sobre el valor añadido que recaiga sobre su importación del destinatario de los bienes importados y efectuará el pago del impuesto sobre el valor añadido recaudado.

A estos efectos, no será necesaria autorización expresa por parte del destinatario de los bienes importados para la utilización de la citada modalidad especial de declaración y pago.

Tres. No obstante lo dispuesto en el artículo 91 de esta Ley, será de aplicación el tipo impositivo general del impuesto a las importaciones de bienes que se declaren utilizando la modalidad especial de declaración y pago prevista en este artículo.

La persona que presente los bienes para su despacho ante la Aduana deberá tomar las medidas necesarias para garantizar que el destinatario de los bienes importados pague el impuesto sobre el valor añadido correspondiente a la importación.

Cuatro. Los empresarios o profesionales que utilicen la modalidad especial de declaración y pago, deberán presentar por vía electrónica una declaración mensual con el importe total del impuesto sobre el valor añadido recaudado correspondiente a las importaciones realizadas durante dicho mes natural al amparo de las mismas.

A estos efectos, se presumirá que el impuesto sobre el valor añadido correspondiente a los bienes importados ha sido recaudado, salvo en los supuestos de reexpedición, destrucción o abandono.

El importe del impuesto sobre el valor añadido correspondiente a cada declaración mensual se podrá pagar hasta el día 16 del segundo mes siguiente al mes de importación.

Cinco. Los empresarios o profesionales deberán llevar un registro de las operaciones incluidas en la declaración presentada con arreglo a la modalidad especial de declaración y pago durante el plazo de 4 años en las condiciones que se establezcan reglamentariamente.

Redacción anterior por su incorporación por el art. 5.9 de la Ley 14/2000, de 29 de diciembre (BOE núm. 313, de 30 de diciembre de 2000), con efectos desde 1 de enero de 2001.

Artículo 167 ter[473]. *Liquidación provisional*

Los órganos de gestión tributaria podrán girar la liquidación provisional que proceda de conformidad con lo dispuesto en el artículo 101 de la Ley 58/2003, de 17 de diciembre, General Tributaria, incluso en los supuestos a los que se refiere en el artículo siguiente.

Artículo 168[474]. *Liquidación provisional de oficio*

Uno. Transcurridos treinta días desde la notificación al sujeto pasivo del requerimiento de la Administración tributaria para que efectúe la declaración-liquidación que no realizó en el plazo reglamentario, se podrá iniciar por aquélla el procedimiento para la práctica de la liquidación provisional del Impuesto sobre el Valor Añadido correspondiente, salvo que en el indicado plazo se subsane el incumplimiento o se justifique debidamente la inexistencia de la obligación.

Dos. La liquidación provisional de oficio se realizará en base a los datos, antecedentes, signos, índices, módulos o demás elementos de que disponga la Administración tributaria y que sean relevantes al efecto, ajustándose al procedimiento que se determine reglamentariamente[475].

Tres. Las liquidaciones provisionales reguladas en este artículo, una vez notificadas, serán inmediatamente ejecutivas, sin perjuicio de las reclamaciones que legalmente puedan interponerse contra ellas.

Cuatro. Sin perjuicio de lo establecido en los apartados anteriores de este artículo, la Administración podrá efectuar ulteriormente la comprobación de la situación tributaria de los sujetos pasivos, practicando las liquidaciones que procedan con arreglo a lo dispuesto en la Ley General Tributaria[476].

TÍTULO XII. SUSPENSIÓN DEL INGRESO

Artículo 169. *Suspensión del ingreso*

Uno. El Gobierno, a propuesta del Ministro de Economía y Hacienda, podrá autorizar la suspensión de la exacción del Impuesto en los supuestos de adquisición de bienes o servicios relacionados directamente con las entregas de bienes, destinado a otro Estado miembro o a la exportación, en los sectores o actividades y con los requisitos que se establezcan reglamentariamente.

---

[473]   Nuevo art. 167 ter incorporado por el art. 10. Veintiséis del Real Decreto-ley 7/2021, de 27 de abril. (BOE núm. 101, de 28 de abril de 2021), en vigor desde el 1 de julio de 2021.

[474]   Arts. 75 al 77 del RIVA.

[475]   Art. 76 del RIVA.

[476]   Arts. 101 y 102 de la Ley 58/2003, de 17 de diciembre, General Tributaria (BOE núm. 302, de 18 de diciembre de 2003).

Dos. Los adquirentes de bienes o servicios acogidos al régimen de suspensión del ingreso estarán obligados a efectuar el pago de las cuotas no ingresadas por sus proveedores cuando no acreditasen, en la forma y plazos que se determinen reglamentariamente, la realización de las operaciones que justifiquen dicha suspensión. En ningún caso serán deducibles las cuotas ingresadas en virtud de lo dispuesto en este apartado.

Tres. El Gobierno podrá establecer límites cuantitativos para la aplicación de lo dispuesto en este artículo.

TÍTULO XIII. INFRACCIONES Y SANCIONES

Artículo 170[477]. *Infracciones*

Uno. Sin perjuicio de las disposiciones especiales previstas en este título, las infracciones tributarias en este Impuesto se calificarán y sancionarán conforme a lo establecido en la Ley General Tributaria y demás normas de general aplicación.

Dos[478]. Constituirán infracciones tributarias:

1.º La adquisición de bienes por parte de sujetos pasivos acogidos al régimen especial del recargo de equivalencia sin que en las correspondientes facturas figure expresamente consignado el recargo de equivalencia, salvo los casos en que el adquirente hubiera dado cuenta de ello a la Administración en la forma que se determine reglamentariamente[479].

---

[477] Nueva redacción del art. 170 dada por la disposición final 5.ª de la Ley 58/2003, de 17 de diciembre, General Tributaria (BOE núm. 302, de 18 de diciembre de 2003), con efectos desde 1 de julio de 2004, según dice la disposición final 11.ª y sin perjuicio de lo previsto en sus disposiciones transitorias. Arts. 178 a 212 de la Ley 58/2003, de 17 de diciembre, General Tributaria (BOE núm. 302, de 18 de diciembre de 2003), y el Real Decreto 2063/2004, de 15 de octubre, por el que se aprueba el Reglamento general del régimen sancionador tributario (BOE núm. 260, de 28 de octubre de 2004).

[478] Nueva redacción del art. 170.Dos dada por el art. 5.Ocho de la Ley 7/2012, de 29 de octubre (BOE núm. 261, de 30 de octubre de 2012), con efectos desde el 31 de octubre de 2012.
Redacción anterior dada por la Ley 58/2003, de 17 de diciembre.
La redacción del núm. 4.º dada por el art. 1.9 de la Ley 22/2005, de 18 de noviembre (BOE núm. 277, de 19 de noviembre de 2005), con efectos desde 1 de enero de 2005.
Real Decreto 2063/2004, de 15 de octubre, por el que se aprueba el Reglamento general del régimen sancionador tributario (BOE núm. 260, de 28 de octubre de 2004).: *Disposición Adicional Tercera. Aplicación de las infracciones previstas en los artículos 170.dos.4 de la Ley 37/1992, de 28 de diciembre, y en el artículo 63.5 de la Ley 20/1991, de 7 de junio.*
«*Cuando se haya cometido la infracción prevista en el artículo 170.dos.4 de la Ley 37/1992, de 28 de diciembre, del Impuesto sobre el Valor Añadido, o la prevista en el artículo 63.5 de la Ley 20/1991, de 7 de junio, de modificación de los aspectos fiscales del régimen económico fiscal de Canarias, no se impondrá sanción por las infracciones previstas en los artículos 191, 193, 194 ó 195 de la Ley 58/2003, de 17 de diciembre, General Tributaria, que se hubiesen originado por la no consignación de cantidades en la autoliquidación, y deberán imponerse las sanciones correspondientes a las infracciones previstas en dichas normas*».

[479] Art. 83 del RIVA.

2.º La obtención, mediante acción u omisión culposa o dolosa, de una incorrecta repercusión del Impuesto, siempre y cuando el destinatario de la misma no tenga derecho a la deducción total de las cuotas soportadas.

Serán sujetos infractores las personas o entidades destinatarias de las referidas operaciones que sean responsables de la acción u omisión a que se refiere el párrafo anterior.

3.º La repercusión improcedente en factura, por personas que no sean sujetos pasivos del Impuesto, de cuotas impositivas sin que se haya procedido al ingreso de las mismas.

4.ºLa no consignación en la autoliquidación que se debe presentar por el periodo correspondiente de las cantidades de las que sea sujeto pasivo el destinatario de las operaciones conforme a los números 2.º, 3.º y 4.º del artículo 84.uno, del artículo 85 o del artículo 140 quinque de esta Ley.

5.º La falta de presentación o la presentación incorrecta o incompleta de las declaraciones-liquidaciones relativas a las operaciones reguladas en el número 5.º del artículo 19 de esta Ley.

6.º[480] La falta de comunicación en plazo o la comunicación incorrecta, por parte de los destinatarios de las operaciones a que se refiere el artículo 84, apartado uno, número 2.º letra e), tercer guión, de esta Ley, a los empresarios o profesionales que realicen las correspondientes operaciones, de la circunstancia de estar actuando, con respecto a dichas operaciones, en su condición de empresarios o profesionales, en los términos que se regulan reglamentariamente.

7.º[481] La falta de comunicación en plazo o la comunicación incorrecta, por parte de los destinatarios de las operaciones a que se refiere el artículo 84, apartado uno, número 2.º, letra f), de esta Ley, a los empresarios o profesionales que realicen las correspondientes operaciones, de las siguientes circunstancias, en los términos que se regulan reglamentariamente:

Que están actuando, con respecto a dichas operaciones, en su condición de empresarios o profesionales.

Que tales operaciones se realizan en el marco de un proceso de urbanización de terrenos o de construcción o rehabilitación de edificaciones.

8.º[482] La no consignación o la consignación incorrecta o incompleta en la autoliquidación, de las cuotas tributarias correspondientes a operaciones de importación liquidadas por la Administración por los sujetos pasivos a que se refiere el párrafo segundo del apartado dos del artículo 167 de esta Ley.

---

[480]　Nuevo núm. 6 incorporado por el art. 1.Treinta y ocho de la Ley 28/2014, de 27 de noviembre (BOE núm. 288, de 28 de noviembre de 2014), en vigor desde el 1 de enero de 2015.

[481]　Nuevo núm. 7 incorporado por el art. 1.Treinta y ocho de la Ley 28/2014, de 27 de noviembre (BOE núm. 288, de 28 de noviembre de 2014), en vigor desde el 1 de enero de 2015.

[482]　Nuevo núm. 8 incorporado por el art. 1.Treinta y ocho de la Ley 28/2014, de 27 de noviembre (BOE núm. 288, de 28 de noviembre de 2014), en vigor desde el 1 de enero de 2015.

Artículo 171[483]**. Sanciones**

Uno[484]. Las infracciones contenidas en el apartado dos del artículo anterior serán graves y se sancionarán con arreglo a las normas siguientes:

1.º Las establecidas en el ordinal 1.º del apartado dos, con multa pecuniaria proporcional del 50 por ciento del importe del recargo de equivalencia que hubiera debido repercutirse, con un importe mínimo de 30 euros por cada una de las adquisiciones efectuadas sin la correspondiente repercusión del recargo de equivalencia.

2.º Las establecidas en el ordinal 2.º del apartado dos, con multa pecuniaria proporcional del 50 por ciento del beneficio indebidamente obtenido.

3.º[485] Las establecidas en el ordinal 3.º del apartado dos, con multa pecuniaria proporcional del 100 por ciento de las cuotas indebidamente repercutidas, con un mínimo de 300 euros por cada factura en que se produzca la infracción.

4.º Las establecidas en el ordinal 4.º del apartado dos, con multa pecuniaria proporcional del 10 por ciento de la cuota correspondiente a las operaciones no consignadas en la autoliquidación.

5.º Las establecidas en el ordinal 5.º del apartado dos, con multa pecuniaria proporcional del 10 por ciento de las cuotas devengadas correspondientes a las operaciones no consignadas o consignadas incorrectamente o de forma incompleta en las declaraciones-liquidaciones. No obstante, cuando se trate de declaraciones-liquidaciones relativas al abandono del régimen de depósito distinto del aduanero, se sancionará con multa pecuniaria proporcional del 10 por ciento de las cuotas devengadas correspondientes a las operaciones no consignadas o consignadas incorrectamente o de forma incompleta, siempre que la suma total de cuotas declaradas en la declaración-liquidación sea inferior al de las efectivamente devengadas en el periodo.

---

[483]   Nueva redacción del art. 171 dada por la disposición final 5.ª de la Ley 58/2003, de 17 de diciembre, General Tributaria (BOE núm. 302, de 18 de diciembre de 2003), con efectos desde 1 de julio de 2004, según su la disposición final 11.ª y sin perjuicio de lo previsto en sus disposiciones transitorias, art. 178 a 195, 198 a 203 y 207 a 212 de la Ley 58/2003, de 17 de diciembre. Disposición adicional 3.ª del Real Decreto 2063/2004, de 15 de octubre, que aprueba el Reglamento general del régimen sancionador tributario (BOE núm. 260, de 28 de octubre de 2004). Arts. 305 a 310.bis de la Ley Orgánica 10/1995, de 23 de noviembre, del Código Penal (BOE núm. 152, de 23 de junio de 2010).

[484]   Nueva redacción del art. 171.Uno dada por el art. 5.Nueve de la Ley 7/2012, de 29 de octubre (BOE núm. 261, de 30 de octubre de 2012), con efectos desde el 31 de octubre de 2012.
          Redacción anterior, dada por Ley 58/20013, de 17 de diciembre.

[485]   Nueva redacción del núm. 3º dada por el art. 67.Cinco de la Ley 17/2012, de 27 de diciembre, de Presupuestos Generales del Estado para el año 2013 (BOE núm. 312, de 28 de diciembre de 2012), con efectos desde el 1 de enero de 2013.

6.º[486] Las establecidas en los ordinales 6.º y 7.º del apartado dos, con multa pecuniaria proporcional del 1 por ciento de las cuotas devengadas correspondientes a las entregas y operaciones respecto de las que se ha incumplido la obligación de comunicación, con un mínimo de 300 euros y un máximo de 10.000 euros.

7.º[487] Las establecidas en el ordinal 8.º del apartado dos, con multa pecuniaria proporcional del 10 por ciento de las cuotas devengadas correspondientes a las liquidaciones efectuadas por las Aduanas correspondientes a las operaciones no consignadas en la autoliquidación.

Dos[488]. La sanción impuesta de acuerdo con lo previsto en las normas 4.ª, 5.ª y 7.ª del apartado uno de este artículo se reducirá conforme a lo dispuesto en el apartado 1 del artículo 188 de la Ley General Tributaria.

Tres. Las sanciones impuestas de acuerdo con lo previsto en el apartado uno de este artículo se reducirán conforme a lo dispuesto en el apartado 3 del artículo 188 de la Ley General Tributaria.

Cuatro. La sanción de pérdida del derecho a obtener beneficios fiscales no será de aplicación en relación con las exenciones establecidas en esta ley y demás normas reguladoras del Impuesto sobre el Valor Añadido.

DISPOSICIONES ADICIONALES

Disposición adicional primera[489]. *Impuesto sobre Bienes Inmuebles*

1. El artículo 70.5 de la Ley Reguladora de las Haciendas Locales, de 28 de diciembre de 1988, queda redactado así:

(...)

2. Se añade el siguiente apartado 7 al artículo 73 de la Ley Reguladora de las Haciendas Locales de 28 de diciembre de 1988.

(...)

3. Gozarán de una bonificación del 50% en la cuota del Impuesto sobre Bienes Inmuebles las viviendas de protección oficial, durante un plazo de tres años, contados desde el otorgamiento de la calificación definitiva.

---

[486] Nuevo núm. 6 incorporado por el art. 1.Treinta y nueve de la Ley 28/2014, de 27 de noviembre (BOE núm. 288, de 28 de noviembre de 2014), en vigor desde el 1 de enero de 2015.

[487] Nuevo núm. 7 incorporado por el art. 1.Treinta y nueve de la Ley 28/2014, de 27 de noviembre (BOE núm. 288, de 28 de noviembre de 2014), en vigor desde el 1 de enero de 2015.

[488] Nueva redacción del art. 171.Dos por el art. 1.Treinta y nueve de la Ley 28/2014, de 27 de noviembre (BOE núm. 288, de 28 de noviembre de 2014), en vigor desde el 1 de enero de 2015.

[489] Actualmente el Real Decreto Legislativo 2/2004, de 5 de marzo, por el que se aprueba el texto refundido de la Ley Reguladora de las Haciendas Locales (BOE, núm. 59, de 9 de marzo de 2004).

El otorgamiento de estas bonificaciones no dará derecho a compensación económica alguna en favor de las entidades locales afectadas, de acuerdo con el artículo 9 de la Ley Reguladora de las Haciendas Locales.

Disposición adicional segunda. *Proyecto de Ley del Impuesto sobre Sociedades*

Se prorroga, hasta el 31 de diciembre de 1993, el plazo establecido en la disposición adicional vigésima de la Ley 18/1991, de 6 de junio, del Impuesto sobre la Renta de las Personas Físicas, para que en la elaboración del proyecto de Ley del Impuesto sobre Sociedades puedan tenerse en cuenta las proposiciones comunitarias respecto de la armonización en materia de tributación sobre el beneficio empresarial[490].

Disposición adicional tercera. *Texto refundido del Impuesto sobre Transmisiones Patrimoniales y Actos Jurídicos Documentados*

Se prorroga, hasta el 31 de diciembre de 1993, la autorización concedida al Gobierno por la disposición adicional novena de la Ley 29/1991, de 16 de diciembre, de adecuación de determinados conceptos impositivos a las Directivas y Reglamentos de las Comunidades Europeas, para elaborar y aprobar un nuevo Texto refundido del Impuesto sobre Transmisiones Patrimoniales y Actos Jurídicos Documentados, con inclusión en el mismo de la totalidad de las disposiciones legales vigentes que se refieren al impuesto, haciéndola extensiva a la regularización, aclaración y armonización de su contenido[491].

Disposición adicional cuarta[492]. *Delimitación de las referencias a los Impuestos Especiales*

Las referencias a los Impuestos Especiales contenidas en esta Ley deben entenderse realizadas a los Impuestos Especiales de fabricación comprendidos en el artículo 2 de la Ley 38/1992, de 28 de diciembre, de Impuestos Especiales.

No obstante, a los efectos de lo dispuesto en esta Ley, no tendrán la naturaleza de bienes objeto de los Impuestos Especiales ni la electricidad ni el gas natural entregado a través de una red situada en el territorio de la Comunidad o de cualquier red conectada a dicha red.

---

[490] Ley 43/1995, de 27 de diciembre, del Impuesto sobre Sociedades, derogada por el Real Decreto Legislativo 4/2004, de 5 de marzo, por el que se aprueba el texto refundido de la Ley del Impuesto sobre Sociedades (BOE núm. 61, de 11 de marzo de 2004) y también derogado el Real Decreto Legislativo, por Ley 27/2014, de 27 de noviembre, del Impuesto sobre Sociedades (BOE núm. 288, de 28 de noviembre de 2014).

[491] Real Decreto Legislativo 1/1993, de 24 de septiembre, por el que se aprueba el Texto Refundido de la Ley del Impuesto sobre Transmisiones Patrimoniales y Actos Jurídicos Documentados (BOE número 251, de 20 de octubre de 1993).

[492] Nueva redacción de la Disposición adicional Cuarta dada por el art. 79.Doce de la Ley 39/2010, de 22 de diciembre (BOE núm. 311, de 23 de diciembre de 2010), con efectos desde 1 de enero de 2011 y vigencia indefinida.

Disposición adicional quinta. *Referencias del Impuesto sobre el Valor Añadido al Impuesto General Indirecto Canario*

1. Las referencias que se contienen en la normativa del Impuesto sobre Transmisiones Patrimoniales y Actos Jurídicos Documentados al Impuesto sobre el Valor Añadido, se entenderán hechas al Impuesto General Indirecto Canario, en el ámbito de su aplicación, cuando este último entre en vigor.

2. El criterio del apartado anterior se aplicará igualmente respecto al Arbitrio sobre la producción y la importación de bienes y sobre las prestaciones de servicios en Ceuta y Melilla, teniendo en cuenta las especialidades de la configuración de su hecho imponible.

Disposición adicional sexta[493]. *Procedimientos administrativos y judiciales de ejecución forzosa*

En los procedimientos administrativos y judiciales de ejecución forzosa, los adjudicatarios que tengan la condición de empresario o profesional a efectos de este Impuesto están facultados, en nombre y por cuenta del sujeto pasivo y con respecto a las entregas de bienes y prestaciones de servicios sujetas al mismo que se produzcan en aquéllos, para:

1.º Expedir factura en la que se documente la operación.

2.º Efectuar, en su caso, la renuncia a las exenciones previstas en el apartado Dos del artículo 20 de esta Ley.

3.º Repercutir la cuota del Impuesto en la factura que se expida, presentar la declaración-liquidación correspondiente e ingresar el importe del Impuesto resultante, salvo en los supuestos de las entregas de bienes y prestaciones de servicios en las que el sujeto pasivo de las mismas sea su destinatario de acuerdo con lo dispuesto en el artículo 84.Uno.2.º de esta Ley

Reglamentariamente[494] se determinarán las condiciones y requisitos para el ejercicio de estas facultades.

---

[493] Nueva redacción de la Disp. Adicional sexta dada por el art. 79 de la Ley 22/2013, de 23 de diciembre (BOE núm. 309, de 26 de diciembre de 2013), con efectos desde el 31 de octubre de 2012 y vigencia indefinida.
Redacción anterior de la Disposición adicional 6ª dada por el art. 5.diez de la Ley 7/2012, de 29 de octubre (BOE núm. 261, de 30 de octubre de 2012), con efectos desde el 31 de octubre de 2012.
Redacción anterior dada por el art. único. Ciento dieciocho.2 de la Ley 38/2011, de 10 de octubre (BOE núm. 245, de 11 de octubre de 2011), con efectos desde el 1 de enero de 2012.
Redacción anterior fue incorporada por el art. 5.Diez de la Ley 14/2000, de 29 de diciembre (BOE núm. 313, de 30 de diciembre de 2000).

[494] Desarrollado en la disposición adicional 5.ª del RIVA.

Disposición adicional séptima[495]. *Inclusión en los grupos de entidades de las fundaciones bancarias*

Podrán tener la consideración de entidades dependientes de un grupo de entidades regulado en el capítulo IX del título IX de la Ley del Impuesto, las fundaciones bancarias a que se refiere el artículo 43.1 de la Ley 26/2013, de cajas de ahorros y fundaciones bancarias, que sean empresarios o profesionales y estén establecidas en el territorio de aplicación del impuesto, así como aquellas entidades en las que las mismas mantengan una participación, directa o indirecta, de más del 50 por ciento de su capital.

Se considerará como dominante la entidad de crédito a que se refiere el artículo 43.1 de la Ley 26/2013, de cajas de ahorros y fundaciones bancarias, y que, a estos efectos, determine con carácter vinculante las políticas y estrategias de la actividad del grupo y el control interno y de gestión.

Disposición adicional octava[496]. *Referencia normativa*

Los términos «la Comunidad» y «la Comunidad Europea» que se recogen en esta Ley, se entenderán referidos a «la Unión», los términos «de las Comunidades Europeas» o «de la CEE» se entenderán referidos a «de la Unión Europea» y los términos «comunitario», «comunitaria», «comunitarios» y «comunitarias» se entenderán referidos a «de la Unión».

DISPOSICIONES TRANSITORIAS

Disposición transitoria primera. *Franquicias relativas a los viajeros procedentes de Canarias, Ceuta y Melilla*

Durante el período transitorio a que se refiere el artículo 6.º del Reglamento 91/1911/CEE, de 26 de junio, subsistirán los límites de franquicia del equivalente en pesetas a 600 ECUs para la importación de los bienes conducidos por los viajeros procedentes de Canarias, Ceuta y Melilla y del equivalente a 150 ECUs para los viajeros menores de quince años de edad que procedan de los mencionados territorios.

Disposición transitoria segunda. *Exenciones relativas a buques afectos a la navegación marítima internacional*

A efectos de la aplicación de estas exenciones, los buques que, el día 31 de diciembre de 1992, hubiesen efectuado durante los períodos establecidos en los artículos 22, apartado Uno, párrafo tercero, segundo y 27, número 2.º de esta Ley, los recorridos igualmente establecidos en dichos preceptos, se considerarán afectos a navegación marítima internacional.

---

[495]   Nueva Disp. Adicional séptima incorporada por Disp. Final Segunda de la Ley 26/2013, de 27 de diciembre (BOE núm. 311, 29 de diciembre de 2013), con efectos desde el 30 de diciembre de 2013.

[496]   Nueva Disposición incorporada por el art. 1. Cuarenta de la Ley 28/2014, de 27 de noviembre (BOE núm. 288, de 28 de noviembre de 2014), en vigor desde el 1 de enero de 2015.

Los buques que, en la citada fecha no hubiesen efectuado aún en los períodos indicados los recorridos también indicados, se considerarán afectos a la navegación marítima internacional en el momento en que los realicen conforme a las disposiciones de esta Ley.

Disposición transitoria tercera. *Exenciones relativas a aeronaves dedicadas esencialmente a la navegación aérea internacional*

A efectos de la aplicación de estas exenciones, las compañías de navegación aérea, cuyas aeronaves, el día 31 de diciembre de 1992, hubiesen efectuado durante los períodos establecidos en los artículos 22, apartado Cuatro, párrafo tercero, segundo y 27, número 3.º de esta Ley, los recorridos igualmente establecidos en dichos preceptos, se considerarán dedicadas esencialmente a la navegación aérea internacional.

Las compañías cuyas aeronaves, en la citada fecha no hubiesen efectuado aún en los períodos indicados los recorridos también indicados, se considerarán dedicadas esencialmente a la navegación aérea internacional en el momento en que los realicen conforme a las disposiciones de esta Ley.

Disposición transitoria cuarta. *Rectificación de cuotas impositivas repercutidas y deducciones*

Las condiciones que establece la presente Ley para la rectificación de las cuotas impositivas repercutidas y de las deducciones efectuadas serán de aplicación respecto de las operaciones cuyo Impuesto se haya devengado con anterioridad a su entrada en vigor sin que haya transcurrido el período de prescripción.

Disposición transitoria quinta. *Deducción en las adquisiciones utilizadas en autoconsumos*

Las cuotas soportadas por la adquisición de bienes o servicios que se destinen a la realización de los autoconsumos a que se refiere el artículo 102, apartado Dos de esta Ley, sólo podrán deducirse en su totalidad cuando el devengo de los mencionados autoconsumos se produzca después del día 31 de diciembre de 1992.

Disposición transitoria sexta. *Deducciones anteriores al inicio de la actividad*

El procedimiento de deducción de las cuotas soportadas con anterioridad al comienzo de las actividades empresariales, que se hubiese iniciado antes de la entrada en vigor de la presente Ley, se adecuará a lo establecido en la misma.

Cuando haya transcurrido el plazo establecido en el artículo 111, apartado Uno, párrafo primero, los sujetos pasivos deberán solicitar la prórroga a que se refiere el párrafo segundo del mismo apartado, antes del 31 de marzo de 1993.

Disposición transitoria séptima. *Regularización de las deducciones efectuadas con anterioridad al inicio de la actividad*

La regularización en curso a la entrada en vigor de la presente Ley de las deducciones por cuotas soportadas con anterioridad al comienzo de las actividades empresariales o profesionales o, en su caso, de un sector diferenciado de la actividad, se finalizará de acuerdo con la normativa vigente a 31 de diciembre de 1992.

Cuando el inicio de la actividad empresarial o profesional o, en su caso, de un sector de la actividad, se produzca después de la entrada en vigor de la presente Ley, la regularización de las deducciones efectuadas con anterioridad se realizará de acuerdo con las normas contenidas en los artículos 112 y 113 de la misma.

Disposición transitoria octava. *Renuncias y opciones en los regímenes especiales*

Las renuncias y opciones previstas en los regímenes especiales que se hayan efectuado con anterioridad a la entrada en vigor de la presente Ley agotarán sus efectos conforme a la normativa a cuyo amparo se realizaron.

Disposición transitoria novena. *Legislación aplicable a los bienes en áreas exentas o regímenes suspensivos*

Las mercancías comunitarias que el día 31 de diciembre de 1992 se encontrasen en las áreas o al amparo de los regímenes a que se refieren, respectivamente, los artículos 23 y 24 de la presente Ley quedarán sujetas a las disposiciones aplicables antes del día 1 de enero de 1993 mientras permanezcan en las situaciones indicadas.

Disposición transitoria décima. *Operaciones asimiladas a las importaciones*

Se considerarán operaciones asimiladas a importaciones las salidas de las áreas o el abandono de los regímenes a que se refieren, respectivamente, los artículos 23 y 24 de esta Ley cuando se produzcan después del 31 de diciembre de 1992 y se refieran a mercancías que se encontraban en dichas situaciones antes del 1 de enero de 1993.

No obstante, no se producirá importación de bienes en los siguientes casos:

1.º Cuando los bienes sean expedidos o transportados seguidamente fuera de la Comunidad.

2.º Cuando se trate de bienes distintos de los medios de transporte, que se encontrasen previamente en régimen de importación temporal y abandonasen esta situación para ser expedidos o transportados seguidamente al Estado miembro de procedencia.

3.º Cuando se trate de medios de transporte que se encontrasen previamente en régimen de importación temporal y se cumpla cualquiera de las dos condiciones siguientes:

a) Que la fecha de su primera utilización sea anterior al día 1 de enero de 1985.

b) Que el Impuesto devengado por la importación sea inferior a 150,25 euros (25.000 pesetas).

Disposición transitoria undécima[497]. *Régimen especial de los bienes usados, objetos de arte, antigüedades y objetos de colección*

Los sujetos pasivos revendedores de bienes usados o de bienes muebles, a que se refiere el artículo 136.Uno.5.º de esta Ley, podrán aplicar el régimen especial de los bienes usados, objetos de arte, antigüedades y objetos de colección a las entregas de objetos de arte, adquiridos a empresarios o profesionales, distintos de los revendedores a que se refiere el artículo 136 de la Ley, cuando a dicha adquisición hubiera sido de aplicación un tipo reducido del Impuesto.

Disposición transitoria duodécima. *Devengo en las entregas de determinados medios de transporte*

El devengo del Impuesto sobre el Valor Añadido en las entregas de medios de transporte, cuya primera matriculación se hubiese efectuado antes del 1 de enero de 1993 y hubiese estado sujeta al Impuesto Especial sobre determinados medios de transporte a partir de dicha fecha, se producirá el día 31 de diciembre de 1992 cuando la puesta a disposición correspondiente a dichas entregas tuviese lugar a partir del 1 de enero de 1993.

Disposición transitoria decimotercera[498]. *Límites para la aplicación del régimen simplificado y del régimen especial de la agricultura, ganadería y pesca en los ejercicios 2016 a 2024.*

Para los ejercicios 2016, 2017, 2018, 2019, 2020, 2021, 2022, 2023 y 2024, la magnitud de 150.000 euros a que se refiere el primer guion del número 2.º y el número 3.º del

---

[497] Nueva disp. incorporada por el art. 23.siete del Real Decreto-ley 20/2012, de 13 de julio (BOE núm. 168, de 14 de julio de 2012), con efectos desde el 1 de septiembre de 2012.

Con anterioridad esta Disposición transitoria 11.ª derogada por Real Decreto-Ley 14/1997, de 29 de agosto (BOE núm. 208, de 30 de agosto de 1997), en vigor desde 1 de septiembre de 1997. En los mismos términos la disposición derogatoria única de la Ley 9/1998, de 21 de abril (BOE núm. 96, de 22 de abril de 1998).

[498] Art. 33.2 RIVA.

Redacción dada por el art. 19 del Real Decreto-ley 8/2023, de 27 de diciembre, por el que se adoptan medidas para afrontar las consecuencias económicas y sociales derivadas de los conflictos en Ucrania y Oriente Próximo, así como para paliar los efectos de la sequía (BOE núm. 310, de 28 de diciembre de 2023), con efectos desde el 1 de enero de 2024.

Redacción dada por el art. 8 Tres Real Decreto-ley 9/2024, de 23 de diciembre, por el que se adoptan medidas urgentes en materia económica, tributaria, de transporte, y de Seguridad Social, y se prorrogan determinadas medidas para hacer frente a situaciones de vulnerabilidad social (BOE núm. 309, de 24 de diciembre de 2024), con efectos desde el 1 de enero de 2025: «*Límites para la aplicación del régimen simplificado y del régimen especial de la agricultura, ganadería y pesca en los ejercicios 2016 a 2025.*

Para los ejercicios 2016 a 2025, ambos inclusive la magnitud de 150.000 euros a que se refiere el primer guion del número 2º y el número 3º del apartado dos del artículo 122, y el número 6º del apartado dos del artículo 124 de esta Ley, queda fijada en 250.000 euros».

Resolución de 22 de enero de 2025, del Congreso de los Diputados, por la que se ordena la publicación del Acuerdo de derogación del Real Decreto-ley 9/2024, de 23 de diciembre, por el que se adoptan medidas ur-

apartado dos del artículo 122, y el número 6.º del apartado dos del artículo 124 de esta ley, queda fijada en 250.000 euros.

DISPOSICIONES DEROGATORIAS

Disposición derogatoria primera. *Disposiciones que se derogan*

A la entrada en vigor de esta Ley, quedarán derogadas las disposiciones que a continuación se relacionan, sin perjuicio del derecho de la Administración a exigir las deudas tributarias devengadas con anterioridad a aquella fecha o del reconocimiento de aquellos derechos exigibles conforme a las mismas:

1.º La Ley 30/1985, de 2 de agosto, del Impuesto sobre el Valor Añadido.

2.º La disposición adicional tercera de la Ley 22/1987, de 11 de noviembre, de Propiedad Intelectual.

Disposición derogatoria segunda. *Disposiciones que continuarán en vigor*

Seguirán en vigor las siguientes normas:

1.º Las disposiciones relativas al Impuesto sobre el Valor Añadido contenidas en la Ley 6/1987, de 14 de mayo, sobre dotaciones presupuestarias para inversiones y sostenimiento de las Fuerzas Armadas[499].

---

gentes en materia económica, tributaria, de transporte, y de Seguridad Social, y se prorrogan determinadas medidas para hacer frente a situaciones de vulnerabilidad social (BOE núm. 20, de 23 de enero de 2025).

Redacción anterior dada por el art. 79 de la Ley 31/2022, de 23 de diciembre, de Presupuestos Generales del Estado para el año 2023 (BOE núm. 308, de 24 de diciembre de 2022), con efectos desde el 1 de enero de 2023.

Redacción anterior dada por el art. 64 Ley 22/2021, de 28 de diciembre, de Presupuestos Generales del Estado para el año 2022 (BOE núm. 312, de 29 de diciembre de 2021), con efectos desde el 1 de enero de 2022.

Redacción anterior dada por el art. 70 de la Ley 11/2020, de 30 de diciembre (BOE núm. 341, de 31 de diciembre de 2020), en vigor desde el 1 de enero de 2021.

Redacción anterior dada por el art. 4 del Real Decreto-ley 18/2019, de 27 de diciembre (BOE núm. 312, 28 de diciembre de 2019), con efectos desde el 1 de enero de 2020.

Redacción anterior dada por el art. 4 del Real Decreto-ley 27/2018, de 28 de diciembre (BOE núm. 314, de 29 de diciembre de 2018), con efectos desde el día 1 de enero de 2019.

Redacción anterior dada por el art. 3 del Real Decreto-ley 20/2017, de 29 de diciembre (BOE núm. 317, de 30 de diciembre de 2017), con efectos desde el 1 de enero de 2018.

Redacción anterior dada por la incorporación del art. 70 de la Ley 48/2015, de 29 de octubre (BOE» núm. 260, de 30 octubre de 2015), con efectos desde el 1 de enero de 2016.

[499]   BOE número 119, de 19 de mayo de 1987: «Artículo segundo.*1. La importación de armamento, munición y material de uso específicamente militar que se requiera para la realización de este programa estará exenta del Impuesto sobre el Valor Añadido.*

2. Lo dispuesto en el apartado anterior será aplicable con efectos desde el 1 de enero de 1986».

2.º Las normas reglamentarias del Impuesto sobre el Valor Añadido creado por la Ley 30/1985, de 2 de agosto, en cuanto no se opongan a los preceptos de esta Ley o a las normas que la desarrollan.

DISPOSICIONES FINALES

Disposición final primera. *Modificaciones por Ley de Presupuestos*

Mediante Ley de Presupuestos podrán efectuarse las siguientes modificaciones de las normas reguladoras del Impuesto sobre el Valor Añadido:

1.º Determinación de los tipos del Impuesto y del recargo de equivalencia.

2.º Los límites cuantitativos y porcentajes fijos establecidos en la Ley.

3.º Las exenciones del Impuesto.

4.º Los aspectos procedimentales y de gestión del Impuesto regulados en esta Ley.

5.º Las demás adaptaciones que vengan exigidas por las normas de armonización fiscal aprobadas en la Comunidad Económica Europea.

Disposición final segunda[500]. *Habilitación normativa*

Se habilita al Gobierno, y a la persona titular del Ministerio de Hacienda en el ámbito de sus competencias, para dictar cuantas disposiciones sean necesarias para el desarrollo y aplicación de lo establecido en esta Ley.

Disposición final tercera[501]. *Entrada en vigor de la Ley*

La presente Ley entrará en vigor el día 1 de enero de 1993.

ANEXO

A los efectos de lo dispuesto en esta Ley se considerará:

Primero. Buques: Los comprendidos en las partidas 89.01; 89.02; 89.03; 89.04 y 89.06.10 del Arancel Aduanero.

---

[500] Disposición final segunda incorporada por el art. 10. Veintisiete del Real Decreto-ley 7/2021, de 27 de abril, de transposición de directivas de la Unión Europea en las materias de competencia, prevención del blanqueo de capitales, entidades de crédito, telecomunicaciones, medidas tributarias, prevención y reparación de daños medioambientales, desplazamiento de trabajadores en la prestación de servicios transnacionales y defensa de los consumidores (BOE núm. 101, de 28 de abril de 2021), en vigor desde el 1 de julio de 2021.

[501] Original Disp. Final segunda que pasa a ser la disp. final tercera por el art. 10. Veintisiete del Real Decreto-ley 7/2021, de 27 de abril, de transposición de directivas de la Unión Europea en las materias de competencia, prevención del blanqueo de capitales, entidades de crédito, telecomunicaciones, medidas tributarias, prevención y reparación de daños medioambientales, desplazamiento de trabajadores en la prestación de servicios transnacionales y defensa de los consumidores (BOE núm. 101, de 28 de abril de 2021), en vigor desde el 1 de julio de 2021.

Segundo. Aeronaves: Los aerodinos que funcionen con ayuda de una máquina propulsora, comprendidos en la partida 88.02 del Arancel de Aduanas.

Tercero. Productos de avituallamiento: Las provisiones de a bordo, los combustibles, carburantes, lubricantes y demás aceites de uso técnico y los productos accesorios de a bordo.

Se entenderá por:

a) Provisiones de a bordo: Los productos destinados exclusivamente al consumo de la tripulación y de los pasajeros.

b) Combustibles, carburantes, lubricantes y demás aceites de uso técnico: Los productos destinados a la alimentación de los órganos de propulsión o al funcionamiento de las demás máquinas y aparatos de a bordo.

c) Productos accesorios de a bordo: Los de consumo para uso doméstico, los destinados a la alimentación de los animales transportados y los consumibles utilizados para la conservación, tratamiento y preparación a bordo de las mercancías transportadas.

Cuarto. Depósitos normales de combustibles y carburantes: los comunicados directamente con los órganos de propulsión, máquinas y aparados de a bordo.

Quinto[502]. Régimen de depósito distinto de los aduaneros:

Definición del régimen:

a) En relación con los bienes objeto de Impuestos Especiales, el régimen de depósito distinto de los aduaneros será el régimen suspensivo aplicable en los supuestos de fabricación, transformación o tenencia de productos objeto de los Impuestos Especiales de fabricación en fábricas o depósitos fiscales, de circulación de los referidos productos entre dichos establecimientos y de importación de los mismos con destino a fábrica o depósito fiscal.

Lo dispuesto en el párrafo anterior resultará igualmente aplicable al gas natural entregado a través de una red situada en el territorio de la Comunidad o de cualquier red conectada a dicha red.

b) En relación con los demás bienes, el régimen de depósito distinto de los aduaneros será el régimen suspensivo aplicable a los bienes excluidos del régimen de depósito aduanero

---

[502]   Redacción del apartado quinto dada por el art. 1. Cuarenta y uno de la Ley 28/2014, de 27 de noviembre (BOE núm. 288, de 28 de noviembre de 2014), con efectos desde el 1 de enero de 2016.
Redacción original afectada por la redacción de la letra a) dada por el art. 79.Trece de la Ley 39/2010, de 22 de diciembre (BOE núm. 311, de 23 de diciembre de 2010), con efectos desde 1 de enero de 2011 y redacción anterior dada por el por el art. 6.15 de la Ley 55/1999, de 29 de diciembre (BOE núm. 312, de 30 diciembre de 1999), con efectos desde 1 de enero de 2000 y la redacción de la letra b) dada por el art. 4.Veintiocho de la Ley 53/2002, de 30 de diciembre (BOE núm. 313, de 31 de diciembre de 2002), con efectos desde 1 de enero de 2003.
Redacción anterior del apartado Quinto del Anexo dada por el art. único.7 de la Ley 9/1998, de 28 de abril (BOE núm. 96, de 22 de abril de 1998).

por razón de su origen o procedencia, con sujeción en lo demás, a las mismas normas que regulan el mencionado régimen aduanero.

También se incluirán en este régimen los bienes que se negocien en mercados oficiales de futuros y opciones basados en activos no financieros, mientras los referidos bienes no se pongan a disposición del adquirente.

El régimen de depósito distinto de los aduaneros a que se refiere esta letra b) no será aplicable a los bienes destinados a su entrega a personas que no actúen como empresarios o profesionales con excepción de los destinados a ser introducidos en las tiendas libres de impuestos.

[503]Los titulares de los depósitos a que se refiere este precepto serán responsables subsidiarios del pago de la deuda tributaria que corresponda a la salida o abandono de los bienes de estos depósitos, independientemente de que puedan actuar como representantes fiscales de los empresarios o profesionales no establecidos en el ámbito espacial del impuesto.

No obstante, los titulares de depósitos fiscales de productos comprendidos en los ámbitos objetivos de los Impuestos sobre el Alcohol y Bebidas Derivadas y sobre Hidrocarburos serán responsables subsidiarios del pago de la deuda tributaria correspondiente a las entregas de dichos productos efectuadas por los sujetos pasivos de las operaciones asimiladas a las importaciones de bienes devengadas con ocasión de la salida o el abandono de los bienes del régimen de depósito distinto del aduanero. Dicha responsabilidad subsidiaria solo será exigible cuando el extractor, o la persona autorizada por el mismo, no esté incluido en el Registro de extractores que reglamentariamente se establezca, y su importe no podrá exceder del de las cuotas devengadas por aplicación del artículo 19.5.º de esta Ley con ocasión de la salida o el abandono de los bienes del régimen de depósito distinto de los aduaneros.

A los efectos de esta Ley se consideran extractores las personas o entidades que sean los sujetos pasivos de las operaciones asimiladas a las importaciones de bienes, devengadas con ocasión de la salida o el abandono de los productos comprendidos en los ámbitos objetivos de los Impuestos sobre el Alcohol y Bebidas Derivadas y sobre Hidrocarburos del régimen de depósito distinto de los aduaneros, las que realicen el envío de los bienes en régimen suspensivo con destino a otro depósito fiscal, así como las autorizadas para realizar dichas operaciones.

Las personas o entidades extractoras deberán hallarse inscritas en el Registro de extractores. Los titulares de los depósitos fiscales deberán verificar que las personas o entidades que realizan las operaciones que determinan su inclusión están incluidas en el Registro de

---

[503] Nueva redacción del último párrafo y se añaden tres párrafos por el art. octavo Tres de la Ley 11/2021, de 9 de julio, de medidas de prevención y lucha contra el fraude fiscal, de transposición de la Directiva (UE) 2016/1164, del Consejo, de 12 de julio de 2016, por la que se establecen normas contra las prácticas de elusión fiscal que inciden directamente en el funcionamiento del mercado interior, de modificación de diversas normas tributarias y en materia de regulación del juego (BOE núm. 164, de 10 de julio de 2021).

extractores de depósitos fiscales de productos comprendidos en los ámbitos objetivos de los Impuestos sobre el Alcohol y Bebidas Derivadas o sobre Hidrocarburos.

Sexto[504]. Liquidación del Impuesto en los casos comprendidos en el artículo 19, número 5.º, párrafo segundo, de esta ley:

La liquidación del Impuesto en los casos comprendidos en el artículo 19, número 5.º, párrafo segundo, de esta ley, se ajustará a las siguientes normas:

1.º Cuando cesen las situaciones o se ultimen los regímenes comprendidos en los artículos 23 y 24, se producirá la obligación de liquidar el Impuesto correspondiente a las operaciones que se hubiesen beneficiado previamente de la exención por su colocación en las situaciones o vinculación a los regímenes indicados, de acuerdo con las siguientes reglas:

a) Si los bienes hubiesen sido objeto de una o varias entregas exentas previas, el Impuesto a ingresar será el que hubiere correspondido a la última entrega exenta efectuada.

b) Si los bienes hubiesen sido objeto de una adquisición intracomunitaria exenta por haberse colocado en las situaciones o vinculado a los regímenes indicados y no hubiesen sido objeto de una posterior entrega exenta, el Impuesto a ingresar será el que hubiere correspondido a aquella operación de no haberse beneficiado de la exención.

c) Si los bienes hubiesen sido objeto de operaciones exentas realizadas con posterioridad a las indicadas en las letras a) o b) anteriores o no se hubiesen realizado estas últimas operaciones, el Impuesto a ingresar será el que, en su caso, resulte de lo dispuesto en dichas letras, incrementado en el que hubiere correspondido a las citadas operaciones posteriores exentas.

d) Si los bienes hubiesen sido objeto de una importación exenta por haberse vinculado al régimen de depósito distinto de los aduaneros y hubiesen sido objeto de operaciones exentas realizadas con posterioridad a dicha importación, el Impuesto a ingresar será el que hubiera correspondido a la citada importación de no haberse beneficiado de la exención, incrementado en el correspondiente a las citadas operaciones exentas.

2.º La persona obligada a la liquidación e ingreso de las cuotas correspondientes al cese de las situaciones o la ultimación de los regímenes mencionados será el propietario de los bienes en ese momento, que tendrá la condición de sujeto pasivo y deberá presentar la declaración-liquidación relativa a las operaciones a que se refiere el artículo 167, apartado uno, de esta ley.

El obligado a ingresar las cuotas indicadas podrá deducirlas de acuerdo con lo previsto en la Ley para los supuestos contemplados en su artículo 84, apartado uno, número 2.º

---

[504] Redacción del apartado Sexto del Anexo dada por el art. 74. Nueve de la Ley 31/2022, de 23 de diciembre, de Presupuestos Generales del Estado para el año 2023 (BOE núm. 308, de 24 de diciembre de 2022), con efectos desde el 1 de enero de 2023.
Redacción anterior dada por el art. único.8 de la Ley 9/1998, de 28 de abril (BOE núm. 96, de 22 de abril de 1998), modicada la redacción del núm. 3.º por el art. 6 veinte de la Ley 55/1999, de 29 de diciembre (BOE núm. 312, de 30 diciembre de 1999), con efectos desde 1 de enero de 2000.

Los empresarios o profesionales no establecidos en el territorio de aplicación del Impuesto que resulten ser sujetos pasivos del mismo, de acuerdo con lo dispuesto en este número, podrán deducir las cuotas liquidadas por esta causa en las mismas condiciones y forma que los establecidos en dicho territorio.

3.º Los titulares de los depósitos a que se refiere este precepto serán responsables solidarios del pago de la deuda tributaria que corresponda, según lo dispuesto en los números anteriores de este apartado sexto, independientemente de que puedan actuar como representantes fiscales de los empresarios o profesionales no establecidos en el ámbito espacial del Impuesto.

Séptimo[505]. Desperdicios o desechos de fundición, de hierro o acero, chatarra o lingotes de chatarra de hierro o acero, desperdicios o desechos de metales no férricos o sus aleaciones, escorias, cenizas y residuos de la industria que contengan metales o sus aleaciones.

Se considerarán desperdicios o desechos de fundición, de hierro o acero, chatarra o lingotes de chatarra de hierro o acero, desperdicios o desechos de metales no férricos o sus aleaciones, escorias, cenizas y residuos de la industria que contengan metales o sus aleaciones los comprendidos en las partidas siguientes del Arancel de Aduanas:

Cod. NCE	Designación de la mercancía
7204	Desperdicios y desechos de fundición de hierro o acero (chatarra y lingotes).

Los desperdicios y desechos de los metales férricos comprenden:

a) Desperdicios obtenidos durante la fabricación o el mecanizado de la fundición del hierro o del acero, tales como las torneaduras, limaduras, despuntes de lingotes, de palanquillas, de barras o de perfiles.

b) Las manufacturas de fundición de hierro o acero definitivamente inutilizables como tales por roturas, cortes, desgaste u otros motivos, así como sus desechos, incluso si algunas de sus partes o piezas son reutilizables.

No se comprenden los productos susceptibles de utilizarse para su uso primitivo tal cual o después de repararlos.

Los lingotes de chatarra son generalmente de hierro o acero muy aleado, toscamente colados, obtenidos a partir de desperdicios y desechos finos refundidos (polvos de amolado o torneaduras finas) y su superficie es rugosa e irregular.

---

[505]   Nueva redacción del apartado Séptimo dada pro el art. 75. dos de la Ley 31/2022, de 23 de diciembre, de Presupuestos Generales del Estado para el año 2023 (BOE núm. 308, de 24 de diciembre de 2022), con efectos desde el 1 de enero de 2023.
Redacción anterior dada por el art. 7.tres.3 de la Ley 62/2003, de 30 de diciembre (BOE núm. 313, de 31 de diciembre de 1997), con efectos desde 1 de enero de 1998.

Cod. NCE	Designación de la mercancía
7402	Cobre sin refinar; ánodos de cobre para refinado.
7403	Cobre refinado en forma de cátodos y secciones de cátodo.
7404	Desperdicios y desechos de cobre.
7407	Barras y perfiles de cobre.
7408.11.00	Alambre de cobre refinado, en el que la mayor dimensión de la sección transversal sea > 6 mm.
7408.19.10	Alambre de cobre refinado, en el que la mayor dimensión de la sección transversal sea de > 0,5 mm, pero <= 6 mm.
7502	Níquel.
7503	Desperdicios y desechos de níquel.
7601	Aluminio en bruto.
7602	Desperdicios y desechos de aluminio.
7605 11	Alambre de aluminio sin alear.
7605.21	Alambre de aluminio aleado.
7801	Plomo.
7802	Desperdicios y desechos de plomo.
7901	Zinc.
7902	Desperdicios y desechos de cinc (calamina).
8001	Estaño.
8002	Desperdicios y desechos de estaño.
2618	Escorias granuladas (arena de escorias) de la siderurgia.
2619	Escorias (excepto granulados), batiduras y demás desperdicios de la siderurgia.
2620	Cenizas y residuos (excepto siderurgia) que contenga metal o compuestos de metal.
3915	Desechos, desperdicios y recortes, de plástico.
47.07	Desperdicios o desechos de papel o cartón. Los desperdicios de papel o cartón comprenden las raspaduras, recortes, hojas rotas, periódicos viejos y publicaciones, maculaturas y pruebas de imprenta y artículos similares. La definición comprende también las manufacturas viejas de papel o de cartón vendidas para su reciclaje.
6310	Trapos, cordeles, cuerdas y cordajes, de materia textil, en desperdicios o en artículos inservibles.
70.01	Desperdicios o desechos de vidrio. Los desperdicios o desechos de vidrio comprenden los residuos de la fabricación de objetos de vidrio, así como los producidos por su uso o consumo. Se caracterizan generalmente por sus aristas cortantes.

Cod. NCE	Designación de la mercancía
	Baterías de plomo recuperadas.

Octavo[506]. Relación de bienes a que se refiere el artículo 91.Uno.1.6.°c) de esta Ley.

– Las gafas, monturas para gafas graduadas, lentes de contacto graduadas y los productos necesarios para su uso, cuidado y mantenimiento[507].

– Dispositivos de punción, dispositivos de lectura automática del nivel de glucosa, dispositivos de administración de insulina y demás aparatos para el autocontrol y tratamiento de la diabetes.

– Dispositivos para el autocontrol de los cuerpos cetónicos y de la coagulación sanguínea y otros dispositivos de autocontrol y tratamiento de enfermedades discapacitantes como los sistemas de infusión de morfina y medicamentos oncológicos.

– Bolsas de recogida de orina, absorbentes de incontinencia y otros sistemas para incontinencia urinaria y fecal, incluidos los sistemas de irrigación.

– Prótesis, ortesis, ortoprótesis e implantes quirúrgicos, en particular los previstos en el Real Decreto 1030/2006, de 15 de septiembre, por el que se establece la cartera de servicios comunes del Sistema Nacional de Salud y el procedimiento para su actualización, incluyendo sus componentes y accesorios.

– Las cánulas de traqueotomía y laringectomía.

– Sillas terapéuticas y de ruedas, así como los cojines antiescaras y arneses para el uso de las mismas, muletas, andadores y grúas para movilizar personas con discapacidad.

– Plataformas elevadoras, ascensores para sillas de ruedas, adaptadores de sillas en escaleras, rampas portátiles y barras autoportantes para incorporarse por sí mismo.

– Aparatos y demás instrumental destinados a la reducción de lesiones o malformaciones internas, como suspensorios y prendas de compresión para varices.

– Dispositivos de tratamiento de diálisis domiciliaria y tratamiento respiratorios.

– Los equipos médicos, aparatos y demás instrumental, destinados a compensar un defecto o una incapacidad, que estén diseñados para uso personal y exclusivo de personas con deficiencia visual y auditiva.

– Los siguientes productos de apoyo que estén diseñados para uso personal y exclusivo de personas con deficiencia física, mental, intelectual o sensorial:

---

[506] Apartado octavo incorporado por el art. 1. Cuarenta y uno de la Ley 28/2014, de 27 de noviembre (BOE núm. 288, de 28 de noviembre de 2014), en vigor desde el 1 de enero de 2015.
El anterior apartado Octavo del Anexo fue derogado por el apartado 3 de la Disp. Derogatoria de la Ley 24/2001, de 27 de diciembre, de Medidas Fiscales, Administrativas y del Orden Social (BOE núm. 313, de 31 de diciembre de 2001), con efectos desde 1 de enero de 2002.

[507] Nueva redacción dada por el art. 61 de la Ley 3/2017, de 27 de junio, de Presupuestos Generales del Estado para el año 2017 (BOE núm. 153, de 28 de junio de 2017), en vigor desde el 29 de junio de 2017.

• Productos de apoyo para vestirse y desvestirse: calzadores y sacabotas con mangos especiales para poder llegar al suelo, perchas, ganchos y varillas para sujetar la ropa en una posición fija.

• Productos de apoyo para funciones de aseo: alzas, reposabrazos y respaldos para el inodoro.

• Productos de apoyo para lavarse, bañarse y ducharse: cepillos y esponjas con mangos especiales, sillas para baño o ducha, tablas de bañera, taburetes, productos de apoyo para reducir la longitud o profundidad de la bañera, barras y asideros de apoyo.

• Productos de apoyo para posibilitar el uso de las nuevas tecnologías de la información y comunicación, como ratones por movimientos cefálicos u oculares, teclados de alto contraste, pulsadores de parpadeo, software para posibilitar la escritura y el manejo del dispositivo a personas con discapacidad motórica severa a través de la voz.

• Productos de apoyo y dispositivos que posibilitan a personas con discapacidad motórica agarrar, accionar, alcanzar objetos: pinzas largas de agarre y adaptadores de agarre.

• Estimuladores funcionales.

Noveno[508]. Peso de los lingotes o láminas de oro a efectos de su consideración como oro de inversión.

Se considerarán oro de inversión a efectos de esta Ley los lingotes o láminas de oro de ley igual o superior a 995 milésimas y que se ajusten a alguno de los pesos siguientes en la forma aceptada por los mercados de lingotes:

12,5	Kilogramos.
1	Kilogramo.
500	gramos.
250	gramos.
100	gramos.
50	gramos.
20	gramos.
10	gramos.
5	gramos.
2,5	gramos.
2	gramos.
100	onzas.
10	onzas.

---

[508] Apartado Noveno incorporado por el art. 6.21 de la Ley 55/1999, de 29 de diciembre, de Medidas Fiscales, Administrativas y del Orden Social (BOE núm. 312, de 30 diciembre de 1999), con efectos desde 1 de enero de 2000. Art. 51 bis del Reglamento.

5	onzas.
1	onza.
0,5	onzas.
0,25	onzas.
10	tael.
5	tael.
1	tael.
10	tolas.

Décimo[509]. Entregas de plata, platino, paladio, así como la entrega de teléfonos móviles, consolas de videojuegos, ordenadores portátiles y tabletas digitales.

Cód. NCE	Designación de la mercancía
7106 10 00	Plata en polvo
7106 91 00	Plata en bruto
7106 92 00	Plata semilabrada
7110 11 00	Platino en bruto, o en polvo
7110 19	Platino. Los demás
7110 21 00	Paladio en bruto o en polvo
7110 29 00	Paladio. Los demás
8517 12	Teléfonos móviles (celulares) y los de otras redes inalámbricas. Exclusivamente por lo que se refiere a los teléfonos móviles
9504 50	Videoconsolas y máquinas de videojuego excepto las de la subpartida 950430. Exclusivamente por lo que se refiere a las consolas de videojuego
8471 30	Máquinas automáticas para tratamiento o procesamiento de datos, portátiles, de peso inferior a 10 kg, que estén constituidas, al menos, por una unidad central de proceso, un teclado y un visualizador. Exclusivamente por lo que se refiere a ordenadores portátiles y tabletas digitales.

---

[509] Nuevo apartado décimo incorporado por el art. 1. Cuarenta y uno de la Ley 28/2014, de 27 de noviembre (BOE núm. 288, de 28 de noviembre de 2014), en vigor desde el 1 de enero de 2015.

Undécimo[510]. Garantías del ingreso del Impuesto sobre el Valor Añadido correspondiente a determinados carburantes que abandonan el régimen de depósito distinto del aduanero a que se refiere el tercer párrafo del artículo 19.5° de esta ley.

1° El último depositante de los productos referidos en el tercer párrafo del artículo 19.5° de esta ley que se extraigan del depósito fiscal, o el titular del depósito fiscal en caso de que sea el propietario de dichos productos, estará obligado a constituir y mantener una garantía que garantice el ingreso del Impuesto sobre el Valor Añadido correspondiente a las entregas sujetas y no exentas que se hagan posteriormente de dichos bienes.

2°[511] Lo señalado en el número anterior no resultará de aplicación cuando el último depositante o, en su caso, el titular del depósito fiscal cumpla alguno de los siguientes requisitos:

---

[510] Nuevo apartado incorporado por la Disp. Final Primera Tercera de Ley 7/2024, de 20 de diciembre, por la que se establecen un Impuesto Complementario para garantizar un nivel mínimo global de imposición para los grupos multinacionales y los grupos nacionales de gran magnitud, un Impuesto sobre el margen de intereses y comisiones de determinadas entidades financieras y un Impuesto sobre los líquidos para cigarrillos electrónicos y otros productos relacionados con el tabaco, y se modifican otras normas tributarias, (BOE núm. 307, de 21 de diciembre de 2024).

[511] Redacción del núm. 2° dada por el art. 8 Dos Real Decreto-ley 9/2024, de 23 de diciembre, por el que se adoptan medidas urgentes en materia económica, tributaria, de transporte, y de Seguridad Social, y se prorrogan determinadas medidas para hacer frente a situaciones de vulnerabilidad social (BOE núm. 309, de 24 de diciembre de 2024), en vigor desde el 25 de diciembre de 2024:

«2° Lo señalado en el número anterior no resultará de aplicación cuando el último depositante o, en su caso, el titular del depósito fiscal cumpla alguno de los siguientes requisitos:

a) Tener reconocida la condición de operador económico autorizado de acuerdo con lo establecido en el Reglamento (UE) 952/2013, del Parlamento Europeo y del Consejo, de 9 de octubre de 2013, por el que se establece el código aduanero de la Unión.

b) Tener reconocida la condición de operador confiable por cumplir las siguientes condiciones:

a') estar inscrito en el registro de extractores,

b') tener un volumen de extracciones durante el año natural anterior de, al menos, 550 millones de litros de gasolinas, gasóleos y biocarburantes destinados a ser usados como carburante a que se refiere el párrafo tercero del artículo 19.5° de esta Ley,

c') haber realizado operaciones como operador al por mayor durante los 3 años anteriores, y

d') cumplir los requisitos de solvencia financiera establecidos en el artículo 39 del citado Reglamento (UE) 952/2013 y en el artículo 26 del Reglamento de Ejecución (UE) 2015/2447 de la Comisión, de 24 de noviembre de 2015.

Mediante orden de la persona titular del Ministerio de Hacienda se determinará el procedimiento para reconocer la condición de operador confiable y se regulará la creación y el mantenimiento de un registro de operadores confiables».

Resolución de 22 de enero de 2025, del Congreso de los Diputados, por la que se ordena la publicación del Acuerdo de derogación del Real Decreto-ley 9/2024, de 23 de diciembre, por el que se adoptan medidas urgentes en materia económica, tributaria, de transporte, y de Seguridad Social, y se prorrogan determinadas medidas para hacer frente a situaciones de vulnerabilidad social (BOE núm. 20, de 23 de enero de 2025).

a) Tener reconocida la condición de operador económico autorizado de acuerdo con lo establecido en el Reglamento (UE) 952/2013, del Parlamento Europeo y del Consejo, de 9 de octubre de 2013, por el que se establece el código aduanero de la Unión.

b) Tener reconocida la condición de operador confiable por cumplir las siguientes condiciones:

a') estar inscrito en el registro de extractores,

b') tener un volumen de extracciones durante el año natural anterior de, al menos, 1.000 millones de litros de gasolinas, gasóleos y biocarburantes destinados a ser usados como carburante a que se refiere el párrafo tercero del artículo 19.5º de esta ley,

c') haber realizado operaciones como operador al por mayor durante los 3 años anteriores, y

d') cumplir los requisitos de solvencia financiera establecidos en el artículo 39 del citado Reglamento (UE) 952/2013 y en el artículo 26 del Reglamento de Ejecución (UE) 2015/2447 de la Comisión, de 24 de noviembre de 2015.

Mediante orden de la persona titular del Ministerio de Hacienda se determinará el procedimiento para reconocer la condición de operador confiable y se regulará la creación y el mantenimiento de un registro de operadores confiables.

3º La garantía a que se refiere el número 1º deberá adoptar alguna de las siguientes formas:

a) Aval de entidad de crédito, institución financiera o compañía de seguros acreditada en la Unión Europea, que garantice de forma global el ingreso del Impuesto sobre el Valor Añadido correspondiente a las entregas sujetas y no exentas que se hagan posteriormente y cumpla los siguientes requisitos:

– El importe mínimo de la garantía será del 110 por ciento de la cuota del Impuesto sobre el Valor Añadido correspondiente a las operaciones asimiladas a la importación a que se refiere el tercer párrafo del artículo 19.5º de esta ley realizadas en los dos meses inmediatamente anteriores.

– Cuando en los dos meses anteriores no se hubieran efectuado operaciones asimiladas a la importación a que se refiere el tercer párrafo del artículo 19.5º de esta ley el importe mínimo de la garantía se establecerá en función de la previsión de actividad que motivadamente se justifique, con un mínimo de 3 millones de euros.

– El importe de la garantía será actualizado mensualmente y, en todo caso, cuando la garantía resulte insuficiente para alcanzar el importe del 110 por ciento de la cuota del Impuesto sobre el Valor Añadido correspondiente a la operación asimilada a la importación a realizar, una vez descontados los importes correspondientes a las extracciones realizadas garantizadas.

– La garantía se constituirá a favor de la Administración o Administraciones tributarias competentes para la exacción del impuesto garantizado.

– La Administración competente podrá ejecutar la garantía cuando, transcurridos tres meses desde la extracción de los bienes del depósito fiscal y abandono del régimen de depósito distinto del aduanero, no se haya justificado bien el pago del Impuesto sobre el Valor Añadido correspondiente a una entrega sujeta y no exenta de los bienes realizada por el sujeto pasivo con posterioridad a la extracción de estos del depósito fiscal, o bien la utilización por dicho sujeto pasivo de los referidos bienes en un uso distinto de la realización de tal entrega.

– Mediante orden de la persona titular del Ministerio de Hacienda se desarrollarán los requisitos y los procesos de gestión de estas garantías.

b) Pago a cuenta del Impuesto sobre el Valor Añadido correspondiente a una entrega sujeta y no exenta que se haga posteriormente de dichos bienes. El pago a cuenta será por un importe igual al 110 de la cuota del Impuesto sobre el Valor Añadido correspondiente a la operación asimilada a la importación a que se refiere el tercer párrafo del artículo 19.5º de esta ley y se realizará en el lugar, forma e impreso que establezcan las Administraciones tributarias competentes a que se refiere la letra a) anterior. El pago a cuenta podrá ser deducido por el sujeto pasivo en la autoliquidación correspondiente al periodo de liquidación en el que se hubiese consignado (o declarado) el Impuesto sobre el Valor Añadido por la entrega posterior o se justifique la utilización del producto que se extrajo del depósito fiscal por dicho sujeto pasivo en un uso distinto de la realización de tal entrega.

4º El último depositante, antes de la extracción de los productos del depósito fiscal, deberá justificar al titular del depósito fiscal alguna de las siguientes circunstancias:

– Que es operador económico autorizado u operador confiable, mediante certificación de la Administración tributaria competente para la verificación y revisión del cumplimiento de los requisitos correspondientes.

– Que existe garantía suficiente, mediante certificación de la Administración tributaria a que se refiere la letra a) del número 3º anterior cuando se trate de aval o, cuando se trate de pago a cuenta del impuesto, mediante justificante del ingreso realizado que incorpore el Numero de Referencia Completo (NRC), el volumen y la clase de producto a que se refiere.

Una vez comprobada la suficiencia de garantía o suficiencia del pago por la Administración tributaria competente, esta autorizará la salida del producto del depósito fiscal.

El procedimiento de autorización de salida del producto del depósito fiscal finalizará por resolución expresa de la Administración tributaria competente en la que se acordará o denegará la salida del producto del depósito fiscal, lo que podrá efectuarse mediante un código electrónico.

El titular del depósito fiscal que permita que los carburantes salgan del depósito sin la previa acreditación de alguna de las referidas circunstancias, será responsable solidario del pago de la deuda tributaria correspondiente a la entrega sujeta y no exenta del Impuesto sobre el Valor Añadido a que se refiere el número 1º anterior. Salvo prueba en contrario, se presumirá que la cuota del Impuesto sobre el Valor Añadido de la deuda tributaria exigible al responsable solidario es el 110 por ciento de la cuota del Impuesto sobre el Valor Añadido correspondiente a la operación asimilada a la importación a que se refiere el tercer párrafo del artículo 19.5º de esta ley.

5º 1 Durante el mes siguiente a la entrada en vigor de la Orden referida en el número 2º anterior, letra b), el último depositante de los productos, o el titular del depósito en caso de que sea el propietario de los productos, no estará obligado a garantizar el ingreso del Impuesto sobre el Valor Añadido correspondiente a la entrega sujeta y no exenta que él mismo haga posteriormente de dichos bienes.

2. Durante ese mismo periodo, el depositante o, en su caso, el titular del depósito fiscal, podrán solicitar el reconocimiento de la condición de operador confiable en los términos previstos en dicha Orden.

3. El régimen transitorio dejará de ser de aplicación cuando se resuelva dicha solicitud de reconocimiento de la condición de operador confiable y, en todo caso, una vez transcurrido el mes siguiente a la entrada en vigor de este apartado del anexo.

La finalización del periodo transitorio por el transcurso del plazo anterior sin que se hubiera resuelto la solicitud de reconocimiento de la condición de operador confiable determinará la obligación de garantizar el ingreso del Impuesto sobre el Valor Añadido correspondiente a la entrega sujeta y no exenta que el último depositante de los productos, o el titular del depósito en caso de que sea el propietario de los productos haga posteriormente de dichos bienes en los términos previstos en el número 3º anterior.

4. La Administración tributaria proveerá a los titulares de los depósitos fiscales de los sistemas técnicos necesarios para verificar la aplicación de este régimen transitorio.

2. Real Decreto 1624/1992, de 29 de diciembre, por el que se aprueba el REGLAMENTO DEL IMPUESTO SOBRE EL VALOR AÑADIDO y se modifica el Real Decreto 1041/1990, de 27 de julio, por el que se regulan las declaraciones censales que han de presentar a efectos fiscales los empresarios, los profesionales y otros obligados tributarios; el Real Decreto 338/1990, de 9 de marzo, por el que se regula la composición y la forma de utilización del número de identificación fiscal, el Real Decreto 2402/1985, de 18 de diciembre, por el que se regula el deber de expedir y entregar factura que incumbe a los empresarios y profesionales, y el Real Decreto 1326/1987, de 11 de septiembre, por el que se establece el procedimiento de aplicación de las Directivas de la Comunidad Económica Europea sobre intercambio de información tributaria

(BOE núm. 314 de 31 de diciembre de 1992)

EXPOSICIÓN DE MOTIVOS

1

La Ley 37/1992, de 28 de diciembre, incorpora a nuestro ordenamiento tributario la Directiva 91/680/CEE, de 16 de diciembre de 1991, que establece el régimen jurídico del Impuesto sobre el Valor Añadido correspondiente a las operaciones intracomunitarias en el funcionamiento del Mercado interior y la Directiva 92/77/CEE, de 19 de octubre de 1992, de armonización de tipos impositivos y determinadas modificaciones de la normativa anterior para simplificar la gestión del Impuesto.

La aplicación de esta Ley exige determinadas precisiones reglamentarias para desarrollar los procedimientos previstos en ella, regular las obligaciones formales y establecer criterios que faciliten la interpretación de sus normas.

El presente Real Decreto responde a estos objetivos, estructurándose en seis artículos, que recogen las modificaciones de las disposiciones reglamentarias que resultan afectadas por la nueva Ley del Impuesto.

2

El artículo 1.º aprueba el Reglamento del Impuesto sobre el Valor Añadido, que sigue la misma sistemática que el del Impuesto sobre la Renta de las Personas Físicas, aprobado por el Real Decreto 1841/1991, de 30 de diciembre, es decir, se limita a desarrollar o completar los preceptos legales, sin reproducir su contenido, evitándose así repeticiones innecesarias y ofreciendo un texto más sencillo, que facilitará su aplicación y contribuirá a la seguridad jurídica de los agentes económicos.

El Reglamento consta de diez títulos, en los que atiende a las remisiones específicas establecidas por la Ley, siguiendo el orden previsto en ella: Delimitación del hecho imponible, exenciones, lugar de realización, base imponible, repercusión del Impuesto, tipos impositivos, deducciones y devoluciones, regímenes especiales, obligaciones contables y gestión del Impuesto.

De especial interés son los títulos correspondientes a las exenciones y a las obligaciones formales.

En el primero de ellos se comprenden algunos conceptos que precisan el alcance de determinadas exenciones, se regula el procedimiento para la renuncia a las exenciones inmobiliarias y se establecen los procedimientos para aplicar las exenciones de las operaciones con terceros países, en los que se ha perfeccionado la adaptación a la normativa comunitaria reguladora de estos beneficios fiscales.

En relación con las obligaciones formales se ha suprimido del Reglamento del Impuesto la regulación de aquellas materias que constituyen el objeto de otras disposiciones específicas, como la expedición de facturas, declaraciones censales e identificación fiscal de los contribuyentes, comprendidas en las normas reglamentarias a que se refieren los artículos siguientes del presente Real Decreto, limitándose a contemplar las obligaciones contables, la gestión y la liquidación del Impuesto, en cuya regulación se han respetado las disposiciones de la Sexta Directiva en materia de I.V.A., modificada por la Directiva 91/680/CEE.

Los artículos 2.º, 3.º y 4.º modifican, respectivamente, los Reales Decretos 1041/1990, de 27 de julio, sobre declaraciones censales; 338/1990, de 9 de marzo, sobre Identificación Fiscal, y 2402/1985, de 18 de diciembre, sobre expedición y entrega de facturas, al objeto de adaptarlas a las exigencias de la mencionada Directiva 91/680/CEE y garantizar así la correcta aplicación del régimen tributario de las operaciones intracomunitarias en el Mercado interior.

El artículo 5.º modifica el Real Decreto 1326/1987, de 11 de septiembre, que regula la aplicación de las Directivas CEE sobre intercambio de información tributaria, para recoger la obligación de suministrar informaciones en materia de los Impuestos Especiales de fabricación y para actualizar las referencias de los órganos competentes.

Finalmente, el artículo 6.º determina la autoridad que ostentará la representación del Ministro de Economía y Hacienda en relación con las Directivas comunitarias reguladoras de la cooperación administrativa entre los Estados miembros.

En su virtud, a propuesta del Ministro de Economía y Hacienda, cumplido el trámite de informe de la Comunidad Autónoma de Canarias, de acuerdo con el dictamen del Consejo de Estado y previa deliberación del Consejo de Ministros en su reunión del día 29 de diciembre de 1992,

DISPONGO:

Artículo 1. *Aprobación del Reglamento del Impuesto sobre el Valor Añadido*

Se aprueba el Reglamento del Impuesto sobre el Valor Añadido que figura como anexo al presente Real Decreto.

Artículo 2[1]. *Modificación del Real Decreto 1041/1990, de 27 de julio*

Artículo 3[2]. *Modificación del Real Decreto 338/1990, de 9 de marzo*

Artículo 4[3]. *Modificación del Real Decreto 2402/1985, de 18 de diciembre*

Artículo 5. *Modificación del Real Decreto 1326/1987, de 11 de septiembre*

Se modifican los siguientes preceptos del Real Decreto 1326/1987, de 11 de septiembre, por el que se establece el procedimiento de aplicación de las Directivas de la Comunidad Económica Europea sobre intercambio de información tributaria:

1. El apartado 1 del artículo 1.º quedará redactado de la siguiente forma:

(...)

2. Se añade un párrafo segundo a la disposición adicional del Real Decreto con la siguiente redacción:

(...)

Artículo 6. *Representante autorizado y autoridad competente*

A efectos de lo dispuesto en el apartado quinto del artículo 1.º de la Directiva 77/799/ CEE, de 19 de diciembre, y en el apartado 2 del artículo 2.º del Reglamento 218/92/CEE, de 27 de enero, el Director general de la Agencia Estatal de Administración Tributaria tendrá

---

[1]   Derogado y sustituido por Real Decreto 1041/2003, de 1 de agosto, que aprueba el Reglamento por el que se regulan determinados censos tributarios (BOE 213, de 5 septiembre de 2003), a su vez derogado y sustituido por Real Decreto 1065/2007, de 27 de julio (BOE 213, de 5 septiembre de 2007).

[2]   Derogado y sustituido por Real Decreto 1065/2007, de 27 de julio (BOE 213, de 5 septiembre de 2007).

[3]   El Real Decreto 2402/1985 ha sido sustituido por real Decreto 1496/2003, de 28 de noviembre (BOE núm. 286, de 29 de noviembre de 2003) y éste, a su vez, por el Real Decreto 1619/2012, de 30 de noviembre, por el que se aprueba el Reglamento por el que se regulan las obligaciones de facturación (BOE núm. 289, de 1 de diciembre de 2012), en vigor desde el 1 de enero de 2013.

la condición de representante autorizado del Ministro de Economía y Hacienda y Autoridad competente por parte del Estado español, en los términos de la delegación que le otorgue el Ministro de Economía y Hacienda.

Disposición derogatoria única. *Derogación normativa*

A la entrada en vigor del presente Real Decreto quedará derogado el Real Decreto 2028/1985, de 30 de octubre, por el que se aprueba el Reglamento del Impuesto sobre el Valor Añadido y las demás normas reglamentarias de dicho tributo en cuanto se opongan a lo previsto en el presente Real Decreto.

Disposición final única. *Entrada en vigor*

El presente Real Decreto entrará en vigor el día 1 de enero de 1993.

ANEXO. REGLAMENTO DEL IMPUESTO SOBRE EL VALOR AÑADIDO

TÍTULO I. DELIMITACIÓN DEL HECHO IMPONIBLE

CAPÍTULO I. Operaciones interiores

Artículo 1[4]. *Intervención de manera indirecta por el vendedor en la expedición o el transporte*

A efectos de lo previsto en el artículo 8.Tres de la Ley del Impuesto se considerará que los bienes han sido expedidos o transportados por el vendedor, o por su cuenta, de manera indirecta. En particular, se apreciará que concurre dicha circunstancia en los casos regulados en el artículo 5 bis del Reglamento de Ejecución (UE) n.º 282/2011 del Consejo, de 15 de marzo de 2011, por el que se establecen disposiciones de aplicación de la Directiva 2006/112/CE relativa al sistema común del impuesto sobre el valor añadido.

Artículo 1 bis[5]. *Entregas de bienes o prestaciones de servicios facilitadas a través de una interfaz digital*

A efectos de lo previsto en los artículos 8 bis y 166 bis de la Ley del Impuesto, se considerará que un empresario o profesional facilita una entrega de bienes o una prestación de servicios, en su caso, utilizando una interfaz digital, cuando se cumplan las circunstancias reguladas en los artículos 5 ter y 54 ter, respectivamente, del Reglamento de Ejecución (UE)

---

[4]   Nueva redacción dada por el art. primero Uno del Real Decreto 424/2021, de 15 de junio (BOE núm. 143, de 16 de junio de 2021), en vigor desde el 1 de julio de 2021.
       Anteriormente el art. 1 *"Actividades de los Entes públicos"* fue derogado por el art. 1.1 del Real Decreto 296/1998, de 27 de febrero (BOE núm. 51, de 28 de febrero de 1998), con efectos desde el 28 de febrero de 1998.

[5]   Nuevo artículo incorporado por el art. primero Dos del Real Decreto 424/2021, de 15 de junio (BOE núm. 143, de 16 de junio de 2021), en vigor desde el 1 de julio de 2021.

n.º 282/2011 del Consejo, de 15 de marzo de 2011, por el que se establecen disposiciones de aplicación de la Directiva 2006/112/CE relativa al sistema común del impuesto sobre el valor añadido.

CAPÍTULO II. Operaciones intracomunitarias

Artículo 2[6]. *Medios de transporte nuevos*

Los medios de transporte a que se refiere el artículo 13, número 2.º, de la Ley del Impuesto, se considerarán nuevos cuando, respecto de ellos, se dé cualquiera de las circunstancias que se indican a continuación:

1. Que su entrega se efectúe antes de los tres meses siguientes a la fecha de su primera puesta en servicio, o tratándose de vehículos terrestres accionados a motor, antes de los seis meses siguientes a la citada fecha.

Se entenderá por fecha de puesta en servicio de un medio de transporte la correspondiente a la primera matriculación, definitiva o provisional, en el interior de la Comunidad y, en su defecto, la que se hiciera constar en el contrato de seguro más antiguo, referente al medio de transporte de que se trate, que cubriera la eventual responsabilidad civil derivada de su utilización o la que resulte de cualquier otro medio de prueba admitido en derecho, incluida la consideración de su estado de uso.

2. Que los vehículos terrestres no hayan recorrido más de 6.000 kilómetros, las embarcaciones no hayan navegado más de cien horas y las aeronaves no hayan volado más de cuarenta horas.

Se acreditará esta circunstancia por cualquiera de los medios de prueba admitidos en derecho y, en particular, con los propios aparatos contadores incorporados a los medios de transporte, sin perjuicio de su comprobación para determinar que no hayan sido manipulados.

Artículo 3. *Opción por la tributación en el territorio de aplicación del Impuesto*

1[7]. Las personas o entidades comprendidas en el artículo 14.Uno de la Ley del Impuesto podrán optar por la sujeción a éste por las adquisiciones intracomunitarias de bienes que realicen, aun cuando no hubiesen superado en el año natural en curso o en el precedente el límite de 10.000 euros.

---

[6]   Nueva redacción del art. 2. Dada por el art. 1.1 del Real Decreto 267/1995, de 24 de febrero (BOE núm. 51, de 1 de marzo de 1995), en vigor desde 2 de marzo de 1995.

[7]   Nueva redacción del art. 3.1 dada por el art. 2.Uno del Real Decreto 1496/2003, de 28 de noviembre (BOE núm. 286, de 29 de noviembre de 2003), con efectos desde 19 de diciembre de 2003, incrementando el límite de 7.813,16 euros (1.300.000 pesetas) a 10.000 euros.

2[8]. La opción podrá ejercitarse en cualquier momento mediante la presentación de la oportuna declaración censal y afectará a la totalidad de adquisiciones intracomunitarias de bienes que efectúen.

3. Se entenderá ejercitada la opción aunque no se presente la declaración a que se refiere el apartado anterior, desde el momento en que se presente la declaración-liquidación correspondiente a las adquisiciones intracomunitarias de bienes efectuadas en el período a que se refiera la misma.

4. La opción abarcará como mínimo el tiempo que falte por transcurrir del año en curso y los dos años naturales siguientes y surtirá efectos durante los años posteriores hasta su revocación.

5. La revocación podrá ejercitarse, una vez transcurrido el período mínimo antes indicado, mediante la declaración a que se refiere el apartado Dos.

TÍTULO II. EXENCIONES

CAPÍTULO I. Entregas de bienes y prestaciones de servicios

Artículo 4[9]. *Concepto de precios autorizados a efectos de la exención de los servicios de hospitalización o asistencia sanitaria*

A los efectos del Impuesto se entenderá por precios autorizados o comunicados aquéllos cuya modificación esté sujeta al trámite previo de autorización o comunicación a algún órgano de la Administración.

Artículo 5[10]. *Reconocimiento de determinadas exenciones en operaciones interiores*

Artículo 6[11]. *Calificación como entidad o establecimiento privado de carácter social*

La calificación como entidad o establecimiento privado de carácter social podrá obtenerse mediante solicitud a la Agencia Estatal de Administración Tributaria, dirigida a la

---

[8]   Arts. 3 y siguientes del Real Decreto 1065/2007, de 27 de julio, por el que se aprueba el Reglamento general de las actuaciones y procedimientos de gestión e inspección tributaria y de desarrollo de las normas comunes de los procedimientos de aplicación de los tributos (BOE núm. 213, de 5 de septiembre de 2007). Aprobados modelos de declaración censal 036 y 037 por Orden EHA/1274/2007, de 26 de abril (BOE núm. 112, de 10 de mayo de 2007).

[9]   Art. 20.Uno.2.º de la LIVA.

[10]   Art. 5 derogado por el art. primero.uno del Real Decreto 828/2013, de 25 de octubre (BOE núm. 257, de 26 de octubre de 2013), en vigor desde el 27 de octubre de 2013.
El procedimiento para el reconocimiento del derecho a las exenciones contemplado en este artículo debe entenderse estimado por haber vencido el plazo máximo establecido sin que se haya notificado resolución expresa, según establece los números 1 y 3 de la Disposición Adicional 1.ª.Dos del Real Decreto 1065/2007, de 27 de julio (BOE 213, de 5 septiembre de 2007), en vigor desde el 1 de enero de 2008.

[11]   Nueva redacción del art. 6 dada por el art. primero.Dos del Real Decreto 828/2013, de 25 de octubre (BOE núm. 257, de 26 de octubre de 2013), en vigor desde el 27 de octubre de 2013.

Delegación o Administración de la misma, en cuya circunscripción territorial esté situado su domicilio fiscal.

En cualquier caso, las exenciones correspondientes a los servicios prestados por entidades o establecimientos de carácter social se aplicarán siempre que se cumplan los requisitos que se establecen en el apartado tres del artículo 20 de la Ley del Impuesto, con independencia del momento en que, en su caso, se obtenga su calificación como tales conforme a lo dispuesto en el párrafo anterior.

Artículo 7[12]. *Exenciones de las operaciones relativas a la educación y la enseñanza*

Tendrán la consideración de entidades privadas autorizadas, a que se refiere el artículo 20, apartado Uno, número 9.º, de la Ley del Impuesto sobre el Valor Añadido, aquellos centros educativos cuya actividad esté reconocida o autorizada por el Estado, las Comunidades Autónomas u otros Entes públicos con competencia genérica en materia educativa o, en su caso, con competencia específica respecto de las enseñanzas impartidas por el centro educativo de que se trate.

Artículo 8. *Aplicación de las exenciones en determinadas operaciones inmobiliarias*

1[13]. La renuncia a las exenciones reguladas en los números 20.º y 22.º del apartado uno del artículo 20 de la Ley del Impuesto sobre el Valor Añadido, deberá comunicarse fehacientemente al adquirente con carácter previo o simultáneo a la entrega de los correspondientes bienes.

La renuncia se practicará por cada operación realizada por el sujeto pasivo y, en todo caso, deberá justificarse con una declaración suscrita por el adquirente, en la que éste haga constar su condición de sujeto pasivo con derecho a la deducción total o parcial del Impuesto soportado por las adquisiciones de los correspondientes bienes inmuebles o, en otro caso, que el destino previsible para el que vayan a ser utilizados los bienes adquiridos le habilita para el ejercicio del derecho a la deducción, total o parcialmente.

Números 13.º y 14.º del apartado Uno del art. 20 de la LIVA. El procedimiento para el reconocimiento de entidades o establecimiento de carácter social debe entenderse estimado por haber vencido el plazo máximo establecido sin que se haya notificado resolución expresa, según establece el número 2 de la Disposición Adicional 1.ª.Dos.2 del Real Decreto 1065/2007, de 27 de julio (BOE 213, de 5 septiembre de 2007), en vigor desde el 1 de enero de 2008.

12   Nueva redacción del art. 7. Dada por el 1.diez del Real Decreto 296/1998, de 27 de febrero (BOE núm. 51, de 28 de febrero de 1998).

13   Nueva redacción del art. 8.1 dada por el art. primero unodel Real Decreto 1073/2014, de 19 de diciembre (BOE núm. 307, de 20 de diciembre de 2014), en vigor desde el 1 de enero de 2015.

2[14]. A efectos de lo dispuesto en la letra A) del número 22.º del apartado uno del artículo 20 de la Ley del Impuesto sobre el Valor Añadido, se aplicarán los criterios sobre definición de rehabilitación contenidos en la letra B) del citado número 22.º.

Artículo 8 bis[15]. *Operaciones relativas a los materiales de recuperación*
(...)

CAPÍTULO II. Exportaciones y operaciones asimiladas

Artículo 9. *Exenciones relativas a las exportaciones*

1. Las exenciones relativas a las exportaciones o envíos fuera de la Comunidad quedarán condicionadas al cumplimiento de los requisitos que se establecen a continuación:

1.º[16] Entregas de bienes exportados o enviados por el transmitente o por quien ostente la condición de exportador, de conformidad con lo dispuesto en la normativa aduanera, distinto del transmitente, o bien por otra persona que actúe en nombre y por cuenta de los anteriores.

En estos casos la exención estará condicionada a la salida efectiva de los bienes del territorio de la Comunidad, entendiéndose producida la misma cuando así resulte de la legislación aduanera.

A efectos de justificar la aplicación de la exención, el transmitente o quien ostente la condición de exportador deberá conservar a disposición de la Administración, durante el plazo de prescripción del Impuesto, las copias de las facturas, los contratos o notas de pe-

---

14   Nueva redacción del art. 8.2 dada por el art. primero.Tres del Real Decreto 828/2013, de 25 de octubre (BOE núm. 257, de 26 de octubre de 2013), en vigor desde el 27 de octubre de 2013.

15   Art. 8.º bis incorporado por el Real Decreto 296/1998, de 27 de febrero (BOE núm. 51, de 28 de febrero de 1998), y derogado posteriormente por el art. 1.1 del Real Decreto 87/2005, de 31 de enero (BOE núm. 27, de 1 de febrero de 2005).

16   Art. 21.1.º de la LIVA.
Nueva redacción del núm. 1ª dada por el art. primero Uno del Real Decreto 1171/2023, de 27 de diciembre, por el que se modifican el Reglamento del Impuesto sobre el Valor Añadido, aprobado por el Real Decreto 1624/1992, de 29 de diciembre; el Reglamento de los Impuestos Especiales, aprobado por el Real Decreto 1165/1995, de 7 de julio, y el Reglamento de procedimientos amistosos en materia de imposición directa, aprobado por el Real Decreto 1794/2008, de 3 de noviembre (BOE núm. 310, de 28 de diciembre de 2023), en vigor el día 1 de enero de 2024.
Redacción anterior: «*1º. Entregas de bienes exportados o enviados por el transmitente o por un tercero que actúe en nombre y por cuenta de éste.*
En estos casos la exención estará condicionada a la salida efectiva de los bienes del territorio de la Comunidad, entendiéndose producida la misma cuando así resulte de la legislación aduanera.
A efectos de justificar la aplicación de la exención, el transmitente deberá conservar a disposición de la Administración, durante el plazo de prescripción del Impuesto, las copias de las facturas, los contratos o notas de pedidos, los documentos de transporte, los documentos acreditativos de la salida de los bienes y demás justificantes de la operación».

didos, los documentos de transporte, los documentos acreditativos de la salida de los bienes y demás justificantes de la operación.

2.º[17] Entregas de bienes exportados o enviados por el adquirente no establecido en el territorio de aplicación del Impuesto o por quien ostente la condición de exportador, de conformidad con lo dispuesto en la normativa aduanera, distinto del adquirente no establecido, o bien por otra persona que actúe en nombre y por cuenta de los anteriores, en los siguientes casos:

A)[18] Entregas en régimen comercial.

Cuando los bienes objeto de las entregas constituyan una expedición comercial, la exención quedará condicionada al cumplimiento de los siguientes requisitos:

a) Los establecidos en el número anterior.

b) Sin perjuicio, en su caso, de lo dispuesto en la letra d) del párrafo cuarto del número 3.º siguiente, los bienes deberán conducirse a la aduana en el plazo de un mes siguiente a su puesta a disposición, donde se presentará por el adquirente el correspondiente documento aduanero de exportación.

---

[17]   Nueva redacción del núm. 2º dada por el art. primero Uno del Real Decreto 1171/2023, de 27 de diciembre, por el que se modifican el Reglamento del Impuesto sobre el Valor Añadido, aprobado por el Real Decreto 1624/1992, de 29 de diciembre; el Reglamento de los Impuestos Especiales, aprobado por el Real Decreto 1165/1995, de 7 de julio, y el Reglamento de procedimientos amistosos en materia de imposición directa, aprobado por el Real Decreto 1794/2008, de 3 de noviembre (BOE núm. 310, de 28 de diciembre de 2023), en vigor el día 1 de enero de 2024.

     Redacción anterior: «*2º Entregas de bienes exportados o enviados por el adquirente no establecido en el territorio de aplicación del Impuesto o por un tercero que actúe en nombre y por cuenta de éste en los siguientes casos:*».

[18]   Nueva redacción de la letra A) del número 2.º dada por el art. primero Uno del Real Decreto 1171/2023, de 27 de diciembre, por el que se modifican el Reglamento del Impuesto sobre el Valor Añadido, aprobado por el Real Decreto 1624/1992, de 29 de diciembre; el Reglamento de los Impuestos Especiales, aprobado por el Real Decreto 1165/1995, de 7 de julio, y el Reglamento de procedimientos amistosos en materia de imposición directa, aprobado por el Real Decreto 1794/2008, de 3 de noviembre (BOE núm. 310, de 28 de diciembre de 2023), en vigor el día 1 de enero de 2024

     Redacción anterior dada por el art. 1.1 del Real Decreto 3422/2000, de 15 de diciembre (BOE núm. 301, de 16 de diciembre de 2000), en vigor desde 16 de diciembre de 2000: «*A) Entregas en régimen comercial. Cuando los bienes objeto de las entregas constituyan una expedición comercial, la exención quedará condicionada al cumplimiento de los siguientes requisitos:*

     a) Los establecidos en el número anterior.

     b) Sin perjuicio, en su caso, de lo dispuesto en la letra d) del párrafo cuarto del número 3.º siguiente, los bienes deberán conducirse a la aduana en el plazo de un mes siguiente a su puesta a disposición, donde se presentará por el adquirente el correspondiente documento aduanero de exportación.

     En este documento se hará constar también el nombre del proveedor establecido en la Comunidad, a quien corresponde la condición de exportador, con su número de identificación fiscal y la referencia a la factura expedida por el mismo, debiendo el adquirente remitir a dicho proveedor una copia del documento diligenciada por la aduana de salida».

En este documento se hará constar también el nombre del proveedor establecido en la Comunidad, a quien corresponde, en su caso, la condición de exportador, con su número de identificación fiscal y la referencia a la factura expedida por el mismo, debiendo el adquirente remitir a dicho proveedor una copia del documento diligenciada por la aduana de salida.

Los requisitos anteriores deberán cumplirse, en su caso, por quien ostente la condición de exportador, de conformidad con lo dispuesto en la normativa aduanera, distinto del adquirente no establecido en el territorio de aplicación del impuesto.

B)[19] Entregas en régimen de viajeros.

El cumplimiento de los requisitos establecidos por la Ley del Impuesto para la exención de estas entregas se ajustará a las siguientes normas:

a) La exención sólo se aplicará respecto de las entregas de bienes documentadas en factura.

b) La residencia habitual de los viajeros se acreditará mediante el pasaporte, documento de identidad o cualquier otro medio de prueba admitido en derecho.

c) El vendedor deberá expedir la correspondiente factura y el documento electrónico de reembolso disponible en la Sede electrónica de la Agencia Estatal de Administración Tributaria, en los que se consignarán los bienes adquiridos y, separadamente, el impuesto que corresponda.

En el documento electrónico de reembolso deberá consignarse la identidad, fecha de nacimiento y número de pasaporte o, en su caso, el número del documento de identidad del viajero.

d) Los bienes habrán de salir del territorio de la Comunidad en el plazo de los tres meses siguientes a aquel en que se haya efectuado la entrega.

A tal efecto, el viajero presentará los bienes en la aduana de exportación, que acreditará la salida mediante el correspondiente visado en el documento electrónico de reembolso. Dicho visado se realizará por medios electrónicos cuando la aduana de exportación se encuentre situada en el territorio de aplicación del impuesto.

e) El viajero remitirá el documento electrónico de reembolso visado por la Aduana al proveedor, quien le devolverá la cuota repercutida en el plazo de los quince días siguientes mediante cheque, transferencia bancaria, abono en tarjeta de crédito u otro medio que permita acreditar el reembolso.

El reembolso del Impuesto podrá efectuarse también a través de entidades colaboradoras, autorizadas por la Agencia Estatal de Administración Tributaria, correspondiendo al

---

[19]   Nueva redacción de la letra B) dada el art. primero uno del Real Decreto 1075/2017, de 29 de diciembre (BOE núm. 317, de 30 de diciembre de 2107), con efectos desde el 1 de enero de 2018.

Redacción anterior dada por el art. primero. Uno del Real Decreto 596/2016, de 2 de diciembre (BOE núm. 294, de 6 de diciembre de 2016), con efectos desde el 1 de enero de 2017.

Redacción anterior dada por el art. 1.1. del Real Decreto 80/1996, de 26 de enero (BOE núm. 27, de 31 de enero de 1996), vigente desde 31 de enero de 1996.

Ministro de Hacienda y Función Pública determinar las condiciones a las que se ajustará la operativa de dichas entidades y el importe de sus comisiones.

Los viajeros presentarán los documentos electrónicos de reembolso visados por la Aduana a dichas entidades, que abonarán el importe correspondiente, haciendo constar la conformidad del viajero.

Posteriormente las referidas entidades remitirán los documentos electrónicos de reembolso en formato electrónico a los proveedores, quienes estarán obligados a efectuar el correspondiente reembolso.

El proveedor o, en su caso, la entidad colaboradora deberán comprobar el visado del documento electrónico de reembolso en la Sede electrónica de la Agencia Estatal de Administración Tributaria haciendo constar electrónicamente que el reembolso se ha hecho efectivo.

C)[20] Entregas en las tiendas libres de impuestos.

La exención de estas entregas se condicionará a la inmediata salida del viajero, acreditada con el billete del transporte.

3.º[21] Trabajos realizados sobre bienes muebles que son exportados.

Sin perjuicio de lo establecido en el artículo 24.Uno.3.ºg) de la Ley del Impuesto, están exentos los trabajos realizados sobre bienes muebles adquiridos o importados con dicho

---

[20]   Art. 21.2.º B) de la LIVA.

[21]   Nueva redacción del número 3.º dada por el art. primero Uno del Real Decreto 1171/2023, de 27 de diciembre, por el que se modifican el Reglamento del Impuesto sobre el Valor Añadido, aprobado por el Real Decreto 1624/1992, de 29 de diciembre; el Reglamento de los Impuestos Especiales, aprobado por el Real Decreto 1165/1995, de 7 de julio, y el Reglamento de procedimientos amistosos en materia de imposición directa, aprobado por el Real Decreto 1794/2008, de 3 de noviembre (BOE núm. 310, de 28 de diciembre de 2023), en vigor el día 1 de enero de 2024.

Redacción anterior dada por el art. 1.Uno del Real Decreto 3422/2000, de 15 de diciembre (BOE núm. 301, del 16), en vigor desde 16 de diciembre de 2000: «3.º Trabajos realizados sobre bienes muebles que son exportados.

Sin perjuicio de lo establecido en el artículo 24, apartado uno, número 3.º, letra g) de la Ley del Impuesto, están exentos los trabajos realizados sobre bienes muebles adquiridos o importados con dicho objeto y exportados o transportados fuera de la Comunidad por quien ha realizado dichos trabajos o por el destinatario de los mismos no establecido en el territorio de aplicación del Impuesto, o bien por otra persona que actúe en nombre y por cuenta de cualquiera de ellos.

Los referidos trabajos podrán ser de perfeccionamiento, transformación, mantenimiento o reparación de los bienes, incluso mediante la incorporación a los mismos de otros bienes de cualquier origen y sin necesidad de que los bienes se vinculen a los regímenes aduaneros comprendidos en el artículo 24 de la Ley.

La exención de este número no comprende los trabajos realizados sobre bienes que se encuentren al amparo de los regímenes aduaneros de importación temporal, con exención total o parcial de los derechos de importación, ni del régimen fiscal de importación temporal.

La exención de los trabajos quedará condicionada al cumplimiento de los siguientes requisitos:

a) Los establecidos en el número 2.º de este apartado, cumplimentados por parte del destinatario de los trabajos no establecido en el territorio de aplicación del Impuesto o del prestador de los mismos, según proceda.

objeto y exportados o transportados fuera de la Comunidad por quien ha realizado dichos trabajos o por el destinatario de los mismos no establecido en el territorio de aplicación del Impuesto, o por persona distinta de los anteriores que ostente la condición de exportador de conformidad con lo dispuesto en la normativa aduanera, o bien por otra persona que actúe en nombre y por cuenta de cualquiera de ellos.

Los referidos trabajos podrán ser de perfeccionamiento, transformación, mantenimiento o reparación de los bienes, incluso mediante la incorporación a los mismos de otros bienes de cualquier origen y sin necesidad de que los bienes se vinculen a los regímenes aduaneros comprendidos en el artículo 24 de la Ley.

La exención de este número no comprende los trabajos realizados sobre bienes que se encuentren al amparo de los regímenes aduaneros de importación temporal, con exención total o parcial de los derechos de importación, ni del régimen fiscal de importación temporal.

La exención de los trabajos quedará condicionada al cumplimiento de los siguientes requisitos:

a) Los establecidos en el número 2.º de este apartado, cumplimentados por parte del destinatario de los trabajos no establecido en el territorio de aplicación del Impuesto o del prestador de los mismos, según proceda.

---

b) *Los bienes deberán ser adquiridos o importados por personas no establecidas en el territorio de aplicación del Impuesto o por quienes actúen en nombre y por cuenta de dichas personas, con objeto de incorporar a ellos determinados trabajos.*

c) *Los trabajos se prestarán por cuenta de los adquirentes o importadores no establecidos a efectos del Impuesto sobre el Valor Añadido en el territorio de aplicación del Impuesto.*

d) *Los trabajos deberán efectuarse en el plazo de los seis meses siguientes a la recepción de los bienes por el prestador de los mismos, quien deberá remitir un acuse de recibo al adquirente de los bienes no establecido en el territorio de aplicación del Impuesto o, en su caso, al proveedor.*

El plazo indicado en el párrafo anterior podrá ser prorrogado a solicitud del interesado por el tiempo necesario para la realización de los trabajos. La solicitud se presentará en el Departamento de Aduanas e Impuestos Especiales de la Agencia Estatal de Administración Tributaria, que lo autorizará cuando se justifique por la naturaleza de los trabajos a realizar, entendiéndose concedida la prórroga cuando la Administración no conteste en el plazo de un mes siguiente a la presentación de la solicitud.

e) *Una vez terminados los trabajos, los bienes deberán ser enviados en el plazo del mes siguiente a la Aduana para su exportación.*

La exportación deberá efectuarse por el destinatario de los trabajos o por el prestador de los mismos, haciendo constar en el documento de exportación la identificación del proveedor establecido en la Comunidad y la referencia a la factura expedida por el mismo.

También podrá efectuarse por un tercero en nombre y por cuenta del prestador o del destinatario de los trabajos.

f) *El destinatario no establecido o, en su caso, el prestador de los trabajos deberán remitir al proveedor de los bienes una copia del documento de exportación diligenciada por la aduana de salida».*

b) Los bienes deberán ser adquiridos o importados por personas no establecidas en el territorio de aplicación del Impuesto o por quienes actúen en nombre y por cuenta de dichas personas, con objeto de incorporar a ellos determinados trabajos.

c) Los trabajos se prestarán por cuenta de los adquirentes o importadores no establecidos a efectos del Impuesto sobre el Valor Añadido en el territorio de aplicación del Impuesto.

d) Los trabajos deberán efectuarse en el plazo de los seis meses siguientes a la recepción de los bienes por el prestador de los mismos, quien deberá remitir un acuse de recibo al adquirente de los bienes no establecido en el territorio de aplicación del Impuesto o, en su caso, al proveedor.

El plazo indicado en el párrafo anterior podrá ser prorrogado a solicitud del interesado por el tiempo necesario para la realización de los trabajos. La solicitud se presentará en el Departamento de Aduanas e Impuestos Especiales de la Agencia Estatal de Administración Tributaria, que lo autorizará cuando se justifique por la naturaleza de los trabajos a realizar, entendiéndose concedida la prórroga cuando la Administración no conteste en el plazo de un mes siguiente a la presentación de la solicitud.

e) Una vez terminados los trabajos, los bienes deberán ser enviados en el plazo del mes siguiente a la aduana para su exportación.

La exportación deberá efectuarse por el destinatario de los trabajos o por el prestador de los mismos, o por persona distinta de los anteriores que ostente la condición de exportador, de conformidad con lo dispuesto en la normativa aduanera, haciendo constar en el documento de exportación la identificación del proveedor establecido en la Comunidad y la referencia a la factura expedida por el mismo.

También podrá efectuarse por un tercero en nombre y por cuenta de cualquiera de los anteriores.

f) El destinatario no establecido o, en su caso, el prestador de los trabajos, o la persona distinta de los anteriores que ostente la condición de exportador, de conformidad con lo dispuesto en la normativa aduanera, deberán remitir al proveedor de los bienes una copia del documento de exportación diligenciada por la aduana de salida.

4.º[22] Entregas de bienes a Organismos reconocidos para su posterior exportación.

A los efectos de esta exención, corresponderá al Departamento de Gestión de la Agencia Estatal de Administración Tributaria el reconocimiento oficial de los Organismos que ejerzan

---

[22]   Art. 21.4.º de la LIVA. Art. 104 de la Ley 58/2003, de 17 de diciembre, General Tributaria (BOE núm. 302, de 18 de diciembre de 2003). El procedimiento para el reconocimiento del derecho a la exención contemplada en este apartado puede entenderse desestimado por haber vencido el plazo máximo establecido sin que se haya notificado resolución expresa, según establece la disposición adicional 1.ª.Uno.7 del Real Decreto 1065/2007, de 27 de julio (BOE núm. 213, de 5 septiembre de 2007).
Nueva redacción del núm. 4 dada por el art. primero dos del Real Decreto 1073/2014, de 19 de diciembre (BOE núm. 307, de 20 de diciembre de 2014), en vigor desde el 1 de enero de 2015.

las actividades humanitarias, caritativas o educativas, a solicitud de los mismos y previo informe del Departamento Ministerial respectivo, en el que se acredite que dichos Organismos actúan sin fin de lucro.

En relación con estas entregas, será también de aplicación lo dispuesto en el número 1.º de este apartado.

La exportación de los bienes fuera de la Comunidad deberá efectuarse en el plazo de los tres meses siguientes a la fecha de su adquisición o, previa solicitud, en un plazo superior autorizado por la Agencia Estatal de Administración Tributaria. El Organismo autorizado quedará obligado a remitir al proveedor copia del documento de salida en el plazo de los quince días siguientes a la fecha de su realización.

5.º[23] Servicios relacionados directamente con las exportaciones.

A) Se entenderán directamente relacionados con las exportaciones los servicios en los que concurran los siguientes requisitos:

a)[24] Que se presten a quienes realicen las exportaciones o envíos de los bienes, a los adquirentes de los mismos, o a los intermediarios o representantes aduaneros que actúen por cuenta de unos u otros.

b) Que se lleven a cabo con ocasión de dichas exportaciones.

c) Que se realicen a partir del momento en que los bienes se expidan directamente con destino a un punto situado fuera de la Comunidad o bien a un punto situado en zona portuaria, aeroportuaria o fronteriza en que se efectúen las operaciones de agregación o consolidación de las cargas para su inmediato envío fuera de la Comunidad, aunque se realicen escalas intermedias en otros lugares.

La condición a que se refiere esta letra no se exigirá en relación con los servicios de arrendamiento de medios de transporte, embalaje y acondicionamiento de la carga, reconocimiento de las mercancías por cuenta de los adquirentes y otras análogas cuya realización previa sea imprescindible para llevar a cabo el envío.

B)[25] Las exenciones comprendidas en este número quedarán condicionadas a la concurrencia de los requisitos que se indican a continuación:

a) La salida de los bienes de la Comunidad deberá realizarse en el plazo de los tres meses siguientes a la fecha de la prestación del servicio.

b)[26] La salida de los bienes se justificará con cualquier medio de prueba admitido en Derecho.

---

[23]   art. 21.5.º y 6.º de la LIVA.

[24]   Nueva redacción de la letra a) dada por el art. primero.Cuatro.2 del Real Decreto 828/2013, de 25 de octubre (BOE núm. 257, de 26 de octubre de 2013), en vigor desde el 27 de octubre de 2013.

[25]   Letra B) modificada por el art. primero.Uno del Real Decreto 1789/2010, de 30 de diciembre (BOE núm. 318, de 31 de diciembre de 2010), con efectos desde 1 de enero de 2011.

[26]   Nueva redacción de la letra b) dada por el art. primero.Cuatro.3 del Real Decreto 828/2013, de 25 de octubre (BOE núm. 257, de 26 de octubre de 2013), en vigor desde el 27 de octubre de 2013.

c)[27] Los documentos que justifiquen la salida deberán ser remitidos, en su caso, al prestador del servicio, dentro de los tres meses siguientes a la fecha de salida de los bienes.

C) Entre los servicios comprendidos en este número se incluirán los siguientes: transporte de los bienes; carga, descarga y conservación; custodia, almacenaje y embalaje; alquiler de los medios de transporte, contenedores y materiales de protección de las mercancías y otros análogos.

2. El incumplimiento de los requisitos establecidos en el apartado 1 determinará la obligación para el sujeto pasivo de liquidar y repercutir el Impuesto al destinatario de las operaciones realizadas.

Artículo 10. *Exenciones en las operaciones asimiladas a las exportaciones*

1. Las exenciones de las operaciones relacionadas con los buques y las aeronaves, con los objetos incorporados a unos y otras y con los avituallamientos de dichos medios de transporte quedarán condicionadas al cumplimiento de los siguientes requisitos[28]:

1.º[29] El transmitente de los medios de transporte, el proveedor de los bienes o quienes presten los servicios a que se refiere el artículo 22, apartados Uno a Siete, de la Ley del Impuesto, deberán tener en su poder, durante el plazo de prescripción del Impuesto, el duplicado de la factura correspondiente y, en su caso, los contratos de fletamento o de arrendamiento y una copia autorizada de la inscripción del buque o de la aeronave en el Registro de Matrícula que les habilite para su utilización en los fines a que se refieren los apartados Uno y Cuatro del artículo 22 de la Ley del Impuesto.

Asimismo, las personas indicadas en el párrafo anterior deberán exigir a los adquirentes de los bienes o destinatarios de los servicios una declaración suscrita por ellos, en la que hagan constar la afectación o el destino de los bienes que justifique la aplicación de la exención.

Cuando se trate de la construcción del buque o de la aeronave, la copia autorizada de su matriculación deberá ser entregada por el adquirente al transmitente en el plazo de un mes a partir de la fecha de su inscripción en el Registro a que se refiere el presente apartado.

2.º[30] La construcción de un buque o de una aeronave se entenderá realizada en el momento de su matriculación en el Registro indicado en el apartado anterior.

---

[27]   Nueva redacción de la letra c) dada por el art. primero.Cuatro.3 del Real Decreto 828/2013, de 25 de octubre (BOE núm. 257, de 26 de octubre de 2013), en vigor desde el 27 de octubre de 2013.

[28]   Art. 22, apartados Uno a Siete de la LIVA.

[29]   Nueva redacción del número 1.º dada por el art. 1.Uno del Real Decreto 703/1997, de 16 de mayo (BOE núm. 130, de 31 de mayo de 1997), con efectos desde 1 de junio de 1997.

[30]   Nueva redacción del número 2.º dada por el art. 1.Uno del Real Decreto 703/1997, de 16 de mayo (BOE núm. 130, de 31 de mayo de 1997), con efectos desde 1 de junio de 1997.

3.º Se entenderá que un buque o una aeronave han sido objeto de transformación cuando la contraprestación de los trabajos efectuados en ellos exceda del 50 por 100 de su valor en el momento de su entrada en el astillero o taller con dicha finalidad.

Este valor se determinará de acuerdo con las normas contenidas en la legislación aduanera para configurar el valor en aduana de las mercancías a importar.

4.º[31] (...)

5.º[32] La incorporación de objetos a los buques deberá efectuarse en el plazo de los tres meses siguientes a su adquisición y se acreditará por el proveedor mediante el correspondiente documento aduanero de embarque, cuya copia deberá remitirse, en su caso, por el titular de la explotación de los medios de transporte al proveedor de los objetos, en el plazo de los quince días siguientes a su incorporación.

La incorporación de objetos a las aeronaves deberá efectuarse en el plazo de un año siguiente a la adquisición de dichos objetos y se ajustará al cumplimiento de los demás requisitos establecidos en el párrafo precedente.

Los plazos indicados en los párrafos anteriores podrán prorrogarse, a solicitud del interesado, por razones de fuerza mayor o caso fortuito o por exigencias inherentes al proceso técnico de elaboración o transformación de los objetos.

Se comprenderán, entre los objetos cuya incorporación a los buques o aeronaves puede beneficiarse de la exención, todos los bienes, elementos o partes de los mismos, incluso los que formen parte indisoluble de ellos o se inmovilicen en ellos, que se utilicen normalmente o sean necesarios para su explotación.

En particular, tendrán esta consideración los siguientes: los aparejos e instrumentos de a bordo, los que constituyan su utillaje, los destinados a su amueblamiento o decoración y los instrumentos, equipos, materiales y redes empleados en la pesca, tales como los cebos, anzuelos, sedales, cajas para embalaje del pescado y análogos. En todo caso, estos objetos habrán de quedar efectivamente incorporados o situados a bordo de los buques o aeronaves y formar parte del inventario de sus pertenencias.

Los objetos cuya incorporación a los buques y aeronaves se hubiese beneficiado de la exención del Impuesto, deberán permanecer a bordo de los mismos, salvo que se trasladen a otros que también se destinen a los fines que justifican la exención de la incorporación de dichos objetos.

---

[31] Número 4.º derogado por el art. 1.1 del Real Decreto 1811/1994, de 2 de septiembre (BOE núm. 213, de 6 de septiembre de 1994), con efectos desde 7 de septiembre de 1994.

[32] Nueva redacción del párrafo primero del apartado 1.5.º dada por el art. primero.Cinco.1 del Real Decreto 828/2013, de 25 de octubre (BOE núm. 257, de 26 de octubre de 2013), en vigor desde el 27 de octubre de 2013.
Nueva redacción del número 5.º dada por el art. 1.Dos del Real Decreto 80/1996, de 26 de enero (BOE núm. 27, de 31 de enero de 1996), con efectos desde 31 de enero de 1996.

La exención sólo se aplicará a los objetos que se incorporen a los buques y aeronaves después de su matriculación en el Registro a que se refiere el apartado 1.º anterior[33].

6.º[34] La puesta de los productos de avituallamiento a bordo de los buques y aeronaves se acreditará por el proveedor mediante el correspondiente documento aduanero de embarque, cuya copia deberá remitirse, en su caso, por el titular de la explotación de los referidos medios de transporte al proveedor de dichos productos, en el plazo del mes siguiente a su entrega.

No obstante, el Ministro de Hacienda y Administraciones Públicas podrá establecer procedimientos simplificados para acreditar el embarque de los productos de avituallamiento a que se refiere el párrafo anterior[35].

7.º[36] Se entenderá cumplido el requisito de que las aeronaves se utilizan exclusivamente en actividades comerciales de transporte remunerado de mercancías o pasajeros aunque se ceda su uso a terceros en arrendamiento o subarrendamiento por períodos de tiempo que, conjuntamente, no excedan de treinta días por año natural.

2. Se entenderán comprendidos entre los servicios realizados para atender las necesidades directas de los buques y de las aeronaves destinados a los fines que justifican su exención los siguientes[37]:

a) En relación con los buques: los servicios de practicaje, remolque y amarre; utilización de las instalaciones portuarias; operaciones de conservación de buques y del material de a bordo, tales como desinfección, desinsectación, desratización y limpieza de las bodegas; servicios de guarda y de prevención de incendios; visitas de seguridad y peritajes técnicos; asistencia y salvamento del buque y operaciones efectuadas en el ejercicio de su profesión por los corredores e intérpretes marítimos, consignatarios y agentes marítimos.

b) En relación con el cargamento de los buques: las operaciones de carga y descarga del buque, alquiler de contenedores y de material de protección de las mercancías; custodia de las mercancías, estacionamiento y tracción de los vagones de mercancías sobre las vías del muelle; embarque y desembarque de los pasajeros y sus equipajes; alquileres de materiales, maquinaria y equipos utilizados para el embarque y desembarque de pasajeros y sus

---

[33]   Nueva redacción del último párrafo dada por el art. 1.1 del Real Decreto 703/1997, de 16 de mayo (BOE núm. 130, de 31 de mayo de 1997), con efectos desde 1 de junio de 1997.

[34]   Nueva redacción del apartado 1.6.º dada por el art. primero.Cinco.2 del Real Decreto 828/2013, de 25 de octubre (BOE núm. 257, de 26 de octubre de 2013), en vigor desde el 27 de octubre de 2013.

[35]   Párrafo segundo del número 6.º añadido por el artículo 1.2 del Real Decreto 1811/1994, de 2 de septiembre (BOE núm. 213, de 6 de septiembre de 1994), con efectos desde 7 de septiembre de 1994.

[36]   Número 7.º incorporado por Real Decreto 1811/1994, de 2 de septiembre (BOE núm. 213, de 6 de septiembre de 1994), con efectos desde 7 de septiembre de 1994, y modificado de nuevo por el art. 1.1 del Real Decreto 703/1997, de 16 de mayo (BOE núm. 130, de 31 de mayo de 1997), con efectos desde 1 de junio de 1997.

[37]   Art. 22.Siete de la LIVA.

equipajes y reconocimientos veterinarios, fitosanitarios y del Servicio Oficial de Inspección, Vigilancia y Regulación de las Exportaciones.

c) En relación con las aeronaves: los servicios relativos al aterrizaje y despegue; utilización de los servicios de alumbrado; estacionamiento, amarre y abrigo de las aeronaves; utilización de las instalaciones dispuestas para recibir pasajeros o mercancías; utilización de las instalaciones destinadas al avituallamiento de las aeronaves; limpieza, conservación y reparación de las aeronaves y de los materiales y equipos de a bordo; vigilancia y prevención para evitar incendios; visitas de seguridad y peritajes técnicos; salvamento de aeronaves y operaciones realizadas en el ejercicio de su profesión por los consignatarios y agentes de las aeronaves.

d) En relación con el cargamento de las aeronaves: las operaciones de embarque y desembarque de pasajeros y sus equipajes; carga y descarga de las aeronaves; asistencia a los pasajeros; registro de pasajeros y equipajes; envío y recepción de señales de tráfico; traslado y tránsito de la correspondencia; alquiler de materiales y equipos necesarios para el tráfico aéreo y utilizados en los recintos de los aeropuertos; alquiler de contenedores y de materiales de protección de las mercancías; custodia de mercancías y reconocimientos veterinarios, fitosanitarios y del Servicio Oficial de Inspección, Vigilancia y Regulación de las Exportaciones.

3[38]. La exención de los transportes internacionales por vía marítima o aérea de viajeros y sus equipajes se ajustará a las siguientes condiciones:

1.º La exención se extenderá a los transportes de ida y vuelta con escala en los territorios situados fuera del ámbito territorial de aplicación del Impuesto.

2.º La exención no alcanzará a los transportes de aquellos viajeros y sus equipajes que, habiendo iniciado el viaje en territorio peninsular o islas Baleares, terminen en estos mismos territorios, aunque el buque o el avión continúen sus recorridos con destino a puertos o aeropuertos situados fuera de dichos territorios.

4[39] (...)

5[40] (...)

6[41] (...)

---

[38]   El art. 1.1 del Real Decreto 1082/2001, de 5 de octubre (BOE núm. 240, de 6 de octubre de 2001) derogó, con efectos desde 7 de octubre de 2001, los apartados 3, 4 y 5 del artículo 10, y el apartado 7 pasó a ser el actual apartado 3. Art. 22.Trece de la LIVA.

[39]   Apartado 4 derogado por el art. 1.1 del Real Decreto 1082/2001, de 5 de octubre (BOE núm. 240, de 6 de octubre de 2001), con efectos desde 7 de octubre de 2001.

[40]   Apartado 5 derogado por el art. 1.1 del Real Decreto 1082/2001, de 5 de octubre (BOE núm. 240, de 6 de octubre de 2001), con efectos desde 7 de octubre de 2001.

[41]   Apartado 6 suprimido por la Disposición derogatoria única.2 del Real Decreto 1967/1999, de 23 de diciembre (BOE núm. 11, de 13 de enero de 2000), a su vez derogado por Real Decreto 160/2008, de 8 de febrero (BOE núm. 52, de 29 de febrero de 2008).

7[42] (...)
8[43] (...)

CAPÍTULO III. Operaciones relativas a determinadas áreas y regímenes suspensivos

Artículo 11[44]. *Exenciones relativas a la situación de depósito temporal*

1. Las entregas de los bienes que se encuentren en la situación de depósito temporal, así como las prestaciones de servicios relativas a dichos bienes, estarán exentas mientras los bienes, de conformidad con la legislación aduanera, permanezcan en dicha situación.

En lo que respecta a la aplicación del Protocolo de Privilegios e Inmunidades de las Comunidades Europeas ha de estarse al Canje de Notas, constitutivo del Acuerdo entre el Reino de España y la Comisión Europea, relativo a las disposiciones de desarrollo de dicho Protocolo en el Reino de España, realizado «ad referendum» en Bruselas el 24 de julio de 1996 y el 2 de octubre de 1996 (BOE de 7 de febrero y de 27 de junio de 1997).

[42] Por Real Decreto 1082/2001, de 5 de octubre (BOE núm. 240, de 6 de octubre de 2001), el apartado 7 pasa a ser el 3, con efectos desde 7 de octubre de 2001.

[43] Apartado 8 derogado por el art. 1.3 del Real Decreto 80/1996, de 26 de enero (BOE núm. 27, de 31 de enero de 1996), con efectos desde 31 de enero de 1996.

[44] Art. 23 de la LIVA.
Nueva redacción del art. 11 dada por el art. primero Dos del Real Decreto 1171/2023, de 27 de diciembre, por el que se modifican el Reglamento del Impuesto sobre el Valor Añadido, aprobado por el Real Decreto 1624/1992, de 29 de diciembre; el Reglamento de los Impuestos Especiales, aprobado por el Real Decreto 1165/1995, de 7 de julio, y el Reglamento de procedimientos amistosos en materia de imposición directa, aprobado por el Real Decreto 1794/2008, de 3 de noviembre (BOE núm. 310, de 28 de diciembre de 2023), en vigor el día 1 de enero de 2024.
Redacción anterior dada por el art. 1.Dos del Real Decreto 703/1997, de 16 de mayo (BOE núm. 130, de 31 de mayo de 1997), con efectos desde 1 de junio de 1997: «*Exenciones relativas a las zonas francas y depósitos francos.*
1. La exención de las entregas de bienes destinados a las zonas francas y depósitos francos o a colocarse en situación de depósito temporal quedará condicionada a que los bienes se introduzcan o coloquen en las áreas o situación indicadas, lo que se acreditará en la forma que se determine por la legislación aduanera.
El transporte de los bienes a los mencionados lugares deberá hacerse por el proveedor, el adquirente o por cuenta de cualquiera de ellos.
2. Las entregas de los bienes que se encuentren en las áreas o situación indicadas en el apartado 1, así como las prestaciones de servicios relativas a dichos bienes sólo estarán exentas mientras los bienes, de conformidad con la legislación aduanera, permanezcan en dichas zonas o depósitos francos o en situación de depósito temporal.
Se considerará cumplido este requisito cuando los bienes salgan de los lugares indicados para introducirse en otros de la misma naturaleza.
3. El adquirente de los bienes o destinatario de los servicios deberá entregar al transmitente o prestador de los servicios una declaración suscrita por él en la que manifieste la situación de los bienes que justifique la exención.
A estos efectos, el adquirente o destinatario podrán utilizar el formulario disponible a tal efecto en la sede electrónica de la Agencia Estatal de la Administración Tributaria»[redacción del art. 11.3 dada por el art.

2. El adquirente de los bienes o destinatario de los servicios deberá entregar al transmitente o prestador de los servicios una declaración suscrita por él en la que manifieste la situación de los bienes que justifique la exención.

A estos efectos, el adquirente o destinatario podrán utilizar el formulario disponible a tal efecto en la sede electrónica de la Agencia Estatal de Administración Tributaria.

Artículo 12[45]. *Exenciones relativas a los regímenes aduaneros y fiscales*

1[46]. Las exenciones de las entregas de bienes y prestaciones de servicios relacionadas con los regímenes comprendidos en el artículo 24 de la Ley del Impuesto, excepción hecha del régimen de depósito distinto de los aduaneros, quedarán condicionadas al cumplimiento de los siguientes requisitos:

1.º Que las mencionadas operaciones se refieran a los bienes que se destinen a ser utilizados en los procesos efectuados al amparo de los indicados regímenes aduaneros o fiscales o que se mantengan en dichos regímenes, de acuerdo con lo dispuesto en las legislaciones aduaneras o fiscales que específicamente sean aplicables en cada caso.

2.º[47] Que el adquirente de los bienes o destinatario de los servicios entregue al transmitente o prestador de los servicios una declaración suscrita por él en la que manifieste la situación de los bienes que justifique la exención.

A estos efectos, el adquirente o destinatario podrán utilizar el formulario disponible a tal efecto en la sede electrónica de la Agencia Estatal de la Administración Tributaria[48].

---

primero.Seis del Real Decreto 828/2013, de 25 de octubre (BOE núm. 257, de 26 de octubre de 2013), en vigor desde el 27 de octubre de 2013 Redacción anterior dada por el art. primero.Dos del Real Decreto 1789/2010, de 30 de diciembre (BOE núm. 318, de 31 de diciembre de 2010), con efectos desde 1 de enero de 2011].

[45]   Nuevo título del art. 12 dada por el art. primero Tres del Real Decreto 1171/2023, de 27 de diciembre, por el que se modifican el Reglamento del Impuesto sobre el Valor Añadido, aprobado por el Real Decreto 1624/1992, de 29 de diciembre; el Reglamento de los Impuestos Especiales, aprobado por el Real Decreto 1165/1995, de 7 de julio, y el Reglamento de procedimientos amistosos en materia de imposición directa, aprobado por el Real Decreto 1794/2008, de 3 de noviembre (BOE núm. 310, de 28 de diciembre de 2023), en vigor del día 1 de enero de 2024.
Redacción original: *«art. 12. Exenciones relativas a los regímenes suspensivos».*
Redacción del art. 12 dada por el art. 1.5 del Real Decreto 1811/1994, de 2 de septiembre (BOE núm. 213, de 6 de septiembre de 1994), con efectos desde 7 de septiembre de 1994.

[46]   Nueva redacción del art. 12.1 dada por el art. primero.Tres del Real Decreto 1789/2010, de 30 de diciembre (BOE núm. 318, de 31 de diciembre de 2010), con efectos desde 1 de enero de 2011.

[47]   Nueva redacción del apartado 1.2.º del artículo 12 dada por el art. primero.Siete del Real Decreto 828/2013, de 25 de octubre (BOE núm. 257, de 26 de octubre de 2013), en vigor desde el 27 de octubre de 2013.

[48]   Resolución de 13 de marzo de 2014, del Departamento de Aduanas e Impuestos Especiales de la Agencia Estatal de Administración Tributaria, por la que se aprueban los formularios a los que se refieren los artículos 11 y 12 del Reglamento del Impuesto sobre el Valor Añadido, aprobado por Real Decreto 1624/1992, de 29 de diciembre (BOE núm. 73, de 25 de marzo de 2014).

2[49]. Las exenciones de las entregas de bienes y prestaciones de servicios relacionadas con el régimen de depósito distinto de los aduaneros quedarán condicionadas a que dichas operaciones se refieran a los bienes que se destinen a ser colocados o que se encuentren al amparo del citado régimen, de acuerdo con lo dispuesto en el apartado Dos del artículo 24 de la Ley del Impuesto.

CAPÍTULO IV. Operaciones intracomunitarias

Artículo 13. *Exenciones relativas a las entregas de bienes destinados a otro Estado miembro*

1. Están exentas del Impuesto las entregas de bienes efectuadas por un empresario o profesional con destino a otro Estado miembro, cuando se cumplan las condiciones y requisitos establecidos en el artículo 25 de la Ley del Impuesto.

2[50]. La expedición o transporte de los bienes al Estado miembro de destino se justificará por cualquier medio de prueba admitido en derecho y, en particular, mediante los elementos de prueba establecidos en cada caso, por el artículo 45 bis del Reglamento de Ejecución (UE) n.º 282/2011 del Consejo, de 15 de marzo de 2011, por el que se establecen disposiciones de aplicación de la Directiva 2006/112/CE relativa al sistema común del impuesto sobre el valor añadido, según haya sido realizado por el vendedor, por el comprador o por cuenta de cualquiera de ellos.

3[51]. La condición del adquirente se acreditará mediante el número de identificación a efectos del Impuesto sobre el Valor Añadido que suministre al vendedor.

4. Cuando se trate de las transferencias de bienes comprendidos en el artículo 9.º, número 3.º, de la Ley del Impuesto, la exención quedará condicionada a que el empresario o profesional que las realice justifique los siguientes extremos:

1.º[52] La expedición o transporte de los bienes al Estado miembro de destino en los mismos términos del apartado 2 anterior.

2.º El gravamen de las correspondientes adquisiciones intracomunitarias de bienes en el Estado miembro de destino.

3.º Que el Estado miembro de destino le ha atribuido un número de identificación a efectos del Impuesto sobre el Valor Añadido.

---

[49]   Número 2 de la Resolución 1/1994, de 10 de enero, de la Dirección General de Tributos, sobre operaciones relativas al régimen de depósito distinto al aduanero (BOE núm. 12, de 14 de enero de 1994), teniendo en cuenta que fue dictada con anterioridad a la última redacción de este artículo,

[50]   Nueva redacción del art. 13.2 dada por el art. 216.Uno del Real Decreto-ley 3/2020, de 4 de febrero (BOE núm. 31, de 5 de febrero de 2020), en vigor desde el 6 de febrero de 2020.

[51]   Nueva redacción del art. 13.3 dada por el art. 216.Uno del Real Decreto-ley 3/2020, de 4 de febrero (BOE núm. 31, de 5 de febrero de 2020), en vigor desde el 6 de febrero de 2020.

[52]   Nueva redacción del art. 13.4.1.ª dada por el art. 216.Uno del Real Decreto-ley 3/2020, de 4 de febrero (BOE núm. 31, de 5 de febrero de 2020), en vigor desde el 6 de febrero de 2020.

CAPÍTULO V. Importaciones de bienes

Artículo 14[53]. *Importaciones de bienes cuya entrega en el interior estuviera exenta del Impuesto*

1. Las exenciones correspondientes a las importaciones de los buques y aeronaves, de los objetos incorporados a unos y otras y de los avituallamientos de los referidos medios de transporte, a que se refiere el artículo 27 de la Ley del Impuesto, quedarán condicionadas al cumplimiento de los siguientes requisitos:

1.º El importador deberá presentar en la Aduana, junto a la documentación necesaria para el despacho de los bienes, una declaración suscrita por él en la que determine el destino de los bienes a los fines que justifican las exenciones correspondientes.

Asimismo, deberá conservar en su poder, durante el plazo de prescripción del Impuesto, las facturas, los documentos aduaneros de importación y, en su caso, los contratos de fletamento o de arrendamiento y las copias autorizadas de la inscripción de los buques y aeronaves en los Registros de matrícula que correspondan.

2.º[54] La incorporación a los buques de los objetos importados deberá efectuarse en el plazo de tres meses siguientes a su importación y se acreditará mediante el correspondiente documento aduanero de embarque, que habrá de conservar el importador como justificante de la incorporación.

La incorporación a las aeronaves de los objetos importados deberá efectuarse en el plazo de un año siguiente a la importación de dichos objetos y se acreditará de la misma forma que la incorporación de los objetos a que se refiere el párrafo precedente.

Los objetos importados cuya incorporación a los buques y aeronaves puede beneficiarse de la exención son los comprendidos en el artículo 10, apartado 1, número 5.º, de este Reglamento, siempre que la referida incorporación se produzca después de la matriculación de los buques o aeronaves en el Registro correspondiente.

3.º En relación con los productos de avituallamiento que se importen a bordo de los buques y aeronaves deberán cumplirse las previsiones de la legislación aduanera.

Los que se importen separadamente y no se introduzcan en las áreas a que se refiere el artículo 11 de este Reglamento deberán ponerse a bordo de los buques y aeronaves en el plazo de los tres meses siguientes a su importación. Esta incorporación se acreditará mediante el correspondiente documento aduanero de embarque, que deberá conservar el importador como justificante de la exención.

2. En relación con la importación de bienes destinados a las plataformas de perforación o de explotación, a que se refiere el artículo 27, número 11.º, de la Ley del Impuesto, el

---

[53] Art. 27 de la LIVA.
[54] Número 2.º modificado por el art. 1.Tres del Real Decreto 703/1997, de 16 de mayo (BOE núm. 130, de 31 de mayo de 1997), con efectos desde 1 de junio de 1997.

importador deberá presentar juntamente con la documentación aduanera de despacho, una declaración suscrita por él en la que indique el destino de los bienes que determina la exención y que habrá de conservar en su poder como justificante de la misma.

3[55]. La exención del Impuesto correspondiente a una importación de bienes que vayan a ser objeto de una entrega ulterior con destino a otro Estado miembro, quedará condicionada a la concurrencia de los siguientes requisitos:

1.º Que el importador o, en su caso, un representante fiscal que actúe en nombre y por cuenta de aquél, haya comunicado a la aduana de importación un número de identificación a efectos del Impuesto sobre el Valor Añadido atribuido por la Administración tributaria española.

2.º Que el importador o, en su caso, un representante fiscal que actúe en nombre y por cuenta de aquél, haya comunicado a la aduana de importación el número de identificación a efectos del Impuesto sobre el Valor Añadido del destinatario de la entrega ulterior atribuido por otro Estado miembro.

3.º Que el importador o un representante fiscal que actúe en nombre y por cuenta de aquél, sea la persona que figure como consignataria de las mercancías en los correspondientes documentos de transporte.

4.º Que la expedición o transporte al Estado miembro de destino se efectúe inmediatamente después de la importación.

5.º Que la entrega ulterior a la importación resulte exenta del Impuesto en aplicación de lo previsto en el artículo 25 de su Ley reguladora.

Artículo 15[56]. *Importaciones de bienes personales*

En relación con las exenciones relativas a las importaciones de bienes personales, serán de aplicación las siguientes reglas:

1.ª Los plazos mínimos de residencia habitual continuada fuera de la Comunidad no se considerarán interrumpidos cuando se produjera una ausencia máxima de cuarenta y cinco días por motivo de vacaciones, turismo, negocios o enfermedad.

La asistencia a una universidad o escuela en el territorio de aplicación del Impuesto, para la realización de estudios, no determinará el traslado de la residencia habitual.

2.ª Los interesados deberán presentar en el momento de la importación una relación detallada de los bienes a importar, el documento acreditativo de la baja en su residencia

---

[55]   Apartado 3 modificado por el art. primero.Cuatro del Real Decreto 1789/2010, de 30 de diciembre (BOE núm. 318, de 31 de diciembre de 2010), con efectos desde 1 de enero de 2011.

[56]   Arts. 28 a 33 de la LIVA.
      Resolución de 6 de junio 1997, del Departamento de aduanas e impuestos especiales de la Agencia Estatal de Administración Tributaria, por la que se aclaran determinadas cuestiones relativas a los traslados de residencia de personas procedentes de Canarias, Ceuta y Melilla (BOE núm. 146, de 19 de junio de 1997).

habitual fuera de la Comunidad y, en su caso, certificación del período de permanencia en la residencia anterior.

Si el interesado fuese de nacionalidad extranjera deberá presentar también la carta de residencia en el territorio peninsular español o islas Baleares o justificante de su solicitud. En este último caso, se le concederá, previa prestación de garantía, el plazo de un año para conseguir la referida residencia.

3.ª La importación de los bienes podrá efectuarse en una o varias veces y por una o varias Aduanas.

4.ª[57] En la importación de bienes por causa de herencia, el importador deberá acreditar su adquisición mediante la correspondiente escritura pública, otorgada ante Notario, o por cualquier otro medio admitido en derecho.

Artículo 16. *Importaciones de bienes por cese de las actividades en origen*

Están exentas del Impuesto las importaciones de bienes por cese de las actividades empresariales en origen, en las condiciones establecidas por el artículo 37 de la Ley del Impuesto.

La naturaleza de la actividad desarrollada en origen, el período de utilización de los bienes y la fecha del cese se acreditarán por cualquier medio de prueba admitido en derecho y, en particular, con una certificación expedida por la Administración del país correspondiente.

A los efectos de esta exención, se considerará que los bienes importados no se destinan fundamentalmente a la realización de operaciones exentas del Impuesto en virtud de lo establecido en el artículo 20 de la Ley reguladora de este tributo, cuando la prorrata correspondiente a las actividades que el importador de los bienes desarrolle en el territorio de aplicación del Impuesto sea igual o superior al 90 por 100.

Artículo 17[58]. *Exenciones condicionadas a autorización administrativa*

Las autorizaciones administrativas que condicionan las exenciones de las importaciones de bienes a que se refieren los artículos 40, 41, 42, 44, 45, 46, 49, 54 y 58 de la Ley del Impuesto, se solicitarán de la Delegación o Administración de la Agencia Estatal de Administración Tributaria en cuya circunscripción territorial esté situado el domicilio fiscal del importador y surtirán efectos respecto de las importaciones cuyo devengo se produzca a partir de la fecha del correspondiente acuerdo o, en su caso, de la fecha que se indique en el mismo.

---

[57]　Art. 32 de la LIVA.

[58]　Art. 104 de la Ley 58/2003, de 17 de diciembre, General Tributaria (BOE núm. 302, de 18 de diciembre de 2003). El procedimiento para conceder las autorizaciones contempladas en este artículo puede entenderse desestimado por haber vencido el plazo máximo establecido sin que se haya notificado resolución expresa, según establece la Disposición adicional 1.ª.Uno.8 del Real Decreto 1065/2007, de 27 de julio (BOE 213, de 5 septiembre de 2007).

La autorización se entenderá revocada en el momento en que se modifiquen las circunstancias que motivaron su concesión o cuando se produzca un cambio en la normativa que varíe las condiciones que motivaron su otorgamiento.

Artículo 18[59]. *Reimportaciones de bienes exentas del Impuesto*

1. La exención de las reimportaciones de bienes quedará condicionada al cumplimiento de los siguientes requisitos:

1.º Que la exportación no haya sido consecuencia de una entrega en el territorio de aplicación del Impuesto.

Se entenderá cumplido este requisito cuando los bienes, aún habiendo sido objeto de una entrega en el interior del país, vuelvan a él por alguna de las siguientes causas:

a) Haber sido rechazados por el destinatario, por ser defectuosos o no ajustarse a las condiciones del pedido.

b) Haber sido recuperados por el exportador, por falta de pago o incumplimiento de las condiciones del contrato por parte del destinatario o adquirente de los bienes.

2.º Que los bienes se hayan exportado previamente con carácter temporal a países o territorios terceros.

3.º Que los bienes no hayan sido objeto de una entrega fuera de la Comunidad.

4.º Que la reimportación de los bienes se efectúe por la misma persona a quien la Administración autorizó la salida de los mismos.

5.º Que los bienes se reimporten en el mismo estado en que salieron sin haber sufrido otro demérito que el producido por el uso autorizado por la Administración, incluido el supuesto de realización de trabajos lucrativos fuera del territorio de la Comunidad.

Se entenderá cumplido este requisito cuando los bienes exportados sean objeto de trabajos o reparaciones fuera de la comunidad en los siguientes casos:

a) Cuando se realicen a título gratuito, en virtud de una obligación contractual o legal de garantía o como consecuencia de un vicio de fabricación.

b) Cuando se realicen en buques o aeronaves cuya entrega o importación estén exentas del Impuesto de acuerdo con lo establecido en los artículos 22 y 27 de la Ley del Impuesto.

6.º Que la reimportación se beneficie asimismo de exención de los derechos de importación o no estuviera sujeta a los mismos.

2. Se comprenderán también entre las reimportaciones exentas, las que se refieran a los despojos y restos de buques nacionales, naufragados o destruidos por accidente fuera del territorio de aplicación del Impuesto, previa justificación documental del naufragio o accidente y de que los bienes pertenecían efectivamente a los buques siniestrados.

---

[59]   Art. 63 de la LIVA.

Artículo 19[60]**. *Prestaciones de servicios relacionados con las importaciones***

La exención de los servicios relacionados con las importaciones a que se refiere el artículo 64 de la Ley del Impuesto, se justificará con cualquier medio de prueba admitido en Derecho.

En particular, dicha justificación podrá realizarse por medio de la aportación de una copia del ejemplar del DUA de importación con el código seguro de verificación y la documentación que justifique que el valor del servicio ha sido incluido en la base imponible declarada en aquél.

Los documentos a que se refiere este artículo deberán ser remitidos, cuando proceda, al prestador del servicio, en el plazo de los tres meses siguientes a la realización del mismo. En otro caso, el prestador del servicio deberá liquidar y repercutir el Impuesto que corresponda.

Artículo 20[61]**. *Importaciones de bienes que se vinculen al régimen de depósito distinto del aduanero***

La exención de las importaciones de bienes que se vinculen al régimen de depósito distinto del aduanero quedará condicionada al cumplimiento de los siguientes requisitos:

1.º Que las importaciones se efectúen con cumplimiento de las legislaciones aduanera y fiscal que sean aplicables.

2.º Que los bienes permanezcan vinculados al mencionado régimen en las condiciones previstas por la legislación fiscal.

3.º Que los bienes vinculados a dicho régimen no sean consumidos ni utilizados en ellos.

(...)[62]

Artículo 21. *Exenciones en las importaciones de bienes para evitar la doble imposición*

La aplicación de las exenciones comprendidas en el artículo 66 de la Ley del Impuesto quedará condicionada a que el importador acredite ante la Aduana la concurrencia de los requisitos legales establecidos por cualquier medio de prueba admitido en derecho y, en

---

[60]   Nueva redacción del art. 19 dada por el art. primero.Ocho del Real Decreto 828/2013, de 25 de octubre (BOE núm. 257, de 26 de octubre de 2013), en vigor desde el 27 de octubre de 2013.
Redacción anterior dada por el art. primero.Cinco del Real Decreto 1789/2010, de 30 de diciembre (BOE núm. 318, de 31 de diciembre de 2010), con efectos desde 1 de enero de 2011.
Orden de 18 de julio de 1994, por la que se aprueban los modelos de documentos para justificar las exenciones de servicios relacionados con las importaciones y de los relacionados directamente con las exportaciones (BOE núm. 183, de 2 de agosto de 1994).

[61]   Véase art. 65 de la LIVA.

[62]   El art. 1.Cuatro del Real Decreto 703/1997, de 16 de mayo (BOE núm. 130, de 31 de mayo de 1997), suprimió el apartado 2 de la redacción original del presente art. 20, quedando el 1 como apartado único, con efectos desde 1 de junio de 1997.

particular, mediante el contrato relativo a las operaciones contempladas en el referido precepto legal.

La Aduana podrá exigir garantía suficiente hasta que se acredite el pago del Impuesto correspondiente a las entregas de bienes o prestaciones de servicios o la reexportación de los bienes comprendidos, respectivamente, en los números 1.º y 2.º del citado artículo 66 de la Ley del Impuesto.

TÍTULO III. LUGAR DE REALIZACIÓN DEL HECHO IMPONIBLE

Artículo 22[63]. *Opción por la no sujeción de determinadas entregas de bienes y prestaciones de servicios*

Los empresarios o profesionales que hubiesen optado por la tributación fuera del territorio de aplicación del Impuesto de las entregas de bienes comprendidas en el artículo 68.Cuatro de la Ley del Impuesto y de las prestaciones de servicios previstas en el artículo 70.Uno.8.º de la Ley del Impuesto, conforme a lo previsto en el artículo 73 de la misma, deberán justificar ante la Administración tributaria que tanto las entregas realizadas como los servicios efectuados han sido declarados en otro Estado miembro, salvo en el supuesto de que dichas operaciones tributen por el régimen especial previsto en la sección 3.ª del capítulo XI del título IX de la Ley del Impuesto.

Dicha justificación podrá efectuarse, en particular, mediante la presentación de los justificantes de declaración-liquidación o de ingreso del IVA devengado o adeudado en dicho Estado miembro.

Las mencionadas opciones deberán ser reiteradas por el empresario o profesional una vez transcurridos dos años naturales, quedando, en caso contrario, automáticamente revocadas.

Artículo 23[64]. *Reglas relacionadas con la localización de determinadas operaciones*

1[65]. En los servicios de publicidad a que se refiere la letra c) del apartado dos del artículo 69 de la Ley del Impuesto se entenderán comprendidos también los servicios de promoción que impliquen la transmisión de un mensaje destinado a informar acerca de la existencia y cualidades del producto o servicio objeto de publicidad.

---

[63] Nueva redacción del art. 22 dada por el art. primero Tres del Real Decreto 424/2021, de 15 de junio (BOE núm. 143, de 16 de junio de 2021), en vigor desde el 1 de julio de 2021.
Redacción anterior dada por el art. 1.Uno del Real Decreto 1512/2018, de 28 de diciembre (BOE núm. 314, de 29 de diciembre), con efectos desde el 1 de enero de 2019.

[64] Nueva redacción del art. 23 dada por el art. 1.6 del Real Decreto 1811/1994, de 2 de septiembre (BOE núm. 213, de 6 de septiembre de 1994), con efectos desde 7 de septiembre de 1994.

[65] Nueva redacción del art. 23.1 dada por el art. primero.Nueve del Real Decreto 828/2013, de 25 de octubre (BOE núm. 257, de 26 de octubre de 2013), en vigor desde el 27 de octubre de 2013.
Redacción anterior dada por el art. 1.Uno del Real Decreto 192/2010, de 26 de febrero (BOE núm. 53, de 2 de marzo de 2010), con efectos desde 3 de marzo de 2010.

No se comprenden en los citados servicios de promoción los de organización para terceros de ferias y exposiciones de carácter comercial a que se refiere la letra c) del número 7.º del apartado uno del artículo 70 de la Ley del Impuesto sobre el Valor Añadido.

2. El gravamen de las adquisiciones intracomunitarias de bienes en el Estado miembro de llegada de la expedición o transporte de los bienes a que se refiere el artículo 71, apartado Dos, de la Ley del Impuesto, podrá acreditarse mediante cualquier medio de prueba admitido en derecho y, en particular, con la declaración tributaria en que hayan sido incluidas. Si fuera necesario, se proporcionará a la Administración un desglose de la declaración, suficiente para su comprobación.

TÍTULO III BIS. DEVENGO[66]

Artículo 23 bis. *Devengo*

A efectos de lo previsto en los artículos 75.Tres y 163 sexvicies de la Ley del Impuesto, para determinar el momento en que se entiende aceptado el pago del cliente, se aplicará lo establecido en los artículos 41 bis y 61 ter, respectivamente, del Reglamento de Ejecución (UE) n.º 282/2011 del Consejo, de 15 de marzo de 2011, por el que se establecen disposiciones de aplicación de la Directiva 2006/112/CE relativa al sistema común del impuesto sobre el valor añadido.

TÍTULO IV. BASE IMPONIBLE

Artículo 24[67]. *Modificación de la base imponible*

1[68]. En los casos a que se refiere el artículo 80 de la Ley del Impuesto, el sujeto pasivo estará obligado a expedir y remitir al destinatario de las operaciones una nueva factura en la que se rectifique o, en su caso, se anule la cuota repercutida, en la forma prevista en el artículo 15 del Reglamento por el que se regulan las obligaciones de facturación, aprobado por el Real Decreto 1619/2012, de 30 de noviembre. En los supuestos del apartado tres del artículo 80 de la Ley del Impuesto, deberá expedirse y remitirse asimismo una copia de dicha factura a la administración concursal y en el mismo plazo.

---

[66]   Nuevo Título III bis integrado por el art. 23 incorporado por el art. primero cuatro del Real Decreto 424/2021, de 15 de junio (BOE núm. 143, de 16 de junio de 2021), en vigor desde el 1 de julio de 2021.

[67]   Nueva redacción del art. 24 dada por el art. 1.2 del Real Decreto 87/2005, de 31 de enero (BOE núm. 27, de 1 de febrero de 2005), en vigor desde 21 de febrero de 2005, y sin perjuicio de su Disposición Transitoria 1.ª.

[68]   Nueva redacción del art. 24.1 dada por el art. primero tres del Real Decreto 1073/2014, de 19 de diciembre (BOE núm. 307, de 20 de diciembre de 2014), en vigor desde el 1 de enero de 2015.
        Redacción anterior dada por el art. primero.diez del Real Decreto 828/2013, de 25 de octubre (BOE núm. 257, de 26 de octubre de 2013), en vigor desde el 27 de octubre de 2013.
        Redacción anterior dada por el art. 1.2 del Real Decreto 87/2005, de 31 de enero (BOE núm. 27, de 1 de febrero de 2005), en vigor desde 21 de febrero de 2005.

La disminución de la base imponible o, en su caso, el aumento de las cuotas que deba deducir el destinatario de la operación estarán condicionadas a la expedición y remisión de la factura que rectifique a la anteriormente expedida. En los supuestos de los apartados tres y cuatro del artículo 80 de la Ley del Impuesto, el sujeto pasivo deberá acreditar asimismo dicha remisión.

2.[69] La modificación de la base imponible cuando se dicte auto judicial de declaración de concurso del destinatario de las operaciones sujetas al Impuesto o este haya sido declarado incurso en un procedimiento de insolvencia al que resulte de aplicación el Reglamento (UE)

---

[69] Nueva redacción del art. 24.2 dada por el art. primero Cuatro del Real Decreto 1171/2023, de 27 de diciembre, por el que se modifican el Reglamento del Impuesto sobre el Valor Añadido, aprobado por el Real Decreto 1624/1992, de 29 de diciembre; el Reglamento de los Impuestos Especiales, aprobado por el Real Decreto 1165/1995, de 7 de julio, y el Reglamento de procedimientos amistosos en materia de imposición directa, aprobado por el Real Decreto 1794/2008, de 3 de noviembre (BOE núm. 310, de 28 de diciembre de 2023), en vigor el día 1 de enero de 2024.
Redacción anterior dada por el art. primero.diez del Real Decreto 828/2013, de 25 de octubre (BOE núm. 257, de 26 de octubre de 2013), en vigor desde el 27 de octubre de 2013: «*2. La modificación de la base imponible cuando se dicte auto judicial de declaración de concurso del destinatario de las operaciones sujetas al Impuesto, así como en los demás casos en que los créditos correspondientes a las cuotas repercutidas sean total o parcialmente incobrables, se ajustará a las normas que se establecen a continuación:*
a) Quedará condicionada al cumplimiento de los siguientes requisitos:
1.º Las operaciones cuya base imponible se pretenda rectificar deberán haber sido facturadas y anotadas en el libro registro de facturas expedidas por el acreedor en tiempo y forma.
2.º El acreedor tendrá que comunicar por vía electrónica, a través del formulario disponible a tal efecto en la sede electrónica de la Agencia Estatal de la Administración Tributaria, en el plazo de un mes contado desde la fecha de expedición de la factura rectificativa, la modificación de la base imponible practicada, y hará constar que dicha modificación no se refiere a créditos garantizados, afianzados o asegurados, a créditos entre personas o entidades vinculadas, ni a operaciones cuyo destinatario no está establecido en el territorio de aplicación del Impuesto ni en Canarias, Ceuta o Melilla, en los términos previstos en el artículo 80 de la Ley del Impuesto y, en el supuesto de créditos incobrables, que el deudor no ha sido declarado en concurso o, en su caso, que la factura rectificativa expedida es anterior a la fecha del auto de declaración del concurso.
A esta comunicación deberán acompañarse los siguientes documentos, que se remitirán a través del registro electrónico de la Agencia Estatal de la Administración Tributaria:
a') La copia de las facturas rectificativas, en las que se consignarán las fechas de expedición de las correspondientes facturas rectificadas.
b') En el supuesto de créditos incobrables, los documentos que acrediten que el acreedor ha instado el cobro del crédito mediante reclamación judicial al deudor o mediante requerimiento notarial.
c') En el caso de créditos adeudados por Entes públicos, el certificado expedido por el órgano competente del Ente público deudor a que se refiere la condición 4.ª de la letra A) del apartado cuatro del artículo 80 de la Ley del Impuesto.
b) En caso de que el destinatario de las operaciones tenga la condición de empresario o profesional:
1.º Deberá comunicar por vía electrónica, a través del formulario disponible a tal efecto en la sede electrónica de la Agencia Estatal de la Administración Tributaria, la circunstancia de haber recibido las facturas rectificativas que le envíe el acreedor, y consignará el importe total de las cuotas rectificadas incluidas, en su caso, el de las no deducibles, en el mismo plazo previsto para la presentación de la declaración-liquidación a que

2015/848 del Parlamento Europeo y del Consejo, de 20 de mayo de 2015, sobre procedimientos de insolvencia, así como en los demás casos en que los créditos correspondientes a las cuotas repercutidas sean total o parcialmente incobrables, se ajustará a las normas que se establecen a continuación:

a) Quedará condicionada al cumplimiento de los siguientes requisitos:

1.º Las operaciones cuya base imponible se pretenda rectificar deberán haber sido facturadas y anotadas en el libro registro de facturas expedidas por el acreedor en tiempo y forma.

2.º El acreedor tendrá que comunicar por vía electrónica, a través del formulario disponible a tal efecto en la sede electrónica de la Agencia Estatal de Administración Tributaria, en el plazo de un mes contado desde la fecha de expedición de la factura rectificativa, la modificación de la base imponible practicada, y hará constar que dicha modificación no se refiere a créditos garantizados, afianzados o asegurados, a créditos entre personas o entidades vinculadas, ni a operaciones cuyo destinatario no está establecido en el territorio de aplicación del Impuesto ni en Canarias, Ceuta o Melilla, salvo cuando se trate de destinatarios no establecidos en dicho territorio pero incursos en un procedimiento de insolvencia al que resulte de aplicación el Reglamento (UE) 2015/848 del Parlamento Europeo y del Consejo, de 20 de mayo de 2015, sobre procedimientos de insolvencia, en los términos previstos en el artículo 80 de la Ley del Impuesto y, en el supuesto de créditos incobrables, que el deudor no ha sido declarado en concurso o, en su caso, que la factura rectificativa expedida es anterior a la fecha del auto de declaración del concurso o de la resolución de apertura del procedimiento de insolvencia al que resulte de aplicación el Reglamento (UE) 2015/848.

A esta comunicación deberán acompañarse los siguientes documentos, que se remitirán a través del registro electrónico de la Agencia Estatal de Administración Tributaria:

a') La copia de las facturas rectificativas, en las que se consignarán las fechas de expedición de las correspondientes facturas rectificadas.

b') En el supuesto de créditos incobrables, los documentos que acrediten que el acreedor ha instado el cobro del crédito mediante reclamación judicial al deudor o mediante requerimiento notarial o cualquier otro medio que acredite fehacientemente la reclamación del cobro al deudor.

c') En el caso de créditos adeudados por Entes públicos, el certificado expedido por el órgano competente del Ente público deudor a que se refiere la condición 4.ª de la letra A) del artículo 80.Cuatro de la Ley del Impuesto.

---

se refiere el número siguiente. El incumplimiento de esta obligación no impedirá la modificación de la base imponible por parte del acreedor, siempre que se cumplan los requisitos señalados en el párrafo a).

2.º Además de la comunicación a que se refiere el número anterior, en la declaración-liquidación correspondiente al período en que se hayan recibido las facturas rectificativas de las operaciones, el citado destinatario deberá hacer constar el importe total de las cuotas rectificadas como minoración de las cuotas deducidas».

Redacción anterior dada por el art. primero.Seis del Real Decreto 1789/2010, de 30 de diciembre (BOE núm. 318, de 31 de diciembre de 2010), con efectos desde 1 de enero de 2011.

b) En caso de que el destinatario de las operaciones tenga la condición de empresario o profesional:

1.º Deberá comunicar por vía electrónica, a través del formulario disponible a tal efecto en la sede electrónica de la Agencia Estatal de Administración Tributaria, la circunstancia de haber recibido las facturas rectificativas que le envíe el acreedor, y consignará el importe total de las cuotas rectificadas incluidas, en su caso, el de las no deducibles, en el mismo plazo previsto para la presentación de la declaración-liquidación a que se refiere el número siguiente. El incumplimiento de esta obligación no impedirá la modificación de la base imponible por parte del acreedor, siempre que se cumplan los requisitos señalados en el párrafo a).

2.º Además de la comunicación a que se refiere el número anterior, en la declaración-liquidación correspondiente al período en que se hayan recibido las facturas rectificativas de las operaciones, el citado destinatario deberá hacer constar el importe total de las cuotas rectificadas como minoración de las cuotas deducidas.

3.º Tratándose del supuesto previsto en el artículo 80.Tres de la Ley del Impuesto, las cuotas rectificadas deberán hacerse constar:

a') En las declaraciones-liquidaciones correspondientes a los períodos en que se hubiera ejercitado el derecho a la deducción de las cuotas soportadas.

b') Como excepción a lo anterior, en la declaración-liquidación relativa a hechos imponibles anteriores a la declaración de concurso regulada en el artículo 71.5 del presente Reglamento cuando:

a") El destinatario de las operaciones no tuviera derecho a la deducción total del impuesto y en relación con la parte de la cuota rectificada que no fuera deducible.

b") El destinatario de las operaciones tuviera derecho a la deducción del impuesto y hubiera prescrito el derecho de la Administración Tributaria a determinar la deuda tributaria del periodo de liquidación en que se hubiera ejercitado el derecho a la deducción de las cuotas soportadas que se rectifican.

c") El destinatario de las operaciones hubiera sido declarado incurso en un procedimiento de insolvencia al que resulte de aplicación el Reglamento (UE) 2015/848 del Parlamento Europeo y del Consejo, de 20 de mayo de 2015, sobre procedimientos de insolvencia.

4.º La rectificación o rectificaciones deberán presentarse en el mismo plazo que la declaración-liquidación correspondiente al período en que se hubieran recibido las facturas rectificativas.

En el caso de que el destinatario de las operaciones se encuentre en concurso, las obligaciones previstas en los números anteriores recaerán en el mismo o en la administración concursal, en defecto de aquél, si se encontrara en régimen de intervención de facultades y, en todo caso, cuando se hubieren suspendido las facultades de administración y disposición.

c) Cuando el destinatario no tenga la condición de empresario o profesional, la Administración tributaria podrá requerirle la aportación de las facturas rectificativas que le envíe el acreedor.

d) La aprobación del convenio de acreedores, en su caso, no afectará a la modificación de la base imponible que se hubiera efectuado previamente.

3.º Tratándose del supuesto previsto en el artículo 80.Tres de la Ley del Impuesto, las cuotas rectificadas deberán hacerse constar:

a') En las declaraciones-liquidaciones correspondientes a los períodos en que se hubiera ejercitado el derecho a la deducción de las cuotas soportadas.

b') Como excepción a lo anterior, en la declaración-liquidación relativa a hechos imponibles anteriores a la declaración de concurso regulada en el artículo 71.5 del presente Reglamento cuando:

a'') El destinatario de las operaciones no tuviera derecho a la deducción total del impuesto y en relación con la parte de la cuota rectificada que no fuera deducible.

b'') El destinatario de las operaciones tuviera derecho a la deducción del impuesto y hubiera prescrito el derecho de la Administración Tributaria a determinar la deuda tributaria del periodo de liquidación en que se hubiera ejercitado el derecho a la deducción de las cuotas soportadas que se rectifican.

4.º La rectificación o rectificaciones deberán presentarse en el mismo plazo que la declaración-liquidación correspondiente al período en que se hubieran recibido las facturas rectificativas.

En el caso de que el destinatario de las operaciones se encuentre en concurso, las obligaciones previstas en los números anteriores recaerán en el mismo o en la administración concursal, en defecto de aquél, si se encontrara en régimen de intervención de facultades y, en todo caso, cuando se hubieren suspendido las facultades de administración y disposición.

c) Cuando el destinatario no tenga la condición de empresario o profesional, la Administración tributaria podrá requerirle la aportación de las facturas rectificativas que le envíe el acreedor.

d) La aprobación del convenio de acreedores, en su caso, no afectará a la modificación de la base imponible que se hubiera efectuado previamente.

3. En el caso de adquisiciones intracomunitarias de bienes en las que el adquirente obtenga la devolución de los impuestos especiales en el Estado miembro de inicio de la expedición o transporte de los bienes, se reducirá la base imponible en la cuantía correspondiente a su importe.

No obstante, no procederá modificar los importes que se hicieran constar en la declaración recapitulativa de operaciones intracomunitarias a que se refiere el artículo 78.

La variación en el importe de la cuota devengada se reflejará en la declaración-liquidación correspondiente al período en que se haya obtenido la devolución, salvo que ya hubiera sido totalmente deducida por el propio sujeto pasivo. En este último supuesto no procederá regularización alguna de los datos declarados.

Artículo 24 bis[70]. *Base imponible para ciertas operaciones*

En las operaciones en las que la base imponible deba determinarse conforme a lo dispuesto por el artículo 79.Diez de la Ley del Impuesto, la concurrencia o no de los requisitos que establece dicho precepto se podrá acreditar mediante una declaración escrita firmada por el destinatario de las mismas dirigida al sujeto pasivo en la que aquél haga constar, bajo su responsabilidad, que el oro aportado fue adquirido o importado con exención del impuesto por aplicación de lo dispuesto en el artículo 140 bis.Uno.1.º de la Ley del Impuesto, o no fue así.

TÍTULO IV BIS[71]. SUJETO PASIVO

Artículo 24 ter[72]. *Concepto de oro sin elaborar y de producto semielaborado de oro*

A los efectos de lo dispuesto en el artículo 84, apartado uno, número 2.º, letra *b)* de la Ley del Impuesto, se considerará oro sin elaborar o producto semielaborado de oro el que se utilice normalmente como materia prima para elaborar productos terminados de oro, tales como lingotes, laminados, chapas, hojas, varillas, hilos, bandas, tubos, granallas, cadenas o cualquier otro que, por sus características objetivas, no esté normalmente destinado al consumo final.

Artículo 24 quater[73]. *Aplicación de las reglas de inversión del sujeto pasivo*

1[74]. El empresario o profesional que realice la entrega a que se refiere el artículo 84, apartado uno, número 2.º, letra e), segundo guión, de la Ley del Impuesto, deberá comunicar expresa y fehacientemente al adquirente la renuncia a la exención por cada operación realizada.

Sin perjuicio de lo dispuesto en el apartado cinco del artículo 163 sexies de la Ley del Impuesto, el transmitente sólo podrá efectuar la renuncia a que se refiere el párrafo anterior cuando el adquirente le acredite su condición de sujeto pasivo en los términos a que se refiere el apartado 1 del artículo 8 de este Reglamento.

---

[70]   Art. 24 bis incorporado por el art. 2.Dos del Real Decreto 1496/2003, de 28 de noviembre (BOE núm. 286, de 29 de noviembre de 2003), en vigor desde 19 de diciembre de 2003.

[71]   Título Cuarto bis incorporado por el art. 1.Dos del Real Decreto 3422/2000, de 15 de diciembre (BOE núm. 301, de 16 de diciembre de 2000), en vigor desde 16 de diciembre de 2000.

[72]   El anterior art. 24 bis pasa a ser el actual 24 ter, en virtud del art. 2.Tres del Real Decreto 1496/2003, de 28 de noviembre (BOE núm. 286, de 29 de noviembre de 2003), en vigor desde 19 de diciembre de 2003.

[73]   Nuevo artículo incorporado por el art. primero.Once del Real Decreto 828/2013, de 25 de octubre (BOE núm. 257, de 26 de octubre de 2013), en vigor desde el 27 de octubre de 2013.

[74]   Nueva redacción del apartado 1 dada por el art. primero cuatro del Real Decreto 1073/2014, de 19 de diciembre (BOE núm. 307, de 20 de diciembre de 2014), en vigor desde el 1 de enero de 2015.

2. Los destinatarios de las operaciones a que se refiere el artículo 84, apartado uno, número 2.º, letra e), tercer guión, de la Ley del Impuesto, deberán comunicar expresa y fehacientemente al empresario o profesional que realice la entrega, que están actuando, con respecto a dichas operaciones, en su condición de empresarios o profesionales.

3. Los destinatarios de las operaciones a que se refiere el artículo 84, apartado uno, número 2.º, letra f), párrafo primero, de la Ley del Impuesto, deberán, en su caso, comunicar expresa y fehacientemente al contratista o contratistas principales con los que contraten, las siguientes circunstancias:

a) Que están actuando, con respecto a dichas operaciones, en su condición de empresarios o profesionales.

b) Que tales operaciones se realizan en el marco de un proceso de urbanización de terrenos o de construcción o rehabilitación de edificaciones.

4. Los destinatarios de las operaciones a que se refiere el artículo 84, apartado uno, número 2.º, letra f), párrafo segundo, de la Ley del Impuesto, deberán, en su caso, comunicar expresa y fehacientemente a los subcontratistas con los que contraten, la circunstancia referida en la letra b) del apartado anterior de este artículo.

5[75]**.** Los destinatarios de las operaciones a que se refiere el artículo 84, apartado uno, número 2.º, letra g), segundo y tercer guiones, de la Ley del Impuesto, deberán, en su caso, comunicar expresa y fehacientemente al empresario o profesional que realice la entrega las siguientes circunstancias:

a) Que están actuando, con respecto a dichas operaciones, en su condición de empresarios o profesionales.

b) Que están actuando, con respecto a dichas operaciones, en su condición de revendedores, lo que deberán acreditar mediante la aportación de un certificado específico emitido a estos efectos a través de la sede electrónica de la Agencia Estatal de Administración Tributaria a que se refiere el artículo 24 quinquies de este Reglamento.

6[76]**.** Las comunicaciones a que se refieren los apartados anteriores deberán efectuarse con carácter previo o simultáneo a la adquisición de los bienes o servicios en que consistan las referidas operaciones.

7[77]**.** Los destinatarios de las operaciones a que se refieren los apartados anteriores podrán acreditar bajo su responsabilidad, mediante una declaración escrita firmada por los

---

[75]   Nuevo apartado incorporado por el del art. primero cuatro del Real Decreto 1073/2014, de 19 de diciembre (BOE núm. 307, de 20 de diciembre de 2014), en vigor desde el 1 de abril de 2015.

[76]   Renumeración de los apartados originales 5, 6 y 7, pasa a numerarse 6, 7 y 8 en virtud del art. primero cuatro del Real Decreto 1073/2014, de 19 de diciembre (BOE núm. 307, de 20 de diciembre de 2014), en vigor el 1 de enero de 2015.

[77]   Renumeración de los apartados originales 5, 6 y 7, pasa a numerarse 6, 7 y 8 en virtud del art. primero cuatro del Real Decreto 1073/2014, de 19 de diciembre (BOE núm. 307, de 20 de diciembre de 2014), en vigor el 1 de enero de 2015.

mismos dirigida al empresario o profesional que realice la entrega o preste el servicio, que concurren, en cada caso y según proceda, las siguientes circunstancias:

a) Que están actuando, con respecto a dichas operaciones, en su condición de empresarios o profesionales.

b)[78] Que tienen derecho a la deducción total o parcial del Impuesto soportado por las adquisiciones de los correspondientes bienes inmuebles.

c) Que las operaciones se realizan en el marco de un proceso de urbanización de terrenos o de construcción o rehabilitación de edificaciones.

8[79]. De mediar las circunstancias previstas en el apartado uno del artículo 87 de la Ley del Impuesto, los citados destinatarios responderán solidariamente de la deuda tributaria correspondiente, sin perjuicio, asimismo, de la aplicación de lo dispuesto en los números 2.º, 6.º y 7.º del apartado dos del artículo 170 de la misma Ley.

Artículo 24 quinquies[80]. *Concepto y obligaciones del empresario o profesional revendedor*

A los efectos de lo dispuesto en el artículo 84, apartado uno, número 2.º, letra g), segundo y tercer guiones, de la Ley del Impuesto, se considerará revendedor al empresario o profesional que se dedique con habitualidad a la reventa de los bienes adquiridos a que se refieren dichas operaciones.

El empresario o profesional revendedor deberá comunicar al órgano competente de la Agencia Estatal de Administración Tributaria su condición de revendedor mediante la presentación de la correspondiente declaración censal al tiempo de comienzo de la actividad, o bien durante el mes de noviembre anterior al inicio del año natural en el que deba surtir efecto.

La comunicación se entenderá prorrogada para los años siguientes en tanto no se produzca la pérdida de dicha condición, que deberá asimismo ser comunicada a la Administración Tributaria mediante la oportuna declaración censal de modificación.

El empresario o profesional revendedor podrá obtener un certificado con el código seguro de verificación a través de la sede electrónica de la Agencia Estatal de Administración Tributaria que tendrá validez durante el año natural correspondiente a la fecha de su expedición.

---

[78]   Nueva redacción de la letra b) del art. 24 quáter.7 dada por el art. 1.Dos del Real Decreto 1512/2018, de 28 de diciembre (BOE núm. 314, de 29 de diciembre), con efectos desde el 1 de enero de 2019.

[79]   Renumeración de los apartados originales 5, 6 y 7, pasa a numerarse 6, 7 y 8 en virtud del art. primero cuatro del Real Decreto 1073/2014, de 19 de diciembre (BOE núm. 307, de 20 de diciembre de 2014), en vigor el 1 de enero de 2015.

      Nueva redacción dada también por el art. primero cuatro del Real Decreto 1073/2014, de 19 de diciembre.

[80]   Nuevo artículo incorporado por el art. primero cinco del Real Decreto 1073/2014, de 19 de diciembre (BOE núm. 307, de 20 de diciembre de 2014), en vigor desde el 1 de enero de 2015.

TÍTULO V. REPERCUSIÓN DEL IMPUESTO

Artículo 25. *Normas especiales sobre repercusión*

En relación con lo dispuesto en el artículo 88, apartado Uno, de la Ley del Impuesto sobre el Valor Añadido, los pliegos de condiciones particulares previstos en la contratación administrativa contendrán la prevención expresa de que a todos los efectos se entenderá que las ofertas de los empresarios comprenden no sólo el precio de la contrata, sino también el importe del Impuesto.

(...)[81]

TÍTULO VI. TIPOS IMPOSITIVOS

Artículo 26[82]. *Tipo impositivo reducido*

A efectos de lo previsto en el artículo 91, apartado uno.2, número 10.º de la Ley del Impuesto, las circunstancias de que el destinatario no actúa como empresario o profesional, utiliza la vivienda para uso particular y que la construcción o rehabilitación de la vivienda haya concluido al menos dos años antes del inicio de las obras, podrán acreditarse mediante una declaración escrita firmada por el destinatario de las obras dirigida al sujeto pasivo, en la que aquél haga constar, bajo su responsabilidad, las circunstancias indicadas anteriormente.

De mediar las circunstancias previstas en el apartado uno del artículo 87 de la Ley del Impuesto, el citado destinatario responderá solidariamente de la deuda tributaria correspondiente, sin perjuicio, asimismo, de la aplicación de lo dispuesto en el número 2.º del apartado dos del artículo 170 de la misma Ley.

Artículo 26 bis[83]. *Tipo impositivo reducido*

Uno[84]. A efectos de lo previsto en el segundo párrafo del artículo 91.dos.1.6.º de la Ley del Impuesto, relativo a determinadas entregas de viviendas, las circunstancias de que el destinatario tiene derecho a aplicar el régimen especial previsto en el capítulo III del título

---

[81]   El apartado Dos de la redacción original del art. 25 quedó derogado por el art. 1.8 del Real Decreto 1811/1994, de 2 de septiembre (BOE núm. 213, de 6 de septiembre de 1994), con efectos desde 7 de septiembre de 1994, quedando el primero como apartado único.

[82]   Nueva redacción del art. 26 dada por el art. primero.Doce del Real Decreto 828/2013, de 25 de octubre (BOE núm. 257, de 26 de octubre de 2013), en vigor desde el 27 de octubre de 2013.
    Redacción anterior dada por el art. 1.3 del Real Decreto 3422/2000, de 15 de diciembre (BOE núm. 301, de 16 de diciembre de 2000), en vigor desde 16 de diciembre de 2000.

[83]   Nueva redacción del art. 26 bis dada por el art. primero.Uno del Real Decreto 1466/2007, de 2 de noviembre (BOE núm. 278, de 20 de noviembre de 2007), en vigor desde 21 de noviembre de 2007. Artículo incorporado por el art. 2.Cuatro del Real Decreto 1496/2003, de 28 de noviembre (BOE núm. 286, de 29 de noviembre de 2003).

[84]   Nueva redacción del primer párrafo del art. 26 bis.1 dada por el art. 1.Tres del Real Decreto 1512/2018, de 28 de diciembre (BOE núm. 314, de 29 de diciembre de 2018), con efectos desde el 1 de enero de 2019.

VII de la Ley 27/2014, de 27 de noviembre, del Impuesto sobre Sociedades, y de que a las rentas derivadas de su posterior arrendamiento les es aplicable la bonificación establecida en el artículo 49.1 de dicha Ley, podrán acreditarse mediante una declaración escrita firmada por el referido destinatario dirigida al sujeto pasivo, en la que aquél haga constar, bajo su responsabilidad, su cumplimiento.

De mediar las circunstancias previstas en el artículo 87.uno de la Ley del Impuesto, el citado destinatario responderá solidariamente de la deuda tributaria correspondiente, sin perjuicio, asimismo, de la aplicación de lo dispuesto en el artículo 170.dos.2.º de la misma ley.

Dos[85]. 1. Se aplicará lo previsto en el artículo 91.dos.1.4.º, segundo párrafo, de la Ley del Impuesto a la entrega, adquisición intracomunitaria o importación de los vehículos para el transporte habitual de personas con movilidad reducida o para el transporte de personas con discapacidad en silla de ruedas, siempre que concurran los siguientes requisitos:

1.º Que hayan transcurrido al menos cuatro años desde la adquisición de otro vehículo en análogas condiciones.

No obstante, este requisito no se exigirá en el supuesto de siniestro total de los vehículos, certificado por la entidad aseguradora o cuando se justifique la baja definitiva de los vehículos.

No se considerarán adquiridos en análogas condiciones, los vehículos adquiridos para el transporte habitual de personas con discapacidad en silla de ruedas o con movilidad reducida, por personas jurídicas o entidades que presten servicios sociales de promoción de la autonomía personal y de atención a la dependencia a que se refiere la Ley 39/2006, de 14 de diciembre, de Promoción de la Autonomía Personal y Atención a las personas en situación de dependencia, así como servicios sociales a que se refiere el Real Decreto Legislativo 1/2013, de 29 de noviembre, por el que se aprueba el Texto Refundido de la Ley General de derechos de las personas con discapacidad y de su inclusión social, siempre y cuando se destinen al transporte habitual de distintos grupos definidos de personas o a su utilización en distintos ámbitos territoriales o geográficos de aquéllos que dieron lugar a la adquisición o adquisiciones previas[86].

---

[85] Nueva redacción de los números 1 y 2 del apartado Dos del artículo 26 bis dada por el art. primero.Trece del Real Decreto 828/2013, de 25 de octubre (BOE núm. 257, de 26 de octubre de 2013), en vigor desde el 27 de octubre de 2013.
Redacción anterior dada por el art. primero.Uno del Real Decreto 1466/2007, de 2 de noviembre (BOE núm. 278, de 20 de noviembre de 2007), en vigor desde 21 de noviembre de 2007. Artículo incorporado por el art. 2.Cuatro del Real Decreto 1496/2003, de 28 de noviembre (BOE núm. 286, de 29 de noviembre de 2003).

[86] Nueva redacción del tercer párrafo del art. 26 bis.Dos.1.1.º dada por el art. 1.Tres del Real Decreto 1512/2018, de 28 de diciembre (BOE núm. 314, de 29 de diciembre de 2018), con efectos desde el 1 de enero de 2019.

En todo caso, el adquirente deberá justificar la concurrencia de dichas condiciones distintas a las que se produjeron en la adquisición del anterior vehículo o vehículos.

2.º Que no sean objeto de una transmisión posterior por actos inter vivos durante el plazo de cuatro años siguientes a su fecha de adquisición.

2. La aplicación del tipo impositivo previsto en el artículo 91.dos.1.4.º, segundo párrafo, de la Ley del Impuesto requerirá el previo reconocimiento del derecho por la Agencia Estatal de Administración Tributaria, iniciándose mediante solicitud suscrita tanto por el adquirente como por la persona con discapacidad. Dicho reconocimiento, caso de producirse, surtirá efecto desde la fecha de su solicitud.

Se deberá acreditar que el destino del vehículo es el transporte habitual de personas con discapacidad en silla de ruedas o con movilidad reducida. Entre otros medios de prueba serán admisibles los siguientes:

a) La titularidad del vehículo a nombre de la persona con discapacidad.

b) Que el adquirente sea cónyuge de la persona con discapacidad o tenga una relación de parentesco en línea directa o colateral hasta del tercer grado inclusive.

c) Que el adquirente esté inscrito como pareja de hecho de la persona con discapacidad en el Registro de parejas o uniones de hecho de la Comunidad Autónoma de residencia.

d) Que el adquirente tenga la condición de tutor, representante legal o guardador de hecho de la persona con discapacidad.

e) Que el adquirente demuestre la convivencia con la persona con discapacidad mediante certificado de empadronamiento o por tener el domicilio fiscal en la misma vivienda.

f) En el supuesto de que el vehículo sea adquirido por una persona jurídica, que la misma esté desarrollando actividades de asistencia a personas con discapacidad o, en su caso, que cuente dentro de su plantilla con trabajadores con discapacidad contratados que vayan a utilizar habitualmente el vehículo.

La discapacidad o la movilidad reducida se deberán acreditar mediante certificado o resolución expedido por el Instituto de Mayores y Servicios Sociales (IMSERSO) u órgano competente de la Comunidad Autónoma correspondiente.

No obstante, se considerarán afectados por una discapacidad igual o superior al 33 por ciento:

a) Los pensionistas de la Seguridad Social que tengan reconocida una pensión de incapacidad permanente total, absoluta o de gran invalidez.

b) Los pensionistas de clases pasivas que tengan reconocida una pensión de jubilación o retiro por incapacidad permanente para el servicio o inutilidad.

c) Cuando se trate de personas con discapacidad cuya incapacidad sea declarada judicialmente. En este caso, la discapacidad acreditada será del 65 por ciento aunque no alcance dicho grado.

Se considerarán personas con movilidad reducida:

a) Las personas ciegas o con deficiencia visual y, en todo caso, las afiliadas a la Organización Nacional de Ciegos Españoles (ONCE) que acrediten su pertenencia a la misma mediante el correspondiente certificado.

b) Los titulares de la tarjeta de estacionamiento para personas con discapacidad emitidas por las Corporaciones Locales o, en su caso, por las Comunidades Autónomas, quienes en todo caso, deberán contar con el certificado o resolución expedido por el Instituto de Mayores y Servicios Sociales (IMSERSO) u órgano competente de la Comunidad Autónoma correspondiente, acreditativo de la movilidad reducida.

3. En las importaciones, el reconocimiento del derecho corresponderá a la aduana por la que se efectúe la importación.

4. Los sujetos pasivos que realicen las entregas de vehículos para el transporte habitual de personas con discapacidad en silla de ruedas o con movilidad reducida a que se refiere el segundo párrafo del artículo 91.dos.1.4° de la Ley del Impuesto sólo podrán aplicar el tipo impositivo reducido cuando el adquirente acredite su derecho mediante el documento en el que conste el pertinente acuerdo de la Agencia Estatal de Administración Tributaria, el cual deberá conservarse durante el plazo de prescripción.

TÍTULO VII. DEDUCCIONES Y DEVOLUCIONES

CAPÍTULO I. Deducciones

Artículo 27[87]. *Deducciones de las cuotas soportadas o satisfechas con anterioridad al inicio de la realización de entregas de bienes o prestaciones de servicios correspondientes a actividades empresariales o profesionales*

1. Quienes no viniesen desarrollando con anterioridad actividades empresariales o profesionales, y efectúen adquisiciones o importaciones de bienes o servicios con la intención de destinarlos a la realización de tales actividades, deberán poder acreditar los elementos objetivos que confirmen que en el momento en que efectuaron dichas adquisiciones o importaciones tenían esa intención, pudiendo serles exigida tal acreditación por la Administración tributaria.

2. La acreditación a la que se refiere el apartado anterior podrá ser efectuada por cualquiera de los medios de prueba admitidos en derecho.

A tal fin, podrán tenerse en cuenta, entre otras, las siguientes circunstancias:

a) La naturaleza de los bienes y servicios adquiridos o importados, que habrá de estar en consonancia con la índole de la actividad que se tiene intención de desarrollar.

---

[87]   Nueva redacción del art. 27 dada por art. 1.2 del Real Decreto 1082/2001, de 5 de octubre (BOE núm. 240, de 6 de octubre de 2001), en vigor desde el 7 de octubre de 2001.
Art. 111.Uno de la LIVA.

b) El período transcurrido entre la adquisición o importación de dichos bienes y servicios y la utilización efectiva de los mismos para la realización de las entregas de bienes o prestaciones de servicios que constituyan el objeto de la actividad empresarial o profesional.

c)[88] El cumplimiento de las obligaciones formales, registrales y contables exigidas por la normativa reguladora del Impuesto, por el Código de Comercio o por cualquier otra norma que resulte de aplicación a quienes tienen la condición de empresarios o profesionales.

A este respecto, se tendrá en cuenta en particular el cumplimiento de las siguientes obligaciones:

a')[89] La presentación de la declaración de carácter censal en la que debe comunicarse a la Administración el comienzo de actividades empresariales o profesionales por el hecho de efectuar la adquisición o importación de bienes o servicios con la intención de destinarlos a la realización de tales actividades, a que se refieren el número 1.º del apartado uno del artículo 164 de la Ley del Impuesto y el apartado 1 del artículo 9.º del Reglamento General de las actuaciones y procedimientos de gestión e inspección tributaria y de desarrollo de las normas comunes de los procedimientos de aplicación de los tributos, aprobado por el Real Decreto 1065/2007, de 27 de julio.

b') La llevanza en debida forma de las obligaciones contables exigidas en el título IX de este Reglamento, y en concreto, del Libro Registro de facturas recibidas y, en su caso, del Libro Registro de bienes de inversión.

d) Disponer de o haber solicitado las autorizaciones, permisos o licencias administrativas que fuesen necesarias para el desarrollo de la actividad que se tiene intención de realizar.

e) Haber presentado declaraciones tributarias correspondientes a tributos distintos del Impuesto sobre el Valor Añadido y relativas a la referida actividad empresarial o profesional.

3. Si el adquirente o importador de los bienes o servicios a que se refiere el apartado 1 de este artículo no puede acreditar que en el momento en que adquirió o importó dichos bienes o servicios lo hizo con la intención de destinarlos a la realización de actividades empresariales o profesionales, dichas adquisiciones o importaciones no se considerarán efectuadas en condición de empresario o profesional y, por tanto, no podrán ser objeto de deducción las cuotas del Impuesto que soporte o satisfaga con ocasión de dichas operaciones, ni siquiera

---

[88]　Nueva redacción de la letra c) del apartado 2 del artículo 27 dada por el art. primero.Catorce del Real Decreto 828/2013, de 25 de octubre (BOE núm. 257, de 26 de octubre de 2013), en vigor desde el 27 de octubre de 2013.
Redacción anterior dada por art. 1.2 del Real Decreto 1082/2001, de 5 de octubre (BOE núm. 240, de 6 de octubre de 2001), en vigor desde el 7 de octubre de 2001.

[89]　Orden EHA/1274/2007, de 26 de abril, por la que se aprueban los modelos 036 de Declaración censal de alta, modificación y baja en el Censo de empresarios, profesionales y retenedores y 037 Declaración censal simplificada de alta, modificación y baja en el Censo de empresarios, profesionales y retenedores (BOE núm. 112, de 10 de mayo de 2007).

en el caso en que en un momento posterior a la adquisición o importación de los referidos bienes o servicios decida destinarlos al ejercicio de una actividad empresarial o profesional.

4. Lo señalado en los apartados anteriores de este artículo será igualmente aplicable a quienes, teniendo ya la condición de empresario o profesional por venir realizando actividades de tal naturaleza, inicien una nueva actividad empresarial o profesional que constituya un sector diferenciado respecto de las actividades que venían desarrollando con anterioridad.

Artículo 28[90]. *Opción y solicitudes en materia de deducciones*

1[91]. Los sujetos pasivos podrán ejercitar la opción y formular las solicitudes en materia de deducciones que se indican a continuación, en los plazos y con los efectos que asimismo se señalan:

1.º Opción por la aplicación de la regla de prorrata especial, a que se refiere el número 1.º del apartado dos del artículo 103 de la Ley del Impuesto.

Dicha opción podrá ejercitarse:

a) En general, en la última declaración-liquidación del Impuesto correspondiente a cada año natural, procediéndose en tal caso, a la regularización de las deducciones practicadas durante el mismo.

b) En los supuestos de inicio de actividades empresariales o profesionales, constituyan o no un sector diferenciado respecto de las que, en su caso, se vinieran desarrollando con anterioridad, hasta la finalización del plazo de presentación de la declaración-liquidación correspondiente al período en el que se produzca el comienzo en la realización habitual de las entregas de bienes o prestaciones de servicios correspondientes a tales actividades.

La opción por la aplicación de la regla de prorrata especial surtirá efectos en tanto no sea revocada por el sujeto pasivo, si bien, la opción por su aplicación tendrá una validez mínima de tres años naturales, incluido el año natural a que se refiere la opción ejercitada.

La revocación podrá efectuarse, una vez transcurrido el período mínimo mencionado, en la última declaración-liquidación correspondiente a cada año natural, procediéndose en tal caso, a la regularización de las deducciones practicadas durante el mismo.

2.º Solicitud de aplicación de un régimen de deducción común para los sectores diferenciados comprendidos en el artículo 9, número 1.º, letra c), letra a') de la Ley del Impuesto, prevista en el apartado dos del artículo 101 de dicha Ley.

La solicitud a que se refiere este número 2.º podrá formularse en los siguientes plazos:

---

[90]   Nueva redacción del art. 28 dada por el art. 1.3 del Real Decreto 1082/2001, de 5 de octubre (BOE núm. 240, de 6 de octubre de 2001), en vigor desde el 7 de octubre de 2001.

[91]   Nueva redacción del apartado 1.1.º del artículo 28 dada por el art. primero.Quince del Real Decreto 828/2013, de 25 de octubre (BOE núm. 257, de 26 de octubre de 2013), en vigor desde el 27 de octubre de 2013.

     Redacción anterior dada por el art. 1.3 del Real Decreto 1082/2001, de 5 de octubre (BOE núm. 240, de 6 de octubre de 2001), en vigor desde el 7 de octubre de 2001.

a) En general, durante el mes de noviembre del año anterior a aquél en que se desea que comience a surtir efectos.

b) En los supuestos de inicio de actividades empresariales o profesionales, y en los de inicio de actividades que constituyan un sector diferenciado respecto de las que se venían desarrollando con anterioridad, hasta la finalización del mes siguiente a aquél en el curso del cual se produzca el comienzo en la realización habitual de las entregas de bienes o prestaciones de servicios correspondientes a tales actividades.

El régimen de deducción que se autorice únicamente podrá ser aplicable respecto de cuotas que sean soportadas o satisfechas a partir del momento en que se produzca el comienzo de la realización habitual de las entregas de bienes o prestaciones de servicios correspondientes a actividades empresariales o profesionales, y que lo sean a partir de las fechas que se indican a continuación, tanto en el supuesto de autorización del régimen notificada por la Administración al sujeto pasivo dentro del plazo de un mes a que se refiere el apartado dos de este artículo, como en el supuesto de autorizaciones que deban entenderse concedidas por haber transcurrido el referido plazo de un mes sin que se hubiese producido la notificación de la resolución de la Administración:

a) El día 1 de enero del año siguiente a aquél en que se presentó la solicitud, en el caso de las solicitudes presentadas al amparo de lo dispuesto en la letra *a)* del segundo párrafo de este número 2.º.

b) La fecha en que se produzca el comienzo de la realización habitual de las entregas de bienes y prestaciones de servicios en el caso de solicitudes presentadas según lo previsto en la letra *b)* del segundo párrafo de este número 2.º.

El régimen de deducción común autorizado surtirá efectos en tanto no sea revocado por la Administración o renuncie a él el sujeto pasivo. Dicha renuncia podrá efectuarse durante el mes de diciembre del año anterior a aquél a partir del cual se desea que la misma tenga efectos.

Por excepción a lo señalado en el párrafo anterior, el régimen de deducción común autorizado no surtirá efectos en cada uno de los años en los que el montante total de las cuotas deducibles por aplicación del mismo exceda en un 20 por 100 o más del que resultaría de aplicar con independencia el régimen de deducciones respecto de cada sector diferenciado.

3.º Solicitud de aplicación de un porcentaje provisional de deducción distinto del fijado como definitivo para el año precedente, a que se refiere el apartado dos del artículo 105 de la Ley del Impuesto.

La solicitud a que se refiere este número 3.º podrá presentarse en los siguientes plazos:

a) En general, durante el mes de enero del año en el que se desea que surta efectos.

b) En el caso en que se produzcan en el año en curso las circunstancias que determinan que el porcentaje fijado como definitivo en el año anterior no resulte adecuado como porcentaje provisional, hasta la finalización del mes siguiente a aquél en el curso del cual se produzcan dichas circunstancias.

El porcentaje provisional autorizado surtirá efectos respecto de las cuotas soportadas a partir de las siguientes fechas:

a') En el caso de autorización del porcentaje provisional de deducción notificada por la Administración al sujeto pasivo dentro del plazo de un mes a que se refiere el apartado 2 de este artículo, la fecha que indique la Administración en la citada autorización.

b') En el caso de autorización del porcentaje provisional de deducción que deba entenderse concedida por haber transcurrido el referido plazo de un mes sin que se hubiese producido la notificación de la resolución de la Administración, el primer día del período de liquidación del Impuesto siguiente a aquél en que se hubiese producido la finalización del citado plazo.

4.º[92] Solicitud por la que se propone el porcentaje provisional de deducción a que se refiere el apartado dos del artículo 111 de la Ley del Impuesto, aplicable en los supuestos de inicio de actividades empresariales o profesionales y en los de inicio de actividades que constituyan un sector diferenciado respecto de las que se venían desarrollando con anterioridad, y en relación con las cuotas soportadas o satisfechas con anterioridad al momento en que comience la realización habitual de las entregas de bienes o prestaciones de servicios correspondientes a dichas actividades.

No será necesaria la presentación de la referida solicitud cuando las entregas de bienes o prestaciones de servicios que constituirán el objeto de las actividades que se inician y, en su caso, el de las que se venían desarrollando con anterioridad, sean exclusivamente operaciones de las enumeradas en el apartado uno del artículo 94 de la Ley del Impuesto cuya realización origina el derecho a deducir. A tales efectos, no se tendrán en cuenta las operaciones a que se refiere el apartado tres del artículo 104 de la misma ley.

La solicitud a que se refiere este número 4.º deberá formularse al tiempo de presentar la declaración censal por la que debe comunicarse a la Administración el inicio de las referidas actividades.

5.º Solicitud del porcentaje provisional de deducción a que se refiere el segundo párrafo del apartado tres del artículo 105 de la Ley del Impuesto, aplicable en los supuestos de inicio de actividades empresariales o profesionales y en los de inicio de actividades que constituyan un sector diferenciado respecto de las que se venían desarrollando con anterioridad. Dicho porcentaje es el que resulta aplicable en el año en que se produzca el comienzo de la realización habitual de las entregas de bienes o prestaciones de servicios correspondientes a

---

[92]   Nueva redacción del apartado 1.4.º dada por el art. primero.Dos del Real Decreto 1466/2007, de 2 de noviembre (BOE núm. 278, de 20 noviembre de 2007), en vigor desde 21 de noviembre de 2007. Relativo al procedimiento para ejercitar la opción y solicitudes véanse el art. 9 del Real Decreto 1065/2007, de 27 de julio, por el que se aprueba el Reglamento General de las actuaciones y los procedimientos de gestión e inspección tributaria y de desarrollo de las normas comunes de los procedimientos de aplicación de los tributos (BOE núm. 213, de 5 septiembre de 2007), y la Orden EHA/1274/2007, de 26 de abril (BOE núm. 112, de 10 de mayo de 2007.

tales actividades y respecto de las cuotas soportadas o satisfechas a partir del momento en que se produzca dicho comienzo, cuando no resultase aplicable el porcentaje provisional de deducción a que se refiere el número 4.º anterior, por no haberse determinado este último.

No será necesaria la presentación de la referida solicitud cuando las entregas de bienes o prestaciones de servicios que constituirán el objeto de las actividades que se inician y, en su caso, el de las que se venían desarrollando con anterioridad, sean exclusivamente operaciones de las enumeradas en el artículo 94.Uno de la Ley del Impuesto cuya realización origina el derecho a deducir[93].

La solicitud a que se refiere este número 5.º deberá formularse hasta la finalización del mes siguiente a aquél durante el cual se produzca el comienzo en la realización habitual de las entregas de bienes o prestaciones de servicios correspondientes a las citadas actividades.

2[94]. Las solicitudes, la renuncia, y la opción y revocación de esta última, a que se refiere el apartado anterior, se formularán, en su caso, ante el órgano competente de la Agencia Estatal de Administración Tributaria.

En el caso de las citadas solicitudes, la Administración dispondrá del plazo de un mes, a contar desde la fecha en que hayan tenido entrada en el registro del órgano competente para su tramitación, para notificar al interesado la resolución dictada respecto de las mismas, debiendo entenderse concedidas una vez transcurrido dicho plazo sin que se hubiese producido la referida notificación.

---

[93]   Nueva redacción del segundo párrafo dada por el art. primero Cinco del Real Decreto 1171/2023, de 27 de diciembre, por el que se modifican el Reglamento del Impuesto sobre el Valor Añadido, aprobado por el Real Decreto 1624/1992, de 29 de diciembre; el Reglamento de los Impuestos Especiales, aprobado por el Real Decreto 1165/1995, de 7 de julio, y el Reglamento de procedimientos amistosos en materia de imposición directa, aprobado por el Real Decreto 1794/2008, de 3 de noviembre (BOE núm. 310, de 28 de diciembre de 2023), en vigor el día 1 de enero de 2024.

     Redacción anterior: «No será necesaria la presentación de la referida solicitud cuando las entregas de bienes o prestaciones de servicios que constituirán el objeto de las actividades que se inician y, en su caso, el de las que se venían desarrollando con anterioridad, sean exclusivamente operaciones de las enumeradas en el apartado uno del artículo 94 de la Ley a deducir, y no se vayan a percibir en el año en que resulte aplicable el porcentaje provisional, subvenciones que deban incluirse en el denominador de la fracción de la regla de prorrata según lo dispuesto en el número 2.º del apartado dos del artículo 104 de la Ley del Impuesto. A tales efectos, no se tendrán en cuenta las operaciones a que se refiere el apartado tres del artículo 104 de la misma Ley».

[94]   Nueva redacción del art. 28.2 dada por el art. primero.Quince del Real Decreto 828/2013, de 25 de octubre (BOE núm. 257, de 26 de octubre de 2013), en vigor desde el 27 de octubre de 2013.

     Redacción anterior dada por el art. 1.3 del Real Decreto 1082/2001, de 5 de octubre (BOE núm. 240, de 6 de octubre de 2001), en vigor desde el 7 de octubre de 2001.

CAPÍTULO II. Devoluciones

Artículo 29. *Devoluciones de oficio*

Las devoluciones de oficio a que se refiere el artículo 115 de la Ley del Impuesto, se realizarán por transferencia bancaria. El Ministro de Economía y Hacienda podrá autorizar la devolución por cheque cruzado cuando concurran circunstancias que lo justifiquen.

Artículo 30[95]. *Devoluciones al término de cada período de liquidación*

1. Para poder ejercitar el derecho a la devolución establecido en los artículos 116 y 163 nonies de la Ley del Impuesto, los sujetos pasivos deberán estar inscritos en el registro de devolución mensual regulado en este artículo. En otro caso, sólo podrán solicitar la devolución del saldo que tengan a su favor al término del último período de liquidación de cada año natural de acuerdo con lo dispuesto en el artículo 115.uno de la Ley del Impuesto.

2. El registro de devolución mensual se gestionará por la Agencia Estatal de Administración Tributaria, sin perjuicio de lo dispuesto en las normas reguladoras de los regímenes de Concierto Económico con la Comunidad Autónoma del País Vasco y de Convenio Económico con la Comunidad Foral de Navarra.

3. Serán inscritos en el registro, previa solicitud, los sujetos pasivos en los que concurran los siguientes requisitos:

a) Que soliciten la inscripción mediante la presentación de una declaración censal, en el lugar y forma que establezca el Ministro de Economía y Hacienda[96].

b) Que se encuentren al corriente de sus obligaciones tributarias, en los términos a que se refiere el artículo 74 del Reglamento General de las actuaciones y los procedimientos de gestión e inspección tributaria y de desarrollo de las normas comunes de los procedimientos de aplicación de los tributos, aprobado por el Real Decreto 1065/2007, de 27 de julio.

c) Que no se encuentren en alguno de los supuestos que podrían dan lugar a la baja cautelar en el registro de devolución mensual o a la revocación del número de identificación fiscal, previstos en los artículos 144.4 y 146.1 *b), c)* y *d)* del Reglamento General de las actuaciones y los procedimientos de gestión e inspección tributaria y de desarrollo de las normas comunes de los procedimientos de aplicación de los tributos, aprobado por el Real Decreto 1065/2007, de 27 de julio.

d) Que no realicen actividades que tributen en el régimen simplificado.

e) En el caso de entidades acogidas al régimen especial del grupo de entidades regulado en el capítulo IX del título IX de la Ley del Impuesto, la inscripción en el registro sólo

---

[95]   Nueva redacción del art. 30 dada por el art. 1.Uno del Real Decreto 2126/2008, de 26 de diciembre (BOE núm. 312, de 27 de diciembre de 2008), en vigor desde 1 de enero de 2009.

[96]   Modelos 036 y 037 de declaración censal aprobados por Orden EHA/1274/2007, de 26 de abril (BOE núm. 112, de 10 de mayo de 2007).

procederá cuando todas las entidades del grupo que apliquen dicho régimen especial así lo hayan acordado y reúnan los requisitos establecidos en este apartado.

El incumplimiento de los requisitos por parte de cualquiera de estas entidades conllevará la no admisión o, en su caso, la exclusión del registro de devolución mensual de la totalidad de las entidades del grupo que apliquen el régimen especial.

La solicitud de inscripción en el registro y, en su caso, la solicitud de baja, deberán ser presentadas a la Administración tributaria por la entidad dominante y habrán de referirse a la totalidad de las entidades del grupo que apliquen el régimen especial.

Las actuaciones dirigidas a tramitar las solicitudes de inscripción o baja en el registro, así como a la comprobación del mantenimiento de los requisitos de acceso al mismo en relación con entidades ya inscritas, se entenderán con la entidad dominante en su condición de representante del grupo de acuerdo con lo dispuesto por el artículo 163 nonies.dos de la Ley del Impuesto.

4[97]. Las solicitudes de inscripción en el registro se presentarán en el mes de noviembre del año anterior a aquél en que deban surtir efectos. La inscripción en el registro se realizará desde el día 1 de enero del año en el que deba surtir efectos.

No obstante, los sujetos pasivos que no hayan solicitado la inscripción en el registro en el plazo establecido en el párrafo anterior, así como los empresarios o profesionales que no hayan iniciado la realización de entregas de bienes o prestaciones de servicios correspondientes a actividades empresariales o profesionales pero hayan adquirido bienes o servicios

---

[97]   El Real Decreto 2126/2008, de 26 de diciembre, por el que se modifican el presente Reglamento así como el Reglamento General de las actuaciones y los procedimientos de gestión e inspección tributaria y de desarrollo de las normas comunes de los procedimientos de aplicación de los tributos, aprobado por el Real Decreto 1065/2007, de 27 de julio (BOE núm. 312, de 27 de diciembre de 2008), en vigor desde 1 de enero de 2009, recoge en relación con el régimen transitorio lo siguiente: Disposición transitoria primera. «Solicitud de inscripciones en el registro de devolución mensual para 2009. Exclusivamente para las inscripciones en el registro de devolución mensual que hayan de surtir efectos desde el 1 de enero del año 2009, los plazos generales de solicitud de inscripción previstos en el primer y tercer párrafo de art. 30.4 del Reglamento del Impuesto sobre el Valor Añadido, aprobado por el Real Decreto 1624/1992, de 29 de diciembre, se extenderán hasta el día 30 de enero de ese año».

Disposición transitoria segunda. «Inscripción automática en el registro de devolución mensual. Los sujetos pasivos que se encontrasen inscritos en el registro de exportadores y otros operadores económicos en la fecha de entrada en vigor del presente real decreto y reúnan los requisitos establecidos en el art. 30.3 del Reglamento del Impuesto sobre el Valor Añadido, aprobado por el Real Decreto 1624/1992, de 29 de diciembre, con exclusión del dispuesto en la letra a) de dicho precepto, quedarán automáticamente inscritos en el nuevo registro de devolución mensual a todos los efectos, salvo que soliciten la baja de éste en el plazo establecido en la disposición transitoria primera».

Los obligados tributarios que deban presentar declaraciones correspondientes al IVA por medios telemáticos, y que a su vez opten por el sistema de devolución mensual, deben presentar el modelo 340 de "declaración informativa de operaciones incluidas en los libros registro" aprobada por Orden EHA/3787/2008, de 29 de diciembre (BOE núm. 313, de 30 diciembre de 2008).

con la intención, confirmada por elementos objetivos, de destinarlos al desarrollo de tales actividades, podrán igualmente solicitar su inscripción en el registro durante el plazo de presentación de las declaraciones-liquidaciones periódicas. En ambos casos, la inscripción en el registro surtirá efectos desde el día siguiente a aquél en el que finalice el período de liquidación de dichas declaraciones-liquidaciones.

La entidad dominante de un grupo que vaya a optar por la aplicación del régimen especial del grupo de entidades regulado en el capítulo IX del título IX de la Ley del Impuesto en el que todas ellas hayan acordado, asimismo, solicitar la inscripción en el registro, deberá presentar la solicitud conjuntamente con la opción por dicho régimen especial, en la misma forma, lugar y plazo que ésta, surtiendo efectos desde el inicio del año natural siguiente. En el supuesto de que los acuerdos para la inscripción en el registro se adoptaran con posterioridad, la solicitud deberá presentarse durante el plazo de presentación de las declaraciones-liquidaciones periódicas, surtiendo efectos desde el día siguiente a aquél en el que finalice el período de liquidación de dichas declaraciones-liquidaciones.

La presentación de solicitudes de inscripción en el registro fuera de los plazos establecidos conllevará su desestimación y archivo sin más trámite que el de comunicación al sujeto pasivo.

5. Los sujetos pasivos podrán entender desestimada la solicitud de inscripción en el registro si transcurridos tres meses desde su presentación no han recibido notificación expresa de la resolución del expediente.

6. El incumplimiento de alguno de los requisitos establecidos en el apartado 3 anterior, o la constatación de la inexactitud o falsedad de la información censal facilitada a la Administración tributaria, será causa suficiente para la denegación de la inscripción en el registro o, en caso de tratarse de sujetos pasivos ya inscritos, para la exclusión por la Administración tributaria de dicho registro.

La exclusión del registro surtirá efectos desde el primer día del período de liquidación en el que se haya notificado el respectivo acuerdo.

La exclusión del registro determinará la inadmisión de la solicitud de inscripción durante los tres años siguientes a la fecha de notificación de la resolución que acuerde la misma.

7. Los sujetos pasivos inscritos en el registro de devolución mensual estarán obligados a permanecer en él al menos durante el año para el que se solicitó la inscripción o, tratándose de sujetos pasivos que hayan solicitado la inscripción durante el plazo de presentación de las declaraciones-liquidaciones periódicas o de empresarios o profesionales que no hayan iniciado la realización de entregas de bienes o prestaciones de servicios correspondientes a actividades empresariales o profesionales, al menos durante el año en el que solicitan la inscripción y el inmediato siguiente.

8. Las solicitudes de baja voluntaria en el registro se presentarán en el mes de noviembre del año anterior a aquél en que deban surtir efectos. En el supuesto de un grupo que aplique el régimen especial del grupo de entidades regulado en el capítulo IX del título IX de la Ley del Impuesto, la solicitud de baja voluntaria se presentará por la entidad dominante en el plazo y con los efectos establecidos por el artículo 61 bis.5 de este Reglamento.

No obstante, los sujetos pasivos estarán obligados a presentar la solicitud de baja en el registro cuando dejen de cumplir el requisito a que se refiere la letra *d)* del apartado 3 de este artículo. Dicha solicitud deberá presentarse en el plazo de presentación de la declaración-liquidación correspondiente al mes en el que se produzca el incumplimiento, surtiendo efectos desde el inicio de dicho mes.

No podrá volver a solicitarse la inscripción en el registro en el mismo año natural para el que el sujeto pasivo hubiera solicitado la baja del mismo.

9. Las solicitudes de devolución consignadas en declaraciones-liquidaciones que correspondan a períodos de liquidación distintos del último del año natural presentadas por sujetos pasivos no inscritos en el registro de devolución mensual, no iniciarán el procedimiento de devolución a que se refiere este artículo.

10[98]. Los sujetos pasivos inscritos en el registro de devolución mensual deberán presentar sus declaraciones-liquidaciones del Impuesto exclusivamente por vía electrónica y con periodicidad mensual.

11. La inscripción en el registro de devolución mensual resultará plenamente compatible con el alta en el servicio de notificaciones en dirección electrónica para las comunicaciones que realice la Agencia Estatal de Administración Tributaria. En el caso de entidades acogidas al régimen especial del grupo de entidades regulado en el capítulo IX del título IX de la Ley del Impuesto, la inscripción en el mencionado servicio, en su caso, deberá ser cumplida por la entidad dominante.

12. La devolución que corresponda se efectuará exclusivamente por transferencia bancaria a la cuenta que indique al efecto el sujeto pasivo en cada una de sus solicitudes de devolución mensual.

Artículo 30 bis[99]. *Devolución de cuotas deducibles a los sujetos pasivos que ejerzan la actividad de transporte de viajeros o de mercancías por carretera*

1[100]. No obstante lo establecido en el artículo 30 de este Reglamento, los sujetos pasivos que ejerzan la actividad de transporte de viajeros o de mercancías por carretera,

---

[98]   Nueva redacción del art. 30.10 dada por el art. primero. Dos del Real Decreto 596/2016, de 2 de diciembre (BOE núm. 294, de 6 de diciembre de 2016), con efectos desde el 1 de julio de 2017.

[99]   Art. 30 bis incorporado por el art. 1.Dos del Real Decreto 2126/2008, de 26 de diciembre (BOE núm. 312, de 27 de diciembre de 2008), en vigor desde 1 de enero de 2009. Aprobado el modelo 308 «IVA, solicitud de devolución: recargo de equivalencia, art. 30 bis del Reglamento del IVA y sujetos pasivos ocasionales» por el art. 2 de la Orden EHA/3786/2008, de 29 de diciembre (BOE núm. 314, de 30 diciembre de 2008). Arts. 8, 9, 10 y 11 de la misma relativos al lugar, procedimiento y presentación telemática por internet. Modificada por Orden EHA/1033/2011, de 18 de abril (BOE núm. 100, de 27 de abril de 2011).

[100]   Nueva redacción del art. 30.bis.1 dada por el art. primero Seis del Real Decreto 1171/2023, de 27 de diciembre, por el que se modifican el Reglamento del Impuesto sobre el Valor Añadido, aprobado por el Real

tributen por el régimen simplificado del Impuesto y, cumpliendo los requisitos establecidos en las letras b) y c) del artículo 30.3 de este Reglamento, hayan soportado cuotas deducibles del Impuesto como consecuencia de la adquisición de medios de transporte afectos a tales actividades, podrán solicitar la devolución de dichas cuotas deducibles durante los primeros 20 días naturales del mes siguiente a aquél en el cual hayan realizado la adquisición de los medios de transporte, con arreglo al procedimiento, lugar y forma que establezca al efecto la persona titular del Ministerio de Hacienda y Función Pública.

Los medios de transporte a que se refiere el párrafo anterior que hayan sido adquiridos por los sujetos pasivos que ejerzan la actividad de transporte de mercancías por carretera, deberán estar comprendidos en la categoría N1 y tener al menos 2.500 kilos de masa máxima autorizada o en las categorías N2 y N3, todas ellas del artículo 4 del Reglamento (UE) 2018/858 del Parlamento Europeo y del Consejo, de 30 de mayo de 2018, sobre la homologación y la vigilancia del mercado de los vehículos de motor y sus remolques y de los sistemas, los componentes y las unidades técnicas independientes destinados a dichos vehículos, por el que se modifican los Reglamentos (CE) n.º 715/2007 y (CE) n.º 595/2009 y por el que se deroga la Directiva 2007/46/CE.

2. Lo dispuesto en este artículo no resultará de aplicación a los sujetos pasivos que opten por consignar las referidas cuotas deducibles en las declaraciones-liquidaciones que correspondan de acuerdo con lo dispuesto en el artículo 38.2 de este Reglamento.

Decreto 1624/1992, de 29 de diciembre; el Reglamento de los Impuestos Especiales, aprobado por el Real Decreto 1165/1995, de 7 de julio, y el Reglamento de procedimientos amistosos en materia de imposición directa, aprobado por el Real Decreto 1794/2008, de 3 de noviembre (BOE núm. 310, de 28 de diciembre de 2023), en vigor el día 1 de enero de 2024.

Redacción anterior: «1. No obstante lo establecido en el artículo 30 de este Reglamento, los sujetos pasivos que ejerzan la actividad de transporte de viajeros o de mercancías por carretera, tributen por el régimen simplificado del Impuesto y, cumpliendo los requisitos establecidos en las letras b) y c) del artículo 30.3 de este Reglamento, hayan soportado cuotas deducibles del Impuesto como consecuencia de la adquisición de medios de transporte afectos a tales actividades, podrán solicitar la devolución de dichas cuotas deducibles durante los primeros 20 días naturales del mes siguiente a aquél en el cual hayan realizado la adquisición de los medios de transporte, con arreglo al procedimiento, lugar y forma que establezca al efecto el Ministro de Economía y Hacienda.

Los medios de transporte a que se refiere el párrafo anterior que hayan sido adquiridos por los sujetos pasivos que ejerzan la actividad de transporte de mercancías por carretera, deberán estar comprendidos en la categoría N1 y tener al menos 2.500 kilos de masa máxima autorizada o en las categorías N2 y N3, todas ellas del anexo II de la Directiva 2007/46/CE, del Parlamento Europeo y del Consejo, de 5 de septiembre de 2007, por la que se crea un marco para la homologación de los vehículos de motor y de los remolques, sistemas, componentes y unidades técnicas independientes destinados a dichos vehículos[redacción del segundo párrafo del art. 30.bis.1 dada por el art. 1.Cuatro del Real Decreto 1512/2018, de 28 de diciembre (BOE núm. 314, de 29 de diciembre), con efectos desde el 1 de enero de 2019]».

Artículo 30 ter[101]. *Solicitudes de devolución de empresarios o profesionales establecidos en el territorio de aplicación del Impuesto, Islas Canarias, Ceuta y Melilla correspondientes a cuotas soportadas por operaciones efectuadas en la Comunidad con excepción de las realizadas en el territorio de aplicación del Impuesto*

1. Las solicitudes de devolución reguladas en el artículo 117 bis de la Ley del Impuesto se presentarán por vía electrónica a través de los formularios dispuestos al efecto en el portal electrónico de la Agencia Estatal de Administración Tributaria. Dicho órgano informará sin demora al solicitante de la recepción de la solicitud por medio del envío de un acuse de recibo electrónico y decidirá su remisión por vía electrónica al Estado miembro en el que se hayan soportado las cuotas en el plazo de 15 días contados desde dicha recepción.

2. No obstante, se notificará por vía electrónica al solicitante de que no procede la remisión de su solicitud cuando, durante el periodo al que se refiera, concurra cualquiera de las siguientes circunstancias:

a) Que no haya tenido la condición de empresario o profesional actuando como tal.

b) Que haya realizado exclusivamente operaciones que no originen el derecho a la deducción total del Impuesto.

c) Que realice exclusivamente actividades que tributen por los regímenes especiales de la agricultura, ganadería y pesca o del recargo de equivalencia.

3. El solicitante deberá estar inscrito en el servicio de notificaciones en dirección electrónica para las comunicaciones que realice la Agencia Estatal de Administración Tributaria relativas a las solicitudes a que se refiere este artículo.

Artículo 31[102]. *Devoluciones a empresarios o profesionales no establecidos en el territorio de aplicación del Impuesto pero establecidos en la Comunidad, Islas Canarias, Ceuta o Melilla*

1. Los empresarios o profesionales no establecidos en el territorio de aplicación del Impuesto pero establecidos en la Comunidad, Islas Canarias, Ceuta o Melilla, podrán solicitar la devolución de las cuotas del Impuesto sobre el Valor Añadido a que se refiere el artículo 119 de la Ley del Impuesto mediante una solicitud que deberá reunir los siguientes requisitos:

---

[101]   Nueva redacción del título del art. 30 ter dada por el art. primero. Dieciséis del Real Decreto 828/2013, de 25 de octubre (BOE núm. 257, de 26 de octubre de 2013), en vigor desde el 27 de octubre de 2013.
Redacción anterior tras su incorporación por el art. 1.Dos del Real Decreto 192/2010, de 26 de febrero (BOE núm. 53, de 2 de marzo de 2010), en vigor desde 3 de marzo de 2010.

[102]   Nueva redacción de art. 31 dada por el art. primero cinco del Real Decreto 424/2021, de 15 de junio (BOE núm. 143, de 16 de junio de 2021), en vigor desde el 1 de julio de 2021.
Redacción anterior dada por el art. 1.Tres del Real Decreto 192/2010, de 26 de febrero (BOE núm. 53, de 2 de marzo de 2010), en vigor desde 3 de marzo de 2010, sin perjuicio de lo preceptuado en la disposición transitoria 2.ª.

a) La presentación se realizará por vía electrónica a través del formulario dispuesto al efecto en el portal electrónico de la Administración tributaria del Estado miembro donde esté establecido el solicitante con el contenido que apruebe la persona titular del Ministerio de Hacienda.

Cuando se trate de solicitantes establecidos en las Islas Canarias, Ceuta o Melilla, la solicitud se presentará a través del portal electrónico de la Agencia Estatal de Administración Tributaria.

Dicho órgano, que será el competente para tramitar y resolver las solicitudes a que se refiere este artículo, comunicará al solicitante o a su representante la fecha de recepción de su solicitud a través de un mensaje enviado por vía electrónica.

b) La solicitud comprenderá las cuotas soportadas por las adquisiciones de bienes o servicios por las que se haya devengado el Impuesto y se haya expedido la correspondiente factura en el periodo a que se refieran. En el caso de las importaciones de bienes, la solicitud deberá referirse a las realizadas durante el periodo de devolución definido en el apartado 3 de este artículo.

Asimismo, podrá presentarse una nueva solicitud referida a un año natural que comprenda, en su caso, las cuotas soportadas por operaciones no consignadas en otras anteriores siempre que las mismas se hayan realizado durante el año natural considerado.

c) La persona titular del Ministerio de Hacienda podrá determinar que la solicitud se acompañe de copia electrónica de las facturas o documentos de importación a que se refiera cuando la base imponible consignada en cada uno de ellos supere el importe de 1.000 euros con carácter general o de 250 euros cuando se trate de carburante.

d) La solicitud de devolución deberá contener la siguiente información:

1.º Nombre y apellidos o denominación social y dirección completa del solicitante.

2.º Número de identificación a efectos del Impuesto sobre el Valor Añadido o número de identificación fiscal del solicitante.

3.º Una dirección de correo electrónico.

4.º Descripción de la actividad empresarial o profesional del solicitante a la que se destinan los bienes y servicios correspondientes a las cuotas del Impuesto cuya devolución se solicita. A estos efectos, la persona titular del Ministerio de Hacienda podrá establecer que dicha descripción se efectúe por medio de unos códigos de actividad.

5.º Identificación del período de devolución a que se refiera la solicitud de acuerdo con lo dispuesto en el apartado 3 de este artículo.

6.º Una declaración del solicitante en la que manifieste que no realiza en el territorio de aplicación del Impuesto operaciones distintas de las indicadas en el número 2.º del apartado dos del artículo 119 de la Ley del Impuesto.

Asimismo, cuando se trate de un empresario o profesional titular de un establecimiento permanente situado en el territorio de aplicación del Impuesto, deberá manifestarse en dicha declaración que no se han realizado entregas de bienes ni prestaciones de servicios desde ese establecimiento permanente durante el periodo a que se refiera la solicitud.

No obstante, los empresarios o profesionales no establecidos en el territorio de aplicación del Impuesto pero establecidos en la Comunidad, Islas Canarias, Ceuta o Melilla, que se acojan a los regímenes especiales aplicables a las ventas a distancia y a determinadas entregas interiores de bienes y prestaciones de servicios, regulados en el capítulo XI del título IX de la Ley del Impuesto, no estarán obligados al cumplimiento de lo dispuesto en este número 6.º respecto de las operaciones a las que resulten aplicables dichos regímenes.

7.º Identificación y titularidad de la cuenta bancaria, con mención expresa a los códigos IBAN y BIC que correspondan.

En el caso de que no se trate de una cuenta abierta en un establecimiento de una entidad de crédito ubicado en el territorio de aplicación del Impuesto, Islas Canarias, Ceuta o Melilla, todos los gastos que origine la transferencia se detraerán del importe de la devolución acordada.

8.º Los datos adicionales y de codificación que se soliciten por cada factura o documento de importación en el formulario señalado en la letra a) de este apartado.

2. La solicitud de devolución únicamente se considerará presentada cuando contenga toda la información a que se refiere la letra d) del apartado anterior de este artículo.

3. La solicitud de devolución podrá comprender las cuotas soportadas en un periodo no superior al año natural ni inferior a tres meses.

No obstante, la solicitud podrá comprender las cuotas soportadas en un periodo inferior a tres meses cuando dicho periodo constituya lo que resta del año natural.

4. El plazo para la presentación de la solicitud de devolución se iniciará el día siguiente al final de cada trimestre natural o de cada año natural y concluirá el 30 de septiembre siguiente al año natural en el que se hayan soportado las cuotas a que se refiera.

5. Si la solicitud de devolución se refiere a un periodo de devolución inferior a un año natural, pero no inferior a tres meses, el importe del Impuesto incluido en la solicitud de devolución no podrá ser inferior a 400 euros.

Si la solicitud de devolución se refiere a un período de devolución de un año natural o a la parte restante de un año natural, el importe del Impuesto incluido en la solicitud no podrá ser inferior a 50 euros.

6. Si con posterioridad a la solicitud de las devoluciones a que se refiere este artículo se regularizara el porcentaje de deducción calculado provisionalmente en el Estado miembro donde el solicitante esté establecido, se deberá proceder a corregir su importe en una solicitud de devolución que se presente durante el año natural siguiente al período de devolución cuyo porcentaje haya sido objeto de rectificación.

Cuando no se hayan presentado solicitudes de devolución durante dicho año, la rectificación se realizará mediante el envío de una solicitud de rectificación por vía electrónica que se presentará a través del portal electrónico de la Administración tributaria del Estado de establecimiento con el contenido que apruebe la persona titular del Ministerio de Hacienda.

7. Cuando el órgano competente para resolver la solicitud presentada estime que no dispone de toda la información que precise, podrá requerir la información adicional necesaria al solicitante, a la autoridad competente del Estado miembro donde esté establecido aquel o a terceros, mediante un mensaje enviado por vía electrónica dentro del plazo de los cuatro meses contados desde la recepción de la misma. Asimismo, dicho órgano podrá solicitar cualquier información ulterior que estime necesaria.

Cuando existan dudas acerca de la validez o exactitud de los datos contenidos en una solicitud de devolución o en la copia electrónica de las facturas o de los documentos de importación a que se refiera, el órgano competente para su tramitación podrá requerir, en su caso, al solicitante la aportación de los originales de los mismos. Dichos originales deberán mantenerse a disposición de la Administración tributaria durante el plazo de prescripción del Impuesto.

Las solicitudes de información adicional o ulterior deberán ser atendidas por su destinatario en el plazo de un mes contado desde su recepción.

8. La resolución de la solicitud de devolución deberá adoptarse y notificarse al solicitante durante los cuatro meses siguientes a la fecha de su recepción por el órgano competente para la adopción de la misma.

No obstante, cuando sea necesaria la solicitud de información adicional o ulterior, la resolución deberá adoptarse y notificarse al solicitante en el plazo de dos meses desde la recepción de la información solicitada o desde el fin del transcurso de un mes desde que la misma se efectuó, si dicha solicitud no fuera atendida por su destinatario. En estos casos, el procedimiento de devolución tendrá una duración mínima de seis meses contados desde la recepción de la solicitud por el órgano competente para resolverla.

En todo caso, cuando sea necesaria la solicitud de información adicional o ulterior, el plazo máximo para resolver una solicitud de devolución será de ocho meses contados desde la fecha de la recepción de esta, entendiéndose desestimada si transcurridos los plazos a que se refiere este apartado no se ha recibido notificación expresa de su resolución.

9. Reconocida la devolución, deberá procederse a su abono en los 10 días siguientes a la finalización de los plazos a que se refiere el apartado anterior de este artículo.

10. La desestimación total o parcial de la solicitud presentada podrán ser recurridas por el solicitante de acuerdo con lo dispuesto en el título V de la Ley 58/2003, de 17 de diciembre, General Tributaria.

11. La persona titular del Ministerio de Hacienda podrá establecer el idioma en el que se deba cumplimentar la solicitud de devolución y la información adicional o ulterior que sea requerida por el órgano competente para su tramitación y resolución.

Artículo 31 bis[103]. *Devoluciones a determinados empresarios o profesionales no establecidos en el territorio de aplicación del Impuesto ni en la Comunidad, Islas Canarias, Ceuta o Melilla*

1[104]. Los empresarios o profesionales no establecidos en el territorio de aplicación del Impuesto ni en la Comunidad, Islas Canarias, Ceuta o Melilla, podrán solicitar la devolución de las cuotas del Impuesto sobre el Valor Añadido a que se refiere el artículo 119 bis de la Ley del Impuesto mediante una solicitud que deberá reunir los siguientes requisitos:

a) La presentación se realizará por vía electrónica a través del modelo y con los requisitos de acreditación aprobados por la persona titular del Ministerio de Hacienda que se encontrarán alojados en el portal electrónico de la Agencia Estatal de Administración Tributaria, órgano competente para su tramitación y resolución.

b) La solicitud de devolución podrá comprender las cuotas soportadas en un periodo no superior al año natural ni inferior a tres meses.

No obstante, la solicitud podrá comprender las cuotas soportadas en un periodo inferior a tres meses cuando dicho periodo constituya lo que resta del año natural.

c) En la solicitud se consignarán las cuotas soportadas por las adquisiciones de bienes o servicios por las que se haya devengado el Impuesto y se haya expedido la correspondiente factura en el periodo a que se refieran. En el caso de las importaciones de bienes, la solicitud deberá referirse a las realizadas durante el periodo de devolución definido en la letra b) de este apartado.

Asimismo, podrá presentarse una nueva solicitud referida a un año natural que comprenda, en su caso, las cuotas soportadas por operaciones no consignadas en otras anteriores siempre que las mismas se hayan realizado durante el año natural considerado.

d) La solicitud de devolución deberá contener:

1.º Una declaración suscrita por el solicitante o su representante en la que manifieste que no realiza en el territorio de aplicación del Impuesto operaciones distintas de las indicadas en el número 2.º del apartado dos del artículo 119 de la Ley del Impuesto.

Asimismo, cuando se trate de un empresario o profesional titular de un establecimiento permanente situado en el territorio de aplicación del Impuesto, deberá manifestarse en dicha declaración que no se han realizado entregas de bienes ni prestaciones de servicios desde ese establecimiento permanente durante el periodo a que se refiera la solicitud.

No obstante, los empresarios o profesionales no establecidos en la Comunidad que se acojan a los regímenes especiales aplicables a las ventas a distancia y a determinadas entregas interiores de bienes y prestaciones de servicios, regulados en el capítulo XI del título

---

[103]   Art. 31 bis incorporado por el art. 1.Cuatro del Real Decreto 192/2010, de 26 de febrero (BOE núm. 53, de 2 de marzo de 2010), en vigor desde 3 de marzo de 2010.

[104]   Nueva redacción del art. 31 bis.1 dada por el art. primero seis del Real Decreto 424/2021, de 15 de junio (BOE núm. 143, de 16 de junio de 2021), en vigor desde el 1 de julio de 2021.

IX de la Ley del Impuesto, no estarán obligados al cumplimiento de lo dispuesto en este número 1.º respecto de las operaciones acogidas a dichos regímenes.

2.º Compromiso suscrito por el solicitante o su representante de reembolsar a la Hacienda Pública el importe de las devoluciones que resulten improcedentes.

3.º Certificación expedida por las autoridades competentes del Estado donde radique el establecimiento del solicitante en la que se acredite que realiza en el mismo actividades empresariales o profesionales sujetas al Impuesto sobre el Valor Añadido o a un tributo análogo durante el periodo en el que se hayan devengado las cuotas cuya devolución se solicita.

4.º[105] La persona titular del Ministerio de Hacienda y Función Pública podrá determinar que la solicitud se acompañe de copia electrónica de las facturas o documentos de importación a que se refiera cuando la base imponible consignada en cada uno de ellos supere el importe de 1.000 euros con carácter general o de 250 euros cuando se trate de carburante.

5.º[106] Cuando se trate de la primera solicitud que un representante presenta por cuenta de un determinado solicitante o cuando no esté vigente el poder que se hubiese aportado con anterioridad, la solicitud deberá ir acompañada del poder de representación, otorgado con carácter previo a la presentación de la solicitud de devolución, que cumpla los requisitos que se determinen por orden de la persona titular del Ministerio de Hacienda y Función Pública.

No se considerará presentada la solicitud en tanto no conste aportada la documentación señalada en los apartados 3.º y 5.º de esta letra.

2. El plazo para la presentación de la solicitud se iniciará el día siguiente al final de cada trimestre natural o de cada año natural y concluirá el 30 de septiembre siguiente al año natural en el que se hayan soportado las cuotas a que se refiera.

3. Los originales de las facturas y demás documentos justificativos del derecho a la devolución deberán mantenerse a disposición de la Administración tributaria durante el plazo de prescripción del Impuesto.

---

[105]   Nuevo número cuatro incorporado por art. primero Siete del Real Decreto 1171/2023, de 27 de diciembre, por el que se modifican el Reglamento del Impuesto sobre el Valor Añadido, aprobado por el Real Decreto 1624/1992, de 29 de diciembre; el Reglamento de los Impuestos Especiales, aprobado por el Real Decreto 1165/1995, de 7 de julio, y el Reglamento de procedimientos amistosos en materia de imposición directa, aprobado por el Real Decreto 1794/2008, de 3 de noviembre (BOE núm. 310, de 28 de diciembre de 2023), en vigor el día 1 de julio de 2024.

[106]   Nuevo número cinco incorporado por art. primero Siete del Real Decreto 1171/2023, de 27 de diciembre, por el que se modifican el Reglamento del Impuesto sobre el Valor Añadido, aprobado por el Real Decreto 1624/1992, de 29 de diciembre; el Reglamento de los Impuestos Especiales, aprobado por el Real Decreto 1165/1995, de 7 de julio, y el Reglamento de procedimientos amistosos en materia de imposición directa, aprobado por el Real Decreto 1794/2008, de 3 de noviembre (BOE núm. 310, de 28 de diciembre de 2023), en vigor el día 1 de julio de 2024.

4[107]. Si la solicitud de devolución se refiere a un período de devolución inferior a un año natural, pero no inferior a tres meses, el importe del Impuesto incluido en la solicitud de devolución no podrá ser inferior a 400 euros.

Si la solicitud de devolución se refiere a un período de devolución de un año natural o a la parte restante de un año natural, el importe del Impuesto incluido en la solicitud no podrá ser inferior a 50 euros.

5. La tramitación y resolución de las solicitudes de devolución a que se refiere este artículo se realizarán de acuerdo con lo dispuesto en los apartados 6 a 11 del artículo 31 de este Reglamento.

Artículo 32. *Devoluciones por entregas a título ocasional de medios de transporte nuevos*

La solicitud de devolución de las cuotas soportadas por los empresarios o profesionales a que se refiere el artículo 5.º, apartado Uno, letra e), de la Ley del Impuesto, se efectuará con arreglo al modelo que se apruebe por el Ministro de Economía y Hacienda, debiendo presentarse ante la Delegación o Administración de la Agencia Estatal de Administración Tributaria correspondiente al domicilio fiscal del solicitante. A la referida solicitud deberán adjuntarse los siguientes documentos[108]:

1.º El original de la factura en la que conste la cuota cuya devolución se solicita, que deberá contener, los datos técnicos del medio de transporte objeto de la operación.

2.º El original de la factura correspondiente a la entrega a título ocasional, expedida por el solicitante en la que consten, asimismo, los datos técnicos, del medio de transporte objeto de la operación y los de identificación del destinatario de la entrega.

---

[107] Nueva redacción del art. 31 bis.4 dada por el art. primero seis del Real Decreto 424/2021, de 15 de junio (BOE núm. 143, de 16 de junio de 2021), en vigor desde el 1 de julio de 2021.

[108] Orden EHA/3786/2008, de 29 de diciembre, por la que se aprueban el modelo 303 Impuesto sobre el Valor Añadido, Autoliquidación, y el modelo 308 Impuesto sobre el Valor Añadido, solicitud de devolución: Recargo de equivalencia, artículo 30 bis del Reglamento del IVA y sujetos pasivos ocasionales y se modifican los Anexos I y II de la Orden EHA/3434/2007, de 23 de noviembre, por la que se aprueban los modelos 322 de autoliquidación mensual, modelo individual, y 353 de autoliquidación mensual, modelo agregado, así como otra normativa tributaria (BOE núm. 314, de 30 diciembre de 2008).

Arts. 8, 9, 10 y 11 de la misma relativos al lugar, procedimiento y presentación telemática por internet.

Real Decreto 1065/2007, de 27 de julio, por el que se aprueba el Reglamento General de las actuaciones y los procedimientos de gestión e inspección tributaria y de desarrollo de las normas comunes de los procedimientos de aplicación de los tributos, dispone: Disposición Adicional Primera. *«Efectos de la falta de resolución en plazo de determinados procedimientos tributarios. Uno. Los procedimientos que se relacionan a continuación podrán entenderse desestimados por haber vencido el plazo máximo establecido sin que se haya notificado resolución expresa:... 12. Procedimiento para la devolución del Impuesto sobre el Valor Añadido por entregas a título ocasional de medios de transporte nuevos, previsto en el artículo 32 del reglamento del citado impuesto, aprobado por el Real Decreto 1624/1992, de 29 de diciembre».*

TÍTULO VIII. REGÍMENES ESPECIALES

CAPÍTULO I[109]. Normas generales[110]

Artículo 33. *Opción y renuncia a la aplicación de los regímenes especiales*

1[111] (*Derogado*)

2[112]. Los regímenes especiales simplificado y de la agricultura, ganadería y pesca se aplicarán a los sujetos pasivos que reúnan los requisitos señalados al efecto por la Ley del Impuesto sobre el Valor Añadido y que no hayan renunciado expresamente a los mismos.

La renuncia se realizará al tiempo de presentar la declaración de comienzo de la actividad o, en su caso, durante el mes de diciembre anterior al inicio del año natural en que deba surtir efecto[113]. La renuncia presentada con ocasión del comienzo de la actividad a la

---

[109]   Nueva redacción de este Capítulo dada por el art. 2.1 del Real Decreto 37/1998, de 16 de enero (BOE núm. 15, de 17 de enero de 1998).

[110]   Arts. 120 y 121 de la LIVA

[111]   Apartado derogado por el art. 1.6 Real Decreto 3422/2000, de 15 de diciembre (BOE núm. 301, de 16 de diciembre), con efectos desde el día 16 de diciembre.

[112]   Nueva redacción del apartado dos dada por el art. 2.2 del RD 215/1999, de 5 de febrero (BOE núm. 34, de 9 de febrero de 1999), en vigor desde el día 10 de febrero.

[113]   Disposición transitoria decimotercera «Límites para la aplicación del régimen simplificado y del régimen especial de la agricultura, ganadería y pesca en los ejercicios 2016 a 2024» de la LIVA.

Real Decreto-ley 8/2023, de 27 de diciembre, por el que se adoptan medidas para afrontar las consecuencias económicas y sociales derivadas de los conflictos en Ucrania y Oriente Próximo, así como para paliar los efectos de la sequía (BOE» núm. 310, de 28 de diciembre 2023): **Disposición transitoria segunda.** *Plazos de renuncias y revocaciones al método de estimación objetiva del Impuesto sobre la Renta de las Personas Físicas y a los regímenes especiales simplificado y de la agricultura, ganadería y pesca del Impuesto sobre el Valor Añadido, para el año 2024.*

«1. El plazo de renuncias al que se refieren los artículos 33.1.a) del Reglamento del Impuesto sobre la Renta de las Personas Físicas, aprobado por el Real Decreto 439/2007, de 30 de marzo, y el artículo 33.2, párrafo segundo, del Reglamento del Impuesto sobre el Valor Añadido, aprobado por el Real Decreto 1624/1992, de 29 de diciembre, así como la revocación de las mismas, que deben surtir efectos para el año 2024, será desde el día siguiente a la fecha de publicación en el «Boletín Oficial del Estado» del presente Real Decreto-ley hasta el 31 de enero de 2024.

2. Las renuncias y revocaciones presentadas, para el año 2024, a los regímenes especiales simplificado y de la agricultura, ganadería y pesca del Impuesto sobre el Valor Añadido o al método de estimación objetiva del Impuesto sobre la Renta de las Personas Físicas, durante el mes de diciembre de 2023, con anterioridad al inicio del plazo previsto en el apartado 1 anterior, se entenderán presentadas en período hábil.

No obstante, los sujetos pasivos afectados por lo dispuesto en el párrafo anterior, podrán modificar su opción en el plazo previsto en el apartado 1 anterior».

Real Decreto-ley 31/2021, de 28 de diciembre, por el que se modifica la Ley 19/1994, de 6 de julio, de modificación del Régimen Económico y Fiscal de Canarias, y se fija un nuevo plazo para presentar las renuncias o revocaciones a métodos y regímenes especiales de tributación (BOE núm. 312, de 29 de diciembre de 2021), Disposición adicional segunda. *Plazos de renuncias y revocaciones al método de estimación*

que sea de aplicación el régimen simplificado o de la agricultura, ganadería y pesca surtirá efectos desde el momento en que se inicie la misma.

Se entenderá también realizada la renuncia cuando se presente en plazo la declaración-liquidación correspondiente al primer trimestre del año natural en que deba surtir efectos aplicando el régimen general. Asimismo, en caso de inicio de la actividad, se entenderá efectuada la renuncia cuando la primera declaración-liquidación que deba presentar el sujeto pasivo después del comienzo de la actividad se presente en plazo aplicando el régimen general.

Cuando el sujeto pasivo viniera realizando una actividad acogida al régimen simplificado o al de la agricultura, ganadería y pesca, e iniciara durante el año otra susceptible de acogerse a alguno de dichos regímenes, la renuncia al régimen especial correspondiente por esta última actividad no tendrá efectos para ese año respecto de la actividad que se venía realizando con anterioridad.

La renuncia tendrá efecto para un período mínimo de tres años y se entenderá prorrogada para cada uno de los años siguientes en que pudiera resultar aplicable el respectivo régimen especial, salvo que se revoque expresamente en el mes de diciembre anterior al inicio del año natural en que deba surtir efecto.

---

objetiva del Impuesto sobre la Renta de las Personas Físicas y a los regímenes especiales simplificado y de la agricultura, ganadería y pesca del Impuesto sobre el Valor Añadido, para el año 2022.
Real Decreto-ley 35/2020, de 22 de diciembre, de medidas urgentes de apoyo al sector turístico, la hostelería y el comercio y en materia tributaria (BOE núm. 334, de 23 de diciembre de 2020):
Artículo 9. «*Reducción en 2020 del rendimiento neto calculado por el método de estimación objetiva en el Impuesto sobre la Renta de las Personas Físicas y de la cuota devengada por operaciones corrientes del régimen simplificado del Impuesto sobre el Valor Añadido*».
Artículo 11. «Incidencia de los estados de alarma decretados en 2020 en la determinación del rendimiento anual con arreglo al método de estimación objetiva del impuesto sobre la Renta de las Personas Físicas y en el cálculo de la cuota devengada por operaciones corrientes del régimen especial simplificado del Impuesto sobre el Valor Añadido en dicho período».
Artículo 12. «*Plazos de renuncias y revocaciones al método de estimación objetiva del Impuesto sobre la Renta de las Personas Físicas y a los regímenes especiales simplificado y de la agricultura, ganadería y pesca del Impuesto sobre el Valor Añadido, para el año 2021.*
Real Decreto-ley 18/2019, de 27 de diciembre, por el que se adoptan determinadas medidas en materia tributaria, catastral y de seguridad social (BOE núm. 312, de 28 de diciembre de 2019), con efectos desde el 29 de diciembre de 2019:
Disposición transitoria primera. «*Plazos de renuncias y revocaciones al método de estimación objetiva del Impuesto sobre la Renta de las Personas Físicas y a los regímenes especiales simplificado y de la agricultura, ganadería y pesca del Impuesto sobre el Valor Añadido, para el año 2020.*
Real Decreto-ley 27/2018, de 28 de diciembre, por el que se adoptan determinadas medidas en materia tributaria y catastral (BOE núm. 314, de 29 de diciembre de 2018), con efectos desde el día 30 de diciembre de 2018. Disposición transitoria primera. «*Plazos de renuncias y revocaciones al método de estimación objetiva del Impuesto sobre la Renta de las Personas Físicas y a los regímenes especiales simplificado y de la agricultura, ganadería y pesca del Impuesto sobre el Valor Añadido, para el año 2019*».

Si en el año inmediato anterior a aquél en que la renuncia al régimen simplificado o de la agricultura, ganadería y pesca debiera surtir efecto se superara el límite que determina su ámbito de aplicación, dicha renuncia se tendrá por no efectuada.

La renuncia al régimen de estimación objetiva del Impuesto sobre la Renta de las Personas Físicas supondrá la renuncia a los regímenes especiales simplificado y de la agricultura, ganadería y pesca en el Impuesto sobre el Valor Añadido por todas las actividades empresariales y profesionales ejercidas por el sujeto pasivo.

El régimen especial de los bienes usados, objetos de arte, antigüedades y objetos de colección se aplicará a las operaciones que reúnan los requisitos señalados por la Ley del Impuesto, siempre que el sujeto pasivo haya presentado la declaración prevista por el artículo 164, apartado Uno, número 1.º de dicha Ley, relativa al comienzo de sus actividades empresariales o profesionales. No obstante, en la modalidad de determinación de la base imponible mediante el margen de beneficio de cada operación, el sujeto pasivo podrá renunciar al referido régimen especial y aplicar el régimen general respecto de cada operación que realice, sin que esta renuncia deba ser comunicada expresamente a la Administración ni quede sujeta al cumplimiento de ningún otro requisito.

3[114]. Las opciones y renuncias previstas en el presente artículo, así como su revocación, se efectuarán de conformidad con lo dispuesto en el Reglamento General de las actuaciones y procedimientos de gestión e inspección tributaria y de desarrollo de las normas comunes de los procedimientos de aplicación de los tributos, aprobado por el Real Decreto 1065/2007, de 27 de julio[115].

Lo dispuesto en el párrafo anterior no será de aplicación en relación con la modalidad de renuncia prevista en el párrafo tercero del apartado anterior.

CAPÍTULO II. Régimen simplificado[116]

Artículo 34[117]. *Extensión subjetiva*

Tributarán por el régimen simplificado los sujetos pasivos del Impuesto que cumplan los siguientes requisitos:

---

[114] Nueva redacción del art. 33.3 dada por el art. primero. Diecisiete del Real Decreto 828/2013, de 25 de octubre (BOE núm. 257, de 26 de octubre de 2013), en vigor desde el 27 de octubre de 2013.
Redacción anterior dada por el RD 215/1999, de 5 de febrero (BOE núm. 34 de 9 de febrero), en vigor desde el día 10 de febrero.

[115] Se recoge la regulación de la declaración censal en los arts. 9 y siguientes del RD 1065/2007, de 27 de julio, en vigor desde el 1 de enero de 2008. Aprobados modelos de declaración censal 036 y 037 por Orden EHA/1274/2007, de 26 de abril (BOE núm. 112, de 10 de mayo).

[116] Arts. 122 y 123 de la LIVA.

[117] Nueva redacción dada por el art. 2.1 del Real Decreto 37/1998, de 16 de enero (BOE núm. 15, de 17 de enero), con efectos desde 1 de enero de 1998.

1.º Que sean personas físicas o entidades en régimen de atribución de rentas en el Impuesto sobre la Renta de las Personas Físicas, siempre que, en este último caso, todos sus socios, herederos, comuneros o partícipes sean personas físicas.

La aplicación del régimen especial simplificado a las entidades a que se refiere el párrafo anterior se efectuará con independencia de las circunstancias que concurran individualmente en las personas que las integren.

2º[118] Que realicen cualesquiera de las actividades económicas descritas en el artículo 37 de este Reglamento, siempre que, en relación con tales actividades, no superen los límites que determine para ellas el Ministro de Economía y Hacienda.

Artículo 35[119]. *Renuncia al régimen simplificado*

Los sujetos pasivos podrán renunciar a la aplicación del régimen simplificado en la forma y plazos previstos por el artículo 33 de este Reglamento.

La renuncia al régimen especial simplificado por las entidades en régimen de atribución deberá formularse por todos los socios, herederos, comuneros o partícipes.

---

[118]   Orden HAC/1347/2024, de 28 de noviembre, por la que se desarrollan para el año 2025 el método de estimación objetiva del Impuesto sobre la Renta de las Personas Físicas y el régimen especial simplificado del Impuesto sobre el Valor Añadido (BOE núm. 289, de 30 de noviembre de 2024).
Orden HFP/1359/2023, de 19 de diciembre, por la que se desarrollan para el año 2024 el método de estimación objetiva del Impuesto sobre la Renta de las Personas Físicas y el régimen especial simplificado del Impuesto Sobre el Valor Añadido (BOE núm. 304, de 21 de diciembre de 2023).
Ejercicios anteriores:
– 2023: Orden HFP/1172/2022, de 29 de noviembre (BOE núm. 288, de 1 de diciembre de 2022).
– 2022: Orden HFP/1335/2021, de 1 de diciembre (BOE núm. 288, de 2 de diciembre de 2021).
– 2021: Orden HAC/1155/2020, de 25 de noviembre, (BOE núm. 317, de 4 de diciembre de 2020).
– 2020: Orden HAC/1164/2019, de 22 de noviembre (BOE núm. 288, de 30 de noviembre de 2019).
– 2019: Orden HAC/1264/2018, de 27 de noviembre (BOE núm. 289, de 30 de noviembre de 2018)
– 2018: Orden HFP/1159/2017, de 28 de noviembre (BOE núm. 291, de 30 de noviembre de 2017).
– 2017: Orden HFP/1823/2016, de 25 de noviembre (BOE núm. 288, de 29 de noviembre de 2016);
– 2016: Orden HAP/2430/2015, de 12 de noviembre (BOE núm. 276, de 18 de noviembre de 2015).
– 2015: Orden HAP/2222/2014, de 27 de noviembre (BOE núm. 289, de 29 de noviembre de 2014).
– 2014: Orden HAP/2206/2013, de 26 de noviembre (BOE núm. 285, de 28 de noviembre de 2013).
– 2013: Orden HAP/2549/2012, de 28 de noviembre (BOE núm. 288, de 30 de noviembre de 2012).
– 2012: Orden EHA/3257/2011, de 21 de noviembre (BOE núm. 287, de 29 de noviembre de 2010).
– 2011: Orden EHA/3063/2010, de 25 de noviembre, (BOE núm. 289, de 30 de noviembre).
– 2010: Orden EHA/ 99/2010, de 28 de enero, para el año 2010, (BOE núm. 26, de 30 de enero).

[119]   Nueva redacción dada por el art. 2.1 del Real Decreto 37/1998, de 16 de enero (BOE del 17), con efectos desde 1 de enero de 1998.

Artículo 36[120]. *Exclusión del régimen simplificado*

1. Son circunstancias determinantes de la exclusión del régimen simplificado las siguientes:

a)[121] Haber superado los límites que, para cada actividad, determine el Ministro de Hacienda, con efectos en el año inmediato posterior a aquel en que se produzca esta circunstancia, salvo en el supuesto de inicio de la actividad, en que la exclusión surtirá efectos a partir del momento de comienzo de aquélla. Los sujetos pasivos previamente excluidos por esta causa que no superen los citados límites en ejercicios sucesivos quedarán sometidos al régimen simplificado, salvo que renuncien a él.

b)[122] Haber superado en un año natural cualesquiera de los siguientes importes:

a') Para el conjunto de sus actividades empresariales o profesionales, excepto las agrícolas, forestales y ganaderas: 150.000 euros anuales.

A estos efectos se computará la totalidad de las operaciones, con independencia de que exista o no obligación de expedir factura de acuerdo con lo dispuesto en el Reglamento por el que se regulan las obligaciones de facturación, aprobado por el Real Decreto 1619/2012, de 30 de noviembre.

b') Para el conjunto de sus actividades agrícolas, forestales y ganaderas que se determinen por el Ministro de Hacienda y Administraciones Públicas: 250.000 euros anuales.

---

[120] Nueva redacción del precepto dada por el art. 2.6 del Real Decreto 1496/2003, de 28 de noviembre (BOE número 286, de 29 de noviembre de 2003), en vigor a los 20 días de su publicación.

[121] Art. 3 de la Orden HAC/1347/2024, de 28 de noviembre, por la que se desarrollan para el año 2025 el método de estimación objetiva del Impuesto sobre la Renta de las Personas Físicas y el régimen especial simplificado del Impuesto sobre el Valor Añadido (BOE núm. 289, de 30 de noviembre de 2024).

Ejercicios anteriores:

2024: Orden HFP/1359/2023, de 19 de diciembre (BOE núm. 304, de 21 de diciembre de 2023).
2023: Orden HFP/1172/2022, de 29 de noviembre (BOE núm. 288, de 1 de diciembre de 2022).
2022: Orden HFP/1335/2021, de 1 de diciembre (BOE núm. 288, de 2 de diciembre de 2021).
2021: Orden HAC/1155/2020, de 25 de noviembre, (BOE núm. 317, de 4 de diciembre de 2020).
2020: Orden HAC/1164/2019, de 22 de noviembre (BOE núm. 288, de 30 de noviembre de 2019).
2019: Orden HAC/1264/2018, de 27 de noviembre, (BOE núm. 289, de 30 de noviembre de 2018).
2018: Orden HFP/1159/2017, de 28 de noviembre, (BOE núm. 291, de 30 de noviembre de 2017).
2017: Orden HFP/1823/2016, de 25 de noviembre (BOE núm. 288, de 29 de noviembre de 2016).
2016: Orden HAP/2430/2015, de 12 de noviembre (BOE núm. 276, de 18 de noviembre de 2015).
2015: Orden HAP/2222/2014, de 27 de noviembre (BOE núm. 289, de 29 de noviembre de 2014).
2014: Orden HAP/2206/2013, de 26 de noviembre (BOE núm. 285, de 28 de noviembre de 2013).
2013: Orden HAP/2549/2012, de 28 de noviembre (BOE núm. 288, de 30 de noviembre de 2012).
2012: Orden EHA/3257/2011, de 21 de noviembre (BOE núm. 287, de 29 de noviembre de 2010).
2011: Orden EHA/3063/2010, de 25 de noviembre, (BOE núm. 289, de 30 de noviembre de 2010).
2010: Orden EHA/ 99/2010, de 28 de enero, para el año 2010, (BOE núm. 26, de 30 de enero).

[122] Nueva redacción de la letra b) dada por el art. primero ocho del Real Decreto 1073/2014, de 19 de diciembre (BOE núm. 307, de 20 de diciembre de 2014), en vigor desde el 1 de enero de 2016.

A estos efectos, solo se computarán las operaciones que deban anotarse en los libros registro previstos en el tercer párrafo del apartado 1 del artículo 40 y en el apartado 1 del artículo 47 de este Reglamento.

Cuando en el año inmediato anterior se hubiese iniciado una actividad, dichos importes se elevarán al año.

Los efectos de esta causa de exclusión tendrán lugar en el año inmediato posterior a aquel en que se produzca. Los sujetos pasivos previamente excluidos por esta causa que no superen los citados límites en ejercicios sucesivos quedarán sometidos al régimen especial simplificado, salvo que renuncien a él.

c) Modificación normativa del ámbito objetivo de aplicación del régimen simplificado que determine la no aplicación de dicho régimen a las actividades empresariales realizadas por el sujeto pasivo, con efectos a partir del momento que fije la correspondiente norma de modificación de dicho ámbito objetivo.

d) Haber quedado excluido de la aplicación del régimen de estimación objetiva del Impuesto sobre la Renta de las Personas Físicas.

e) Realizar actividades no acogidas a los regímenes especiales simplificado, de la agricultura, ganadería y pesca o del recargo de equivalencia. No obstante, la realización por el sujeto pasivo de otras actividades en cuyo desarrollo efectúe exclusivamente operaciones exentas del Impuesto por aplicación del artículo 20 de su Ley reguladora o arrendamientos de bienes inmuebles cuya realización no suponga el desarrollo de una actividad económica de acuerdo con lo dispuesto en la normativa reguladora del Impuesto sobre la Renta de las Personas Físicas no supondrá la exclusión del régimen simplificado.

f)[123] Haber superado en un año natural el importe de 150.000 euros anuales, excluido el Impuesto sobre el Valor Añadido, por las adquisiciones o importaciones de bienes y servicios para el conjunto de las actividades empresariales o profesionales del sujeto pasivo, excluidas las relativas a elementos del inmovilizado.

Cuando el año inmediato anterior se hubiese iniciado una actividad el importe de las citadas adquisiciones e importaciones se elevará al año.

Los efectos de esta causa de exclusión tendrán lugar en el año inmediato posterior a aquel en que se produzca. Los sujetos pasivos previamente excluidos por esta causa que no superen los citados límites en ejercicios sucesivos quedarán sometidos al régimen simplificado, salvo que renuncien a él.

---

[123]   Nueva redacción de la letra f) dada por el art. primero ocho del Real Decreto 1073/2014, de 19 de diciembre (BOE núm. 307, de 20 de diciembre de 2014), en vigor desde el 1 de enero de 2016.

2[124]. Lo previsto en el párrafo d) del apartado anterior surtirá efectos en el mismo año en que se produzca la exclusión a la aplicación del régimen de estimación objetiva del Impuesto sobre la Renta de las Personas Físicas.

Lo previsto en el párrafo e) del apartado anterior surtirá efectos a partir del año inmediato posterior a aquel en que se produzca, salvo que el sujeto pasivo no viniera realizando actividades empresariales o profesionales, en cuyo caso la exclusión surtirá efectos desde el momento en que se produzca el inicio de tales actividades.

3. Cuando en el desarrollo de actuaciones de comprobación e investigación de la situación tributaria del sujeto pasivo se constate la existencia de circunstancias determinantes de la exclusión del régimen simplificado, se procederá a su oportuna regularización en régimen general.

Artículo 37[125]. *Ámbito objetivo*

1. El régimen simplificado se aplicará respecto de cada una de las actividades incluidas en el régimen de estimación objetiva del Impuesto sobre la Renta de las Personas Físicas, excepto aquéllas a las que fuese de aplicación cualquier otro de los regímenes especiales regulados en el Título IX de la Ley del Impuesto sobre el Valor Añadido.

A efectos de la aplicación del régimen simplificado, se considerarán actividades independientes cada una de las recogidas específicamente en la Orden ministerial que regule este régimen[126].

---

[124]   Nueva redacción del art. 36.2 dada por el art. primero. Dieciocho del Real Decreto 828/2013, de 25 de octubre (BOE núm. 257, de 26 de octubre de 2013), en vigor desde el 27 de octubre de 2013.
Redacción anterior dada por el art. 2.6 del Real Decreto 1496/2003, de 28 de noviembre (BOE núm. 286, de 29 de noviembre de 2003), en vigor a los 20 días de su publicación.

[125]   Nueva redacción dada por el Real Decreto 37/1998, de 16 de enero (BOE núm. 15, de 17 de enero).

[126]   Art. 1 de la Orden HAC/1347/2024, de 28 de noviembre, por la que se desarrollan para el año 2025 el método de estimación objetiva del Impuesto sobre la Renta de las Personas Físicas y el régimen especial simplificado del Impuesto sobre el Valor Añadido (BOE núm. 289, de 30 de noviembre de 2024).
Ejercicios anteriores:
2024: Orden HFP/1359/2023, de 19 de diciembre (BOE núm. 304, de 21 de diciembre de 2023).
2023: Orden HFP/1172/2022, de 29 de noviembre (BOE núm. 288, de 1 de diciembre de 2022).
2022: Orden HFP/1335/2021, de 1 de diciembre (BOE núm. 288, de 2 de diciembre de 2021).
2021: Orden HAC/1155/2020, de 25 de noviembre, (BOE núm. 317, de 4 de diciembre de 2020).
2020: Orden HAC/1164/2019, de 22 de noviembre, (BOE núm. 288, de 30 de noviembre de 2019).
2019: Orden HAC/1264/2018, de 27 de noviembre, (BOE núm. 289, de 30 de noviembre de 2018).
2018: Orden HFP/1159/2017, de 28 de noviembre, (BOE núm. 291, de 30 de noviembre de 2017).
2017: Orden HFP/1823/2016, de 25 de noviembre (BOE núm. 288, de 29 de noviembre de 2016).
2016: Orden HAP/2430/2015, de 12 de noviembre (BOE núm. 276, de 18 de noviembre de 2015).
2015: Orden HAP/2222/2014, de 27 de noviembre (BOE núm. 289, de 29 de noviembre de 2014).
2014: Orden HAP/2206/2013, de 26 de noviembre (BOE núm. 285, de 28 de noviembre de 2013).
2013: Orden HAP/2549/2012, de 28 de noviembre (BOE núm. 288, de 30 de noviembre de 2012).
2012: Orden EHA/3257/2011, de 21 de noviembre (BOE núm. 287, de 29 de noviembre de 2010).
2011: Orden EHA/3063/2010, de 25 de noviembre (BOE núm. 289, de 30 de noviembre).

2. La determinación de las operaciones económicas incluidas en cada una de las actividades comprendidas en el apartado 1 de este artículo deberá efectuarse según las normas reguladoras del Impuesto sobre Actividades Económicas, en la medida en que resulten aplicables.

Artículo 38[127]. *Contenido del régimen simplificado*

1. La determinación de las cuotas a ingresar a que se refiere el artículo 123.uno.*A)* de la Ley del Impuesto se efectuará por el propio sujeto pasivo, calculando el importe total de las cuotas devengadas mediante la imputación a su actividad económica de los índices y módulos que, con referencia concreta a cada actividad y por el período de tiempo anual correspondiente, haya fijado el Ministro de Hacienda, y podrá deducir de dicho importe las cuotas soportadas o satisfechas por la adquisición o importación de bienes y servicios referidos en el artículo 123.uno.*A)*, párrafo segundo.

El Ministro de Hacienda podrá establecer, en el procedimiento que desarrolle el cálculo de lo previsto en el párrafo anterior, un importe mínimo de las cuotas a ingresar para cada actividad a la que se aplique este régimen especial.

2[128]. A efectos de lo previsto en el apartado uno.*C)* del artículo 123 de la Ley del Impuesto, la deducción de las cuotas soportadas o satisfechas por la adquisición de activos fijos, considerándose como tales los elementos del inmovilizado, se practicará conforme al capítulo I del título VIII de dicha Ley. No obstante, cuando el sujeto pasivo liquide en la declaración-liquidación del último periodo del ejercicio las cuotas correspondientes a adquisiciones intracomunitarias de activos fijos, o a adquisiciones de tales activos con inversión del sujeto pasivo, la deducción de dichas cuotas no podrá efectuarse en una declaración-liquidación anterior a aquella en que se liquiden tales cuotas.

3[129]. Cuando el desarrollo de actividades a las que resulte de aplicación el régimen simplificado se viese afectado por incendios, inundaciones u otras circunstancias excepcionales

---

2010: Orden EHA/ 99/2010, de 28 de enero, para el año 2010, (BOE núm. 26, de 30 de enero).

[127]   Nueva redacción dada por el art. 2.7 del Real Decreto 1496/2003, de 28 de noviembre (BOE núm. 286 de 29 de noviembre), en vigor a los 20 días de su publicación.

[128]   Nueva redacción del apartado 2 dada por el art. 1.4 del Real Decreto 1466/2007, de 2 de noviembre (BOE núm. 278, de 20 de noviembre), en vigor desde el día 21 de noviembre de 2007, que elimina lo relativo a las subvenciones.

[129]   Real Decreto-ley 10/2021, de 18 de mayo, por el que se adoptan medidas urgentes para paliar los daños causados por la borrasca «Filomena» (BOE núm. 119, de 19 de mayo de 2021): «Artículo 6. Reducciones fiscales especiales para las actividades agrarias.
Para las explotaciones y actividades agrarias en las que se hayan producido daños como consecuencia directa de los siniestros a que se refiere el artículo 1, y conforme a las previsiones contenidas en el artículo 37.4.1.º del Reglamento del Impuesto sobre la Renta de las Personas Físicas, aprobado por el Real Decreto 439/2007, de 30 de marzo, y en el artículo 38.3 del Reglamento del Impuesto sobre el Valor Añadido, aprobado por el Real Decreto 1624/1992, de 29 de diciembre, la persona titular del Ministerio de Hacienda, a la vista de los informes del Ministerio de Agricultura, Pesca y Alimentación, podrá autorizar, con carácter excepcional, la reducción de los índices de rendimiento neto a los que se refiere la Orden HAC/1155/2020,

que afectasen a un sector o zona determinada, el Ministro de Hacienda podrá autorizar, con carácter excepcional, la reducción de los índices o módulos.

4. Cuando el desarrollo de actividades a las que resulte de aplicación el régimen simplificado se viese afectado por incendios, inundaciones, hundimientos o grandes averías en el equipo industrial que supongan alteraciones graves en el desarrollo de la actividad, los interesados podrán solicitar la reducción de los índices o módulos en la Administración o Delegación de la Agencia Estatal de Administración Tributaria correspondiente a su domicilio fiscal en el plazo de 30 días a contar desde la fecha en que se produzcan dichas circunstancias, y aportarán las pruebas que consideren oportunas. Acreditada la efectividad de dichas alteraciones ante la Administración tributaria, se acordará la reducción de los índices o módulos que proceda.

Asimismo, conforme al mismo procedimiento indicado en el párrafo anterior, se podrá solicitar la reducción de los índices o módulos en los casos en que el titular de la actividad se encuentre en situación de incapacidad temporal y no tenga otro personal empleado[130].

Artículo 39[131]. *Periodificación de los ingresos*

El resultado de aplicar lo dispuesto en el artículo anterior se determinará por el sujeto pasivo al término de cada año natural, realizándose, sin embargo, en las declaraciones-liquidaciones correspondientes a los tres primeros trimestres del mismo el ingreso a cuenta de una parte de dicho resultado, calculado conforme al procedimiento que establezca el Ministro de Hacienda.

La liquidación de las operaciones a que se refiere el artículo 123.Uno.*B)* de la Ley del Impuesto se efectuará en la declaración-liquidación correspondiente al período de liquidación en que se devengue el impuesto. No obstante, el sujeto pasivo podrá liquidar las operaciones comprendidas en este párrafo en la declaración-liquidación correspondiente al último período del año natural.

---

de 25 de noviembre, por la que se desarrollan, para el año 2021, el método de estimación objetiva del Impuesto sobre la Renta de las Personas Físicas y el régimen especial simplificado del Impuesto sobre el Valor Añadido».

Orden HAP/637/2012, de 20 de marzo, por la que se reducen para 2011 y 2012 los módulos aplicables en el método de estimación objetiva del Impuesto sobre la Renta de las Personas Físicas y en el régimen especial simplificado del Impuesto sobre el Valor Añadido como consecuencia de los movimientos sísmicos acaecidos el 11 de mayo de 2011 en Lorca, Murcia (BOE núm. 78, de 3 de marzo de 2012).

[130]   El procedimiento para acordar dicha reducción puede entenderse desestimado por haber vencido el plazo máximo establecido sin que se haya notificado resolución expresa, según establece la disposición adicional 1.ª.Uno.13 del Real Decreto 1065/2007, de 27 de julio (BOE núm. 213, de 5 de septiembre), en vigor desde 1 de enero de 2008. Artículo 104 de la Ley 58/2003, de 17 de diciembre, General Tributaria (BOE núm. 302, de 18 de diciembre)

[131]   Nueva redacción dada por el art. 2.8 del Real Decreto 1496/2003, de 28 de noviembre (BOE núm. 286, de 29 de noviembre de 2003), en vigor a los 20 días de su publicación.

Artículo 40[132]**. *Obligaciones formales***
   1. Los sujetos pasivos acogidos al régimen simplificado deberán llevar un libro registro de facturas recibidas en el que anotarán las facturas y documentos relativos a las adquisiciones e importaciones de bienes y servicios por los que se haya soportado o satisfecho el impuesto y destinados a su utilización en las actividades por las que resulte aplicable el referido régimen especial. En este libro registro deberán anotarse con la debida separación las importaciones y adquisiciones de los activos fijos a que se refiere el artículo 123.Uno.*B)* y *C)* de la Ley del Impuesto, y se harán constar, en relación con estos últimos, todos los datos necesarios para efectuar las regularizaciones que, en su caso, hubieran de realizarse.
   Los sujetos pasivos que realicen otras actividades a las que no sea aplicable el régimen simplificado deberán anotar con la debida separación las facturas relativas a las adquisiciones correspondientes a cada sector diferenciado de actividad.
   Los sujetos pasivos acogidos al régimen simplificado por actividades cuyos índices o módulos operen sobre el volumen de ingresos realizado habrán de llevar asimismo un libro registro en el que anotarán las operaciones efectuadas en desarrollo de las referidas actividades.
   2. Los sujetos pasivos acogidos a este régimen deberán conservar los justificantes de los índices o módulos aplicados de conformidad con lo que, en su caso, prevea la orden ministerial que los apruebe.

Artículo 41[133]**. *Declaraciones-liquidaciones***
   1[134]**. Los sujetos pasivos acogidos al régimen simplificado deberán presentar cuatro declaraciones-liquidaciones con arreglo al modelo específico determinado por el Ministro de Economía y Hacienda.

---

[132]   Nueva redacción dada por el art. 2.9 del Real Decreto 1496/2003, de 28 de noviembre (BOE núm. 286, de 29 de noviembre de 2003), en vigor a los 20 días de su publicación.
[133]   Nueva redacción dada por Real Decreto 37/1998, de 16 de enero (BOE núm. 15, de 17 de enero), con efectos desde 1 de enero de 1998.
[134]   La Orden de 30 de enero de 2001 (BOE núm. 28, de 1 de febrero) aprueba modelo 370 de declaración. El lugar y plazo de presentación se ajustarán a lo dispuesto en la Orden de 26 de marzo de 1998 (BOE núm. 77, de 31 de marzo), modificada en cuanto al lugar por Orden HAC/272/2004, de 10 de febrero (BOE núm. 38, de 13 de febrero). La Orden EHA/3212/2004, de 30 de septiembre, por la que se establecen las condiciones generales y el procedimiento para la presentación telemática por internet de las declaraciones correspondientes a los modelos 308, 309, 341, 370, 371, 430 y 480 (BOE núm. 243, de 8 de octubre de 200).
   La Orden EHA/672/2007, de 19 de marzo (BOE núm. 70, de 22 de marzo) aprueba el modelo 310.
   La Orden de 27 de julio de 2001 (BOE núm. 185, de 3 de agosto) aprueba los modelos 311 y 371 en euros. La determinación de los sujetos pasivos que deben utilizarlos, el lugar y plazo de presentación e ingreso se ajustarán a lo dispuesto en la Orden de 26 de marzo de 1998 (BOE núm. 77, de 31 de marzo), modificada en cuanto al lugar, por la Orden HAC/272/2004, de 10 de febrero (BOE núm. 38, de 13 de febrero). La

2. Las declaraciones-liquidaciones ordinarias deberán presentarse los veinte primeros días naturales de los meses de abril, julio y octubre.

La declaración-liquidación final deberá presentarse durante los treinta primeros días naturales del mes de enero del año posterior.

Artículo 42[135]. *Aprobación de índices, módulos y demás parámetros*

1. El Ministro de Economía y Hacienda aprobará los índices, módulos y demás parámetros a efectos de lo dispuesto en el artículo 123, apartado Uno, de la Ley del Impuesto.

2. La Orden ministerial podrá referirse a un período de tiempo superior al año, en cuyo caso se determinará por separado el método de cálculo correspondiente a cada uno de los años comprendidos.

3. La Orden ministerial deberá publicarse en el *BOE* antes del día 1 del mes de diciembre anterior al inicio del período anual de aplicación correspondiente[136].

Orden EHA/3212/2004, de 30 de septiembre (BOE núm. 243, de 8 de octubre), establece las condiciones generales y el procedimiento para la presentación telemática del modelo 371 por internet.

La Orden EHA/1658/2009, de 12 de junio (BOE núm. 151, de 23 de junio), regula la utilización de la domiciliación bancaria como medio de pago, entre otros, de los modelos 310, 311, 370 y 371, y la disposición adicional 2.ª de la misma remite a la Orden EHA/3435/2007, de 23 de noviembre (BOE núm. 286, de 29 de noviembre), respecto al procedimiento de la presentación telemática por Internet de los modelos 310 y 311.

[135]   Nueva redacción dada por Real Decreto 37/1998, de 16 de enero (BOE núm. 15, de 17 de enero), con efectos desde 1 de enero de 1998.

[136]   Orden HAC/1347/2024, de 28 de noviembre, por la que se desarrollan para el año 2025 el método de estimación objetiva del Impuesto sobre la Renta de las Personas Físicas y el régimen especial simplificado del Impuesto sobre el Valor Añadido (BOE núm. 289, de 30 de noviembre de 2024).

Orden HFP/1359/2023, de 19 de diciembre, por la que se desarrollan para el año 2024 el método de estimación objetiva del Impuesto sobre la Renta de las Personas Físicas y el régimen especial simplificado del Impuesto Sobre el Valor Añadido (BOE núm. 304, de 21 de diciembre de 2023).

Orden HFP/1172/2022, de 29 de noviembre, por la que se desarrollan para el año 2023 el método de estimación objetiva del Impuesto sobre la Renta de las Personas Físicas y el régimen especial simplificado del Impuesto sobre el Valor Añadido (BOE núm. 288, de 1 de diciembre de 2022).

Orden HFP/1335/2021, de 1 de diciembre, por la que se desarrollan para el año 2022 el método de estimación objetiva del Impuesto sobre la Renta de las Personas Físicas y el régimen especial simplificado del Impuesto sobre el Valor Añadido (BOE núm. 288, de 2 de diciembre de 2021).

Orden HAC/1155/2020, de 25 de noviembre, por la que se desarrollan, para el año 2021, el método de estimación objetiva del Impuesto sobre la Renta de las Personas Físicas y el régimen especial simplificado del Impuesto sobre el Valor Añadido (BOE núm. 317, de 4 de diciembre de 2020).

Orden HAC/1164/2019, de 22 de noviembre, por la que se desarrollan para el año 2020 el método de estimación objetiva del Impuesto sobre la Renta de las Personas Físicas y el régimen especial simplificado del Impuesto sobre el Valor Añadido (BOE núm. 288, de 30 de noviembre de 2019).

Orden HAC/1264/2018, de 27 de noviembre, por la que se desarrollan para el año 2019 el método de estimación objetiva del impuesto sobre la renta de las personas Físicas y el régimen especial simplificado del Impuesto sobre el Valor Añadido

CAPÍTULO III[137]. Régimen especial de la agricultura, ganadería y pesca

Artículo 43[138]. Ámbito subjetivo de aplicación

1. El régimen especial de la agricultura, ganadería y pesca será de aplicación a los titulares de explotaciones agrícolas, forestales, ganaderas o pesqueras en quienes concurran

---

Orden HFP/1159/2017, de 28 de noviembre, por la que se desarrollan para el año 2018 el método de estimación objetiva del Impuesto sobre la Renta de las Personas Físicas y el régimen especial simplificado del Impuesto sobre el Valor Añadido (BOE núm. 291, de 30 de noviembre de 2017).

Orden HFP/1823/2016, de 25 de noviembre, por la que se desarrollan para el año 2017 el método de estimación objetiva del impuesto sobre la renta de las personas físicas y el régimen especial simplificado del impuesto sobre el valor añadido (BOE núm. 288, de 29 de noviembre de 2016)

Orden HAP/2430/2015, de 12 de noviembre, por la que se desarrollan para el año 2016 el método de estimación objetiva del impuesto sobre la renta de las personas físicas y el régimen especial simplificado del Impuesto sobre el Valor Añadido (BOE núm. 276, de 18 de noviembre de 2015).

Orden HAP/2222/2014, de 27 de noviembre, por la que se desarrollan para el año 2015 el método de estimación objetiva del Impuesto sobre la Renta de las Personas Físicas y el régimen especial simplificado del Impuesto sobre el Valor Añadido (BOE núm. 289, de 29 de noviembre de 2014).

Orden HAP/2206/2013, de 26 de noviembre, por la que se desarrollan para el año 2014 el método de estimación objetiva del Impuesto sobre la Renta de las Personas Físicas y el régimen especial simplificado del Impuesto sobre el Valor Añadido (BOE núm. 285, de 28 de noviembre de 2013).

Orden HAP/2549/2012, de 28 de noviembre, por la que se desarrollan para el año 2013 el método de estimación objetiva del Impuesto sobre la Renta de las Personas Físicas y el régimen especial simplificado del Impuesto sobre el Valor Añadido (BOE núm. 288, de 30 de noviembre de 2012).

Orden EHA/3257/2011, de 21 de noviembre, por la que se desarrollan para el año 2012 el método de estimación objetiva del Impuesto sobre la Renta de las Personas Físicas y el régimen especial simplificado del Impuesto sobre el Valor Añadido, (BOE núm. 287, de 29 de noviembre de 2010).

Orden EHA/3063/2010, de 25 de noviembre, por la que se desarrollan para el año 2011 el método de estimación objetiva del Impuesto sobre la Renta de las Personas Físicas y el régimen especial simplificado del Impuesto sobre el Valor Añadido, (BOE núm. 289, de 30 de noviembre de 2010).

Orden EHA/99/2010, de 28 de enero, que desarrolla para el año 2010 el método de estimación objetiva del Impuesto sobre la Renta de las Personas Físicas y el régimen especial simplificado del Impuesto sobre el Valor Añadido, (BOE núm. 26, de 28 de enero de 2010), modificada por la Orden EHA/1059/2010, de 28 de abril, (BOE del 30 de abril).

Orden EHA/3413/2008, de 26 de noviembre, por el que se desarrollan para el año 2009, el Método de Estimación Objetiva del Impuesto sobre la Renta de las Personas Físicas y el régimen especial simplificado del Impuesto sobre el Valor Añadido, (BOE núm. 288 de 29 de noviembre de 2008).

Orden EHA/3462/2007, de 26 de noviembre, por la que se desarrollan para el año 2008, el Método de estimación objetiva del Impuesto sobre la Renta de las Personas Físicas y el régimen especial simplificado del Impuesto sobre el Valor Añadido, (BOE núm. 287, de 30 de noviembre de 2007).

Orden EHA/804/2007, de 30 de marzo, por la que se desarrollan para el año 2007, el Método de Estimación Objetiva del Impuesto sobre la Renta de las Personas Físicas y el régimen especial simplificado del Impuesto sobre el Valor Añadido, (BOE núm. 78 de 31 de marzo de 2007).

[137] Arts. 124 a 134 de la LIVA.

[138] Nueva redacción dada por el art. 2.10 del Real Decreto 1496/2003, de 28 de noviembre (BOE núm. 286, de 29 de noviembre), en vigor a los 20 días de su publicación.

los requisitos señalados en la Ley del Impuesto y en este reglamento, siempre que no hayan renunciado a él conforme a lo previsto en el artículo 33 de este último.

2[139]. Quedarán excluidos del régimen especial de la agricultura, ganadería y pesca:

a) Los sujetos pasivos que superen, para el conjunto de las operaciones relativas a las actividades comprendidas en aquél, un importe de 250.000 euros durante el año inmediato anterior, salvo que la normativa reguladora del Impuesto sobre la Renta de las Personas Físicas estableciera otra cifra a efectos de la aplicación del método de estimación objetiva para la determinación del rendimiento de las actividades a que se refiere el apartado anterior, en cuyo caso se estará a esta última.

b)[140] Los sujetos pasivos que superen para la totalidad de las operaciones realizadas, distintas de las referidas en el párrafo a) anterior, durante el año inmediato anterior el importe establecido en dicho párrafo.

c) Los sujetos pasivos que hayan superado en el año inmediato anterior el importe de 150.000 euros anuales, excluido el Impuesto sobre el Valor Añadido, por las adquisiciones o importaciones de bienes y servicios para el conjunto de las actividades empresariales o profesionales del sujeto pasivo, excluidas las relativas a elementos del inmovilizado.

Cuando el año inmediato anterior se hubiese iniciado una actividad los importes citados en los párrafos anteriores se elevarán al año.

3.[141] La determinación del importe de operaciones a que se refieren los párrafos a) y b) del apartado 2 anterior se efectuará aplicando las siguientes reglas:

a) En el caso de operaciones realizadas en el desarrollo de actividades a las que hubiese resultado aplicable el régimen especial de la agricultura, ganadería y pesca y el régimen simplificado para el conjunto de las actividades agrícolas, forestales y ganaderas que se determinen por el Ministro de Hacienda y Administraciones Públicas, se computarán únicamente aquellas que deban anotarse en los libros registro a que se refieren el tercer párrafo del apartado 1 del artículo 40 y el apartado 1 del artículo 47, ambos de este Reglamento.

b) En el caso de operaciones realizadas en el desarrollo de actividades que hubiesen tributado por el régimen general del Impuesto o un régimen especial distinto de los mencionados en el párrafo a) anterior, éstas se computarán según lo dispuesto en el artículo 121

---

[139]   Nueva redacción del art. 43.2 dada por el art. primero nueve del Real Decreto 1073/2014, de 19 de diciembre (BOE núm. 307, de 20 de diciembre de 2014), en vigor desde el 1 de enero de 2016.
     Redacción anterior dada por el art. 2.10 del Real Decreto 1496/2003, de 28 de noviembre (BOE núm. 286, de 29 de noviembre), en vigor a los 20 días de su publicación.

[140]   Nueva redacción de la letra b) del art. 43.2 dada por el art. 1.Cinco del Real Decreto 1512/2018, de 28 de diciembre (BOE núm. 314, de 29 de diciembre), con efectos desde el 1 de enero de 2019.

[141]   Nueva redacción del art. 43.3 dada por el art. primero nueve del Real Decreto 1073/2014, de 19 de diciembre (BOE núm. 307, de 20 de diciembre de 2014), en vigor desde el 1 de enero de 2016.

de la Ley del Impuesto. No obstante, no se computarán las operaciones de arrendamiento de bienes inmuebles cuya realización no suponga el desarrollo de una actividad económica de acuerdo con lo dispuesto en la normativa reguladora del Impuesto sobre la Renta de las Personas Físicas.

4[142]. La renuncia al régimen especial de la agricultura, ganadería y pesca deberá efectuarse en la forma y plazos previstos por el artículo 33 de este reglamento. La renuncia a dicho régimen por las entidades en régimen de atribución de rentas en el Impuesto sobre la Renta de las Personas Físicas deberá formularse por todos los socios, herederos, comuneros o partícipes.

5. No se considerarán titulares de explotaciones agrícolas, forestales, ganaderas o pesqueras a efectos de este régimen especial:

a) Los propietarios de fincas o explotaciones que las cedan en arrendamiento o en aparcería o que de cualquier otra forma cedan su explotación.

b) Los que realicen explotaciones ganaderas en régimen de ganadería integrada.

Artículo 44. *Concepto de explotación agrícola, forestal, ganadera o pesquera*

Se considerarán explotaciones agrícolas, forestales, ganaderas o pesqueras las que obtengan directamente productos naturales, vegetales o animales de sus cultivos, explotaciones o capturas y, en particular, las siguientes:

1. Las que realicen actividades agrícolas en general, incluyendo el cultivo de plantas ornamentales, aromáticas o medicinales, flores, champiñones, especias, simientes o plantones,

---

[142] Art. 6 de la Orden HAC/1347/2024, de 28 de noviembre, por la que se desarrollan para el año 2025 el método de estimación objetiva del Impuesto sobre la Renta de las Personas Físicas y el régimen especial simplificado del Impuesto sobre el Valor Añadido (BOE núm. 289, de 30 de noviembre de 2024).
Ejercicios anteriores: 2024: Orden HFP/1359/2023, de 19 de diciembre (BOE núm. 304, de 21 de diciembre de 2023). 2023: Orden HFP/1172/2022, de 29 de noviembre (BOE núm. 288, de 1 de diciembre de 2022). 2022: Orden HFP/1335/2021, de 1 de diciembre, (BOE núm. 288, de 2 de diciembre de 2021). 2021: Orden HAC/1155/2020, de 25 de noviembre, (BOE núm. 317, de 4 de diciembre de 2020). 2020: Orden HAC/1164/2019, de 22 de noviembre, (BOE núm. 288, de 30 de noviembre de 2019). 2019: Orden HAC/1264/2018, de 27 de noviembre, (BOE núm. 289, de 30 de noviembre de 2018). 2018: Orden HFP/1159/2017, de 28 de noviembre, (BOE núm. 291, de 30 de noviembre de 2017). 2017: Orden HFP/1823/2016, de 25 de noviembre, (BOE núm. 288, de 29 de noviembre de 2016). 2016: Orden HAP/2430/2015, de 12 de noviembre, (BOE núm. 276, de 18 de noviembre de 2015).2015: Orden HAP/2222/2014, de 27 de noviembre (BOE núm. 289, de 29 de noviembre de 2014); 2014: Orden HAP/2206/2013, de 26 de noviembre (BOE núm. 285, de 28 de noviembre de 2013); 2013: Orden HAP/2549/2012, de 28 de noviembre (BOE núm. 288, de 30 de noviembre de 2012); 2012: Orden EHA/3257/2011, de 21 de noviembre (BOE núm. 287, de 29 de noviembre de 2010); 2011: Orden EHA/3063/2010, de 25 de noviembre, (BOE núm. 289, de 30 de noviembre); 2010: Orden EHA/ 99/2010, de 28 de enero, para el año 2010, (BOE núm. 26, de 30 de enero).
Disp. Trans. Única del RD 2004/2009, de 23 de diciembre, de modificación del Reglamento del IVA para el ejercicio de 2010 (BOE núm. 313, de 29 de diciembre).

cualquiera que sea el lugar de obtención de los productos, aunque se trate de invernaderos o viveros.

2. Las dedicadas a la silvicultura.

3. La ganadería, incluida la avicultura, apicultura, cunicultura, sericicultura y la cría de especies cinegéticas, siempre que esté vinculada a la explotación del suelo.

4. Las explotaciones pesqueras en agua dulce.

5. Los criaderos de moluscos, crustáceos y las piscifactorías.

Artículo 45. *Actividades que no se considerarán procesos de transformación*

A efectos de lo previsto en el número 1.º del apartado uno del artículo 126 de la Ley del Impuesto, no se considerarán procesos de transformación[143]:

a) Los actos de mera conservación de los bienes, tales como la pasteurización, refrigeración, congelación, secado, clasificación, limpieza, embalaje o acondicionamiento, descascarado, descortezado, astillado, troceado, desinfección o desinsectación.

b) La simple obtención de materias primas agropecuarias que no requieran el sacrificio del ganado.

Para la determinación de la naturaleza de las actividades de transformación no se tomará en consideración el número de productores o el carácter artesanal o tradicional de la mecánica operativa de la actividad.

Artículo 46. *Servicios accesorios incluidos en el régimen especial*

A efectos de lo dispuesto en el artículo 127 de la Ley del Impuesto, tendrán la consideración de servicios de carácter accesorio, entre otros, los siguientes:

1. Las labores de plantación, siembra, cultivo, recolección y transporte.

2. El embalaje y acondicionamiento de los productos, incluido su secado, limpieza, descascarado, troceado, ensilado, almacenamiento y desinfección.

3. La cría, guarda y engorde de animales.

4. La asistencia técnica.

Lo dispuesto en este número no se extenderá a la prestación de servicios profesionales efectuada por ingenieros o técnicos agrícolas.

5. El arrendamiento de los útiles, maquinaria e instalaciones normalmente utilizados para la realización de sus actividades agrícolas, forestales, ganaderas o pesqueras.

6. La eliminación de plantas y animales dañinos y la fumigación de plantaciones y terrenos.

7. La explotación de instalaciones de riego o drenaje.

---

[143]   Nueva redacción del primer párrafo del art. 45 dada por el art. primero diez del Real Decreto 1073/2014, de 19 de diciembre (BOE núm. 307, de 20 de diciembre de 2014), en vigor el 1 de enero de 2015. Redacción anterior dada por el art. 2.11 del Real Decreto 1496/2003, de 28 de noviembre (BOE núm. 286, de 29 de noviembre), en vigor a los 20 días de su publicación.

8. La tala, entresaca, astillado y descortezado de árboles, la limpieza de los bosques y demás servicios complementarios de la silvicultura de carácter análogo.

Artículo 47[144]. *Obligaciones formales*

1. Con carácter general, los sujetos pasivos acogidos a este régimen especial habrán de llevar, en relación con el Impuesto sobre el Valor Añadido, un libro registro en el que anotarán las operaciones comprendidas en el régimen especial.

2[145]. Los sujetos pasivos que se indican a continuación deberán, asimismo, cumplir las obligaciones siguientes:

1.º Los sujetos pasivos que realicen otras actividades a las que sean aplicables el régimen simplificado o el régimen especial del recargo de equivalencia deberán llevar el libro registro de facturas recibidas, anotando con la debida separación las facturas que correspondan a adquisiciones correspondientes a cada sector diferenciado de actividad, incluso las referentes al régimen especial de la agricultura, ganadería y pesca.

2.º Los sujetos pasivos que realicen actividades a las que sea aplicable cualquier otro régimen distinto de los mencionados en el número 1.º deberán cumplir respecto de ellas las obligaciones formales establecidas con carácter general o específico en este Reglamento. En todo caso, en el libro registro de facturas recibidas deberán anotarse con la debida separación las facturas relativas a adquisiciones correspondientes a actividades a las que sea aplicable el régimen especial de la agricultura, ganadería y pesca.

Artículo 48. *Reintegro de las compensaciones*

1. Las solicitudes de reintegro de las compensaciones que, de acuerdo con lo dispuesto en el artículo 131, número 1 de la Ley del Impuesto, deba efectuar la Hacienda Pública, deberán presentarse en la Administración o Delegación de la Agencia Estatal de Administración Tributaria donde radique el domicilio fiscal del sujeto pasivo, durante los veinte primeros días naturales posteriores a cada trimestre natural.

No obstante, la solicitud de devolución correspondiente al último trimestre natural del año podrá presentarse durante los treinta primeros días naturales del mes de enero inmediatamente posterior.

La solicitud deberá ajustarse al modelo aprobado por el Ministro de Economía y Hacienda[146].

---

[144]   Nueva redacción dada por art. 2.2 del Real Decreto 37/1998, de 16 de enero (BOE núm. 15, de 17 de enero), con efectos desde 1 de enero de 1998.

[145]   Nueva redacción dada a este aparatado por el Real Decreto 1496/2003, de 28 de noviembre (BOE núm. 286, de 29 de noviembre), en vigor a los 20 días de su publicación.

[146]   Aprobado modelo 341 en euros por Orden de 15 de diciembre de 2000 (BOE núm. 302, de 18 de diciembre). La Orden EHA/3212/2004, de 30 de septiembre (BOE núm. 243, de 8 de octubre), establece las condiciones generales y el procedimiento para la presentación telemática por internet. El procedimiento para reintegro

2[147]. El reintegro de las compensaciones que, de acuerdo con lo dispuesto en el número 2.º del artículo 131 de la Ley del Impuesto, deba ser efectuado por el adquirente de los bienes o el destinatario de los servicios comprendidos en el régimen especial, se realizará en el momento en que tenga lugar la entrega de los productos agrícolas, forestales, ganaderos o pesqueros o se presten los servicios accesorios indicados, cualquiera que sea el día fijado para el pago del precio que le sirve de base. El reintegro se documentará mediante la expedición del recibo al que se refiere el apartado 1 del artículo 16 del Reglamento por el que se regulan las obligaciones de facturación, aprobado por el Real Decreto 1619/2012, de 30 de noviembre.

No obstante lo dispuesto en el párrafo anterior, el reintegro de las compensaciones podrá efectuarse, mediando acuerdo entre los interesados, en el momento del cobro total o parcial del precio correspondiente a los bienes o servicios de que se trate y en proporción a ellos.

Artículo 49[148]. *Deducción de las compensaciones*

1[149]. Para ejercitar el derecho a la deducción de las compensaciones a que se refiere el artículo 134 de la Ley del Impuesto, los empresarios o profesionales que las hayan satisfecho deberán estar en posesión del recibo expedido por ellos mismos a que se refiere el apartado 1 del artículo 16 del Reglamento por el que se regulan las obligaciones de facturación, aprobado por el Real Decreto 1619/2012, de 30 de noviembre. Dicho documento constituirá el justificante de las adquisiciones efectuadas a los efectos de la referida deducción.

2[150]. Los citados documentos únicamente justificarán el derecho a la deducción cuando se ajusten a lo dispuesto en el citado artículo 16 del mencionado Reglamento y se anoten en un Libro Registro especial que dichos adquirentes deberán cumplimentar. A este Libro

---

de compensaciones puede entenderse desestimado por haber vencido el plazo máximo establecido sin que se haya notificado resolución expresa, según establece la disposición adicional 1.ª.Uno.14 del Real Decreto 1065/2007, de 27 de julio que aprueba el Reglamento general de las actuaciones y procedimientos de gestión e inspección tributaria y de desarrollo de las normas comunes de los procedimientos de aplicación de los tributos (BOE núm. 213, de 5 de septiembre), en vigor desde 1 de enero de 2008. Artículo 104 de la Ley 58/2003, de 17 de diciembre, General Tributaria, BOE núm. 302, de 18 de diciembre de 2003).

[147] Nueva redacción del art. 48.2 dada por el art. primero once del Real Decreto 1073/2014, de 19 de diciembre (BOE núm. 307, de 20 de diciembre de 2014), en vigor el 1 de enero de 2015.
Redacción anterior dada por el art. 2.11 del Real Decreto 1496/2003, de 28 de noviembre (BOE núm. 286, de 29 de noviembre), en vigor a los 20 días de su publicación.

[148] Nueva redacción dada por el art. 2.12 del Real Decreto 1496/2003, de 28 de noviembre (BOE núm. 286, de 29 de noviembre), en vigor a los 20 días de su publicación.

[149] Nueva redacción del art. 49.1 dada por el art. primero doce del Real Decreto 1073/2014, de 19 de diciembre (BOE núm. 307, de 20 de diciembre de 2014), en vigor el 1 de enero de 2015.

[150] Nueva redacción del art. 49.2 dada por el art. primero doce del Real Decreto 1073/2014, de 19 de diciembre (BOE núm. 307, de 20 de diciembre de 2014), en vigor el 1 de enero de 2015.

Registro le serán aplicables, en cuanto resulten procedentes, los mismos requisitos que se establecen para el Libro Registro de facturas recibidas.

3. Los originales y las copias de los recibos a que se refieren los apartados 1 y 2 anteriores se conservarán durante el plazo de prescripción del impuesto.

Artículo 49 bis[151]. *Comienzo o cese en la aplicación del régimen especial*

1. En los supuestos de actividades ya en curso, respecto de las cuales se produzca la iniciación o cese en la aplicación de este régimen especial, el titular de las respectivas explotaciones agrícolas, ganaderas, forestales o pesqueras deberá confeccionar un inventario de sus existencias de bienes destinados a ser utilizados en sus actividades y respecto de los cuales resulte aplicable el régimen especial, con referencia al día inmediatamente anterior al de iniciación o cese en la aplicación de aquél.

Asimismo, en dicho inventario deberán constar los productos naturales obtenidos en las respectivas explotaciones que no se hubiesen entregado a la fecha del cambio de régimen de tributación.

El referido inventario, firmado por dicho titular, deberá ser presentado en la Administración o Delegación de la Agencia Estatal de Administración Tributaria correspondiente a su domicilio fiscal en el plazo de 15 días a partir del día de comienzo o cese en la aplicación del régimen especial.

2. La deducción derivada de la regularización de las situaciones a que se refiere el mencionado inventario deberá efectuarse en la declaración-liquidación correspondiente al período de liquidación en que se haya producido el cese en la aplicación del régimen especial.

El ingreso derivado de la citada regularización que debe realizarse en caso de inicio en la aplicación del régimen especial deberá efectuarse mediante la presentación de una declaración-liquidación especial de carácter no periódico, que se presentará en el lugar, forma, plazos e impresos que establezca el Ministro de Hacienda[152].

---

[151] Artículo incorporado por el art. 2.13 del Real Decreto 1496/2003, de 28 de noviembre (BOE núm. 286, de 29 de noviembre), en vigor a los 20 días de su publicación.

[152] Modelo 309 «Declaración-liquidación no periódica» aprobado por Orden HAC/3625/2003, de 23 de diciembre (BOE núm. 312, de 30 de diciembre), que contiene también instrucciones sobre lugar y plazos de presentación, modificada por la disposición final 1.ª de la Orden EHA/769/2010, de 18 de marzo (BOE núm. 76, de 29 de marzo) y por la Orden HAP/1222/2014, de 9 de julio (BOE núm. 171, de 15 de julio de 2014). La Orden EHA/3212/2004, de 30 de septiembre (BOE núm. 243, de 8 de octubre), establece las condiciones generales y el procedimiento para la presentación telemática por internet.

CAPÍTULO IV[153]. Régimen especial de los bienes usados, objetos
de arte, antigüedades y objetos de colección[154]

Artículo 50. *Opción por la determinación de la base imponible mediante el margen de beneficio global*

1[155]. La opción a que se refiere el artículo 137, apartado dos de la Ley del Impuesto deberá ejercitarse al tiempo de presentar la declaración de comienzo de la actividad, o bien durante el mes de diciembre anterior al inicio del año natural en que deba surtir efecto, entendiéndose prorrogada, salvo renuncia expresa en el mismo plazo anteriormente señalado, para los años siguientes y, como mínimo, hasta la finalización del año natural siguiente a aquél en que comenzó a aplicarse el régimen de determinación de la base imponible mediante el margen de beneficio global. Lo anterior se entiende sin perjuicio de la facultad de la Administración tributaria de revocar la autorización concedida para la aplicación de la modalidad del margen de beneficio global, en los términos señalados en el artículo 137, apartado dos, número 1.º de la Ley del Impuesto.

La opción a que se refiere el párrafo anterior y la revocación de la misma deberán efectuarse de acuerdo con lo dispuesto en el Reglamento General de las actuaciones y procedimientos de gestión e inspección tributaria y de desarrollo de las normas comunes de los procedimientos de aplicación de los tributos aprobado por el Real Decreto 1065/2007, de 27 de julio[156].

2. El Departamento de Gestión Tributaria de la Agencia Estatal de Administración Tributaria podrá autorizar, previa solicitud del interesado, la aplicación de la modalidad del margen de beneficio global para determinar la base imponible respecto de bienes distintos de los comprendidos en los párrafos *a), b)* y *c)* de la regla 1.ª del tercer párrafo del apartado Dos del artículo 137 de la Ley del Impuesto cuando, por el elevado número de operaciones y el reducido precio de los bienes, existan especiales dificultades para aplicar la modalidad de determinación de la base imponible del margen de beneficio de cada operación a las entregas de tales bienes.

---

[153]   Nueva redacción del Capítulo IV dada por el art. 1.9 del RD 703/1997, de 16 de mayo (BOE núm. 130, de 31 de mayo), con entrada en vigor el día 1 de junio de 1997.

[154]   Arts. 135 al 139 de la LIVA

[155]   Nueva redacción del art. 50.1 dada por el art. primero. Diecinueve del Real Decreto 828/2013, de 25 de octubre (BOE núm. 257, de 26 de octubre de 2013), en vigor desde el 27 de octubre de 2013.

[156]   Se recoge la regulación de la declaración censal en los arts. 9 y siguientes de dicho RD 1065/2007, de 27 de julio, en vigor desde 1 de enero de 2008. Aprobados modelos de declaración censal 036 y 037 por Orden EHA/1274/2007, de 26 de abril (BOE núm. 112, de 10 de mayo).

El Departamento de Gestión deberá pronunciarse sobre la procedencia de la solicitud en el plazo de tres meses siguientes a su presentación, transcurrido el cual, sin pronunciamiento expreso, se entenderá denegada[157].

3. Los sujetos pasivos revendedores que hayan optado por esta modalidad de determinación de la base imponible deberán practicar la regularización anual a que se refiere el artículo 137, apartado Dos, 4.º, de la Ley, a 31 de diciembre de cada año, mientras se mantengan en el citado régimen, incorporando su resultado a la declaración-liquidación correspondiente al último período del mismo año.

En los casos de cese en la aplicación de esta modalidad, la regularización se practicará en la declaración-liquidación del período en que se haya producido el cese.

Artículo 51[158]. *Obligaciones formales y registrales específicas*

Además de las establecidas con carácter general, los sujetos pasivos que apliquen el régimen especial de los bienes usados, objetos de arte, antigüedades y objetos de colección deberán cumplir, respecto de las operaciones afectadas por el referido régimen especial, las siguientes obligaciones específicas:

a) Llevar un libro registro específico en el que se anotarán, de manera individualizada y con la debida separación, cada una de las adquisiciones, importaciones y entregas, realizadas por el sujeto pasivo, a las que resulte aplicable la determinación de la base imponible mediante el margen de beneficio de cada operación.

Dicho libro deberá reflejar los siguientes datos:

1.º Descripción del bien adquirido o importado.

2.º Número de factura, documento de compra o documento de importación de dicho bien.

3.º Precio de compra.

4.º Número de la factura *o documento sustitutivo*[159] expedido por el sujeto pasivo con ocasión de la transmisión de dicho bien.

5.º Precio de venta.

6.º Impuesto sobre el Valor Añadido correspondiente a la venta o, en su caso, indicación de la exención aplicada.

---

[157]   Artículo 104 de la Ley General Tributaria (Ley 58/2003, de 17 de diciembre (BOE núm. 302, de 18 de diciembre de 2003)

[158]   Nueva redacción dada por el art. 2. Catorce del Real Decreto 1496/2003, de 28 de noviembre (BOE núm. 286, de 29 de noviembre de 2003), en vigor a los 20 días de su publicación.

[159]   El art. primero. Veintisiete del Real Decreto 828/2013, de 25 de octubre (BOE núm. 257, de 26 de octubre de 2013), en vigor desde el 27 de octubre de 2013, se suprimen las referencias a «documento sustitutivo» o «documentos sustitutivos» recogidas en los siguientes preceptos del Reglamento del Impuesto: el párrafo 4.º de la letra a) del artículo 51, el párrafo 4.º de la letra b) del artículo 51, primer párrafo del apartado 1 del artículo 63, apartado 2 del artículo 69 y letra b) del apartado 1 de la disposición adicional sexta.

7.º Indicación, en su caso, de la aplicación del régimen general en la entrega de los bienes.

b) Llevar un libro registro específico, distinto del indicado en el párrafo *a)* anterior, en el que se anotarán las adquisiciones, importaciones y entregas, realizadas por el sujeto pasivo durante cada período de liquidación, a las que resulte aplicable la determinación de la base imponible mediante el margen de beneficio global.

Dicho libro deberá reflejar los siguientes datos:

1.º Descripción de los bienes adquiridos, importados o entregados en cada operación.

2.º Número de factura o documento de compra o documento de importación de los bienes.

3.º Precio de compra.

4.º Número de factura *o documento sustitutivo*[160], emitido por el sujeto pasivo con ocasión de la transmisión de los bienes.

5.º Precio de venta.

6.º Indicación, en su caso, de la exención aplicada.

7.º Valor de las existencias iniciales y finales correspondientes a cada año natural, a los efectos de practicar la regularización prevista en el artículo 137.dos de la Ley del Impuesto. Para el cálculo de estos valores se aplicarán las normas de valoración establecidas en el Plan General de Contabilidad[161].

c) En los supuestos de iniciación o cese y a los efectos de la regularización prevista en el artículo 137.dos.6.ª de la Ley del Impuesto, los sujetos pasivos deberán confeccionar inventarios de sus existencias, respecto de las cuales resulte aplicable la modalidad del margen de beneficio global para determinar la base imponible, con referencia al día inmediatamente anterior al de iniciación o cese en la aplicación de aquélla.

Los mencionados inventarios, firmados por el sujeto pasivo, deberán ser presentados en la Delegación o Administración de la Agencia Estatal de Administración Tributaria correspondiente a su domicilio fiscal en el plazo de 15 días a partir del día de comienzo o cese en la aplicación de la mencionada modalidad de determinación de la base imponible.

---

[160] El art. primero. Veintisiete del Real Decreto 828/2013, de 25 de octubre (BOE núm. 257, de 26 de octubre de 2013), en vigor desde el 27 de octubre de 2013, se suprimen las referencias a «documento sustitutivo» o «documentos sustitutivos» recogidas en los siguientes preceptos del Reglamento del Impuesto: el párrafo 4.º de la letra a) del artículo 51, el párrafo 4.º de la letra b) del artículo 51, primer párrafo del apartado 1 del artículo 63, apartado 2 del artículo 69 y letra b) del apartado 1 de la disposición adicional sexta.

[161] Real Decreto 1514/2007, de 16 de noviembre, por el que se aprueba el Plan General de Contabilidad (BOE núm. 278, suplemento, de 20 de noviembre de 2007).

CAPÍTULO IV BIS[162]. Régimen especial del oro de inversión

Artículo 51 bis. *Concepto de oro de inversión*

A efectos de lo dispuesto en el apartado Noveno del Anexo de la Ley del Impuesto, se considerará que se ajustan en la forma aceptada por los mercados de lingotes los siguientes pesos:

a) Para los lingotes de 12,5 kilogramos, aquellos cuyo contenido en oro puro oscile entre 350 y 430 onzas.

b) Para los restantes pesos mencionados, las piezas cuyos pesos reales no difieran de aquellos en más de un 2 por 100.

Artículo 51 ter. *Renuncia a la exención*

1. La renuncia a la exención regulada en el apartado Uno del artículo 140 ter de la Ley se practicará por cada operación realizada por el transmitente. Dicha renuncia deberá comunicarse por escrito al adquirente con carácter previo o simultáneo a la entrega del oro de inversión. Asimismo, cuando la entrega resulte gravada por el Impuesto, el transmitente deberá comunicar por escrito al adquirente que la condición de sujeto pasivo del Impuesto recae sobre este último, de acuerdo con lo establecido en el artículo 140 quinque de la Ley.

2. La renuncia a la exención regulada en el apartado Dos del artículo 140 ter de la Ley del Impuesto se practicará por cada operación realizada por el prestador del servicio, el cual deberá estar en posesión de un documento suscrito por el destinatario del servicio en el que éste haga constar que en la entrega de oro a que el servicio de mediación se refiere se ha efectuado la renuncia a la exención del Impuesto sobre el Valor Añadido.

Artículo 51 quáter. *Obligaciones registrales específicas*

Los empresarios o profesionales que realicen operaciones que tengan por objeto oro de inversión y otras actividades a las que no se aplique el régimen especial, deberán hacer constar en el libro registro de facturas recibidas, con la debida separación, las adquisiciones o importaciones que correspondan a cada sector diferenciado de actividad.

CAPÍTULO V. Régimen especial de las Agencias de viajes[163]

Artículo 52[164]. *Opción por la aplicación del régimen general del Impuesto*

La opción por la aplicación del régimen general del impuesto a que se refiere el artículo 147 de la Ley del Impuesto, se practicará por cada operación realizada por el sujeto pasivo.

---

[162] Nuevo Capítulo incorporado por el art. 1.9 del Real Decreto 3422/2000, de 15 de diciembre (BOE núm. 301, de 16 de diciembre de 2000), en vigor desde el día de su publicación

[163] Arts. 141 al 147 de la LIVA

[164] Nueva redacción del art. 52 dada por el art. primero trece del Real Decreto 1073/2014, de 19 de diciembre (BOE núm. 307, de 20 de diciembre de 2014), en vigor el 1 de enero de 2015.

Dicha opción deberá comunicarse por escrito al destinatario de la operación, con carácter previo o simultáneo a la prestación de los servicios de hospedaje, transporte u otros accesorios o complementarios a los mismos. No obstante, se presumirá realizada la comunicación cuando la factura que se expida no contenga la mención a que se refieren los artículos 6.1.n) y 7.1.i) del Reglamento por el que se regulan las obligaciones de facturación, aprobado por el Real Decreto 1619/2012, de 30 de noviembre.

Artículo 53. *Obligaciones registrales específicas*

Los sujetos pasivos deberán anotar en el libro registro de facturas recibidas, con la debida separación, las correspondientes a las adquisiciones de bienes o servicios efectuadas directamente en interés del viajero.

CAPÍTULO VI[165]. Régimen especial del recargo de equivalencia[166]

SECCIÓN 1.ª

Artículo 54. *Operaciones no calificadas como de transformación*

A los efectos de lo dispuesto por el artículo 149 de la Ley del Impuesto, se considerará que no son operaciones de transformación y, consecuentemente, no determinarán la pérdida de la condición de comerciante minorista las siguientes operaciones:

1. Las de clasificación y envasado de productos, que no impliquen transformación de los mismos.

2. Las de colocación de marcas o etiquetas, así como las de preparación y corte, previas a la entrega de los bienes transmitidos.

3. El lavado, desinfectado, molido, troceado, descascarado y limpieza de productos alimenticios y, en general, las manipulaciones descritas en el artículo 45, letra *a)*, de este Reglamento.

4. Los procesos de refrigeración, congelación, troceamiento o desviscerado para las carnes y pescados frescos.

5. La confección y colocación de cortinas y visillos.

6. La simple adaptación de las prendas de vestir confeccionadas por terceros.

Artículo 55[167]

(...)

---

[165] El título del Capítulo VI ha sido redactado por Real Decreto 3422/2000, de 15 de diciembre (BOE núm. 301, de 16 de diciembre), en vigor desde el 16 de diciembre de 2000.

[166] Arts. 148, 149 y 154 al 163 de la LIVA

[167] Artículo derogado por el art. 1.10.3.º del Real Decreto 3422/2000, de 15 de diciembre (BOE núm. 301, de 16 de diciembre de 2000).

SECCIÓN 2.ª

Artículo 56[168]
(…)

Artículo 57[169]
(…)

Artículo 58[170]
(…)

SECCIÓN 3.ª

Artículo 59. *Requisitos de aplicación*
1. El régimen especial del recargo de equivalencia se aplicará a los comerciantes minoristas que sean personas físicas o entidades en régimen de atribución de rentas en el Impuesto sobre la Renta de las Personas Físicas y comercialicen al por menor artículos o productos de cualquier naturaleza no exceptuados en el apartado 2 de este artículo.

Las entidades en régimen de atribución de rentas a que se refiere el párrafo anterior sólo quedarán sometidas a este régimen cuando todos sus socios, herederos, comuneros o partícipes sean personas físicas.

2[171]. En ningún caso será de aplicación este régimen especial en relación con los siguientes artículos o productos:

1.º Vehículos accionados a motor para circular por carretera y sus remolques.

2.º Embarcaciones y buques.

3.º Aviones, avionetas, veleros y demás aeronaves.

4.º Accesorios y piezas de recambio de los medios de transporte comprendidos en los números anteriores.

5.º Joyas, alhajas, piedras preciosas, perlas naturales o cultivadas, objetos elaborados total o parcialmente con oro o platino, así como la bisutería fina que contenga piedras preciosas, perlas naturales o los referidos metales, aunque sea en forma de bañado o chapado.

---

[168] Artículo derogado por el art. 1.10.3.º del Real Decreto 3422/2000, de 15 de diciembre (BOE núm. 301, de 16 de diciembre de 2000).

[169] Artículo derogado por el art. 1.10.3.º del Real Decreto 3422/2000, de 15 de diciembre (BOE núm. 301, de 16 de diciembre de 2000).

[170] Artículo derogado por el art. 1.10.3.º del Real Decreto 3422/2000, de 15 de diciembre (BOE núm. 301, de 16 de diciembre de 2000).

[171] Nueva redacción del apartado 2 dada por el art. 1.10.14 del Real Decreto 3422/2000, de 15 de diciembre (BOE núm. 301, de 16 de diciembre), en vigor desde el día de su publicación.

A los efectos de este Impuesto se considerarán piedras preciosas, exclusivamente, el diamante, el rubí, el zafiro, la esmeralda, el aguamarina, el ópalo y la turquesa.

Se exceptúan de lo dispuesto en este número:

a) Los objetos que contengan oro o platino en forma de bañado o chapado con un espesor inferior a 35 micras.

b) Los damasquinados.

6.º Prendas de vestir o de adorno personal confeccionadas con pieles de carácter suntuario.

A estos efectos se consideran de carácter suntuario las pieles sin depilar de armiño, astrakanes, breistchwaz, burunduky, castor, cibelina, cibelina china, cibeta, chinchillas, chinchillonas, garduñas, gato lince, ginetas, glotón, guepardo, jaguar, león, leopardo nevado, lince, lobo, martas, martas Canadá, martas Japón, muflón, nutria de mar, nutria kanchaska, ocelote, osos, panda, pantera, pekan, pisshiki, platipus, tigre, turones, vicuña, visones, zorro azul, zorro blanco, zorro cruzado, zorro plateado y zorro shadow.

Se exceptúan de lo dispuesto en este número los bolsos, carteras y objetos similares así como las prendas confeccionadas exclusivamente con retales o desperdicios, cabezas, patas, colas, recortes, etc., o con pieles corrientes o de imitación.

7.º Los objetos de arte originales, antigüedades y objetos de colección definidos en el artículo 136 de la Ley del Impuesto.

8.º Los bienes que hayan sido utilizados por el sujeto pasivo transmitente o por terceros con anterioridad a su transmisión.

9.º Los aparatos para la avicultura y apicultura, así como sus accesorios.

10.º Los productos petrolíferos cuya fabricación, importación o venta esté sujeta a los Impuestos Especiales.

11.º Maquinaria de uso industrial.

12.º Materiales y artículos para la construcción de edificaciones o urbanizaciones.

13.º Minerales, excepto el carbón.

14.º Hierros, aceros y demás metales y sus aleaciones, no manufacturados.

15.º El oro de inversión definido en el artículo 140 de la Ley del Impuesto.

Artículo 60. *Comienzo o cese de actividades sujetas al régimen especial del recargo de equivalencia*

1. En los supuestos de iniciación o cese en este régimen especial, los sujetos pasivos deberán confeccionar inventarios de sus existencias de bienes destinados a ser comercializados y respecto de los cuales resulte aplicable el régimen especial, con referencia al día inmediatamente anterior al de iniciación o cese en la aplicación del mismo.

Los referidos inventarios, firmados por el sujeto pasivo, deberán ser presentados en la Administración o Delegación de la Agencia Estatal de Administración Tributaria correspondiente a su domicilio fiscal en el plazo de quince días a partir del día de comienzo o cese en la aplicación del régimen especial.

2. Los ingresos o deducciones, derivados de la regularización de las situaciones a que se refieren los mencionados inventarios, deberán efectuarse en las declaraciones-liquidaciones correspondientes al período de liquidación en que se haya producido el inicio o cese en la aplicación del régimen especial.

Artículo 61. *Obligaciones formales y registrales del régimen especial del recargo de equivalencia*

1. Los sujetos pasivos a que se refiere el artículo 59, apartado 1, de este Reglamento estarán obligados a acreditar ante sus proveedores o, en su caso, ante la Aduana, el hecho de estar sometidos o no al régimen especial del recargo de equivalencia en relación con las adquisiciones o importaciones que realicen.

2. Los sujetos pasivos a los que sea aplicable este régimen especial no estarán obligados a llevar registros contables en relación con el Impuesto sobre el Valor Añadido.

Se exceptúan de lo dispuesto en el párrafo anterior:

1.º Los empresarios que realicen otras actividades a las que sean aplicables el régimen especial de la agricultura, ganadería y pesca o el régimen simplificado, quienes deberán llevar el libro registro de facturas recibidas, anotando con la debida separación las facturas que correspondan a adquisiciones correspondientes a cada sector diferenciado de actividad, incluso las referentes al régimen especial del recargo de equivalencia.

2.º Los empresarios que realicen operaciones u otras actividades a las que sean aplicables el régimen general del Impuesto o cualquier otro de los regímenes especiales del mismo, distinto de los mencionados en el número anterior, quienes deberán cumplir respecto de ellas las obligaciones formales establecidas con carácter general o específico en este Reglamento. En todo caso, en el libro registro de facturas recibidas deberán anotarse con la debida separación las facturas relativas a adquisiciones correspondientes a actividades a las que sea aplicable el régimen especial del recargo de equivalencia.

3[172]. Los sujetos pasivos a los que sea de aplicación este régimen especial deberán presentar también las declaraciones-liquidaciones que correspondan en los siguientes supuestos:

1.º Cuando realicen adquisiciones intracomunitarias de bienes, o bien sean los destinatarios de las operaciones a que se refiere el artículo 84, apartado uno, número 2.º, de la Ley del Impuesto.

---

[172]   Nueva redacción del art. 61.3 dada por el art. primero catorce del Real Decreto 1073/2014, de 19 de diciembre (BOE núm. 307, de 20 de diciembre de 2014), en vigor el 1 de enero de 2015.

Redacción anterior del núm. 3.º incorporado por el art. 1.8 del Real Decreto 296/1998, de 27 de febrero (BOE núm. 51 de 28 de febrero), en vigor desde el mismo día de su publicación.

En estos casos, ingresarán mediante las referidas declaraciones el Impuesto y, en su caso, el recargo que corresponda a los bienes o servicios a que se refieran las mencionadas operaciones.

2.º Cuando realicen entregas de bienes a viajeros con derecho a la devolución del Impuesto.

Mediante dichas declaraciones solicitarán la devolución de las cantidades que hubiesen reembolsado a los viajeros, acreditados con las correspondientes transferencias a los interesados o a las entidades colaboradoras que actúen en este procedimiento de devolución del Impuesto.

3.º Cuando realicen entregas de bienes inmuebles sujetas y no exentas al Impuesto, salvo que se trate de operaciones a que se refiere el artículo 84, apartado uno, número 2.º, letra e), tercer guión, de la Ley del Impuesto.

En estos casos, ingresarán mediante las correspondientes declaraciones el Impuesto devengado por las operaciones realizadas.

4[173] (...)

CAPÍTULO VII[174]. Régimen especial del grupo de entidades[175]

Artículo 61 bis[176]. *Información censal y definición de vinculación*

1[177]. Las entidades que formen parte de un grupo de entidades y que vayan a aplicar el régimen especial previsto en el capítulo IX del título IX de la Ley del Impuesto deberán comunicar esta circunstancia al órgano competente de la Agencia Estatal de Administración Tributaria.

---

[173]   Apartado añadido por Real Decreto 3422/2000, de 15 de diciembre (BOE núm. 301, de 16 de diciembre), y derogado por el art. 2.15 del Real Decreto 1496/2003, de 28 de noviembre (BOE núm. 286, de 29 de noviembre), en vigor a los 20 días de su publicación.

[174]   El presente Capítulo VII del título VIII ha sido añadido por el art. 1.5 del Real Decreto 1466/2007, de 2 de noviembre (BOE núm. 278, de 20 de noviembre de 2007), en vigor desde el día 21 de noviembre de 2007.

[175]   Arts. 163 quinquies y siguientes de la LIVA.
Orden HAP/1222/2014, de 9 de julio, por la que se modifica la Orden EHA/3434/2007, de 23 de noviembre, por la que se aprueban los modelos 322 de autoliquidación mensual, modelo individual, y 353 de autoliquidación mensual, modelo agregado, y el modelo 039 de Comunicación de datos, correspondientes al Régimen especial del Grupo de Entidades en el Impuesto sobre el Valor Añadido, y la Orden HAC/3625/2003, de 23 de diciembre, por la que se aprueba el modelo 309 de declaración-liquidación no periódica del Impuesto sobre el Valor Añadido (BOE núm. 171, de 15 de julio de 2014).

[176]   Nueva rúbrica del art. 61 bis dada por el art. primero quince del Real Decreto 1073/2014, de 19 de diciembre (BOE núm. 307, de 20 de diciembre de 2014), en vigor el 1 de enero de 2015.

[177]   Nueva redacción del primer párrafo y la letra del segundo párrafo dada por el art. primero quince del Real Decreto 1073/2014, de 19 de diciembre (BOE núm. 307, de 20 de diciembre de 2014), en vigor el 1 de enero de 2015.

Esta comunicación se efectuará por la entidad dominante en el mes de diciembre anterior al inicio del año natural en el que deba surtir efecto y contendrá los siguientes datos:

a) Identificación de las entidades que integran el grupo y que van a aplicar el régimen especial.

b) En el caso de establecimientos permanentes de entidades no residentes en el territorio de aplicación del Impuesto que tengan la condición de entidad dominante, se exigirá la identificación de la entidad no residente en el territorio de aplicación del Impuesto a la que pertenecen.

c) Copia de los acuerdos por los que las entidades han optado por el régimen especial.

d) Relación del porcentaje de participación directa o indirecta mantenida por la entidad dominante respecto de todas y cada una de las entidades que van a aplicar el régimen especial y la fecha de adquisición de las respectivas participaciones.

e) La manifestación de que se cumplen todos los requisitos establecidos en el artículo 163 quinquies de la Ley del Impuesto, tanto para la entidad dominante como para todas y cada una de las dependientes.

f) En su caso, la opción establecida en el artículo 163 sexies.cinco de la Ley del Impuesto, así como la renuncia a la misma. Esta opción supondrá la aplicación de lo dispuesto en los apartados uno y tres del artículo 163 octies de la Ley del Impuesto.

Los órganos administrativos competentes para la recepción de esta información comunicarán a la entidad dominante el número del grupo de entidades otorgado.

Asimismo, la entidad dominante deberá presentar una comunicación en caso de que se produzca cualquier modificación que afecte a las entidades del grupo que aplican el régimen especial. Esta comunicación deberá presentarse dentro del periodo de declaración-liquidación correspondiente al periodo de liquidación en que se produzca.

2[178]. Las entidades que, formando parte de un grupo, opten por la aplicación del régimen especial, conforme a lo dispuesto en el apartado anterior, podrán optar asimismo por la aplicación de lo dispuesto en el artículo 163 sexies.cinco de la Ley del Impuesto. En todo caso, esta opción se referirá al conjunto de entidades que apliquen el régimen especial y formen parte del mismo grupo de entidades.

Esta opción se podrá ejercitar de forma simultánea a la opción por la aplicación del régimen especial o con posterioridad al inicio de dicha aplicación, pero en todo caso deberá comunicarse durante el mes de diciembre anterior al año natural en que deba surtir efecto.

La opción tendrá una validez mínima de un año natural, entendiéndose prorrogada, salvo renuncia. La renuncia tendrá una validez mínima de un año y se ejercitará mediante comunicación al órgano competente de la Agencia Estatal de Administración Tributaria. Esta renuncia no impedirá que las entidades que la formulen continúen aplicando el régimen

---

[178] Nueva redacción del apartado 2 dada por el art. primero quince del Real Decreto 1073/2014, de 19 de diciembre (BOE núm. 307, de 20 de diciembre de 2014), en vigor el 1 de enero de 2015.

especial del grupo de entidades con exclusión de lo dispuesto en el artículo 163 sexies.cinco de la Ley del Impuesto, sin perjuicio de lo dispuesto en el apartado 1 de este mismo artículo.

3[179]. Las entidades que hayan ejercitado la opción que se establece en el artículo 163 sexies.cinco de la Ley del Impuesto aplicarán la regla de prorrata especial a que se refiere el artículo 103.dos.1.º de dicha Ley del Impuesto en relación con el sector diferenciado de las operaciones intragrupo, sin perjuicio de las opciones que se pudieran ejercitar en relación con el resto de sectores diferenciados que, en su caso, tuvieran cada una de las entidades del grupo.

4. En el mes de diciembre de cada año natural, la entidad dominante deberá comunicar al órgano competente de la Agencia Estatal de Administración Tributaria la relación de entidades que, dentro de su grupo, apliquen el régimen especial, identificando las que motiven cualquier alteración respecto a las del año anterior. No obstante, en el caso de que se hayan incorporado entidades al grupo en el citado mes de diciembre, la información relativa a dichas entidades se podrá presentar hasta el 20 de enero siguiente.

En el caso de entidades que se incorporen al grupo, junto con esta comunicación se deberá aportar copia de los acuerdos por los que esas entidades han optado por el régimen especial. Estos acuerdos se deberán haberse adoptado antes del inicio del año natural en el que se pretenda la aplicación del régimen especial. No obstante, para las entidades de nueva creación que se incorporen a un grupo que ya viniera aplicando el régimen especial, será válida la adopción del acuerdo antes de la finalización del periodo de presentación de la primera declaración-liquidación individual que corresponda en aplicación del régimen especial, aplicándose en tal caso el régimen especial desde el primer día del periodo de liquidación al que se refiera esa declaración-liquidación.

5. La renuncia al régimen especial se ejercitará mediante comunicación al órgano competente de la Agencia Estatal de Administración Tributaria y se deberá formular en el mes de diciembre anterior al inicio del año natural en el que deba surtir efecto.

6[180]. El Ministro de Hacienda y Administraciones Públicas podrá aprobar un modelo específico a través del cual se sustancien las comunicaciones que se citan en los apartados anteriores de este artículo, regulando la forma, lugar y plazos de presentación.

---

[179]   Nueva redacción del art. 61 bis.3 dada por el art. primero quince del Real Decreto 1073/2014, de 19 de diciembre (BOE núm. 307, de 20 de diciembre de 2014), en vigor el 1 de enero de 2015.
      Redacción anterior dada por el art. primero. Veinte del Real Decreto 828/2013, de 25 de octubre (BOE núm. 257, de 26 de octubre de 2013), en vigor desde el 27 de octubre de 2013.
      Redacción original dada por el art. 1.5 del Real Decreto 1466/2007, de 2 de noviembre (BOE núm. 278, de 20 de noviembre de 2007), en vigor desde el día 21 de noviembre de 2007.
[180]   Nueva redacción del art. 61 bis.6 dada por el art. primero quince del Real Decreto 1073/2014, de 19 de diciembre (BOE núm. 307, de 20 de diciembre de 2014), en vigor el 1 de enero de 2015.

7[181]. Se considerará que existe vinculación financiera cuando la entidad dominante, a través de una participación de más del 50 por ciento en el capital o en los derechos de voto de las entidades del grupo, tenga el control efectivo sobre las mismas.

Se considerará que existe vinculación económica cuando las entidades del grupo realicen una misma actividad económica o cuando, realizando actividades distintas, resulten complementarias o contribuyan a la realización de las mismas.

Se considerará que existe vinculación organizativa cuando exista una dirección común en las entidades del grupo.

Se presumirá, salvo prueba en contrario, que una entidad dominante que cumple el requisito de vinculación financiera también satisface los requisitos de vinculación económica y organizativa.

Artículo 61 ter. *Declaraciones-liquidaciones*

1. La entidad dominante deberá presentar las declaraciones-liquidaciones agregadas una vez presentadas las declaraciones-liquidaciones individuales de las entidades que apliquen el régimen especial, incluida la de la entidad dominante.

No obstante, en caso de que alguna de dichas declaraciones-liquidaciones individuales no se haya presentado en el plazo establecido al efecto, se podrá presentar la declaración-liquidación agregada del grupo, sin perjuicio de las actuaciones que procedan, en su caso, por la falta de presentación de dicha declaración-liquidación individual.

2. Las entidades que queden excluidas del régimen especial pasarán a aplicar, en su caso, el régimen general del Impuesto desde el periodo de liquidación en que se produzca esta circunstancia, presentando sus declaraciones-liquidaciones individuales, mensual o trimestralmente, en función de su volumen de operaciones, conforme a lo dispuesto en el artículo 71. En particular, cuando la exclusión del régimen especial se produzca con efectos para una fecha distinta de la correspondiente al inicio de un trimestre natural y la entidad excluida deba presentar sus declaraciones-liquidaciones trimestralmente, dicha entidad presentará una declaración-liquidación trimestral por el período de tiempo restante hasta completar dicho trimestre.

En caso de que una entidad que quede excluida del régimen especial del grupo de entidades cumpla los requisitos que se establecen en el artículo 30, podrá optar por el procedimiento especial de devolución que se regula en el mismo.

3[182]. El Ministro de Hacienda y Función Pública aprobará los modelos de declaración-liquidación individual y agregada que procedan para la aplicación del régimen especial. Estas

---

[181]   Nuevo apartado incorporado por el art. primero quince del Real Decreto 1073/2014, de 19 de diciembre (BOE núm. 307, de 20 de diciembre de 2014), en vigor el 1 de enero de 2015.

[182]   Nueva redacción del art. 61 ter.3 dada por el art. primero. Tres del Real Decreto 596/2016, de 2 de diciembre (BOE núm. 294, de 6 de diciembre de 2016), con efectos desde el 1 de julio de 2017.

declaraciones-liquidaciones deberán presentarse durante los primeros treinta días naturales del mes siguiente al correspondiente periodo de liquidación mensual, o hasta el último día del mes de febrero en el caso de la declaración-liquidación mensual correspondiente al mes de enero.

Sin perjuicio de lo establecido en el párrafo anterior, el Ministro de Hacienda y Función Pública, atendiendo a razones fundadas de carácter técnico, podrá ampliar el plazo correspondiente a las declaraciones que se presenten por vía electrónica.

4. Los empresarios o profesionales que apliquen el régimen especial no podrán acogerse al sistema de cuenta corriente en materia tributaria que se regula en los artículos 138 a 143 del Reglamento General de las actuaciones y los procedimientos de gestión e inspección tributaria y de desarrollo de las normas comunes de los procedimientos de aplicación de los tributos, aprobado por el Real Decreto 1065/2007, de 27 de julio.

Artículo 61 quáter. *Renuncia a las exenciones*

1. La facultad de renuncia a las exenciones que se establece en el artículo 163 sexies. cinco de la Ley del Impuesto se podrá efectuar cuando la entidad de que se trate haya optado en tiempo y forma por el tratamiento especial de las operaciones intragrupo que se señala en el citado precepto.

Esta facultad se efectuará operación por operación, documentándose en la forma que se establece en el apartado siguiente.

La citada facultad no dependerá de la condición de empresario o profesional con derecho a la deducción de las cuotas soportadas del destinatario de las operaciones a las que se refiera la renuncia.

2. Esta renuncia se realizará mediante la expedición de una factura en la que conste la repercusión del impuesto, en su caso, y una referencia al artículo 163 sexies.cinco de la Ley del Impuesto.

Esta factura deberá cumplir todos los requisitos que se establecen en el artículo 6 del Reglamento por el que se regulan las obligaciones de facturación, aprobado por el Real Decreto 1619/2012, de 30 de noviembre[183].

3. En caso de que a las operaciones a las que se refiera esta renuncia les sea igualmente aplicable lo dispuesto en el artículo 20.dos de la Ley del Impuesto, prevalecerá la facultad que se establece en el artículo 163 sexies.cinco de dicha Ley.

En tal caso, la renuncia a la exención deberá comunicarse fehacientemente al adquirente con carácter previo o simultáneo a la entrega de los correspondientes bienes, entendiéndose

---

Redacción anterior dada por la Disposición final cuarta del Real Decreto 1042/2013, de 27 de diciembre (BOE núm. 312, de 30 de diciembre de 3013), con efectos desde del 1 de enero de 2014.

[183] Nueva redacción del segundo párrafo del art. 61 quáter.2 dada por el art. 1.Seis del Real Decreto 1512/2018, de 28 de diciembre (BOE núm. 314, de 29 de diciembre), con efectos desde el 1 de enero de 2019.

comunicada de forma fehaciente si en la factura que se expida con ocasión de la realización de las operaciones se efectúa la repercusión expresa del Impuesto sobre el Valor Añadido.

Artículo 61 quinquies. *Obligaciones formales específicas del régimen especial*

1. Cuando el grupo de entidades opte por la aplicación de lo dispuesto en el artículo 163 sexies.cinco de la Ley del Impuesto, la entidad dominante deberá disponer de un sistema de información analítica cuyo contenido será el siguiente:

a) La descripción de los bienes y servicios utilizados total o parcialmente, directa o indirectamente, en la realización de operaciones intragrupo y por los cuales se haya soportado o satisfecho el Impuesto.

En esta relación se incluirán tanto los bienes y servicios adquiridos a terceros como aquellos otros que, sin haber sido adquiridos a terceros, hayan dado lugar a cuotas soportadas o satisfechas por cualquiera de las operaciones sujetas al Impuesto.

b) El importe de la base imponible y de las cuotas soportadas o satisfechas por dichos bienes o servicios, conservando los justificantes documentales correspondientes.

c) El importe de las cuotas deducidas de las soportadas o satisfechas por dichos bienes y servicios, indicando la regla de prorrata, general o especial, aplicada por todas y cada una de las entidades que estén aplicando el régimen especial.

Para el caso de los bienes de inversión, se deberá consignar igualmente el importe de las regularizaciones practicadas, en su caso, en relación con los mismos, así como el inicio de su utilización efectiva.

d) Los criterios utilizados para la imputación del coste de dichos bienes y servicios a la base imponible de las operaciones intragrupo y al sector diferenciado constituido por dichas operaciones. Estos criterios deberán especificarse en una memoria, que formará parte del sistema de información, y deberán cuantificarse, siendo obligatoria la conservación de los justificantes formales de las magnitudes utilizadas, en su caso, durante todo el plazo durante el cual deba conservarse el sistema de información. Los citados criterios atenderán, siempre que sea posible, a la utilización real de los citados bienes y servicios en las operaciones intragrupo, sin perjuicio de la utilización de cualesquiera otros, como la imputación proporcional al valor normal de mercado de dichas operaciones en condiciones de libre competencia, cuando se trate de bienes y servicios cuya utilización real resulte imposible de concretar. Estos criterios podrán ser sometidos a la valoración previa de la Administración tributaria. El Ministro de Economía y Hacienda dictará las disposiciones necesarias para el desarrollo y aplicación de esta valoración previa.

2. Sin perjuicio de lo dispuesto en el apartado 2 del artículo 61 quáter de este Reglamento, las operaciones intragrupo que se realicen entre entidades que apliquen lo dispuesto en el artículo 163 sexies.cinco de la Ley del Impuesto deberán documentarse en factura que deberá cumplir todos los requisitos que se establecen en el artículo 6 del Reglamento por el que se regulan las obligaciones de facturación, aprobado por el Real Decreto 1619/2012, de

30 de noviembre. No obstante, como base imponible de las citadas operaciones se deberá hacer constar tanto la que resulte de la aplicación de lo dispuesto en el artículo 163 octies. uno de la Ley del Impuesto como la que resultaría de la aplicación de lo dispuesto en los artículos 78 y 79 de dicha Ley, identificando la que corresponda a cada caso[184].

Estas facturas deberán expedirse en una serie especial y consignarse por separado, en su caso, en el libro registro de facturas expedidas.

Artículo 61 sexies[185]. *Procedimientos de control*

1. La comprobación de la entidad dominante y del grupo de entidades se realizará en un único procedimiento, que incluirá la comprobación de las obligaciones tributarias del grupo y de la entidad dominante objeto del procedimiento.

2. En cada entidad dependiente que sea objeto de comprobación como consecuencia de la comprobación de un grupo de entidades se desarrollará un único procedimiento. Dicho procedimiento incluirá la comprobación de las obligaciones tributarias que se derivan del régimen de tributación individual del Impuesto sobre el Valor Añadido y las demás obligaciones tributarias objeto del procedimiento e incluirá actuaciones de colaboración respecto de la tributación del grupo por el régimen del grupo de entidades.

3. De acuerdo con lo previsto en el artículo 68.1.a) de la Ley 58/2003, de 17 de diciembre, General Tributaria, el plazo de prescripción del Impuesto sobre el Valor Añadido del grupo de entidades se interrumpirá:

a) Por cualquier actuación de comprobación realizada con la entidad dominante del grupo respecto al Impuesto sobre el Valor Añadido.

b) Por cualquier actuación de comprobación relativa al Impuesto sobre el Valor Añadido realizada con cualquiera de las entidades dependientes, siempre que la entidad dominante del grupo tenga conocimiento formal de dichas actuaciones.

4. Las circunstancias a que se refieren los apartados 4 y 5 del artículo 150 de la Ley 58/2003, de 17 de diciembre, General Tributaria, en relación con el procedimiento inspector, así como las interrupciones justificadas y las dilaciones por causas no imputables a la Administración tributaria, en relación con el resto de procedimientos tributarios, que se produzcan en el curso de las actuaciones seguidas con cualquier entidad del grupo afectarán al plazo de duración del procedimiento seguido cerca de la entidad dominante y del grupo de entidades, siempre que la entidad dominante tenga conocimiento formal de ello. La concurrencia de dichas circunstancias no impedirá la continuación de las actuaciones relativas al resto de entidades integrantes del grupo.

---

[184]   Nueva redacción del primer párrafo del art. 61 quinuies.2 dada por el art. 1.Siete del Real Decreto 1512/2018, de 28 de diciembre (BOE núm. 314, de 29 de diciembre), con efectos desde el 1 de enero de 2019.

[185]   Nueva redacción del art. 61 sexies, dada por el art. primero dos del Real Decreto 1075/2017, de 29 de diciembre (BOE núm. 317, de 30 de diciembre de 2107), con efectos desde el 1 de enero de 2018.

El periodo de extensión del plazo a que se refiere el artículo 150.4 de la Ley 58/2003, de 17 de diciembre, General Tributaria, se calculará para la entidad dominante y el grupo teniendo en cuenta los periodos no coincidentes solicitados por cualquiera de las entidades integradas en el grupo de entidades. Las sociedades integradas en el grupo de entidades podrán solicitar hasta 60 días naturales para cada uno de sus procedimientos, pero el periodo por el que se extenderá el plazo de resolución del procedimiento de la entidad dominante y del grupo no excederá en su conjunto de 60 días naturales.

5. La documentación del procedimiento seguido cerca de cada entidad dependiente se desglosará, a efectos de la tramitación, de la siguiente forma:

a) Un expediente relativo al Impuesto sobre el Valor Añadido, en el que se incluirá la diligencia resumen a que se refiere el artículo 98.3.g) del Reglamento General de las actuaciones y los procedimientos de gestión e inspección tributaria y de desarrollo de las normas comunes de los procedimientos de aplicación de los tributos, aprobado por el Real Decreto 1065/2007, de 27 de julio. Dicho expediente se remitirá al órgano que esté desarrollando las actuaciones de comprobación de la entidad dominante y del grupo de entidades.

b) Otro expediente relativo a las demás obligaciones tributarias objeto del procedimiento.

6. La documentación del procedimiento seguido cerca de la entidad dominante del grupo se desglosará, a efectos de su tramitación, de la siguiente forma:

a) Un expediente relativo al Impuesto sobre el Valor Añadido del grupo de entidades, que incluirá las diligencias resumen a que se refiere el apartado anterior.

b) Otro expediente relativo a las demás obligaciones tributarias objeto del procedimiento.

CAPÍTULO VIII[186]. Régimen especial del criterio de caja

Artículo 61 septies. *Opción por la aplicación del régimen especial del criterio de caja*

1. La opción a que se refiere el artículo 163 undecies de la Ley del Impuesto deberá ejercitarse al tiempo de presentar la declaración de comienzo de la actividad, o bien, durante el mes de diciembre anterior al inicio del año natural en el que deba surtir efecto, entendiéndose prorrogada para los años siguientes en tanto no se produzca la renuncia al mismo o la exclusión de este régimen[187].

---

[186]   Nuevo Capítulo incorporado por el art. primero. Veintiuno del Real Decreto 828/2013, de 25 de octubre (BOE núm. 257, de 26 de octubre de 2013), en vigor desde el 1 de enero de 2014.

[187]   La Disposición adicional única del Real Decreto 1042/2013, de 27 de diciembre (BOE núm. 312, de 30 de diciembre de 3013), con efectos desde del 1 de enero de 2014, establece que: «La opción, para el ejercicio 2014, por la aplicación del régimen especial del criterio de caja a que se refiere el artículo 163 undecies de la Ley 37/1992, de 28 de diciembre, del Impuesto sobre el Valor Añadido, y el artículo 61 septies del Reglamento del Impuesto, aprobado por el Real Decreto 1624/1992, de 29 de diciembre, por sujetos pasivos

2. La opción deberá referirse a todas las operaciones realizadas por el sujeto pasivo que no se encuentren excluidas del régimen especial conforme a lo establecido en el apartado dos del artículo 163 duodecies de la Ley del Impuesto.

Artículo 61 octies. *Renuncia a la aplicación del régimen especial del criterio de caja*

La renuncia al régimen especial se ejercitará mediante comunicación al órgano competente de la Agencia Estatal de Administración Tributaria, mediante presentación de la correspondiente declaración censal y se deberá formular en el mes de diciembre anterior al inicio del año natural en el que deba surtir efecto.

La renuncia tendrá efectos para un periodo mínimo de tres años.

Artículo 61 nonies. *Exclusión del régimen especial del criterio de caja*

Los sujetos pasivos que hayan optado por la aplicación de este régimen especial quedarán excluidos del mismo cuando su volumen de operaciones durante el año natural haya superado los 2.000.000 euros.

Cuando el sujeto pasivo hubiera iniciado la realización de actividades empresariales o profesionales en el año natural, dicho importe se elevará al año.

Quedarán excluidos del régimen especial del criterio de caja los sujetos pasivos cuyos cobros en efectivo respecto de un mismo destinatario durante el año natural supere la cuantía de 100.000 euros.

La exclusión producirá efecto en el año inmediato posterior a aquel en que se produzcan las circunstancias que determinen la misma. Los sujetos pasivos excluidos por estas causas que no superen los citados límites en ejercicios sucesivos podrán optar nuevamente a la aplicación del régimen especial en los términos señalados en el artículo 61 septies de este Reglamento.

Artículo 61 decies. *Obligaciones registrales específicas*

1. Los sujetos pasivos acogidos al régimen especial del criterio de caja deberán incluir en el libro registro de facturas expedidas a que se refiere el artículo 63 de este Reglamento, la siguiente información:

1.º Las fechas del cobro, parcial o total, de la operación, con indicación por separado del importe correspondiente, en su caso.

2.º Indicación de la cuenta bancaria o del medio de cobro utilizado, que pueda acreditar el cobro parcial o total de la operación.

---

que vinieran realizando actividades empresariales o profesionales en el año 2013, mediante la presentación de la correspondiente declaración censal, se extenderá hasta el 31 de marzo de 2014, surtiendo efecto a partir del primer periodo de liquidación que se inicie con posterioridad a la fecha en que se haya ejercido la opción».

2. Los sujetos pasivos acogidos al régimen especial del criterio de caja así como los sujetos pasivos no acogidos al régimen especial del criterio de caja pero que sean destinatarios de las operaciones afectadas por el mismo deberán incluir en el libro registro de facturas recibidas a que se refiere el artículo 64 de este Reglamento, la siguiente información:

1.º Las fechas del pago, parcial o total, de la operación, con indicación por separado del importe correspondiente, en su caso.

2.º Indicación del medio de pago por el que se satisface el importe parcial o total de la operación.

Artículo 61 undecies. *Obligaciones específicas de facturación*

1. A efectos de lo establecido en el artículo 6 del Reglamento por el que se regulan las obligaciones de facturación, aprobado por el Real Decreto 1619/2012, de 30 de noviembre, toda factura y sus copias expedida por sujetos pasivos acogidos al régimen especial del criterio de caja referentes a operaciones a las que sea aplicable el mismo, contendrá la mención de "régimen especial del criterio de caja".

2. A efectos de lo establecido en el artículo 11 del Reglamento por el que se regulan las obligaciones de facturación aprobado por el Real Decreto 1619/2012, de 30 de noviembre, la expedición de la factura de las operaciones acogidas al régimen especial del criterio de caja deberá producirse en el momento de su realización, salvo cuando el destinatario de la operación sea un empresario o profesional que actúe como tal, en cuyo caso la expedición de la factura deberá realizarse antes del día 16 del mes siguiente a aquel en que se hayan realizado.

CAPÍTULO IX. Regímenes especiales aplicables a las ventas a distancia y a determinadas entregas interiores de bienes y prestaciones de servicios[188]

Artículo 61 duodecies[189]. *Definiciones*

A efectos de este capítulo se entenderá por:

---

[188]   Nueva redacción del Capítulo IX dada por el art. primero siete del Real Decreto 424/2021, de 15 de junio (BOE núm. 143, de 16 de junio de 2021), en vigor desde el 1 de julio de 2021.
Redacción anterior del Capítulo IX por su incorporación dada por el art. primero dieciséis del Real Decreto 1073/2014, de 19 de diciembre (BOE núm. 307, de 20 de diciembre de 2014), en vigor el 1 de enero de 2015.
Redacción anterior dada por el art. primero. Veintitrés del Real Decreto 828/2013, de 25 de octubre (BOE núm. 257, de 26 de octubre de 2013), en vigor desde el 1 de enero de 2014.
Redacción anterior dada por el art. primero.Siete del Real Decreto 1466/2007, de 2 de noviembre (BOE núm. 278 de 20 de noviembre de 2007), con efectos a partir de 1 de enero de 2009.

[189]   Incorporado por el art. primero siete del Real Decreto 424/2021, de 15 de junio (BOE núm. 143, de 16 de junio de 2021), en vigor desde el 1 de julio de 2021.

a) "Régimen exterior de la Unión": el régimen especial regulado en la sección 2.ª del capítulo XI del título IX de la Ley del Impuesto.

b) "Régimen de la Unión": el régimen especial regulado en la sección 3.ª del capítulo XI del título IX de la Ley del Impuesto.

c) "Régimen de importación": el régimen especial regulado en la sección 4.ª del capítulo XI del título IX de la Ley del Impuesto.

Artículo 61 terdecies[190]. *Opción y renuncia. Efectos*

1. La opción por alguno de los regímenes especiales a los que se refiere este capítulo se realizará a través de la presentación, en el Estado miembro de identificación, de la correspondiente declaración de inicio en los regímenes especiales y surtirá efecto:

a) a partir del primer día del trimestre natural siguiente a la presentación de la indicada declaración, en el caso del régimen exterior de la Unión y del régimen de la Unión; o

b) desde el día en que se haya asignado al empresario o profesional, o al intermediario que actúe por su cuenta, el número individual de identificación a efectos del Impuesto para el régimen de importación.

En el caso de que el Reino de España sea el Estado miembro de identificación la declaración de inicio se regula en los artículos 163 noniesdecies, 163 duovicies y 163 septvicies de la Ley del Impuesto.

No obstante lo anterior, en el régimen exterior de la Unión o el régimen de la Unión, cuando un empresario o profesional inicie las operaciones incluidas en estos regímenes especiales con carácter previo a la fecha de efectos a la que se refiere la letra a) anterior, el régimen especial correspondiente surtirá efecto a partir de la fecha de la primera entrega o prestación de servicios, siempre y cuando el empresario o profesional presente dicha declaración de inicio a más tardar el décimo día del mes siguiente a la fecha de inicio de las mismas.

Lo establecido en este apartado se entiende sin perjuicio de la facultad de la Administración tributaria del Estado miembro de identificación de denegar el registro a los regímenes especiales a que se refiere este capítulo cuando el empresario o profesional no cumpla las condiciones para acogerse a los regímenes en cuestión.

2. La renuncia voluntaria a cualquiera de los regímenes especiales a que se refiere este capítulo se realizará a través de la presentación de la declaración de cese en los regímenes especiales al Estado miembro de identificación, que deberá efectuarse:

a) al menos quince días antes de finalizar el trimestre natural anterior a aquel en que vaya a dejar de utilizarse el régimen especial y surtirá efecto a partir del primer día del trimestre natural siguiente a la presentación de la indicada declaración de cese, en el caso del régimen exterior de la Unión y del régimen de la Unión.

---

[190]   Incorporado por el art. primero siete del Real Decreto 424/2021, de 15 de junio (BOE núm. 143, de 16 de junio de 2021), en vigor desde el 1 de julio de 2021.

b) al menos quince días antes del mes anterior a aquel en que vaya a dejar de utilizarse el régimen de importación y surtirá efecto a partir del primer día del mes siguiente a la presentación de la indicada declaración de cese. En este caso, el empresario o profesional dejará de estar autorizado a utilizar este régimen especial para las entregas de bienes que realice a partir de esa fecha.

El intermediario cuyo Estado miembro de identificación sea el Reino de España, que ponga fin a su actividad por cuenta de empresarios o profesionales acogidos al régimen de importación, deberá informar de su decisión a la Agencia Estatal de Administración Tributaria, al menos quince días antes de finalizar el mes natural anterior a aquel en el que se pretenda dejar de actuar como intermediario.

En el caso de que el Reino de España sea el Estado miembro de identificación la declaración de cese se regula en los artículos 163 noniesdecies, 163 duovicies y 163 septvicies de la Ley del Impuesto.

3. Cuando un empresario o profesional o, en su caso, un intermediario que actúe por su cuenta, establecido en la Comunidad traslade la sede de su actividad económica de un Estado miembro a otro o deje de estar establecido en el Estado miembro de identificación, pero continúe establecido en la Comunidad y cumpla las condiciones para poder seguir acogido a los regímenes especiales de la Unión o de importación, podrá presentar la declaración de cese en el Estado miembro de identificación en el que deje de estar establecido y presentar una nueva declaración de inicio en un nuevo Estado miembro en la fecha en que se produzca el cambio de sede o de establecimiento permanente.

Cuando el empresario o profesional que utilice el régimen de la Unión para la entrega de bienes deje de estar establecido en la Comunidad indicará como nuevo Estado miembro de identificación un Estado miembro desde el que expida o transporte los bienes.

El cambio de Estado miembro de identificación surtirá efecto desde la fecha en que se produzca, siempre y cuando el empresario o profesional o, en su caso, el intermediario que actúe por su cuenta, presente la declaración correspondiente a cada uno de los Estados miembros de identificación afectados en la que informe del cambio de Estado miembro de identificación a más tardar el décimo día del mes siguiente a aquel en que se haya producido el cambio de sede o de establecimiento permanente o, a partir de la fecha en que dicho empresario o profesional deje de expedir o transportar bienes desde ese Estado miembro.

4. En los casos a los que se refiere el apartado 3 anterior y siempre que el cambio de Estado miembro de identificación se produzca después del primer día del periodo de liquidación en cuestión, el empresario o profesional, o, en su caso, el intermediario que actúe por su cuenta, vendrá obligado a presentar la declaración-liquidación del Impuesto correspondiente al trimestre o mes natural en que se produce el cambio en los dos Estados miembros de identificación, atendiendo a las operaciones efectuadas durante los periodos en que cada uno de los Estados miembros haya sido el Estado miembro de identificación.

Artículo 61 quaterdecies[191]. *Exclusión y efectos*

1. La exclusión de un empresario o profesional de cualquiera de los regímenes especiales a que se refiere este capítulo se adoptará exclusivamente por el Estado miembro de identificación, cuya decisión deberá comunicarse a dicho empresario o profesional por vía electrónica y surtirá efecto:

a) a partir del primer día del trimestre natural siguiente a la fecha de la indicada comunicación, en el caso del régimen exterior de la Unión y del régimen de la Unión; o

b) a partir del primer día del mes siguiente a la fecha de la indicada comunicación, en el caso del régimen de importación, salvo que la exclusión derive del incumplimiento reiterado de las normas de este régimen, en que surtirá efectos a partir del día siguiente a la fecha de la indicada comunicación.

Cuando el empresario o profesional actúe con intermediario, el acuerdo de exclusión del intermediario conforme al apartado siguiente supone la exclusión en el régimen de importación de los empresarios o profesionales acogidos al mismo por cuya cuenta actuaba el intermediario. La exclusión de dichos empresarios o profesionales por ese motivo será comunicada a cada uno de ellos y surtirá efectos a partir del primer día del mes siguiente a la fecha de la comunicación, cualquiera que haya sido la causa de exclusión del intermediario.

No obstante lo anterior, cuando la exclusión traiga causa en el cambio de sede de actividad económica o de establecimiento permanente o del lugar de inicio de la expedición o transporte de los bienes por parte del empresario o profesional, surtirá efecto a partir de la fecha de dicho cambio, siempre y cuando el empresario o profesional presente la declaración de modificación a cada uno de los dos Estados miembros de identificación afectados, en la que informe del cambio de Estado miembro de identificación a más tardar el décimo día del mes siguiente a aquel en que se haya producido el cambio de sede o de establecimiento permanente.

2. La exclusión de un intermediario que actúe por cuenta de un empresario o profesional acogido al régimen de importación se adoptará exclusivamente por el Estado miembro de identificación, cuya decisión deberá serle comunicada por vía electrónica y surtirá efecto a partir del primer día del mes siguiente a la fecha de la indicada comunicación.

No obstante lo anterior, cuando:

a) la exclusión traiga causa en el cambio de sede de actividad económica o de establecimiento permanente, surtirá efecto a partir de la fecha de dicho cambio, siempre y cuando el intermediario presente la declaración de modificación a cada uno de los dos Estados miembros de identificación afectados, en la que informe del cambio de Estado miembro de identificación a más tardar el décimo día del mes siguiente a aquel en que se haya producido el cambio de sede o de establecimiento permanente; o

---

[191]   Incorporado por el art. primero siete del Real Decreto 424/2021, de 15 de junio (BOE núm. 143, de 16 de junio de 2021), en vigor desde el 1 de julio de 2021.

b) la exclusión derive del incumplimiento reiterado de las normas del citado régimen, surtirá efectos a partir del día siguiente a la fecha de la indicada comunicación.

En todo caso, el intermediario deberá presentar la declaración-liquidación del último mes natural en el régimen correspondiente a cada empresario o profesional por cuya cuenta actúa.

3. Serán causas de exclusión de los regímenes especiales a que se refiere este capítulo cualesquiera de las que se relacionan a continuación:

a) La presentación por el empresario o profesional de la declaración de cese por haber dejado de realizar las operaciones comprendidas en cualquiera de los regímenes especiales; a tal efecto el empresario o profesional deberá presentar dicha declaración al Estado miembro de identificación a más tardar el décimo día del mes siguiente a que se produzca dicha situación.

En el caso de que el Reino de España sea el Estado miembro de identificación la declaración de cese se regula en los artículos 163 noniesdecies, 163 duovicies y 163 septivicies de la Ley del Impuesto.

b) La existencia de hechos que permitan presumir que el empresario o profesional ha dejado de desarrollar sus actividades en cualquiera de los regímenes especiales. Se considerará que se ha producido lo anterior cuando el empresario o profesional no realice en ningún Estado miembro de consumo alguna de las operaciones a que se refieren los regímenes especiales durante un período de dos años.

c) El incumplimiento de los requisitos necesarios para acogerse a estos regímenes especiales.

d) El incumplimiento reiterado de las obligaciones impuestas por la normativa de estos regímenes especiales, el cual concurrirá, entre otros, cuando:

a') se hayan enviado al empresario o profesional comunicaciones o recordatorios de la obligación de presentar una declaración durante los tres periodos de declaración anteriores y no se haya presentado la correspondiente declaración del Impuesto en el plazo de diez días a computar desde el envío de cada recordatorio o comunicación;

b') se hayan enviado al empresario o profesional comunicaciones o recordatorios de la obligación de efectuar un pago durante los tres periodos de declaración anteriores y no se haya abonado la suma íntegra en el plazo de diez días a computar desde el envío de cada recordatorio o comunicación, a menos que el importe pendiente correspondiente a cada declaración sea inferior a 100 euros;

c') el empresario o profesional haya incumplido su obligación de poner a disposición del Estado miembro de identificación o del Estado miembro de consumo sus registros por vía electrónica en el plazo de un mes desde el correspondiente recordatorio o comunicación remitido por el Estado miembro de identificación;

d') el empresario o profesional acogido al régimen de importación utilice de forma reiterada el régimen especial para la importación de bienes con valor intrínseco superior a 150 euros o sujetos a impuestos especiales.

e) Para el empresario o profesional acogido al régimen de importación, que opere a través de un intermediario, que dicho intermediario notifique a la Administración tributaria que ha dejado de representarle; a tal efecto el intermediario deberá notificar este extremo al Estado miembro de identificación a más tardar el décimo día del mes siguiente a que se produzca dicha situación.

Cuando la exclusión traiga causa en los supuestos a que se refiere la letra d) anterior surtirá efectos para un período mínimo de dos años contados a partir de la fecha de efecto de la exclusión y respecto de los tres regímenes especiales.

4. Serán causas de exclusión del intermediario que actúe por cuenta de un empresario o profesional acogido al régimen de importación:

a) La falta de actuación durante dos trimestres naturales como intermediario.

b) El incumplimiento de los requisitos necesarios para actuar como intermediario.

c) El incumplimiento reiterado de las obligaciones impuestas por la normativa del citado régimen especial, el cual concurrirá, entre otros, cuando:

a′) se hayan enviado al intermediario comunicaciones o recordatorios de la obligación de presentar una declaración durante los tres periodos de declaración anteriores y no se haya presentado la correspondiente declaración del Impuesto en el plazo de diez días a computar desde el envío de cada recordatorio o comunicación;

b′) se hayan enviado al intermediario comunicaciones o recordatorios de la obligación de efectuar un pago durante los tres periodos de declaración anteriores y no se haya abonado la suma íntegra en el plazo de diez días a computar desde el envío de cada recordatorio o comunicación, a menos que el importe pendiente correspondiente a cada declaración sea inferior a 100 euros;

c′) el intermediario haya incumplido su obligación de poner a disposición del Estado miembro de identificación o del Estado miembro de consumo sus registros por vía electrónica en el plazo de un mes desde el correspondiente recordatorio o comunicación remitido por el Estado miembro de identificación;

d′) el intermediario incurra en las circunstancias establecidas en el artículo 144.4, letra c), del Reglamento General de las actuaciones y procedimientos de gestión e inspección tributaria y de desarrollo de las normas comunes de los procedimientos de aplicación de los tributos, aprobado por el Real Decreto 1065/2007, de 27 de julio.

En el supuesto de esta letra c), el intermediario no podrá actuar como tal durante los dos años siguientes al mes durante el cual haya sido excluido del régimen especial.

5. Los empresarios o profesionales que hayan sido excluidos del régimen exterior de la Unión o del régimen de la Unión deberán satisfacer directamente ante las autoridades tributarias del Estado miembro de consumo de que se trate todas las obligaciones que les incumban en relación con el Impuesto sobre el Valor Añadido por las entregas de bienes o las prestaciones de servicios que se generen después de la fecha en que se haya hecho efectiva la exclusión.

Artículo 61 quinquiesdecies[192]. *Obligaciones de información*

El empresario o profesional, o el intermediario que actúe por su cuenta, en su caso, acogido a cualesquiera de estos regímenes especiales a que se refiere este capítulo deberá presentar una declaración de modificación al Estado miembro de identificación ante cualquier cambio en la información proporcionada al mismo; dicha declaración se deberá presentar a más tardar el décimo día del mes siguiente a aquel en que se haya producido el cambio correspondiente.

En el caso de que el Reino de España sea el Estado miembro de identificación la declaración de modificación se regula en los artículos 163 noniesdecies, 163 duovicies y 163 septvicies de la Ley del Impuesto.

Artículo 61 sexiesdecies[193]. *Obligaciones formales*

1. Los empresarios y profesionales acogidos al régimen exterior de la Unión y al régimen de la Unión han de llevar un registro de las operaciones incluidas en estos regímenes especiales, con el detalle suficiente para que la Administración tributaria del Estado miembro de consumo pueda comprobar los datos incluidos en las declaraciones del Impuesto. A tal efecto, dicho registro deberá contener la siguiente información:

a) el Estado miembro de consumo en el que hayan realizado las operaciones;

b) el tipo de prestación de servicios realizada o la descripción y la cantidad de los bienes entregados;

c) la fecha de realización de la operación;

d) la base imponible con indicación de la moneda utilizada;

e) cualquier aumento o reducción posterior de la base imponible;

f) el tipo del Impuesto aplicado;

g) el importe adeudado del Impuesto con indicación de la moneda utilizada;

h) la fecha y el importe de los pagos recibidos;

i) cualquier anticipo recibido antes de la realización de la operación;

j) la información contenida en la factura, en caso de que se haya emitido;

k) la información utilizada para determinar el lugar de establecimiento del cliente, o su domicilio o residencia habitual, tratándose de prestaciones de servicios, y, en el caso de bienes, la información utilizada para determinar el lugar donde comienza y termina la expedición o el transporte de los mismos;

l) cualquier prueba de posibles devoluciones de bienes, incluida la base imponible y el tipo del impuesto aplicado.

---

[192] Incorporado por el art. primero siete del Real Decreto 424/2021, de 15 de junio (BOE núm. 143, de 16 de junio de 2021), en vigor desde el 1 de julio de 2021.

[193] Incorporado por el art. primero siete del Real Decreto 424/2021, de 15 de junio (BOE núm. 143, de 16 de junio de 2021), en vigor desde el 1 de julio de 2021.

2. Los empresarios o profesionales, o los intermediarios que actúen por su cuenta, acogidos al régimen de importación deberán llevar un registro de las operaciones incluidas en este régimen especial con el detalle suficiente para que la Administración tributaria del Estado miembro de consumo pueda comprobar los datos incluidos en las declaraciones del Impuesto. A tal efecto, dicho registro deberá contener la siguiente información:

a) el Estado miembro de consumo en el que se entreguen los bienes;

b) la descripción y la cantidad de los bienes entregados;

c) la fecha de entrega de los bienes;

d) la base imponible con indicación de la moneda utilizada;

e) cualquier aumento o reducción posterior de la base imponible;

f) el tipo del Impuesto aplicado;

g) el importe adeudado del Impuesto con indicación de la moneda utilizada;

h) la fecha y el importe de los pagos recibidos;

i) la información contenida en la factura, en caso de que se haya emitido;

j) la información utilizada para determinar el lugar donde comienza y termina la expedición o el transporte de los bienes con destino al cliente;

k) cualquier prueba de posibles devoluciones de bienes, incluida la base imponible y el tipo del impuesto aplicado;

l) el número de pedido o el número único de transacción;

m) el número único de expedición cuando el empresario o profesional intervenga directamente en la entrega.

3. La información prevista en los apartados anteriores deberá conservarse de tal manera que permita su disposición por vía electrónica, de forma inmediata y por cada una de las operaciones realizadas y estará disponible tanto para el Estado miembro de consumo como para el Estado miembro de identificación.

4. La expedición de factura, en los casos en que resulte procedente, se determinará y se ajustará conforme con las normas del Estado miembro de identificación.

En el caso de que el Reino de España sea el Estado miembro de identificación la expedición y entrega de factura se ajustará a lo previsto en el Reglamento por el que se regulan las obligaciones de facturación, aprobado por el Real Decreto 1619/2012, de 30 de noviembre.

Artículo 61 septiesdecies[194]. *Condiciones y requisitos para actuar como intermediario en el régimen de importación*

Para que un operador pueda actuar en el Reino de España como intermediario a efectos del régimen de importación, asumiendo los derechos y obligaciones del régimen en los tér-

---

[194] Incorporado por el art. primero siete del Real Decreto 424/2021, de 15 de junio (BOE núm. 143, de 16 de junio de 2021), en vigor desde el 1 de julio de 2021.

minos establecidos en el artículo 163 quinvicies.Dos, letra b), de la Ley del Impuesto, deberá cumplir las siguientes condiciones:

a) Disponer del número de identificación fiscal al que se refiere el artículo 164.Uno.2.º de la Ley del Impuesto.

b) Estar establecido en el territorio de aplicación del Impuesto.

c) No haber sido condenado o sancionado, dentro los cuatro años anteriores a la presentación de la solicitud para actuar como intermediario, por la comisión de un delito contra la Hacienda Pública o de una infracción tributaria grave, en relación con su actividad económica, en virtud de sentencia o resolución administrativa firme.

Este requisito se considerará cumplido si ninguna de las personas siguientes se encuentra en la situación del párrafo anterior en relación con su actividad económica, incluida la actividad económica del solicitante, en su caso:

a') el operador,

b') el empleado o los empleados encargados de los asuntos aduaneros y/o tributarios,

c') la persona o las personas encargadas del operador o que controlen su dirección.

No obstante lo anterior, podrá entenderse cumplido este requisito cuando la Administración tributaria considere que una infracción no es relevante, en relación con el número o la magnitud de las operaciones conexas, y no tenga duda alguna en cuanto a la buena fe del solicitante.

Cuando la persona a la que se refiere el inciso c'), distinta del operador, esté establecida o tenga su residencia en un tercer país, la Administración tributaria deberá evaluar el cumplimiento del criterio basándose en los registros y la información de que disponga.

Cuando el operador lleve establecido menos de cuatro años, la Administración tributaria deberá evaluar el cumplimiento del criterio basándose en los registros y la información de que disponga.

d) Solvencia financiera, la cual se considerará acreditada cuando el operador tenga un nivel financiero que le permita cumplir sus compromisos, teniendo debidamente en cuenta las características del tipo de actividad de que se trate.

Este requisito se considerará acreditado cuando el solicitante cumpla las condiciones siguientes:

a') no está incurso en un procedimiento concursal;

b') durante los últimos cuatro años anteriores a la presentación de la solicitud para actuar como intermediario, ha cumplido con sus obligaciones financieras en relación con el pago de sus deudas aduaneras y tributarias;

c') demuestra, sobre la base de los registros y de la información disponibles para los cuatro últimos años anteriores a la presentación de la solicitud, que dispone de capacidad financiera suficiente para cumplir sus obligaciones y hacer frente a sus compromisos relativos a la naturaleza y el volumen de las actividades comerciales, en particular no disponer de activos netos negativos, excepto en caso de que puedan cubrirse.

Si el operador lleva establecido menos de cuatro años, la solvencia financiera se evaluará basándose en los registros y la información disponible.

Se presumirá el cumplimiento de estos requisitos cuando el operador tenga la condición de Operador Económico Autorizado de conformidad con el Código Aduanero de la Unión y sus disposiciones de aplicación.

La Administración tributaria podrá denegar la condición de intermediario a efectos del régimen de importación cuando el operador no cumpla todas las condiciones anteriormente establecidas.

TÍTULO IX. OBLIGACIONES CONTABLES DE LOS SUJETOS PASIVOS[195]

Artículo 62[196]. *Libros registros del Impuesto sobre el Valor Añadido*

1. Los empresarios o profesionales y otros sujetos pasivos del Impuesto sobre el Valor Añadido deberán llevar, con carácter general y en los términos dispuestos por este reglamento, los siguientes libros registros:

a) Libro registro de facturas expedidas.

b) Libro registro de facturas recibidas.

c) Libro registro de bienes de inversión.

d) Libro registro de determinadas operaciones intracomunitarias.

2[197]. Lo dispuesto en el apartado anterior no será de aplicación respecto de las actividades acogidas a los regímenes especiales simplificado, de la agricultura, ganadería y pesca y del recargo de equivalencia, con las salvedades establecidas en las normas reguladoras de dichos regímenes especiales, ni respecto de las entregas a título ocasional de medios de transporte nuevos realizadas por las personas a que se refiere la letra e) del apartado uno del artículo 5 de la Ley del Impuesto.

3. Los libros o registros, incluidos los de carácter informático que, en cumplimiento de sus obligaciones fiscales o contables, deban llevar los empresarios o profesionales y otros sujetos pasivos del Impuesto sobre el Valor Añadido, podrán ser utilizados a efectos de este impuesto, siempre que se ajusten a los requisitos que se establecen en este reglamento.

4. Quienes fuesen titulares de diversos establecimientos situados en el territorio de aplicación del impuesto podrán llevar, en cada uno de ellos, los libros registros establecidos

---

[195]   Arts. 164 al 166 de la Ley.

[196]   Nueva redacción del art. 62 dada por el art. 2.Dieciséis del Real Decreto 1496/2003, de 28 de noviembre (BOE núm. 286, de 29 de noviembre de 2003), en vigor a los 20 días de su publicación, sin perjuicio de lo previsto en el apartado 1 de la disposición transitoria.

[197]   Nueva redacción del art. 62.2 dada por el art. primero ocho del Real Decreto 424/2021, de 15 de junio (BOE núm. 143, de 16 de junio de 2021), en vigor desde el 1 de julio de 2021.
     Redacción anterior dada por el art. 1.Nueve del Real Decreto 1512/2018, de 28 de diciembre (BOE núm. 314, de 29 de diciembre), con efectos desde el 1 de enero de 2019.

en el apartado 1, en los que anotarán por separado las operaciones efectuadas desde dichos establecimientos, siempre que los asientos resúmenes de éstos se trasladen a los correspondientes libros registros generales que deberán llevarse en el domicilio fiscal.

5[198]. El Departamento de Gestión Tributaria de la Agencia Estatal de Administración Tributaria podrá autorizar, previas las comprobaciones que estime oportunas:

a) La sustitución de los Libros Registros mencionados en el apartado 1 de este artículo por sistemas de registro diferentes, así como la modificación de los requisitos exigidos para las anotaciones registrales, siempre que respondan a la organización administrativa y contable de los empresarios o profesionales o sujetos pasivos y, al mismo tiempo, quede garantizada plenamente la comprobación de sus obligaciones tributarias por el Impuesto sobre el Valor Añadido.

b) Que en los libros registro de facturas expedidas y recibidas no consten todas las menciones o toda la información referida en el apartado 3 o en el apartado 4, de los artículos 63 y 64 de este Reglamento, respectivamente, así como la realización de asientos resúmenes con condiciones distintas de las señaladas en el apartado 4 o el apartado 5, respectivamente, de los referidos artículos de este Reglamento, cuando aprecie que las prácticas comerciales o administrativas del sector de actividad de que se trate, o bien las condiciones técnicas de expedición de las facturas, justificantes contables y documentos de Aduanas, dificulten la consignación de dichas menciones e información.

Dichas autorizaciones serán revocables en cualquier momento[199].

6[200]. No obstante lo dispuesto en los apartados anteriores, los libros registro a que se refiere el apartado 1 de este artículo, deberán llevarse a través de la Sede electrónica de la Agencia Estatal de Administración Tributaria, mediante el suministro electrónico de los registros de facturación, por los empresarios o profesionales y otros sujetos pasivos del Impuesto, que tengan un periodo de liquidación que coincida con el mes natural de acuerdo con lo dispuesto en el artículo 71.3 del presente Reglamento.

---

[198] Nueva redacción del art. 62.5 dada por el art. primero tres del Real Decreto 1075/2017, de 29 de diciembre (BOE núm. 317, de 30 de diciembre de 2107), con efectos desde el 1 de enero de 2018.

[199] Disposición adicional primera: Efectos de la falta de resolución en plazo de determinados procedimientos tributarios. «Uno. Los procedimientos que se relacionan a continuación podrán entenderse desestimados por haber vencido el plazo máximo establecido sin que se haya notificado resolución expresa:... 16. Procedimiento para el otorgamiento de autorizaciones en materia de libros registros regulado en el artículo 62.5 del Reglamento del Impuesto sobre el Valor Añadido, aprobado por el Real Decreto 1624/1992, de 29 de diciembre», del Real Decreto 1065/2007, de 27 de julio, por el que se aprueba el Reglamento General de las actuaciones y los procedimientos de gestión e inspección tributaria y de desarrollo de las normas comunes de los procedimientos de aplicación de los tributos (BOE núm. 213, de 5 septiembre de 2007). Art. 104 de la Ley 58/2003, de 17 de diciembre, General Tributaria (BOE núm. 302, de 18 de diciembre de 2003).

[200] Nuevo apartado incorporado por el art. primero. Cuatro del Real Decreto 596/2016, de 2 de diciembre (BOE núm. 294, de 6 de diciembre de 2016), con efectos desde el 1 de julio de 2017.

Además, aquellos empresarios o profesionales y otros sujetos pasivos del Impuesto no mencionados en el párrafo anterior, podrán optar por llevar los libros registro a que se refieren los artículos 40, apartado 1; 47, apartado 2; 61, apartado 2 y el apartado 1 de este artículo, a través de la Sede electrónica de la Agencia Estatal de Administración Tributaria en los términos establecidos en el artículo 68 bis de este Reglamento.

A efectos de lo previsto en el apartado 4 anterior, se llevarán unos únicos libros registro en los que se anotarán las operaciones de todos los establecimientos situados en el territorio de aplicación del Impuesto.

El suministro electrónico de los registros de facturación se realizará a través de la Sede Electrónica de la Agencia Estatal de Administración Tributaria mediante un servicio web o, en su caso, a través de un formulario electrónico, todo ello conforme con los campos de registro que apruebe por Orden el Ministro de Hacienda y Función Pública[201].

Artículo 62 bis[202]. *Registro de operaciones*

1. Cuando un empresario o profesional, actuando como tal, utilizando una interfaz digital como un mercado en línea, una plataforma, un portal u otros medios similares, facilite la entrega de bienes o la prestación de servicios a personas que no sean empresarios o profesionales, actuando como tales, y no tenga la condición de sujeto pasivo respecto de dichas entregas de bienes o prestaciones de servicios, tendrá la obligación de llevar un registro de dichas operaciones.

El registro será lo suficientemente detallado como para permitir a la Administración tributaria comprobar si el impuesto se ha declarado correctamente y su contenido deberá incluir:

a) el nombre, la dirección postal y electrónica o el sitio web del proveedor cuyas entregas o prestaciones se faciliten a través de la utilización de la interfaz electrónica, y si están disponibles:

a') el número de identificación a efectos del Impuesto sobre el Valor Añadido o el número nacional de identificación fiscal del proveedor; y

b') el número de la cuenta bancaria o el número de la cuenta virtual del proveedor;

b) una descripción de los bienes, su valor, el lugar de llegada de la expedición o transporte, junto con el momento de la entrega y, si se encuentran disponibles, el número de pedido o el número único de transacción;

---

[201]   Orden HFP/417/2017, de 12 de mayo, por la que se regulan las especificaciones normativas y técnicas que desarrollan la llevanza de los Libros registro del Impuesto sobre el Valor Añadido a través de la Sede electrónica de la Agencia Estatal de Administración Tributaria establecida en el artículo 62.6 del Reglamento del Impuesto sobre el Valor Añadido, aprobado por el Real Decreto 1624/1992, de 29 de diciembre, y se modifica otra normativa tributaria (BOE núm. 115, de 15 de mayo de 2017).

[202]   Nuevo artículo 62 bis incorporado por el art. primero nueve del Real Decreto 424/2021, de 15 de junio (BOE núm. 143, de 16 de junio de 2021), en vigor desde el 1 de julio de 2021.

c) una descripción de los servicios, su valor, información para determinar el lugar y el momento de la prestación y, si se encuentran disponibles, el número de pedido o el número único de transacción.

2. El registro mencionado en el apartado anterior deberá estar por vía electrónica, previa solicitud, a disposición de los Estados miembros interesados.

El registro se mantendrá por un período de diez años a partir del final del año en que se haya realizado la operación.

Artículo 62 ter[203]. *Contenido de los registros de proveedores de servicios de pago*

1. Los registros mantenidos por los proveedores de servicios de pago, previstos en artículo 166 quater.a) de la Ley del Impuesto, deberán incluir la siguiente información:

a) el código BIC o cualquier otro código identificador de la entidad que identifique inequívocamente al proveedor de servicios de pago; así como su nombre o razón social y la función que desempeña en nombre del beneficiario;

b) el nombre o nombre comercial del beneficiario, según conste en los registros del proveedor de servicios de pago;

c) si se dispone del mismo, cualquier número de identificación a efectos del Impuesto sobre el Valor Añadido, así como cualquier otro número de identificación fiscal nacional del beneficiario;

d) el número IBAN o, si no se dispone del mismo, cualquier otro medio identificativo que permita identificar inequívocamente y proporcione la ubicación del beneficiario;

e) el código BIC o cualquier otro código identificador de la entidad que identifique inequívocamente y proporcione la ubicación del proveedor de servicios de pago que actúe en nombre del beneficiario, cuando este último reciba fondos sin disponer de cuenta de pago;

f) si se dispone, la dirección o direcciones del beneficiario según consten en los registros del proveedor de servicios de pago; así como también se informarán si están disponibles, las direcciones del correo electrónico o de las páginas web del beneficiario;

g) los detalles de cualquiera de los pagos transfronterizos a los que se refiere el artículo 166 quater.a) de la Ley del Impuesto;

h) los detalles de cualesquiera devoluciones de pagos reconocidas como tales en relación con los pagos transfronterizos a que se refiere la letra g).

2. La información mencionada en el apartado 1, letras g) y h), incluirá los siguientes datos:

---

[203] Nuevo artículo incorporado por el art. primero Ocho del Real Decreto 1171/2023, de 27 de diciembre, por el que se modifican el Reglamento del Impuesto sobre el Valor Añadido, aprobado por el Real Decreto 1624/1992, de 29 de diciembre; el Reglamento de los Impuestos Especiales, aprobado por el Real Decreto 1165/1995, de 7 de julio, y el Reglamento de procedimientos amistosos en materia de imposición directa, aprobado por el Real Decreto 1794/2008, de 3 de noviembre (BOE núm. 310, de 28 de diciembre de 2023), en vigor el día 1 de enero de 2024.

a) la fecha y la hora del pago o de la devolución del pago;

b) el importe y la divisa del pago o de la devolución del pago;

c) el Estado miembro de origen del pago percibido por el beneficiario o en su nombre, el Estado miembro de destino de la devolución, en su caso, y la información utilizada para determinar el origen o el destino del pago o devolución del pago de conformidad con el artículo 166 quinquies de la Ley del Impuesto;

d) cualquier referencia que identifique inequívocamente el pago;

e) en su caso, el dato de que el pago se ha iniciado en los locales físicos del comerciante.

3. Las definiciones previstas en el artículo 166 ter de la Ley del Impuesto serán asimismo de aplicación a efectos de este artículo.

4. La Agencia Estatal de Administración Tributaria garantizará que el tratamiento de la información suministrada, dado su carácter sensible y la necesaria protección de los datos personales, se realice con sujeción a los límites de proporcionalidad y necesidad, de conformidad con la normativa de protección de datos de carácter personal con sujeción a las bases legales del modelo europeo de protección de datos contenido en el Reglamento (UE) 2016/679 del Parlamento Europeo y del Consejo, de 27 de abril de 2016, relativo a la protección de las personas físicas en lo que respecta al tratamiento de sus datos personales y a la libre circulación de estos datos y por el que se deroga la Directiva 95/46/CE (Reglamento general de protección de datos), así como de la Directiva (UE) 2016/680 del Parlamento Europeo y del Consejo, de 27 de abril de 2016, relativa a la protección de las personas físicas en lo que respecta al tratamiento de datos personales por parte de las autoridades competentes para fines de prevención, investigación, detección o enjuiciamiento de infracciones penales o de ejecución de sanciones penales, y a la libre circulación de dichos datos y por la que se deroga la Decisión Marco 2008/977/JAI del Consejo, así como en los términos establecidos en la Ley Orgánica 3/2018, de 5 de diciembre, de Protección de Datos Personales y garantía de los derechos digitales, y el respeto de los derechos fundamentales y la observancia de los principios reconocidos por la Carta de los Derechos Fundamentales de la Unión Europea, en particular el derecho de protección de los datos de carácter personal.

Artículo 63[204]. *Libro registro de facturas expedidas*

1. Los empresarios o profesionales deberán llevar y conservar un libro registro de las facturas y *documentos sustitutivos*[205] que hayan expedido, en el que se anotarán, con la debida separación, el total de los referidos documentos.

---

[204] Nueva redacción del art. 63 dada por el art. 2.Diecisiete del Real Decreto 1496/2003, de 28 de noviembre (BOE núm. 286, de 29 de noviembre de 2003), en vigor a los 20 días de su publicación.

[205] El art. primero. Veintisiete del Real Decreto 828/2013, de 25 de octubre (BOE núm. 257, de 26 de octubre de 2013), en vigor desde el 27 de octubre de 2013, se suprimen las referencias a «documento sustitutivo» o «documentos sustitutivos» recogidas en los siguientes preceptos del Reglamento del Impuesto: el párrafo

La misma obligación incumbirá a quienes, sin tener la condición de empresarios o profesionales a los efectos del Impuesto sobre el Valor Añadido, sean sujetos pasivos de éste, en relación con las facturas que expidan en su condición de tales.

2[206]. Será válida, sin embargo, la realización de asientos o anotaciones, por cualquier procedimiento idóneo, sobre hojas separadas, que después habrán de ser numeradas y encuadernadas correlativamente para formar el libro mencionado en el apartado anterior.

No obstante, en el caso de las personas y entidades a que se refiere el artículo 62.6 de este Reglamento, la llevanza de este libro registro de facturas expedidas deberá realizarse a través de la Sede electrónica de la Agencia Estatal de Administración Tributaria mediante el suministro electrónico de los registros de facturación.

3[207]. En el libro registro de facturas expedidas se inscribirán, una por una, las facturas expedidas y se consignarán el número y, en su caso, serie, la fecha de expedición, la fecha de realización de las operaciones, en caso de que sea distinta de la anterior, el nombre y apellidos, razón social o denominación completa y número de identificación fiscal del destinatario, la base imponible de las operaciones, determinada conforme a los artículos 78 y 79 de la Ley del Impuesto y, en su caso, el tipo impositivo aplicado y, opcionalmente, también la expresión "IVA incluido", la cuota tributaria y si la operación se ha efectuado conforme al

---

4.º de la letra a) del artículo 51, el párrafo 4.º de la letra b) del artículo 51, primer párrafo del apartado 1 del artículo 63, apartado 2 del artículo 69 y letra b) del apartado 1 de la disposición adicional sexta.

[206] Nueva redacción del art. 63.2 dada el art. primero. Cinco del Real Decreto 596/2016, de 2 de diciembre (BOE núm. 294, de 6 de diciembre de 2016), con efectos desde el 1 de julio de 2017.

[207] Nueva redacción del art. 63.3 dada por el art. 5.Uno del Real Decreto 249/2023, de 4 de abril, por el que se modifican el Reglamento General de Desarrollo de la Ley 58/2003, de 17 de diciembre, General Tributaria, en materia de revisión en vía administrativa, aprobado por el Real Decreto 520/2005, de 13 de mayo; el Reglamento General de Recaudación, aprobado por el Real Decreto 939/2005, de 29 de julio; el Reglamento General de las actuaciones y los procedimientos de gestión e inspección tributaria y de desarrollo de las normas comunes de los procedimientos de aplicación de los tributos, aprobado por el Real Decreto 1065/2007, de 27 de julio; el Reglamento del Impuesto sobre Sucesiones y Donaciones, aprobado por el Real Decreto 1629/1991, de 8 de noviembre; el Reglamento del Impuesto sobre el Valor Añadido, aprobado por el Real Decreto 1624/1992, de 29 de diciembre; el Reglamento del Impuesto sobre la Renta de las Personas Físicas, aprobado por el Real Decreto 439/2007, de 30 de marzo, y el Reglamento del Impuesto sobre Sociedades, aprobado por el Real Decreto 634/2015, de 10 de julio (BOE núm. 81, de 05 de abril de 2023) en vigor desde el 1 de julio de 2023.

Redacción anterior dada por el art. primero cuatro del Real Decreto 1075/2017, de 29 de diciembre (BOE núm. 317, de 30 de diciembre de 2107), con efectos desde el 1 de enero de 2018.

Redacción anterior dada el art. primero. Cinco del Real Decreto 596/2016, de 2 de diciembre (BOE núm. 294, de 6 de diciembre de 2016), con efectos desde el 1 de julio de 2017.

Redacción anterior dada por el art. primero. Veintidós del Real Decreto 828/2013, de 25 de octubre (BOE núm. 257, de 26 de octubre de 2013), en vigor desde el 1 de enero de 2014.

Redacción anterior dada por el art. primero.Seis del Real Decreto 1466/2007, de 2 de noviembre (BOE núm. 278 de 20 de noviembre de 2007), con efectos a partir de 1 de enero de 2009.

régimen especial del criterio de caja, en cuyo caso se deberán incluir las menciones a que se refiere el apartado 1 del artículo 61 decies de este Reglamento.

Cuando no proceda la emisión de factura rectificativa, se anotarán en el libro registro de facturas expedidas las regularizaciones o ajustes de la base imponible y cuota calculadas inicialmente en operaciones acogidas al régimen especial de las agencias de viajes o al régimen especial de los bienes usados, objetos de arte, antigüedades y objetos de colección, consecuencia de descuentos u otras circunstancias posteriores al devengo de la operación.

En el caso de las personas y entidades a que se refiere el artículo 62.6 de este Reglamento, se incluirá además la siguiente información:

a) Tipo de factura expedida, indicando si se trata de una factura completa o simplificada.

Los campos de registro electrónico que se aprueben por Orden de la persona titular del Ministerio de Hacienda y Función Pública podrán exigir que se incluyan otras especificaciones que sirvan para identificar determinadas facturas, como el caso de las facturas expedidas por terceros, así como la identificación de aquellos documentos electrónicos de reembolso, recibos y otros documentos de uso en el ejercicio de la actividad empresarial o profesional a que se refieren el artículo 9.1.2.ºB) de este Reglamento, y el artículo 16.1 y disposición adicional primera del Reglamento por el que se regulan las obligaciones de facturación, aprobado por el Real Decreto 1619/2012, de 30 de noviembre.

b) Identificación, en su caso, de si se trata de una rectificación registral a que se refiere el artículo 70 de este Reglamento.

c) Descripción de las operaciones.

d) En el caso de facturas rectificativas se deberán identificar como tales e incluirán la referencia a la factura rectificada o, en su caso, las especificaciones que se modifican.

e) En el caso de facturas que se expidan en sustitución o canje de facturas simplificadas expedidas con anterioridad, se incluirá la referencia de la factura que se sustituye o de la que se canjea o, en su caso, las especificaciones que se sustituyen o canjean.

f) Las menciones a que se refieren el artículo 51 quater y el apartado 2 del artículo 61 quinquies de este Reglamento, y las letras j) y l) a p) del apartado 1 del artículo 6 del Reglamento por el que se regulan las obligaciones de facturación, aprobado por el Real Decreto 1619/2012, de 30 de noviembre.

g) Periodo de liquidación de las operaciones que se registran a que se refieren las facturas expedidas.

h) Indicación de que la operación no se encuentra, en su caso, sujeta al Impuesto sobre el Valor Añadido.

i) En el caso de que la factura haya sido expedida en virtud de una autorización en materia de facturación de las previstas en el Real Decreto 1619/2012, de 30 de noviembre, por el que se regulan las obligaciones de facturación, se incluirá la referencia a la autorización concedida.

j) En el caso de las operaciones a las que sea de aplicación el Régimen especial de los bienes usados, objetos de arte, antigüedades y objetos de colección, deberá consignar el importe total de la operación.

k) En el supuesto de las operaciones a las que sea de aplicación el Régimen especial de las agencias de viajes deberá consignar el importe total de la operación.

La persona titular del Ministerio de Hacienda y Función Pública podrá mediante Orden ministerial determinar que, junto a lo anterior, se incluya aquella otra información con transcendencia tributaria a que se refieren los artículos 33 a 36 del Reglamento General de las actuaciones y los procedimientos de gestión e inspección tributaria y de desarrollo de las normas comunes de los procedimientos de aplicación de los tributos, aprobado por el Real Decreto 1065/2007, de 27 de julio.

4[208]. La anotación individualizada de las facturas a que se refiere el apartado anterior se podrá sustituir por la de asientos resúmenes en los que se harán constar la fecha en que se hayan expedido, base imponible global correspondiente a cada tipo impositivo, los tipos impositivos, la cuota global de facturas numeradas correlativamente y expedidas en la misma fecha, los números inicial y final de las mismas y si las operaciones se han efectuado conforme al régimen especial del criterio de caja, en cuyo caso se deberán incluir las menciones a que se refiere el apartado 1 del artículo 61 decies de este Reglamento, siempre que se cumplan simultáneamente los siguientes requisitos:

a) Que en las facturas expedidas no sea preceptiva la identificación del destinatario, conforme a lo dispuesto por el Reglamento por el que se regulan las obligaciones de facturación, aprobado por el Real Decreto 1619/2012, de 30 de noviembre.

b) Que el devengo de las operaciones documentadas se haya producido dentro de un mismo mes natural.

Igualmente será válida la anotación de una misma factura en varios asientos correlativos cuando incluya operaciones que tributen a distintos tipos impositivos.

5[209]. (...).

---

[208] Nueva redacción del art. 63.4 dada por el art. primero cuatro del Real Decreto 1075/2017, de 29 de diciembre (BOE núm. 317, de 30 de diciembre de 2107), con efectos desde el 1 de enero de 2018.

Redacción anterior dada el art. primero. Cinco del Real Decreto 596/2016, de 2 de diciembre (BOE núm. 294, de 6 de diciembre de 2016), con efectos desde el 1 de julio de 2017.

Redacción anterior dada por el art. primero. Veintidós del Real Decreto 828/2013, de 25 de octubre (BOE núm. 257, de 26 de octubre de 2013), en vigor desde el 1 de enero de 2014.

Redacción anterior dada por el art. primero.Seis del Real Decreto 1466/2007, de 2 de noviembre (BOE núm. 278 de 20 de noviembre de 2007), con efectos a partir de 1 de enero de 2009.

[209] Apartado 5 suprimido por el art. primero.Siete del Real Decreto 1789/2010, de 30 de diciembre, por el que se modifica el Reglamento del Impuesto sobre el Valor Añadido y el Reglamento por el que se regulan las obligaciones de facturación, en relación con el cumplimiento de determinadas obligaciones formales (BOE núm. 318, de 31 de diciembre de 2010), con efectos desde 1 de enero de 2011.

6[210]. Igualmente, deberán anotarse por separado las facturas rectificativas a que se refiere el artículo 15 del Reglamento por el que se regulan las obligaciones de facturación, aprobado por Real Decreto 1619/2012, de 30 de noviembre, consignando el número, fecha de expedición, identificación del proveedor, base imponible, tipo impositivo y cuota.

Artículo 64[211]. *Libro registro de facturas recibidas*

1[212]. Los empresarios o profesionales, a los efectos del Impuesto sobre el Valor Añadido, deberán numerar correlativamente todas las facturas, justificantes contables y documentos de Aduanas correspondientes a los bienes adquiridos o importados y a los servicios recibidos en el desarrollo de su actividad empresarial o profesional. Esta numeración podrá realizarse mediante series separadas siempre que existan razones objetivas que lo justifiquen.

2[213]. Los documentos a que se refiere el apartado anterior se anotarán en el Libro Registro de facturas recibidas.

En particular, se anotarán las facturas correspondientes a las entregas que den lugar a las adquisiciones intracomunitarias de bienes sujetas al Impuesto efectuadas por los empresarios o profesionales.

Igualmente, deberán anotarse las facturas o, en su caso, los justificantes contables a que se refiere el número 4.° del apartado uno del artículo 97 de la Ley del Impuesto.

3[214]. Será válida, sin embargo, la realización de asientos o anotaciones, por cualquier procedimiento idóneo, sobre hojas separadas que, después, habrán de ser numeradas y encuadernadas correlativamente para formar el libro regulado en este artículo.

No obstante, en el caso de las personas y entidades a que se refiere el artículo 62.6 de este Reglamento la llevanza de este libro registro de facturas recibidas deberá realizarse a través de la Sede electrónica de la Agencia Estatal de Administración Tributaria mediante el suministro electrónico de los registros de facturación.

4[215]. En el libro registro de facturas recibidas se anotarán, una por una, las facturas recibidas y, en su caso, los documentos de aduanas y los demás indicados anteriormente. Se consignarán su número de recepción, la fecha de expedición, la fecha de realización de las

---

[210]   Nueva redacción del art. 63.6 dada por el art. primero. Veintidós del Real Decreto 828/2013, de 25 de octubre (BOE núm. 257, de 26 de octubre de 2013), en vigor desde el 1 de enero de 2014.

[211]   Nueva redacción del art. 64 dada por el art. 2.Dieciocho del Real Decreto 1496/2003, de 28 de noviembre (BOE núm. 286, de 29 de noviembre de 2003), en vigor a los 20 días de su publicación.

[212]   Nueva redacción del apartado 1 dada por el art. primero.Ocho del Real Decreto 1789/2010, de 30 de diciembre (BOE núm. 318, de 31 de diciembre de 2010), con efectos desde 1 de enero de 2011.

[213]   Nueva redacción del apartado 2 dada por el art. primero.Ocho del Real Decreto 1789/2010, de 30 de diciembre (BOE núm. 318, de 31 de diciembre de 2010), con efectos desde 1 de enero de 2011.

[214]   Nueva redacción del art. 64.3 dada por el art. primero. Seis del Real Decreto 596/2016, de 2 de diciembre (BOE núm. 294, de 6 de diciembre de 2016), con efectos desde el 1 de julio de 2017.

[215]   Nueva redacción del art. 64.4 dada por el art. primero cinco del Real Decreto 1075/2017, de 29 de diciembre (BOE núm. 317, de 30 de diciembre de 2107), con efectos desde el 1 de enero de 2018.

operaciones, en caso de que sea distinta de la anterior y así conste en el citado documento, el nombre y apellidos, razón social o denominación completa y número de identificación fiscal del obligado a su expedición, la base imponible, determinada conforme a los artículos 78 y 79 de la Ley del Impuesto, y, en su caso, el tipo impositivo, la cuota tributaria y si la operación se encuentra afectada por el régimen especial del criterio de caja, en cuyo caso se deberán incluir las menciones a que se refiere el apartado 2 del artículo 61 decies de este Reglamento.

En el caso de las facturas a que se refiere el párrafo segundo del apartado 2 de este artículo, las cuotas tributarias correspondientes a las adquisiciones intracomunitarias de bienes a que den lugar las entregas en ellas documentadas habrán de calcularse y consignarse en la anotación relativa a dichas facturas.

Igualmente, en el caso de las facturas o, en su caso, de los justificantes contables a que se refiere el párrafo tercero del apartado 2 de este artículo, las cuotas tributarias correspondientes a las entregas de bienes o prestaciones de servicios en ellas documentadas, habrán de calcularse y consignarse en la anotación relativa a dichas facturas o justificantes contables.

En el caso de las personas y entidades a que se refiere el artículo 62.6 de este Reglamento, se incluirá además la siguiente información:

a) Número y, en su caso, serie que figure en la factura, que sustituirá al número de recepción utilizado por quienes no estén incluidos en el artículo 62.6 de este Reglamento.

b) Identificación, en su caso, de si se trata de una rectificación registral a que se refiere el artículo 70 de este Reglamento.

c) Descripción de las operaciones.

d) Las menciones a que se refieren el apartado 2 del artículo 61 quinquies de este Reglamento y las letras l) a p) del apartado 1 del artículo 6 del Reglamento por el que se regulan las obligaciones de facturación, aprobado por el Real Decreto 1619/2012, de 30 de noviembre, y si se trata de una adquisición intracomunitaria de bienes.

e) Cuota tributaria deducible correspondiente al periodo de liquidación en que se realiza la anotación. La regularización de la deducción, en su caso, se realizará de acuerdo con lo

Redacción anterior dada el art. primero. Seis del Real Decreto 596/2016, de 2 de diciembre (BOE núm. 294, de 6 de diciembre de 2016), con efectos desde el 1 de julio de 2017.

Redacción anterior dada por el art. primero. Veintitrés del Real Decreto 828/2013, de 25 de octubre (BOE núm. 257, de 26 de octubre de 2013), en vigor desde el 1 de enero de 2014.

Redacción anterior dada por el art. primero.Ocho del Real Decreto 1789/2010, de 30 de diciembre, por el que se modifica el Reglamento del Impuesto sobre el Valor Añadido y el Reglamento por el que se regulan las obligaciones de facturación, en relación con el cumplimiento de determinadas obligaciones formales (BOE núm. 318, de 31 de diciembre de 2010), con efectos desde 1 de enero de 2011.

Redacción anterior dada por el art. primero.Siete del Real Decreto 1466/2007, de 2 de noviembre (BOE del 20), con efectos a partir de 1 de enero de 2009.

dispuesto en los artículos 105.Cuatro, 109, 110, 111 y 112 de la Ley del Impuesto, según corresponda, sin que ello implique la modificación de la cuota deducible registrada.

f) Periodo de liquidación en el que se registran las operaciones a que se refieren las facturas recibidas.

g) En el caso de las operaciones a las que sea de aplicación el Régimen especial de los bienes usados, objetos de arte, antigüedades y objetos de colección, deberá consignar el importe total de la operación.

h) En el supuesto de las operaciones a las que sea de aplicación el Régimen especial de las agencias de viajes deberá consignar el importe total de la operación.

En el supuesto de operaciones de importación, se consignará la fecha de contabilización de la operación y el número del correspondiente documento aduanero.

El Ministro de Hacienda y Función Pública podrá mediante Orden ministerial determinar que junto a lo anterior se incluya aquella otra información con transcendencia tributaria a que se refieren los artículos 33 a 36 del Reglamento General de las actuaciones y los procedimientos de gestión e inspección tributaria y de desarrollo de las normas comunes de los procedimientos de aplicación de los tributos, aprobado por el Real Decreto 1065/2007, de 27 de julio.

5[216]. Podrá hacerse un asiento resumen global de las facturas recibidas en una misma fecha, en el que se harán constar los números inicial y final de las facturas recibidas asignados por el destinatario, siempre que procedan de un único proveedor, la suma global de la base imponible correspondiente a cada tipo impositivo, la cuota impositiva global y si las operaciones se encuentran afectadas por el régimen especial del criterio de caja, en cuyo caso se deberán incluir las menciones a que se refiere el apartado 2 del artículo 61 decies de este Reglamento, siempre que el importe total conjunto de las operaciones, Impuesto sobre el Valor Añadido no incluido, no exceda de 6.000 euros, y que el importe de las operaciones documentadas en cada una de ellas no supere 500 euros, Impuesto sobre el Valor Añadido no incluido.

Igualmente será válida la anotación de una misma factura en varios asientos correlativos cuando incluya operaciones que tributen a distintos tipos impositivos.

---

[216] Nueva redacción del art. 64.5 dada el art. primero. Seis del Real Decreto 596/2016, de 2 de diciembre (BOE núm. 294, de 6 de diciembre de 2016), con efectos desde el 1 de julio de 2017.

Redacción anterior dada por el art. primero diecisiete del Real Decreto 1073/2014, de 19 de diciembre (BOE núm. 307, de 20 de diciembre de 2014), en vigor el 1 de enero de 2015.

Redacción anterior dada por el art. primero. Veintitrés del Real Decreto 828/2013, de 25 de octubre (BOE núm. 257, de 26 de octubre de 2013), en vigor desde el 1 de enero de 2014.

Redacción anterior dada por el art. primero.Siete del Real Decreto 1466/2007, de 2 de noviembre (BOE núm. 278 de 20 de noviembre de 2007), con efectos a partir de 1 de enero de 2009.

Artículo 65. *Libro registro de bienes de inversión*

1. Los sujetos pasivos del Impuesto sobre el Valor Añadido que tengan que practicar la regularización de las deducciones por bienes de inversión, según lo dispuesto en los artículos 107 a 110, ambos inclusive, de la Ley del Impuesto, deberán llevar, ajustado a los requisitos formales del artículo 68 de este Reglamento, un libro registro de bienes de inversión.

2. En dicho Libro se registrarán, debidamente individualizados, los bienes adquiridos por el sujeto pasivo calificados como de inversión según lo dispuesto en el artículo 108 de la Ley del Impuesto.

3. Asimismo, los sujetos pasivos deberán reflejar en este libro registro los datos suficientes para identificar de forma precisa las facturas y documentos de aduanas correspondientes a cada uno de los bienes de inversión asentados.

4. Se anotarán igualmente, por cada bien individualizado, la fecha del comienzo de su utilización, prorrata anual definitiva y la regularización anual, si procede, de las deducciones.

5. En los casos de entregas de bienes de inversión durante el período de regularización se darán de baja del libro registro los bienes de inversión correspondientes, anotando la referencia precisa al asentamiento del libro registro de facturas emitidas que recoge dicha entrega, así como la regularización de la deducción efectuada con motivo de la misma, según el procedimiento señalado en el artículo 110 de la Ley del Impuesto.

6[217]. Será válida la realización de asientos o anotaciones por cualquier procedimiento idóneo sobre hojas separadas que después habrán de ser numeradas y encuadernadas correlativamente para formar el libro regulado en este artículo.

En el caso de las personas y entidades a que se refiere el artículo 62.6 de este Reglamento la llevanza de este libro registro deberá realizarse a través de la Sede electrónica de la Agencia Estatal de Administración Tributaria mediante el suministro electrónico de los registros de facturación, debiendo remitirse la totalidad de los registros dentro del plazo de presentación correspondiente al último periodo de liquidación de cada año natural.

No obstante, si dichos sujetos pasivos causaran baja en el Censo de Empresarios, Profesionales y Retenedores, deberán suministrar la totalidad de los registros dentro del plazo de presentación correspondiente a la última declaración-liquidación del Impuesto que tengan la obligación de presentar salvo en los supuestos de baja de oficio previstos en el artículo 146 del Reglamento General de las actuaciones y procedimientos de gestión e inspección tributaria y de desarrollo de las normas comunes de los procedimientos de aplicación de los tributos, aprobado por el Real Decreto 1065/2007, de 27 de julio, en que el plazo de presentación será el correspondiente al último periodo de liquidación de cada año natural.

---

[217]   Nueva redacción del art. 65.6 dada el art. primero. Siete del Real Decreto 596/2016, de 2 de diciembre (BOE núm. 294, de 6 de diciembre de 2016), con efectos desde el 1 de julio de 2017.

Artículo 66. *Libro registro de determinadas operaciones intracomunitarias*

1[218]. Los sujetos pasivos del Impuesto sobre el Valor Añadido deberán llevar un libro registro de determinadas operaciones intracomunitarias, en el que se anotarán las que se describen a continuación:

1.º El envío o recepción de bienes para la realización de los informes periciales o trabajos mencionados en la letra *b)* del número 7.º del apartado uno del artículo 70 de la Ley del Impuesto.

2.º Las transferencias de bienes y las adquisiciones intracomunitarias de bienes comprendidas en el número 3.º del artículo 9 y en el número 2.º del artículo 16 de la Ley del Impuesto, incluidas, en ambos casos, las contempladas en las excepciones correspondientes a los párrafos *e)*, *f)* y *g)* del citado número 3.º del artículo 9.

3.º[219] El envío o recepción de los bienes comprendidos en un acuerdo de ventas de bienes en consigna a que se refiere el artículo 9 bis de la Ley del Impuesto.

2[220]. En el mencionado Libro Registro deberán constar los siguientes datos:

A) En relación con las operaciones referidas en los números 1.º y 2.º del apartado anterior:

1.º Operación y fecha de la misma.

2.º Descripción de los bienes objeto de la operación con referencia, en su caso, a su factura de adquisición o título de posesión.

3.º Otras facturas o documentación relativas a las operaciones de que se trate.

4.º Identificación del destinatario o remitente, indicando su número de identificación a efectos del Impuesto sobre el Valor Añadido, razón social y domicilio.

5.º Estado miembro de origen o destino de los bienes.

6.º Plazo que, en su caso, se haya fijado para la realización de las operaciones mencionadas.

B)[221] En relación con las operaciones referidas en el número 3.º del apartado anterior:

a) El vendedor deberá hacer constar los siguientes datos:

1.º El Estado miembro a partir del cual los bienes han sido expedidos o transportados y la fecha de expedición o transporte de los bienes.

---

[218]   Nueva redacción del art. 66.1 dada por el art. 1.Cinco del Real Decreto 192/2010, de 26 de febrero (BOE núm. 53, de 2 de marzo de 2010), en vigor desde 3 de marzo de 2010.

[219]   Nuevo núm. 3.º incorporado por el art. 216.Dos del Real Decreto-ley 3/2020, de 4 de febrero (BOE núm. 31, de 5 de febrero de 2020), en vigor desde el 1 de marzo de 2020.

[220]   Nueva redacción del art. 66.2 dada por el art. 216.Dos del Real Decreto-ley 3/2020, de 4 de febrero (BOE núm. 31, de 5 de febrero de 2020), en vigor desde el 1 de marzo de 2020.

[221]   Nueva redacción de la letra B) del art. 66 dada por la disp. Final primera.Uno del Real Decreto 366/2021, de 25 de mayo (BOE núm. 125, de 26 de mayo de 2021), en vigor desde el 27 de mayo de 2021.

2.º El número de identificación a efectos del Impuesto sobre el Valor Añadido del empresario o profesional al que van destinados los bienes, asignado por el Estado miembro al que se expiden o transportan los bienes.

3.º El Estado miembro al que se expiden o transportan los bienes, el número de identificación a efectos del Impuesto sobre el Valor Añadido del depositario de los bienes cuando este es distinto del empresario o profesional mencionado en el número 2.º anterior, la dirección del almacén en el que se almacenan los bienes tras su llegada y la fecha de llegada de los bienes al almacén.

4.º El valor, la descripción y la cantidad de los bienes que han llegado al almacén.

5.º El número de identificación a efectos del Impuesto sobre el Valor Añadido del empresario o profesional a que se refiere el apartado tres, segundo párrafo, letra a'), del artículo 9 bis de la Ley del Impuesto, que sustituye al empresario o profesional al que inicialmente fueron destinados los bienes y la fecha en que tenga lugar la sustitución.

6.º Descripción, base imponible determinada conforme a los artículos 78 y 79 de la Ley del Impuesto, cantidad y precio unitario de los bienes entregados en las condiciones señaladas en el primer guion del apartado dos del artículo 9 bis de la Ley del Impuesto, fecha de dicha entrega y el número de identificación a efectos del Impuesto sobre el Valor Añadido del empresario o profesional adquirente.

7.º Descripción, base imponible determinada conforme a los artículos 78 y 79 de la Ley del Impuesto, cantidad y precio unitario de los bienes transferidos en las condiciones señaladas en el primer párrafo del apartado tres del artículo 9 bis de la Ley del Impuesto, fecha en que tuvieron lugar las condiciones que motivaron dicha transferencia de bienes y el motivo por el que se ha producido.

8.º Descripción, cantidad y valor de los bienes devueltos en las condiciones señaladas en el apartado tres, segundo párrafo, letra b'), del artículo 9 bis de la Ley del Impuesto, así como la fecha de la devolución.

b) El empresario o profesional a quien van destinados los bienes y quienes sustituyan a aquel deberán hacer constar los siguientes datos:

1.º El número de identificación a efectos del Impuesto sobre el Valor Añadido del vendedor que transmita los bienes en el marco de un acuerdo de ventas de bienes en consigna.

2.º La descripción y cantidad de los bienes enviados para ser puestos a su disposición.

3.º La fecha de llegada al almacén de los bienes enviados para ser puestos a su disposición.

4.º Descripción, base imponible determinada conforme a los artículos 78 y 79 de la Ley del Impuesto, cantidad y precio unitario de los bienes adquiridos y fecha en que se realiza la adquisición intracomunitaria de bienes prevista en el segundo guion del apartado dos del artículo 9 bis de la Ley del Impuesto.

5.º Descripción, cantidad y valor de los bienes que son retirados del almacén por el vendedor y dejan de estar a su disposición, así como la fecha en que aquellos se retiran.

6.º Descripción, cantidad y valor de los bienes destruidos o desaparecidos del almacén y la fecha en que se produce o se descubre la destrucción, pérdida o robo de los bienes.

No obstante, este empresario o profesional solo deberá anotar los datos citados en los números 1.º, 2.º y 4.º anteriores, cuando los bienes se expidan o transporten para su depósito a un empresario o profesional distinto de él mismo.

3[222]. En el caso de las personas y entidades a que se refiere el artículo 62.6 de este Reglamento, la llevanza de este libro registro deberá realizarse a través de la Sede electrónica de la Agencia Estatal de Administración Tributaria, mediante el suministro electrónico de la información del detalle de cada una de las operaciones que se deben anotar en el mismo.

La persona titular del Ministerio de Hacienda determinará la identificación de estos registros mediante Orden ministerial.

Artículo 67. *Contenido de los documentos registrales*

Los Libros Registros deberán permitir determinar con precisión en cada período de liquidación:

1.º. El importe total del Impuesto sobre el Valor Añadido que el sujeto pasivo haya repercutido a sus clientes.

2.º[223]. El importe total del Impuesto soportado por el sujeto pasivo por sus adquisiciones o importaciones de bienes o por los servicios recibidos o, en su caso, por los autoconsumos que realice y la cuota tributaria deducible.

3.º. Respecto a las operaciones reflejadas en el libro registro de determinadas operaciones intracomunitarias, la situación de los bienes a que se refieren las mismas, en tanto no tenga lugar el devengo de las entregas o adquisiciones intracomunitarias.

Artículo 68[224]. *Requisitos formales*

1. Todos los libros registro mencionados en este reglamento deberán ser llevados, cualquiera que sea el procedimiento utilizado, con claridad y exactitud, por orden de fechas, sin espacios en blanco y sin interpolaciones, raspaduras ni tachaduras. Deberán salvarse a continuación, inmediatamente que se adviertan, los errores u omisiones padecidos en las anotaciones registrales.

---

[222]   Nueva redacción del art. 66.3 dada por el art. 216.Dos del Real Decreto-ley 3/2020, de 4 de febrero (BOE núm. 31, de 5 de febrero de 2020), en vigor desde el 1 de marzo de 2020.
Redacción anterior dada por su incorporación por el art. primero. Ocho del Real Decreto 596/2016, de 2 de diciembre (BOE núm. 294, de 6 de diciembre de 2016), con efectos desde el 1 de julio de 2017.

[223]   Nueva redacción del art. 67.2.º dada el art. primero. Nueve del Real Decreto 596/2016, de 2 de diciembre (BOE núm. 294, de 6 de diciembre de 2016), con efectos desde el 1 de julio de 2017.

[224]   Nueva redacción del art. 68 dada por el art. 2.Diecinueve del Real Decreto 1496/2003, de 28 de noviembre (BOE núm. 286, de 29 de noviembre de 2003), en vigor a los 20 días de su publicación.

Las anotaciones registrales deberán hacerse expresando los valores en euros. Cuando la factura se hubiese expedido en una unidad de cuenta o divisa distinta del euro, tendrá que efectuarse la correspondiente conversión para su reflejo en los libros registro.

2. Los requisitos mencionados en el apartado anterior se entenderán sin perjuicio de los posibles espacios en blanco en el libro registro de bienes de inversión, en previsión de la realización de los sucesivos cálculos y ajustes de la prorrata definitiva.

3. Las páginas de los libros registros deberán estar numeradas correlativamente.

4[225]. Lo dispuesto en los apartados anteriores no resultará aplicable a las personas y entidades a que se refiere el artículo 62.6 de este Reglamento, salvo la obligación de expresar los valores en euros.

Artículo 68 bis[226]. *Opción por la llevanza electrónica de los libros registro*

La opción a que se refiere el artículo 62.6 de este Reglamento, podrá ejercitarse a lo largo de todo el ejercicio, mediante la presentación de la correspondiente declaración censal, surtiendo efecto para el primer periodo de liquidación que se inicie después de que se hubiera ejercicio dicha opción[227].

La opción se entenderá prorrogada para los años siguientes en tanto no se produzca la renuncia a la misma.

Quienes opten por este sistema de llevanza de los libros registro deberán cumplir con el suministro de los registros de facturación durante al menos el año natural para el que se ejercita la opción.

La renuncia a la opción deberá ejercitarse mediante comunicación al órgano competente de la Agencia Estatal de Administración Tributaria, mediante la presentación de la correspondiente declaración censal y se deberá formular en el mes de noviembre anterior al inicio del año natural en el que deba surtir efecto.

Los sujetos pasivos inscritos en el registro de devolución mensual que queden excluidos del mismo por aplicación de lo dispuesto en el artículo 30.6 de este Reglamento quedarán asimismo excluidos de la obligación de llevar los libros registro a través de la Sede electrónica de la Agencia Estatal de Administración Tributaria, con efectos desde el primer día del período de liquidación en el que se haya notificado el respectivo acuerdo de exclusión.

El cese en la aplicación del régimen especial del grupo de entidades conforme lo que establece el artículo 163 septies de la Ley del Impuesto determinará, con efectos desde que

---

[225]   Nuevo apartado incorporado por el art. primero. Diez del Real Decreto 596/2016, de 2 de diciembre (BOE núm. 294, de 6 de diciembre de 2016), con efectos desde el 1 de julio de 2017.

[226]   Nuevo artículo incorporado por el art. primero. Once del Real Decreto 596/2016, de 2 de diciembre (BOE núm. 294, de 6 de diciembre de 2016), con efectos desde el 1 de julio de 2017.

[227]   Nueva redacción del primer párrafo del art. 68 bis dada por el art. 1.Once del Real Decreto 1512/2018, de 28 de diciembre (BOE núm. 314, de 29 de diciembre), con efectos desde el 1 de enero de 2019.

se produzca aquel, el cese de la obligación de llevar los libros registro a través de la Sede electrónica de la Agencia Estatal de Administración Tributaria.

Lo establecido en los dos párrafos anteriores no será de aplicación cuando se trate de empresarios o profesionales cuyo periodo de liquidación siga siendo mensual de acuerdo con lo dispuesto en el artículo 71.3 de este Reglamento.

Artículo 68 ter[228]. *Información a suministrar en relación con el periodo de tiempo anterior a la llevanza electrónica de los libros registros*

1. Los sujetos pasivos que hayan comenzado a llevar los Libros registro del Impuesto sobre el Valor Añadido a través de la sede electrónica de la Agencia Tributaria desde una fecha diferente al primer día del año natural, quedarán obligados a remitir los registros de facturación del periodo anterior a dicha fecha correspondientes al mismo año natural. Dichos registros deberán contener la información de las operaciones realizadas durante este periodo que deban ser anotadas en los libros registro del Impuesto sobre el Valor Añadido de acuerdo con lo establecido en los artículos 63.3, 64.4 y 66.2 de este Reglamento, para las personas y entidades diferentes a las que se refiere el artículo 62.6 de este Reglamento.

Esta información deberá suministrarse identificando que se trata de operaciones correspondientes al periodo de tiempo inmediatamente anterior a la inclusión del sujeto pasivo como obligado a la llevanza de los libros registro del Impuesto sobre el Valor Añadido a través de la sede electrónica de la Agencia Estatal de Administración Tributaria, de acuerdo con las especificaciones técnicas, procedimiento, formato y diseño que establezca por Orden el Ministro de Hacienda, a que se refieren los artículos 63 y 64 de este Reglamento.

El plazo para remitir los registros de facturación correspondientes a este periodo será el comprendido entre el día de la inclusión y el 31 de diciembre del ejercicio en que se produzca la misma.

2. El libro registro de bienes de inversión, previsto en el artículo 65 de este Reglamento, incluirá las anotaciones correspondientes a todo el ejercicio.

3. Aquella otra información con transcendencia tributaria a que se refieren los artículos 63.3 y 64.4 de este Reglamento incluirá las operaciones correspondientes a todo el ejercicio.

Artículo 69[229]. *Plazos para las anotaciones registrales*

1. Las operaciones que hayan de ser objeto de anotación registral deberán hallarse asentadas en los correspondientes libros registros en el momento en que se realice la liquidación y pago del impuesto relativo a dichas operaciones o, en cualquier caso, antes de que finalice el plazo legal para realizar la referida liquidación y pago en período voluntario.

---

[228]   Nuevo artículo incorporado por el art. 1.doce del Real Decreto 1512/2018, de 28 de diciembre (BOE núm. 314, de 29 de diciembre), con efectos desde el 1 de enero de 2019.

[229]   Nueva redacción del art. 69 dada por el art. 2.Veinte del Real Decreto 1496/2003, de 28 de noviembre (BOE núm. 286, de 29 de noviembre de 2003), en vigor a los 20 días de su publicación.

2. No obstante, las operaciones efectuadas por el sujeto pasivo respecto de las cuales no se expidan facturas o se expidiesen *documentos sustitutivos*[230] deberán anotarse en el plazo de siete días a partir del momento de la realización de las operaciones o de la expedición de los documentos, siempre que este plazo sea menor que el señalado en el apartado anterior.

3. Las facturas recibidas deberán anotarse en el correspondiente libro registro por el orden en que se reciban, y dentro del período de liquidación en que proceda efectuar su deducción.

4. Las operaciones a que se refiere el artículo 66.1 deberán anotarse en el plazo de siete días a partir del momento de inicio de la expedición o transporte de los bienes a que se refieren.

5[231]. Las operaciones a las que sea de aplicación el régimen especial del criterio de caja que hayan de ser objeto de anotación registral deberán hallarse asentadas en los correspondientes Libros Registro generales en los plazos establecidos en los números anteriores como si a dichas operaciones no les hubiera sido de aplicación dicho régimen especial, sin perjuicio de los datos que deban completarse en el momento en que se efectúen los cobros o pagos totales o parciales de las operaciones.

Artículo 69 bis[232]. *Plazos para la remisión electrónica de los registros de facturación*

1. En el caso de las personas y entidades a que se refiere el artículo 62.6 de este Reglamento, el suministro de los registros de facturación deberá realizarse en los siguientes plazos:

a)[233] La información correspondiente a las facturas expedidas, en el plazo de cuatro días naturales desde la expedición de la factura, salvo que se trate de facturas expedidas por el

---

[230]   El art. primero. Veintisiete del Real Decreto 828/2013, de 25 de octubre (BOE núm. 257, de 26 de octubre de 2013), en vigor desde el 27 de octubre de 2013, se suprimen las referencias a «documento sustitutivo» o «documentos sustitutivos» recogidas en los siguientes preceptos del Reglamento del Impuesto: el párrafo 4.º de la letra a) del artículo 51, el párrafo 4.º de la letra b) del artículo 51, primer párrafo del apartado 1 del artículo 63, apartado 2 del artículo 69 y letra b) del apartado 1 de la disposición adicional sexta.

[231]   Nuevo apartado 5 incorporado por el art. primero. Veinticuatro del Real Decreto 828/2013, de 25 de octubre (BOE núm. 257, de 26 de octubre de 2013), en vigor desde el 1 de enero de 2014.

[232]   Nueva redacción dada por el art. primero seis del Real Decreto 1075/2017, de 29 de diciembre (BOE núm. 317, de 30 de diciembre de 2107), con efectos desde el 1 de enero de 2018.
       Redacción anterior dada por su incorporación por el art. primero. Doce del Real Decreto 596/2016, de 2 de diciembre (BOE núm. 294, de 6 de diciembre de 2016), con efectos desde el 1 de julio de 2017.

[233]   Nueva redacción del art. 69 bis.1.a) dada por el art. 5.Dos del Real Decreto 249/2023, de 4 de abril, por el que se modifican el Reglamento General de Desarrollo de la Ley 58/2003, de 17 de diciembre, General Tributaria, en materia de revisión en vía administrativa, aprobado por el Real Decreto 520/2005, de 13 de mayo; el Reglamento General de Recaudación, aprobado por el Real Decreto 939/2005, de 29 de julio; el Reglamento General de las actuaciones y los procedimientos de gestión e inspección tributaria y de desarrollo de las normas comunes de los procedimientos de aplicación de los tributos, aprobado por el Real Decreto 1065/2007, de 27 de julio; el Reglamento del Impuesto sobre Sucesiones y Donaciones, aprobado

destinatario o por un tercero, de acuerdo con lo dispuesto en el artículo 164.dos de la Ley del Impuesto, en cuyo caso dicho plazo será de ocho días naturales. En ambos supuestos el suministro deberá realizarse antes del día 16 del mes siguiente a aquel en que se hubiera producido el devengo del Impuesto correspondiente a la operación que debe registrarse. No obstante, tratándose de operaciones no sujetas al Impuesto por las que se hubiera debido expedir factura, este último plazo se determinará con referencia a la fecha en que se hubiera realizado la operación.

En los casos en los que no proceda la emisión de factura rectificativa y deba anotarse en el libro registro de facturas expedidas las regularizaciones o ajustes de la base imponible y cuota calculadas inicialmente en operaciones acogidas al régimen especial de las agencias de viajes o al régimen especial de los bienes usados, objetos de arte, antigüedades y objetos de colección, consecuencia de descuentos u otras circunstancias posteriores al devengo de la operación, el registro de estas anotaciones deberá realizarse antes del día 16 del mes siguiente a aquél en que se hayan advertido estas regularizaciones o ajustes.

b) La información correspondiente a las facturas recibidas, en un plazo de cuatro días naturales desde la fecha en que se produzca el registro contable de la factura y, en todo caso, antes del día 16 del mes siguiente al periodo de liquidación en que se hayan incluido las operaciones correspondientes.

En el caso operaciones de importación, los cuatro días naturales se deberán computar desde que se produzca el registro contable del documento en el que conste la cuota liquidada por las aduanas y en todo caso antes del día 16 del mes siguiente al final del periodo al que se refiera la declaración en la que se hayan incluido.

c)[234] La información de las operaciones a que se refiere el artículo 66.1, números 1.º y 2.º, de este Reglamento, en un plazo de cuatro días naturales, desde el momento de inicio de la expedición o transporte, o, en su caso, desde el momento de la recepción de los bienes a que se refieren.

La información de las operaciones a que se refiere el artículo 66.1, número 3.º, de este Reglamento, antes del día 16 del mes siguiente a la fecha de llegada de los bienes al almacén, de la puesta a disposición del adquirente o de la operación que deba registrarse.

d) La información correspondiente a las facturas rectificativas expedidas y recibidas, en el plazo de cuatro días naturales desde la fecha en que se produzca la expedición o el registro contable de la factura, respectivamente.

---

por el Real Decreto 1629/1991, de 8 de noviembre; el Reglamento del Impuesto sobre el Valor Añadido, aprobado por el Real Decreto 1624/1992, de 29 de diciembre; el Reglamento del Impuesto sobre la Renta de las Personas Físicas, aprobado por el Real Decreto 439/2007, de 30 de marzo, y el Reglamento del Impuesto sobre Sociedades, aprobado por el Real Decreto 634/2015, de 10 de julio (BOE núm. 81, de 05 de abril de 2023) en vigor desde el 1 de julio de 2023.

[234] Nueva redacción de la letra c) dada por la disp. Final primera.dos del Real Decreto 366/2021, de 25 de mayo (BOE núm. 125, de 26 de mayo de 2021), en vigor desde el 27 de mayo de 2021.

No obstante, en el caso de que la rectificación determine un incremento del importe de las cuotas inicialmente deducidas de acuerdo con lo dispuesto en el número 1.º del apartado Dos del artículo 114 de la Ley del Impuesto, el plazo será el previsto en la letra b) anterior para las facturas recibidas.

A efectos del cómputo del plazo de cuatro u ocho días naturales a que se refieren las letras a), b), c) y d) anteriores, se excluirán los sábados, los domingos y los declarados festivos nacionales.

e)[235] La información correspondiente al documento electrónico de reembolso al que se refiere el artículo 9.1.2.ºB) de este Reglamento, antes del día 16 del mes siguiente al período de liquidación en que se incluya la rectificación del Impuesto correspondiente a la devolución de la cuota soportada por el viajero.

2. El suministro de la información correspondiente a las operaciones a las que sea de aplicación el régimen especial del criterio de caja deberá realizarse en los plazos establecidos en los apartados anteriores, como si a dichas operaciones no les hubiera sido de aplicación dicho régimen especial, sin perjuicio de los datos que deban suministrarse en el momento en que se efectúen los cobros o pagos totales o parciales de las operaciones.

La información correspondiente a los cobros y pagos se realizará en el plazo de cuatro días naturales desde el cobro o pago correspondiente.

3. En el caso de rectificaciones registrales a que se refiere el artículo 70 de este Reglamento, el suministro de los registros de facturación que recojan tales rectificaciones deberá realizarse antes del día 16 del mes siguiente al final del periodo en que el obligado tributario tenga constancia del error en que haya incurrido.

Artículo 70[236]. *Rectificación de las anotaciones registrales*

1[237]. Cuando los empresarios o profesionales hubieran incurrido en algún error material al efectuar las anotaciones registrales a que se refieren los artículos anteriores deberán rectificarlas tan pronto tengan constancia de que se han producido. Esta rectificación deberá efectuarse mediante una anotación o grupo de anotaciones que permita determinar, para

---

[235] Letra e) incorporada por el art. 1.Trece del Real Decreto 1512/2018, de 28 de diciembre (BOE núm. 314, de 29 de diciembre), con efectos desde el 1 de enero de 2019.

[236] Nueva redacción del art. 70 dada por el art. primero. Trece del Real Decreto 596/2016, de 2 de diciembre (BOE núm. 294, de 6 de diciembre de 2016), con efectos desde el 1 de julio de 2017.
Redacción anterior dada por el 1.Cuatro del Real Decreto 87/2005, de 31 de enero (BOE núm. 27, de 1 de febrero de 2005), de aplicación a los documentos expedidos a partir de 1 de enero de 2004 y a su anotación registral.

[237] Nueva redacción del art. 70.1 dada por el art. primero siete del Real Decreto 1075/2017, de 29 de diciembre (BOE núm. 317, de 30 de diciembre de 2107), con efectos desde el 1 de enero de 2018.
Redacción anterior dada por el art. primero. Trece del Real Decreto 596/2016, de 2 de diciembre (BOE núm. 294, de 6 de diciembre de 2016), con efectos desde el 1 de julio de 2017.

cada período de liquidación, el correspondiente impuesto devengado y soportado, una vez practicada dicha rectificación.

Lo anterior resultará de aplicación para las personas y entidades a que se refiere el artículo 62.6 de este Reglamento, conforme establece el apartado 3 del artículo 69 bis del mismo.

2. En caso de tratarse de bienes de inversión, las rectificaciones, en lo que afecten a la regularización de las deducciones por adquisición de aquellos, se anotarán en el libro registro de bienes de inversión junto a la anotación del bien al que se refieran, debiendo identificarse como una rectificación.

TÍTULO X. GESTIÓN DEL IMPUESTO

CAPÍTULO I. Liquidación y recaudación[238]

Artículo 71[239]. *Liquidación del Impuesto. Normas generales*

1[240]. Salvo lo establecido en relación con las importaciones, los sujetos pasivos deberán realizar por sí mismos la determinación de la deuda tributaria mediante declaraciones-liquidaciones ajustadas a las normas contenidas en los apartados siguientes.

Los empresarios y profesionales deberán presentar las declaraciones-liquidaciones periódicas a que se refieren los apartados 3, 4 y 5 de este artículo, así como la declaración resumen anual prevista en el apartado 7, incluso en los casos en que no existan cuotas devengadas ni se practique deducción de cuotas soportadas o satisfechas.

La obligación establecida en los párrafos anteriores no alcanzará a aquellos sujetos pasivos que realicen exclusivamente las operaciones exentas comprendidas en los artículos 20 y 26 de la Ley del Impuesto.

La obligación de presentar la declaración resumen anual prevista en el apartado 7 no alcanzará a aquellos sujetos pasivos respecto de los que la Administración Tributaria ya posea información suficiente a efectos de las actuaciones y procedimientos de comprobación o investigación, derivada del cumplimiento de obligaciones tributarias por parte dichos sujetos pasivos o de terceros

La concreción de los sujetos pasivos a los que afectará la exoneración de la obligación a que se refiere el párrafo anterior se realizará mediante Orden del Ministro de Hacienda y Administraciones Públicas.

---

[238]   Arts. 167, 167 bis y 168 de la LIVA.
[239]   Nueva redacción del art. 71 dada por el art. 1.once del Real Decreto 3422/2000, de 15 de diciembre (BOE núm. 301, de 16 de diciembre de 2000), en vigor desde el día de su publicación.
[240]   Nueva redacción del apartado 1 dada por el art. primero del Real Decreto 410/2014, de 6 de junio (BOE núm. 240, de 6 de octubre de 2011), en vigor desde 7 de octubre de 2001.

2. Las declaraciones-liquidaciones deberán presentarse directamente o, a través de las Entidades colaboradoras, ante el órgano competente de la Administración tributaria.

3[241]**.** El período de liquidación coincidirá con el trimestre natural.

No obstante, dicho período de liquidación coincidirá con el mes natural, cuando se trate de los empresarios o profesionales que a continuación se relacionan:

1.º Aquéllos cuyo volumen de operaciones, calculado conforme a lo dispuesto en el artículo 121 de la Ley del Impuesto hubiese excedido durante el año natural inmediato anterior de 6.010.121,04 euros.

2.º Aquéllos que hubiesen efectuado la adquisición de la totalidad o parte de un patrimonio empresarial o profesional a que se refiere el segundo párrafo del apartado uno del artículo 121 de la Ley del Impuesto, cuando la suma de su volumen de operaciones del año natural inmediato anterior y la del volumen de operaciones que hubiese efectuado en el mismo período el transmitente de dicho patrimonio mediante la utilización del patrimonio transmitido hubiese excedido de 6.010.121,04 euros.

Lo previsto en este número resultará aplicable a partir del momento en que tenga lugar la referida transmisión, con efectos a partir del día siguiente al de finalización del período de liquidación en el curso del cual haya tenido lugar.

A efectos de lo dispuesto en el segundo párrafo del apartado uno del artículo 121 de la Ley del Impuesto, se considerará transmisión de la totalidad o parte de un patrimonio empresarial o profesional aquélla que comprenda los elementos patrimoniales que constituyan una o varias ramas de actividad del transmitente, en los términos previstos en el artículo 76.4 de la Ley 27/2014, de 27 de noviembre, del Impuesto sobre Sociedades, con independencia de que sea aplicable o no a dicha transmisión alguno de los supuestos de no sujeción previstos en el número 1.º del artículo 7 de la Ley del Impuesto[242].

3.º Los comprendidos en el artículo 30 de este reglamento autorizados a solicitar la devolución del saldo existente a su favor al término de cada período de liquidación.

Lo dispuesto en el párrafo anterior será de aplicación incluso en el caso de que no resulten cuotas a devolver a favor de los sujetos pasivos.

4.º Los que apliquen el régimen especial del grupo de entidades que se regula en el capítulo IX del título IX de la Ley del Impuesto.

---

[241]   Nueva redacción del apartado 3 dada por el art. primero.Ocho del Real Decreto 1466/2007, de 2 de noviembre (BOE núm. 278, de 20 noviembre de 2007), en vigor desde el 21 de noviembre de 2007.

[242]   Nueva redacción del tercer párrafo del núm. 2.º del art. 71.3 dada por el art. 1.Catorce del Real Decreto 1512/2018, de 28 de diciembre (BOE núm. 314, de 29 de diciembre), con efectos desde el 1 de enero de 2019.

5º[243] Los titulares de los depósitos fiscales de gasolinas, gasóleos o biocarburantes incluidos en el ámbito objetivo del Impuesto sobre Hidrocarburos, así como los empresarios o profesionales que extraigan esos productos de los depósitos fiscales.

4[244]. La declaración-liquidación deberá cumplimentarse y ajustarse al modelo que, para cada supuesto, determine el Ministro de Hacienda[245] y Función Pública y presentarse durante los veinte primeros días naturales del mes siguiente al correspondiente período de liquidación trimestral.

Sin embargo, la declaración-liquidación correspondiente al último período del año deberá presentarse durante los treinta primeros días naturales del mes de enero.

Las declaraciones-liquidaciones correspondientes a las personas y entidades a que se refiere el artículo 62.6, párrafo primero, de este Reglamento, deberán presentarse durante los treinta primeros días naturales del mes siguiente al correspondiente período de liquidación mensual, o hasta el último día del mes de febrero en el caso de la declaración-liquidación correspondiente al mes de enero.

---

[243]   Nuevo núm. 5º incorporado por la Disp. Final Tercera de la Ley 7/2024, de 20 de diciembre, por la que se establecen un Impuesto Complementario para garantizar un nivel mínimo global de imposición para los grupos multinacionales y los grupos nacionales de gran magnitud, un Impuesto sobre el margen de intereses y comisiones de determinadas entidades financieras y un Impuesto sobre los líquidos para cigarrillos electrónicos y otros productos relacionados con el tabaco, y se modifican otras normas tributarias, (BOE núm. 307, de 21 de diciembre de 2024), en vigor desde 22 de diciembre de 2024.
        Disposición final décima quinta. «*Salvaguarda de rango de disposiciones reglamentarias*».
        Anteriormente, el núm. 5º fue suprimido por el art. primero ocho del Real Decreto 1075/2017, de 29 de diciembre (BOE núm. 317, de 30 de diciembre de 2107), con efectos desde el 1 de enero de 2018.
        Redacción anterior por su incorporación mediante el art. primero. Catorce del Real Decreto 596/2016, de 2 de diciembre (BOE núm. 294, de 6 de diciembre de 2016), con efectos desde el 1 de julio de 2017.
[244]   Nueva redacción del art. 74.1 dada por el art. primero ocho del Real Decreto 1075/2017, de 29 de diciembre (BOE núm. 317, de 30 de diciembre de 2107), con efectos desde el 1 de enero de 2018.
        Redacción anterior dada por el art. primero. Catorce del Real Decreto 596/2016, de 2 de diciembre (BOE núm. 294, de 6 de diciembre de 2016), con efectos desde el 1 de julio de 2017.
[245]   Orden EHA/3786/2008, de 29 de diciembre, por la que se aprueban el modelo 303 Impuesto sobre el Valor Añadido, Autoliquidación, y el modelo 308 Impuesto sobre el Valor Añadido, solicitud de devolución: Recargo de equivalencia, artículo 30 bis del Reglamento del IVA y sujetos pasivos ocasionales y se modifican los Anexos I y II de la Orden EHA/3434/2007, de 23 de noviembre, por la que se aprueban los modelos 322 de autoliquidación mensual, modelo individual, y 353 de autoliquidación mensual, modelo agregado, así como otra normativa tributaria (BOE núm. 314, de 30 de diciembre de 2008), aplicable a las operaciones realizadas a partir de 1 de enero de 2009, modificada por la disposición final 2.ª de la Orden EHA/769/2010, de 18 de marzo (BOE núm. 76, de 29 de marzo de 2010). Orden EHA/1729/2009, de 25 de junio,... aprueba el sobre de envío de autoliquidaciones del IVA, a utilizar por entidades colaboradoras (BOE núm. 157, de 30 de junio de 2009). Orden EHA/1658/2009, de 12 de junio, por la que se establecen el procedimiento y las condiciones para la domiciliación del pago de determinadas deudas cuya gestión tiene atribuida la Agencia Estatal de Administración Tributaria (BOE núm. 151, 23 de junio de 2009).

El Ministro de Hacienda y Función Pública, atendiendo a razones fundadas de carácter técnico, podrá ampliar el plazo correspondiente a las declaraciones que puedan presentarse por vía electrónica.

5[246]. En el caso de que el sujeto pasivo haya sido declarado en concurso, deberá presentar, en los plazos señalados en el apartado anterior, dos declaraciones-liquidaciones por el período de liquidación trimestral o mensual en el que se haya declarado el concurso, una referida a los hechos imponibles anteriores a dicha declaración y otra referida a los posteriores.

En este caso, cuando la declaración-liquidación relativa a los hechos imponibles anteriores a la declaración del concurso arroje un saldo a favor del sujeto pasivo, dicho saldo podrá compensarse en la declaración-liquidación relativa a los hechos imponibles posteriores a dicha declaración.

En caso de que el sujeto pasivo no opte por la compensación prevista en el párrafo anterior, el saldo a su favor que arroje la declaración-liquidación relativa a los hechos imponibles anteriores a la declaración del concurso estará sujeto a las normas generales sobre compensación y derecho a solicitar la devolución. En caso de que el sujeto pasivo opte por la indicada compensación, el saldo a su favor que arroje la declaración-liquidación relativa a los hechos imponibles posteriores a la declaración del concurso, una vez practicada la compensación mencionada, estará sujeto a las normas generales sobre compensación y derecho a solicitar la devolución.

6[247]. La declaración-liquidación, con la salvedad prevista en el apartado anterior, será única para cada empresario o profesional, sin perjuicio de lo que se establezca por el Ministro de Hacienda y Administraciones Públicas en atención a las características de los regímenes especiales establecidos en el Impuesto, y de lo previsto en la disposición adicional quinta de este Reglamento.

No obstante, el órgano competente de la Administración tributaria podrá autorizar la presentación conjunta, en un sólo documento, de las declaraciones-liquidaciones correspondientes a diversos sujetos pasivos, en los supuestos y con los requisitos que en cada autorización se establezcan.

Las autorizaciones otorgadas podrán revocarse en cualquier momento.

---

[246]   Nueva redacción del art. 71.5 dada por el art. primero. Veinticinco del Real Decreto 828/2013, de 25 de octubre (BOE núm. 257, de 26 de octubre de 2013), en vigor desde el 27 de octubre de 2013.
Redacción anterior dada por el art. 1.6 del Real Decreto 1082/2001, de 5 de octubre (BOE núm. 240, de 6 de octubre de 2011), en vigor desde 7 de octubre de 2001.

[247]   Nueva redacción del art. 71.6 dada por Nueva redacción del apartado 6 dada por el art. primero del Real Decreto 410/2014, de 6 de junio (BOE núm. 138, de 7 de junio de 2014), en vigor desde el 8 de junio de 2014.
Redacción anterior dada por el art. primero. Veinticinco del Real Decreto 828/2013, de 25 de octubre (BOE núm. 257, de 26 de octubre de 2013), en vigor desde el 27 de octubre de 2013.

7[248]. Además de las declaraciones-liquidaciones a que se refieren los apartados 3, 4 y 5 de este artículo, los sujetos pasivos deberán formular una declaración-resumen anual en el lugar, forma, plazos e impresos que, para cada supuesto, se apruebe por Orden del Ministro de Hacienda y Administraciones Públicas[249].

Los sujetos pasivos incluidos en declaraciones-liquidaciones conjuntas, deberán efectuar igualmente la presentación de la declaración-resumen anual en el lugar, forma, plazos e impresos establecidos en el párrafo anterior.

No estarán obligados a presentar la declaración-resumen anual prevista en este apartado aquellos sujetos pasivos que realicen exclusivamente las operaciones exentas comprendidas en los artículos 20 y 26 de la Ley del Impuesto ni aquellos sujetos pasivos para los que así se determine por Orden del Ministro de Hacienda y Administraciones Públicas en los mismos supuestos a los que se refiere el cuarto párrafo del apartado 1 de este artículo.

8[250]. Deberán presentar declaración-liquidación especial de carácter no periódico, en el lugar, forma, plazos e impresos que establezca el Ministro de Hacienda y Administraciones Públicas[251]:

1.º Las personas a que se refiere el artículo 5, apartado uno, letra e) de la Ley del Impuesto sobre el Valor Añadido, por las entregas de medios de transporte nuevos que efectúen con destino a otro Estado miembro.

2.º Quienes efectúen adquisiciones intracomunitarias de medios de transporte nuevos sujetos al Impuesto, de acuerdo con lo dispuesto en el artículo 13, número 2.º de la Ley del Impuesto.

3.º Las personas jurídicas que no actúen como empresarios o profesionales cuando efectúen adquisiciones intracomunitarias de bienes distintos de los medios de transporte nuevos

---

[248]   Nueva redacción del art. 71.7 dada por el art. primero del Real Decreto 410/2014, de 6 de junio (BOE núm. 138, de 7 de junio de 2014), en vigor desde el 8 de junio de 2014.

Redacción anterior dada por el art. primero. Veinticinco del Real Decreto 828/2013, de 25 de octubre (BOE núm. 257, de 26 de octubre de 2013), en vigor desde el 27 de octubre de 2013.

Redacción anterior tras su incorporación por el art. 1.6 del Real Decreto 1082/2001, de 5 de octubre (BOE núm. 240, de 6 de octubre de 2011), en vigor desde 7 de octubre de 2001, salvo el apartado 3 que su redacción procede del art. 1.Seis del Real Decreto 192/2010, de 26 de febrero (BOE núm. 53, de 2 de marzo de 2010), en vigor desde 3 de marzo de 2010.

[249]   Orden EHA/3111/2009, de 5 de noviembre, por la que se aprueba el modelo 390 de declaración-resumen anual del Impuesto sobre el Valor Añadido y se modifica el anexo I de la Orden EHA/1274/2007, de 26 de abril, por la que se aprueban los modelos 036 de Declaración censal de alta, modificación y baja en el Censo de empresarios, profesionales y retenedores y 037 Declaración censal simplificada de alta, modificación y baja en el Censo de empresarios, profesionales y retenedores (BOE núm. 280, de 20 de noviembre de 2009).

[250]   Nueva redacción del art. 71.8 dada por el art. primero. Veinticinco del Real Decreto 828/2013, de 25 de octubre (BOE núm. 257, de 26 de octubre de 2013), en vigor desde el 27 de octubre de 2013.

[251]   Orden HAC/3625/2003, de 23 de diciembre, por la que se aprueba el modelo 309 de declaración-liquidación no periódica del Impuesto sobre el Valor Añadido (BOE núm. 312, de 30 de diciembre de 2003).

que estén sujetas al Impuesto, así como cuando se reputen empresarios o profesionales de acuerdo con lo dispuesto por el apartado cuatro del artículo 5 de la Ley del Impuesto.

4.º Los sujetos pasivos que realicen exclusivamente operaciones que no originan el derecho a la deducción o actividades a las que les sea aplicable el régimen especial de la agricultura, ganadería y pesca o el régimen especial del recargo de equivalencia, cuando realicen adquisiciones intracomunitarias de bienes sujetas al Impuesto o bien sean los destinatarios de las operaciones a que se refiere el artículo 84, apartado uno, número 2.º, de la Ley del Impuesto.

5.º Los sujetos pasivos que realicen exclusivamente actividades a las que sea aplicable el régimen especial de la agricultura, ganadería y pesca, cuando realicen entregas de bienes de inversión de naturaleza inmobiliaria, sujetas y no exentas del Impuesto, por las cuales están obligados a efectuar la liquidación y el pago del mismo de acuerdo con lo dispuesto en el artículo 129, apartado uno, segundo párrafo de la Ley del Impuesto.

6.º[252] Los sujetos pasivos que realicen exclusivamente actividades a las que sea de aplicación el régimen especial del recargo de equivalencia, cuando soliciten de la Hacienda Pública el reintegro de las cuotas que hubiesen reembolsado a viajeros, correspondientes a entregas de bienes exentas del Impuesto de acuerdo con lo dispuesto en el artículo 21, número 2.º, de su Ley reguladora, así como cuando realicen operaciones de entrega de bienes inmuebles sujetas y no exentas al Impuesto, salvo que se trate de operaciones a que se refiere el artículo 84, apartado uno, número 2.º, letra e), tercer guión, de la Ley del Impuesto.

7.º Cualesquiera otras personas o entidades para los que así se determine por Orden del Ministro de Hacienda y Administraciones Públicas.

9[253]. La Administración Tributaria podrá hacer efectiva la colaboración social en la presentación de declaraciones-liquidaciones por este Impuesto a través de acuerdos con las Comunidades Autónomas y otras Administraciones Públicas, con entidades, instituciones y organismos representativos de sectores o intereses sociales, laborales, empresariales o profesionales.

Los acuerdos a que se refiere el párrafo anterior podrán referirse, entre otros, a los siguientes aspectos:

1.º Campañas de información y difusión.

2.º Asistencia en la realización de declaraciones-liquidaciones y en su cumplimentación correcta y veraz.

3.º Remisión de declaraciones-liquidaciones a la Administración tributaria.

4.º Subsanación de defectos, previa autorización de los sujetos pasivos.

---

[252]   Nueva redacción del art. 74.1 dada por el art. primero dieciocho del Real Decreto 1073/2014, de 19 de diciembre (BOE núm. 307, de 20 de diciembre de 2014), en vigor el 1 de enero de 2015.

[253]   Nuevo apartado incorporado por el art. primero. Veinticinco del Real Decreto 828/2013, de 25 de octubre (BOE núm. 257, de 26 de octubre de 2013), en vigor desde el 27 de octubre de 2013.

5.º Información del estado de tramitación de las devoluciones de oficio, previa autorización de los sujetos pasivos.

La Administración Tributaria proporcionará la asistencia necesaria para el desarrollo de las indicadas actuaciones sin perjuicio de ofrecer dichos servicios con carácter general a los sujetos pasivos.

Mediante Orden del Ministro de Hacienda y Administraciones Públicas se establecerán los supuestos y condiciones en que las entidades que hayan suscrito los citados acuerdos podrán presentar por medios telemáticos declaraciones-liquidaciones, declaración-resumen anual o cualesquiera otros documentos exigidos por la normativa tributaria, en representación de terceras personas.

Dicha Orden podrá prever igualmente que otras personas o entidades accedan a dicho sistema de presentación por medios telemáticos en representación de terceras personas[254].

Artículo 72. *Recaudación del Impuesto. Normas generales*

El ingreso de las cuotas resultantes de las declaraciones-liquidaciones y la solicitud de las devoluciones a favor del sujeto pasivo se efectuarán en los impresos y en el lugar, forma y plazos que establezca el Ministro de Economía y Hacienda.

Artículo 73[255]. *Liquidación del Impuesto en las importaciones*

1. Las operaciones de importación sujetas al impuesto se liquidarán simultáneamente con los derechos arancelarios o cuando hubieran debido liquidarse estos de no mediar exención o no sujeción, con independencia de la liquidación que pudiera resultar procedente por cualesquiera otros gravámenes.

Se entenderán incluidas en el párrafo anterior y, por tanto, se liquidarán del mismo modo las mercancías que abandonen las áreas mencionadas en el artículo 23 o se desvinculen de los regímenes enumerados en el artículo 24, ambos de la Ley del Impuesto, con excepción del régimen de depósito distinto de los aduaneros, siempre que la importación de dichas mercancías se produzca de conformidad con lo establecido en el apartado dos del artículo 18 de la misma ley.

---

[254]   Arts. 79 y siguientes del Real Decreto 1624/1992, de 29 de diciembre», del Real Decreto 1065/2007, de 27 de julio, por el que se aprueba el Reglamento General de las actuaciones y los procedimientos de gestión e inspección tributaria y de desarrollo de las normas comunes de los procedimientos de aplicación de los tributos (BOE núm. 213, de 5 septiembre de 2007).
Orden EHA/3012/2008, de 20 de octubre, por la que se aprueba el modelo 347 de Declaración anual de operaciones con terceras personas, así como los diseños físicos y lógicos y el lugar, forma y plazo de presentación (BOE núm. 256, de 23 de octubre de 2008).
[255]   Nueva redacción del art. 73 dada por el art. 1.Cinco del Real Decreto 87/2005, de 31 de enero (BOE núm. 27, de 1 de febrero de 2005), de aplicación para operaciones cuyo impuesto se haya devengado a partir de 1 de abril de 2005.

2. A estos efectos, los sujetos pasivos que realicen las operaciones de importación deberán presentar en la aduana la correspondiente declaración tributaria, con arreglo al modelo aprobado por el Ministro de Economía y Hacienda, en los plazos y forma establecidos por la reglamentación aduanera[256].

3. La liquidación de las operaciones asimiladas a las importaciones se efectuará por el sujeto pasivo en las declaraciones-liquidaciones y con arreglo al modelo que, a tal efecto, determine el Ministro de Economía y Hacienda[257].

Las cuotas de Impuesto sobre el Valor Añadido devengadas por la realización de operaciones asimiladas a las importaciones serán deducibles en el propio modelo, conforme a los requisitos establecidos en el capítulo I del título VIII de la Ley del Impuesto.

Los plazos y períodos de liquidación son los que se establecen a continuación:

a) Las operaciones comprendidas en los párrafos 1.º, 2.º, 3.º y 4.º del artículo 19 de la Ley del Impuesto se incluirán en una declaración-liquidación que se presentará, ante el órgano competente de la Administración tributaria correspondiente al domicilio fiscal del sujeto pasivo, directamente o a través de las entidades colaboradoras, en los siguientes plazos:

1.º Cuando se trate de las operaciones a que se refieren los párrafos 1.º, 2.º y 3.º del artículo 19 de la Ley del Impuesto, en los 30 primeros días del mes de enero siguientes al año natural en el que se haya devengado el impuesto.

---

[256]   Reglamento (CE) núm. 450/2008 del Parlamento Europeo y del Consejo, de 23 de abril de 2008, por el que se establece el código aduanero comunitario (código aduanero modernizado) (DO L 145 de 4 de junio de 2008).

[257]   Orden EHA/1308/2005, de 11 de mayo, por la que se aprueba el modelo 380 de declaración-liquidación del Impuesto sobre el Valor Añadido en operaciones asimiladas a las importaciones, se determinan el lugar, forma y plazo de presentación, así como las condiciones generales y el procedimiento para su presentación por medios telemáticos (BOE núm. 114, de 13 de mayo de 2005) y Orden EHA/3482/2007, de 20 de noviembre, por la que se aprueban determinados modelos, se refunden y actualizan diversas normas de gestión en relación con los Impuestos Especiales de Fabricación y con el Impuesto sobre las Ventas Minoristas de Determinados Hidrocarburos y se modifica la Orden EHA/1308/2005, de 11 de mayo, por la que se aprueba el modelo 380 de declaración-liquidación del Impuesto sobre el Valor Añadido en operaciones asimiladas a las importaciones, se determinan el lugar, forma y plazo de presentación, así como las condiciones generales y el procedimiento para su presentación por medios telemáticos (BOE núm. 288, de 1 de diciembre de 2007). La disposición adicional única de la Orden HAC/1398/2003, de 27 de mayo (BOE de 3 de junio), modificada por Orden EHA/886/2009, de 1 de abril (BOE del 10), establece la posibilidad de presentación telemática en representación de terceros por el procedimiento de colaboración social. El apartado 2 de la disposición adicional única de la Orden HAC/1398/2003, de 27 de mayo, ha sido modificada, con efectos desde el día 3 de abril de 2011, por la Orden EHA/732/2011, de 29 de marzo (BOE núm. 79, de 2 de abril de 2011), por la que se establecen los supuestos y condiciones en que podrá hacerse efectiva la colaboración social en la gestión de los tributos, y se extiende ésta expresamente a la presentación telemática de determinados modelos de declaración y otros documentos tributarios (entre ellos, el Modelo 380. Impuesto sobre el Valor Añadido. Operaciones asimiladas a las importaciones. Declaración-liquidación).

2.º Cuando se trate de las operaciones comprendidas en el párrafo 4.º del artículo 19 de la Ley del Impuesto, producidas en cada trimestre natural, en los plazos previstos en el artículo 71.4 de este reglamento.

b) Las operaciones descritas en el párrafo 5.º del citado artículo 19 de la Ley del Impuesto, realizadas en los períodos de liquidación a que se refiere el artículo 71.3 de este reglamento, se incluirán en una declaración-liquidación que se presentará ante el órgano correspondiente de la Administración tributaria competente para el control del establecimiento, lugar, área o depósito respectivo, directamente o a través de las entidades colaboradoras, en los plazos señalados en el artículo 71.4 de este reglamento.

c) Las operaciones del párrafo b) anterior se podrán consignar centralizadamente en una sola declaración-liquidación que se presentará, en los mismos plazos y períodos, ante el órgano competente de la Administración tributaria correspondiente al domicilio fiscal del sujeto pasivo, directamente o a través de las entidades colaboradoras, en los casos que se indican a continuación:

1.º Cuando la suma de las bases imponibles de las operaciones asimiladas a las importaciones realizadas durante el año natural precedente hubiera excedido de 1.500.000 euros.

2.º Cuando lo autorice la Administración tributaria, a solicitud del interesado.

Artículo 74. *Recaudación del Impuesto en las importaciones*

1[258]. La recaudación e ingreso de las cuotas tributarias correspondientes a este Impuesto y liquidadas por las Aduanas en las operaciones de importación de bienes se efectuarán según lo dispuesto en el Reglamento General de Recaudación[259].

No obstante lo anterior:

a) Cuando el importador sea un empresario o profesional que actúe como tal, y tenga un periodo de liquidación que coincida con el mes natural de acuerdo con lo dispuesto en el artículo 71.3 del presente Reglamento, podrá optar por incluir la cuota liquidada por las Aduanas en la declaración-liquidación correspondiente al periodo en que reciba el documento en el que conste dicha liquidación, en cuyo caso el plazo de ingreso de las cuotas liquidadas en las operaciones de importación se corresponderá con el previsto en el artículo 72 de este Reglamento. En el supuesto de sujetos pasivos que no tributen íntegramente en la Administración del Estado, la cuota liquidada por las Aduanas se incluirá en su totalidad en la declaración-liquidación presentada a la Administración del Estado. Tratándose de sujetos pasivos que tributen exclusivamente ante una Administración tributaria Foral, se incluirá

---

[258] Nueva redacción del art. 74.1 incorporado por el art. primero diez del Real Decreto 424/2021, de 15 de junio (BOE núm. 143, de 16 de junio de 2021), en vigor desde el 1 de julio de 2021.
Redacción anterior dada por el art. primero nueve del Real Decreto 1075/2017, de 29 de diciembre (BOE núm. 317, de 30 de diciembre de 2107), con efectos desde el 1 de enero de 2018.

[259] Real Decreto 939/2005, de 29 de julio, por el que se aprueba el Reglamento General de Recaudación (BOE núm. 210, de 2 septiembre de 2005).

en su totalidad en una declaración-liquidación que presenten ante la Administración del Estado en el modelo, lugar, forma y plazos que establezca la persona titular del Ministerio de Hacienda.

La opción deberá ejercerse mediante la presentación de una declaración censal ante la Agencia Estatal de Administración Tributaria durante el mes de noviembre anterior al inicio del año natural en el que deba surtir efecto, entendiéndose prorrogada para los años siguientes en tanto no se produzca la renuncia a la misma o la exclusión.

La opción se referirá a todas las importaciones realizadas por el sujeto pasivo que deban ser incluidas en las declaraciones-liquidaciones periódicas.

La renuncia se ejercerá mediante comunicación al órgano competente de la Agencia Estatal de Administración Tributaria, mediante presentación de la correspondiente declaración censal y se deberá formular en el mes de noviembre anterior al inicio del año natural en el que deba surtir efecto. La renuncia tendrá efectos para un periodo mínimo de tres años.

Los sujetos pasivos que hayan ejercido la opción a que se refiere este apartado quedarán excluidos de su aplicación cuando su periodo de liquidación deje de coincidir con el mes natural.

La exclusión producirá efectos desde la misma fecha en que se produzca el cese en la obligación de presentación de declaraciones-liquidaciones mensuales.

b) Cuando los empresarios o profesionales que realicen las operaciones a que se refiere el título IX, capítulo XI, sección 4.ª, de la Ley del Impuesto, no opten por la aplicación del régimen especial previsto en esa sección, la persona que presente los bienes en la Aduana por cuenta de los importadores en el territorio de aplicación del Impuesto podrá optar por una modalidad especial para la declaración y el pago del Impuesto sobre el Valor Añadido correspondiente.

Se entenderá realizada dicha opción cuando la persona que presente los bienes en la Aduana declare su intención de hacer uso de la modalidad especial por vía telemática ante la Aduana.

Esta modalidad especial prevista en el artículo 167 bis de la Ley del Impuesto requiere:

a) Haber acreditado la condición de presentador de mercancía por cuenta de los importadores ante la Aduana, en la forma prevista en la normativa aduanera.

b) La presentación de una declaración mensual referida a todas las mercancías importadas de acuerdo con las formalidades aduaneras a que refiere el artículo 143 bis del Reglamento Delegado (UE) 2015/2446 de la Comisión, de 28 de julio de 2015, por el que se completa el Reglamento (UE) n.º 952/2013 del Parlamento Europeo y del Consejo con normas de desarrollo relativas a determinadas disposiciones del Código Aduanero de la Unión, por cuenta de los importadores, salvo que se pruebe la reexportación o se hubiere acordado la destrucción o el abandono, en la forma que disponga la normativa aduanera.

c) Llevar un registro de las operaciones incluidas en la declaración presentada con arreglo a la modalidad especial. A tal efecto, dicho registro deberá contener, por cada mes natural y para cada envío, la siguiente información:

a') el número de identificación de la declaración de importación presentada;

b') la fecha de presentación en Aduana de los bienes;

c') el número de la declaración o notificación de reexportación o, en su caso, de la prueba de destrucción o abandono del territorio de aplicación del Impuesto, sobre envíos de bienes no entregados o rechazados por el destinatario;

d') el número de identificación del envío;

e') lugar y fecha de entrega de la mercancía y número de identificación de la persona a quien se efectúa;

f') el valor intrínseco de los bienes;

g') el importe del Impuesto recaudado;

h') identificación de la persona de la que ha recibido el ingreso de la cuota del Impuesto, si es distinta del importador;

i') prueba, en los términos previstos en el artículo 106 de la Ley 58/2003, de 17 de diciembre, General Tributaria, del impago del Impuesto sobre envíos de bienes no entregados o rechazados por el destinatario, incluido el valor intrínseco de cada uno;

j') identificación del número de la declaración mensual a través de la cual se efectúa el ingreso de las cuotas devengadas con ocasión de dicha importación.

El registro deberá estar por vía electrónica, previa solicitud, a disposición de la Administración tributaria y se mantendrá por un período de cuatro años a partir del final del año en que se haya realizado la operación.

2. La recaudación e ingreso de las deudas liquidadas en los regímenes de viajeros, postales y etiqueta verde se efectuarán en la forma prevista para los correspondientes derechos arancelarios liquidados.

3. La Aduana podrá exigir que se constituya garantía suficiente en las siguientes operaciones de tráfico exterior:

a) Aquéllas en que la aplicación de exenciones o bonificaciones dependa del cumplimiento por el contribuyente de determinados requisitos.

b) Cuando concurran circunstancias que así lo aconsejen.

La garantía tendrá por objeto asegurar el pago de la deuda en caso de incumplimiento de las condiciones o requisitos del beneficio fiscal aplicado, o de las especiales circunstancias que puedan darse en la operación.

Artículo 74 bis[260]. *Autoliquidaciones rectificativas*

1. Los sujetos pasivos deberán rectificar, completar o modificar las autoliquidaciones presentadas por este Impuesto mediante la presentación de una autoliquidación rectifica-

---

[260]   Nuevo art. 74 bis incorporado por la Disp. Final Tercera del Real Decreto 117/2024, de 30 de enero, por el que se desarrollan las normas y los procedimientos de diligencia debida en el ámbito del intercambio automático obligatorio de información comunicada por los operadores de plataformas, y se modifican el Reglamento General de las actuaciones y los procedimientos de gestión e inspección tributaria y de desarrollo de las normas comunes de los procedimientos de aplicación de los tributos, aprobado por el Real

tiva, utilizando el modelo de declaración aprobado por la persona titular del Ministerio de Hacienda.

No obstante lo dispuesto en el párrafo anterior, cuando el motivo de la rectificación del obligado tributario sea exclusivamente la alegación razonada de una eventual vulneración por la norma aplicada en la autoliquidación previa de los preceptos de otra norma de rango superior legal, constitucional, de Derecho de la Unión Europea o de un Tratado o Convenio internacional se podrá instar la rectificación a través del procedimiento previsto en el artículo 120.3 de la Ley 58/2003, de 17 de diciembre, General Tributaria, y desarrollado en los artículos 126 a 128 del Reglamento General de las actuaciones y los procedimientos de gestión e inspección tributaria y de desarrollo de las normas comunes de los procedimientos de aplicación de los tributos, aprobado por Real Decreto 1065/2007, de 27 de julio. Si este motivo concurriese con otros de distinta naturaleza, por estos últimos el obligado tributario deberá presentar una autoliquidación rectificativa.

Lo establecido en este apartado, no se aplicará a:

a) Las rectificaciones de cuotas indebidamente repercutidas a otros obligados tributarios a las que se refiere el artículo 129 del Reglamento General de las actuaciones y los procedimientos de gestión e inspección tributaria y de desarrollo de las normas comunes de los procedimientos de aplicación de los tributos, aprobado por el Real Decreto 1065/2007, de 27 de julio.

b) Las modificaciones de cuotas correspondientes a operaciones acogidas a los regímenes especiales regulados en el capítulo XI del título IX de la Ley del Impuesto.

2. La autoliquidación rectificativa de una autoliquidación previa se podrá presentar antes de que haya prescrito el derecho de la Administración para determinar la deuda tributaria mediante liquidación o el derecho a solicitar la devolución que, en su caso, proceda. Cuando se presente fuera del plazo de declaración tendrá el carácter de extemporánea.

3. En la autoliquidación rectificativa constará expresamente esta circunstancia y la obligación tributaria y período a que se refiere, así como la totalidad de los datos que deban ser declarados y otros que puedan establecerse en la Orden Ministerial reguladora del modelo de declaración aprobada por la persona titular del Ministerio de Hacienda, como los motivos de rectificación. A estos efectos, se incorporarán los datos incluidos en la autoliquidación presentada con anterioridad que no sean objeto de modificación, los que sean objeto de modificación y los de nueva inclusión.

4. La autoliquidación rectificativa podrá rectificar, completar o modificar la autoliquidación presentada con anterioridad. En particular:

Decreto 1065/2007, de 27 de julio, en transposición de la Directiva (UE) 2021/514 del Consejo de 22 de marzo de 2021 por la que se modifica la Directiva 2011/16/UE relativa a la cooperación administrativa en el ámbito de la fiscalidad, y otras normas tributarias (BOE núm. 27, de 31 de enero de 2024), con efectos desde el 1 de febrero de 2024.

a) Cuando de la rectificación efectuada resulte un importe a ingresar superior al de la autoliquidación anterior o una cantidad a devolver o a compensar inferior a la anteriormente autoliquidada, se aplicará el régimen previsto para las autoliquidaciones complementarias en el artículo 122.2 de la Ley 58/2003, de 17 de diciembre, General Tributaria, y su normativa de desarrollo.

b) En los casos no contemplados en la letra anterior, cuando del cálculo efectuado en la autoliquidación rectificativa resulte una cantidad a devolver, con la presentación de la autoliquidación rectificativa se entenderá solicitada la devolución, que se tramitará conforme al régimen del procedimiento previsto en los artículos 124 a 127 de la Ley 58/2003, de 17 de diciembre, General Tributaria, y su normativa de desarrollo, sin perjuicio de la obligación de abono de intereses de demora conforme a lo establecido en el apartado 3 del artículo 120 de dicha Ley.

El plazo para efectuar la devolución será de seis meses contados desde la finalización del plazo reglamentario para la presentación de la autoliquidación o, si éste hubiese concluido, desde la presentación de la autoliquidación rectificativa.

Si con la presentación de la autoliquidación previa se hubiera solicitado una devolución y ésta no se hubiera efectuado al tiempo de presentar la autoliquidación rectificativa, con la presentación de esta última se considerará finalizado el procedimiento iniciado mediante la presentación de la autoliquidación previa.

c) Cuando de la rectificación efectuada resulte una minoración del importe a ingresar de la autoliquidación previa y no proceda una cantidad a devolver, se mantendrá la obligación de pago hasta el límite del importe a ingresar resultante de la autoliquidación rectificativa.

Si la deuda resultante de la autoliquidación previa estuviera aplazada o fraccionada, con la presentación de la autoliquidación rectificativa se entenderá solicitada la modificación en las condiciones del aplazamiento o fraccionamiento conforme a lo previsto en el segundo párrafo del apartado 3 del artículo 52 del Reglamento General de Recaudación, aprobado por Real Decreto 939/2005, de 29 de julio.

5. La autoliquidación rectificativa no producirá efectos respecto a aquellos elementos que hayan sido regularizados mediante liquidación definitiva o provisional en los términos a que se refieren los apartados 2 y 3 del artículo 126 del Reglamento General de las actuaciones y los procedimientos de gestión e inspección tributaria y de desarrollo de las normas comunes de los procedimientos de aplicación de los tributos, aprobado por el Real Decreto 1065/2007, de 27 de julio, respectivamente.

CAPÍTULO II. Liquidación provisional de oficio[261]

Artículo 75. *Supuestos de aplicación*

1. La Administración tributaria practicará liquidaciones provisionales de oficio cuando el sujeto pasivo incumpla el deber de autoliquidar el Impuesto en los términos prescritos en

---

[261]   Arts. 167 bis y 168 de la LIVA.

el Capítulo anterior de este Reglamento y no atienda al requerimiento para la presentación de declaración-liquidación por ella formulado.

2. Las Delegaciones o Administraciones de la Agencia Estatal de Administración Tributaria, en cuya circunscripción los sujetos pasivos deban efectuar la presentación de sus declaraciones-liquidaciones, impulsarán y practicarán las liquidaciones a que se refiere el apartado anterior.

3[262]. Las liquidaciones provisionales de oficio determinarán la deuda tributaria estimada que debería haber autoliquidado el sujeto pasivo, abriéndose, en su caso, el correspondiente expediente sancionador de acuerdo con lo previsto en el Reglamento general del régimen sancionador tributario, aprobado por el Real Decreto 2063/2004, de 15 de octubre.

Artículo 76. *Procedimiento*

1. Transcurridos treinta días hábiles desde la notificación al sujeto pasivo del requerimiento de la Administración tributaria para que efectúe la presentación de la declaración-liquidación que no realizó en el plazo reglamentario, podrá iniciarse el procedimiento para la práctica de la liquidación provisional de oficio, salvo que en el indicado plazo se subsane el incumplimiento o se justifique debidamente la inexistencia de la obligación.

2. La liquidación provisional de oficio se realizará en base a los datos, antecedentes, elementos, signos, índices o módulos de que disponga la Administración tributaria y que sean relevantes al efecto, en especial los establecidos para determinados sectores en el régimen simplificado de este Impuesto.

3. El expediente se pondrá de manifiesto al sujeto afectado para que, en el plazo improrrogable de diez días, efectúe las alegaciones que tenga por conveniente.

4. La Delegación o Administración de la Agencia Estatal de Administración Tributaria practicará la liquidación provisional de oficio con posterioridad a la recepción de las alegaciones del sujeto pasivo o de la caducidad de dicho trámite.

5. La resolución será incorporada al expediente y se notificará a los interesados en el plazo de diez días a contar desde su fecha.

Artículo 77. *Efectos de la liquidación provisional de oficio*

1. Las liquidaciones provisionales de oficio serán inmediatamente ejecutivas, sin perjuicio de las correspondientes reclamaciones que puedan interponerse contra ellas de acuerdo con lo establecido por las leyes[263].

2. Sin perjuicio de lo dispuesto en este Capítulo, la Administración podrá efectuar ulteriormente la comprobación de la situación tributaria de los sujetos pasivos, practicando

---

[262]　Nueva redacción del art. 75.3 dada por el art. primero. Veintiséis del Real Decreto 828/2013, de 25 de octubre (BOE núm. 257, de 26 de octubre de 2013), en vigor desde el 27 de octubre de 2013.

[263]　Real Decreto 520/2005, de 13 de mayo, por el que se aprueba el Reglamento general de desarrollo de la Ley General Tributaria en materia de revisión en vía administrativa (BOE núm. 126, de 27 mayo 2005).

las liquidaciones definitivas que procedan, con arreglo a lo dispuesto en los artículos 120 y siguientes de la Ley General Tributaria[264].

CAPÍTULO III. Declaración recapitulativa de operaciones intracomunitarias

Artículo 78[265]. *Declaración recapitulativa*

Los empresarios y profesionales deberán presentar una declaración recapitulativa de las entregas y adquisiciones intracomunitarias de bienes y de las prestaciones y adquisiciones intracomunitarias de servicios que realicen en la forma que se indica en el presente capítulo.

Artículo 79[266]. *Obligación de presentar la declaración recapitulativa*

1. Estarán obligados a presentar la declaración recapitulativa los empresarios y profesionales, incluso cuando tengan dicha condición con arreglo a lo dispuesto en el apartado cuatro del artículo 5 de la Ley del Impuesto, que realicen cualquiera de las siguientes operaciones:

1.º Las entregas de bienes destinados a otro Estado miembro que se encuentren exentas en virtud de lo dispuesto en los apartados uno, dos, tres y cuatro del artículo 25 de la Ley del Impuesto.

Se incluirán entre estas operaciones las transferencias de bienes comprendidas en el número 3.º del artículo 9 de la Ley del Impuesto y, en particular, las entregas ulteriores de bienes cuya importación hubiera estado exenta de acuerdo con lo dispuesto en el número 12.º del artículo 27 de la Ley del Impuesto.

Quedarán excluidas de las entregas de bienes a que se refiere este número las siguientes:

a) Las que tengan por objeto medios de transporte nuevos realizadas a título ocasional por las personas comprendidas en la letra e) del apartado uno del artículo 5 de la Ley del Impuesto.

b) Las realizadas por sujetos pasivos del Impuesto para destinatarios que no tengan atribuido un número de identificación a efectos del citado tributo en cualquier otro Estado miembro de la Comunidad.

2.º Las adquisiciones intracomunitarias de bienes sujetas al Impuesto realizadas por personas o entidades identificadas a efectos del mismo en el territorio de aplicación del Impuesto.

---

[264]   Referencia entendida al actualmente a los arts. 101 y siguientes de la Ley 58/2003, de 17 de diciembre, General Tributaria (BOE núm. 302, de 18 de diciembre de 2003).

[265]   Nueva redacción del art. 78 dada por el art. 1.Siete del Real Decreto 192/2010, de 26 de febrero (BOE núm. 53, de 2 de marzo de 2010), en vigor desde 3 de marzo de 2010

[266]   Nueva redacción del art. 79 dada por el art. 216.Tres del Real Decreto-ley 3/2020, de 4 de febrero (BOE núm. 31, de 5 de febrero de 2020), en vigor desde el 1 de marzo de 2020.
       Redacción anterior dada por el art. 1.Ocho del Real Decreto 192/2010, de 26 de febrero (BOE núm. 53, de 2 de marzo de 2010), en vigor desde 3 de marzo de 2010.

Se incluirán entre estas operaciones las transferencias de bienes desde otro Estado miembro a que se refiere el número 2.º del artículo 16 de la Ley del Impuesto y, en particular, las adquisiciones intracomunitarias de bienes que hayan sido previamente importados en otro Estado miembro donde dicha importación haya estado exenta del Impuesto en condiciones análogas a las establecidas por el apartado 12.º del artículo 27 de la Ley del Impuesto.

3.º Las prestaciones intracomunitarias de servicios.

A efectos de este Reglamento, se considerarán prestaciones intracomunitarias de servicios las prestaciones de servicios en las que concurran los siguientes requisitos:

a) Que, conforme a las reglas de localización aplicables a las mismas, no se entiendan prestadas en el territorio de aplicación del Impuesto.

b) Que estén sujetas y no exentas en otro Estado miembro.

c) Que su destinatario sea un empresario o profesional actuando como tal y radique en dicho Estado miembro la sede de su actividad económica, o tenga en el mismo un establecimiento permanente o, en su defecto, el lugar de su domicilio o residencia habitual, o que dicho destinatario sea una persona jurídica que no actúe como empresario o profesional, pero tenga asignado un número de identificación a efectos del Impuesto suministrado por ese Estado miembro.

d) Que el sujeto pasivo sea dicho destinatario.

4.º[267] Las adquisiciones intracomunitarias de servicios.

A efectos de este Reglamento, se considerarán adquisiciones intracomunitarias de servicios las prestaciones de servicios sujetas y no exentas en el territorio de aplicación del Impuesto que sean prestadas por un empresario o profesional cuya sede de actividad económica o establecimiento permanente desde el que las preste o, en su defecto, el lugar de su domicilio o residencia habitual, se encuentre en la Comunidad pero fuera del territorio de aplicación del Impuesto y el sujeto pasivo sea el destinatario.

5.º Las entregas subsiguientes a las adquisiciones intracomunitarias de bienes a que se refiere el apartado tres del artículo 26 de la Ley del Impuesto, realizadas en otro Estado

---

[267] Nueva redacción del art. 79.1.4º dada por el art. primero Nueve del Real Decreto 1171/2023, de 27 de diciembre, por el que se modifican el Reglamento del Impuesto sobre el Valor Añadido, aprobado por el Real Decreto 1624/1992, de 29 de diciembre; el Reglamento de los Impuestos Especiales, aprobado por el Real Decreto 1165/1995, de 7 de julio, y el Reglamento de procedimientos amistosos en materia de imposición directa, aprobado por el Real Decreto 1794/2008, de 3 de noviembre (BOE núm. 310, de 28 de diciembre de 2023), en vigor el día 1 de enero de 2024.

Redacción anterior: «*4º Las adquisiciones intracomunitarias de servicios.*

A efectos de este Reglamento, se considerarán adquisiciones intracomunitarias de servicios las prestaciones de servicios sujetas y no exentas en el territorio de aplicación del Impuesto que sean prestadas por un empresario o profesional cuya sede de actividad económica o establecimiento permanente desde el que las preste o, en su defecto, el lugar de su domicilio o residencia habitual, se encuentre en la Comunidad pero fuera del territorio de aplicación del Impuesto».

miembro utilizando un número de identificación a efectos de Impuesto sobre el Valor Añadido asignado por la Administración tributaria española.

2. También estará obligado a presentar la declaración recapitulativa el vendedor que expida o transporte bienes a otro Estado miembro en el marco de un acuerdo de ventas de bienes en consigna a que se refiere el artículo 9 bis de la Ley del Impuesto.

Artículo 80[268]. *Contenido de la declaración recapitulativa*

1. La declaración recapitulativa deberá contener la siguiente información:

1.º Los datos de identificación de los proveedores y adquirentes de los bienes y los prestadores y destinatarios de los servicios, así como la base imponible total relativa a las operaciones efectuadas con cada uno de ellos.

Si la contraprestación de las operaciones se hubiese establecido en una unidad de cuenta distinta del euro, la base imponible de las referidas operaciones deberá reflejarse en euros con referencia a la fecha del devengo.

2.º En los casos de transferencia de bienes comprendidos en el apartado 3.º del artículo 9 y en el apartado 2.º del artículo 16 de la Ley del Impuesto, deberá consignarse el número de identificación asignado al sujeto pasivo en el otro Estado miembro.

3.º[269] En las operaciones a que se refiere el número 5.º del apartado 1 del artículo 79 de este Reglamento, se deberán consignar separadamente las entregas subsiguientes, haciendo constar, en relación con ellas, los siguientes datos:

a) El número de identificación a efectos del Impuesto sobre el Valor Añadido que utilice el empresario o profesional para la realización de las citadas operaciones.

---

[268]   Nueva redacción del art. 80 dada por el art. 1.Nueve del Real Decreto 192/2010, de 26 de febrero (BOE núm. 53, de 2 de marzo de 2010), en vigor desde 3 de marzo de 2010.

[269]   Nueva redacción del art. 80.1.3.º dada por el art. primero Diez del Real Decreto 1171/2023, de 27 de diciembre, por el que se modifican el Reglamento del Impuesto sobre el Valor Añadido, aprobado por el Real Decreto 1624/1992, de 29 de diciembre; el Reglamento de los Impuestos Especiales, aprobado por el Real Decreto 1165/1995, de 7 de julio, y el Reglamento de procedimientos amistosos en materia de imposición directa, aprobado por el Real Decreto 1794/2008, de 3 de noviembre (BOE núm. 310, de 28 de diciembre de 2023), en vigor el día 1 de enero de 2024.

Redacción anterior: «3.º En las operaciones a que se refiere el número 5.º del artículo 79 de este Reglamento, se deberán consignar separadamente las entregas subsiguientes, haciendo constar, en relación con ellas, los siguientes datos:

a) El número de identificación a efectos del Impuesto sobre el Valor Añadido que utilice el empresario o profesional para la realización de las citadas operaciones.

b) El número de identificación a efectos del Impuesto sobre el Valor Añadido asignado por el Estado miembro de llegada de la expedición o transporte, suministrado por el adquirente de dicha entrega subsiguiente.

c) El importe total de las entregas efectuadas por el sujeto pasivo en el Estado miembro de llegada de la expedición o transporte de bienes correspondiente a cada destinatario de las mismas».

b) El número de identificación a efectos del Impuesto sobre el Valor Añadido asignado por el Estado miembro de llegada de la expedición o transporte, suministrado por el adquirente de dicha entrega subsiguiente.

c) El importe total de las entregas efectuadas por el sujeto pasivo en el Estado miembro de llegada de la expedición o transporte de bienes correspondiente a cada destinatario de las mismas.

4.º[270] En el caso de envíos de bienes en el marco de un acuerdo de ventas de bienes en consigna a que se refiere el artículo 9 bis de la Ley del Impuesto, el vendedor deberá consignar:

a) El número de identificación a efectos del Impuesto sobre el Valor Añadido del empresario o profesional al que van destinados los bienes asignado por el Estado miembro al que se expiden o transportan los bienes.

b) El número de identificación a efectos del Impuesto sobre el Valor Añadido del empresario o profesional a que se refiere el apartado tres, segundo párrafo, letra a'), del artículo 9 bis de la Ley del Impuesto que sustituye al empresario o profesional al que inicialmente fueron destinados los bienes en el marco de un acuerdo de ventas de bienes en consigna.

c) El importe inicial estimado del valor de los bienes expedidos o transportados a otro Estado miembro en el marco de un acuerdo de ventas de bienes en consigna.

2[271]. Los datos contenidos en la declaración recapitulativa deberán rectificarse cuando se haya incurrido en errores o se hayan producido alteraciones derivadas de las circunstancias a que se refiere el artículo 80 de la Ley del Impuesto.

En el caso previsto en el número 4.º del apartado anterior, el vendedor deberá comunicar cualquier modificación de la información presentada.

3[272]. Las operaciones deberán consignarse en la declaración recapitulativa correspondiente al período de declaración en el que se hayan devengado.

En el supuesto del número 4.º del apartado 1 anterior la información mencionada se consignará en la declaración recapitulativa correspondiente:

– Al periodo de declaración relativo a la fecha de la expedición o transporte de los bienes, en el supuesto previsto en la letra a);

– al período de declaración en el que se hayan anotado en el libro registro al que se refiere el artículo 66.B), letra a), de este Reglamento los datos identificativos del empresario o profesional que sustituye al empresario o profesional al que inicialmente fueron destina-

---

[270]   Nuevo núm. 4.º incorporado por el art. 216.Cuatro del Real Decreto-ley 3/2020, de 4 de febrero (BOE núm. 31, de 5 de febrero de 2020), en vigor desde el 1 de marzo de 2020.

[271]   Nueva redacción del art. 80.2 dada por el art. 216.Cuatro del Real Decreto-ley 3/2020, de 4 de febrero (BOE núm. 31, de 5 de febrero de 2020), en vigor desde el 1 de marzo de 2020.

[272]   Nueva redacción del art. 80.3 dada por el art. 216.Cuatro del Real Decreto-ley 3/2020, de 4 de febrero (BOE núm. 31, de 5 de febrero de 2020), en vigor desde el 1 de marzo de 2020.

dos los bienes en el marco de un acuerdo de ventas de bienes en consigna, en el supuesto previsto en la letra b).

En los supuestos a que se refiere el primer párrafo del apartado 2 anterior, la rectificación se anotará en la declaración recapitulativa del período de declaración en el que haya sido notificada al destinatario de los bienes o servicios.

Artículo 81[273]. *Lugar, forma y plazos de presentación de la declaración recapitulativa*

1. La presentación de la declaración recapitulativa se realizará en el lugar, forma y a través del modelo aprobados por el Ministro de Economía y Hacienda.

2. El período de declaración y los plazos para la presentación de la declaración recapitulativa serán los siguientes:

1.º Con carácter general, la declaración recapitulativa deberá presentarse por cada mes natural durante los veinte primeros días naturales del mes inmediato siguiente, salvo la correspondiente al mes de julio, que podrá presentarse durante el mes de agosto y los veinte primeros días naturales del mes de septiembre.

2.º[274] Cuando ni durante el trimestre de referencia ni en cada uno de los cuatro trimestres naturales anteriores el importe total acumulado de las entregas de bienes que deban consignarse en la declaración recapitulativa y de las prestaciones intracomunitarias de servicios efectuadas sea superior a 50.000 euros, excluido el Impuesto sobre el Valor Añadido, la declaración recapitulativa deberá presentarse durante los veinte primeros días naturales del mes inmediato siguiente al correspondiente período trimestral.

Si al final de cualquiera de los meses que componen cada trimestre natural se superara el importe mencionado en el párrafo anterior, deberá presentarse una declaración recapitulativa para el mes o los meses transcurridos desde el comienzo de dicho trimestre natural durante los veinte primeros días naturales inmediatos siguientes.

---

[273] Nueva redacción del art. 81 dada por el art. 1.Diez del Real Decreto 192/2010, de 26 de febrero (BOE núm. 53, de 2 de marzo de 2010), en vigor desde 3 de marzo de 2010.

Orden EHA/769/2010, de 18 de marzo, por la que se aprueba el modelo 349 de declaración recapitulativa de operaciones intracomunitarias, así como los diseños físicos y lógicos y el lugar, forma y plazo de presentación, se establecen las condiciones generales y el procedimiento para su presentación telemática, y se modifica la Orden HAC/3625/2003, de 23 de diciembre, por la que se aprueban el modelo 309 de declaración-liquidación no periódica del Impuesto sobre el Valor Añadido, y otras normas tributarias (BOE núm. 76, 29 de marzo de 2010).

[274] Disposición transitoria 1.ª del Real Decreto 192/2010, de 26 de febrero (BOE núm. 53, de 2 de marzo de 2010): «*El umbral a que se refiere el número 2.º del apartado 2 del art. 81 del Reglamento del Impuesto sobre el Valor Añadido, aprobado por el Real Decreto 1624/1992, de 29 de diciembre, será de 100.000 euros para las declaraciones recapitulativas correspondientes a los años 2010 y 2011*».

3. En todos los casos a que se refiere el apartado 2 este artículo, la declaración recapitulativa correspondiente al último período del año deberá presentarse durante los treinta primeros días naturales del mes de enero.

4[275].

5[276].

CAPÍTULO III BIS[277]. Declaración relativa a los registros
MANTENIDOS POR PROVEEDORES DE SERVICIOS DE PAGO

Artículo 81 bis. *Obligación de presentar la declaración relativa a los registros mantenidos por proveedores de servicios de pago, plazo, forma y modelo.*

1. Los proveedores de servicios de pago referidos en el artículo 166 quater de la Ley del Impuesto deberán presentar una declaración relativa a los registros que están obligados a mantener conforme a lo previsto en ese artículo.

2. Esa declaración deberá presentarse antes de que finalice el mes siguiente al correspondiente trimestre natural.

3. La presentación de la citada declaración se realizará en la forma y modelo que apruebe la persona titular del Ministerio de Hacienda y Función Pública.

3[278]. Lo dispuesto en este artículo se entiende sin perjuicio de lo previsto en el artículo 119 bis.Uno.1.º de la Ley del Impuesto.

---

[275] Apartado 4 del art. 81 suprimido por el art. 216.Cinco del Real Decreto-ley 3/2020, de 4 de febrero (BOE núm. 31, de 5 de febrero de 2020), en vigor desde el 1 de marzo de 2020.

[276] Apartado 5 del art. 81 suprimido por el art. 216.Cinco del Real Decreto-ley 3/2020, de 4 de febrero (BOE núm. 31, de 5 de febrero de 2020), en vigor desde el 1 de marzo de 2020.

[277] Nuevo Capítulo III bis incorporado por el art. primero Once del Real Decreto 1171/2023, de 27 de diciembre, por el que se modifican el Reglamento del Impuesto sobre el Valor Añadido, aprobado por el Real Decreto 1624/1992, de 29 de diciembre; el Reglamento de los Impuestos Especiales, aprobado por el Real Decreto 1165/1995, de 7 de julio, y el Reglamento de procedimientos amistosos en materia de imposición directa, aprobado por el Real Decreto 1794/2008, de 3 de noviembre (BOE núm. 310, de 28 de diciembre de 2023), en vigor el día 1 de enero de 2024.

[278] Nueva redacción del apartado 3 dada por el art. primero Doce del Real Decreto 1171/2023, de 27 de diciembre, por el que se modifican el Reglamento del Impuesto sobre el Valor Añadido, aprobado por el Real Decreto 1624/1992, de 29 de diciembre; el Reglamento de los Impuestos Especiales, aprobado por el Real Decreto 1165/1995, de 7 de julio, y el Reglamento de procedimientos amistosos en materia de imposición directa, aprobado por el Real Decreto 1794/2008, de 3 de noviembre (BOE núm. 310, de 28 de diciembre de 2023), en vigor el día 1 de enero de 2024.
Redacción anterior dada por el art. 1.Once del Real Decreto 192/2010, de 26 de febrero (BOE núm. 53, de 2 de marzo de 2010), en vigor desde 3 de marzo de 2010: «*3. Lo dispuesto en este artículo se entiende sin perjuicio de lo previsto en el número 1.º del artículo 119 bis de la Ley del Impuesto*».

CAPÍTULO IV. Representante fiscal

Artículo 82[279]. *Obligaciones de los sujetos pasivos no establecidos*

1[280]. De conformidad con lo previsto en el artículo 164.Uno.7.º de la Ley del Impuesto, y sin perjuicio de lo establecido en el apartado 3 siguiente, los sujetos pasivos no establecidos en el territorio de aplicación del Impuesto vendrán obligados a nombrar y poner en conocimiento de la Administración tributaria, con anterioridad a la realización de las operaciones sujetas, una persona física o jurídica con domicilio en dicho territorio para que les represente en relación con el cumplimiento de las obligaciones establecidas en dicha Ley y en este Reglamento.

Esta obligación no existirá en relación con los sujetos pasivos que se encuentren establecidos en Canarias, Ceuta o Melilla, en otro Estado miembro de la Comunidad o en un Estado con el que existan instrumentos de asistencia mutua análogos a los instituidos en la Comunidad o que se acojan a los regímenes especiales aplicables a las ventas a distancia y a determinadas entregas interiores de bienes y prestaciones de servicios regulados en el capítulo XI del título IX de la Ley del Impuesto.

2. Los sujetos pasivos no establecidos en el territorio de aplicación del impuesto que realicen exclusivamente las operaciones exentas contempladas en los artículos 23 y 24 de la Ley del Impuesto no tendrán que cumplir las obligaciones formales a que se refiere el artículo 164 de la misma ley.

3[281]. Lo dispuesto en este artículo se entiende sin perjuicio de lo previsto en el artículo 119 bis.Uno.1.º de la Ley del Impuesto.

---

[279]   Nueva redacción del art. 82 dada por el art. 2.Veintidós del Real Decreto 1496/2003, de 28 de noviembre (BOE núm. 286, de 29 de noviembre de 2003), en vigor a los 20 días de su publicación.

[280]   Nueva redacción del art. 82.1 dada el art. primero once del Real Decreto 424/2021, de 15 de junio (BOE núm. 143, de 16 de junio de 2021), en vigor desde el 1 de julio de 2021.
       Redacción anterior dada por el art. 2.Veintidós del Real Decreto 1496/2003, de 28 de noviembre (BOE núm. 286, de 29 de noviembre de 2003).

[281]   Nueva redacción del apartado 3 dada por el art. primero Doce del Real Decreto 1171/2023, de 27 de diciembre, por el que se modifican el Reglamento del Impuesto sobre el Valor Añadido, aprobado por el Real Decreto 1624/1992, de 29 de diciembre; el Reglamento de los Impuestos Especiales, aprobado por el Real Decreto 1165/1995, de 7 de julio, y el Reglamento de procedimientos amistosos en materia de imposición directa, aprobado por el Real Decreto 1794/2008, de 3 de noviembre (BOE núm. 310, de 28 de diciembre de 2023), en vigor el día 1 de enero de 2024.
       Redacción anterior dada por el art. 1.Once del Real Decreto 192/2010, de 26 de febrero (BOE núm. 53, de 2 de marzo de 2010), en vigor desde 3 de marzo de 2010: *«3. Lo dispuesto en este artículo se entiende sin perjuicio de lo previsto en el número 1.º del artículo 119 bis de la Ley del Impuesto».*

CAPÍTULO V. Infracciones simples

Artículo 83. *Sujetos pasivos acogidos al régimen del recargo de equivalencia*

Los sujetos pasivos acogidos al régimen especial del recargo de equivalencia no incurrirán en la infracción *simple* tipificada en el número 1.º del apartado Dos del artículo 170 de la Ley del Impuesto, cuando efectúen la comunicación a que se refiere el mencionado precepto mediante escrito presentado en la Delegación o Administración de la Agencia Estatal de Administración Tributaria correspondiente a su domicilio fiscal.

DISPOSICIONES ADICIONALES

Disposición adicional primera. *Revocación de renuncia a la estimación objetiva*

1. Con carácter excepcional, los sujetos pasivos del Impuesto sobre la Renta de las Personas Físicas que hubieran renunciado para el año 1992 a la modalidad de signos, índices o módulos del método de estimación objetiva, podrán revocar dicha renuncia para 1993.

2. Igualmente, los sujetos pasivos del Impuesto sobre la Renta de las Personas Físicas y del Impuesto sobre el Valor Añadido que hubieran renunciado para el año 1992 a la modalidad de signos, índices o módulos del método de estimación objetiva y al régimen especial simplificado, podrán revocar dicha renuncia para 1993.

3. La revocación de la renuncia a que se refieren los apartados anteriores podrá efectuarse durante el mes de febrero de 1993, de conformidad con lo previsto en el Real Decreto 1041/1990, de 27 de julio, por el cual se regulan las declaraciones censales que han de presentar a efectos fiscales los empresarios, profesionales y otros obligados tributarios.

4. Se entenderá que revocaron su renuncia para 1992, a la modalidad de signos, índices o módulos del método de estimación objetiva del Impuesto sobre la Renta de las Personas Físicas y, en su caso, al régimen especial simplificado del Impuesto sobre el Valor Añadido, aquellos sujetos pasivos que durante dicho año hayan efectuado sus pagos fraccionados o ingresado sus declaraciones-liquidaciones con arreglo a la normativa reguladora de dichos regímenes.

Disposición adicional segunda. *Devoluciones a comerciantes minoristas en régimen especial del recargo de equivalencia, como consecuencia de la nueva regulación de los tipos reducidos del Impuesto sobre el Valor Añadido*

1. Los sujetos pasivos del Impuesto en régimen especial del recargo de equivalencia, que, a 31 de diciembre de 1992, tuvieran existencias finales de bienes que en virtud de lo dispuesto en la Ley deban tributar al tipo reducido, podrán solicitar la devolución de la diferencia entre el Impuesto sobre el Valor Añadido y el recargo soportados en su adquisición y los que resulten aplicables a las entregas de dichos bienes, a partir de 1 de enero de 1993, siempre que se cumplan las siguientes condiciones:

1.ª Los sujetos pasivos deberán confeccionar un inventario de sus existencias a 31 de diciembre de 1992.

2.ª Cuando la adquisición de los bienes que figuran en el inventario citado se haya efectuado antes del año 1992, deberá acreditarse que dichos bienes figuran comprendidos, igualmente, en los inventarios de existencias del contribuyente de los años correspondientes.

3.ª Deberá acreditarse, en relación con los bienes inventariados por los que se pretenda la devolución, que en su adquisición se soportó la repercusión del Impuesto sobre el Valor Añadido y del recargo de equivalencia.

2. Del importe de la devolución, así determinado, se deducirá el importe de la diferencia en más que debería ingresar el sujeto pasivo por los bienes que figuren en sus existencias finales a 31 de diciembre de 1992, cuyo tipo del Impuesto sobre el Valor Añadido o cuyo recargo de equivalencia se incrementen en 1993, respecto de los soportados con ocasión de su adquisición.

3. La solicitud a que se refiere la presente disposición se efectuará en el mes de febrero de 1993, en el modelo que apruebe el Ministro de Economía y Hacienda.

4. Para la práctica de las devoluciones previstas en esta disposición, los órganos competentes de la Administración tributaria podrán autorizar que se tramiten expedientes colectivos de devolución respecto de las solicitudes cuyas características lo aconsejen.

5. La devolución tendrá carácter provisional a reserva de la posterior comprobación e investigación que pueda realizar la Inspección de los Tributos.

Disposición adicional tercera. *Períodos de declaración*

Las referencias contenidas en las normas tributarias al artículo 172 del Reglamento del Impuesto sobre el Valor Añadido, aprobado por Real Decreto 2028/1985, de 30 de octubre, se entenderán efectuadas, a partir de la entrada en vigor del presente Reglamento, a su artículo 71.

Disposición adicional cuarta[282]. *Disposiciones que continúan en vigor*

Seguirán en vigor las disposiciones que se indican a continuación:

---

[282] Nueva redacción de la Disposición adicional 4.ª dada por el art. primero Trece del Real Decreto 1171/2023, de 27 de diciembre, por el que se modifican el Reglamento del Impuesto sobre el Valor Añadido, aprobado por el Real Decreto 1624/1992, de 29 de diciembre; el Reglamento de los Impuestos Especiales, aprobado por el Real Decreto 1165/1995, de 7 de julio, y el Reglamento de procedimientos amistosos en materia de imposición directa, aprobado por el Real Decreto 1794/2008, de 3 de noviembre (BOE núm. 310, de 28 de diciembre de 2023), en vigor el día 1 de enero de 2024.

Redacción anterior dada por el art. 1.7 del Real Decreto 1082/2001, de 5 de octubre (BOE núm. 240, de 6 de octubre de 2001), en vigor desde el 7 de octubre de 2001. Dicha disposición fue incorporada por el art. 1 del Real Decreto 703/1997, de 16 de mayo (BOE núm. 130, de 31 de mayo de 1997) con efectos desde 1 de junio de 1997: «*Seguirán en vigor las disposiciones que se indican a continuación:*

a) El Real Decreto 669/1986, de 21 de marzo, por el que se precisa el alcance de la sustitución de determinados impuestos por el Impuesto sobre el Valor Añadido, en aplicación de convenios con los Estados Unidos de América, salvo lo dispuesto en la letra a) del apartado 2 del artículo 3.

b) El Real Decreto 1617/1990, de 14 de diciembre, por el que se precisa el alcance de determinadas exenciones del Impuesto sobre el Valor Añadido, en aplicación del Convenio de 30 de mayo de 1975, por el que se crea la Agencia Espacial Europea.

Las solicitudes de devolución que procedan en cumplimiento de lo establecido en el artículo 2 del referido real decreto deberán referirse a las cuotas soportadas en cada trimestre natural y se formularán ante la Agencia Estatal de Administración Tributaria en el plazo de los seis meses siguientes a la terminación del período a que correspondan.

Disposición adicional quinta[283]. *Procedimientos administrativos y judiciales de ejecución forzosa*

En los procedimientos administrativos y judiciales de ejecución forzosa a los que se refiere la disposición adicional sexta de la Ley del Impuesto, los adjudicatarios que tengan la condición de empresario o profesional están facultados, en nombre y por cuenta del sujeto pasivo, y con respecto a las entregas de bienes y prestaciones de servicios sujetas al mismo que se produzcan en aquellos procedimientos, para expedir la factura en que se documente la operación y efectuar, en su caso, la renuncia a las exenciones previstas en el apartado dos del artículo 20 de dicha Ley; asimismo, están facultados a repercutir la cuota del Impuesto en la factura que se expida, presentar la declaración-liquidación correspondiente e ingresar el importe del impuesto resultante, salvo en los supuestos de las entregas de bienes y pres-

---

a) El Real Decreto 669/1986, de 21 de marzo, por el que se precisa el alcance de la sustitución de determinados impuestos por el Impuesto sobre el Valor Añadido, en aplicación de convenios con los Estados Unidos de América (Boletín Oficial del Estado de 10 de abril), salvo lo dispuesto en la letra a) del apartado 2 del artículo 3 [redacción de la letra a) dada por el art. primero. Quince del Real Decreto 596/2016, de 2 de diciembre (BOE núm. 294, de 6 de diciembre de 2016), con efectos desde el 1 de julio de 2017].

b) El Real Decreto 1617/1990, de 14 de diciembre, por el que se precisa el alcance de determinadas exenciones del Impuesto sobre el Valor Añadido, en aplicación del Convenio de 30 de mayo de 1975, por el que se crea la Agencia Espacial Europea (BOE de 19 de diciembre).

Las solicitudes de devolución que procedan de la disposición anterior deberán referirse a las cuotas soportadas en cada trimestre natural y se formularán ante la Agencia Estatal de Administración Tributaria en el plazo de los seis meses siguientes a la terminación del período a que correspondan.

c) El Real Decreto 1571/1993, de 10 de septiembre, por el que se adapta la reglamentación de la matrícula turística a las consecuencias de la armonización fiscal del mercado interior (BOE de 15 de septiembre)».

[283] Nueva redacción dada por el art. primero veinte del Real Decreto 1073/2014, de 19 de diciembre (BOE núm. 307, de 20 de diciembre de 2014), en vigor el 1 de enero de 2015.

Redacción anterior por su incorporación efectuada por la Disposición adicional 5.ª incorporada por el art. 1.8 del Real Decreto 1082/2001, de 5 de octubre (BOE núm. 240, de 6 de octubre de 2001), en vigor desde 7 de octubre de 2001.

taciones de servicios en las que el sujeto pasivo de las mismas sea su destinatario de acuerdo con lo dispuesto en el artículo 84.Uno.2.º de la Ley del Impuesto.

En dichos procedimientos resultarán de aplicación las siguientes reglas:

1.ª El ejercicio por el adjudicatario de estas facultades deberá ser manifestado por escrito ante el órgano judicial o administrativo que esté desarrollando el procedimiento respectivo, de forma previa o simultánea al pago del importe de la adjudicación.

En esta comunicación se hará constar, en su caso, el cumplimiento de los requisitos que se establecen por el artículo 8 de este Reglamento para la renuncia a la exención de las operaciones inmobiliarias, así como el ejercicio de la misma.

El adjudicatario quedará obligado a poner en conocimiento del sujeto pasivo del Impuesto correspondiente a dicha operación, o a sus representantes, que ha ejercido estas facultades, remitiéndole copia de la comunicación presentada ante el órgano judicial o administrativo, en el plazo de los siete días siguientes al de su presentación ante aquel. No será obligatoria dicha remisión cuando se trate de entregas de bienes y prestaciones de servicios en las que el adjudicatario sea el sujeto pasivo de las mismas de acuerdo con lo dispuesto en el artículo 84.Uno.2.º de la Ley del Impuesto.

El ejercicio de esta facultad por el adjudicatario determinará que el sujeto pasivo o sus representantes no puedan efectuar la renuncia a las exenciones prevista en el apartado dos del artículo 20 de la Ley del Impuesto, ni proceder a la confección de la factura en que se documente la operación, ni incluir dicha operación en sus declaraciones-liquidaciones, ni ingresar el Impuesto devengado con ocasión de la misma.

2.ª La expedición de la factura en la que se documente la operación deberá efectuarse en el plazo a que se refiere el artículo 11 del Reglamento por el que se regulan las obligaciones de facturación, aprobado por el Real Decreto 1619/2012, de 30 de noviembre, tomando como fecha de devengo aquella en la que se dicta el decreto de adjudicación.

Dicha factura será confeccionada por el adjudicatario, y en ella se hará constar, como expedidor de la misma, al sujeto pasivo titular de los bienes o servicios objeto de la ejecución y, como destinatario de la operación, al adjudicatario.

Estas facturas tendrán una serie especial de numeración.

El adjudicatario remitirá una copia de la factura al sujeto pasivo del Impuesto, o a sus representantes, en el plazo de los siete días siguientes a la fecha de su expedición, debiendo quedar en poder del adjudicatario el original de la misma.

3.ª El adjudicatario efectuará la declaración e ingreso de la cuota resultante de la operación mediante la presentación de una declaración-liquidación especial de carácter no periódico de las que se regulan en el apartado 8 del artículo 71 de este Reglamento.

El adjudicatario remitirá una copia de la declaración-liquidación, en la que conste la validación del ingreso efectuado, al sujeto pasivo, o a sus representantes, en el plazo de los siete días siguientes a la fecha del mencionado ingreso, debiendo quedar en poder del adjudicatario el original de la misma.

No se aplicará lo anterior cuando se trate de entregas de bienes y prestaciones de servicios en las que el adjudicatario sea el sujeto pasivo de las mismas de acuerdo con lo dispuesto en el artículo 84.Uno.2.º de la Ley del Impuesto.

4.ª Cuando no sea posible remitir al sujeto pasivo, o a sus representantes, la comunicación del ejercicio de estas facultades, la copia de la factura o de la declaración-liquidación a que se refieren las reglas 1.ª, 2.ª y 3.ª anteriores por causa no imputable al adjudicatario, dichos documentos habrán de remitirse, en el plazo de siete días desde el momento en que exista constancia de tal imposibilidad, a la Agencia Estatal de Administración Tributaria, indicando tal circunstancia.

Disposición adicional sexta[284]. *Obligación de gestión de determinadas tasas y precios, que constituyan contraprestación de operaciones realizadas por la Administración, sujetas al Impuesto sobre el Valor Añadido*

1. Los contribuyentes y los sustitutos del contribuyente, así como quienes vengan obligados legalmente en su plazo voluntario a recaudar, por cuenta del titular o del concesionario de un servicio o actividad pública, las tasas o precios que constituyan las contraprestaciones de aquéllas estarán sometidos, cuando la operación esté sujeta al Impuesto sobre el Valor Añadido, a las siguientes obligaciones:

a) Exigir el importe del Impuesto sobre el Valor Añadido que grava la citada operación al contribuyente de la tasa o al usuario o destinatario del servicio o actividad de que se trate.

b) Expedir la factura o *documento sustitutivo*[285] relativo a dicha operación a que se refiere el artículo 88 de la Ley 37/1992, de 28 de diciembre, del Impuesto sobre el Valor Añadido, en nombre y por cuenta del sujeto pasivo. Esta obligación se cumplirá de acuerdo con lo establecido en el Reglamento por el que se regulan las obligaciones de facturación. No obstante, el Departamento de Gestión Tributaria de la Agencia Estatal de Administración Tributaria podrá autorizar fórmulas simplificadas para el cumplimiento de esta obligación.

c) Abonar al sujeto pasivo del Impuesto sobre el Valor Añadido el importe que haya percibido por aplicación de lo previsto en el párrafo *a)* anterior en la misma forma y plazos que los establecidos para el ingreso de la tasa o precio correspondiente.

---

[284] Disposición adicional 6.ª incorporada por el art. 2.Veintitrés del Real Decreto 1496/2003, de 28 de noviembre (BOE núm. 286, de 29 de noviembre de 2003), en vigor a los 20 días de su publicación. Dicha norma ha sido derogada al entrar en vigor el Real Decreto 1619/2012, de 30 de noviembre, por el que se aprueba el Reglamento por el que se regulan las obligaciones de facturación (BOE núm. 289, de 1 de diciembre de 2012), en vigor desde el 1 de enero de 2013.

[285] El art. primero. Veintisiete del Real Decreto 828/2013, de 25 de octubre, por el que se modifican el Reglamento del Impuesto sobre el Valor Añadido (BOE núm. 257, de 26 de octubre de 2013), en vigor desde el 27 de octubre de 2013, se suprimen las referencias a «documento sustitutivo» o «documentos sustitutivos» recogidas en los siguientes preceptos del Reglamento del Impuesto: el párrafo 4.º de la letra a) del artículo 51, el párrafo 4.º de la letra b) del artículo 51, primer párrafo del apartado 1 del artículo 63, apartado 2 del artículo 69 y letra b) del apartado 1 de la disposición adicional sexta.

2. En los supuestos a los que se refiere el apartado anterior, los usuarios o destinatarios del servicio o actividad estarán obligados a soportar la traslación del Impuesto sobre el Valor Añadido correspondiente, en las condiciones establecidas en dicho apartado.

Disposición adicional séptima[286]. *Referencia normativa*

Los términos "la Comunidad" y "la Comunidad Europea", que se recogen en este Reglamento, se entenderán referidos a "la Unión", los términos "de las Comunidades Europeas" o "de la CEE" se entenderán referidos a "de la Unión Europea", y los términos "comunitario", "comunitaria", "comunitarios" y "comunitarias" se entenderán referidos a "de la Unión".

Disposición adicional octava[287]. *Recaudación en período ejecutivo de las cuotas del Impuesto sobre el Valor Añadido a la importación*

El período ejecutivo de las cuotas del Impuesto sobre el Valor Añadido a la importación, para aquéllos sujetos pasivos que hayan ejercitado la opción por el sistema de diferimiento del ingreso previsto en el artículo 74.1 del Reglamento del Impuesto sobre el Valor añadido, se iniciará al día siguiente del vencimiento del plazo de ingreso de la correspondiente declaración-liquidación, respecto de las cuotas liquidadas y no incluidas en la misma por el sujeto pasivo; a tal efecto, se entenderá que las cuotas consignadas en la declaración-liquidación corresponden a las cuotas liquidadas de acuerdo con la fecha de cada una de las liquidaciones, iniciándose por la fecha más antigua correspondiente al período.

DISPOSICIONES TRANSITORIAS

Disposición transitoria primera. *Autorizaciones de declaraciones-liquidaciones conjuntas correspondientes a varios sujetos pasivos*

En relación con lo previsto en el artículo 71, apartado 5, párrafo segundo, de este Reglamento, mantendrán su validez a partir de 1 de enero de 1993 las autorizaciones concedidas por la Administración tributaria de acuerdo con lo previsto en el artículo 172, número 5, del Reglamento del Impuesto aprobado por Real Decreto 2028/1985, de 30 de octubre.

Disposición transitoria segunda. *Entregas de bienes anteriores al año 1993*

A efectos de lo dispuesto en el artículo 81, apartado 3, número 2.º, de este Reglamento, en el ejercicio de 1993 se considerarán como entregas de bienes exentas las exportaciones de bienes realizadas durante 1992 con destino a otros Estados miembros.

---

[286]   Nueva disposición incorporada por el art. primero veintiuno del Real Decreto 1073/2014, de 19 de diciembre (BOE núm. 307, de 20 de diciembre de 2014), en vigor el 1 de enero de 2015.

[287]   Nueva disposición incorporada por el art. primero veintidós del Real Decreto 1073/2014, de 19 de diciembre (BOE núm. 307, de 20 de diciembre de 2014), en vigor el 1 de enero de 2015.

Disposición transitoria tercera[288]. *Límites para la aplicación del régimen simplificado y el régimen especial de la agricultura, ganadería y pesca para el ejercicio 2017*

Para el ejercicio 2017, la magnitud de 150.000 euros a que se refieren la letra b), párrafo a`) y la letra f) del apartado 1 del artículo 36 así como las letras b) y c) del apartado 2 del artículo 43, queda fijada en 250.000 euros.

Disposición transitoria cuarta[289]

Disposición transitoria quinta[290].

Disposición transitoria sexta[291]. *Procedimiento para la aplicación de la exención de las entregas de bienes en régimen de viajeros durante el ejercicio 2018*

Durante el ejercicio 2018 podrá utilizarse la factura en lugar del documento electrónico de reembolso al que refieren la letra B) del número 2.º del apartado 1 del artículo 9, en el procedimiento para la aplicación de la exención de las entregas de bienes en régimen de viajeros.

---

[288] Nueva Disp. Trans. incorporada por el art. 1.Uno.16 del Real Decreto 596/2016, de 2 de diciembre (BOE núm. 294, de 6 de diciembre de 2016), con efectos desde el 1 de enero de 2017.

[289] Nueva Disp. Trans. incorporada por el art. Unico. Uno del Real Decreto 529/2017, de 26 de mayo (BOE núm. 126, de 27 de mayo de 2017), en vigor desde el 28 de mayo de 2017.
Se declara nula de pleno derecho en la redacción dada por el Real Decreto 529/2017, de 26 de mayo, por sentencia del TS de 5 de julio de 2019 (BOE núm. 231, de 25 de septiembre de 2019).

[290] Nueva Disp. Trans. incorporada por el art. Unico. Dos del Real Decreto 529/2017, de 26 de mayo (BOE núm. 126, de 27 de mayo de 2017), en vigor desde el 28 de mayo de 2017.
Se declara nula de pleno derecho en la redacción dada por el Real Decreto 529/2017, de 26 de mayo, por sentencia del TS de 5 de julio de 2019 (BOE núm. 231, de 25 de septiembre de 2019).

[291] Nueva Disp. Trans. Sexta incorporada por el art. primero diez del Real Decreto 1075/2017, de 29 de diciembre (BOE núm. 317, de 30 de diciembre de 2107), con efectos desde el 1 de enero de 2018.

3. Orden HAC/1347/2024, de 28 de noviembre, por la que se desarrollan para el año 2025 el método de estimación objetiva del Impuesto sobre la Renta de las Personas Físicas y el RÉGIMEN ESPECIAL SIMPLIFICADO DEL IMPUESTO SOBRE EL VALOR AÑADIDO

(BOE núm. 289, de 30 de noviembre de 2024)[1]

---

[1] Para ejercicios anteriores:

Orden HFP/1359/2023, de 19 de diciembre, por la que se desarrollan para el año 2024 el método de estimación objetiva del Impuesto sobre la Renta de las Personas Físicas y el régimen especial simplificado del Impuesto sobre el Valor Añadido (BOE núm. 304, de 21 de diciembre de 2023).

Orden HFP/1172/2022, de 29 de noviembre, por la que se desarrollan para el año 2023 el método de estimación objetiva del Impuesto sobre la Renta de las Personas Físicas y el régimen especial simplificado del Impuesto sobre el Valor Añadido (BOE núm. 288, de 1 de diciembre de 2022).

Orden HFP/1335/2021, de 1 de diciembre, por la que se desarrollan para el año 2022 el método de estimación objetiva del Impuesto sobre la Renta de las Personas Físicas y el régimen especial simplificado del Impuesto sobre el Valor Añadido (BOE núm. 288, de 2 de diciembre de 2021). Orden HFP/405/2023, de 18 de abril, por la que se reducen para el período impositivo 2022 los índices de rendimiento neto y la reducción general aplicables en el método de estimación objetiva del Impuesto sobre la Renta de las Personas Físicas para las actividades agrícolas y ganaderas afectadas por diversas circunstancias excepcionales (BOE núm. 98, de 25 de abril de 2023).

Orden HAC/1155/2020, de 25 de noviembre, por la que se desarrollan, para el año 2021 el método de estimación objetiva del Impuesto sobre la Renta de las Personas Físicas y el régimen especial simplificado del Impuesto sobre el Valor Añadido (BOE núm. 317, de 4 de diciembre de 2020).

Orden HFP/413/2022, de 10 de mayo, por la que se reducen para el período impositivo 2021 los índices de rendimiento neto y se modifican los índices correctores por piensos adquiridos a terceros y por cultivos en tierras de regadío que utilicen, a tal efecto, energía eléctrica aplicables en el método de estimación objetiva del Impuesto sobre la Renta de las Personas Físicas para las actividades agrícolas y ganaderas afectadas por diversas circunstancias excepcionales (BOE núm. 112, de 11 de mayo de 2022).

Art. 4 «Reducción en 2021 del rendimiento neto calculado por el método de estimación objetiva en el Impuesto sobre la Renta de las Personas Físicas para las actividades agrícolas y ganaderas y del Impuesto sobre el Valor Añadido» del Real Decreto-ley 4/2022, de 15 de marzo, por el que se adoptan medidas urgentes de apoyo al sector agrario por causa de la sequía (BOE núm. 64, de 16 de marzo de 2022).

Real Decreto-ley 35/2020, de 22 de diciembre, de medidas urgentes de apoyo al sector turístico, la hostelería y el comercio y en materia tributaria (BOE núm. 334, de 23 de diciembre de 2020): Artículo 9. *«Reducción en 2020 del rendimiento neto calculado por el método de estimación objetiva en el Impuesto sobre la Renta de las Personas Físicas y de la cuota devengada por operaciones corrientes del régimen simplificado del Impuesto sobre el Valor Añadido»*; Artículo 10 *«Reducción del número de períodos impositivos afectados por la renuncia al método de estimación objetiva en el Impuesto sobre la Renta de las Personas Físicas correspondiente a los ejercicios 2020 y 2021»*; Artículo 12 *«Plazos de renuncias y revocaciones al método de estimación objetiva del Impuesto sobre la Renta de las Personas Físicas y a los regímenes especiales simplificado y de la agricultura, ganadería y pesca del Impuesto sobre el Valor Añadido, para el año 2021»*.

Orden HAC/1164/2019, de 22 de noviembre, por la que se desarrollan para el año 2020 el método de estimación objetiva del Impuesto sobre la Renta de las Personas Físicas y el régimen especial simplificado del Impuesto sobre el Valor Añadido (BOE núm. 288, de 30 de noviembre de 2019)

Orden HAC/1264/2018, de 27 de noviembre, por la que se desarrollan para el año 2019 el método de estimación objetiva del Impuesto sobre la Renta de las Personas Físicas y el régimen especial simplificado del Impuesto sobre el Valor Añadido (BOE núm. 289, de 30 de noviembre de 2018).

Orden HFP/1159/2017, de 28 de noviembre, por la que se desarrollan para el año 2018 el método de estimación objetiva del Impuesto sobre la Renta de las Personas Físicas y el régimen especial simplificado del Impuesto sobre el Valor Añadido (BOE núm. 291, de 30 de noviembre de 2017).

Orden HFP/1823/2016, de 25 de noviembre, por la que se desarrollan para el año 2017 el método de estimación objetiva del Impuesto sobre la Renta de las Personas Físicas y el régimen especial simplificado del Impuesto sobre el Valor Añadido (BOE núm. 288, de 29 de noviembre de 2016) y Orden HFP/335/2018, de 28 de marzo, por la que se reducen para el período impositivo 2017 los índices de rendimiento neto aplicables en el método de estimación objetiva del Impuesto sobre la Renta de las Personas Físicas para las actividades agrícolas y ganaderas afectadas por diversas circunstancias excepcionales (BOE núm. núm. 80, de 2 de abril de 2018).

Orden HAP/2430/2015, de 12 de noviembre, por la que se desarrollan para el año 2016 el método de estimación objetiva del Impuesto sobre la Renta de las Personas Físicas y el régimen especial simplificado del Impuesto sobre el Valor Añadido (BOE núm. 276, de 18 de noviembre de 2015). Orden HFP/377/2017, de 28 de abril, por la que se reducen para el período impositivo 2016 los índices de rendimiento neto aplicables en el método de estimación objetiva del Impuesto sobre la Renta de las Personas Físicas, para las actividades agrícolas y ganaderas afectadas por diversas circunstancias excepcionales (BOE núm. 106, de 4 de mayo de 2017).

Orden HAP/2222/2014, de 27 de noviembre, por la que se desarrollan para el año 2015 el método de estimación objetiva del Impuesto sobre la Renta de las Personas Físicas y el régimen especial simplificado del impuesto sobre el valor añadido (BOE núm. 289, de 29 de noviembre de 2014). Orden HAP/663/2016, de 4 de mayo, por la que se reducen para el período impositivo 2015 los índices de rendimiento neto y el índice corrector por piensos adquiridos a terceros aplicables en el método de estimación objetiva del Impuesto sobre la Renta de las Personas Físicas para las actividades agrícolas y ganaderas afectadas por diversas circunstancias excepcionales, y se modifica la Orden HAP/572/2015, de 1 de abril, por la que se fijan las cantidades de las subvenciones a los gastos originados por actividades electorales para las elecciones locales de 24 de mayo de 2015 (BOE núm. 110, de 6 de mayo de 2016).

Orden HAP/2206/2013, de 26 de noviembre, por la que se desarrollan para el año 2014 el método de estimación objetiva del Impuesto sobre la Renta de las Personas Físicas y el régimen especial simplificado del Impuesto sobre el Valor Añadido (BOE núm. 285, de 28 de noviembre de 2013), Orden HAP/2549/2012, de 28 de noviembre, por la que se desarrollan para el año 2013 el método de estimación objetiva del Impuesto sobre la Renta de las Personas Físicas y el régimen especial simplificado del Impuesto sobre el Valor Añadido (BOE núm. 288, de 30 de noviembre de 2012, Orden EHA/3257/2011, de 21 de noviembre, por la que se desarrollan para el año 2012 el método de estimación objetiva del Impuesto sobre la Renta de las Personas Físicas y el régimen especial simplificado del Impuesto sobre el Valor Añadido, (BOE núm. 287, de 29 de noviembre de 2010). Orden EHA/3063/2010, de 25 de noviembre, por la que se desarrollan para el año 2011 el método de estimación objetiva del Impuesto sobre la Renta de las Personas Físicas y el régimen especial simplificado del Impuesto sobre el Valor Añadido, (BOE núm. 289, de 30 de noviembre de 2010). Orden EHA/99/2010, de 28 de enero, que desarrolla para el año 2010 el método de estimación objetiva del Impuesto sobre la Renta de las Personas Físicas y el régimen especial simplificado del Impuesto

El artículo 32 del Reglamento del Impuesto sobre la Renta de las Personas Físicas, aprobado por el Real Decreto 439/2007, de 30 de marzo, y el artículo 37 del Reglamento del Impuesto sobre el Valor Añadido, aprobado por el Real Decreto 1624/1992, de 29 de diciembre, establecen que el método de estimación objetiva del Impuesto sobre la Renta de las Personas Físicas y el régimen especial simplificado del Impuesto sobre el Valor Añadido se aplicarán a las actividades que determine el Ministro de Hacienda y Administraciones Públicas, en la actualidad, Ministra de Hacienda. Por tanto, la presente orden tiene por objeto dar cumplimiento para el ejercicio 2025 a los mandatos contenidos en los mencionados preceptos reglamentarios.

Esta orden mantiene la estructura de la Orden HFP/1359/2023, de 19 de diciembre, por la que se desarrollan para el año 2024 el método de estimación objetiva del Impuesto sobre la Renta de las Personas Físicas y el régimen especial simplificado del Impuesto sobre el Valor Añadido.

En relación con el Impuesto sobre la Renta de las Personas Físicas, se mantienen para el ejercicio 2025 la cuantía de los signos, índices o módulos, así como las instrucciones de aplicación, con la excepción del cambio que se produce en la tributación de la actividad de «producción del mejillón en batea», que pasa del anexo II al anexo I y la eliminación de la compensación del régimen especial de la agricultura, ganadería y pesca del Impuesto sobre el Valor Añadido en el cómputo de la magnitud excluyente basada en el volumen de ingresos para el conjunto de actividades agrícolas, forestales y ganaderas. Asimismo, como en años anteriores, se establece una reducción del 5 por ciento sobre el rendimiento neto de módulos aplicable a todos los contribuyentes que determinen el rendimiento neto de su actividad económica con arreglo al método de estimación objetiva.

Por lo que se refiere al Impuesto sobre el Valor Añadido, la presente orden también mantiene, para 2025, los módulos, así como las instrucciones para su aplicación, aplicables en el régimen especial simplificado en el año inmediato anterior.

No obstante, debe tenerse en cuenta que el artículo 2 del Real Decreto-ley 4/2024, de 26 de junio, por el que se prorrogan determinadas medidas para afrontar las consecuencias económicas y sociales derivadas de los conflictos en Ucrania y Oriente Próximo y se adoptan

---

sobre el Valor Añadido, (BOE núm. 26, de 28 de enero de 2010), modificada por la Orden EHA/1059/2010, de 28 de abril, (BOE del 30 de abril). Orden EHA/3413/2008, de 26 de noviembre, por el que se desarrollan para el año 2009, el Método de Estimación Objetiva del Impuesto sobre la Renta de las Personas Físicas y el régimen especial simplificado del Impuesto sobre el Valor Añadido, (BOE núm. 288 de 29 de noviembre de 2008). Orden EHA/3462/2007, de 26 de noviembre, por la que se desarrollan para el año 2008, el Método de estimación objetiva del Impuesto sobre la Renta de las Personas Físicas y el régimen especial simplificado del Impuesto sobre el Valor Añadido, (BOE núm. 287, de 30 de noviembre de 2007). Orden EHA/804/2007, de 30 de marzo, por la que se desarrollan para el año 2007, el Método de Estimación Objetiva del Impuesto sobre la Renta de las Personas Físicas y el régimen especial simplificado del Impuesto sobre el Valor Añadido, (BOE núm. 78 de 31 de marzo de 2007).

medidas urgentes en materia fiscal, energética y social, ha incluido al aceite de oliva entre los productos de primera necesidad que, de conformidad con lo establecido en el artículo 91.Dos.1.1º de la Ley 37/1992, de 28 de diciembre, del Impuesto sobre el Valor Añadido, desde el 1 de enero de 2025 y con carácter permanente, tributan al tipo reducido del 4 por ciento. De esta forma, se hace necesario revisar el índice de cuota devengada por operaciones corrientes de la actividad de procesos de transformación, elaboración o manufactura de productos naturales para la obtención de otros productos distintos a los anteriores, en relación con los aceites de oliva, segregando de dicha actividad una actividad específica para los aceites de oliva.

También, en relación con dicho impuesto, la disposición adicional cuarta modifica la Orden HFP/1359/2023, de 19 de diciembre, por la que se desarrollan para el año 2024 el método de estimación objetiva del Impuesto sobre la Renta de las Personas Físicas y el régimen especial simplificado del Impuesto sobre el Valor Añadido, para incorporar la revisión de determinados módulos a fin de actualizar su importe en paralelo a la bajada de tipos impositivos dispuesta por el artículo 20 del Real Decreto-ley 8/2023, de 27 de diciembre, por el que se adoptan medidas para afrontar las consecuencias económicas y sociales derivadas de los conflictos en Ucrania y Oriente Próximo, así como para paliar los efectos de la sequía, que prorrogó, desde 1 de enero de 2024 hasta 30 de junio de 2024, la aplicación del tipo del 0 por ciento el tipo impositivo del Impuesto sobre el Valor Añadido que recae sobre determinados productos básicos de alimentación (entre otros, leche, huevos, quesos, frutas, verduras, hortalizas, legumbres, tubérculos y cereales), así como la aplicación del tipo del 5 por ciento a las entregas de aceites de oliva y de semillas.

Posteriormente, el artículo 1 del Real Decreto-ley 4/2024, de 26 de junio, por el que se prorrogan determinadas medidas para afrontar las consecuencias económicas y sociales derivadas de los conflictos en Ucrania y Oriente Próximo y se adoptan medidas urgentes en materia fiscal, energética y social, prorrogó la mencionada aplicación del tipo del 0 por ciento hasta el 30 de septiembre de 2024 a los productos básicos de alimentación, incluyendo a los aceites de oliva y prorrogando la aplicación el tipo del 5 por ciento a las entregas de aceites de semillas; estableciendo, además, la aplicación del tipo del 2 por ciento desde el 1 de octubre hasta el 31 de diciembre de 2024, para las operaciones relativas a dichos bienes, con excepción de los aceites de semillas a los que sería de aplicación el tipo reducido del 7,5 por ciento durante dicho periodo.

A estos efectos, en el anexo I de la mencionada Orden HFP/1359/2023, de 19 de diciembre, se añade una nueva actividad, para los aceites de oliva y los aceites de semillas, segregándola de la actividad de procesos de transformación, elaboración o manufactura de productos naturales para la obtención de otros productos distintos a los anteriores, en la que estaba incluida.

Dicha disposición adicional cuarta contiene, asimismo, las reglas que deben tener en cuenta los sujetos pasivos afectados por la modificación introducida para determinar la cuota anual devengada por el régimen especial simplificado del Impuesto sobre el Valor Añadido en 2024.

Por último, la disposición adicional quinta incorpora, tanto para la determinación del rendimiento neto de 2024 en el Impuesto sobre la Renta de las Personas Físicas por contribuyentes que desarrollen actividades económicas con arreglo al método de estimación objetiva, como para el cálculo de la cuota anual del Impuesto sobre el Valor Añadido por empresarios o profesionales acogidos al régimen especial simplificado en 2024, cuando tales actividades se desarrolle en los términos municipales afectados por la Depresión Aislada en Niveles Altos (DANA) acontecida entre el 28 de octubre y el 4 de noviembre de 2024, la reducción del 25 por ciento del rendimiento neto de módulos y del importe de las cuotas devengadas por operaciones corrientes correspondientes a tales actividades aprobada por el Real Decreto-ley 7/2024, de 11 de noviembre, por el que se adoptan medidas urgentes para el impulso del Plan de respuesta inmediata, reconstrucción y relanzamiento frente a los daños causados por la Depresión Aislada en Niveles Altos (DANA) en diferentes municipios entre el 28 de octubre y el 4 de noviembre de 2024, todo ello sin perjuicio de la adopción de otras medidas que en relación al ejercicio 2025 pudieran determinarse en normas futuras.

De acuerdo con lo dispuesto en la Ley 39/2015, de 1 de octubre, del Procedimiento Administrativo Común de las Administraciones Públicas, la elaboración de esta orden se ha efectuado de acuerdo con los principios de necesidad, eficacia, proporcionalidad, seguridad jurídica, transparencia y eficiencia. En particular, se cumplen los principios de necesidad y eficacia jurídica por ser desarrollo de una norma legal y reglamentaria y el instrumento adecuado para dicho desarrollo. Se cumple también el principio de proporcionalidad al contener la regulación necesaria para conseguir los objetivos que justifican su aprobación. Respecto al principio de seguridad jurídica, se ha garantizado la coherencia del texto con el resto del ordenamiento jurídico nacional, generando un marco normativo estable, predecible, integrado, claro y de certidumbre que facilita su conocimiento y comprensión y, en consecuencia, la actuación y toma de decisiones de los diferentes sujetos afectados sin introducción de cargas administrativas innecesarias. En cuanto al principio de transparencia, sin perjuicio de su publicación oficial en el «Boletín Oficial del Estado», se ha garantizado mediante la publicación del proyecto de orden, así como de su Memoria de Análisis de Impacto Normativo, en el portal web del Ministerio de Hacienda, a efectos de que pudieran ser conocidos dichos textos en el trámite de audiencia e información pública por todos los ciudadanos. Por último, en relación con el principio de eficiencia, la norma proyectada no implica la incorporación de nuevas cargas administrativas ni nuevos costes indirectos para los ciudadanos, fomentando el uso racional de los recursos públicos y el pleno respeto a los principios de estabilidad presupuestaria y sostenibilidad financiera.

En su virtud, dispongo:

Artículo 1. *Actividades incluidas en el método de estimación objetiva y en el régimen especial simplificado*

1. De conformidad con los artículos 32 del Reglamento del Impuesto sobre la Renta de las Personas Físicas, aprobado por el Real Decreto 439/2007, de 30 de marzo, y 37 del Reglamento del Impuesto sobre el Valor Añadido, aprobado por el artículo 1 del Real Decreto 1624/1992, de 29 de diciembre, el método de estimación objetiva del Impuesto sobre la Renta de las Personas Físicas y el régimen especial simplificado del Impuesto sobre el Valor Añadido serán aplicables a las actividades o sectores de actividad que a continuación se mencionan:

I.A.E.	Actividad económica
División 0	Ganadería independiente.
–	Servicios de cría, guarda y engorde de ganado.
–	Otros trabajos, servicios y actividades accesorios realizados por agricultores o ganaderos que estén excluidos o no incluidos en el régimen especial de la agricultura, ganadería y pesca del Impuesto sobre el Valor Añadido.
–	Otros trabajos, servicios y actividades accesorios realizados por titulares de actividades forestales que estén excluidos o no incluidos en el régimen especial de la agricultura, ganadería y pesca del Impuesto sobre el Valor Añadido.
–	Aprovechamientos que correspondan al cedente en las actividades agrícolas desarrolladas en régimen de aparcería.
–	Aprovechamientos que correspondan al cedente en las actividades forestales desarrolladas en régimen de aparcería.
–	Procesos de transformación, elaboración o manufactura de productos naturales, vegetales o animales, que requieran el alta en un epígrafe correspondiente a actividades industriales en las Tarifas del Impuesto sobre Actividades Económicas y se realicen por los titulares de las explotaciones de las cuales se obtengan directamente dichos productos naturales.
419.1	Industrias del pan y de la bollería.
419.2	Industrias de la bollería, pastelería y galletas.
419.3	Industrias de elaboración de masas fritas.
423.9	Elaboración de patatas fritas, palomitas de maíz y similares.
642.1, 2 y 3	Elaboración de productos de charcutería por minoristas de carne.
642.5	Comerciantes minoristas matriculados en el epígrafe 642.5 por el asado de pollos.
644.1	Comercio al por menor de pan, pastelería, confitería y similares y de leche y productos lácteos.
644.2	Despachos de pan, panes especiales y bollería.
644.3	Comercio al por menor de productos de pastelería, bollería y confitería.

I.A.E.	Actividad económica
644.6	Comercio al por menor de masas fritas, con o sin coberturas o rellenos, patatas fritas, productos de aperitivo, frutos secos, golosinas, preparados de chocolate y bebidas refrescantes.
647.1	Comerciantes minoristas matriculados en el epígrafe 647.1 por el servicio de comercialización de loterías.
647.2 y 3	Comerciantes minoristas matriculados en el epígrafe 647.2 y 3 por el servicio de comercialización de loterías.
652.2 y 3	Comerciantes minoristas matriculados en el epígrafe 652.2 y 3 por el servicio de comercialización de loterías.
653.2	Comercio al por menor de material y aparatos eléctricos, electrónicos, electrodomésticos y otros aparatos de uso doméstico accionados por otro tipo de energía distinta de la eléctrica, así como muebles de cocina
653.4 y 5	Comercio al por menor de materiales de construcción, artículos y mobiliario de saneamiento, puertas, ventanas, persianas, etc.
654.2	Comercio al por menor de accesorios y piezas de recambio para vehículos terrestres.
654.5	Comercio al por menor de toda clase de maquinaria (excepto aparatos del hogar, de oficina, médicos, ortopédicos, ópticos y fotográficos).
654.6	Comercio al por menor de cubiertas, bandas o bandajes y cámaras de aire para toda clase de vehículos, excepto las actividades de comercio al por mayor de los artículos citados.
659.3	Comerciantes minoristas matriculados en el epígrafe 659.3 por el servicio de recogida de negativos y otro material fotográfico impresionado para su procesado en laboratorio de terceros y la entrega de las correspondientes copias y ampliaciones.
659.4	Comerciantes minoristas matriculados en el epígrafe 659.4 por el servicio de publicidad exterior y comercialización de tarjetas de transporte público, tarjetas de uso telefónico y otras similares, así como loterías.
662.2	Comerciantes minoristas matriculados en el epígrafe 662.2 por el servicio de comercialización de loterías.
663.1	Comercio al por menor fuera de un establecimiento comercial permanente dedicado exclusivamente a la comercialización de masas fritas, con o sin coberturas o rellenos, patatas fritas, productos de aperitivo, frutos secos, golosinas, preparación de chocolate y bebidas refrescantes y facultado para la elaboración de los productos propios de churrería y patatas fritas en la propia instalación o vehículo.
671.4	Restaurantes de dos tenedores.
671.5	Restaurantes de un tenedor.

I.A.E.	Actividad económica
672.1, 2 y 3	Cafeterías.
673.1	Cafés y bares de categoría especial.
673.2	Otros cafés y bares.
675	Servicios en quioscos, cajones, barracas u otros locales análogos.
676	Servicios en chocolaterías, heladerías y horchaterías.
681	Servicio de hospedaje en hoteles y moteles de una o dos estrellas.
682	Servicio de hospedaje en hostales y pensiones.
683	Servicio de hospedaje en fondas y casas de huéspedes.
691.1	Reparación de artículos eléctricos para el hogar.
691.2	Reparación de vehículos automóviles, bicicletas y otros vehículos.
691.9	Reparación de calzado.
691.9	Reparación de otros bienes de consumo n.c.o.p. (excepto reparación de calzado, restauración de obras de arte, muebles, antigüedades e instrumentos musicales).
692	Reparación de maquinaria industrial.
699	Otras reparaciones n.c.o.p.
721.1 y 3	Transporte urbano colectivo y de viajeros por carretera.
721.2	Transporte por autotaxis.
722	Transporte de mercancías por carretera.
751.5	Engrase y lavado de vehículos.
757	Servicios de mudanzas.
849.5	Transporte de mensajería y recadería, cuando la actividad se realice exclusivamente con medios de transporte propios.
933.1	Enseñanza de conducción de vehículos terrestres, acuáticos, aeronáuticos, etc.
933.9	Otras actividades de enseñanza, tales como idiomas, corte y confección, mecanografía, taquigrafía, preparación de exámenes y oposiciones y similares n.c.o.p.
967.2	Escuelas y servicios de perfeccionamiento del deporte.
971.1	Tinte, limpieza en seco, lavado y planchado de ropas hechas y de prendas y artículos del hogar usados.
972.1	Servicios de peluquería de señora y caballero.
972.2	Salones e institutos de belleza.
973.3	Servicios de copias de documentos con máquinas fotocopiadoras.

2. La determinación de las operaciones económicas incluidas en cada actividad deberá efectuarse de acuerdo con las normas del Impuesto sobre Actividades Económicas.

Asimismo, se comprenderán en cada actividad las operaciones económicas que se incluyen expresamente en los anexos I y II de esta orden, siempre que se desarrollen con carácter accesorio a la actividad principal.

Para las actividades recogidas en el anexo II de esta orden, se considerará accesoria a la actividad principal aquella cuyo volumen de ingresos no supere el 40 por ciento del volumen correspondiente a la actividad principal. Para las actividades recogidas en el anexo l se estará al concepto que se indica en el artículo 3 de esta orden.

Artículo 2. *Actividades incluidas en el método de estimación objetiva*

1. De conformidad con el artículo 32 del Reglamento del Impuesto sobre la Renta de las Personas Físicas, aprobado por el Real Decreto 439/2007, de 30 de marzo, el método de estimación objetiva del Impuesto sobre la Renta de las Personas Físicas será aplicable, además, a las actividades a las que resulte de aplicación el régimen especial de la agricultura, ganadería y pesca o el del recargo de equivalencia del Impuesto sobre el Valor Añadido, que a continuación se mencionan:

I.A.E.	Actividad económica
–	Agrícola o ganadera susceptible de estar incluida en el régimen especial de la agricultura, ganadería y pesca del Impuesto sobre el Valor Añadido.
–	Actividad forestal susceptible de estar incluida en el régimen especial de la agricultura, ganadería y pesca del Impuesto sobre el Valor Añadido.
–	Producción de mejillón en batea.
641	Comercio al por menor de frutas, verduras, hortalizas y tubérculos.
642.1, 2, 3 y 4	Comercio al por menor de carne y despojos; de productos y derivados cárnicos elaborados, salvo casquerías.
642.5	Comercio al por menor de huevos, aves, conejos de granja, caza; y de productos derivados de los mismos.
642.6	Comercio al por menor, en casquerías, de vísceras y despojos procedentes de animales de abasto, frescos y congelados.
643.1 y 2	Comercio al por menor de pescados y otros productos de la pesca y de la acuicultura y de caracoles.
644.1	Comercio al por menor de pan, pastelería, confitería y similares y de leche y productos lácteos.
644.2	Despachos de pan, panes especiales y bollería.
644.3	Comercio al por menor de productos de pastelería, bollería y confitería.
644.6	Comercio al por menor de masas fritas, con o sin coberturas o rellenos, patatas fritas, productos de aperitivo, frutos secos, golosinas, preparados de chocolate y bebidas refrescantes.

I.A.E.	Actividad económica
647.1	Comercio al por menor de cualquier clase de productos alimenticios y de bebidas en establecimientos con vendedor.
647.2 y 3	Comercio al por menor de cualquier clase de productos alimenticios y bebidas en régimen de autoservicio o mixto en establecimientos cuya sala de ventas tenga una superficie inferior a 400 metros cuadrados.
651.1	Comercio al por menor de productos textiles, confecciones para el hogar, alfombras y similares y artículos de tapicería.
651.2	Comercio al por menor de toda clase de prendas para el vestido y tocado.
651.3 y 5	Comercio al por menor de lencería, corsetería y prendas especiales.
651.4	Comercio al por menor de artículos de mercería y paquetería.
651.6	Comercio al por menor de calzado, artículos de piel e imitación o productos sustitutivos, cinturones, carteras, bolsos, maletas y artículos de viaje en general.
652.2 y 3	Comercio al por menor de productos de droguería, perfumería y cosmética, limpieza, pinturas, barnices, disolventes, papeles y otros productos para la decoración y de productos químicos, y de artículos para la higiene y el aseo personal.
653.1	Comercio al por menor de muebles.
653.2	Comercio al por menor de material y aparatos eléctricos, electrónicos, electrodomésticos y otros aparatos de uso doméstico accionados por otro tipo de energía distinta de la eléctrica, así como muebles de cocina.
653.3	Comercio al por menor de artículos de menaje, ferretería, adorno, regalo, o reclamo (incluyendo bisutería y pequeños electrodomésticos).
653.9	Comercio al por menor de otros artículos para el equipamiento del hogar n.c.o.p.
654.2	Comercio al por menor de accesorios y piezas de recambio para vehículos sin motor.
654.6	Comercio al por menor de cubiertas, bandas o bandajes y cámaras de aire para vehículos terrestres sin motor, excepto las actividades de comercio al por mayor de los artículos citados.
659.2	Comercio al por menor de muebles de oficina y de máquinas y equipos de oficina.
659.3	Comercio al por menor de aparatos e instrumentos médicos, ortopédicos, ópticos y fotográficos.
659.4	Comercio al por menor de libros, periódicos, artículos de papelería y escritorio y artículos de dibujo y bellas artes, excepto en quioscos situados en la vía pública.
659.4	Comercio al por menor de prensa, revistas y libros en quioscos situados en la vía pública.
659.6	Comercio al por menor de juguetes, artículos de deporte, prendas deportivas de vestido, calzado y tocado, armas, cartuchería y artículos de pirotecnia.

I.A.E.	Actividad económica
659.7	Comercio al por menor de semillas, abonos, flores y plantas y pequeños animales.
662.2	Comercio al por menor de toda clase de artículos, incluyendo alimentación y bebidas, en establecimientos distintos de los especificados en el grupo 661 y en el epígrafe 662.1.
663.1	Comercio al por menor fuera de un establecimiento comercial permanente de productos alimenticios, incluso bebidas y helados.
663.2	Comercio al por menor fuera de un establecimiento comercial permanente de artículos textiles y de confección.
663.3	Comercio al por menor fuera de un establecimiento comercial permanente de calzado, pieles y artículos de cuero.
663.4	Comercio al por menor fuera de un establecimiento comercial permanente de artículos de droguería y cosméticos y de productos químicos en general.
663.9	Comercio al por menor fuera de un establecimiento comercial permanente de otras clases de mercancías n.c.o.p.

2. La determinación de las operaciones económicas incluidas en cada actividad deberá efectuarse de acuerdo con las normas del Impuesto sobre Actividades Económicas.

Asimismo, se comprenderán en cada actividad las operaciones económicas que se incluyen expresamente en los anexos I y II de esta orden, siempre que se desarrollen con carácter accesorio a la actividad principal.

Para las actividades recogidas en el anexo II de esta orden, se considerará accesoria a la actividad principal aquélla cuyo volumen de ingresos no supere el 40 por ciento del volumen correspondiente a la actividad principal. Para las actividades recogidas en el anexo I se estará al concepto que se indica en el artículo 3 de esta orden.

Artículo 3. *Magnitudes excluyentes*

1. No obstante lo dispuesto en los artículos 1 y 2 de esta orden, el método de estimación objetiva del Impuesto sobre la Renta de las Personas Físicas y el régimen especial simplificado del Impuesto sobre el Valor Añadido no serán aplicables a las actividades o sectores de actividad que superen las siguientes magnitudes:

a) Magnitud en función del volumen de ingresos para el conjunto de actividades económicas, excepto las agrícolas, ganaderas y forestales, el previsto, para el período impositivo 2025, en el apartado a') de la letra b) de la norma 3.ª del apartado 1 del artículo 31 de la Ley 35/2006, de 28 de noviembre, del Impuesto sobre la Renta de las Personas Físicas y de modificación parcial de las leyes de los Impuestos sobre Sociedades, sobre la Renta de no Residentes y sobre el Patrimonio, y en el primer guion del número 2.º del apartado dos del artículo 122 de la Ley 37/1992, 28 de diciembre, del Impuesto sobre el Valor Añadido.

A estos efectos, se computará la totalidad de las operaciones con independencia de que exista o no obligación de expedir factura de acuerdo con lo dispuesto en el Reglamento por el que se regulan las obligaciones de facturación, aprobado por el Real Decreto 1619/2012, de 30 de noviembre.

Sin perjuicio del límite anterior, el método de estimación objetiva no podrá aplicarse cuando el volumen de los rendimientos íntegros que corresponda a operaciones por las que estén obligados a expedir factura cuando el destinatario sea un empresario o profesional que actúe como tal, de acuerdo con lo dispuesto en el artículo 2.2.a) del Reglamento por el que se regulan las obligaciones de facturación, supere el previsto, a estos efectos, para el período impositivo 2025, en el apartado a') de la letra b) de la norma 3.ª del apartado 1 del artículo 31 de la Ley del Impuesto sobre la Renta de las Personas Físicas.

No obstante, a los efectos del método de estimación de estimación objetiva, deberán computarse no sólo las operaciones correspondientes a las actividades económicas desarrolladas por el contribuyente, sino también las correspondientes a las desarrolladas por el cónyuge, descendientes y ascendientes, así como por las entidades en régimen de atribución de rentas en las que participen cualquiera de los anteriores, en las que concurran las siguientes circunstancias:

– Que las actividades económicas desarrolladas sean idénticas o similares. A estos efectos, se entenderán que son idénticas o similares las actividades económicas clasificadas en el mismo grupo en el Impuesto sobre Actividades Económicas.

– Que exista una dirección común de tales actividades, compartiéndose medios personales o materiales.

Cuando se trate de entidades en régimen de atribución de rentas deberán computarse no sólo las operaciones correspondientes a las actividades económicas desarrolladas por la propia entidad en régimen de atribución, sino también las correspondientes a las desarrolladas por sus socios, herederos, comuneros o partícipes; los cónyuges, descendientes y ascendientes de éstos; así como por otras entidades en régimen de atribución de rentas en las que participen cualquiera de las personas anteriores, en las que concurran las circunstancias señaladas en el párrafo anterior.

Cuando en el año inmediato anterior se hubiese iniciado una actividad, el volumen de ingresos se elevará al año.

b) Magnitud en función del volumen de ingresos para el conjunto de actividades agrícolas, forestales y ganaderas:

250.000 euros anuales de volumen de ingresos en las siguientes actividades:

«Ganadería independiente».

«Servicios de cría, guarda y engorde de ganado».

«Otros trabajos, servicios y actividades accesorios realizados por agricultores o ganaderos que estén excluidos o no incluidos en el régimen especial de la agricultura, ganadería y pesca del Impuesto sobre el Valor Añadido».

«Otros trabajos, servicios y actividades accesorios realizados por titulares de actividades forestales que estén excluidos o no incluidos en el régimen especial de la agricultura, ganadería y pesca del Impuesto sobre el Valor Añadido».

«Aprovechamientos que correspondan al cedente en las actividades agrícolas desarrolladas en régimen de aparcería».

«Aprovechamientos que correspondan al cedente en las actividades forestales desarrolladas en régimen de aparcería».

«Agrícola o ganadera susceptible de estar incluida en el régimen especial de la agricultura, ganadería y pesca del Impuesto sobre el Valor Añadido».

«Forestal susceptible de estar incluida en el régimen especial de la agricultura, ganadería y pesca del Impuesto sobre el Valor Añadido».

«Producción de mejillón en batea, con un máximo de 5 bateas en cualquier día del año.»

«Procesos de transformación, elaboración o manufactura de productos naturales, vegetales o animales, que requieran el alta en un epígrafe correspondiente a actividades industriales en las Tarifas del Impuesto sobre Actividades Económicas y se realicen por los titulares de las explotaciones de las cuales se obtengan directamente dichos productos naturales».

A estos efectos, solo se computarán las operaciones que deban anotarse en el Libro registro de ventas o ingresos previsto en el apartado 7 del artículo 68 del Reglamento del Impuesto sobre la Renta de las Personas Físicas, aprobado por el Real Decreto 439/2007, de 30 de marzo, o en los libros registro previstos en el tercer párrafo del apartado 1 del artículo 40 y en el apartado 1 del artículo 47 del Reglamento del Impuesto sobre el Valor Añadido, aprobado por el Real Decreto 1624/1992, de 29 de diciembre.

Sin perjuicio de lo señalado en los párrafos anteriores de esta letra, las actividades «Otros trabajos, servicios y actividades accesorios realizados por agricultores y/o ganaderos que estén excluidos o no incluidos en el régimen especial de la agricultura, ganadería y pesca del Impuesto sobre el Valor Añadido» y «Otros trabajos, servicios y actividades accesorios realizados por titulares de actividades forestales que estén excluidos o no incluidos en el régimen especial de la agricultura, ganadería y pesca del Impuesto sobre el Valor Añadido» contempladas en el artículo 1 de esta orden, sólo quedarán sometidas al método de estimación objetiva del Impuesto sobre la Renta de las Personas Físicas y, en su caso, al régimen especial simplificado del Impuesto sobre el Valor Añadido, si el volumen de ingresos conjunto imputable a ellas resulta inferior al correspondiente a las actividades agrícolas y/o ganaderas o forestales principales.

A los efectos del método de estimación objetiva, deberán computarse no sólo las operaciones correspondientes a las actividades económicas desarrolladas por el contribuyente, sino también las correspondientes a las desarrolladas por el cónyuge, descendientes y ascendientes, así como por las entidades en régimen de atribución de rentas en las que participen cualquiera de los anteriores, en las que concurran las circunstancias señaladas en la letra a) anterior.

Cuando se trate de entidades en régimen de atribución de rentas deberán computarse no sólo las operaciones correspondientes a las actividades económicas desarrolladas por la propia entidad en régimen de atribución, sino también las correspondientes a las desarrolladas por sus socios, herederos, comuneros o partícipes; los cónyuges, descendientes y ascendientes de éstos; así como por otras entidades en régimen de atribución de rentas en las que participen cualquiera de las personas anteriores, en las que concurran las circunstancias señaladas en la letra a) anterior.

Cuando en el año inmediato anterior se hubiese iniciado una actividad, el volumen de ingresos se elevará al año.

A efectos de lo dispuesto en las letras a) y b) anteriores, el volumen de ingresos incluirá la totalidad de los obtenidos en el conjunto de las mencionadas actividades, no computándose entre ellos las subvenciones corrientes o de capital, ni las indemnizaciones ni la compensación del régimen especial de la agricultura, ganadería y pesca del Impuesto sobre el Valor Añadido, así como tampoco el Impuesto sobre el Valor Añadido y, en su caso, el recargo de equivalencia que grave la operación, para aquellas actividades que tributen por el régimen simplificado del Impuesto sobre el Valor Añadido.

c) Magnitud en función del volumen de compras en bienes y servicios.

El previsto, para el período impositivo 2025, en la letra c) de la norma 3.ª del apartado 1 del artículo 31 de la Ley del Impuesto sobre la Renta de las Personas Físicas y en el número 3.º del apartado dos del artículo 122 de la Ley del Impuesto sobre el Valor Añadido, para el conjunto de todas las actividades económicas desarrolladas. Dentro de este límite se tendrán en cuenta las obras y servicios subcontratados y se excluirán las adquisiciones de inmovilizado.

A los efectos del método de estimación objetiva, deberán computarse no sólo las operaciones correspondientes a las actividades económicas desarrolladas por el contribuyente, sino también las correspondientes a las desarrolladas por el cónyuge, descendientes y ascendientes, así como por las entidades en régimen de atribución de rentas en las que participen cualquiera de los anteriores, en las que concurran las circunstancias señaladas en la letra a) anterior.

Cuando se trate de entidades en régimen de atribución de rentas deberán computarse no sólo las operaciones correspondientes a las actividades económicas desarrolladas por la propia entidad en régimen de atribución, sino también las correspondientes a las desarrolladas por sus socios, herederos, comuneros o partícipes; los cónyuges, descendientes y ascendientes de éstos; así como por otras entidades en régimen de atribución de rentas en las que participen cualquiera de las personas anteriores, en las que concurran las circunstancias señaladas en la letra a) anterior.

Cuando en el año inmediato anterior se hubiese iniciado una actividad, el volumen de compras se elevará al año.

d) Magnitudes específicas:

Actividad económica	Magnitud
Industrias del pan y de la bollería.	6 personas empleadas
Industrias de la bollería, pastelería y galletas.	6 personas empleadas
Industrias de elaboración de masas fritas.	6 personas empleadas
Elaboración de patatas fritas, palomitas de maíz y similares.	6 personas empleadas
Comercio al por menor de frutas, verduras, hortalizas y tubérculos.	5 personas empleadas
Comercio al por menor de carne y despojos; de productos y derivados cárnicos elaborados.	5 personas empleadas
Comercio al por menor de huevos, aves, conejos de granja, caza y de productos derivados de los mismos.	4 personas empleadas
Comercio al por menor, en casquerías, de vísceras y despojos procedentes de animales de abasto, frescos y congelados.	5 personas empleadas
Comercio al por menor de pescados y otros productos de la pesca y de la acuicultura y de caracoles.	5 personas empleadas
Comercio al por menor de pan, pastelería, confitería y similares y de leche y productos lácteos.	6 personas empleadas
Despachos de pan, panes especiales y bollería.	6 personas empleadas
Comercio al por menor de productos de pastelería, bollería y confitería.	6 personas empleadas
Comercio al por menor de masas fritas, con o sin coberturas o rellenos, patatas fritas, productos de aperitivo, frutos secos, golosinas, preparados de chocolate y bebidas refrescantes.	6 personas empleadas
Comercio al por menor de cualquier clase de productos alimenticios y de bebidas en establecimientos con vendedor.	5 personas empleadas
Comercio al por menor de cualquier clase de productos alimenticios y bebidas en régimen de autoservicio o mixto en establecimientos cuya sala de ventas tenga una superficie inferior a 400 metros cuadrados.	4 personas empleadas
Comercio al por menor de productos textiles, confecciones para el hogar, alfombras y similares y artículos de tapicería.	4 personas empleadas
Comercio al por menor de toda clase de prendas para el vestido y tocado.	5 personas empleadas
Comercio al por menor de lencería, corsetería y prendas especiales.	3 personas empleadas
Comercio al por menor de artículos de mercería y paquetería.	4 personas empleadas
Comercio al por menor de calzado, artículos de piel e imitación o productos sustitutivos, cinturones, carteras, bolsos, maletas y artículos de viaje en general.	5 personas empleadas

Actividad económica	Magnitud
Comercio al por menor de productos de droguería, perfumería y cosmética, limpieza, pinturas, barnices, disolventes, papeles y otros productos para la decoración y de productos químicos, y de artículos para la higiene y el aseo personal.	4 personas empleadas
Comercio al por menor de muebles.	4 personas empleadas
Comercio al por menor de material y aparatos eléctricos, electrónicos, electrodomésticos y otros aparatos de uso doméstico accionados por otro tipo de energía distinta de la eléctrica, así como muebles de cocina.	3 personas empleadas
Comercio al por menor de artículos de menaje, ferretería, adorno, regalo, o reclamo (incluyendo bisutería y pequeños electrodomésticos).	4 personas empleadas
Comercio al por menor de materiales de construcción, artículos y mobiliario de saneamiento, puertas, ventanas, persianas, etc.	3 personas empleadas
Comercio al por menor de otros artículos para el equipamiento del hogar n.c.o.p.	3 personas empleadas
Comercio al por menor de accesorios y piezas de recambio para vehículos terrestres.	4 personas empleadas
Comercio al por menor de toda clase de maquinaria (excepto aparatos del hogar, de oficina, médicos, ortopédicos, ópticos y fotográficos).	3 personas empleadas
Comercio al por menor de cubiertas, bandas o bandajes y cámaras de aire para toda clase de vehículos.	4 personas empleadas
Comercio al por menor de muebles de oficina y de máquinas y equipos de oficina.	4 personas empleadas
Comercio al por menor de aparatos e instrumentos médicos, ortopédicos, ópticos y fotográficos.	3 personas empleadas
Comercio al por menor de libros, periódicos, artículos de papelería y escritorio y artículos de dibujo y bellas artes, excepto en quioscos situados en la vía pública.	3 personas empleadas
Comercio al por menor de prensa, revistas y libros en quioscos situados en la vía pública.	2 personas empleadas
Comercio al por menor de juguetes, artículos de deporte, prendas deportivas de vestido, calzado y tocado, armas, cartuchería y artículos de pirotecnia.	3 personas empleadas
Comercio al por menor de semillas, abonos, flores y plantas y pequeños animales.	4 personas empleadas

Actividad económica	Magnitud
Comercio al por menor de toda clase de artículos, incluyendo alimentación y bebidas, en establecimientos distintos de los especificados en el grupo 661 y en el epígrafe 662.1.	3 personas empleadas
Comercio al por menor fuera de un establecimiento comercial permanente de productos alimenticios, incluso bebidas y helados.	2 personas empleadas
Comercio al por menor fuera de un establecimiento comercial permanente de artículos textiles y de confección.	2 personas empleadas
Comercio al por menor fuera de un establecimiento comercial permanente de calzado, pieles y artículos de cuero.	2 personas empleadas
Comercio al por menor fuera de un establecimiento comercial permanente de artículos de droguería y cosméticos y de productos químicos en general.	2 personas empleadas
Comercio al por menor fuera de un establecimiento comercial permanente de otras clases de mercancías n.c.o.p.	2 personas empleadas
Restaurantes de dos tenedores.	10 personas empleadas
Restaurantes de un tenedor.	10 personas empleadas
Cafeterías.	8 personas empleadas
Cafés y bares de categoría especial.	8 personas empleadas
Otros cafés y bares.	8 personas empleadas
Servicios en quioscos, cajones, barracas u otros locales análogos.	3 personas empleadas
Servicios en chocolaterías, heladerías y horchaterías.	3 personas empleadas
Servicio de hospedaje en hoteles y moteles de una o dos estrellas.	10 personas empleadas
Servicio de hospedaje en hostales y pensiones.	8 personas empleadas
Servicio de hospedaje en fondas y casas de huéspedes.	8 personas empleadas
Reparación de artículos eléctricos para el hogar.	3 personas empleadas
Reparación de vehículos automóviles, bicicletas y otros vehículos.	5 personas empleadas
Reparación de calzado.	2 personas empleadas
Reparación de otros bienes de consumo n.c.o.p. (excepto reparación de calzado, restauración de obras de arte, muebles, antigüedades e instrumentos musicales).	2 personas empleadas
Reparación de maquinaria industrial.	2 personas empleadas
Otras reparaciones n.c.o.p.	2 personas empleadas
Transporte urbano colectivo y de viajeros por carretera.	5 vehículos cualquier día del año

Actividad económica	Magnitud
Transporte por autotaxis.	3 vehículos cualquier día del año
Transporte de mercancías por carretera.	4 vehículos cualquier día del año
Engrase y lavado de vehículos.	5 personas empleadas
Servicios de mudanzas.	4 vehículos cualquier día del año
Transporte de mensajería y recadería, cuando la actividad se realice exclusivamente con medios de transporte propios.	5 vehículos cualquier día del año
Enseñanza de conducción de vehículos terrestres, acuáticos, aeronáuticos, etc.	4 personas empleadas
Otras actividades de enseñanza, tales como idiomas, corte y confección, mecanografía, taquigrafía, preparación de exámenes y oposiciones y similares n.c.o.p.	5 personas empleadas
Escuelas y servicios de perfeccionamiento del deporte.	3 personas empleadas
Tinte, limpieza en seco, lavado y planchado de ropas hechas y de prendas y artículos del hogar usados.	4 personas empleadas
Servicios de peluquería de señora y caballero.	6 personas empleadas
Salones e institutos de belleza.	6 personas empleadas
Servicios de copias de documentos con máquinas fotocopiadoras.	4 personas empleadas

A los efectos del método de estimación objetiva, deberá computarse no solo la magnitud específica correspondiente a la actividad económica desarrollada por el contribuyente, sino también las correspondientes a las desarrolladas por el cónyuge, descendientes y ascendientes, así como por las entidades en régimen de atribución de rentas en las que participen cualquiera de los anteriores, en las que concurran las circunstancias señaladas en la letra a) anterior.

Cuando se trate de entidades en régimen de atribución de rentas deberá computarse no sólo la magnitud específica correspondiente a la actividad económica desarrolladas por la propia entidad en régimen de atribución, sino también las correspondientes a las desarrolladas por sus socios, herederos, comuneros o partícipes; los cónyuges, descendientes y ascendientes de éstos; así como por otras entidades en régimen de atribución de rentas en las que participen cualquiera de las personas anteriores, en las que concurran las circunstancias señaladas en la letra a) anterior.

Para el cómputo de la magnitud que determine la inclusión en el método de estimación objetiva o, en su caso, del régimen simplificado se consideran las personas empleadas o vehículos o bateas que se utilicen para el desarrollo de la actividad principal y de cualquier actividad accesoria incluida en el régimen, de conformidad con los apartados 2 de los artículos 1 y 2 de esta orden.

El personal empleado se determinará por la media ponderada correspondiente al período en que se haya ejercido la actividad durante el año inmediato anterior.

El personal empleado comprenderá tanto el no asalariado como el asalariado. A efectos de determinar la media ponderada se aplicarán exclusivamente las siguientes reglas:

Solo se tomará en cuenta el número de horas trabajadas durante el período en que se haya ejercido la actividad durante el año inmediato anterior.

Se computará como una persona no asalariada la que trabaje en la actividad al menos 1.800 horas/año. Cuando el número de horas de trabajo al año sea inferior a 1.800, se estimará como cuantía de la persona no asalariada la proporción existente entre número de horas efectivamente trabajadas en el año y 1.800.

No obstante, el empresario se computará como una persona no asalariada. En aquellos supuestos en que pueda acreditarse una dedicación inferior a 1.800 horas/año por causas objetivas, tales como jubilación, incapacidad, pluralidad de actividades o cierre temporal de la explotación, se computará el tiempo efectivo dedicado a la actividad. En estos supuestos, para la cuantificación de las tareas de dirección, organización y planificación de la actividad y, en general, las inherentes a la titularidad de la misma, se computará al empresario en 0,25 personas/año, salvo cuando se acredite una dedicación efectiva superior o inferior.

Se computará como una persona asalariada la que trabaje el número de horas anuales por trabajador fijado en el convenio colectivo correspondiente o, en su defecto, 1.800 horas/año. Cuando el número de horas de trabajo al año sea inferior o superior, se estimará como cuantía de la persona asalariada la proporción existente entre el número de horas efectivamente trabajadas y las fijadas en el convenio colectivo o, en su defecto, 1.800.

En el primer año de ejercicio de la actividad se tendrá en cuenta el número de personas empleadas o vehículos o bateas al inicio de la misma.

Cuando en un año natural se superen las magnitudes indicadas en este artículo, el sujeto pasivo quedará excluido, a partir del año inmediato siguiente, del método de estimación objetiva del Impuesto sobre la Renta de las Personas Físicas y del régimen simplificado o del régimen de la agricultura, ganadería y pesca del Impuesto sobre el Valor Añadido, cuando resulten aplicables por estas actividades.

Los contribuyentes que por aplicación de lo dispuesto en este artículo queden excluidos del método de estimación objetiva del Impuesto sobre la Renta de las Personas Físicas, determinarán su rendimiento neto por la modalidad simplificada del método de estimación directa siempre que reúnan los requisitos establecidos en el artículo 28 del Reglamento del Impuesto y no renuncien a su aplicación.

2. Tampoco será de aplicación el método de estimación objetiva a las actividades económicas desarrolladas, total o parcialmente, fuera del ámbito de aplicación del Impuesto sobre la Renta de las Personas Físicas, al que se refiere el artículo 4 de la Ley 35/2006, de 28 de noviembre, del Impuesto sobre la Renta de las Personas Físicas y de modificación parcial de las leyes de los Impuestos sobre Sociedades, sobre la Renta de no Residentes y sobre el Patrimonio.

A estos efectos, se entenderá que las actividades de transporte urbano colectivo y de viajeros por carretera, de transporte por auto-taxis, de transporte de mercancías por carretera y de servicios de mudanzas, se desarrollan, en cualquier caso, dentro del ámbito de aplicación del Impuesto sobre la Renta de las Personas Físicas.

Artículo 4. *Aprobación de los signos, índices o módulos*

De conformidad con los artículos 32 del Reglamento del Impuesto sobre la Renta de las Personas Físicas y 38 y 42 del Reglamento del Impuesto sobre el Valor Añadido, se aprueban los signos, índices o módulos correspondientes al método de estimación objetiva del Impuesto sobre la Renta de las Personas Físicas, así como los índices y módulos del régimen especial simplificado del Impuesto sobre el Valor Añadido que serán aplicables durante el año 2025 a las actividades comprendidas en los artículos 1 y 2, que aparecen, junto con las instrucciones para su aplicación, en los anexos I, II y III de la presente orden.

Artículo 5. *Plazos de renuncias o revocaciones al método de estimación objetiva*

Los contribuyentes del Impuesto sobre la Renta de las Personas Físicas que desarrollen actividades a las que sea de aplicación el método de estimación objetiva y deseen renunciar o revocar su renuncia para el año 2025, dispondrán para ejercitar dicha opción desde el día siguiente a la fecha de publicación de esta orden en el «Boletín Oficial del Estado» hasta el 31 de diciembre del año 2024. La renuncia o revocación deberá efectuarse de acuerdo con lo previsto en el capítulo I del título II del Reglamento General de las actuaciones y los procedimientos de gestión e inspección tributaria y de desarrollo de las normas comunes de los procedimientos de aplicación de los tributos, aprobado por el Real Decreto 1065/2007, de 27 de julio.

No obstante lo anterior, también se entenderá efectuada la renuncia cuando se presente en el plazo reglamentario la declaración correspondiente al pago fraccionado del primer trimestre del año natural en que deba surtir efectos en la forma dispuesta para el método de estimación directa. En caso de inicio de la actividad, también se entenderá efectuada la renuncia cuando se efectúe en el plazo reglamentario el pago fraccionado correspondiente al primer trimestre de ejercicio de la actividad en la forma dispuesta para el método de estimación directa.

Artículo 6. *Plazos de renuncias o revocaciones al régimen especial simplificado*

Los sujetos pasivos del Impuesto sobre el Valor Añadido que desarrollen actividades a las que sea de aplicación el régimen especial simplificado y deseen renunciar a él o revocar su renuncia para el año 2025, dispondrán para ejercitar dicha opción desde el día siguiente a la fecha de publicación de esta orden en el «Boletín Oficial del Estado» hasta el 31 de diciembre del año 2024. La renuncia o revocación deberá efectuarse de acuerdo con lo previsto en el capítulo I del título II del Reglamento General de las actuaciones y los procedimientos de gestión e inspección tributaria y de desarrollo de las normas comunes de los procedimientos de aplicación de los tributos, aprobado por el Real Decreto 1065/2007, de 27 de julio.

No obstante lo anterior, también se entenderá efectuada la renuncia cuando se presente en plazo la declaración-liquidación correspondiente al primer trimestre del año natural en que deba surtir efectos aplicando el régimen general. En caso de inicio de la actividad, también se entenderá efectuada la renuncia cuando la primera declaración que deba presentar el sujeto pasivo después del comienzo de la actividad se presente en plazo aplicando el régimen general.

Disposición adicional primera. Reducción en 2025 del rendimiento neto calculado por el método de estimación objetiva

1. Los contribuyentes que determinen el rendimiento neto de sus actividades económicas por el método de estimación objetiva, podrán reducir el rendimiento neto de módulos obtenido en 2025 en un 5 por 100.

2. Cuando se trate de actividades incluidas en el anexo I de esta orden, la reducción prevista en el apartado 1 anterior se aplicará sobre el rendimiento neto de módulos a que se refiere la instrucción 2.3 para la aplicación de los signos, índices o módulos en el Impuesto sobre la Renta de las Personas Físicas del anexo I de esta orden.

El rendimiento neto de módulos, así calculado, se tendrá en cuenta para la aplicación de lo dispuesto en la instrucción 3 para la aplicación de los signos, índices o módulos en el Impuesto sobre la Renta de las Personas Físicas del anexo I de esta orden.

3. Esta reducción se tendrá en cuenta para cuantificar el rendimiento neto a efectos de los pagos fraccionados correspondientes a 2025.

Disposición adicional segunda. *Índices de rendimiento neto aplicables en 2025 por determinadas actividades agrícolas*

Los índices de rendimiento neto aplicables en el método de estimación objetiva del Impuesto sobre la Renta de las Personas Físicas en 2025 por las actividades agrícolas que se mencionan a continuación serán, en sustitución de los establecidos en el anexo I de esta orden, los siguientes:

Actividad	Índice de rendimiento neto
Uva de mesa	0,32
Flores y plantas ornamentales	0,32
Tabaco	0,26

Disposición adicional tercera. *Porcentajes aplicables en 2025 para el cálculo de la cuota devengada por operaciones corrientes en el régimen simplificado del Impuesto sobre el Valor Añadido para determinadas actividades ganaderas afectadas por crisis sectoriales*

Los porcentajes aplicables para el cálculo de la cuota devengada por operaciones corrientes en el régimen simplificado del Impuesto sobre el Valor Añadido en 2025 en las actividades que se mencionan a continuación serán los siguientes:

Servicios de cría, guarda y engorde de aves: 0,06625.

Actividad de apicultura: 0,070.

Disposición adicional cuarta. *Modificación de los módulos aprobados, a efectos del régimen especial simplificado del Impuesto sobre el Valor Añadido, por la Orden HFP/1359/2023, de 19 de diciembre, por la que se desarrollan para el año 2024 el método de estimación objetiva del Impuesto sobre la Renta de las Personas Físicas y el régimen especial simplificado del Impuesto sobre el Valor Añadido y cálculo de la cuota anual devengada del año 2024 del régimen especial simplificado del Impuesto sobre el Valor Añadido a realizar por los titulares de determinadas actividades.*

1. Los módulos aprobados, a efectos del régimen especial simplificado del Impuesto sobre el Valor Añadido, por el anexo I de la Orden HFP/1359/2023, de 19 de diciembre, por la que se desarrollan para el año 2024 el método de estimación objetiva del Impuesto sobre la Renta de las Personas Físicas y el régimen especial simplificado del Impuesto sobre el Valor Añadido, para las actividades que se indican, serán los siguientes:

Actividad: ganadera de explotación intensiva de avicultura de huevos y, ganado ovino, caprino y bovino de leche.

Índice de cuota devengada por operaciones corrientes: 0,00 (desde 1 de enero de 2024 hasta 30 de septiembre de 2024) y 0,02 (desde 1 de octubre de 2024 hasta 31 de diciembre de 2024).

Actividad: aprovechamientos que correspondan al cedente en las actividades agrícolas, desarrolladas en régimen de aparcería, dedicadas a la obtención de productos agrícolas no comprendidas en los apartados siguientes.

Índice de cuota devengada por operaciones corrientes: 0,00 (desde 1 de enero de 2024 hasta 30 de septiembre de 2024) y 0,02 (desde 1 de octubre de 2024 hasta 31 de diciembre de 2024).

Actividad: procesos de transformación, elaboración o manufactura de productos naturales para la obtención de queso.

Índice de cuota devengada por operaciones corrientes: 0,03102.

Actividad: procesos de transformación, elaboración o manufactura de productos naturales para la obtención de aceites de oliva y aceites de semillas.

Índice de cuota devengada por operaciones corrientes: 0,14104.

2. Los titulares de las actividades a que se refiere el apartado 1 anterior que tributen por el régimen especial simplificado del Impuesto sobre el Valor Añadido, al finalizar el año o al producirse el cese de la actividad, deberán calcular la cuota anual derivada del régimen simplificado, teniendo en cuenta, en su caso, el volumen total de ingresos, excluidas subvenciones corrientes o de capital, las indemnizaciones, así como el Impuesto sobre el Valor Añadido y, en su caso, el recargo de equivalencia que grave la operación, correspondientes al año natural, utilizando al efecto los módulos referidos en dicho apartado 1.

Disposición adicional quinta. *Reducción en 2024 del rendimiento neto calculado por el método de estimación objetiva del Impuesto sobre la Renta de las Personas Físicas y de la cuota devengada por operaciones corrientes del régimen especial simplificado del Impuesto sobre el Valor Añadido para actividades económicas desarrolladas en los términos municipales afectados por la Depresión Aislada en Niveles Altos (DANA) a que se refiere el Real Decreto-ley 6/2024, de 5 de noviembre, por el que se adoptan medidas urgentes de respuesta ante los daños causados por la Depresión Aislada en Niveles Altos (DANA) en diferentes municipios entre el 28 de octubre y el 4 de noviembre de 2024.*

1. Los contribuyentes del Impuesto sobre la Renta de las Personas Físicas que desarrollen actividades económicas en los términos municipales citados en el anexo del Real Decreto-ley 6/2024, de 5 de noviembre, por el que se adoptan medidas urgentes de respuesta ante los daños causados por la Depresión Aislada en Niveles Altos (DANA) en diferentes municipios entre el 28 de octubre y el 4 de noviembre de 2024, y determinen el rendimiento neto por el método de estimación objetiva, podrán reducir el rendimiento neto de módulos de 2024 correspondiente a tales actividades en un 25 por ciento.

La reducción prevista en el párrafo anterior se aplicará sobre el rendimiento neto de módulos resultante después de aplicar la reducción prevista en el apartado 1 de la disposición adicional primera de la Orden HFP/1359/2023, de 19 de diciembre, por la que se desarrollan para el año 2024 el método de estimación objetiva del Impuesto sobre la Renta de las Personas Físicas y el régimen especial simplificado del Impuesto sobre el Valor Añadido.

Para la determinación de la cuantía del pago fraccionado correspondiente al último trimestre de 2024, el rendimiento neto a efectos del pago fraccionado se reducirá en la parte proporcional del mismo que corresponda a las actividades económicas desarrolladas en los términos municipales afectados por la Depresión Aislada en Niveles Altos (DANA) a que se refiere el primer párrafo de este apartado.

2. Los sujetos pasivos del Impuesto sobre el Valor Añadido que desarrollen actividades empresariales o profesionales en los términos municipales citados en el anexo del Real Decreto-ley 6/2024, de 5 de noviembre, por el que se adoptan medidas urgentes de respuesta ante los daños causados por la Depresión Aislada en Niveles Altos (DANA) en diferentes municipios entre el 28 de octubre y el 4 de noviembre de 2024, y estén acogidos al régimen especial simplificado, podrán reducir en un 25 por ciento el importe de las cuotas devengadas por operaciones corrientes correspondiente a tales actividades en el año 2024.

Esta reducción se tendrá en cuenta para el cálculo de la cuota anual del régimen especial simplificado correspondiente al año 2024.

Disposición final única. Entrada en vigor.

Esta orden entrará en vigor el día siguiente al de su publicación en el «Boletín Oficial del Estado», con efectos para el año 2025.

ANEXO I. ACTIVIDADES AGRÍCOLAS, GANADERAS Y FORESTALES

*Signos, índices o módulos del método de estimación objetiva
del Impuesto sobre la Renta de las Personas Físicas*

(...)

ÍNDICES Y MÓDULOS DEL RÉGIMEN ESPECIAL SIMPLIFICADO DEL IMPUESTO SOBRE EL VALOR AÑADIDO

Actividad: Ganadera de explotación intensiva de ganado porcino de carne y avicultura de carne.

Índice de cuota devengada por operaciones corrientes: 0,10

Actividad: Ganadera de explotación intensiva de avicultura de huevos y, ganado ovino, caprino y bovino de leche.

Índice de cuota devengada por operaciones corrientes: 0,04

Actividad: Ganadera de explotación intensiva de ganado bovino de carne y cunicultura.

Índice de cuota devengada por operaciones corrientes: 0,10

Actividad: Ganadera de explotación intensiva de ganado porcino de cría, bovino de cría y otras intensivas o extensivas no comprendidas expresamente en otros apartados.

Índice de cuota devengada por operaciones corrientes: 0,10

Actividad: Ganadera de explotación intensiva de ganado ovino y caprino de carne.

Índice de cuota devengada por operaciones corrientes: 0,10

Actividad: Servicios de cría, guarda y engorde de aves.

Índice de cuota devengada por operaciones corrientes: 0,09375

Actividad: Otros trabajos y servicios accesorios realizados por agricultores, ganaderos o titulares de actividades forestales que estén excluidos del régimen especial de la agricultura, ganadería y pesca del Impuesto sobre el Valor Añadido, y servicios de cría, guarda y engorde de ganado, excepto aves.

Índice de cuota devengada por operaciones corrientes: 0,10

Actividad: Actividades accesorias realizadas por agricultores, ganaderos o titulares de actividades forestales no incluidas en el régimen especial de la agricultura, ganadería y pesca del Impuesto sobre el Valor Añadido.

Índice de cuota devengada por operaciones corrientes: 0,21

NOTA: A título indicativo en las actividades accesorias se incluyen:
Agroturismo, artesanía, caza, pesca y, actividades recreativas y de ocio, en las que el agricultor, ganadero o titular de actividades forestales participe como monitor, guía o experto, tales como excursionismo, senderismo, rutas ecológicas, etc.

Actividad: Aprovechamientos que correspondan al cedente en las actividades agrícolas, desarrolladas en régimen de aparcería, dedicadas a la obtención de productos agrícolas no comprendidas en los apartados siguientes.

Índice de cuota devengada por operaciones corrientes: 0,04

Actividad: Aprovechamientos que correspondan al cedente en las actividades agrícolas, desarrolladas en régimen de aparcería, dedicadas a la obtención de forrajes.

Índice de cuota devengada por operaciones corrientes: 0,07625

Actividad: Aprovechamientos que correspondan al cedente en las actividades agrícolas, desarrolladas en régimen de aparcería, dedicadas a la obtención de plantas textiles y tabaco.

Índice de cuota devengada por operaciones corrientes: 0,21

Actividad: Aprovechamientos que correspondan al cedente en las actividades forestales, desarrolladas en régimen de aparcería.

Índice de cuota devengada por operaciones corrientes: 0,21

Actividad: Procesos de transformación, elaboración o manufactura de productos naturales para la obtención de queso.

Índice de cuota devengada por operaciones corrientes: 0,070

Actividad: Procesos de transformación, elaboración o manufactura de productos naturales para la obtención de vino de mesa.

Índice de cuota devengada por operaciones corrientes: 0,2675

Actividad: Procesos de transformación, elaboración o manufactura de productos naturales para la obtención de vino con denominación de origen.

Índice de cuota devengada por operaciones corrientes: 0,2675

Actividad: Procesos de transformación, elaboración o manufactura de productos naturales para la obtención de aceites de oliva.

Índice de cuota devengada por operaciones corrientes: 0,16406

Actividad: Procesos de transformación, elaboración o manufactura de productos naturales para la obtención de otros productos distintos a los anteriores.

Índice de cuota devengada por operaciones corrientes: 0,19625

INSTRUCCIONES PARA LA APLICACIÓN DE LOS SIGNOS, ÍNDICES O MÓDULOS
EN EL IMPUESTO SOBRE LA RENTA DE LAS PERSONAS FÍSICAS

(...)

INSTRUCCIONES PARA LA APLICACIÓN DE LOS ÍNDICES Y MÓDULOS EN EL IMPUESTO SOBRE EL VALOR AÑADIDO

NORMAS GENERALES

1. La cuota derivada de este régimen especial resultará de la suma de las cuotas que correspondan a cada una de las actividades incluidas en el mismo ejercidas por el sujeto pasivo.

Con carácter general, la liquidación del Impuesto sobre el Valor Añadido por la realización de cada actividad resultará de la diferencia entre «cuotas devengadas por operaciones corrientes» y «cuotas soportadas o satisfechas por operaciones corrientes» relativas a dicha actividad. El resultado será la «cuota derivada del régimen simplificado», y debe ser corregido, tal como se indica en el anexo III, número 4 de esta orden, con la adición de las cuotas correspondientes a las operaciones mencionadas en el apartado uno.B del artículo 123 de la Ley del Impuesto y la deducción de las cuotas soportadas o satisfechas por la adquisición o importación de activos fijo.

2. A efectos de lo indicado en el número 1 anterior, la cuota derivada del régimen simplificado correspondiente a cada actividad se cuantifica por medio del procedimiento establecido a continuación:

2.1. *Cuota devengada por operaciones corrientes.*

La cuota devengada por operaciones corrientes, en el supuesto de actividades en que se realice la entrega de los productos naturales o los trabajos, servicios y actividades accesorios, se obtendrá multiplicando el volumen total de ingresos, excluidas las subvenciones corrientes o de capital, las indemnizaciones así como el Impuesto sobre el Valor Añadido y, en su caso, el recargo de equivalencia que grave la operación, de cada uno de los cultivos o explotaciones por el «índice de cuota devengada por operaciones corrientes» que corresponda.

La cuota devengada por operaciones corrientes, en el supuesto de actividades en las que se sometan los productos naturales a transformación, elaboración o manufactura, se obtendrá multiplicando el valor de los productos naturales utilizados en el proceso, a precio de mercado, por el «índice de cuota devengada por operaciones corrientes» correspondiente. La imputación de la cuota devengada por operaciones corrientes en estas actividades se producirá en el momento en que los productos naturales sean incorporados a los citados procesos de transformación, elaboración o manufactura. No obstante, respecto de los productos sometidos a dichos procesos en ejercicios anteriores a 1998 que sean transmitidos a partir del 1 de enero del año 2025, la imputación de la cuota devengada por operaciones corrientes se producirá en el momento que sean transmitidos los productos obtenidos en los referidos procesos.

Cuando, en el ejercicio de las actividades descritas en el párrafo anterior se realicen entregas en régimen de depósito distinto de los aduaneros en aplicación de las letras a) y b) del apartado quinto del anexo de la Ley 37/1992, reguladora del Impuesto sobre el Valor Añadido, los índices y módulos no serán de aplicación en la medida en que se utilicen en la realización de operaciones exentas del Impuesto sobre el Valor Añadido.

2.2. *Deducción de las cuotas soportadas o satisfechas por operaciones corrientes.*

De la cuota devengada por operaciones corrientes podrán deducirse las cuotas soportadas o satisfechas por la adquisición o importación de bienes y servicios, distintos de los activos fijos, destinados al desarrollo de la actividad, en los términos establecidos en el capítulo I del título VIII de la Ley 37/1992, de 28 de diciembre, del Impuesto sobre el Valor Añadido, y en el Reglamento del Impuesto, considerándose a estos efectos activos fijos los elementos del inmovilizado. También podrán ser deducidas las compensaciones agrícolas a que se refiere el artículo 130 de la Ley 37/1992, satisfechas por los sujetos pasivos por la adquisición de bienes o servicios a empresarios acogidos al régimen especial de la agricultura, ganadería y pesca. No obstante, será deducible el 1 por ciento del importe de la cuota devengada por operaciones corrientes en concepto de cuotas soportadas, por este mismo tipo de operaciones, de difícil justificación.

En el ejercicio de las deducciones a que se refiere el párrafo anterior se aplicarán las siguientes reglas:

1.º No serán deducibles las cuotas soportadas por los servicios de desplazamiento o viajes, hostelería y restauración en el supuesto de empresarios o profesionales que desarrollen su actividad en local determinado. A estos efectos, se considerará local determinado cualquier edificación, excluyendo los almacenes, aparcamientos o depósitos cerrados al público.

2.º Las cuotas soportadas o satisfechas sólo serán deducibles en la declaración-liquidación correspondiente al último período impositivo del año en el que deban entenderse soportadas o satisfechas, por lo que, con independencia del régimen de tributación aplicable en años sucesivos, no procederá su deducción en un período impositivo posterior.

3.º Cuando se realicen adquisiciones o importaciones de bienes y servicios para su utilización en común en varias actividades por las que el empresario o profesional esté acogido a este régimen especial, la cuota a deducir en cada una de ellas será la que resulte del prorrateo en función de su utilización efectiva. Si no fuese posible aplicar dicho procedimiento, se imputarán por partes iguales a cada una de las actividades.

2.3. *Cuota derivada del régimen simplificado.*

El resultado de deducir de la cuota devengada por operaciones corrientes las cuotas soportadas o satisfechas por operaciones corrientes, en los términos indicados en el número 2.2 anterior, será la cuota derivada del régimen especial simplificado.

CUOTAS TRIMESTRALES

3. El cálculo indicado en el número 2 anterior deberá efectuarlo el sujeto pasivo al término del ejercicio, si bien en las declaraciones-liquidaciones correspondientes a los tres primeros trimestres de cada año natural el sujeto pasivo realizará, durante los veinte primeros días naturales de los meses de abril, julio y octubre, el ingreso a cuenta de una parte de la cuota derivada del régimen simplificado.

Para cuantificar el importe a ingresar en tales declaraciones-liquidaciones, se estimará la cuota devengada por operaciones corrientes del trimestre, aplicando el «índice de cuota devengada por operaciones corrientes» correspondiente sobre el volumen total de ingresos del trimestre, excluidas subvenciones corrientes o de capital, las indemnizaciones así como el Impuesto sobre el Valor Añadido y, en su caso, el recargo de equivalencia que grave la operación, y sobre tal cuota devengada por operaciones corrientes se aplicarán los siguientes porcentajes:

Actividad	Porcentaje
Ganadera de explotación intensiva de ganado porcino de carne y avicultura de carne	12%
Ganadera de explotación intensiva de avicultura de huevos y, ganado ovino, caprino y bovino de leche	2%
Ganadera de explotación intensiva de ganado bovino de carne y cunicultura	24%
Ganadera de explotación intensiva de ganado porcino de cría, bovino de cría y otras intensivas o extensivas no comprendidas expresamente en otros apartados	32%
Ganadera de explotación intensiva de ganado ovino y caprino de carne	40%
Servicios de cría, guarda y engorde de aves	40%
Otros trabajos y servicios accesorios realizados por agricultores, ganaderos o titulares de actividades forestales que estén excluidos del régimen especial de la agricultura, ganadería y pesca del Impuesto sobre el Valor Añadido y, servicios de cría, guarda y engorde de ganado, excepto aves	48%
Actividades accesorias realizadas por agricultores, ganaderos o titulares de actividades forestales no incluidas en el régimen especial de la agricultura, ganadería y pesca del Impuesto sobre el Valor Añadido	80%

Actividad	Porcentaje
Aprovechamientos que correspondan al cedente en las actividades agrícolas, desarrolladas en régimen de aparcería, dedicadas a la obtención de productos agrícolas no comprendidos en los apartados siguientes	2%
Aprovechamientos que correspondan al cedente en las actividades agrícolas, desarrolladas en régimen de aparcería, dedicadas a la obtención de forrajes	28%
Aprovechamientos que correspondan al cedente en las actividades agrícolas, desarrolladas en régimen de aparcería, dedicadas a la obtención de plantas textiles y tabaco	44%
Aprovechamientos que correspondan al cedente en las actividades forestales, desarrolladas en régimen de aparcería	44%
Procesos de transformación, elaboración o manufactura de productos naturales para la obtención de queso	28%
Procesos de transformación, elaboración o manufactura de productos naturales para la obtención de vino de mesa	80%
Procesos de transformación, elaboración o manufactura de productos naturales para la obtención de vino con denominación de origen	80%
Procesos de transformación, elaboración o manufactura de productos naturales para la obtención de aceites de oliva	80%

No obstante, en el supuesto de actividades en las que se sometan los productos naturales a transformación, elaboración o manufactura, el citado porcentaje se aplicará sobre el resultado de multiplicar el «índice de cuota devengada por operaciones corrientes» correspondiente sobre el valor de los productos naturales utilizados en el trimestre por el precio de mercado.

CUOTA ANUAL

4. Al finalizar el año o al producirse el cese de la actividad, el sujeto pasivo deberá calcular la cuota anual derivada del régimen simplificado, teniendo en cuenta el volumen total de ingresos, excluidas subvenciones corrientes o de capital, las indemnizaciones, así como el Impuesto sobre el Valor Añadido y, en su caso, el recargo de equivalencia que grave la operación, correspondientes al año natural, según lo establecido en el punto 2 anterior.

5. En la última declaración-liquidación del ejercicio se hará constar la cuota anual derivada del régimen simplificado, detrayéndose de la misma las cantidades liquidadas en las declaraciones-liquidaciones de los tres primeros trimestres del ejercicio.

Si el resultado de la última declaración-liquidación del ejercicio fuera negativo, el sujeto pasivo podrá solicitar la devolución en la forma prevista en el artículo 115, apartado uno de la Ley del Impuesto, u optar por la compensación del saldo a su favor en las siguientes declaraciones-liquidaciones periódicas.

6. La declaración-liquidación correspondiente al último trimestre del año natural deberá presentarse durante los treinta primeros días naturales del mes de enero.

7. La liquidación de las cuotas correspondientes a las operaciones indicadas en el apartado uno.B del artículo 123 de la Ley del Impuesto y la deducción de las cuotas soportadas o satisfechas por la adquisición o importación de activos fijos se efectuará en la forma indicada en el anexo III, número 4 de esta orden ministerial.

(...)

ANEXO II. OTRAS ACTIVIDADES

Signos, Índices o Módulos del Régimen de Estimación Objetiva del Impuesto sobre la Renta de las Personas Físicas

(...)

Índices y módulos del Régimen Especial Simplificado del Impuesto sobre el Valor Añadido

Actividad: Industrias del pan y de la bollería.
Epígrafe I.A.E. 419.1

Módulo	Definición	Unidad	Cuota devengada anual por unidad
			Euros
1	Personal empleado	Persona	1.693,54
2	Superficie del local	Metro cuadrado	7,09
3	Superficie del horno	100 Decímetros cuadrados	30,47

Cuota mínima por operaciones corrientes: 20% de la cuota devengada por operaciones corrientes.

NOTA: La cuota resultante de la aplicación de los signos, índices o módulos anteriores incluye la derivada del ejercicio de las actividades que faculta la nota del epígrafe 644.1 del I.A.E.

Actividad: Industrias de la bollería, pastelería y galletas.
Epígrafe I.A.E. 419.2

Módulo	Definición	Unidad	Cuota devengada anual por unidad
			Euros
1	Personal empleado	Persona	3.064,67
2	Superficie del local	Metro cuadrado	8,86
3	Superficie del horno	100 Decímetros cuadrados	59,34

Cuota mínima por operaciones corrientes: 30% de la cuota devengada por operaciones corrientes.

NOTA: La cuota resultante de la aplicación de los signos, índices o módulos anteriores incluye, en su caso, la derivada de la fabricación de pastelería «salada» y «platos precocinados», siempre que estas actividades se desarrollen con carácter accesorio a la actividad principal.
NOTA: La cuota resultante de la aplicación de los signos, índices o módulos anteriores incluye la derivada del ejercicio de las actividades que faculta la nota del epígrafe 644.3 del I.A.E.

Actividad: Industrias de elaboración de masas fritas.
Epígrafe I.A.E. 419.3

Módulo	Definición	Unidad	Cuota devengada anual por unidad
			Euros
1	Personal empleado	Persona	2.550,92
2	Superficie del local	Metro cuadrado	10,63

Cuota mínima por operaciones corrientes: 32% de la cuota devengada por operaciones corrientes.

NOTA: La cuota resultante de la aplicación de los signos, índices o módulos anteriores incluye la derivada del ejercicio de las actividades que faculta la nota del epígrafe 644.6 del I.A.E.

Actividad: Elaboración de patatas fritas, palomitas de maíz y similares.
Epígrafe I.A.E. 423.9

Módulo	Definición	Unidad	Cuota devengada anual por unidad
			Euros
1	Personal empleado	Persona	2.550,92
2	Superficie del local	Metro cuadrado	10,63

Cuota mínima por operaciones corrientes: 32% de la cuota devengada por operaciones corrientes.

NOTA: La cuota resultante de la aplicación de los signos, índices o módulos anteriores incluye la derivada del ejercicio de las actividades que faculta la nota del epígrafe 644.6 del I.A.E.

Actividad: Elaboración de productos de charcutería por minoristas de carne.
Epígrafe I.A.E. 642.1,2 y 3

Módulo	Definición	Unidad	Cuota devengada anual por unidad
			Euros
1	Personal empleado	Persona	1.753,76
2	Superficie del local	Metro cuadrado	2,21

Cuota mínima por operaciones corrientes: 32% de la cuota devengada por operaciones corrientes.

NOTA: La cuota resultante de la aplicación de los signos o módulos anteriores, incluye, en su caso, la derivada de la elaboración de platos precocinados, siempre que se desarrolle con carácter accesorio a la actividad principal.
NOTA: Se entiende por superficie del local, en este caso, la dedicada a la elaboración de productos de charcutería y platos precocinados.

Actividad: Comerciantes minoristas matriculados en el epígrafe 642.5 por el asado de pollos
Epígrafe I.A.E. 642.5

Módulo	Definición	Unidad	Cuota devengada anual por unidad
			Euros
1	Personal empleado asado de pollos	Persona	673,16
2	Superficie del local	Metro cuadrado	13,29
3	Capacidad del asador	Pieza	62,89

Cuota mínima por operaciones corrientes: 32% de la cuota devengada por operaciones corrientes.

Actividad: Comercio al por menor de pan, pastelería, confitería y similares y de leche y productos lácteos.
Epígrafe I.A.E. 644.1

Módulo	Definición	Unidad	Cuota devengada anual por unidad
			Euros
1	Personal empleado	Persona	2.090,35
2	Superficie del local	Metro cuadrado	8,86
3	Superficie del horno	100 Decímetros cuadrados	40,75
4	Importe total de las comisiones por loterías	Euro	0,21

Cuota mínima por operaciones corrientes: 20% de la cuota devengada por operaciones corrientes.

NOTA: La cuota resultante de la aplicación de los signos o módulos anteriores incluye, en su caso, la derivada de la fabricación de productos de pastelería salada y platos precocinados, la degustación de los productos objetos de su actividad acompañados de cualquier tipo de bebidas, cafés, infusiones o solubles y las actividades de «catering», así como de la comercialización de loterías, siempre que estas actividades se desarrollen con carácter accesorio a la actividad principal.

Actividad: Despachos de pan, panes especiales y bollería.
Epígrafe I.A.E. 644.2

Módulo	Definición	Unidad	Cuota devengada anual por unidad
			Euros
1	Personal empleado	Persona	2.090,35
2	Superficie del local	Metro cuadrado	8,86
3	Superficie del horno	100 Decímetros cuadrados	40,75
4	Importe total de las comisiones por loterías	Euro	0,21

Cuota mínima por operaciones corrientes: 20% de la cuota devengada por operaciones corrientes.

NOTA: La cuota resultante de la aplicación de los signos, índices o módulos anteriores incluye exclusivamente la derivada de las actividades para las que faculta el epígrafe 644.2, exceptuando las que tributen por el régimen especial del recargo de equivalencia, así como la de la comercialización de loterías, siempre que esta actividad se desarrolle con carácter accesorio a la actividad principal.

Actividad: Comercio al por menor de productos de pastelería, bollería y confitería
Epígrafe I.A.E. 644.3

Módulo	Definición	Unidad	Cuota devengada anual por unidad
			Euros
1	Personal empleado	Persona	3.064,67
2	Superficie del local	Metro cuadrado	8,86
3	Superficie del horno	100 Decímetros cuadrados	59,34
4	Importe total de las comisiones por loterías	Euro	0,21

Cuota mínima por operaciones corrientes: 30% de la cuota devengada por operaciones corrientes.

NOTA: La cuota resultante de la aplicación de los signos o módulos anteriores incluye, en su caso, la derivada de la fabricación de productos de pastelería salada y platos precocinados, la degustación de los productos objetos de su actividad acompañados de cualquier tipo de bebidas, cafés, infusiones o solubles y las actividades de «catering», así como la de la comercialización de loterías, siempre que estas actividades se desarrollen con carácter accesorio a la actividad principal.

Actividad: Comercio al por menor de masas fritas, con o sin coberturas o rellenos, patatas fritas, productos de aperitivo, frutos secos, golosinas, preparados de chocolate y bebidas refrescantes.
Epígrafe I.A.E. 644.6

Módulo	Definición	Unidad	Cuota devengada anual por unidad
			Euros
1	Personal empleado	Persona	2.550,92
2	Superficie del local	Metro cuadrado	10,63
3	Importe total de las comisiones por loterías	Euro	0,21

Cuota mínima por operaciones corrientes: 32% de la cuota devengada por operaciones corrientes.

NOTA: La cuota resultante de la aplicación de los signos, índices o módulos anteriores incluye exclusivamente la derivada de las actividades para las que faculta el epígrafe 644.6, exceptuando las que tributen por el régimen especial del recargo de equivalencia, así como la de la comercialización de loterías, siempre que esta actividad se desarrolle con carácter accesorio a la actividad principal.

Actividad: Reparación de artículos de su actividad efectuadas por comerciantes minoristas matriculados en el epígrafe 653.2
Epígrafe I.A.E. 653.2

Módulo	Definición	Unidad	Cuota devengada anual por unidad
			Euros
1	Personal empleado reparación	Persona	5.819,91
2	Superficie taller reparación	Metro cuadrado	5,71

Cuota mínima por operaciones corrientes: 48% de la cuota devengada por operaciones corrientes.

NOTA: La cuota resultante de la aplicación de los signos, índices o módulos anteriores incluye exclusivamente la derivada de la reparación de los artículos de su actividad.

Actividad: Comercio al por menor de materiales de construcción, artículos y mobiliario de saneamiento, puertas, ventanas, persianas, etc.
Epígrafe I.A.E.: 653.4 y 5

Módulo	Definición	Unidad	Cuota devengada anual por unidad
			Euros
1	Personal empleado	Persona	12.317,71
2	Consumo de energía eléctrica	100 Kwh	239,74
3	Superficie del local	Metro cuadrado	9,10

Cuota mínima por operaciones corrientes: 13% de la cuota devengada por operaciones corrientes.

Actividad: Comercio al por menor de accesorios y piezas de recambio para vehículos terrestres.
Epígrafe I.A.E. 654.2

Módulo	Definición	Unidad	Cuota devengada anual por unidad
			Euros
1	Personal empleado	Persona	15.558,35
2	Consumo de energía eléctrica	100 Kwh	272,80
3	Potencia fiscal vehículo	CVF	620,03

Cuota mínima por operaciones corrientes: 13% de la cuota devengada por operaciones corrientes.

Actividad: Comercio al por menor de toda clase de maquinaria (excepto aparatos del hogar, de oficina, médicos, ortopédicos, ópticos y fotográficos).
Epígrafe I.A.E. 654.5

Módulo	Definición	Unidad	Cuota devengada anual por unidad
			Euros
1	Personal empleado	Persona	18.021,89
2	Consumo de energía eléctrica	100 Kwh	74,41
3	Potencia fiscal vehículo	CVF	82,66

Cuota mínima por operaciones corrientes: 13% de la cuota devengada por operaciones corrientes.

Actividad: Comercio al por menor de cubiertas, bandas o bandajes y cámaras de aire para toda clase de vehículos.
Epígrafe I.A.E. 654.6

Módulo	Definición	Unidad	Cuota devengada anual por unidad
			Euros
1	Personal empleado	Persona	14.152,98
2	Consumo de energía eléctrica	100 Kwh	206,67
3	Potencia fiscal vehículo	CVF	372,02

Cuota mínima por operaciones corrientes: 13% de la cuota devengada por operaciones corrientes.

Actividad: Comerciantes minoristas matriculados en el epígrafe 659.3 por el servicio de recogida de negativos y otro material fotográfico impresionado para su procesado en laboratorio de terceros y la entrega de las correspondientes copias y ampliaciones.
Epígrafe I.A.E. 659.3

Módulo	Definición	Unidad	Cuota devengada anual por unidad
			Euros
1	Personal empleado recogida material fotográfico	Persona	14.533,25
2	Superficie del local	Metro cuadrado	30,59

Cuota mínima por operaciones corrientes: 13% de la cuota devengada por operaciones corrientes.

.**Actividad:** Comerciantes minoristas matriculados en el epígrafe 659.4 por el servicio de publicidad exterior y comercialización de tarjetas para el transporte público, tarjetas de uso telefónico y otras similares, así como loterías.
Epígrafe I.A.E. 659.4

Módulo	Definición	Unidad	Cuota devengada anual por unidad
			Euros
1	Importe total de las comisiones o contraprestaciones percibidas por estas operaciones	Euro	0,21

Cuota mínima por operaciones corrientes: 75% de la cuota devengada por operaciones corrientes.

Actividad: Comerciantes minoristas matriculados en los epígrafes 647.1, 2 y 3, 652.2 y 3 y 662.2 por el servicio de comercialización de loterías.
Epígrafe I.A.E. 647.1, 2 y 3, 652.2 y 3 y 662.2

Módulo	Definición	Unidad	Cuota devengada anual por unidad
			Euros
1	Importe total de las comisiones percibidas por estas operaciones	Euro	0,21

Cuota mínima por operaciones corrientes: 75% de la cuota devengada por operaciones corrientes.

Actividad: Comercio al por menor fuera de un establecimiento comercial permanente dedicado exclusivamente a la comercialización de masas fritas, con o sin coberturas o rellenos, patatas fritas, productos de aperitivo, frutos secos, golosinas, preparación de chocolate y bebidas refrescantes y facultado para la elaboración de los productos propios de churrería y patatas fritas en la propia instalación o vehículo
Epígrafe I.A.E. 663.1

Módulo	Definición	Unidad	Cuota devengada anual por unidad
			Euros
1	Personal empleado	Persona	5.881,32
2	Potencia fiscal del vehículo	CVF	43,40

Cuota mínima por operaciones corrientes: 20% de la cuota devengada por operaciones corrientes.

NOTA: La cuota resultante de la aplicación de los signos, índices o módulos anteriores incluye exclusivamente la derivada de la elaboración y simultáneo comercio de los productos fabricados y comercializados en la forma prevista en la nota del epígrafe 663.1 del I.A.E.

Actividad: Restaurantes de dos tenedores.
Epígrafe I.A.E.: 671.4

Módulo	Definición	Unidad	Cuota devengada anual por unidad Euros
1	Personal empleado	Persona	2.993,81
2	Potencia eléctrica	Kw. Contratado	150,57
3	Mesas	Mesa	168,29
4	Máquinas tipo «A»	Máquina tipo «A»	239,15
5	Máquinas tipo «B»	Máquina tipo «B»	841,46
6	Importe total de las comisiones por loterías y máquinas de apuestas deportivas	Euro	0,21

Cuota mínima por operaciones corrientes: 13% de la cuota devengada por operaciones corrientes.

NOTA: La cuota resultante de la aplicación de los signos o módulos anteriores incluye, en su caso, la derivada de máquinas de recreo tales como billar, futbolín, dardos, etc..., así como de los expositores de cintas, vídeos, compact-disc, expendedores de bolas, etc..., máquinas de juegos infantiles, máquinas reproductoras de compact-disc y vídeos musicales, loterías, máquinas de apuestas deportivas y el servicio de uso de teléfono, siempre que se realicen con carácter accesorio a la actividad principal.

Actividad: Restaurantes de un tenedor.
Epígrafe I.A.E.: 671.5

Módulo	Definición	Unidad	Cuota devengada anual por unidad Euros
1	Personal empleado	Persona	2.400,36
2	Potencia eléctrica	Kw. Contratado	70,86
3	Mesas	Mesa	124,00
4	Máquinas tipo «A»	Máquina tipo «A»	239,15
5	Máquinas tipo «B»	Máquina tipo «B»	841,46
6	Importe total de las comisiones por loterías y máquinas de apuestas deportivas	Euro	0,21

Cuota mínima por operaciones corrientes: 20% de la cuota devengada por operaciones corrientes.

NOTA: La cuota resultante de la aplicación de los signos o módulos anteriores incluye, en su caso, la derivada de máquinas de recreo tales como billar, futbolín, dardos, etc..., así como de los expositores de cintas, vídeos, compact-disc, expendedores de bolas, etc..., máquinas de juegos infantiles, máquinas reproductoras de compact-disc y vídeos musicales, loterías, máquinas de apuestas deportivas y el servicio de uso de teléfono, siempre que se realicen con carácter accesorio a la actividad principal.

Actividad: Cafeterías.
Epígrafe I.A.E.: 672.1, 2 y 3

Módulo	Definición	Unidad	Cuota devengada anual por unidad
			Euros
1	Personal empleado	Persona	2.356,07
2	Potencia eléctrica	Kw. Contratado	124,00
3	Mesas	Mesa	70,86
4	Máquinas tipo «A»	Máquina tipo «A»	221,43
5	Máquinas tipo «B»	Máquina tipo «B»	832,60
6	Importe total de las comisiones por loterías y máquinas de apuestas deportivas	Euro	0,21

Cuota mínima por operaciones corrientes: 13% de la cuota devengada por operaciones corrientes.

NOTA: La cuota resultante de la aplicación de los signos o módulos anteriores incluye, en su caso, la derivada de máquinas de recreo tales como billar, futbolín, dardos, etc..., así como de los expositores de cintas, vídeos, compact-disc, expendedores de bolas, etc..., máquinas de juegos infantiles, máquinas reproductoras de compact-disc y vídeos musicales, loterías, máquinas de apuestas deportivas y el servicio de uso de teléfono, siempre que se realicen con carácter accesorio a la actividad principal.

Actividad: Cafés y bares de categoría especial.
Epígrafe I.A.E.: 673.1

Módulo	Definición	Unidad	Cuota devengada anual por unidad Euros
1	Personal empleado	Persona	3.294,97
2	Potencia eléctrica	Kw. Contratado	69,09
3	Mesas	Mesa	60,23
4	Longitud de la barra	Metro	77,95
5	Máquinas tipo «A»	Máquina tipo «A»	221,43
6	Máquinas tipo «B»	Máquina tipo «B»	655,45
7	Importe total de las comisiones por loterías y máquinas de apuestas deportivas	Euro	0,21

Cuota mínima por operaciones corrientes: 6% de la cuota devengada por operaciones corrientes.

NOTA: La cuota resultante de la aplicación de los signos o módulos anteriores incluye, en su caso, la derivada de máquinas de recreo tales como billar, futbolín, dardos, etc..., así como de los expositores de cintas, vídeos, compact-disc, expendedores de bolas, etc..., máquinas de juegos infantiles, máquinas reproductoras de compact-disc y vídeos musicales, loterías, máquinas de apuestas deportivas y el servicio de uso de teléfono, siempre que se realicen con carácter accesorio a la actividad principal.

Actividad: Otros cafés y bares.
Epígrafe I.A.E.: 673.2

Módulo	Definición	Unidad	Cuota devengada anual por unidad Euros
1	Personal empleado	Persona	2.577,52
2	Potencia eléctrica	Kw. Contratado	47,83
3	Mesas	Mesa	56,69
4	Longitud de la barra	Metro	62,89
5	Máquinas tipo «A»	Máquina tipo «A»	177,15
6	Máquinas tipo «B»	Máquina tipo «B»	655,45
7	Importe total de las comisiones por loterías y máquinas de apuestas deportivas	Euro	0,21

Cuota mínima por operaciones corrientes: 6% de la cuota devengada por operaciones corrientes.

NOTA: La cuota resultante de la aplicación de los signos o módulos anteriores incluye, en su caso, la derivada de máquinas de recreo tales como billar, futbolín, dardos, etc..., así como de los expositores de cintas, vídeos, compact-disc, expendedores de bolas, etc..., máquinas de juegos infantiles, máquinas reproductoras de compact-disc y vídeos musicales, loterías, máquinas de apuestas deportivas y el servicio de uso de teléfono, siempre que se realicen con carácter accesorio a la actividad principal.

Actividad: Servicios en quioscos, cajones, barracas u otros locales análogos.
Epígrafe I.A.E. 675

Módulo	Definición	Unidad	Cuota devengada anual por unidad
			Euros
1	Personal empleado	Persona	4.357,86
2	Potencia eléctrica	Kw. Contratado	50,48
3	Superficie del local	Metro cuadrado	4,06
4	Importe total de las comisiones por loterías	Euro	0,21

Cuota mínima por operaciones corrientes: 3% de la cuota devengada por operaciones corrientes.

NOTA: La cuota resultante de la aplicación de los signos, índices o módulos anteriores incluye, en su caso, la derivada de la comercialización de loterías, siempre que esta actividad se desarrolle con carácter accesorio a la actividad principal.

Actividad: Servicios en chocolaterías, heladerías y horchaterías.
Epígrafe I.A.E. 676

Módulo	Definición	Unidad	Cuota devengada anual por unidad
			Euros
1	Personal empleado	Persona	3.817,55
2	Potencia eléctrica	Kw. Contratado	141,72
3	Mesas	Mesa	46,05
4	Máquinas tipo «A»	Máquina tipo «A»	177,15
5	Importe total de las comisiones por loterías	Euro	0,21

Cuota mínima por operaciones corrientes: 20% de la cuota devengada por operaciones corrientes.

NOTA: La cuota resultante de la aplicación de los signos o módulos anteriores, incluye, en su caso, la derivada de las actividades de elaboración de chocolates, helados y horchatas, el servicio al público de helados, horchatas, chocolates, infusiones, café y solubles, bebidas refrescantes, así como productos de bollería, pastelería, confitería y repostería que normalmente se acompañan para la degustación de los productos anteriores, y de máquinas de recreo tales como balancines, caballitos, animales parlantes, etc..., así como de la comercialización de loterías, siempre que se desarrollen con carácter accesorio a la actividad principal.

Actividad: Servicio de hospedaje en hoteles y moteles de una o dos estrellas.
Epígrafe I.A.E.: 681

Módulo	Definición	Unidad	Cuota devengada anual por unidad
			Euros
1	Personal empleado	Persona	2.604,09
2	Número de plazas	Plaza	53,14
3	Importe total de las comisiones por loterías	Euro	0,21

Cuota mínima por operaciones corrientes: 20% de la cuota devengada por operaciones corrientes.

NOTA: La cuota resultante de la aplicación de los signos, índices o módulos anteriores incluye, en su caso, la derivada de la comercialización de loterías, siempre que esta actividad se desarrolle con carácter accesorio a la actividad principal.

Actividad: Servicio de hospedaje en hostales y pensiones.
Epígrafe I.A.E.: 682

Módulo	Definición	Unidad	Cuota devengada anual por unidad
			Euros
1	Personal empleado	Persona	2.533,22
2	Número de plazas	Plaza	55,80

Cuota mínima por operaciones corrientes: 20% de la cuota devengada por operaciones corrientes.

Actividad: Servicio de hospedaje en fondas y casas de huéspedes.
Epígrafe I.A.E.: 683

Módulo	Definición	Unidad	Cuota devengada anual por unidad
			Euros
1	Personal empleado	Persona	1.762,62
2	Número de plazas	Plaza	29,22

Cuota mínima por operaciones corrientes: 30% de la cuota devengada por operaciones corrientes.

Actividad: Reparación de artículos eléctricos para el hogar.
Epígrafe I.A.E.: 691.1

Módulo	Definición	Unidad	Cuota devengada anual por unidad
			Euros
1	Personal empleado	Persona	5.819,91
2	Superficie del local	Metro cuadrado	5,71

Cuota mínima por operaciones corrientes: 48% de la cuota devengada por operaciones corrientes.

Actividad: Reparación de vehículos automóviles, bicicletas y otros vehículos.
Epígrafe I.A.E.: 691.2

Módulo	Definición	Unidad	Cuota devengada anual por unidad
			Euros
1	Personal empleado	Persona	8.556,27
2	Superficie del local	Metro cuadrado	16,54

Cuota mínima por operaciones corrientes: 30% de la cuota devengada por operaciones corrientes.

Actividad: Reparación de calzado.
Epígrafe I.A.E.: 691.9

Módulo	Definición	Unidad	Cuota devengada anual por unidad
			Euros
1	Personal empleado	Persona	3.000,89
2	Consumo de energía eléctrica	100 Kwh	36,37

Cuota mínima por operaciones corrientes: 48% de la cuota devengada por operaciones corrientes.

Actividad: Reparación de otros bienes de consumo n.c.o.p. (excepto reparación de calzado, restauración de obras de arte, muebles, antigüedades e instrumentos musicales).
Epígrafe I.A.E.: 691.9

Módulo	Definición	Unidad	Cuota devengada anual por unidad
			Euros
1	Personal empleado	Persona	5.381,76
2	Superficie del local	Metro cuadrado	13,23
Cuota mínima por operaciones corrientes: 48% de la cuota devengada por operaciones corrientes.			

Actividad: Reparación de maquinaria industrial.
Epígrafe I.A.E.: 692

Módulo	Definición	Unidad	Cuota devengada anual por unidad
			Euros
1	Personal empleado	Persona	9.721,90
2	Superficie del local	Metro cuadrado	53,75
Cuota mínima por operaciones corrientes: 30% de la cuota devengada por operaciones corrientes.			

Actividad: Otras reparaciones n.c.o.p.
Epígrafe I.A.E.: 699

Módulo	Definición	Unidad	Cuota devengada anual por unidad
			Euros
1	Personal empleado	Persona	7.671,69
2	Superficie del local	Metro cuadrado	46,31
Cuota mínima por operaciones corrientes: 32% de la cuota devengada por operaciones corrientes.			

Actividad: Transporte urbano colectivo y de viajeros por carretera.
Epígrafe I.A.E.: 721.1 y 3

Módulo	Definición	Unidad	Cuota devengada anual por unidad
			Euros
1	Personal empleado	Persona	1.700,62
2	Número de asientos	Asiento	79,72
Cuota mínima por operaciones corrientes: 1% de la cuota devengada por operaciones corrientes.			

Actividad: Transporte por autotaxis.
Epígrafe I.A.E.: 721.2

Módulo	Definición	Unidad	Cuota devengada anual por unidad
			Euros
1	Personal empleado	Persona	903,46
2	Distancia recorrida	1.000 Kilómetros	8,78

Cuota mínima por operaciones corrientes: 10% de la cuota devengada por operaciones corrientes.

NOTA: La cuota resultante de la aplicación de los signos o módulos anteriores incluye, en su caso, la derivada de la prestación de servicios de publicidad que utilicen como soporte el vehículo siempre que se desarrollen con carácter accesorio a la actividad principal.

Actividad: Transporte de mercancías por carretera, excepto residuos.
Epígrafe I.A.E.: 722

Módulo	Definición	Unidad	Cuota devengada anual por unidad
			Euros
1	Personal empleado	Persona	4.149,99
2	Carga vehículos	Tonelada	388,55

Cuota mínima por operaciones corrientes: 10% de la cuota devengada por operaciones corrientes.

NOTA: La cuota resultante de la aplicación de los signos o módulos anteriores incluye, en su caso, la derivada de las actividades auxiliares y complementarias del transporte, tales como agencias de transportes, depósitos y almacenamiento de mercancías, etc., siempre que se desarrollen con carácter accesorio a la actividad principal.

NOTA: En los casos en que se realicen transportes de residuos y transportes de mercancías distintas de los mismos, los módulos aplicables a dichos sectores de la actividad se prorratearán en función de su utilización efectiva en cada uno. Asimismo, a cada sector de la actividad se le aplicará la cuota mínima por operaciones corrientes que le corresponda. La suma de dichas cuotas mínimas será la que se utilice para el cálculo de la cuota derivada del régimen simplificado del conjunto de la actividad.

Actividad: Transporte de residuos por carretera.
Epígrafe I.A.E.: 722

Módulo	Definición	Unidad	Cuota devengada anual por unidad
			Euros
1	Personal empleado	Persona	1.948,64
2	Carga vehículos	Tonelada	181,58

Cuota mínima por operaciones corrientes: 1% de la cuota devengada por operaciones corrientes.

NOTA: La cuota resultante de la aplicación de los signos o módulos anteriores incluye, en su caso, la derivada de las actividades auxiliares y complementarias del transporte, tales como agencias de transportes, depósitos y almacenamiento de mercancías, etc..., siempre que se desarrollen con carácter accesorio a la actividad principal.

NOTA: En los casos en que se realicen transportes de residuos y transportes de mercancías distintas de los mismos, los módulos aplicables a dichos sectores de la actividad se prorratearán en función de su utilización efectiva en cada uno. Asimismo, a cada sector de la actividad se le aplicará la cuota mínima por operaciones corrientes que le corresponda. La suma de dichas cuotas mínimas será la que se utilice para el cálculo de la cuota derivada del régimen simplificado del conjunto de la actividad.

Actividad: Engrase y lavado de vehículos.
Epígrafe I.A.E.: 751.5

Módulo	Definición	Unidad	Cuota devengada anual por unidad
			Euros
1	Personal empleado	Persona	8.556,27
2	Superficie del local	Metro cuadrado	16,54

Cuota mínima por operaciones corrientes: 30% de la cuota devengada por operaciones corrientes.

Actividad: Servicios de mudanzas.
Epígrafe I.A.E.: 757

Módulo	Definición	Unidad	Cuota devengada anual por unidad
			Euros
1	Personal empleado	Persona	5.712,43
2	Carga vehículos	Tonelada	256,27

Cuota mínima por operaciones corrientes: 10% de la cuota devengada por operaciones corrientes.

Actividad: Transporte de mensajería y recadería, cuando la actividad se realice exclusivamente con medios de transporte propios.
Epígrafe I.A.E.: 849.5

Módulo	Definición	Unidad	Cuota devengada anual por unidad
			Euros
1	Personal empleado	Persona	4.149,99
2	Carga vehículos	Tonelada	388,55

Cuota mínima por operaciones corrientes: 10% de la cuota devengada por operaciones corrientes.

Actividad: Enseñanza de conducción de vehículos terrestres, acuáticos, aeronáuticos, etc.
Epígrafe I.A.E.: 933.1

Módulo	Definición	Unidad	Cuota devengada anual por unidad
			Euros
1	Personal empleado	Persona	3.000,89
2	Número de vehículos	Vehículo	256,27
3	Potencia fiscal vehículo	CVF	107,47

Cuota mínima por operaciones corrientes: 48% de la cuota devengada por operaciones corrientes.

NOTA: Los módulos anteriores no serán de aplicación en la medida en que se utilicen en la realización de operaciones exentas del Impuesto sobre el Valor Añadido por aplicación de lo previsto en el artículo 20.Uno.9º de la Ley 37/92.

Actividad: Otras actividades de enseñanza, tales como idiomas, corte y confección, mecanografía, taquigrafía, preparación de exámenes y oposiciones y similares n.c.o.p.
Epígrafe I.A.E.: 933.9

Módulo	Definición	Unidad	Cuota devengada anual por unidad
			Euros
1	Personal empleado	Persona	2.413,95
2	Superficie del local	Metro cuadrado	2,64

Cuota mínima por operaciones corrientes: 48% de la cuota devengada por operaciones corrientes.

NOTA: Los módulos anteriores no serán de aplicación en la medida en que se utilicen en la realización de operaciones exentas del Impuesto sobre el Valor Añadido por aplicación de lo previsto en el artículo 20.Uno.9º de la Ley 37/92.

Actividad: Escuelas y servicios de perfeccionamiento del deporte.
Epígrafe I.A.E.: 967.2

Módulo	Definición	Unidad	Cuota devengada anual por unidad
			Euros
1	Personal empleado	Persona	3.441,10
2	Superficie del local	Metro cuadrado	5,58

Cuota mínima por operaciones corrientes: 3% de la cuota devengada por operaciones corrientes.

Actividad: Tinte, limpieza en seco, lavado y planchado de ropas hechas y de prendas y artículos del hogar usados.
Epígrafe I.A.E.: 971.1

Módulo	Definición	Unidad	Cuota devengada anual por unidad
			Euros
1	Personal empleado	Persona	3.844,13
2	Consumo de energía eléctrica	100 Kwh	14,06

Cuota mínima por operaciones corrientes: 48% de la cuota devengada por operaciones corrientes.

Actividad: Servicios de peluquería de señora y caballero.
Epígrafe I.A.E. 972.1

Módulo	Definición	Unidad	Cuota devengada anual por unidad
			Euros
1	Personal empleado	Persona	2.562,75
2	Superficie del local	Metro cuadrado	41,33
3	Consumo de energía eléctrica	100 Kwh	17,48

Cuota mínima por operaciones corrientes: 13% de la cuota devengada por operaciones corrientes

NOTA: La cuota resultante de la aplicación de los signos o módulos anteriores incluye, en su caso, la derivada de servicios de manicura, depilación, pedicura y maquillaje, siempre que estas actividades se desarrollen con carácter accesorio a la actividad principal.

Actividad: Salones e institutos de belleza.
Epígrafe I.A.E. 972.2

Módulo	Definición	Unidad	Cuota devengada anual por unidad
			Euros
1	Personal empleado	Persona	2.562,75
2	Superficie del local	Metro cuadrado	41,33
3	Consumo de energía eléctrica	100 Kwh	17,36
Cuota mínima por operaciones corrientes: 32% de la cuota devengada por operaciones corrientes			

Actividad: Servicios de copias de documentos con máquinas fotocopiadoras.
Epígrafe I.A.E.: 973.3

Módulo	Definición	Unidad	Cuota devengada anual por unidad
			Euros
1	Personal empleado	Persona	13.136,13
2	Potencia eléctrica	Kw. contratado	239,74
Cuota mínima por operaciones corrientes: 30% de la cuota devengada por operaciones corrientes			
NOTA: La cuota resultante de la aplicación de los signos o módulos anteriores incluye, en su caso, la derivada de los servicios de reproducción de planos y la encuadernación de sus trabajos, siempre que estas actividades se desarrollen con carácter accesorio a la actividad principal de servicios de copias de documentos con máquinas fotocopiadoras.			

(…)

INSTRUCCIONES PARA LA APLICACIÓN DE LOS SIGNOS, ÍNDICES O MÓDULOS
EN EL IMPUESTO SOBRE LA RENTA DE LAS PERSONAS FÍSICAS

(…)

INSTRUCCIONES PARA LA APLICACIÓN DE LOS ÍNDICES Y MÓDULOS EN EL IMPUESTO SOBRE EL VALOR AÑADIDO

NORMAS GENERALES

1. La cuota derivada de este régimen especial resultará de la suma de las cuotas que correspondan a cada una de las actividades incluidas en el mismo ejercidas por el sujeto pasivo.

Con carácter general, la liquidación del Impuesto sobre el Valor Añadido por la realización de cada actividad acogida al régimen especial simplificado resultará de la diferencia entre «cuotas devengadas por operaciones corrientes» y «cuotas soportadas o satisfechas por operaciones corrientes», relativas a dicha actividad, con un «importe mínimo» de cuota a ingresar. El resultado será la «cuota derivada del régimen simplificado», y debe ser corregido, como se indica en el anexo III de esta orden, con la adición de las cuotas correspondientes a las operaciones mencionadas en el apartado uno.B del artículo 123 de la Ley del Impuesto sobre el Valor Añadido y la deducción de las cuotas soportadas o satisfechas por la adquisición o importación de activos fijos.

2. A efectos de lo indicado en el número 1 anterior, la cuota correspondiente a cada actividad se cuantifica por medio del procedimiento establecido a continuación:

2.1. *Cuota devengada por operaciones corrientes.*

La cuota devengada por operaciones corrientes será la suma de las cuantías correspondientes a los módulos previstos para la actividad. La cuantía de los módulos, a su vez, se calculará multiplicando la cantidad asignada a cada uno de ellos por el número de unidades del mismo empleadas, utilizadas o instaladas en la actividad.

En la cuantificación del número de unidades de los distintos módulos se tendrán en cuenta las reglas establecidas en las Instrucciones para la aplicación de los signos, índices o módulos en el Impuesto sobre la Renta de las Personas Físicas y la que se establece a continuación:

Personal empleado. Como personas empleadas se considerarán tanto las no asalariadas, incluyendo el titular de la actividad, como las asalariadas.

2.2. *Diferencia entre la cuota devengada y las cuotas soportadas por operaciones corrientes.*

De la cuota devengada por operaciones corrientes podrán deducirse las cuotas soportadas o satisfechas por la adquisición o importación de bienes y servicios, distintos de los activos fijos, destinados al desarrollo de la actividad, en los términos establecidos en el capítulo I del título VIII de la Ley 37/1992, de 28 de diciembre, del Impuesto sobre el Valor Añadido y en el Reglamento del tributo, considerándose a estos efectos activos fijos los elementos del inmovilizado. También podrán ser deducidas las compensaciones agrícolas a que se refiere el artículo 130 de la Ley 37/1992, satisfechas por los sujetos pasivos por la adquisición de bienes o servicios a empresarios acogidos al régimen especial de la agricultura, ganadería y pesca. No obstante, será deducible el 1 por ciento del importe de la cuota devengada por operaciones corrientes, en concepto de cuotas soportadas de difícil justificación.

En el ejercicio de las deducciones a que se refiere el párrafo anterior se aplicarán las siguientes reglas:

1.º No serán deducibles las cuotas soportadas por los servicios de desplazamiento o viajes, hostelería y restauración en el supuesto de empresarios o profesionales que desarrollen su actividad en local determinado. A estos efectos, se considerará local determinado cualquier edificación, excluyendo los almacenes, aparcamientos o depósitos cerrados al público.

2.º Las cuotas soportadas o satisfechas sólo serán deducibles en la declaración-liqui-dación correspondiente al último período impositivo del año en el que deban entenderse soportadas o satisfechas, por lo que, con independencia del régimen de tributación aplicable en años sucesivos, no procederá su deducción en un período impositivo posterior.

3.º Cuando se realicen adquisiciones o importaciones de bienes y servicios para su uti-lización en común en varias actividades por las que el empresario o profesional esté acogido a este régimen especial, la cuota a deducir en cada una de ellas será la que resulte del pro-rrateo en función de su utilización efectiva. Si no fuese posible aplicar dicho procedimiento, se imputarán por partes iguales a cada una de las actividades.

2.3. *Cuota derivada del régimen simplificado.*

La cuota derivada del régimen simplificado será la mayor de las dos cantidades siguien-tes:

– La resultante del número 2.2 anterior.

En las actividades de temporada dicha cantidad se multiplicará por el índice corrector previsto en el número 6 siguiente.

– La cuota mínima, incrementada en el importe de las cuotas del Impuesto sobre el Valor Añadido o tributo similar soportadas fuera del territorio de aplicación del Impuesto, que hayan sido devueltas al sujeto pasivo en el ejercicio, y que correspondan a bienes o servicios adquiridos para ser utilizados en el desarrollo de la actividad acogida al régimen simplificado.

La citada cuota mínima resultará de aplicar el porcentaje, establecido para cada acti-vidad, que figura en el anexo II de esta orden, sobre la cuota devengada por operaciones corrientes, definida en el número 2.1 anterior.

En las actividades de temporada dicha cuota mínima se multiplicará por el índice correc-tor previsto en el número 6 siguiente.

CUOTAS TRIMESTRALES

3. El resultado de aplicar lo indicado en el número 2 anterior se calculará por el sujeto pasivo al término de cada ejercicio, si bien en las declaraciones-liquidaciones correspon-dientes a los tres primeros trimestres de cada año natural, el sujeto pasivo realizará, durante los veinte primeros días naturales de los meses de abril, julio y octubre, el ingreso a cuenta de una parte de la cuota derivada del régimen simplificado, que resultara de aplicar el por-centaje señalado a continuación para cada actividad, a la cuota devengada por operaciones corrientes, calculada de acuerdo con lo señalado en el número 2.1 anterior:

I.A.E.	Actividad económica	Porcentaje
419.1	Industrias del pan y de la bollería	6%
419.2	Industrias de la bollería, pastelería y galletas	9%
419.3	Industrias de elaboración de masas fritas	10%
423.9	Elaboración de patatas fritas, palomitas de maíz y similares	10%
642.1, 2 y 3	Elaboración de productos de charcutería por minoristas de carne	10%
642.5	Comerciantes minoristas matriculados en el epígrafe 642.5 por el asado de pollos	10%
644.1	Comercio al por menor de pan, pastelería, confitería y similares y de leche y productos lácteos	6%
644.2	Despachos de pan, panes especiales y bollería	6%
644.3	Comercio al por menor de productos de pastelería, bollería y confitería	9%
644.6	Comercio al por menor de masas fritas, con o sin coberturas o rellenos, patatas fritas, productos de aperitivo, frutos secos, golosinas, preparados de chocolate y bebidas refrescantes	10%
653.2	Comercio al por menor de material y aparatos eléctricos, electrónicos, electrodomésticos y otros aparatos de uso doméstico accionados por otro tipo de energía distinta de la eléctrica, así como muebles de cocina	15%
653.4 y 5	Comercio al por menor de materiales de construcción, artículos y mobiliario de saneamiento, puertas, ventanas, persianas, etc	4%
654.2	Comercio al por menor de accesorios y piezas de recambio para vehículos con motor	4%
654.5	Comercio al por menor de toda clase de maquinaria (excepto aparatos del hogar, de oficina, médicos, ortopédicos, ópticos y fotográficos)	4%
654.6	Comercio al por menor de cubiertas, bandas o bandajes y cámaras de aire para vehículos terrestres con motor, excepto las actividades de comercio al por mayor de los artículos citados	4%
659.3	Comerciantes minoristas matriculados en el epígrafe 659.3 por el servicio de recogida de negativos y otro material fotográfico impresionado para su procesado en laboratorio de terceros y la entrega de las correspondientes copias y ampliaciones	4%
663.1	Comercio al por menor fuera de un establecimiento comercial permanente dedicado exclusivamente a la comercialización de masas fritas, con o sin coberturas o rellenos, patatas fritas, productos de aperitivo, frutos secos, golosinas, preparación de chocolate y bebidas refrescantes y facultado para la elaboración de los productos propios de churrería y patatas fritas en la propia instalación o vehículo	6%

I.A.E.	Actividad económica	Porcentaje
671.4	Restaurantes de dos tenedores	4%
671.5	Restaurantes de un tenedor	6%
672.1, 2 y 3	Cafeterías	4%
673.1	Cafés y bares de categoría especial	2%
673.2	Otros cafés y bares	2%
675	Servicios en quioscos, cajones, barracas u otros locales análogos	1%
676	Servicios en chocolaterías, heladerías y horchaterías	6%
681	Servicio de hospedaje en hoteles y moteles de una o dos estrellas	6%
682	Servicio de hospedaje en hostales y pensiones	6%
683	Servicio de hospedaje en fondas y casas de huéspedes	9%
691.1	Reparación de artículos eléctricos para el hogar	15%
691.2	Reparación de vehículos automóviles, bicicletas y otros vehículos	9%
691.9	Reparación de calzado	15%
691.9	Reparación de otros bienes de consumo n.c.o.p. (excepto reparación de calzado, restauración de obras de arte, muebles, antigüedades e instrumentos musicales)	15%
692	Reparación de maquinaria industrial	9%
699	Otras reparaciones n.c.o.p.	10%
721.1 y 3	Transporte urbano colectivo y de viajeros por carretera	1%
721.2	Transporte por autotaxis	5%
722	Transporte de mercancías por carretera, excepto residuos	5%
722	Transporte de residuos por carretera	1%
751.5	Engrase y lavado de vehículos	9%
757	Servicios de mudanzas	5%
849.5	Transporte de mensajería y recadería, cuando la actividad se realice exclusivamente con medios de transporte propios.	5%
933.1	Enseñanza de conducción de vehículos terrestres, acuáticos, aeronáuticos, etc	15%
933.9	Otras actividades de enseñanza, tales como idiomas, corte y confección, mecanografía, taquigrafía, preparación de exámenes y oposiciones y similares n.c.o.p.	15%
967.2	Escuelas y servicios de perfeccionamiento del deporte	2%
971.1	Tinte, limpieza en seco, lavado y planchado de ropas hechas y de prendas y artículos del hogar usados	15%

I.A.E.	Actividad económica	Porcentaje
972.1	Servicios de peluquería de señora y caballero	5%
972.2	Salones e institutos de belleza	10%
973.3	Servicios de copias de documentos con máquinas fotocopiadoras	9%

4. Para el cálculo del ingreso correspondiente a cada uno de los tres primeros trimestres, los módulos e índices correctores aplicables inicialmente en cada período anual serán los correspondientes a los datos-base del sector de actividad referidos al día 1 de enero de cada año.

Cuando algún dato-base no pudiera determinarse el primer día del año, se tomará el que hubiese correspondido en el año anterior. Esta misma regla se aplicará en el supuesto de actividades de temporada.

Cuando en el año anterior no se hubiese ejercido la actividad, los módulos e índices correctores aplicables inicialmente serán los correspondientes a los datos-base referidos al día en que se inicie.

Si los datos-base de cada módulo no fuesen un número entero, se expresarán con dos cifras decimales.

5. En caso de inicio de la actividad con posterioridad a 1 de enero o de cese antes de 31 de diciembre o cuando concurran ambas circunstancias, las cantidades a ingresar en los plazos indicados en el número 3 anterior se calcularán de la siguiente forma:

1.º La cuota devengada por operaciones corrientes se determinará aplicando los módulos del sector de actividad que correspondan según lo establecido en el número 4 anterior.

2.º Por cada trimestre natural completo de actividad se ingresará el porcentaje correspondiente a cada actividad que figura en el punto 3 anterior.

3.º La cantidad a ingresar en el trimestre natural incompleto se obtendrá multiplicando la cuota correspondiente a un trimestre natural completo por el cociente resultante de dividir el número de días naturales comprendidos en el período de ejercicio de la actividad en dicho trimestre natural por el número total de días naturales del mismo.

6. En las actividades de temporada se calculará la cuota devengada por operaciones corrientes conforme a lo dispuesto en el número 4 anterior.

La cuota devengada diaria por operaciones corrientes resultará de dividir la cuota devengada anual por el número de días de ejercicio de la actividad en el año anterior.

En las actividades a que se refiere este número el ingreso a realizar por cada trimestre natural será el resultado de aplicar el porcentaje correspondiente a cada actividad, que figura en el número 3 anterior, al producto de multiplicar el número de días naturales en que se desarrolla la actividad durante dicho trimestre por la cuota devengada diaria por operaciones corrientes.

La cuota calculada según lo dispuesto en este número se incrementará por aplicación de los siguientes índices correctores:

– Hasta 60 días de temporada: 1,50.

– De 61 a 120 días de temporada: 1,35.

– De 121 a 180 días de temporada: 1,25.

Este índice se aplicará en función de la duración de la temporada.

Tendrán la consideración de actividades de temporada las que habitualmente sólo se desarrollen durante ciertos días del año, continuos o alternos, siempre que el total no exceda de 180 días por año.

En todas las actividades de temporada, el sujeto pasivo deberá presentar declaración-liquidación en la forma y plazos previstos en el Reglamento del Impuesto, aunque la cuota a ingresar sea de cero euros.

7. En el supuesto de actividades accesorias de carácter empresarial o profesional, se cuantificará el importe del ingreso trimestral aplicando la cantidad asignada para el módulo «Importe de las comisiones o contraprestaciones» sobre el total de los ingresos del trimestre procedentes de esa actividad accesoria.

CUOTA ANUAL

8. Al finalizar el año o al producirse el cese de la actividad o la terminación de la temporada, para el cálculo de la cuota anual devengada y su reflejo en la última declaración-liquidación del ejercicio, el sujeto pasivo deberá calcular el promedio de los signos, índices o módulos relativos a todo el período en que haya ejercido la actividad durante dicho año natural.

9. El promedio de los signos, índices o módulos se determinará en función de las horas, cuando se trate de personal asalariado y no asalariado, o días, en los restantes casos, de efectivo empleo, utilización o instalación, salvo para el consumo de energía eléctrica o distancia recorrida, en que se tendrán en cuenta, respectivamente, los kilovatios/hora consumidos o kilómetros recorridos. Si no fuese un número entero se expresará con dos cifras decimales.

Cuando exista una utilización parcial del módulo en la actividad o sector de actividad, el valor a computar será el que resulte de su prorrateo en función de su utilización efectiva. Si no fuese posible determinar ésta, se imputará por partes iguales a cada una de las utilizaciones del módulo.

10. En la última declaración-liquidación del ejercicio se calculará la cuota derivada del régimen simplificado, conforme al procedimiento indicado en el número 2 anterior, detrayéndose las cantidades liquidadas en las declaraciones-liquidaciones de los tres primeros trimestres del ejercicio.

Si el resultado fuera negativo, el sujeto pasivo podrá solicitar la devolución en la forma prevista en el artículo 115, apartado uno, de la Ley del Impuesto, u optar por la compensación del saldo a su favor en las siguientes declaraciones-liquidaciones periódicas.

11. La declaración-liquidación correspondiente al último trimestre del año natural deberá presentarse durante los treinta primeros días naturales del mes de enero.

12. La liquidación de las cuotas correspondientes a las operaciones indicadas en el apartado uno.B del artículo 123 de la Ley del Impuesto y la deducción de las cuotas soportadas o satisfechas por la adquisición o importación de activos fijos se efectuará en la forma indicada en el anexo III, número 4 de esta orden ministerial.

ANEXO III. NORMAS COMUNES A TODAS LAS ACTIVIDADES

Impuesto sobre la Renta de las Personas Físicas

(...)

Impuesto sobre el Valor Añadido

4. La cuota derivada del régimen simplificado deberá incrementarse en el importe de las cuotas devengadas por las operaciones a que se refiere el apartado uno.B del artículo 123 de la Ley del Impuesto sobre el Valor Añadido, y podrá reducirse en el importe de las cuotas soportadas o satisfechas por la adquisición o importación de los activos fijos destinados al desarrollo de la actividad. A estos efectos, se consideran activos fijos los elementos del inmovilizado y, en particular, aquéllos de los que se disponga en virtud de contratos de arrendamiento financiero con opción de compra, tanto si dicha opción es vinculante, como si no lo es.

Las cuotas correspondientes a las operaciones indicadas en el apartado uno.B del artículo 123 de la Ley del Impuesto (adquisiciones intracomunitarias de bienes, adquisiciones con inversión del sujeto pasivo y transmisiones de activos fijos) deberán reflejarse en la declaración-liquidación correspondiente al trimestre en el que se haya devengado el tributo. No obstante, el sujeto pasivo podrá liquidar tales cuotas en la declaración-liquidación correspondiente al último período de liquidación del ejercicio.

Las cuotas soportadas o satisfechas por la adquisición o importación de activos fijos podrán deducirse, con arreglo a las normas generales establecidas en el artículo 99 de la Ley del Impuesto, en la declaración-liquidación correspondiente al período de liquidación en que se hayan soportado o satisfecho o en las sucesivas, con las limitaciones establecidas en dicho artículo. No obstante, cuando el sujeto pasivo liquide en la declaración-liquidación del último período del ejercicio las cuotas correspondientes a adquisiciones intracomunitarias de activos fijos, o a adquisiciones de tales activos con inversión del sujeto pasivo, la deducción de dichas cuotas no podrá efectuarse en una declaración-liquidación anterior a aquella en que se liquiden tales cuotas.

En la declaración-liquidación correspondiente al último trimestre del ejercicio podrá asimismo efectuarse, en su caso, la regularización de la deducción de las cuotas soportadas o satisfechas antes de 1 de enero de 1998 por la adquisición o importación de bienes de inversión afectos a las actividades acogidas al régimen simplificado, conforme a lo dispuesto en el artículo 107 de la Ley reguladora del Impuesto sobre el Valor Añadido, en tanto que no haya transcurrido el período de regularización indicado en tal precepto. A estos efectos, se considerará que la prorrata de deducción de las actividades sometidas al régimen simplificado hasta el 1 de enero de 1998 fue cero, salvo respecto de las cuotas soportadas o satisfechas por la adquisición o importación de los inmuebles, buques y activos inmateriales excluidos del régimen hasta 1 de enero de 1998.

5. Cuando el desarrollo de actividades a las que resulte de aplicación el régimen simplificado se viese afectado por incendios, inundaciones, hundimientos o grandes averías en el equipo industrial que supongan alteraciones graves en el desarrollo de la actividad, los interesados podrán solicitar la reducción de los índices o módulos en la Administración o Delegación de la Agencia Estatal de Administración Tributaria correspondiente a su domicilio fiscal en el plazo de treinta días a contar desde la fecha en que se produzcan dichas circunstancias, aportando las pruebas que consideren oportunas. Acreditada la efectividad de dichas alteraciones ante la Administración Tributaria, se acordará la reducción de los índices o módulos que proceda.

Asimismo, conforme al mismo procedimiento indicado en el párrafo anterior, se podrá solicitar la reducción de los índices o módulos en los casos en que el titular de la actividad se encuentre en situación de incapacidad temporal y no tenga otro personal empleado.

4. Real Decreto 1619/2012, de 30 de noviembre, por el que se aprueba el REGLAMENTO POR EL QUE SE REGULAN LAS OBLIGACIONES DE FACTURACIÓN

(BOE núm. 289, de 1 de diciembre de 2012)

En el ámbito del Impuesto sobre el Valor Añadido y en materia de facturación la normativa comunitaria que reguló la materia se produjo con la aprobación de la Directiva 2001/115/CE del Consejo, de 20 de diciembre de 2001, que modificó la Directiva 77/388/CEE del Consejo, de 17 de mayo de 1977, en materia de armonización de las legislaciones de los Estados miembros relativas a los impuestos sobre el volumen de negocios-Sistema común del Impuesto sobre el Valor Añadido: Base imponible uniforme sexta Directiva. Estas modificaciones tenían por objeto la armonización y simplificación de la expedición de facturas en el ámbito del Impuesto sobre el Valor Añadido.

Por su parte, la Directiva 2006/112/CE del Consejo, de 28 de noviembre de 2006, relativa al sistema común del impuesto sobre el valor añadido, sustituyó, desde el 1 de enero de 2007, a la Directiva 77/388/CEE del Consejo, de 17 de mayo de 1977.

Sin embargo, la existencia de todavía un amplio número de opciones ofrecidas a los Estados miembros de la Unión Europea ha dado lugar a que las normativas internas mantenidas por los mismos, en materia de facturación, no hayan alcanzado el grado de armonización o aproximación deseado.

Esta divergencia entre legislaciones de los distintos Estados miembros y la existencia de ciertas lagunas no reguladas por la Directiva comunitaria, condujeron a la aprobación de la Directiva 2010/45/UE, de 13 de julio de 2010, por la que se modifica la Directiva 2006/112/CE relativa al sistema común del impuesto sobre el valor añadido, en lo que respecta a las normas de facturación, que debe trasponerse al ordenamiento jurídico interno de los Estados miembros antes del 1 de enero de 2013.

Además de garantizar el correcto funcionamiento del mercado interior, los principales objetivos perseguidos por esta última Directiva son reducir las cargas administrativas de los sujetos pasivos, garantizar la igualdad de trato entre las facturas en papel y las facturas electrónicas, facilitar las transacciones económicas y contribuir a la seguridad jurídica de los agentes económicos en la aplicación de la normativa reguladora de la materia.

Por lo que se refiere a la normativa interna, el Reglamento por el que se regulan las obligaciones de facturación, aprobado por el artículo primero del Real Decreto 1496/2003, de 28 de noviembre, incorporó a nuestro ordenamiento tributario las normas, condiciones y demás régimen jurídico del Impuesto sobre el Valor Añadido en materia de facturación establecidos en la Sexta Directiva, como consecuencia de las modificaciones introducidas en la misma con la aprobación de la Directiva 2001/115/CE del Consejo, de 20 de diciembre de 2001 antes mencionada.

El presente real decreto, recoge en su artículo 1 las modificaciones introducidas por la Directiva 2010/45/UE en materia de facturación, mediante la aprobación de un Reglamento por el que se regulan las obligaciones en dicho ámbito, que sustituye al Reglamento de facturación aprobado por el artículo primero del Real Decreto 1496/2003. Además del Reglamento que se aprueba en el artículo 1, el real decreto incluye otros dos artículos, dos disposiciones transitorias, una disposición derogatoria única y cuatro disposiciones finales.

En el artículo 2 del real decreto se incluyen una serie de disposiciones, convenientemente actualizadas, referidas a los medios de justificación documental de determinadas operaciones financieras a efectos tributarios, que actualmente se contienen en el artículo tercero del Real Decreto 1496/2003, que se deroga.

Por su parte, el artículo 3 del real decreto remite a la regulación reglamentaria las condiciones de la operativa de las entidades colaboradoras en la devolución del Impuesto sobre el Valor Añadido en régimen de viajeros dando cumplimiento a lo establecido en el artículo 117.Tres de la Ley 37/1992, de 28 de diciembre, del referido Impuesto.

La disposición transitoria primera establece las condiciones en las que se pasa del régimen de facturación previsto por el Reglamento que se deroga a la nueva regulación que se aprueba, detallando, en particular, el régimen transitorio para diversas autorizaciones concedidas al amparo de lo dispuesto en dicho Reglamento y en el Real Decreto 2042/1985, de 18 de diciembre.

Por su parte, la disposición transitoria segunda mantiene la vigencia de las tablas de devolución que aplican las entidades colaboradoras a las que se refiere el artículo 3 de este real decreto, hasta su nueva regulación.

Mediante la disposición derogatoria única se deroga, de forma expresa, el Reglamento por el que se regulan las obligaciones de facturación, aprobado por el Real Decreto 1496/2003, de 28 de noviembre, así como el artículo tercero y la disposición transitoria única del mencionado real decreto.

Se incluyen cuatro disposiciones finales. La disposición final primera establece el título competencial; la disposición final segunda contempla el cumplimiento de la obligación de trasposición de la Directiva 2010/45/UE, de 13 de julio de 2010, al ordenamiento jurídico, la disposición final tercera establece la facultad de desarrollo del real decreto en el Ministro de Hacienda y Administraciones Públicas y, por último, la disposición final cuarta establece la entrada en vigor del real decreto.

Por lo que se refiere al Reglamento que se aprueba en el artículo 1, éste sigue la misma sistemática que el Reglamento que se deroga e incorpora y desarrolla los preceptos novedosos introducidos por la Directiva 2010/45/UE. Asimismo, dada su extensión, se ha considerado oportuno seguir manteniendo un índice de artículos que permita la rápida localización y ubicación sistemática de los preceptos del citado Reglamento.

Las principales novedades que se introducen en el Reglamento que se aprueba son las siguientes:

Para una mayor seguridad jurídica de los empresarios o profesionales, se aclaran los casos en los que se deben aplicar las normas de facturación establecidas en dicho Reglamento.

Como novedad relativa a la obligación de expedir factura, se establece que no se exigirá tal obligación en el caso de determinadas prestaciones de servicios financieros y de seguros, salvo cuando dichas operaciones se entiendan realizadas en el territorio de aplicación del Impuesto, o en otro Estado miembro de la Unión Europea, y estén sujetas y no exentas.

Con la finalidad de establecer un sistema armonizado de facturación, en el sentido marcado por la Directiva 2010/45/UE antes mencionada, y de promover y facilitar el funcionamiento de los pequeños y medianos empresarios, así como de los profesionales, se establece un sistema de facturación basado en dos tipos de facturas: la factura completa u ordinaria y la factura simplificada, que viene a sustituir a los denominados tiques.

Las facturas simplificadas tienen un contenido más reducido que las facturas completas u ordinarias y, salvo algunas excepciones, podrán expedirse, a elección del obligado a su expedición, cuando su importe no exceda de 400 euros, Impuesto sobre el Valor Añadido incluido, cuando se trate de facturas rectificativas o cuando su importe no exceda de 3.000 euros, Impuesto sobre el Valor Añadido incluido y se trate, en este último caso, de alguno de los supuestos respecto de los que tradicionalmente se ha autorizado la expedición de tiques en sustitución de facturas.

Asimismo, la nueva regulación en materia de facturación supone un decidido impulso a la facturación electrónica, cumpliendo la finalidad marcada por la Directiva comunitaria, bajo el principio de un mismo trato para la factura en papel y la factura electrónica, como instrumento para reducir costes y hacer más competitivas a las empresas.

Se establece una nueva definición de factura electrónica, como aquella factura que, cumpliendo los requisitos establecidos en el propio Reglamento, haya sido expedida y recibida en formato electrónico.

Por otra parte y, como recuerda la Directiva 2010/45/UE mencionada, se establece que las facturas en papel o electrónicas deben reflejar la realidad de las operaciones que documentan y corresponderá a los sujetos pasivos garantizar esta certidumbre durante toda su vigencia, sin que esta exigencia pueda suponer la imposición de nuevas cargas administrativas a los empresarios o profesionales.

De esta forma, el sujeto pasivo podrá garantizar la autenticidad, integridad y legibilidad de las facturas que expida o conserve mediante los controles de gestión usuales de su actividad empresarial o profesional.

Esta igualdad de trato entre la factura en papel y la electrónica amplía, por tanto, las posibilidades para que el sujeto pasivo pueda expedir facturas por vía electrónica sin necesidad de que la misma quede sujeta al empleo de una tecnología determinada.

No obstante, para garantizar la seguridad jurídica de los sujetos pasivos que ya venían utilizando el intercambio electrónico de datos (EDI) y la firma electrónica avanzada, este Reglamento reconoce expresamente que dichas tecnologías, que dejan de ser obligatorias, garantizan la autenticidad del origen y la integridad del contenido de las facturas electrónicas. Asimismo y con el señalado fin, los sujetos pasivos podrán seguir comunicando a la Agencia Estatal de Administración Tributaria, con carácter previo a su utilización, los medios que consideren que garantizan las condiciones citadas, al objeto de que sean, en su caso, validados por la misma.

Finalmente, en línea con la armonización que marca la Directiva 2010/45/UE, se establece un plazo para la expedición de las facturas correspondientes a determinadas entregas de bienes o prestaciones de servicios intracomunitarias. Asimismo, con la finalidad de facilitar la gestión administrativa de los sujetos pasivos, se ha estimado conveniente aplicar ese mismo plazo a todas las operaciones efectuadas para otros empresarios o profesionales, tanto interiores como transfronterizas. Este plazo afecta, igualmente, a las facturas recapitulativas.

En su virtud, a propuesta del Ministro de Hacienda y Administraciones Públicas, de acuerdo con el Consejo de Estado y previa deliberación del Consejo de Ministros en su reunión del día 30 de noviembre de 2012,
DISPONGO:

Artículo 1. *Aprobación del Reglamento por el que se regulan las obligaciones de facturación*

Se aprueba el Reglamento por el que se regulan las obligaciones de facturación, cuyo texto se inserta a continuación de este real decreto.

Artículo 2. *Justificación de determinadas operaciones financieras*

1. La adquisición de valores mobiliarios podrá justificarse mediante el documento público extendido por el fedatario interviniente o mediante el documento emitido por la entidad financiera o, en su caso, por la empresa de servicios de inversión, comprensivo de todos los datos de la operación.

La adquisición de activos financieros con rendimiento implícito, así como de aquellos otros con rendimiento explícito que deban ser objeto de retención en el momento de su transmisión, amortización o reembolso, se justificará conforme a lo dispuesto en el artículo 61 del Reglamento del Impuesto sobre Sociedades, aprobado por el Real Decreto 1777/2004, de 30 de julio, y el artículo 92 del Reglamento del Impuesto sobre la Renta de las Personas Físicas, aprobado por el Real Decreto 439/2077, de 30 de marzo.

2. Los gastos y deducciones por operaciones realizadas por entidades de crédito podrán justificarse a través del documento, extracto o nota de cargo expedido por la entidad en el que consten los datos propios de una factura salvo su número y serie.

Artículo 3. *Condiciones de la operativa de las entidades colaboradoras en la devolución del Impuesto sobre el Valor Añadido en régimen de viajeros*

Corresponde al Ministro de Hacienda y Administraciones Públicas determinar las condiciones a las que se ajustará la operativa de las entidades autorizadas por la Agencia Estatal de Administración Tributaria a intervenir como entidades colaboradoras en el procedimiento de devolución a que se refiere el artículo 117.Tres de la Ley 37/1992, de 28 de diciembre, del Impuesto sobre el Valor Añadido, en relación con el procedimiento de devolución del Impuesto en régimen de viajeros regulado en el artículo 21.2.º de la mencionada Ley 37/1992.

Disposición transitoria primera. *Vigencia de las autorizaciones concedidas de acuerdo con el Real Decreto 2402/1985, de 18 de diciembre, y el Reglamento por el que se regulan las obligaciones de facturación, aprobado por el Real Decreto 1496/2003, de 28 de noviembre*

1. Se mantendrán vigentes mientras no se revoquen expresamente:

a) Las autorizaciones concedidas conforme a la letra d) del apartado 2 del artículo 2.º del Real Decreto 2402/1985, de 18 de diciembre, por el que se regula el deber de expedir y entregar factura que incumbe a los empresarios y profesionales, y conforme a la letra d) del apartado 1 del artículo 3 del Reglamento por el que se regulan las obligaciones de facturación, aprobado por el artículo primero del Real Decreto 1496/2003, de 28 de noviembre, por el Departamento de Gestión Tributaria de la Agencia Estatal de Administración Tributaria, para la no expedición de facturas.

b) Las autorizaciones concedidas conforme al segundo párrafo del apartado 3 del artículo 9.º del Real Decreto 2402/1985, de 18 de diciembre, por el que se regula el deber de expedir y entregar factura que incumbe a los empresarios y profesionales, y conforme al apartado 4 del artículo 13 del Reglamento por el que se regulan las obligaciones de facturación aprobado por el artículo primero del Real Decreto 1496/2003, de 28 de noviembre, por el Departamento de Gestión Tributaria de la Agencia Estatal de Administración Tributaria, para la no especificación de las facturas rectificadas, bastando la simple determinación del periodo a que se refieran las facturas rectificativas.

c) Las autorizaciones concedidas por la Agencia Estatal de Administración Tributaria, conforme a la letra c) del apartado 1 del artículo 18 del Reglamento por el que se regulan las obligaciones de facturación, aprobado por el artículo primero del Real Decreto 1496/2003, de 28 de noviembre, siempre que los elementos autorizados se ajusten a lo establecido en el artículo 10 del Reglamento por el que se regulan las obligaciones de facturación aprobado por este real decreto.

2. Perderán sus efectos el día 1 de enero de 2013 las autorizaciones concedidas conforme al apartado 1 del artículo 4.º del Real Decreto 2402/1985, de 18 de diciembre, por el que se regula el deber de expedir y entregar factura que incumbe a los empresarios y profesionales, por el Departamento de Gestión Tributaria de la Agencia Estatal de Administración Tributaria, para la no consignación de los datos del destinatario.

3. Las autorizaciones concedidas por el Departamento de Gestión Tributaria de la Agencia Estatal de Administración Tributaria para que en la factura no consten todas las menciones contenidas en el apartado 1 del artículo 6 del Reglamento por el que se regulan las obligaciones de facturación aprobado por el artículo primero del Real Decreto 1496/2003, de 28 de noviembre, de acuerdo con lo dispuesto en los apartados 7 y 8 del artículo 6 del citado Reglamento, perderán sus efectos el día 1 de enero de 2013, salvo las concedidas para la emisión de facturas que contuvieran, en todo caso, las siguientes menciones: fecha de expedición de la factura, identidad del obligado a su expedición, identificación del tipo de bienes entregados o de servicios prestados y la cuota tributaria o los datos que permitan calcularla, que mantendrán su vigencia mientras no se revoquen expresamente.

4. Las autorizaciones concedidas por el Departamento de Gestión Tributaria de la Agencia Estatal de Administración Tributaria conforme a la letra n) del apartado 2 del artículo 4.º del Real Decreto 2402/1985, de 18 de diciembre, por el que se regula el deber de expedir y entregar factura que incumbe a los empresarios y profesionales para la expedición de documentos sustitutivos, así como las autorizaciones concedidas por el Departamento de Gestión Tributaria de la Agencia Estatal de Administración Tributaria para la expedición de documentos sustitutivos de las facturas, conforme a la letra ñ) del apartado 1 del artículo 4 del Reglamento por el que se regulan las obligaciones de facturación aprobado por el artículo primero del Real Decreto 1496/2003, de 28 de noviembre, se entenderán que son autorizaciones para la emisión de facturas simplificadas, de acuerdo con lo dispuesto en el artículo 4, apartado 3 del Reglamento por el que se regulan las obligaciones de facturación aprobado por este real decreto, manteniéndose vigentes mientras no se revoquen expresamente.

Disposición transitoria segunda. *Vigencia de las tablas de devolución que aplican las entidades colaboradoras en la devolución del Impuesto sobre el Valor Añadido en régimen de viajeros*

En tanto que el Ministro de Hacienda y Administraciones Públicas determine las condiciones a las que se ajustará la operativa de las entidades autorizadas a que se refiere el artículo 3 de este real decreto, se mantendrán vigentes las tablas de devolución que deberán aplicar las entidades autorizadas a intervenir como entidades colaboradoras en el procedimiento de devolución del Impuesto sobre el Valor Añadido en régimen de viajeros, regulado en el artículo 21, número 2.º, de la Ley 37/1992, de 28 de diciembre, del Impuesto sobre el Valor Añadido, establecidas en la Resolución de 24 de febrero de 2003, de la Dirección General de la Agencia Estatal de Administración Tributaria.

Disposición derogatoria única. *Derogación normativa*

A la entrada en vigor de este real decreto quedan derogados:

a) El Reglamento por el que se regulan las obligaciones de facturación, aprobado por el artículo primero del Real Decreto 1496/2003, de 28 de noviembre, por el que se aprueba el Reglamento por el que se regulan las obligaciones de facturación y se modifica el Reglamento del Impuesto sobre el Valor Añadido.

b) El artículo tercero y la disposición transitoria única del Real Decreto 1496/2003, de 28 de noviembre, por el que se aprueba el Reglamento por el que se regulan las obligaciones de facturación y se modifica el Reglamento del Impuesto sobre el Valor Añadido.

Disposición final primera. *Título competencial*

Este real decreto se dicta al amparo de lo dispuesto en el artículo 149.1.14.ª de la Constitución, que atribuye al Estado competencia exclusiva en materia de Hacienda general.

Disposición final segunda. *Incorporación de Derecho de la Unión Europea*

Este real decreto contiene el régimen jurídico aplicable a las obligaciones de facturación en el Derecho español, en consonancia con lo previsto por la normativa europea, al que incorpora las previsiones de la Directiva 2010/45/UE, de 13 de julio de 2010, por la que se modifica la Directiva 2006/112/CE relativa al sistema común del Impuesto sobre el Valor Añadido, en lo que respecta a las normas de facturación, a fin de armonizar en el ámbito de la Unión Europea las normas referentes a la facturación electrónica y otros aspectos para simplificar las normas del impuesto para mejorar el funcionamiento del mercado interior.

Disposición final tercera. *Facultad de desarrollo*

Se autoriza al Ministro de Hacienda y Administraciones Públicas para dictar, en el ámbito de sus competencias, las normas que sean precisas para el desarrollo del presente real decreto.

Disposición final cuarta. *Entrada en vigor*

Este real decreto entrará en vigor el 1 de enero de 2013.

REGLAMENTO POR EL QUE SE REGULAN LAS OBLIGACIONES DE FACTURACIÓN

TÍTULO PRELIMINAR. OBLIGACIÓN DE DOCUMENTACIÓN DE LAS OPERACIONES

Artículo 1. *Obligación de expedir, entregar y conservar justificantes de las operaciones*

Los empresarios o profesionales están obligados a expedir y entregar, en su caso, factura u otros justificantes por las operaciones que realicen en el desarrollo de su actividad empresarial o profesional, así como a conservar copia o matriz de aquellos. Igualmente, están obligados a conservar las facturas u otros justificantes recibidos de otros empresarios o profesionales por las operaciones de las que sean destinatarios y que se efectúen en desarrollo de la citada actividad.

Asimismo, otras personas y entidades que no tengan la condición de empresarios o profesionales están obligadas a expedir y conservar factura u otros justificantes de las operaciones que realicen en los términos establecidos en este Reglamento.

TÍTULO I. OBLIGACIÓN DE DOCUMENTACIÓN DE LAS OPERACIONES A LOS EFECTOS DEL IMPUESTO SOBRE EL VALOR AÑADIDO

CAPÍTULO I. Supuestos de expedición de factura

Artículo 2. *Obligación de expedir factura*

1. De acuerdo con el artículo 164.Uno.3.º de la Ley 37/1992, de 28 de diciembre, del Impuesto sobre el Valor Añadido, los empresarios o profesionales están obligados a expedir factura y copia de esta por las entregas de bienes y prestaciones de servicios que realicen en el desarrollo de su actividad, incluidas las no sujetas y las sujetas pero exentas del Impuesto, en los términos establecidos en este Reglamento y sin más excepciones que las previstas en él. Esta obligación incumbe asimismo a los empresarios o profesionales acogidos a los regímenes especiales del Impuesto sobre el Valor Añadido.

También deberá expedirse factura y copia de esta por los pagos recibidos con anterioridad a la realización de las entregas de bienes o prestaciones de servicios por las que deba asimismo cumplirse esta obligación conforme al párrafo anterior, a excepción de las entregas de bienes exentas del Impuesto sobre el Valor Añadido por aplicación de lo dispuesto en el artículo 25 de la Ley del Impuesto.

2[1]. Deberá expedirse factura y copia de esta en todo caso en las siguientes operaciones:

a) Aquellas en las que el destinatario sea un empresario o profesional que actúe como tal, con independencia del régimen de tributación al que se encuentre acogido el empresario o profesional que realice la operación, así como cualesquiera otras en las que el destinatario así lo exija para el ejercicio de cualquier derecho de naturaleza tributaria.

b) Las entregas de bienes destinados a otro Estado miembro a que se refiere el artículo 25 de la Ley del Impuesto.

c) Las entregas de bienes a que se refiere el artículo 68.Tres.a) y cinco de la Ley del Impuesto cuando, por aplicación de las reglas referidas en dicho precepto, se entiendan realizadas en el territorio de aplicación del Impuesto. No obstante, cuando a estas entregas les resulte aplicable el régimen especial al que se refiere la sección 3.ª del capítulo XI del título IX de la Ley del Impuesto y el Estado miembro de identificación no sea el Reino de España, será el Estado de identificación quien determine si existe obligación de expedir factura.

---

[1]   Nueva redacción del art. 2.2 dada el art. segundo uno del Real Decreto 424/2021, de 15 de junio (BOE núm. 143, de 16 de junio de 2021), en vigor desde el 1 de julio de 2021.

d) Las entregas de bienes expedidos o transportados fuera de la Comunidad Europea a que se refiere el artículo 21.1.º y 2.º de la Ley del Impuesto, excepto las efectuadas en las tiendas libres de impuestos a que se refiere el número 2.º, B, del citado artículo.

e) Las entregas de bienes que han de ser objeto de instalación o montaje antes de su puesta a disposición a que se refiere el artículo 68.Dos.2.º de la Ley del Impuesto.

f) Aquellas de las que sean destinatarias personas jurídicas que no actúen como empresarios o profesionales, con independencia de que se encuentren establecidas en el territorio de aplicación del Impuesto o no, o las Administraciones Públicas a que se refiere el artículo 2 de la Ley 39/2015, de 1 de octubre, del Procedimiento Administrativo Común de las Administraciones Públicas.

3[2]. La obligación de expedir factura a que se refieren los apartados anteriores, se ajustará a las normas establecidas en este Reglamento, en los siguientes supuestos:

a) Para las operaciones a las que resulten aplicables los regímenes especiales a que se refiere el capítulo XI del título IX de la Ley del Impuesto, cuando sea el Reino de España el Estado miembro de identificación.

b) Para las operaciones distintas de las señaladas en la letra a) anterior cuando:

a') La entrega de bienes o la prestación de servicios a que se refiera se entienda realizada en el territorio de aplicación del Impuesto, salvo cuando el proveedor del bien o prestador del servicio no se encuentre establecido en el citado territorio, el sujeto pasivo del Impuesto sea el destinatario para quien se realice la operación sujeta al mismo y la factura no sea expedida por este último con arreglo a lo establecido en el artículo 5 de este Reglamento.

b') El proveedor o prestador esté establecido en el territorio de aplicación del Impuesto o tenga en el mismo un establecimiento permanente o, en su defecto, el lugar de su domicilio o residencia habitual, a partir del cual se efectúa la entrega de bienes o prestación de servicios y dicha entrega o prestación, conforme a las reglas de localización aplicables a las mismas, no se entienda realizada en el territorio de aplicación del Impuesto, en los siguientes supuestos:

a'') Cuando la operación esté sujeta en otro Estado miembro, el sujeto pasivo del Impuesto sea el destinatario para quien se realice la operación y la factura no sea materialmente expedida por este último en nombre y por cuenta del proveedor del bien o prestador del servicio.

b'') Cuando la operación se entienda realizada fuera de la Comunidad.

4. Tendrá la consideración de justificante contable a que se refiere el número 4.º del apartado uno del 97 de la Ley del Impuesto, cualquier documento que sirva de soporte a la

---

2   Nueva redacción del art. 2.3 dada el art. segundo uno del Real Decreto 424/2021, de 15 de junio (BOE núm. 143, de 16 de junio de 2021), en vigor desde el 1 de julio de 2021.
     Redacción anterior dada por el art. 2.Uno del Real Decreto 1512/2018, de 28 de diciembre (BOE núm. 314, de 29 de diciembre), con efectos desde el 1 de enero de 2019.

anotación contable de la operación cuando quien la realice sea un empresario o profesional no establecido en la Comunidad.

Artículo 3. *Excepciones a la obligación de expedir factura*

1. No existirá obligación de expedir factura, salvo en los supuestos contenidos en el apartado 2 del artículo 2 de este Reglamento, por las operaciones siguientes:

a)[3] Las operaciones exentas del Impuesto sobre el Valor Añadido, en virtud de lo establecido en el artículo 20 de su ley reguladora, con excepción de las operaciones a que se refiere el apartado 2 siguiente. No obstante, la expedición de factura será obligatoria en las operaciones exentas de este Impuesto de acuerdo con el artículo 20.Uno.2.º, 3.º, 4.º, 5.º, 15.º, 20.º, 22.º, 24.º, 25.º y 28.º de la Ley del Impuesto.

b)[4] Las realizadas por empresarios o profesionales en el desarrollo de actividades a las que sea de aplicación el régimen especial del recargo de equivalencia.

No obstante, deberá expedirse factura en todo caso por las entregas de inmuebles sujetas y no exentas al Impuesto.

c) Las realizadas por empresarios o profesionales en el desarrollo de actividades por las que se encuentren acogidos al régimen simplificado del Impuesto, salvo que la determinación de las cuotas devengadas se efectúe en atención al volumen de ingresos.

No obstante, deberá expedirse factura en todo caso por las transmisiones de activos fijos a que se refiere el artículo 123.Uno.B).3.º de la Ley del Impuesto.

d) Aquéllas otras en las que así se autorice por el Departamento de Gestión Tributaria de la Agencia Estatal de Administración Tributaria, en relación con sectores empresariales o profesionales o empresas determinadas, con el fin de evitar perturbaciones en el desarrollo de las actividades empresariales o profesionales.

2[5]. No existirá obligación de expedir factura cuando se trate de las prestaciones de servicios definidas en el artículo 20.uno.16.º y 18.º, apartados a) a n), de la Ley del Impuesto, salvo que:

a) Conforme a las reglas de localización aplicables a las mismas, se entiendan realizadas en el territorio de aplicación del Impuesto o en otro Estado miembro de la Unión Europea y estén sujetas y no exentas al mismo.

---

[3] Nueva redacción letra a) del art. 3.1 dada por el art. 2.Dos del Real Decreto 1512/2018, de 28 de diciembre (BOE núm. 314, de 29 de diciembre), con efectos desde el 1 de enero de 2019.

[4] Nueva redacción de la letra b) dada por el art. tercero.uno del Real Decreto 1073/2014, de 19 de diciembre (BOE núm. 307, de 20 de diciembre de 2014), en vigor el 1 de enero de 2015.

[5] Nueva redacción del art. 3.2 dada por el art. 2.Tres del Real Decreto 1512/2018, de 28 de diciembre (BOE núm. 314, de 29 de diciembre), con efectos desde el 1 de enero de 2019.
    Redacción anterior dada por el art. cuarto. Uno del Real Decreto 828/2013, de 25 de octubre (BOE núm. 257, de 26 de octubre de 2013), en vigor desde el 1 de enero de 2014.

b) Conforme a las reglas de localización aplicables a las mismas, se entiendan realizadas en el territorio de aplicación del Impuesto, Canarias, Ceuta o Melilla, estén sujetas y exentas al mismo y sean realizadas por empresarios o profesionales, distintos de entidades aseguradoras, sociedades gestoras de instituciones de inversión colectiva, entidades gestoras de fondos de pensiones, fondos de titulización y sus sociedades gestoras, entidades de crédito, a través de la sede de su actividad económica o establecimiento permanente situado en el citado territorio.

El Departamento de Gestión Tributaria de la Agencia Estatal de Administración Tributaria podrá eximir a otros empresarios o profesionales de la obligación de expedir factura, previa solicitud de los interesados, cuando quede justificado por las prácticas comerciales o administrativas del sector de actividad de que se trate o por las condiciones técnicas de expedición de estas facturas.

3. Tampoco estarán obligados a expedir factura los empresarios o profesionales por las operaciones realizadas en el desarrollo de las actividades que se encuentren acogidas al régimen especial de la agricultura, ganadería y pesca, sin perjuicio de lo dispuesto en el artículo 16.1 de este Reglamento.

En todo caso, deberá expedirse factura por las entregas de inmuebles a que se refiere el segundo párrafo del apartado uno del artículo 129 de la Ley del Impuesto.

Artículo 4. *Facturas simplificadas*

1. La obligación de expedir factura podrá ser cumplida mediante la expedición de factura simplificada y copia de esta en cualquiera de los siguientes supuestos:

a) Cuando su importe no exceda de 400 euros, Impuesto sobre el Valor Añadido incluido, o

b) cuando deba expedirse una factura rectificativa.

2. Sin perjuicio de lo dispuesto en el apartado anterior, los empresarios o profesionales podrán igualmente expedir factura simplificada y copia de ésta cuando su importe no exceda de 3.000 euros, Impuesto sobre el Valor Añadido incluido, en las operaciones que se describen a continuación:

a) Ventas al por menor, incluso las realizadas por fabricantes o elaboradores de los productos entregados.

A estos efectos, tendrán la consideración de ventas al por menor las entregas de bienes muebles corporales o semovientes en las que el destinatario de la operación no actúe como empresario o profesional, sino como consumidor final de aquellos. No se reputarán ventas al por menor las que tengan por objeto bienes que, por sus características objetivas, envasado, presentación o estado de conservación, sean principalmente de utilización empresarial o profesional.

b) Ventas o servicios en ambulancia.

c) Ventas o servicios a domicilio del consumidor.

d) Transportes de personas y sus equipajes.

e) Servicios de hostelería y restauración prestados por restaurantes, bares, cafeterías, horchaterías, chocolaterías y establecimientos similares, así como el suministro de bebidas o comidas para consumir en el acto.

f) Servicios prestados por salas de baile y discotecas.

g) Servicios telefónicos prestados mediante la utilización de cabinas telefónicas de uso público, así como mediante tarjetas que no permitan la identificación del portador.

h) Servicios de peluquería y los prestados por institutos de belleza.

i) Utilización de instalaciones deportivas.

j) Revelado de fotografías y servicios prestados por estudios fotográficos.

k) Aparcamiento y estacionamiento de vehículos.

l) Alquiler de películas.

m) Servicios de tintorería y lavandería.

n) Utilización de autopistas de peaje.

3. El Departamento de Gestión Tributaria de la Agencia Estatal de Administración Tributaria podrá autorizar la expedición de facturas simplificadas, en supuestos distintos de los señalados en los apartados anteriores, cuando las prácticas comerciales o administrativas del sector de actividad de que se trate, o bien las condiciones técnicas de expedición de las facturas, dificulten particularmente la inclusión en las mismas de la totalidad de los datos o requisitos previstos en el artículo 6.

4. No podrá expedirse factura simplificada por las siguientes operaciones:

a) Las entregas de bienes destinados a otro Estado miembro a que se refiere el artículo 25 de la Ley del Impuesto.

b)[6] Las entregas de bienes a que se refiere el artículo 68.Tres.a) de la Ley del Impuesto, salvo cuando les resulte aplicable el régimen especial al que se refiere la sección 3.ª del capítulo XI del título IX de dicha ley.

c) Las entregas de bienes o las prestaciones de servicios que se entiendan realizadas en el territorio de aplicación del Impuesto, cuando el proveedor del bien o prestador del servicio no se encuentre establecido en el citado territorio, el sujeto pasivo del Impuesto sea el destinatario para quien se realice la operación sujeta al mismo y la factura sea expedida por este último con arreglo a lo establecido en el artículo 5 de este Reglamento.

d)[7] Las entregas de bienes o prestaciones de servicios a que se refiere el artículo 2.3.b) b').

---

[6]   Nueva redacción de la letra b) dada el art. segundo dos del Real Decreto 424/2021, de 15 de junio (BOE núm. 143, de 16 de junio de 2021), en vigor desde el 1 de julio de 2021.

[7]   Nueva redacción de la letra d) dada el art. segundo dos del Real Decreto 424/2021, de 15 de junio (BOE núm. 143, de 16 de junio de 2021), en vigor desde el 1 de julio de 2021.

Artículo 5. *Cumplimiento de la obligación de expedir factura por el destinatario o por un tercero*

1[8]. La obligación a que se refiere el artículo 2 podrá ser cumplida materialmente por los destinatarios de las operaciones o por terceros. En cualquiera de estos casos, el empresario o profesional o sujeto pasivo obligado a la expedición de la factura será el responsable del cumplimiento de todas las obligaciones que se establecen en este título.

En el caso de las personas y entidades a que se refiere el artículo 62.6 del Reglamento del Impuesto sobre el Valor Añadido, que hayan optado por el cumplimiento de la obligación de expedir factura por los destinatarios de las operaciones o por terceros, deberán presentar una declaración censal comunicando dicha opción, la fecha a partir de la cual la ejercen y, en su caso, la renuncia a la misma y la fecha de efecto.

2. Para que la obligación a que se refiere el artículo 2 pueda ser cumplida materialmente por el destinatario de las operaciones, habrán de cumplirse los siguientes requisitos:

a) Deberá existir un acuerdo entre el empresario o profesional que realice las operaciones y el destinatario de éstas, por el que el primero autorice al segundo la expedición de las facturas correspondientes a dichas operaciones. Este acuerdo deberá suscribirse con carácter previo a la realización de las operaciones y en él deberán especificarse aquéllas a las que se refiera.

b) Cada factura así expedida deberá ser objeto de un procedimiento de aceptación por parte del empresario o profesional que haya realizado la operación. Este procedimiento se ajustará a lo que determinen las partes.

c) El destinatario de las operaciones que proceda a la expedición de las facturas deberá remitir una copia al empresario o profesional que las realizó.

d) Estas facturas serán expedidas en nombre y por cuenta del empresario o profesional que haya realizado las operaciones que en ellas se documentan.

3. La obligación de expedir factura podrá ser cumplida por los empresarios o profesionales o sujetos pasivos del Impuesto sobre el Valor Añadido, mediante la contratación de terceros a los que encomienden su expedición.

4. Cuando el destinatario de las operaciones o el tercero que expida las facturas no esté establecido en la Unión Europea, salvo que se encuentre establecido en Canarias, Ceuta o Melilla o en un país con el cual exista un instrumento jurídico relativo a la asistencia mutua con un ámbito de aplicación similar al previsto por la Directiva 2010/24/UE del Consejo, de 16 de marzo de 2010, sobre la asistencia mutua en materia de cobro de los créditos correspondientes a determinados impuestos, derechos y otras medidas, y el Reglamento (UE) n.º 904/2010 del Consejo, de 7 de octubre de 2010, relativo a la cooperación administrativa y la lucha contra el fraude en el ámbito del Impuesto sobre el Valor Añadido, únicamente

---

[8]   Nueva redacción del art. 5.1 dada por el art. tercero. Uno del Real Decreto 596/2016, de 2 de diciembre (BOE núm. 294, de 6 de diciembre de 2016), con efectos desde el 1 de julio de 2017.

cabrá la expedición de facturas por el destinatario de las operaciones o por terceros previa comunicación a la Agencia Estatal de Administración Tributaria.

CAPÍTULO II. Requisitos de las facturas

Artículo 6. *Contenido de la factura*

1. Toda factura y sus copias contendrán los datos o requisitos que se citan a continuación, sin perjuicio de los que puedan resultar obligatorios a otros efectos y de la posibilidad de incluir cualesquiera otras menciones:

a)[9] Número y, en su caso, serie. La numeración de las facturas dentro de cada serie será correlativa.

Se podrán expedir facturas mediante series separadas cuando existan razones que lo justifiquen y, entre otros supuestos, cuando el obligado a su expedición cuente con varios establecimientos desde los que efectúe sus operaciones y cuando el obligado a su expedición realice operaciones de distinta naturaleza.

No obstante, será obligatoria, en todo caso, la expedición en series específicas de las facturas siguientes:

1.º Las expedidas por los destinatarios de las operaciones o por terceros a que se refiere el artículo 5, para cada uno de los cuales deberá existir una serie distinta.

2.º Las rectificativas.

3.º Las que se expidan conforme a la disposición adicional quinta del Reglamento del Impuesto sobre el Valor Añadido, aprobado por el artículo 1 del Real Decreto 1624/1992, de 29 de diciembre.

4.º Las que se expidan conforme a lo previsto en el artículo 84, apartado uno, número 2.º, letra g), de la Ley 37/1992, de 28 de diciembre, del Impuesto sobre el Valor Añadido.

5.º Las que se expidan conforme a lo previsto en el artículo 61 quinquies, apartado 2 del Reglamento del Impuesto sobre el Valor Añadido, aprobado por el artículo 1 del Real Decreto 1624/1992, de 29 de diciembre.

b) La fecha de su expedición.

c) Nombre y apellidos, razón o denominación social completa, tanto del obligado a expedir factura como del destinatario de las operaciones.

d) Número de Identificación Fiscal atribuido por la Administración tributaria española o, en su caso, por la de otro Estado miembro de la Unión Europea, con el que ha realizado la operación el obligado a expedir la factura.

Asimismo, será obligatoria la consignación del Número de Identificación Fiscal del destinatario en los siguientes casos:

---

[9] Nueva redacción de la letra a) dada por el art. tercero.dos del Real Decreto 1073/2014, de 19 de diciembre (BOE núm. 307, de 20 de diciembre de 2014), en vigor el 1 de enero de 2015.

1.º Que se trate de una entrega de bienes destinados a otro Estado miembro que se encuentre exenta conforme al artículo 25 de la Ley del Impuesto.

2.º Que se trate de una operación cuyo destinatario sea el sujeto pasivo del Impuesto correspondiente a aquélla.

3.º Que se trate de operaciones que se entiendan realizadas en el territorio de aplicación del Impuesto y el empresario o profesional obligado a la expedición de la factura haya de considerarse establecido en dicho territorio.

e) Domicilio, tanto del obligado a expedir factura como del destinatario de las operaciones.

Cuando el obligado a expedir factura o el destinatario de las operaciones dispongan de varios lugares fijos de negocio, deberá indicarse la ubicación de la sede de actividad o establecimiento al que se refieran aquéllas en los casos en que dicha referencia sea relevante para la determinación del régimen de tributación correspondiente a las citadas operaciones.

f) Descripción de las operaciones, consignándose todos los datos necesarios para la determinación de la base imponible del Impuesto, tal y como ésta se define por los artículos 78 y 79 de la Ley del Impuesto, correspondiente a aquéllas y su importe, incluyendo el precio unitario sin Impuesto de dichas operaciones, así como cualquier descuento o rebaja que no esté incluido en dicho precio unitario.

g) El tipo impositivo o tipos impositivos, en su caso, aplicados a las operaciones.

h) La cuota tributaria que, en su caso, se repercuta, que deberá consignarse por separado.

i) La fecha en que se hayan efectuado las operaciones que se documentan o en la que, en su caso, se haya recibido el pago anticipado, siempre que se trate de una fecha distinta a la de expedición de la factura.

j) En el supuesto de que la operación que se documenta en una factura esté exenta del Impuesto, una referencia a las disposiciones correspondientes de la Directiva 2006/112/CE, de 28 de noviembre, relativa al sistema común del Impuesto sobre el Valor Añadido, o a los preceptos correspondientes de la Ley del Impuesto o indicación de que la operación está exenta.

Lo dispuesto en esta letra se aplicará asimismo cuando se documenten varias operaciones en una única factura y las circunstancias que se han señalado se refieran únicamente a parte de ellas.

k) En las entregas de medios de transporte nuevos a que se refiere el artículo 25 de la Ley del Impuesto, sus características, la fecha de su primera puesta en servicio y las distancias recorridas u horas de navegación o vuelo realizadas hasta su entrega.

l) En caso de que sea el adquirente o destinatario de la entrega o prestación quien expida la factura en lugar del proveedor o prestador, de conformidad con lo establecido en el artículo 5 de este Reglamento, la mención «facturación por el destinatario».

m) En el caso de que el sujeto pasivo del Impuesto sea el adquirente o el destinatario de la operación, la mención «inversión del sujeto pasivo».

n) En caso de aplicación del régimen especial de las agencias de viajes, la mención «régimen especial de las agencias de viajes».

o) En caso de aplicación del régimen especial de los bienes usados, objetos de arte, antigüedades y objetos de colección, la mención «régimen especial de los bienes usados», «régimen especial de los objetos de arte» o «régimen especial de las antigüedades y objetos de colección».

p)[10] En el caso de aplicación del régimen especial del criterio de caja la mención «régimen especial del criterio de caja.

2. Deberá especificarse por separado la parte de base imponible correspondiente a cada una de las operaciones que se documenten en una misma factura en los siguientes casos:

a) Cuando se documenten operaciones que estén exentas del Impuesto sobre el Valor Añadido y otras en las que no se den dichas circunstancias.

b) Cuando se incluyan operaciones en las que el sujeto pasivo del Impuesto sobre el Valor Añadido correspondiente a aquéllas sea su destinatario y otras en las que no se dé esta circunstancia.

c) Cuando se comprendan operaciones sujetas a diferentes tipos del Impuesto sobre el Valor Añadido.

3[11]. Cuando se trate de operaciones a que se refiere el artículo 2.3.b).b').a"), el obligado a expedir la factura podrá omitir la información prevista en las letras f), g) y h) del apartado 1 de este artículo e indicar en su lugar, mediante referencia a la cantidad o al alcance de los bienes o servicios suministrados y su naturaleza, el importe sujeto al Impuesto de tales bienes o servicios.

4. A efectos de lo dispuesto en el artículo 97.Uno de la Ley del Impuesto, tendrá la consideración de factura aquella que contenga todos los datos y reúna los requisitos a que se refiere este artículo.

5[12]. En el caso de facturas expedidas utilizando los sistemas informáticos a que se refiere el artículo 7 del Reglamento que establece los requisitos que deben adoptar los sistemas y programas informáticos o electrónicos que soporten los procesos de facturación de

---

[10]   Nueva letra p) incorporada por el art. cuarto. Dos del Real Decreto 828/2013, de 25 de octubre (BOE núm. 257, de 26 de octubre de 2013), en vigor desde el 1 de enero de 2014.

[11]   Nueva redacción del art. 6.3 dada al art. segundo Tres del Real Decreto 424/2021, de 15 de junio (BOE núm. 143, de 16 de junio de 2021), en vigor desde el 1 de julio de 2021.

[12]   Nuevo apartado cinco incorporado por la Disp. Final Primera Uno del Real Decreto 1007/2023, de 5 de diciembre, por el que se aprueba el Reglamento que establece los requisitos que deben adoptar los sistemas y programas informáticos o electrónicos que soporten los procesos de facturación de empresarios y profesionales, y la estandarización de formatos de los registros de facturación (BOE núm. 291, de 06 de diciembre de 2023), en vigor desde el 7 de diciembre de 2023.

empresarios y profesionales, y la estandarización de formatos de los registros de facturación, deberá incluirse además, de acuerdo con las especificaciones técnicas y funcionales que se establezcan mediante Orden Ministerial de la persona titular del Ministerio de Hacienda y Función Pública, el siguiente contenido:

a) La representación gráfica del contenido parcial de la factura mediante un código «QR».

En el caso de que la factura sea electrónica, la representación gráfica podrá ser sustituida por el contenido que representa el código «QR».

b) Estas facturas, sean electrónicas o no, incorporarán además la frase «Factura verificable en la sede electrónica de la AEAT» o «VERI*FACTU» únicamente en aquellos casos en los que el sistema informático realice la remisión de todos los registros de facturación a la Agencia Estatal de Administración Tributaria, conforme a lo dispuesto en los artículos 15 y 16 del citado Reglamento.

Artículo 7. *Contenido de las facturas simplificadas*

1. Sin perjuicio de los datos o requisitos que puedan resultar obligatorios a otros efectos y de la posibilidad de incluir cualesquiera otras menciones, las facturas simplificadas y sus copias contendrán los siguientes datos o requisitos:

a) Número y, en su caso, serie. La numeración de las facturas simplificadas dentro de cada serie será correlativa.

Se podrán expedir facturas simplificadas mediante series separadas cuando existan razones que lo justifiquen y, entre otros, en los siguientes casos:

1.º Cuando el obligado a su expedición cuente con varios establecimientos desde los que efectúe sus operaciones.

2.º Cuando el obligado a su expedición realice operaciones de distinta naturaleza.

3.º Las expedidas por los destinatarios de las operaciones o por terceros a que se refiere el artículo 5, para cada uno de los cuales deberá existir una serie distinta.

4.º Las rectificativas.

Cuando el empresario o profesional expida facturas conforme a este artículo y al artículo 6 para la documentación de las operaciones efectuadas en un mismo año natural, será obligatoria la expedición mediante series separadas de unas y otras.

b) La fecha de su expedición.

c) La fecha en que se hayan efectuado las operaciones que se documentan o en la que, en su caso, se haya recibido el pago anticipado, siempre que se trate de una fecha distinta a la de expedición de la factura.

d) Número de Identificación Fiscal, así como el nombre y apellidos, razón o denominación social completa del obligado a su expedición.

e) La identificación del tipo de bienes entregados o de servicios prestados.

f) Tipo impositivo aplicado y, opcionalmente, también la expresión «IVA incluido».

Asimismo, cuando una misma factura comprenda operaciones sujetas a diferentes tipos impositivos del Impuesto sobre el Valor Añadido deberá especificarse por separado, además, la parte de base imponible correspondiente a cada una de las operaciones.

g) Contraprestación total.

h) En caso de facturas rectificativas, la referencia expresa e inequívoca de la factura rectificada y de las especificaciones que se modifican.

i)[13]. En los supuestos a que se refieren las letras j) a p) del artículo 6.1 de este Reglamento, deberá hacerse constar las menciones referidas en las mismas.

2. A efectos de lo dispuesto en el artículo 97.Uno de la Ley del Impuesto, cuando el destinatario de la operación sea un empresario o profesional y así lo exija, el expedidor de la factura simplificada deberá hacer constar, además, los siguientes datos:

a) Número de Identificación Fiscal atribuido por la Administración tributaria española o, en su caso, por la de otro Estado miembro de la Unión Europea, así como el domicilio del destinatario de las operaciones.

b) La cuota tributaria que, en su caso, se repercuta, que deberá consignarse por separado.

3. También deberán hacerse constar los datos referidos en el apartado anterior, cuando el destinatario de la operación no sea un empresario o profesional y así lo exija para el ejercicio de cualquier derecho de naturaleza tributaria.

4. Cuando el Departamento de Gestión Tributaria de la Agencia Estatal de Administración Tributaria aprecie que las prácticas comerciales o administrativas del sector de actividad de que se trate, o bien las condiciones técnicas de expedición de las facturas simplificadas, recomienden la consignación de mayores o menores menciones de las señaladas en los apartados anteriores, podrá:

a) Exigir la inclusión de menciones adicionales a las señaladas en los apartados anteriores, sin que, en ningún caso, pueda exigirse más información que aquélla a la que hace referencia el artículo 6.

b) Autorizar la expedición de facturas simplificadas que no incluyan las menciones señaladas en los apartados 1, letras a), c), f), g) e i), y 2 anteriores, siempre que, en los casos de omisión de las menciones a que se refieren las letras f) o g) del apartado 1 mencionadas, se haga constar la cuota tributaria o los datos que permitan calcularla.

Los acuerdos a que se refiere este apartado deberán ser objeto de la debida publicidad por parte de la Agencia Estatal de Administración Tributaria.

---

[13]   Nueva redacción de la letra i) del apartado 1 del artículo 7 dada por el art. cuarto. Tres del Real Decreto 828/2013, de 25 de octubre (BOE núm. 257, de 26 de octubre de 2013), en vigor desde el 1 de enero de 2014.

5[14]. En el caso de facturas simplificadas expedidas utilizando los sistemas informáticos a que se refiere el artículo 7 del Reglamento que establece los requisitos que deben adoptar los sistemas y programas informáticos o electrónicos que soporten los procesos de facturación de empresarios y profesionales, y la estandarización de formatos de los registros de facturación, deberá incluirse, además, lo contenido en el apartado 5 del artículo 6 de este Reglamento.

Artículo 8. *Medios de expedición de las facturas*

1. Las facturas podrán expedirse por cualquier medio, en papel o en formato electrónico, que permita garantizar al obligado a su expedición la autenticidad de su origen, la integridad de su contenido y su legibilidad, desde su fecha de expedición y durante todo el periodo de conservación.

2. La autenticidad del origen de la factura, en papel o electrónica, garantizará la identidad del obligado a su expedición y del emisor de la factura.

La integridad del contenido de la factura, en papel o electrónica, garantizará que el mismo no ha sido modificado.

3. La autenticidad del origen y la integridad del contenido de la factura, en papel o electrónica, podrán garantizarse por cualquier medio de prueba admitido en Derecho.

En particular, la autenticidad del origen y la integridad del contenido de la factura podrán garantizarse mediante los controles de gestión usuales de la actividad empresarial o profesional del sujeto pasivo.

Los referidos controles de gestión deberán permitir crear una pista de auditoría fiable que establezca la necesaria conexión entre la factura y la entrega de bienes o prestación de servicios que la misma documenta.

4[15]. La autenticidad del origen y la integridad del contenido de la factura se presumirá acreditada cuando se haya expedido utilizando un sistema o programa informático en conformidad con los requisitos contenidos en el Reglamento que establece los requisitos que deben adoptar los sistemas y programas informáticos o electrónicos que soporten los procesos de facturación de empresarios y profesionales, y la estandarización de formatos de los registros de facturación.».

---

[14] Nuevo apartado cinco incorporado por la Disp. Final Primera Dos del Real Decreto 1007/2023, de 5 de diciembre, por el que se aprueba el Reglamento que establece los requisitos que deben adoptar los sistemas y programas informáticos o electrónicos que soporten los procesos de facturación de empresarios y profesionales, y la estandarización de formatos de los registros de facturación (BOE núm. 291, de 06 de diciembre de 2023), en vigor desde el 7 de diciembre de 2023.

[15] Nuevo apartado cuarto incorporado por la Disp. Final Primera Tres del Real Decreto 1007/2023, de 5 de diciembre, por el que se aprueba el Reglamento que establece los requisitos que deben adoptar los sistemas y programas informáticos o electrónicos que soporten los procesos de facturación de empresarios y profesionales, y la estandarización de formatos de los registros de facturación (BOE núm. 291, de 06 de diciembre de 2023), en vigor desde el 7 de diciembre de 2023.

Artículo 9. *Factura electrónica*

1. Se entenderá por factura electrónica aquella factura que se ajuste a lo establecido en este Reglamento y que haya sido expedida y recibida en formato electrónico.

2. La expedición de la factura electrónica estará condicionada a que su destinatario haya dado su consentimiento.

Artículo 10. *Autenticidad e integridad de la factura electrónica*

1. La autenticidad del origen y la integridad del contenido de la factura electrónica podrán garantizarse por cualquiera de los medios señalados en el artículo 8.

En particular, la autenticidad del origen y la integridad del contenido de la factura electrónica quedarán garantizadas por alguna de las siguientes formas:

a) Mediante una firma electrónica avanzada de acuerdo con lo dispuesto en el artículo 2.2 de la Directiva 1999/93/CE del Parlamento Europeo y del Consejo, de 13 de diciembre de 1999, por la que se establece un marco comunitario para la firma electrónica, basada, bien en un certificado reconocido y creada mediante un dispositivo seguro de creación de firmas, de acuerdo con lo dispuesto en los apartados 6 y 10 del artículo 2 de la mencionada Directiva, o bien, en un certificado reconocido, de acuerdo con lo dispuesto en el apartado 10 del artículo 2 de la mencionada Directiva.

b) Mediante un intercambio electrónico de datos (EDI), tal como se define en el artículo 2 del anexo I de la Recomendación 94/820/CE de la Comisión, de 19 de octubre de 1994, relativa a los aspectos jurídicos del intercambio electrónico de datos, cuando el acuerdo relativo a este intercambio prevea la utilización de procedimientos que garanticen la autenticidad del origen y la integridad de los datos.

c) Mediante otros medios que los interesados hayan comunicado a la Agencia Estatal de Administración Tributaria con carácter previo a su utilización y hayan sido validados por la misma.

2. En el caso de lotes que incluyan varias facturas electrónicas remitidas simultáneamente al mismo destinatario, los detalles comunes a las distintas facturas podrán mencionarse una sola vez, siempre que se tenga acceso para cada factura a la totalidad de la información.

Artículo 11. *Plazo para la expedición de las facturas*

1. Las facturas deberán ser expedidas en el momento de realizarse la operación.

No obstante, cuando el destinatario de la operación sea un empresario o profesional que actúe como tal, las facturas deberán expedirse antes del día 16 del mes siguiente a aquél en que se haya producido el devengo del Impuesto correspondiente a la citada operación.

2. En las entregas de bienes comprendidas en el artículo 75.Uno.8.º de la Ley del Impuesto, las facturas deberán expedirse antes del día 16 del mes siguiente a aquél en que se inicie la expedición o el transporte de los bienes con destino al adquirente.

3[16]. En las operaciones acogidas al régimen especial del criterio de caja regulado en el Capítulo X del Título IX de la Ley del Impuesto, la expedición de la factura deberá realizarse en el momento de la realización de tales operaciones, salvo cuando el destinatario de la operación sea un empresario o profesional que actúe como tal, en cuyo caso deberán expedirse antes del día 16 del mes siguiente a aquel en que se haya realizado la operación.

Artículo 12. *Moneda y lengua en que se podrán expresar y expedir las facturas*

1. Los importes que figuran en las facturas podrán expresarse en cualquier moneda, a condición de que el importe del Impuesto que, en su caso, se repercuta se exprese en euros, utilizando a tal efecto el tipo de cambio a que se refiere el artículo 79.Once de la Ley del Impuesto.

2. Las facturas podrán expedirse en cualquier lengua. No obstante, la Administración tributaria, cuando lo considere necesario a los efectos de cualquier actuación dirigida a la comprobación de la situación tributaria del empresario o profesional o sujeto pasivo, podrá exigir una traducción al castellano, o a otra lengua oficial en España, de las facturas expedidas en una lengua no oficial que correspondan a operaciones efectuadas en el territorio de aplicación del Impuesto sobre el Valor Añadido, así como de las recibidas por los empresarios o profesionales o sujetos pasivos establecidos en dicho territorio.

Artículo 13. *Facturas recapitulativas*

1. Podrán incluirse en una sola factura distintas operaciones realizadas en distintas fechas para un mismo destinatario, siempre que las mismas se hayan efectuado dentro de un mismo mes natural.

2. Estas facturas deberán ser expedidas como máximo el último día del mes natural en el que se hayan efectuado las operaciones que se documenten en ellas. No obstante, cuando el destinatario de éstas sea un empresario o profesional que actúe como tal, la expedición deberá realizarse antes del día 16 del mes siguiente a aquél en el curso del cual se hayan realizado las operaciones.

3. En las entregas de bienes comprendidas en el artículo 75.Uno.8.º de la Ley del Impuesto, las facturas deberán expedirse antes del día 16 del mes siguiente a aquél en que se inicie la expedición o el transporte de los bienes con destino al adquirente.

Artículo 14. *Duplicados de las facturas*

1. Los empresarios y profesionales o sujetos pasivos sólo podrán expedir un original de cada factura.

2. La expedición de ejemplares duplicados de los originales de las facturas únicamente será admisible en los siguientes casos:

---

[16]   Nuevo apartado incorporado por el art. cuarto. Cuatro del Real Decreto 828/2013, de 25 de octubre (BOE núm. 257, de 26 de octubre de 2013), en vigor desde el 1 de enero de 2014.

a) Cuando en una misma entrega de bienes o prestación de servicios concurriesen varios destinatarios. En este caso, deberá consignarse en el original y en cada uno de los duplicados la porción de base imponible y de cuota repercutida a cada uno de ellos.

b) En los supuestos de pérdida del original por cualquier causa.

3. Los ejemplares duplicados a que se refiere el apartado anterior de este artículo tendrán la misma eficacia que los correspondientes documentos originales.

4. En cada uno de los ejemplares duplicados deberá hacerse constar la expresión «duplicado».

Artículo 15. *Facturas rectificativas*

1. Deberá expedirse una factura rectificativa en los casos en que la factura original no cumpla alguno de los requisitos que se establecen en los artículos 6 ó 7, sin perjuicio de lo establecido en el apartado 6 de este artículo.

2. Igualmente, será obligatoria la expedición de una factura rectificativa en los casos en que las cuotas impositivas repercutidas se hubiesen determinado incorrectamente o se hubieran producido las circunstancias que, según lo dispuesto en el artículo 80 de la Ley del Impuesto, dan lugar a la modificación de la base imponible.

No obstante, cuando la modificación de la base imponible sea consecuencia de la devolución de mercancías o de envases y embalajes que se realicen con ocasión de un posterior suministro que tenga el mismo destinatario y por la operación en la que se entregaron se hubiese expedido factura, no será necesaria la expedición de una factura rectificativa, sino que se podrá practicar la rectificación en la factura que se expida por dicho suministro, restando el importe de las mercancías o de los envases y embalajes devueltos del importe de dicha operación posterior. La rectificación se podrá realizar de este modo siempre que el tipo impositivo aplicable a todas las operaciones sea el mismo, con independencia de que su resultado sea positivo o negativo.

3. La expedición de la factura rectificativa deberá efectuarse tan pronto como el obligado a expedirla tenga constancia de las circunstancias que, conforme a los apartados anteriores, obligan a su expedición, siempre que no hubiesen transcurrido cuatro años a partir del momento en que se devengó el Impuesto o, en su caso, se produjeron las circunstancias a que se refiere el artículo 80 de la Ley del Impuesto.

4[17]**.** La rectificación se realizará mediante la emisión de una nueva factura en la que se haga constar los datos identificativos de la factura rectificada. Se podrá efectuar la rectificación de varias facturas en un único documento de rectificación, siempre que se identifiquen todas las facturas rectificadas. No obstante, cuando la modificación de la base imponible tenga su origen en la concesión de descuentos o bonificaciones por volumen de operaciones,

---

[17]   Nueva redacción del art. 15.4 dada el art. quinto uno del Real Decreto 1075/2017, de 29 de diciembre (BOE núm. 317, de 30 de diciembre de 2107), con efectos desde el 1 de enero de 2018.

así como en los demás casos en que así se autorice por el Departamento de Gestión Tributaria de la Agencia Estatal de Administración Tributaria, no será necesaria la identificación de las facturas, bastando la determinación del período a que se refieren.

El Departamento de Gestión Tributaria de la Agencia Estatal de Administración Tributaria podrá autorizar otros procedimientos de rectificación de facturas, previa solicitud de los interesados, cuando quede justificado por las prácticas comerciales o administrativas del sector de actividad de que se trate.

5. La factura rectificativa deberá cumplir los requisitos que se establecen en los artículos 6 ó 7, según proceda.

Cuando lo que se expida sea una factura rectificativa, los datos a los que se refiere el artículo 6.1.f), g) y h) expresarán la rectificación efectuada. En particular, los datos que se regulan en los párrafos f) y h) del citado artículo 6.1 se podrán consignar, bien indicando directamente el importe de la rectificación, con independencia de su signo, bien tal y como queden tras la rectificación efectuada, señalando igualmente en este caso el importe de dicha rectificación.

Cuando lo que se expida sea una factura simplificada rectificativa, los datos a los que se refiere el artículo 7.1.f) y g) y, en su caso, el 7.2.b), expresarán la rectificación efectuada, bien indicando directamente el importe de la rectificación, bien tal y como quedan tras la rectificación efectuada, señalando igualmente en este caso el importe de dicha rectificación.

6. Únicamente tendrán la consideración de facturas rectificativas las que se expidan por alguna de las causas previstas en los apartados 1 y 2.

No obstante, las facturas que se expidan en sustitución o canje de facturas simplificadas expedidas con anterioridad no tendrán la condición de rectificativas, siempre que las facturas simplificadas expedidas en su día cumpliesen los requisitos establecidos en el artículo 7.1.

Artículo 16. *Particularidades de la obligación de documentar las operaciones en los regímenes especiales del Impuesto*

1. Los empresarios o profesionales que, de acuerdo con lo dispuesto por el artículo 131.2.º de la Ley del Impuesto, deban efectuar el reintegro de las compensaciones al adquirir los bienes o servicios a personas acogidas al régimen especial de la agricultura, ganadería y pesca, deberán expedir un recibo por dichas operaciones, en el que deberán constar los datos o requisitos siguientes:

a) Serie y número. La numeración de los recibos dentro de cada serie será correlativa.

b)[18] Nombre y apellidos, razón o denominación social completa, número de identificación fiscal y domicilio del obligado a su expedición y del titular de la explotación agrícola,

---

[18]   Nueva redacción de la letra b) dada por el art. tercero.tres del Real Decreto 1073/2014, de 19 de diciembre (BOE núm. 307, de 20 de diciembre de 2014), en vigor el 1 de enero de 2015.

ganadera, forestal o pesquera, con indicación de que está acogido al régimen especial de la agricultura, ganadería y pesca.

c) Descripción de los bienes entregados o de los servicios prestados, así como el lugar y fecha de realización material y efectiva de las operaciones.

d) Precio de los bienes o servicios, determinado con arreglo a lo dispuesto en el artículo 130.Cinco de la Ley del Impuesto.

e) Porcentaje de compensación aplicado.

f) Importe de la compensación.

g) La firma del titular de la explotación agrícola, ganadera, forestal o pesquera.

Estos empresarios o profesionales deberán entregar una copia de este recibo al proveedor de los bienes o servicios, titular de la explotación agrícola, forestal, ganadera o pesquera.

Las demás disposiciones incluidas en este Reglamento relativas a las facturas serán igualmente aplicables, en la medida en que resulte procedente, a los recibos a que se refiere este apartado.

2. Sin perjuicio del cumplimiento del resto de obligaciones establecidas en este título, los sujetos pasivos que apliquen el régimen especial de los bienes usados, objetos de arte, antigüedades y objetos de colección deberán cumplir, respecto de las operaciones afectadas por el referido régimen especial, las siguientes obligaciones específicas:

a) Expedir un documento que justifique cada una de las adquisiciones efectuadas a quienes no tengan la condición de empresarios o profesionales actuando como tales. Dicho documento de compra deberá ser firmado por el transmitente y contendrá los datos y requisitos a que se refiere el artículo 6.1.

b) En todo caso, en las facturas que expidan los sujetos pasivos revendedores por las entregas sometidas al régimen especial, deberá hacerse constar la mención a que se refieren los artículos 6.1.o) ó 7.1.i).

c) En las facturas que expidan los sujetos pasivos revendedores por las entregas sometidas al régimen especial no podrán consignar separadamente la cuota del Impuesto sobre el Valor Añadido repercutida, y esta deberá entenderse comprendida en el precio total de la operación.

3[19]. En las operaciones a las que resulte aplicable el régimen especial de las agencias de viajes, los sujetos pasivos no estarán obligados a consignar por separado en la factura que expidan la cuota repercutida, y el Impuesto deberá entenderse, en su caso, incluido en el precio de la operación.

---

[19]   Nueva redacción del apartado 3 dada por el art. tercero.tres del Real Decreto 1073/2014, de 19 de diciembre (BOE núm. 307, de 20 de diciembre de 2014), en vigor el 1 de enero de 2015.

En todo caso, en las facturas en las que se documenten operaciones a las que sea de aplicación este régimen especial deberá hacerse constar la mención a que se refieren los artículos 6.1.n) o 7.1.i).

4. Los empresarios o profesionales que efectúen entregas de bienes en las que deba repercutirse el recargo de equivalencia deberán, en todo caso, expedir facturas separadas para documentar dichas entregas, consignando en ellas el tipo del recargo que se haya aplicado y su importe.

Los comerciantes minoristas acogidos al régimen especial del recargo de equivalencia que realicen simultáneamente actividades empresariales o profesionales en otros sectores de la actividad empresarial o profesional, deberán tener documentadas en facturas diferentes las adquisiciones de mercaderías destinadas respectivamente a las actividades incluidas en dicho régimen y al resto de actividades.

CAPÍTULO III. Remisión de facturas

Artículo 17. *Obligación de remisión de las facturas*

Los originales de las facturas expedidas conforme a lo dispuesto en los capítulos I y II del título I deberán ser remitidos por los obligados a su expedición o en su nombre a los destinatarios de las operaciones que en ellos se documentan.

Artículo 18[20]. *Plazo para la remisión de las facturas*

La obligación de remisión de las facturas que se establece en el artículo 17 deberá cumplirse en el mismo momento de su expedición o bien, cuando el destinatario sea un empresario o profesional que actúe como tal, antes del día 16 del mes siguiente a aquél en que se haya producido el devengo del Impuesto correspondiente a la citada operación o en el caso de las operaciones acogidas al régimen especial del criterio de caja o de facturas rectificativas antes del día 16 del mes siguiente a aquel en que se hubiera realizado la operación o se hubiera expedido la factura respectivamente.

CAPÍTULO IV. Conservación de facturas y otros documentos

Artículo 19. *Obligación de conservación de facturas y otros documentos*

1. Los empresarios o profesionales deberán conservar, durante el plazo previsto en la Ley 58/2003, de 17 de diciembre, General Tributaria, los siguientes documentos:

a) Las facturas recibidas.

b) Las copias o matrices de las facturas expedidas conforme al artículo 2.1 y 2.

---

[20]   Nueva redacción del art. 18 dada el art. quinto dos del Real Decreto 1075/2017, de 29 de diciembre (BOE núm. 317, de 30 de diciembre de 2107), con efectos desde el 1 de enero de 2018.
Redacción anterior dada por el art. tercero. Dos del Real Decreto 596/2016, de 2 de diciembre (BOE núm. 294, de 6 de diciembre de 2016), con efectos desde el 1 de enero de 2017.

c) Los justificantes contables a que se refiere el número 4.º del apartado uno del artículo 97 de la Ley del Impuesto.

d) Los recibos a que se refiere el artículo 16.1, tanto el original de aquél, por parte de su expedidor, como la copia, por parte del titular de la explotación.

e) Los documentos a que se refiere el número 3.º del apartado uno del artículo 97 de la Ley del Impuesto, en el caso de las importaciones.

Esta obligación incumbe asimismo a los empresarios o profesionales acogidos a los regímenes especiales del Impuesto sobre el Valor Añadido, así como a quienes, sin tener la condición de empresarios o profesionales, sean sujetos pasivos del Impuesto, aunque en este caso sólo alcanzará a los documentos que se citan en los párrafos a) y c).

2. Los documentos deben conservarse con su contenido original, ordenadamente y en los plazos y con las condiciones fijados por este Reglamento.

3. Las obligaciones a las que se refiere el apartado anterior se podrán cumplir material-mente por un tercero, que actuará en todo caso en nombre y por cuenta del empresario o profesional o sujeto pasivo, el cual será, en cualquier caso, responsable del cumplimiento de todas las obligaciones que se establecen en este capítulo.

4. Cuando el tercero no esté establecido en la Unión Europea, salvo que se encuentre es-tablecido en Canarias, Ceuta o Melilla o en un país con el cual exista un instrumento jurídico relativo a la asistencia mutua con un ámbito de aplicación similar al previsto por la Directiva 2010/24/UE del Consejo, de 16 de marzo de 2010, sobre la asistencia mutua en materia de cobro de los créditos correspondientes a determinados impuestos, derechos y otras medidas, y el Reglamento (UE) n.º 904/2010, del Consejo, de 7 de octubre de 2010, relativo a la coo-peración administrativa y la lucha contra el fraude en el ámbito del impuesto sobre el valor añadido, únicamente cabrá el cumplimiento de esta obligación a través de un tercero previa comunicación a la Agencia Estatal de Administración Tributaria.

Artículo 20. *Formas de conservación de las facturas y otros documentos*

1. Los diferentes documentos, en papel o formato electrónico, a que se hace referen-cia en el artículo 19, se deberán conservar por cualquier medio que permita garantizar al obligado a su conservación la autenticidad de su origen, la integridad de su contenido y su legibilidad en los términos establecidos en el artículo 8, así como el acceso a ellos por parte de la Administración tributaria sin demora, salvo causa debidamente justificada.

2. En particular, esta obligación podrá cumplirse mediante la utilización de medios electrónicos. A estos efectos, se entenderá por conservación por medios electrónicos la conservación efectuada por medio de equipos electrónicos de tratamiento, incluida la com-presión numérica y almacenamiento de datos, utilizando medios ópticos u otros medios electromagnéticos.

Artículo 21. *Conservación de las facturas y otros documentos por medios electrónicos*
1. La conservación por medios electrónicos de los documentos a que se hace referencia en el artículo 20 se deberá efectuar de manera que se asegure su legibilidad en el formato original en el que se hayan recibido o remitido, así como, en su caso, la de los datos asociados y mecanismos de verificación de firma u otros elementos autorizados que garanticen la autenticidad de su origen y la integridad de su contenido.

La Administración tributaria podrá exigir en cualquier momento al remisor o receptor de los documentos su transformación en lenguaje legible.

2. Los documentos conservados por medios electrónicos deberán ser gestionados y conservados por medios que garanticen un acceso en línea a los datos así como su carga remota y utilización por parte de la Administración tributaria ante cualquier solicitud de esta y sin demora injustificada.

Se entenderá por acceso completo aquel que permita su visualización, búsqueda selectiva, copia o descarga en línea e impresión.

Artículo 22. *Lugar de conservación de las facturas y otros documentos*
1. A efectos de lo dispuesto en este capítulo, el empresario o profesional o el sujeto pasivo obligado a la conservación de las facturas y otros documentos podrá determinar el lugar de cumplimiento de dicha obligación, a condición de que ponga a disposición del órgano de la Administración tributaria que esté desarrollando una actuación dirigida a la comprobación de su situación tributaria, ante cualquier solicitud de dicho órgano y sin demora injustificada, toda la documentación o información así conservadas.

2. Cuando la conservación se efectúe fuera de España, tal obligación únicamente se considerará válidamente cumplida si se realiza mediante el uso de medios electrónicos que garanticen el acceso en línea así como la carga remota y utilización por parte de la Administración tributaria de la documentación o información así conservadas.

En caso de que los empresarios o profesionales o sujetos pasivos deseen cumplir dicha obligación fuera del citado territorio deberán comunicar con carácter previo esta circunstancia a la Agencia Estatal de Administración Tributaria.

Artículo 23. *Acceso de la Administración tributaria a las facturas y a otros documentos*
Cuando la obligación de conservación a que se refiere el artículo 19 se cumpla mediante la utilización de medios electrónicos se deberá garantizar a cualquier órgano de la Administración tributaria que esté realizando una actuación de comprobación de la situación tributaria del empresario o profesional o del sujeto pasivo el acceso en línea a los documentos conservados, así como su carga remota y utilización. El cumplimiento de esta obligación será independiente del lugar en el que se conserven los documentos.

CAPÍTULO V. Otras disposiciones

Artículo 24. *Resolución de controversias en materia de facturación*

Se considerarán de naturaleza tributaria, a efectos de la interposición de la correspondiente reclamación económico-administrativa, las controversias que puedan producirse en relación con la expedición, rectificación o remisión de facturas y demás documentos a que se refiere este Reglamento, cuando estén motivadas por hechos o cuestiones de derecho de dicha naturaleza.

TÍTULO II. OBLIGACIONES DE DOCUMENTACIÓN A EFECTOS DE OTROS TRIBUTOS Y EN OTROS ÁMBITOS

Artículo 25. *Aplicación de las disposiciones del título I*

Las disposiciones contenidas en el título I resultarán aplicables a efectos de cualquier otro tributo, subvención o ayuda pública, sin perjuicio de lo establecido por su normativa propia y por el artículo 26.

Artículo 26. *Particularidades de la obligación de documentar las operaciones en el Impuesto sobre la Renta de las Personas Físicas*

1. Los contribuyentes por el Impuesto sobre la Renta de las Personas Físicas, que obtengan rendimientos de actividades económicas, estarán obligados a expedir factura y copia de ésta por las operaciones que realicen en el desarrollo de su actividad en los términos previstos en este Reglamento, cuando determinen dichos rendimientos por el método de estimación directa, con independencia del régimen a que estén acogidos a efectos del Impuesto sobre el Valor Añadido.

También estarán obligados a expedir factura y copia de ésta los contribuyentes acogidos al método de estimación objetiva en el Impuesto sobre la Renta de las Personas Físicas que determinen su rendimiento neto en función del volumen de ingresos.

2. Las obligaciones establecidas en el apartado anterior se entenderán cumplidas mediante la expedición del recibo previsto en el artículo 16.1 por parte del destinatario de la operación realizada en el desarrollo de las actividades que se encuentren acogidas al régimen especial de la agricultura, ganadería y pesca del Impuesto sobre el Valor Añadido.

Disposición adicional primera. *Deberes de facturación en otros ámbitos*

Lo dispuesto en este Reglamento ha de entenderse sin perjuicio de cuantos otros deberes sean además exigidos en cuanto a la expedición, entrega y conservación de la factura o documento análogo por parte de los empresarios y profesionales en el ámbito mercantil, financiero y asegurador, del régimen de sus actividades profesionales, en materia de subvenciones o ayudas públicas o a efectos de la defensa de los consumidores y usuarios.

Disposición adicional segunda. *Impuesto General Indirecto Canario e Impuesto sobre la Producción, los Servicios y la Importación en las Ciudades de Ceuta y Melilla*

En relación con las operaciones sujetas al Impuesto General Indirecto Canario, las referencias hechas al Impuesto sobre el Valor Añadido y al Departamento de Gestión Tributaria de la Agencia Estatal de Administración Tributaria o a esta última deben entenderse hechas, en su caso, al Impuesto General Indirecto Canario y a la Administración tributaria canaria. Asimismo, en cuanto a las operaciones sujetas al Impuesto sobre la Producción, los Servicios y la Importación, las referencias se entenderán hechas al citado tributo y a las autoridades locales de las Ciudades de Ceuta y Melilla. Lo anterior se entenderá sin perjuicio de la coordinación que resulte necesaria entre las citadas Administraciones.

Sin perjuicio de las menciones contenidas en los artículos 6 y 7, las normas de gestión del Impuesto General Indirecto Canario determinarán las menciones específicas que deben contener las facturas que documenten las operaciones sujetas al Impuesto, así como los requisitos de autorización para el cumplimiento de las obligaciones de expedir y conservar facturas realizadas por destinatarios o terceros establecidos fuera de las Islas Canarias.

En el supuesto regulado en el artículo 16.3, párrafo primero, dentro del régimen especial de las agencias de viajes del Impuesto General Indirecto Canario, se podrá hacer constar en factura, a solicitud del destinatario y bajo la denominación «cuotas de IGIC incluidas en el precio», la cantidad resultante de multiplicar el precio total de la operación por 2 y dividir por 100.

Disposición adicional tercera[21]. *Facturación de determinadas entregas de energía eléctrica*

1. Las intercambios de energía eléctrica asociados al mercado de producción de energía eléctrica a que se refieren los artículos 28 y 30 de la Ley 24/2013, del Sector Eléctrico, y el artículo 2 del Real Decreto 2019/1997, de 26 de diciembre, por el que se organiza y regula el mercado de producción de energía eléctrica, deberán ser documentados por el operador del sistema, de acuerdo con las funciones que le son conferidas en la Ley del Sector Eléctrico y normativa de desarrollo.

2. Las entregas de energía eléctrica se documentarán mediante facturas expedidas por dicho operador, en nombre y por cuenta de las entidades suministradoras de la energía, en las que deberán constar todos los datos enumerados en el artículo 6.1 de este Reglamento, siendo los relativos a la identificación del destinatario de la operación los de identificación del operador del sistema, que deberá conservar el original de la factura expedida y remitir la copia al suministrador.

---

[21]   Nueva redacción de la Disp. Adicional Tercera dada por el art. tercero. Tres del Real Decreto 596/2016, de 2 de diciembre (BOE núm. 294, de 6 de diciembre de 2016), con efectos desde el 7 de diciembre de 2016.

3. El operador del sistema expedirá una factura por las entregas efectuadas a cada adquirente, en la que deberán constar todos los datos indicados en el citado artículo 6.1 de este Reglamento, siendo los relativos a la identificación del expedidor los de identificación del operador del sistema que deberá conservar copia de tales facturas y remitir el original al destinatario de éstas.

4. Los documentos a que se refieren los apartados anteriores de esta disposición adicional que hayan de ser conservados por el operador del sistema tendrán la consideración de factura a los efectos de lo dispuesto en este Reglamento y quedarán a disposición de la Administración tributaria durante el plazo de prescripción para la realización de las comprobaciones que resulten necesarias en relación con las entregas de energía eléctrica reflejadas en las correspondientes facturas.

5. El operador del sistema deberá relacionar en su declaración anual de operaciones con terceras personas, en los términos previstos por el Real Decreto 1065/2007, de 27 de julio, por el que se aprueba el Reglamento general de las actuaciones y procedimientos de gestión e inspección tributaria y de desarrollo de las normas comunes de los procedimientos de aplicación de los tributos, las operaciones realizadas por los suministradores de energía eléctrica y por sus adquirentes, que hayan sido documentadas con arreglo a lo indicado en los apartados precedentes de esta disposición adicional, indicando, respecto de cada suministrador y de cada adquirente, según corresponda, el importe total de las operaciones efectuadas durante el período a que se refiera la declaración, en la que se harán constar como compras las entregas de energía imputadas a cada suministrador y, como ventas, las adquisiciones de energía imputadas a cada adquirente.

6. En todo caso, y respecto de las operaciones a que se refiere esta disposición adicional, el operador del sistema deberá prestar su colaboración a la Administración tributaria proporcionando cualquier dato, informe o antecedente con trascendencia tributaria para el correcto tratamiento de dichas operaciones.

Los derechos de cobro y las obligaciones de pago correspondientes al período facturado se considerarán vinculados a una única entrega de la energía eléctrica por la totalidad de dicho período.

7. El operador del sistema podrá habilitar a un tercero para que se interponga como contraparte central entre las entidades suministradoras y las adquirentes de modo que se entenderá, a todos los efectos, que las entregas de energía eléctrica son efectuadas por las entidades suministradoras a dicho tercero y que son adquiridas al mismo por las entidades adquirentes. En este caso, se sustituirán los datos relativos a la identificación del destinatario de la operación y del expedidor por los de dicho tercero habilitado como contraparte central, el cual asumirá las obligaciones relativas a la facturación que esta disposición adicional asigna al operador del sistema que le haya habilitado para actuar como contraparte central.

Disposición adicional cuarta. *Facturación de determinadas prestaciones de servicios en cuya realización intervienen agencias de viajes actuando como mediadoras en nombre y por cuenta ajena*

1[22]. Se expedirán de acuerdo a lo establecido en esta disposición las facturas que documenten las prestaciones de servicios en las que concurran los requisitos siguientes:

a) Que consistan en prestaciones de servicios en cuya contratación intervengan como mediadores en nombre y por cuenta ajena empresarios o profesionales que tengan la condición de agencias de viajes de acuerdo con la normativa propia del sector.

b) Que, cualquiera que sea la condición del destinatario, solicite a la agencia de viajes la expedición de la factura correspondiente a tales servicios.

c) Que se trate de cualquiera de los siguientes servicios:

a') transporte de viajeros y sus equipajes;

b') hostelería, acampamento y balneario;

c') restauración y catering;

d') arrendamiento de medios de transporte a corto plazo;

e') visitas a museos, galerías de arte, pinacotecas, monumentos, lugares históricos, jardines botánicos, parques zoológicos y parques naturales y otros espacios naturales protegidos de características similares;

f') acceso a manifestaciones culturales, artísticas, deportivas, científicas, educativas, recreativas, ferias y exposiciones;

g') seguros de viajes.

h')[23] servicios de viajes a los que sea de aplicación el régimen especial de las agencias de viajes.

2[24]. Dichas facturas deberán contener los datos o requisitos que se indican a continuación, sin perjuicio de la posibilidad de incluir cualesquiera otras menciones:

a) La indicación expresa de que se trata de una factura expedida por la agencia de viajes al amparo de lo previsto en esta disposición adicional.

b) Los datos y requisitos a que se refiere el artículo 6 o, en su caso, el artículo 7 de este Reglamento. No obstante, como datos relativos al obligado a expedir la factura a que se refiere el apartado 1.c), d) y e) del artículo 6 y el apartado 1.d) del artículo 7, se harán constar los relativos a la agencia de viajes, y no los correspondientes al empresario o profesional que presta el servicio a que se refiere la mediación.

---

[22]   Nueva redacción dada el art. quinto tres del Real Decreto 1075/2017, de 29 de diciembre (BOE núm. 317, de 30 de diciembre de 2107), con efectos desde el 1 de enero de 2018.

[23]   Nueva letra h') incorporada por el art. 2.Cuatro del Real Decreto 1512/2018, de 28 de diciembre (BOE núm. 314, de 29 de diciembre), con efectos desde el 1 de enero de 2019.

[24]   Nueva redacción dada el art. quinto tres del Real Decreto 1075/2017, de 29 de diciembre (BOE núm. 317, de 30 de diciembre de 2107), con efectos desde el 1 de enero de 2018.

c) Adicionalmente, las facturas expedidas deberán contener una referencia inequívoca que identifique todos y cada uno de los servicios documentados en ellas, así como las menciones a que se refiere el apartado 1.c), d) y e) del artículo 6 del destinatario de las operaciones. Asimismo, estas facturas deberán expedirse en serie separada del resto.

3[25]. Los servicios de mediación en nombre y por cuenta ajena relativos a los servicios que la agencia de viajes preste al destinatario de los mismos, podrán también ser documentados por la agencia mediante las facturas a que se refiere esta disposición adicional. En tal caso, en la correspondiente factura deberán figurar por separado los datos relativos al mencionado servicio de mediación que deban constar en factura según lo previsto en este Reglamento.

4. La agencia de viajes podrá documentar en una misma factura expedida por ella servicios prestados por distintos empresarios o profesionales a un mismo destinatario en el plazo máximo de un mes.

5. Sin perjuicio de lo establecido en los apartados anteriores, resultarán aplicables a las facturas expedidas por las agencias de viajes al amparo de esta disposición adicional las previsiones contenidas en este Reglamento.

6[26]. Las agencias de viajes que expidan estas facturas deberán anotarlas en el libro registro de facturas expedidas, previsto en el artículo 63 del Reglamento del Impuesto sobre el Valor Añadido, aprobado por el Real Decreto 1624/1992, de 29 de diciembre. Tales anotaciones deberán realizarse de manera que los importes correspondientes a las operaciones a que se refiere el apartado 1 de esta disposición puedan ser diferenciados de los importes correspondientes a los importes de los servicios a que se refiere el apartado 3 y de los importes correspondientes a operaciones recogidas en otros documentos o facturas distintas.

7[27]. Las agencias de viajes que expidan estas facturas deberán consignar, en su caso, la siguiente información en la declaración anual de operaciones con terceras personas:

a) En concepto de ventas, la información relativa a los servicios documentados mediante las referidas facturas, debidamente diferenciada.

b) En concepto de compras, la información relativa a las prestaciones de servicios en cuya realización intervienen actuando como mediadoras en nombre y por cuenta ajena a que se refiere esta disposición, debidamente diferenciada.

8. Las agencias de viajes que expidan las facturas a que se refiere esta disposición adicional deberán prestar su colaboración a la Administración tributaria proporcionando

---

[25]   Nueva redacción dada el art. quinto tres del Real Decreto 1075/2017, de 29 de diciembre (BOE núm. 317, de 30 de diciembre de 2107), con efectos desde el 1 de enero de 2018.
[26]   Nueva redacción dada el art. quinto tres del Real Decreto 1075/2017, de 29 de diciembre (BOE núm. 317, de 30 de diciembre de 2107), con efectos desde el 1 de enero de 2018.
[27]   Nueva redacción dada el art. quinto tres del Real Decreto 1075/2017, de 29 de diciembre (BOE núm. 317, de 30 de diciembre de 2107), con efectos desde el 1 de enero de 2018.

cualquier dato o antecedente de trascendencia tributaria respecto de las prestaciones de servicios documentadas en aquellas.

Disposición adicional quinta. *Referencias al Reglamento por el que se regulan las obligaciones de facturación aprobado por el Real Decreto 1496/2003, de 28 de noviembre*

Las referencias hechas al Reglamento por el que se regulan las obligaciones de facturación aprobado por el Real Decreto 1496/2003, de 28 de noviembre, se entenderán realizadas a este Reglamento.

Disposición adicional sexta. *Expedición de factura por la Comisión Nacional de Energía en nombre y por cuenta de los distribuidores y de los productores de energía eléctrica en régimen especial o de sus representantes*

1. La función de liquidación y pago que el artículo 30 del Real Decreto 661/2007, de 25 de mayo, por el que se regula la actividad de producción de energía eléctrica en régimen especial, atribuye a la Comisión Nacional de Energía respecto de las primas equivalentes, las primas, los incentivos y los complementos que correspondan a los productores de electricidad en régimen especial, se documentará mediante facturas expedidas por dicha Comisión en nombre y por cuenta de las entidades productoras, o en nombre y por cuenta de sus representantes.

Asimismo, la Comisión Nacional de Energía deberá expedir facturas en nombre y por cuenta de los distribuidores de energía eléctrica que se correspondan con los requerimientos de ingreso que efectúe la citada Comisión por las primas equivalentes, las primas, los incentivos y los complementos a que se refiere el artículo 30 del Real Decreto 661/2007, de 25 de mayo, y la disposición adicional séptima del Real Decreto 485/2009, de 3 de abril, por el que se regula la puesta en marcha del suministro de último recurso en el sector de la energía eléctrica, que hayan sido cobrados por aquellos a los consumidores de dicho bien.

2. En las facturas a que se refiere el apartado anterior se deberán hacer constar todos los datos enumerados en el artículo 6.1 de este Reglamento, con la excepción de los datos relativos a la identificación del destinatario en las facturas expedidas por cuenta de los productores o sus representantes, y los datos relativos a la identificación del expedidor en las facturas expedidas por cuenta de los distribuidores. En ambos casos, dichos datos serán sustituidos por los de identificación de la Comisión Nacional de Energía.

La Comisión Nacional de Energía deberá conservar el original de las facturas expedidas y remitir copia de las mismas al distribuidor y al productor o, en su caso, a su representante.

Las facturas así expedidas que hayan de ser conservadas por la Comisión Nacional de Energía quedarán a disposición de la Administración tributaria durante el plazo de prescripción para la realización de las comprobaciones que resulten necesarias en relación con los suministros reflejados en las mismas.

3. La Comisión Nacional de Energía deberá relacionar en su declaración anual de operaciones con terceras personas las operaciones realizadas por los productores de energía eléctrica, por sus representantes y por los distribuidores que hayan sido documentadas con arreglo a lo establecido por esta disposición adicional, indicando, respecto de cada productor o representante y de cada distribuidor, el importe total de las operaciones efectuadas durante el período a que se refiera la declaración, haciendo constar como compras las entregas de energía eléctrica en régimen especial imputadas a cada productor o representante y como ventas los requerimientos de ingreso notificados a cada distribuidor en relación con las primas equivalentes, primas, incentivos y complementos a que se refiere esta disposición adicional.

4. Lo preceptuado en esta disposición adicional debe entenderse sin perjuicio de la documentación que, en su caso, expida y remita la Comisión Nacional de Energía a los distribuidores por los requerimientos de ingreso que realice con inclusión del Impuesto sobre el Valor Añadido o impuesto equivalente, en relación con las primas equivalentes, las primas, los incentivos y los complementos a que se refiere el artículo 30 del Real Decreto 661/2007, de 25 de mayo, y la disposición adicional séptima del Real Decreto 485/2009, de 3 de abril.

5. Los derechos de cobro y las obligaciones de pago correspondientes al periodo facturado se considerarán vinculados a una única entrega de energía eléctrica por la totalidad de dicho periodo.

6. En todo caso, y respecto de las operaciones a que se refiere esta disposición adicional, la Comisión Nacional de Energía deberá prestar su colaboración a la Administración tributaria proporcionando cualquier dato, informe o antecedente con trascendencia tributaria para el correcto tratamiento de dichas operaciones.

Disposición Adicional séptima[28]

A efectos de lo dispuesto en el apartado 2 del artículo 3 de este Reglamento la Sociedad de Gestión de Activos Procedentes de la Reestructuración Bancaria (SAREB) tendrá la consideración de entidad de crédito.

Disposición transitoria primera. *Comunicación de la expedición o conservación de facturas por un tercero*

En relación con lo previsto en el artículo 5, apartado 4, y en el artículo 19, apartado 4, de este Reglamento, no será necesaria una nueva comunicación expresa por parte del obligado tributario cuando la expedición o conservación de las facturas por un tercero hubiera sido previamente autorizada por la Agencia Estatal de Administración Tributaria o se hubiera iniciado el procedimiento de solicitud de autorización, conforme a lo establecido en el Reglamento por el que se regulan las obligaciones de facturación, aprobado por el Real Decreto 1496/2003, de 28 de noviembre.

---

[28]   Nueva Disposición incorporada por el art. cuarto. Cinco del Real Decreto 828/2013, de 25 de octubre (BOE núm. 257, de 26 de octubre de 2013), en vigor desde el 1 de enero de 2014.

Las solicitudes de autorización a que se refiere el párrafo anterior, que estén en curso a la entrada en vigor de este Reglamento, se entenderán que son comunicaciones, entendiéndose efectuadas las mismas en dicho momento, salvo que se notifique al comunicante que la documentación aportada no resulta suficiente, en cuyo caso la comunicación se entenderá producida cuando se complete dicha documentación. El requerimiento de solicitud de documentación adicional deberá ser realizado en el plazo máximo de tres meses desde la entrada en vigor de este Reglamento.

Disposición transitoria segunda. *Sustitución o canje de documentos sustitutivos por facturas*

1. A partir de la entrada en vigor de este Reglamento, los documentos sustitutivos que hubieran sido expedidos conforme a lo establecido en el Reglamento por el que se regulan las obligaciones de facturación aprobado por el Real Decreto 1496/2003, de 28 de noviembre, podrán ser objeto de sustitución o canje por facturas en los supuestos previstos en la letra a) del apartado 2 del artículo 2.

2. La sustitución o el canje de los citados documentos podrá realizarse dentro del plazo de los cuatro años siguientes a la fecha de devengo de las operaciones documentadas en los mismos.

3. La factura que se expida en dichos supuestos no tendrá la consideración de factura rectificativa.

5. Orden HFP/417/2017, de 12 de mayo, por la que se REGULAN LAS ESPECIFICACIONES NORMATIVAS Y TÉCNICAS QUE DESARROLLAN LA LLEVANZA DE LOS LIBROS REGISTRO del Impuesto sobre el Valor Añadido a través de la Sede electrónica de la Agencia Estatal de Administración Tributaria establecida en el artículo 62.6 del Reglamento del Impuesto sobre el Valor Añadido, aprobado por el Real Decreto 1624/1992, de 29 de diciembre, y se modifica otra normativa tributaria

(BOE núm. 115, de 15 de mayo de 2017)

El Real Decreto 596/2016, de 2 de diciembre, para la modernización, mejora e impulso del uso de medios electrónicos en la gestión del Impuesto sobre el Valor Añadido, por el que se modifican el Reglamento del Impuesto sobre el Valor Añadido, aprobado por el Real Decreto 1624/1992, de 29 de diciembre, el Reglamento General de las actuaciones y los procedimientos de gestión e inspección tributaria y de desarrollo de las normas comunes de los procedimientos de aplicación de los tributos, aprobado por el Real Decreto 1065/2007, de 27 de julio, y el Reglamento por el que se regulan las obligaciones de facturación, aprobado por el Real Decreto 1619/2012, de 30 de noviembre, en su artículo primero establece un sistema de llevanza de los libros registro a través de la Sede electrónica de la Agencia Estatal de Administración Tributaria mediante el suministro electrónico de los registros de facturación en un período breve de tiempo.

Este nuevo sistema de llevanza de los libros registro en la Sede electrónica de la Agencia Estatal de Administración Tributaria, permitirá disponer de información suficiente y de calidad como para, no solo facilitar el control y la prevención del fraude fiscal, objetivos prioritarios de la Agencia Estatal de Administración Tributaria, sino también para poder ofrecer una herramienta de asistencia al contribuyente en la elaboración de sus declaraciones por el Impuesto sobre el Valor Añadido.

El artículo 62.6 del Reglamento del Impuesto sobre el Valor Añadido, aprobado por el Real Decreto 1624/1992, de 29 de diciembre, dispone que la obligación establecida en el artículo 62.1 del Reglamento del Impuesto se realizará a través de la Sede electrónica de la Agencia Estatal de Administración Tributaria, mediante el suministro electrónico de los registros de facturación, por los empresarios o profesionales y otros sujetos pasivos del Impuesto, que tengan un periodo de liquidación que coincida con el mes natural de acuerdo con lo dispuesto en el artículo 71.3 del Reglamento, así como para aquellos otros que opten por el nuevo sistema.

Todos aquellos sujetos pasivos que obligatoriamente deban cumplir con este nuevo sistema de llevanza de los libros registro, así como los que hayan optado por el mismo, quedan exonerados de la obligación de presentar la Declaración anual de operaciones con terceras personas, modelo 347. Del mismo modo se les elimina la obligación de presentar la Declaración informativa a que se refiere el artículo 36 del Reglamento General de las actuaciones y los procedimientos de gestión e inspección tributaria y de desarrollo de las normas comunes de los procedimientos de aplicación de los tributos, modelo 340, y la Declaración-resumen anual del Impuesto sobre el Valor Añadido, modelo 390.

Los artículos 63 y 64 del Reglamento del Impuesto sobre el Valor Añadido, aprobado por el Real Decreto 1624/1992, de 29 de diciembre, habilitan a que por orden ministerial se determinen las especificaciones necesarias que deben incluirse para identificar tipologías de facturas, así como, para incluir información con trascendencia tributaria de acuerdo con lo previsto en los artículos 33 a 36 del Reglamento General de las actuaciones y los procedimientos de gestión e inspección tributaria y de desarrollo de las normas comunes de los procedimientos de aplicación de los tributos.

En consecuencia, se procede en esta orden a determinar las especificaciones normativas y técnicas que desarrollan la llevanza de los libros registro del Impuesto sobre el Valor Añadido a través de la Sede electrónica de la Agencia Estatal de Administración Tributaria, establecida en el artículo 62.6 del Reglamento del Impuesto sobre el Valor Añadido, aprobado por el Real Decreto 1624/1992, de 29 de diciembre.

El envío de esta información podrá realizarse a través de servicios web o utilizando el formulario publicado en la Sede electrónica de la Agencia Estatal de Administración Tributaria. En el caso de que la información se envíe a través de los servicios web, deberá suministrarse atendiendo al formato y diseño de los mensajes informáticos que consten en la Sede electrónica de la Agencia Estatal de Administración Tributaria en Internet.

La disposición adicional única del Real Decreto 596/2016, de 2 de diciembre, establece para las personas o entidades a que se refiere el artículo 62.6 del Reglamento del Impuesto sobre el Valor Añadido, aprobado por el Real Decreto 1624/1992, de 29 de diciembre, a las que resulta de aplicación el nuevo sistema de llevanza de libros registros, la obligación de remitir los registros de facturación correspondientes al primer semestre de 2017 durante el periodo comprendido entre el 1 de julio y el 31 de diciembre de 2017. Atendiendo a las particularidades técnicas y temporales de este envío la disposición adicional única de esta orden determina la información que debe suministrarse en relación con el citado periodo, así como el modo de envío de la misma. También se precisa en esta disposición que para los sujetos pasivos inscritos en el registro de devolución mensual la obligación de remitir los registros de facturación correspondientes al periodo comprendido entre el 1 de enero y 30 de junio de 2017, se entenderá cumplida en tanto que estén obligados a la presentación de la declaración informativa a que se refiere el artículo 36 del Reglamento General de las actuaciones y los procedimientos de gestión e inspección tributaria y de desarrollo de las normas comunes de los procedimientos de aplicación de los tributos, modelo 340, durante el periodo comprendido entre el 1 de enero y 30 de junio de 2017.

Asimismo, el artículo 62.6 del Reglamento del Impuesto sobre el Valor Añadido, aprobado por el Real Decreto 1624/1992, de 29 de diciembre, habilita a que los sujetos pasivos que no tengan un periodo de liquidación que coincida con el mes natural, de acuerdo con lo dispuesto en el artículo 71.3 del citado Reglamento, puedan optar por llevar los libros registro a través de la Sede electrónica de la Agencia Estatal de Administración Tributaria en los términos establecidos en el artículo 68 bis del Reglamento del Impuesto. En consecuencia, el Real Decreto 596/2016, de 2 de diciembre, modificó los artículos 9 y 10 del Reglamento General de las actuaciones y los procedimientos de gestión e inspección tributaria y de desarrollo de las normas comunes de los procedimientos de aplicación de los tributos, para incluir en la Declaración censal de alta, modificación y baja en el Censo de empresarios, profesionales y retenedores, modelo 036, la opción y renuncia a la llevanza de los libros registro a través de la Sede electrónica de la Agencia Estatal de Administración Tributaria. Asimismo, se establece la obligación de las personas y entidades a que se refiere el artículo 62.6 del Reglamento del Impuesto sobre el Valor Añadido, aprobado por el Real Decreto 1624/1992, de 29 de diciembre, de comunicar a través de la referida declaración censal, en su caso, que el cumplimiento de la obligación de expedir factura se está realizando por los destinatarios de las operaciones o por terceros, en los términos del artículo 5.1 del Reglamento por el que se regulan las obligaciones de facturación. Cuando la presentación de la declaración censal, modelo 036, tenga como objeto cualquiera de estas dos comunicaciones su presentación será obligatoriamente por vía electrónica a través de internet.

Con ocasión de esta modificación de la Declaración censal de alta, modificación y baja en el Censo de empresarios, profesionales y retenedores, modelo 036, se incorporan mejoras de carácter técnico, principalmente consistentes en la creación de un nuevo apartado de teléfonos y direcciones electrónicas, tanto en el citado modelo 036, como en la Declaración censal simplificada de alta, modificación y baja en el Censo de empresarios, profesionales y retenedores, modelo 037. La disposición final primera de esta orden recoge estas modificaciones sustituyendo los anexos I y II de la Orden EHA/1274/2007, de 26 de abril, por la que se aprueban los modelos 036 de Declaración censal de alta, modificación y baja en el Censo de empresarios, profesionales y retenedores y 037 Declaración censal simplificada de alta, modificación y baja en el Censo de empresarios, profesionales y retenedores por dos nuevos anexos.

Por otra parte, los apartados 1 y 7 del artículo 71 del Reglamento del Impuesto sobre el Valor Añadido, aprobado por el Real Decreto 1624/1992, de 29 de diciembre, establecen la posibilidad de exonerar de la obligación de presentar la Declaración-resumen anual, modelo 390, a determinados sujetos pasivos, cuya concreción se remite a desarrollo por orden ministerial. En la delimitación de los sujetos pasivos que puedan quedar exonerados, se indica que deberán tenerse en cuenta aquellos sujetos pasivos respecto de los que la Administración Tributaria ya posea información suficiente a efectos de las actuaciones y procedimientos de comprobación o investigación, derivada del cumplimiento de obligaciones tributarias por parte de dichos sujetos pasivos o de terceros.

Dado que la concreción de los sujetos pasivos que puedan quedar exonerados de la obligación de presentar la Declaración-resumen anual modelo 390 queda remitida a su desarrollo por orden ministerial, se procede en esta orden a la modificación de la Orden EHA/3111/2009, de 5 de noviembre, por la que se aprueba el modelo 390 de Declaración-resumen anual del Impuesto sobre el Valor Añadido y se modifica el anexo I de la Orden EHA/1274/2007, de 26 de abril, por la que se aprueban los modelos 036 de Declaración censal de alta, modificación y baja en el Censo de empresarios, profesionales y retenedores y 037 Declaración censal simplificada de alta, modificación y baja en el Censo de empresarios, profesionales y retenedores, para proceder a incluir a los sujetos pasivos que deban llevar los libros registro a través de la Sede electrónica de la Agencia Estatal de Administración Tributaria de acuerdo con lo previsto en el artículo 62.6 del Reglamento del Impuesto sobre el Valor Añadido, aprobado por el Real Decreto 1624/1992, de 29 de diciembre, dentro del colectivo que va a quedar exonerado de la obligación de presentar la Declaración-resumen anual, modelo 390.

Si bien el objetivo de esta exoneración es la reducción de cargas administrativas que implica la presentación de la Declaración-resumen anual del Impuesto sobre el Valor Añadido, modelo 390, cuando se pueda disponer de la información que en ella se recoge a través de otros mecanismos, como sería en este caso el acceso a los libros registro del Impuesto llevados a través de la Sede electrónica de la Agencia Tributaria, se sigue considerando necesario que el sujeto pasivo comunique de forma agregada la información que no consta en las autoliquidaciones periódicas y que difícilmente se puede extraer de los citados libros registro. Por ello, esta exoneración conlleva la necesaria cumplimentación de casillas adicionales en la autoliquidación correspondiente al último periodo de liquidación del ejercicio, de modo que si no existiera obligación de presentar esta autoliquidación deberá presentarse en todo caso la Declaración-resumen anual, modelo 390.

La inclusión de las casillas adicionales que deben incorporarse en la declaración correspondiente al último periodo de liquidación implica la modificación, por un lado, del modelo 303, de autoliquidación del Impuesto sobre el Valor Añadido, aprobado por la Orden EHA/3786/2008, de 29 de diciembre, así como, también la modificación del modelo 322 de autoliquidación individual del régimen especial del grupo de entidades, aprobado por la Orden EHA/3434/2007, de 23 de noviembre. Esta modificación consiste en añadir casillas adicionales para los sujetos pasivos exonerados, con el objetivo de identificar los tipos de actividades económicas a las que se refiere su declaración y de aportar información, en su caso, sobre el porcentaje de prorrata aplicable, sectores diferenciados y porcentajes de tributación a varias Administraciones, así como consignar el detalle del volumen total de operaciones realizadas en el ejercicio.

Por último, también se hace necesaria la modificación del anexo II de la Orden EHA/1658/2009, de 12 de junio, por la que se establece el procedimiento y las condiciones para la domiciliación del pago de determinadas deudas cuya gestión tiene atribuida la Agencia Estatal de Administración Tributaria, con el objetivo de adaptar los plazos de presentación electrónica de autoliquidaciones con domiciliación de pago a los nuevos plazos de presentación establecidos en los artículos 61 ter.3 y 71.4 del Reglamento del Impuesto sobre el Valor Añadido, aprobado por el Real Decreto 1624/1992, de 29 de diciembre, para las autoliquidaciones del Impuesto de las personas y entidades a que se refiere el artículo 62.6 del Reglamento del Impuesto sobre el Valor Añadido, aprobado por el Real Decreto 1624/1992, de 29 de diciembre.

El artículo 13 del Reglamento General de las actuaciones y los procedimientos de gestión e inspección tributaria y de desarrollo de las normas comunes de los procedimientos de aplicación de los tributos, aprobado por Real Decreto 1065/2007, de 27 de julio, dispone que las declaraciones censales de alta, modificación y baja, previstas en los artículos 9, 10 y 11 del mismo, se presentarán en el lugar, forma y plazos que establezca el Ministro de Economía y Hacienda.

El artículo 117 del Reglamento General de las actuaciones y los procedimientos de gestión e inspección tributaria y de desarrollo de las normas comunes de los procedimientos de aplicación de los tributos, aprobado por Real Decreto 1065/2007, de 27 de julio, habilita, en el ámbito del Estado, al Ministro de Economía y Hacienda para aprobar los modelos de declaración, autoliquidación y comunicación de datos, así como para establecer la forma, lugar y plazos de su presentación.

Los artículos 61 ter.3 y 71.4 del Reglamento del Impuesto sobre el Valor Añadido, aprobado por el Real Decreto 1624/1992, de 29 de diciembre, establecen que el Ministro de Hacienda y Función Pública aprobará los modelos de declaración-liquidación del Impuesto.

El artículo 71.7 del Reglamento del Impuesto sobre el Valor Añadido, aprobado por Real Decreto 1624/1992, de 29 de diciembre, habilita al Ministro de Hacienda y Administraciones Públicas para aprobar el lugar, forma, plazos e impresos en los cuales deberá presentarse la Declaración-resumen anual del Impuesto sobre el Valor Añadido.

Las habilitaciones al Ministro de Economía y Hacienda y al Ministro de Hacienda y Administraciones Públicas recogidas en este preámbulo deben entenderse realizadas al Ministro de Hacienda y Función Pública de acuerdo con la nueva estructura ministerial establecida por el Real Decreto 415/2016, de 3 de noviembre, por el que se reestructuran los Departamentos ministeriales.

En su virtud, dispongo:

Artículo 1. *Obligados a la llevanza de los libros registro del Impuesto sobre el Valor Añadido a través de la Sede electrónica de la Agencia Estatal de Administración Tributaria*

1. Los empresarios o profesionales y otros sujetos pasivos del Impuesto sobre el Valor Añadido obligados a la llevanza de los libros registro del Impuesto través de la Sede electrónica de la Agencia Estatal de Administración Tributaria son los establecidos en el artículo 62.6 del Reglamento del Impuesto sobre el Valor Añadido, aprobado por el Real Decreto 1624/1992, de 29 de diciembre.

2. También llevarán los libros registro del Impuesto sobre el Valor Añadido a través de la Sede electrónica de la Agencia Estatal de Administración Tributaria aquellos empresarios o profesionales y otros sujetos pasivos del Impuesto sobre el Valor Añadido que opten por este sistema de llevanza de libros en los términos establecido en el artículo 68 bis del Reglamento del Impuesto sobre el Valor Añadido, aprobado por el Real Decreto 1624/1992, de 29 de diciembre.

Artículo 2. *Objeto y contenido de la información a suministrar en el libro registro de facturas expedidas*

1. En el libro registro de facturas expedidas se incluirá toda la información a que se refiere el artículo 63.3 del Reglamento del Impuesto sobre el Valor Añadido, aprobado por el Real Decreto 1624/1992, de 29 de diciembre.

2[1]. Respecto a la información relativa a otras especificaciones que sirvan para identificar tipologías de facturas prevista en las letras a), d) y e) del artículo 63.3 del Reglamento del Impuesto sobre el Valor Añadido, aprobado por el Real Decreto 1624/1992, de 29 de diciembre, se deberá informar en su caso de las siguientes especificaciones:

a) Si la factura es emitida en los términos a que refieren los artículos 6 o 7 del Reglamento por el que se regulan las obligaciones de facturación aprobado por el Real Decreto 1619/2012, de 30 de noviembre.

Las facturas expedidas de acuerdo con lo previsto en los apartados 2 y 3 del artículo 7 del Reglamento por el que se regulan las obligaciones de facturación se informarán con una marca específica junto a las facturas reguladas en el artículo 6 del mismo Reglamento con una marca específica que las identifique.

Las facturas expedidas de acuerdo con lo previsto en el artículo 6 del Reglamento por el que se regulan las obligaciones de facturación para las que no sea obligatoria la consignación del Número de Identificación Fiscal del destinatario en virtud de lo previsto en la letra d) del artículo 6.1 del citado Reglamento, se informarán con una marca específica junto a las facturas reguladas en el apartado 1 del artículo 7 del Reglamento por el que se regulan las obligaciones de facturación.

---

[1]   Nueva redacción del apartado 2, dada por el art. único uno de la Orden HFP/187/2018, de 22 de febrero (BOE núm. 51, de 27 de febrero de 2018), en vigor desde el 1 de julio de 2018.

b) Si la factura tiene la consideración de factura rectificativa de acuerdo con lo dispuesto en el artículo 15 del Reglamento por el que se regulan las obligaciones de facturación y la identificación del motivo de la rectificación. En el caso de facturas rectificativas y a los solos efectos del suministro electrónico de estos registros de facturación, la identificación de las facturas rectificadas será opcional.

c) Si el registro de facturación suministrado corresponde a una factura emitida en sustitución de facturas simplificadas expedidas con anterioridad. En este caso, y a los solos efectos del suministro electrónico de estos registros de facturación la identificación de las facturas simplificadas sustituidas será opcional.

d) Si el registro de facturación suministrado se corresponde con un asiento resumen de facturas en los términos a que se refiere el artículo 63.4 del Reglamento del Impuesto sobre el Valor Añadido, aprobado por el Real Decreto 1624/1992, de 29 de diciembre.

e) Identificación de aquellas facturas que hayan sido emitidas por el destinatario o por un tercero de acuerdo con lo dispuesto en el artículo 5 del Reglamento por el que se regulan las obligaciones de facturación, así como de aquellas otras que se expidan por un tercero de acuerdo con lo previsto en las disposiciones adicionales tercera o sexta del citado Reglamento, o en el apartado 1.4 del anexo III de la Resolución de 4 de diciembre de 2015, de la Secretaria de Estado de Energía, por la que se aprueban las reglas del mercado, el contrato de adhesión y las resoluciones del mercado organizado del gas.

f) Indicación de la naturaleza del objeto de la operación, distinguiendo si se trata de una entrega de bienes o de una prestación de servicios cuando el destinatario no disponga de número de identificación fiscal o cuando, aun disponiendo de él, este comience por la letra "N".

3. Deberá comunicarse igualmente la siguiente información con trascendencia tributaria a que se refieren los artículos 33 a 36 del Reglamento general de las actuaciones y los procedimientos de gestión e inspección tributaria y de desarrollo de las normas comunes de los procedimientos de aplicación de los tributos, aprobado por el Real Decreto 1065/2007, de 27 de julio:

a) Las agencias de viajes deberán identificar las facturas que documenten las prestaciones de servicios en cuya contratación intervengan como mediadoras en nombre y por cuenta ajena que cumplan con los requisitos a que se refiere la disposición adicional cuarta del Reglamento por el que se regulan las obligaciones de facturación.

b) Identificación de las facturas emitidas por operaciones de arrendamiento de locales de negocios. En el caso de que el arrendamiento no estuviese sometido a retención deberá informarse de las referencias catastrales y de los datos necesarios para la localización de los inmuebles arrendados.

c) Identificación de los cobros por cuenta de terceros de honorarios profesionales o de derechos derivados de la propiedad intelectual, industrial, de autor u otros por cuenta de sus socios, asociados o colegiados efectuados por sociedades, asociaciones, colegios profesionales u otras entidades que, entre sus funciones, realicen las de cobro.

d) Importes que se perciban en contraprestación por transmisiones de inmuebles, efectuadas o que se deban efectuar, que constituyan entregas sujetas en el Impuesto sobre el Valor Añadido.

e) Importes superiores a 6.000 euros que se hubieran percibido en metálico durante el ejercicio de una misma persona o entidad en los términos previstos en el artículo 34.1.h) del Reglamento general de las actuaciones y los procedimientos de gestión e inspección tributaria y de desarrollo de las normas comunes de los procedimientos de aplicación de los tributos.

f) Las entidades aseguradoras deberán informar de las operaciones de seguros en los términos previstos en los artículos 32.c), 33.1 y 33.2.i) del Reglamento general de las actuaciones y los procedimientos de gestión e inspección tributaria y de desarrollo de las normas comunes de los procedimientos de aplicación de los tributos, sin perjuicio de lo previsto en los apartados anteriores de este artículo para los casos en los que se emitan facturas.

La información correspondiente a las operaciones relacionadas en la letras e) y f) de este apartado deberá suministrarse con carácter anual durante los primeros 30 días del mes de enero siguiente al ejercicio al que se refieran de forma agrupada respecto de cada una de las personas o entidades con las que se hubieran efectuado las citadas operaciones conforme a los criterios de imputación temporal previstos en el artículo 35 del Reglamento general de las actuaciones y los procedimientos de gestión e inspección tributaria y de desarrollo de las normas comunes de los procedimientos de aplicación de los tributos.

4. La información sobre la categoría de las facturas y sobre los tipos de regímenes del Impuesto sobre el Valor Añadido o de operaciones con trascendencia tributaria a que se refieren los apartados anteriores se suministrará de acuerdo con las claves definidas en el anexo I de esta orden.

El envío de esta información deberá suministrarse atendiendo al formato y diseño de los mensajes informáticos a que se refiere el artículo 8 de esta orden.

Artículo 3. *Objeto y contenido de la información a suministrar en el libro registro de facturas recibidas*

1[2]. En el libro registro de facturas recibidas se incluirá toda la información a que se refiere el artículo 64.4 del Reglamento del Impuesto sobre el Valor Añadido, aprobado por el Real Decreto 1624/1992, de 29 de diciembre. A estos efectos, se deberá informar en su caso de las siguientes especificaciones:

---

[2]   Nueva redacción del apartado 1, dada por el art. único dos de la Orden HFP/187/2018, de 22 de febrero (BOE núm. 51, de 27 de febrero de 2018), en vigor desde el 1 de julio de 2018.

a) Si la factura es emitida en los términos a que refieren los artículos 6 o 7 del Reglamento por el que se regulan las obligaciones de facturación aprobado por el Real Decreto 1619/2012, de 30 de noviembre.

Las facturas expedidas de acuerdo con lo previsto en los apartados 2 y 3 del artículo 7 del Reglamento por el que se regulan las obligaciones de facturación se informarán junto a las facturas reguladas en el artículo 6 del mismo Reglamento con una marca específica que las identifique.

b) Si el registro de facturación suministrado se corresponde con un asiento resumen de facturas en los términos a que se refiere el artículo 64.5 del Reglamento del Impuesto sobre el Valor Añadido, aprobado por el Real Decreto 1624/1992, de 29 de diciembre.

c) En el caso de las importaciones, se deberá informar del documento de Aduanas. En estos casos se deberá informar del número de documento aduanero en el que se liquida el Impuesto sobre el Valor Añadido o, en su caso, del número de liquidación complementaria de la Aduana.

d) Fecha del registro contable de la factura, del justificante contable o del documento de Aduanas.

2[3]. Deberá comunicarse la siguiente información con trascendencia tributaria a que se refieren los artículos 33 a 36 del Reglamento general de las actuaciones y los procedimientos de gestión e inspección tributaria y de desarrollo de las normas comunes de los procedimientos de aplicación de los tributos:

a) Identificación de las facturas recibidas correspondientes a operaciones de arrendamiento de locales de negocio.

b) Las agencias de viajes que expidan las facturas a que se refiere la disposición adicional cuarta del Reglamento por el que se regulan las obligaciones de facturación aprobado por el Real Decreto 1619/2012, de 30 de noviembre, deberán informar de las prestaciones de servicios en cuya realización intervienen actuando como mediadoras en nombre y por cuenta ajena a que se refiere el apartado 7.b) de esta disposición adicional cuarta.

c) Las personas o entidades a que se refiere el artículo 94.1 y 2 de la Ley 58/2003, de 17 de diciembre, General Tributaria, deberán informar de las adquisiciones de bienes o servicios al margen de cualquier actividad empresarial o profesional en los términos previstos en el artículo 33.3 del Reglamento general de las actuaciones y los procedimientos de gestión e inspección tributaria y de desarrollo de las normas comunes de los procedimientos de aplicación de los tributos.

d) Las entidades aseguradoras deberán igualmente informar de las operaciones de seguros en los términos previstos en los artículos 32.c), 33.1 y 33.2.i) del Reglamento general

---

[3]   Nueva redacción del apartado 2, dada por el art. único.Uno de la Orden HAC/1089/2020, de 27 de octubre (BOE núm. 308, de 24 de noviembre de 2020), con efectos desde el 1 de enero de 2021.
Redacción anterior del apartado 2, dada por el art. único dos de la Orden HFP/187/2018, de 22 de febrero (BOE núm. 51, de 27 de febrero de 2018), en vigor desde el 1 de julio de 2018.

de las actuaciones y los procedimientos de gestión e inspección tributaria y de desarrollo de las normas comunes de los procedimientos de aplicación de los tributos, sin perjuicio de lo previsto en el apartado anterior de este artículo para los casos en los que se reciban facturas.

e) Las entidades a las que sea de aplicación la Ley 49/1960, de 21 de julio, sobre propiedad horizontal y las entidades o establecimientos privados de carácter social a que se refiere el artículo 20.Tres de la Ley 37/1992, deberán informar de las adquisiciones de bienes o servicios al margen de cualquier actividad empresarial o profesional en los términos previstos en el artículo 33.5 y 33.6 del Reglamento general de las actuaciones y los procedimientos de gestión e inspección tributaria y de desarrollo de las normas comunes de los procedimientos de aplicación de los tributos.

La información correspondiente a las operaciones relacionadas en las letras b) y d) de este apartado deberá suministrarse con carácter anual, durante los primeros 30 días del mes de enero siguiente al ejercicio al que se refieran, de forma agrupada respecto de cada una de las personas o entidades con las que se hubieran efectuado las citadas operaciones conforme a los criterios de imputación temporal previstos en el artículo 35 del Reglamento general de las actuaciones y los procedimientos de gestión e inspección tributaria y de desarrollo de las normas comunes de los procedimientos de aplicación de los tributos.

3. La información de las facturas, justificantes contables y documentos de Aduanas así como de los tipos de regímenes del Impuesto sobre el Valor Añadido o de operaciones con trascendencia tributaria a que se refieren los apartados anteriores se suministrará de acuerdo con las claves definidas en el Anexo I de esta orden.

El envío de esta información deberá suministrarse atendiendo al formato y diseño de los mensajes informáticos a que se refiere el artículo 8 de esta orden.

Artículo 4. *Objeto y contenido de la información a suministrar en los libros registro de bienes de inversión y de determinadas operaciones intracomunitarias*

El contenido de los libros registro de bienes de inversión y de determinadas operaciones intracomunitarias será el previsto en los artículos 65 y 66 del Reglamento del Impuesto sobre el Valor Añadido, aprobado por el Real Decreto 1624/1992, de 29 de diciembre.

El envío de esta información deberá suministrarse atendiendo al formato y diseño de los mensajes informáticos a que se refiere el artículo 8 de esta orden.

En desarrollo del artículo 66.3 del Reglamento del Impuesto sobre el Valor Añadido, aprobado por Real Decreto 1624/1992, de 29 de diciembre, la identificación de los registros correspondientes a ventas de bienes en consiga se efectuará mediante una codificación que garantice la identificación unívoca de cada registro y en su caso, la identificación del registro relativo a la expedición o recepción con la que esté vinculado[4].

---

[4]   Nuevo párrafo incorporado por el art. único.Dos de la Orden HAC/1089/2020, de 27 de octubre (BOE núm. 308, de 24 de noviembre de 2020), con efectos desde el 1 de enero de 2021.

Artículo 5. *Información a suministrar respecto a facturas expedidas al amparo de una autorización de simplificación en materia de facturación y a los sistemas de registro autorizados de acuerdo con lo previsto en el artículo 62.5 del Reglamento del Impuesto sobre el Valor Añadido, aprobado por el Real Decreto 1624/1992, de 29 de diciembre*

1. Cuando una factura se expida en base a una autorización de simplificación en materia de facturación concedida conforme a lo dispuesto en el Real Decreto 2402/1985, de 18 de diciembre, el Reglamento por el que se regulan las obligaciones de facturación, aprobado por el Real Decreto 1496/2003, de 28 de noviembre, o en el actual Reglamento por el que se regulan las obligaciones de facturación, aprobado por el Real Decreto 1619/2012, de 30 de noviembre, deberá identificarse que se trata de una factura expedida al amparo de este tipo de autorizaciones. Antes del primer envío del registro de facturación correspondiente a una factura expedida bajo estas circunstancias, se deberá remitir copia de la autorización en el apartado previsto para aportar documentación complementaria. El número de registro obtenido en el envío de la autorización deberá suministrarse en los registros de facturación correspondientes a las facturas emitidas bajo las condiciones establecidas en la misma.

2. Cuando el sujeto pasivo del Impuesto sobre el Valor Añadido obligado a la llevanza de los libros registro del Impuesto través de la Sede electrónica de la Agencia Estatal de Administración Tributaria hubiese obtenido una autorización concedida conforme a lo dispuesto en el artículo 62.5 del Reglamento del Impuesto sobre el Valor Añadido, aprobado por el Real Decreto 1624/1992, de 29 de diciembre, deberán identificarse los registros que se suministran al amparo de este tipo de autorizaciones. Antes del primer envío de un registro de facturación de este tipo, se deberá remitir copia de la autorización en el apartado previsto para aportar documentación complementaria. El número de registro obtenido en el envío de la autorización deberá suministrarse en los registros de facturación que se correspondan con la misma.

3. En ambos casos, el envío de esta información deberá suministrarse atendiendo al formato y diseño de los mensajes informáticos a que se refiere el artículo 8 de esta orden.

4. Cuando el sujeto pasivo del Impuesto sobre el Valor Añadido haya quedado exonerado de la obligación de llevanza de alguno de los libros registro establecidos en el artículo 62.1 del Reglamento del Impuesto sobre el Valor Añadido, aprobado por el Real Decreto 1624/1992, de 29 de diciembre, en virtud de una autorización de la Administración Tributaria no tendrá la obligación de enviar copia de la citada autorización.

Artículo 6. *Condiciones generales para realizar el suministro electrónico de los registros de facturación*

1. La llevanza de los libros registro del Impuesto sobre el Valor Añadido a través de la Sede electrónica de la Agencia Estatal de Administración Tributaria se realizará mediante el suministro electrónico de los registros de facturación que deban consignarse en cada uno de los libros registro.

El suministro electrónico de estos registros de facturación por vía telemática a través de Internet podrá ser efectuado bien por el propio sujeto pasivo titular del libro registro o bien por un tercero que actúe en su representación, de acuerdo con lo establecido en los artículos 79 a 81, ambos inclusive, del Reglamento General de las actuaciones y los procedimientos de gestión e inspección tributaria y de desarrollo de las normas comunes de los procedimientos de aplicación de los tributos, y en la Orden HAC/1398/2003, de 27 de mayo, por la que se establecen los supuestos y condiciones en que podrá hacerse efectiva la colaboración social en la gestión de los tributos, y se extiende ésta expresamente a la presentación telemática de determinados modelos de declaración y otros documentos tributarios.

2. El suministro electrónico de los registros de facturación estará sujeto a las siguientes condiciones:

a) El sujeto pasivo titular del libro registro deberá disponer de número de identificación fiscal (NIF) y estar identificado, con carácter previo a la presentación, en el Censo de Obligados Tributarios a que se refiere el artículo 3 del Reglamento General de las Actuaciones y los Procedimientos de Gestión e Inspección tributaria. Para verificar el cumplimiento de este requisito el obligado tributario podrá acceder a la opción «mis datos censales» disponible en la Sede electrónica de la Agencia Tributaria.

b) El sujeto pasivo titular del libro registro podrá realizar el suministro de los registros de facturación mediante, con carácter general, un certificado electrónico reconocido, que podrá ser el asociado al Documento Nacional de Identidad electrónico (DNI-e) o cualquier otro certificado electrónico reconocido que, según la normativa vigente en cada momento, resulte admisible por la Agencia Tributaria.

Cuando el suministro electrónico se realice por apoderados o por colaboradores sociales debidamente autorizados, serán éstos quienes deberán disponer de su certificado electrónico reconocido.

No obstante si el sujeto pasivo titular del libro registro o su apoderado son personas físicas y realizan el suministro electrónico a través del formulario web a que se refiere el artículo 7.1.b) de esta orden, podrán utilizar además del certificado electrónico reconocido el sistema Cl@ve PIN, sistema de identificación, autenticación y firma electrónica común para todo el Sector Público Administrativo Estatal, regulado en la Orden PRE/1838/2014, que permite al ciudadano relacionarse electrónicamente con los servicios públicos mediante la utilización de claves concertadas, previo registro como usuario de la misma.

3. Los empresarios o profesionales y otros sujetos pasivos del Impuesto sobre el Valor Añadido que deban llevar los libros registro del Impuesto través de la Sede electrónica de la Agencia Estatal de Administración Tributaria deberán realizar el suministro electrónico de los registros de facturación mediante el envío de mensajes informáticos, de acuerdo con el procedimiento y con el formato y diseño previstos en los artículos siguientes.

Artículo 7. *Procedimiento para realizar el suministro electrónico de los registros de facturación*

1. El suministro electrónico de los registros de facturación integrantes de los libros registro del Impuesto sobre el Valor Añadido llevados a través de la Sede electrónica de la Agencia Estatal de Administración Tributaria podrá realizarse a través de una de las siguientes formas:

a) Mediante los servicios web basados en el intercambio de mensajes en formato XML. Cada uno de estos mensajes contendrá un número máximo de registros de facturación por envío. Este número máximo será el que se defina en la Sede electrónica de la Agencia Estatal de Administración Tributaria en Internet.

b) Mediante la utilización del formulario web. Se permitirá el suministro de los registros de facturación de forma individual.

Ambos sistemas están habilitados en la Sede electrónica de la Agencia Estatal de Administración Tributaria.

2. En el mismo momento del suministro electrónico de registros de facturación, la Agencia Estatal de Administración Tributaria a través de los servicios web procederá a responder con un mensaje de respuesta que contendrá la relación de los registros de facturación aceptados, aceptados con errores y rechazados, junto con la identificación del motivo por el que han sido calificados de este modo.

Si al menos uno de los registros de facturación resulta aceptado o aceptado con errores, el mensaje informático también incorporará un código seguro de verificación de 16 caracteres, además de la fecha y hora de presentación como justificación del suministro de los registros de facturación presentados y aceptados.

En el caso de que se utilice el formulario web previsto en el apartado 1.b) de este artículo, la respuesta de la Agencia Estatal de Administración Tributaria se emitirá de forma individual para cada registro incorporando un código seguro de verificación por cada uno de los envíos.

En caso de que el registro de facturación quede en estado aceptado con errores, se deberán realizar las correcciones necesarias y proceder a la rectificación registral. En el caso de que el registro de facturación sea rechazado se deberán realizar las correcciones necesarias y proceder a su nueva presentación.

3. En aquellos supuestos en que por razones de carácter técnico no fuera posible efectuar el suministro por Internet en el plazo establecido reglamentariamente para cada registro de facturación, o cuando este suministro no pudiera completarse porque no fuera posible realizar la consulta de los registros de facturación previamente suministrados, dicho suministro podrá efectuarse durante los cuatro días naturales siguientes al de finalización de dicho plazo.

Artículo 8. *Formato y diseño de los mensajes informáticos*

Los mensajes informáticos por medio de los que se realiza el suministro electrónico de los registros de facturación integrantes de los libros registro llevados a través de la Sede electrónica de la Agencia Estatal de Administración Tributaria, se ajustarán a los campos de registro en que se concreta el contenido de los mismos que figuran en el anexo I de la presente orden, y su formato y diseño serán los que consten en la Sede electrónica de la Agencia Estatal de Administración Tributaria en Internet.

Disposición adicional primera[5]. *Información a suministrar en relación con los registros de facturación correspondientes al periodo comprendido entre el 1 de enero y el 30 de junio de 2017*

1. La obligación de remitir los registros de facturación correspondientes al periodo comprendido entre el 1 de enero y 30 de junio de 2017 a que se refiere la disposición adicional única del Real Decreto 596/2016, de 2 de diciembre, para la modernización, mejora e impulso del uso de medios electrónicos en la gestión del Impuesto sobre el Valor Añadido, por el que se modifican el Reglamento del Impuesto sobre el Valor Añadido, aprobado por el Real Decreto 1624/1992, de 29 de diciembre, el Reglamento General de las actuaciones y los procedimientos de gestión e inspección tributaria y de desarrollo de las normas comunes de los procedimientos de aplicación de los tributos, aprobado por el Real Decreto 1065/2007, de 27 de julio, y el Reglamento por el que se regulan las obligaciones de facturación, aprobado por el Real Decreto 1619/2012, de 30 de noviembre, deberá contener la información de las operaciones realizadas durante el primer semestre del 2017 que deban ser anotadas en los libros registro del Impuesto sobre el Valor Añadido de acuerdo con lo establecido en los artículos 63.3, 64.4 y 66.3 del Reglamento del Impuesto sobre el Valor Añadido, aprobado por el Real Decreto 1624/1992, de 29 de diciembre, y lo previsto en esta orden por las personas y entidades a que se refiere el artículo 62.6 de este Reglamento. No obstante, la información obligatoria a suministrar respecto a estas operaciones será la prevista en los artículos 63, 64 y 66 del Reglamento del Impuesto sobre el Valor Añadido, aprobado por el Real Decreto 1624/1992, de 29 de diciembre, en su redacción vigente a 30 de junio de 2017, así como, la información con trascendencia tributaria a que se refieren los artículos 33 a 36 del Reglamento general de las actuaciones y los procedimientos de gestión e inspección tributaria y de desarrollo de las normas comunes de los procedimientos de aplicación de los tributos.

Esta información deberá suministrarse identificando que se trata de operaciones correspondientes al primer semestre del ejercicio 2017, de acuerdo con las especificaciones técnicas concretas que consten en la Sede electrónica de la Agencia Estatal de Administración Tributaria para este tipo de identificación.

---

[5]   Original Disp. Adic. Única que pasa a ser la Primera en virtud del art. único tres de la Orden HFP/187/2018, de 22 de febrero (BOE núm. 51, de 27 de febrero de 2018), en vigor desde el 1 de julio de 2018.

El envío de esta información deberá realizarse de acuerdo con el procedimiento y con el formato y diseño previstos en los artículos 7 y 8 de esta orden.

2. El libro registro de bienes de inversión, previsto en el artículos 65 del Reglamento del Impuesto sobre el Valor Añadido, aprobado por el Real Decreto 1624/1992, de 29 de diciembre, que deba llevarse a través de la Sede electrónica de la Agencia Estatal de Administración Tributaria, incluirá las anotaciones correspondientes a todo el ejercicio 2017.

3. La información suministrada con periodicidad anual, de acuerdo con lo previsto en el último párrafo de los artículos 2.3 y 3.2 de esta orden, incluirá también las operaciones correspondientes al periodo comprendido entre el 1 de enero y 30 de junio de 2017.

4. Para los sujetos pasivos inscritos en el registro de devolución mensual, la obligación de remitir los registros de facturación, correspondientes al periodo comprendido entre el 1 de enero y 30 de junio de 2017, se entenderá cumplida en tanto que están obligados a la presentación de la declaración informativa a que se refiere el artículo 36 del Reglamento General de las actuaciones y los procedimientos de gestión e inspección tributaria y de desarrollo de las normas comunes de los procedimientos de aplicación de los tributos, durante el periodo comprendido entre el 1 de enero y 30 de junio de 2017.

Disposición adicional *segunda*[6]. *Información a suministrar en relación con el periodo de tiempo anterior a la inclusión en la obligación de llevar los Libros registro a través de la Sede electrónica de la Agencia Tributaria, correspondiente al mismo ejercicio en que se produzca la citada inclusión*

1. Los sujetos pasivos que queden obligados a llevar los Libros registro del Impuesto sobre el Valor Añadido a través de la Sede electrónica de la Agencia Tributaria desde una fecha diferente al primer día del ejercicio, quedarán asimismo obligados a remitir los registros de facturación correspondientes al periodo de tiempo anterior a la inclusión, correspondientes al mismo ejercicio en que se produzca la citada inclusión. Dichos registros deberán contener la información de las operaciones realizadas durante este periodo que deban ser anotadas en los libros registro del Impuesto sobre el Valor Añadido de acuerdo con lo establecido en los artículos 63.3, 64.4 y 66.3 del Reglamento del Impuesto sobre el Valor Añadido, aprobado por el Real Decreto 1624/1992, de 29 de diciembre, para las personas y entidades diferentes a las que se refiere el artículo 62.6 del mismo Reglamento.

Esta información deberá suministrarse identificando que se trata de operaciones correspondientes al periodo de tiempo inmediatamente anterior a la inclusión como obligado a la llevanza de los libros registro del Impuesto sobre el Valor Añadido a través de la Sede electrónica de la Agencia Estatal de Administración Tributaria, de acuerdo con las especi-

---

[6]   Nueva disposición incorporada por el art. único cuatro de la Orden HFP/187/2018, de 22 de febrero (BOE núm. 51, de 27 de febrero de 2018), en vigor desde el 1 de julio de 2018.

ficaciones técnicas concretas que constan en el anexo I de esta orden para este tipo de identificación.

El envío de esta información deberá realizarse de acuerdo con el procedimiento y con el formato y diseño previstos en los artículos 7 y 8 de esta orden.

El plazo para remitir los registros de facturación correspondientes a este periodo será el comprendido entre el día de la inclusión y el 31 de diciembre del ejercicio en que se produzca la misma.

2. El libro registro de bienes de inversión, previsto en el artículo 65 del Reglamento del Impuesto sobre el Valor Añadido, aprobado por el Real Decreto 1624/1992, de 29 de diciembre, que deba llevarse a través de la Sede electrónica de la Agencia Estatal de Administración Tributaria, incluirá las anotaciones correspondientes a todo el ejercicio.

3. La información suministrada con periodicidad anual, de acuerdo con lo previsto en el último párrafo de los artículos 2.3 y 3.2 de esta orden, incluirá también las operaciones correspondientes a todo el ejercicio.

Disposición final primera. *Modificación de la Orden EHA/1274/2007, de 26 de abril, por la que se aprueban los modelos 036 de Declaración censal de alta, modificación y baja en el Censo de empresarios, profesionales y retenedores y 037 Declaración censal simplificada de alta, modificación y baja en el Censo de empresarios, profesionales y retenedores*

Se introducen las siguientes modificaciones en la Orden EHA/1274/2007, de 26 de abril, por la que se aprueban los modelos 036 de Declaración censal de alta, modificación y baja en el Censo de empresarios, profesionales y retenedores y 037 Declaración censal simplificada de alta, modificación y baja en el Censo de empresarios, profesionales y retenedores:

Uno. Se sustituyen los anexos I y II, por los que figuran como anexos II y III de la presente orden respectivamente.

Dos. Se modifica el apartado 2 del artículo 12, que quedará redactado como sigue:

(…)

Disposición final segunda. *Modificación de la Orden EHA/3434/2007, de 23 de noviembre, por la que se aprueban los modelos 322 de Autoliquidación mensual, modelo individual, y 353 de Autoliquidación mensual, modelo agregado, y el modelo 039 de Comunicación de datos, correspondientes al Régimen especial del Grupo de Entidades en el Impuesto sobre el Valor Añadido*

Se introducen las siguientes modificaciones en la Orden EHA/3434/2007, de 23 de noviembre, por la que se aprueban los modelos 322 de Autoliquidación mensual, modelo individual, y 353 de Autoliquidación mensual, modelo agregado, y el modelo 039 de Comunicación de datos, correspondientes al Régimen especial del Grupo de Entidades en el Impuesto sobre el Valor Añadido:

Uno. Se sustituye el anexo I «Grupo de entidades. Modelo individual. Autoliquidación mensual» por el que figura como anexo IV de la presente orden.

Dos. Se modifica el artículo 8 que queda redactado de la siguiente forma:
(…)

Disposición final tercera. *Modificación de la Orden EHA/3786/2008, de 29 de diciembre, por la que se aprueban el modelo 303 Impuesto sobre el Valor Añadido, Autoliquidación, y el modelo 308 Impuesto sobre el Valor Añadido, solicitud de devolución: Recargo de equivalencia, artículo 30 bis del Reglamento del IVA y sujetos pasivos ocasionales y se modifican los anexos I y II de la Orden EHA/3434/2007, de 23 de noviembre, por la que se aprueban los modelos 322 de autoliquidación mensual, modelo individual, y 353 de autoliquidación mensual, modelo agregado, así como otra normativa tributaria*

Se introducen las siguientes modificaciones en la Orden EHA/3786/2008, de 29 de diciembre, por la que se aprueban el modelo 303 Impuesto sobre el Valor Añadido, Autoliquidación, y el modelo 308 Impuesto sobre el Valor Añadido, solicitud de devolución: Recargo de equivalencia, artículo 30 bis del Reglamento del IVA y sujetos pasivos ocasionales y se modifican los anexos I y II de la Orden EHA/3434/2007, de 23 de noviembre, por la que se aprueban los modelos 322 de Autoliquidación mensual, modelo individual, y 353 de Autoliquidación mensual, modelo agregado, así como otra normativa tributaria:

Uno. Se sustituye el anexo I, «Impuesto sobre el Valor Añadido, autoliquidación», modelo 303, por el que figura como anexo V de la presente orden.

Dos. Se modifica el apartado 2 del artículo 1, que queda redactado de la siguiente forma:
(…)

Tres. Se modifica el artículo 7, que queda redactado de la siguiente forma:
(…)

Disposición final cuarta. *Modificación de la Orden EHA/1658/2009, de 12 de junio, por la que se establecen el procedimiento y las condiciones para la domiciliación del pago de determinadas deudas cuya gestión tiene atribuida la Agencia Estatal de Administración Tributaria*

Con efectos para las autoliquidaciones correspondientes al mes de julio de 2017 y siguientes se introducen las siguientes modificaciones en el anexo II, «Plazos generales de presentación telemática de autoliquidaciones con domiciliación de pago», de la Orden EHA/1658/2009, de 12 de junio, por la que se establecen el procedimiento y las condiciones para la domiciliación del pago de determinadas deudas cuya gestión tiene atribuida la Agencia Estatal de Administración Tributaria:
(…)

Disposición final quinta. *Modificación de la Orden EHA/3111/2009, de 5 de noviembre, por la que se aprueba el modelo 390 de Declaración-resumen anual del Impuesto sobre el Valor Añadido y se modifica el anexo I de la Orden EHA/1274/2007, de 26 de abril, por la que se aprueban los modelos 036 de Declaración censal de alta, modificación y baja en*

el Censo de Empresarios, Profesionales y Retenedores y 037 Declaración censal simplifica-
da de alta, modificación y baja en el Censo de Empresarios, Profesionales y Retenedores
Se modifica el artículo 1 de la Orden EHA/3111/2009, de 5 de noviembre, por la que se
aprueba el modelo 390 de Declaración-resumen anual del Impuesto sobre el Valor Añadido y
se modifica el anexo I de la Orden EHA/1274/2007, de 26 de abril, por la que se aprueban
los modelos 036 de declaración censal de alta, modificación y baja en el Censo de Empresarios, Profesionales y Retenedores y 037 declaración censal simplificada de alta, modificación
y baja en el Censo de Empresarios, Profesionales y Retenedores, que queda redactado de la
siguiente forma:
(...)

Disposición final sexta. *Entrada en vigor*
La presente orden entrará en vigor el 1 de julio de 2017. No obstante la disposición final
primera entrará en vigor el día 1 de junio de 2017.

ANEXO I[7]. ESPECIFICACIONES TÉCNICAS DEL CONTENIDO DE LOS LIBROS REGISTRO DE IVA LLEVADOS A TRAVÉS DE LA SEDE ELECTRÓNICA DE LA AGENCIA ESTATAL DE ADMINISTRACIÓN TRIBUTARIA

(...)[8]

---

[7] Nuevo Anexo I que sustituye al Anexo original incorporado por el art. único.Tres de la Orden HAC/1089/2020,
de 27 de octubre, por la que se modifica la Orden HFP/417/2017, de 12 de mayo (BOE núm. 308, de 24
de noviembre de 2020), con efectos desde el 1 de enero de 2021.Modificado por el art. 4 de la Orden
HAC/646/2021, de 22 de junio (BOE núm. 150, de 24 de junio de 2021), en vigor desde el 1 de julio de
2021.

[8] Más información sobre el Suministro Inmediato de Información del IVA (SII):
https://sede.agenciatributaria.gob.es/Sede/iva/suministro-inmediato-informacion.html

6. ORDEN HAP/2194/2013, DE 22 DE NOVIEMBRE, por la que se regulan los procedimientos y las condiciones generales para la PRESENTACIÓN DE DETERMINADAS AUTOLIQUIDACIONES, DECLARACIONES INFORMATIVAS, DECLARACIONES CENSALES, COMUNICACIONES Y SOLICITUDES DE DEVOLUCIÓN, DE NATURALEZA TRIBUTARIA[1]

(BOE núm. 283, de 26 de noviembre de 2013)

La Ley 58/2003, de 17 de diciembre, General Tributaria, en su artículo 96, obliga a la Administración Tributaria a promover la utilización de las técnicas y medios electrónicos, informáticos y telemáticos necesarios para el desarrollo de su actividad y el ejercicio de sus competencias, de forma que a través de los mismos los ciudadanos puedan relacionarse con ella para ejercer sus derechos y cumplir con sus obligaciones.

En consonancia con este precepto legal y con el respaldo de la Ley 11/2007, de 22 de junio, de acceso de los ciudadanos a los Servicios Públicos, la Agencia Estatal de Administración Tributaria (en adelante Agencia Tributaria) ha venido dedicando en los últimos años una parte considerable de sus esfuerzos a explotar al máximo las posibilidades que ofrecen las nuevas tecnologías, especialmente Internet, para facilitar a los ciudadanos el cumplimiento voluntario de sus obligaciones tributarias. En este contexto, los avances logrados han sido notables, especialmente desde la aprobación del Real Decreto 263/1996, de 16 de febrero, por el que se regula la utilización de técnicas electrónicas, informáticas y telemáticas por la Administración General del Estado, dictado en desarrollo de lo dispuesto en el artículo 45 de la Ley 30/1992, de 26 de noviembre, de Régimen Jurídico de las Administraciones Públicas y del Procedimiento Administrativo Común,

Por ello, desde que en el año 1998 se implantara por vez primera la presentación telemática de declaraciones, la Agencia Tributaria la ha potenciado al máximo, incrementando permanentemente las declaraciones y autoliquidaciones susceptibles de esta vía de presentación, de forma que actualmente gran parte de las mismas pueden o incluso deben ser presentadas por Internet.

En este ámbito debe destacarse, por su importancia, la aprobación de la Orden EHA/3435/2007, de 23 de noviembre, por la que se aprueban los modelos de autoliquidación

---

[1] Nueva denominación dada por el art. único.1 de la Orden HAP/2762/2015, de 15 de diciembre (BOE núm. 304, de 21 de diciembre de 2015).
Denominación original: «*Orden HAP/2194/2013, de 22 de noviembre, por la que se regulan los procedimientos y las condiciones generales para la presentación de determinadas autoliquidaciones y declaraciones informativas de naturaleza tributaria*».

117, 123, 124, 126, 128 y 300 y se establecen medidas para la promoción y ampliación de la presentación telemática de determinadas autoliquidaciones, resúmenes anuales y declaraciones informativas de carácter tributario, que vino a establecer como obligatoria dicha forma de presentación para los obligados tributarios que tengan la forma de sociedades anónimas o de sociedades de responsabilidad limitada, así como la aprobación de la Orden EHA/1658/2009, de 12 de junio, por la que se establecen el procedimiento y las condiciones para la domiciliación del pago de determinadas deudas cuya gestión tiene atribuida la Agencia Estatal de Administración Tributaria, que vincula la posibilidad de domiciliar el pago de declaraciones y autoliquidaciones con la presentación telemática de las mismas. Asimismo, también hay que citar por ser especialmente relevante la Orden EHA/3062/2010, de 22 de noviembre, por la que se modifican las formas de presentación de las declaraciones informativas y resúmenes anuales de carácter tributario correspondientes a los modelos 038, 156, 159, 170, 171, 180, 181, 182, 183, 184, 187, 188, 189, 190, 192, 193, 194, 195, 196, 198, 199, 291, 296, 299, 340, 345, 346, 347, 349, 611 y 616 y por la que se modifica la Orden EHA/1658/2009, de 12 de junio, por la que se establece el procedimiento y las condiciones para la domiciliación del pago de determinadas deudas cuya gestión tiene atribuida la Agencia Estatal de Administración Tributaria, a través de la cual se realizó un primer intento de sistematizar las formas y procedimientos de presentación de las declaraciones informativas y cuyas disposiciones mantienen su vigencia, en particular las que se refieren a la presentación por vía telemática a través de Internet de las declaraciones que contienen más de 10.000.000 de registros, siempre que no se opongan a lo dispuesto en la presente Orden.

En el ámbito de la presentación de autoliquidaciones y declaraciones informativas, la constante evolución de la tecnología asociada a Internet ha venido a demostrar las indudables ventajas que presenta la vía telemática frente a la utilización de otros medios, como son los modelos de presentación en papel, dado que permite evitar a los obligados desplazamientos, colas o esperas innecesarias, además de agilizar considerablemente la gestión de los tributos.

En consonancia con esta línea de actuación, es objetivo primordial de esta Orden reducir al máximo posible la presentación en papel de las autoliquidaciones y declaraciones informativas mientras se potencian nuevas vías de presentación como son las basadas en los sistemas de firma electrónica no avanzada definidos en la Resolución de 17 de noviembre de 2011 de la Presidencia de la Agencia Estatal de Administración Tributaria, por la que se aprueban sistemas de identificación y autenticación distintos de la firma electrónica avanzada para relacionarse electrónicamente con la Agencia Tributaria, así como la presentación de autoliquidaciones mediante papel impreso generado exclusivamente mediante la utilización del servicio de impresión desarrollado a estos efectos por la Agencia Tributaria en su Sede electrónica (predeclaración) o, en el supuesto de la declaración-resumen anual del Impuesto sobre el Valor Añadido y la declaración anual de operaciones con terceras personas de entidades a las que sea de aplicación la Ley 49/1960, de 21 de junio sobre la propiedad horizontal, mediante el envío de un mensaje SMS cuando haya sido obtenida por medio del programa de ayuda elaborado por la Agencia Tributaria utilizando el servicio de impresión a través de su Sede Electrónica.

Por otra parte, con la finalidad de homogeneizar el sistema de presentación de las autoliquidaciones y declaraciones informativas y de refundir en una sola norma la regulación actual, evitando en lo posible la dispersión normativa existente, se considera imprescindible la aprobación de una nueva orden ministerial que, inspirada en la misma filosofía y basada en los procedimientos hoy en día aplicables, sirva en el futuro de marco de referencia estable en esta materia, estableciendo una serie de formas de presentación que se definen bien atendiendo a la naturaleza del obligado tributario, bien según el resultado final de la autoliquidación o bien según las características especiales de la declaración informativa.

A pesar del carácter general de esta Orden, no va a abarcar a todas las autoliquidaciones y declaraciones informativas de naturaleza tributaria. Así, por ejemplo, van a quedar fuera de su ámbito las declaraciones aduaneras, las autoliquidaciones referentes a los Impuestos Especiales y las de los No Residentes (modelos 210, 211 y 213) por tener una normativa específica que amplía el ámbito obligatorio de su presentación electrónica por Internet. También quedan fuera las autoliquidaciones que se deben realizar sólo con carácter ocasional (modelos 308 y 309), las referentes a la tasa judicial (modelos 695 y 696), las declaraciones censales, así como las autoliquidaciones con competencia específica de gestión por las Comunidades Autónomas (por ejemplo la mayor parte de los modelos de Transmisiones Patrimoniales y Actos Jurídicos Documentados y los referentes a los Impuestos sobre Sucesiones y Donaciones).

Por último, en la Orden se van a describir detalladamente los lugares y los procedimientos y condiciones generales, en especial en las presentaciones electrónicas por Internet de las autoliquidaciones tributarias, clasificadas según su resultado y, en su caso, según su forma de pago, así como de las declaraciones informativas.

La competencia para aprobar modelos y sistemas normalizados de presentación de las autoliquidaciones y declaraciones informativas se encuentra establecida en el apartado 3 del artículo 98 de la Ley 58/2003, de 17 de diciembre, General Tributaria. Asimismo, la regulación de la presentación telemática de autoliquidaciones y declaraciones tributarias se encuentra recogida en el artículo 98.4 de la citada Ley General Tributaria.

Como desarrollo de estas normas y, en el ámbito específico de las obligaciones de información, el artículo 30 apartado 2 del Reglamento General de las actuaciones y procedimientos de gestión e inspección tributaria y de desarrollo de las normas comunes de los procedimientos de aplicación de los tributos aprobado por el Real Decreto 1065/2007, de 27 de julio, establece que, en el ámbito de competencias del Estado, el Ministro de Hacienda y Administraciones Públicas aprobará los modelos de declaración que, a tal efecto, deberán presentarse, el lugar y plazo de presentación y los supuestos y condiciones en que la obligación deberá cumplirse mediante soporte directamente legible por ordenador o por medios telemáticos.

Adicionalmente, el artículo 117 del citado Reglamento General de las actuaciones y procedimientos de gestión e inspección tributaria y de desarrollo de las normas comunes de los procedimientos de aplicación de los tributos, habilita al Ministro de Economía y Hacienda para que determine los supuestos y condiciones en los que los obligados tributarios deberán presentar por medios telemáticos sus declaraciones, autoliquidaciones, comunicaciones, solicitudes y cualquier otro documento con trascendencia tributaria.

Las habilitaciones al Ministro de Economía y Hacienda anteriormente citadas deben entenderse conferidas en la actualidad al Ministro de Hacienda y Administraciones Públicas, de acuerdo con lo dispuesto en el artículo 5 y en la disposición final segunda del Real Decreto 1823/2011, de 21 de diciembre, por el que se reestructuran los departamentos ministeriales.

En su virtud, dispongo:

Artículo 1. *Objeto y ámbito de aplicación de la Orden*
1. La presente Orden tiene por objeto regular los procedimientos que deben seguirse en la presentación de las autoliquidaciones tributarias y las declaraciones informativas de naturaleza tributaria enumeradas en los apartados 2 y 3 siguientes, según la naturaleza del obligado tributario, el resultado de la autoliquidación o las características de la declaración informativa, con especial referencia a los supuestos de presentación electrónica por Internet.

2. Las disposiciones de esta Orden son de aplicación a los siguientes modelos de autoliquidación:

Modelo 100. Impuesto sobre la Renta de las Personas Físicas.

Modelo 111. Retenciones e ingresos a cuenta del Impuesto sobre la Renta de las Personas Físicas. Rendimientos del trabajo y de actividades económicas, premios y determinadas ganancias patrimoniales e imputaciones de renta. Autoliquidación.

Modelo 113[2]. Comunicación de datos relativos a las ganancias patrimoniales por cambio de residencia cuando se produzca a otro Estado miembro de la Unión Europea o del Espacio Económico Europeo con efectivo intercambio de información tributaria.

Modelo 115. Impuesto sobre la Renta de las Personas Físicas, Impuesto sobre Sociedades e Impuesto sobre la Renta de no Residentes (establecimientos permanentes). Retenciones e Ingresos a cuenta sobre determinadas rentas o rendimientos procedentes del arrendamiento o subarrendamiento de inmuebles urbanos.

Modelo 117. Impuesto sobre la Renta de las Personas Físicas, Impuesto sobre Sociedades e Impuesto sobre la Renta de no Residentes. Retenciones e Ingresos a cuenta/Pago a cuenta. Rentas o ganancias patrimoniales obtenidas como consecuencia de las transmisiones

---

[2] Modelo 113 de incorporado por la Disp. final Primera de la Orden HAP/2835/2015, de 28 de diciembre (BOE núm. 312, de 30 de diciembre de 2015).

o reembolsos de acciones y participaciones representativas del capital o del patrimonio de las instituciones de inversión colectiva.

Modelo 122[3]. Impuesto sobre la Renta de las Personas Físicas. Deducciones por familia numerosa, por personas con discapacidad a cargo o por ascendiente con dos hijos separado legalmente o sin vínculo matrimonial. Regularización del derecho a la deducción por contribuyentes no obligados a presentar declaración.

Modelo 123. Impuesto sobre la Renta de las Personas Físicas. Retenciones e ingresos a cuenta sobre determinados rendimientos del capital mobiliario. Impuesto sobre Sociedades e Impuesto sobre la Renta de no Residentes (establecimientos permanentes). Retenciones e ingresos a cuenta sobre determinadas rentas.

Modelo 124. Impuesto sobre la Renta de las Personas Físicas. Impuesto sobre Sociedades e Impuesto sobre la Renta de no Residentes (establecimientos permanentes). Retenciones e ingresos a cuenta sobre rendimientos del capital mobiliario y rentas derivadas de la transmisión, amortización, reembolso, canje o conversión de cualquier clase de activos representativos de la captación y utilización de capitales ajenos.

Modelo 126. Impuesto sobre la Renta de las Personas Físicas. Impuesto sobre Sociedades e Impuesto sobre la Renta de no Residentes (establecimientos permanentes). Retenciones e ingresos a cuenta sobre rendimientos del capital mobiliario y rentas obtenidas por la contraprestación derivada de cuentas en toda clase de instituciones financieras, incluyendo las basadas en operaciones sobre activos financieros.

Modelo 128. Impuesto sobre la Renta de las Personas Físicas. Impuesto sobre Sociedades e Impuesto sobre la Renta de no Residentes (establecimientos permanentes). Retenciones e ingresos a cuenta. Rentas o rendimientos del capital mobiliario procedentes de operaciones de capitalización y de contratos de seguro de vida o invalidez.

Modelo 130. Impuesto sobre la Renta de las Personas Físicas. Actividades económicas en estimación directa. Pago fraccionado. Declaración.

Modelo 131. Impuesto sobre la Renta de las Personas Físicas. Actividades económicas en estimación objetiva. Pago fraccionado. Declaración.

Modelo 136. Impuesto sobre la Renta de las Personas Físicas e Impuesto sobre la Renta de no Residentes. Gravamen Especial sobre los Premios de determinadas Loterías y Apuestas. Autoliquidación.

Modelo 151[4]. Declaración del Impuesto sobre la Renta de las Personas Físicas. Régimen especial aplicable a los trabajadores desplazados a territorio español.

---

[3]   Modelo 122 del número 2 del artículo 1 introducido por el apartado uno de la disposición final primera de la Orden HFP/105/2017, de 6 de febrero (BOE núm. 35, de 10 de febrero de 2017), con efectos desde 11 de febrero de 2017.

[4]   Modelo incorporado por la disposición final 2 de la Orden HAP/2783/2015, de 21 de diciembre (BOE núm. 306, de 23 de diciembre de 2015).

Modelo 200. Declaración del Impuesto sobre Sociedades e Impuesto sobre la Renta de no Residentes (establecimientos permanentes y a entidades en régimen de atribución de rentas constituidas en el extranjero con presencia en territorio español).

Modelo 202. Impuesto sobre Sociedades. Impuesto sobre la Renta de no Residentes (establecimientos permanentes y entidades en régimen de atribución de rentas constituidas en el extranjero con presencia en territorio español). Pago fraccionado.

Modelo 216. Impuesto sobre la Renta de no Residentes. Rentas obtenidas sin mediación de establecimiento permanente. Retenciones e ingresos a cuenta.

Modelo 217[5]. Gravamen especial sobre dividendos o participaciones en beneficios distribuidos por Sociedades Anónimas Cotizadas de Inversión en el Mercado Inmobiliario. Impuesto sobre Sociedades. Autoliquidación.

Modelo 220. Declaración del Impuesto sobre Sociedades-Régimen de consolidación fiscal correspondiente a los grupos fiscales.

Modelo 221[6]. Prestación patrimonial por conversión de activos por impuesto diferido en crédito exigible frente a la Administración tributaria.

Modelo 222. Impuesto sobre Sociedades. Régimen de consolidación fiscal. Pago fraccionado.

Modelo 230. Impuesto sobre la Renta de las Personas Físicas e Impuesto sobre la Renta de no Residentes: Retenciones e ingresos a cuenta del Gravamen Especial sobre los premios de determinadas loterías y apuestas; Impuesto sobre Sociedades: Retenciones e ingresos a cuenta sobre los premios de determinadas loterías y apuestas. Autoliquidación.

Modelo 237[7]. Gravamen especial sobre beneficios no distribuidos por Sociedades Anónimas Cotizadas de Inversión en el Mercado Inmobiliario. Impuesto sobre Sociedades. Autoliquidación.

Modelo 303. Impuesto sobre el Valor Añadido. Autoliquidación.

Modelo 308[8]. Impuesto sobre el Valor Añadido, solicitud de devolución: recargo de equivalencia, artículo 30 bis del Reglamento del IVA, artículo 21.4.º de la Ley del IVA y sujetos pasivos ocasionales.

---

[5]   Modelo 217 incorporado por la Disp. Final Primera de la Orden HFP/1922/2016, de 19 de diciembre (BOE núm. 307, de 21 de diciembre de 2016).

[6]   Modelo 221 incorporado por la Disp. Final Primera de la Orden HFP/550/2017, de 15 de junio (BOE núm. 143, de 16 de junio de 2017)

[7]   Incorporado por la Disp. Final Primera de Orden HFP/1430/2021, de 20 de diciembre (BOE núm. 306, de 23 de diciembre de 2021), en vigor el día 3 de enero de 2022 y será de aplicación para los períodos impositivos iniciados a partir del 1 de enero de 2021.

[8]   Modelo incorporado por el art. único.2 de la Orden HAP/2762/2015, de 15 de diciembre (BOE núm. 304, de 21 de diciembre de 2015).

Modelo 309[9]. Declaración-Liquidación no periódica del Impuesto sobre el Valor Añadido.

Modelo 322. Impuesto sobre el Valor Añadido. Grupo de entidades. Modelo individual. Autoliquidación mensual.

Modelo 341[10]. Solicitud de reintegro de compensaciones en el Régimen Especial de la Agricultura, Ganadería y Pesca.

Modelo 353. Impuesto sobre el Valor Añadido. Grupo de entidades. Modelo agregado. Autoliquidación mensual.

Modelo 410[11]. Pago a cuenta del Impuesto sobe los Depósitos en las Entidades de Crédito. Autoliquidación.

Modelo 411[12]. Impuesto sobe los Depósitos en las Entidades de Crédito. Autoliquidación.

Modelo 430. Impuesto sobre primas de seguros. Declaración-Liquidación.

Modelo 490[13]. Impuesto sobre Determinados Servicios Digitales. Autoliquidación.

Modelo 560[14]. Impuesto Especial sobre la Electricidad.

Modelo 568[15]. Impuesto Especial sobre Determinados Medios de Transporte. Solicitud de devolución por reventa y envío de medios de transporte fuera del territorio.

Modelo 573[16]. Impuesto sobre Líquidos para Cigarrillos Electrónicos y otros Productos relacionados con el Tabaco. Autoliquidación.

---

[9]   Modelo incorporado por el art. único.2 de la Orden HAP/2762/2015, de 15 de diciembre (BOE núm. 304, de 21 de diciembre de 2015).

[10] Modelo incorporado por el art. único.2 de la Orden HAP/2762/2015, de 15 de diciembre (BOE núm. 304, de 21 de diciembre de 2015).

[11] Modelo incorporado por la Disposición final dos de la Orden HAP/2178/2014, de 18 de noviembre (BOE núm. 284, de 24 de noviembre de 2014).

[12] Modelo incorporado por la disposición final 2 de la Orden HAP/1230/2015, de 17 de junio (BOE núm. 151, de 25 de junio de 2015).

[13] Incorporado por la disposición final tercera de la Orden HAC/590/2021, de 9 de junio (BOE núm. 139, de 11 de junio de 2021), de aplicación a las autoliquidaciones que se presenten a partir del 16 de enero de 2021.

[14] Modelo incorporado por la disposición final primera de la Orden HAC/172/2021, de 25 de febrero (BOE núm. 50, de 27 de febrero de 2021), siendo de aplicación a los devengos que se produzcan a partir del 1 de octubre de 2021.

[15] Modelo incorporado por el art. único.2 de la Orden HAP/2762/2015, de 15 de diciembre (BOE núm. 304, de 21 de diciembre de 2015).

[16] Modelo incorporado por la Disp. Final Primera de la Orden HAC/86/2025, de 13 de enero, por la que se aprueba el modelo 573 «Impuesto sobre los líquidos para cigarrillos electrónicos y otros productos relacionados con el tabaco. Autoliquidación» y el modelo A24 «Impuesto sobre los líquidos para cigarrillos electrónicos y otros productos relacionados con el tabaco. Solicitud de devolución por envíos dentro de la Unión Europea», se determina la forma y el procedimiento para su presentación, y se regula la inscripción en el Registro territorial de los contribuyentes del artículo 64 quinquies de la Ley de Impuestos Especiales (BOE núm. 27, de 31 de enero de 2025).

Modelo 576[17]. Impuesto Especial sobre Determinados Medios de Transporte. Declaración-Liquidación.

Modelo 587[18]. Impuesto sobre los Gases Fluorados de Efecto Invernadero. Autoliquidación.

Modelo 588[19]. Impuesto sobre el valor de la producción de la energía eléctrica. Autoliquidación por cese de actividad de enero a octubre.

Modelo 589[20]. Impuesto sobre el Valor de la Extracción de Gas, Petróleo y Condensados. Autoliquidación y pago fraccionado.

Modelo 681. Tasa por la prestación de servicios de gestión de residuos radiactivos a que se refiere el apartado 3 de la disposición adicional sexta de la Ley 54/1997.

Modelo 682. Tasa por la prestación de servicios de gestión de residuos radiactivos a que se refiere el apartado 4 de la disposición adicional sexta de la Ley 54/1997.

Modelo 683. Tasa por la prestación de servicios de gestión de residuos radiactivos derivados de la fabricación de elementos combustibles, incluido el desmantelamiento de las instalaciones de fabricación de los mismos.

Modelo 684. Tasa por la prestación de servicios de gestión de residuos radiactivos generados en otras instalaciones.

Modelo 685. Tasa sobre apuestas y combinaciones aleatorias. Autoliquidación.

Modelo 714. Impuesto sobre el Patrimonio.

Modelo 718[21]. Impuesto Temporal de Solidaridad de las Grandes Fortunas

Modelo 770[22]. Autoliquidación de intereses de demora y recargos para la regularización voluntaria prevista en el artículo 252 de la Ley General Tributaria.

---

[17]   Modelo incorporado por el art. único.2 de la Orden HAP/2762/2015, de 15 de diciembre (BOE núm. 304, de 21 de diciembre de 2015).

[18]   Modelo incorporado por la disposición final tres de la Orden HAP/685/2014, de 29 de abril (BOE núm. 106, de 1 de mayo de 2014) y por la Disp. Final cuarta Uno de la Orden HFP/826/2022, de 30 de agosto, por la que se aprueba el modelo 587 "Impuesto sobre los Gases Fluorados de Efecto Invernadero. Autoliquidación" y el modelo A23 "Impuesto sobre los Gases Fluorados de Efecto Invernadero. Solicitud de devolución", se determinan la forma y procedimiento para la presentación de los mismos, y se regulan la inscripción en el Registro territorial y la llevanza de la contabilidad de existencias (BOE núm. 209, de 31 de agosto de 2022)

[19]   Modelo incorporado por la Disposición Final Cuatro de la Orden HAP/2328/2014, de 11 de diciembre (BOE núm. 301, de 13 de diciembre de 2014).

[20]   Modelo incorporado por la Disp. Final tercera de la Orden HAP/1349/2016, de 28 de julio (BOE núm. 189, de 6 de agosto de 2016).

[21]   Modelo incluido por la Disposición final tercera de la Orden HFP/587/2023, de 9 de junio, por la que se aprueba el modelo 718 «Impuesto Temporal de Solidaridad de las Grandes Fortunas», se determina el lugar, forma y plazos de su presentación, las condiciones y el procedimiento para su presentación (BOE núm. 139, de 12 de junio de 2023).

[22]   Modelo incorporado por la disp. Final 1 de la Orden HAC/530/2020, de 3 de junio (BOE núm. núm. 168, de 16 de junio de 2020).

Modelo 771[23]. Autoliquidación de cuotas de conceptos y ejercicios sin modelo disponible en la Sede electrónica de la AEAT para la regularización voluntaria prevista en el artículo 252 de la Ley General Tributaria.

Modelo 780[24]. Impuesto sobre el margen de intereses y comisiones de determinadas entidades financieras. Autoliquidación.

Modelo 781[25]. Impuesto sobre el margen de intereses y comisiones de determinadas entidades financieras. Pago fraccionado.

Modelo 795[26]. Gravamen temporal energético. Declaración del ingreso de la prestación.

Modelo 792[27]. Autoliquidación de la aportación a realizar por los prestadores del servicio de comunicación audiovisual televisivo y por los prestadores del servicio de intercambio de vídeos a través de plataforma de ámbito geográfico estatal o superior al de una Comunidad Autónoma

Modelo 793[28] . Pagos a cuenta de la aportación a realizar por los prestadores del servicio de comunicación audiovisual televisivo y por los prestadores del servicio de intercambio de

---

[23] Modelo incorporado por la disp. Final 1 de la Orden HAC/530/2020, de 3 de junio (BOE núm. núm. 168, de 16 de junio de 2020).

[24] Modelo incorporado por la Disp. Final 3 Orden HAC/532/2025, de 26 de mayo, por la que se aprueban el modelo 780 «Impuesto sobre el margen de intereses y comisiones de determinadas entidades financieras. Autoliquidación» y el modelo 781 «Impuesto sobre el margen de intereses y comisiones de determinadas entidades financieras. Pago fraccionado» y se establecen las condiciones y el procedimiento para su presentación (BOE núm. 129, de 29 de mayo de 2025).

[25] Modelo incorporado por la Disp. Final 3 Orden HAC/532/2025, de 26 de mayo, por la que se aprueban el modelo 780 «Impuesto sobre el margen de intereses y comisiones de determinadas entidades financieras. Autoliquidación» y el modelo 781 «Impuesto sobre el margen de intereses y comisiones de determinadas entidades financieras. Pago fraccionado» y se establecen las condiciones y el procedimiento para su presentación (BOE núm. 129, de 29 de mayo de 2025).

[26] Modelos 795, 796, 797 y 798 incorporados por la Disposición final tercera. Orden HFP/94/2023, de 2 de febrero, por la que se aprueban el modelo 795, «Gravamen temporal energético. Declaración del ingreso de la prestación», el modelo 796, «Gravamen temporal energético. Pago anticipado», el modelo 797, «Gravamen temporal de entidades de crédito y establecimientos financieros de crédito. Declaración del ingreso de la prestación» y el modelo 798, «Gravamen temporal de entidades de crédito y establecimientos financieros de crédito. Pago anticipado», y se establecen las condiciones y el procedimiento para su presentación (BOE núm. 29, de 3 de febrero de 2023), de aplicación para el ejercicio 2023.

[27] Incorporado por la Disp. Final Tercer de la Orden HFP/309/2023, de 28 de marzo, por la que se aprueban el modelo 792, "Autoliquidación de la aportación a realizar por los prestadores del servicio de comunicación audiovisual televisivo y por los prestadores del servicio de intercambio de vídeos a través de plataforma de ámbito geográfico estatal o superior al de una Comunidad Autónoma", y el modelo 793, "Pagos a cuenta de la aportación a realizar por los prestadores del servicio de comunicación audiovisual televisivo y por los prestadores del servicio de intercambio de vídeos a través de plataforma de ámbito geográfico estatal o superior al de una Comunidad Autónoma", y se establecen las condiciones y el procedimiento para su presentación (BOE núm. 77, de 31 de marzo de 2023).

[28] Incorporado por la Disp. Final Tercer de la Orden HFP/309/2023, de 28 de marzo, por la que se aprueban el modelo 792, "Autoliquidación de la aportación a realizar por los prestadores del servicio de comunicación

vídeos a través de plataforma de ámbito geográfico estatal o superior al de una Comunidad Autónoma

Modelo 796[29]. Gravamen temporal energético. Pago anticipado.

Modelo 797[30]. Gravamen temporal de entidades de crédito y establecimientos financieros de crédito. Declaración del ingreso de la prestación.

Modelo 798[31]. Gravamen temporal de entidades de crédito y establecimientos financieros de crédito. Pago anticipado.

3[32]. Las disposiciones de esta Orden son de aplicación a las siguientes declaraciones informativas:

---

audiovisual televisivo y por los prestadores del servicio de intercambio de vídeos a través de plataforma de ámbito geográfico estatal o superior al de una Comunidad Autónoma", y el modelo 793, "Pagos a cuenta de la aportación a realizar por los prestadores del servicio de comunicación audiovisual televisivo y por los prestadores del servicio de intercambio de vídeos a través de plataforma de ámbito geográfico estatal o superior al de una Comunidad Autónoma", y se establecen las condiciones y el procedimiento para su presentación (BOE núm. 77, de 31 de marzo de 2023).

[29]   Modelos 795, 796, 797 y 798 incorporados por la Disposición final tercera. Orden HFP/94/2023, de 2 de febrero, por la que se aprueban el modelo 795, "Gravamen temporal energético. Declaración del ingreso de la prestación", el modelo 796, "Gravamen temporal energético. Pago anticipado", el modelo 797, "Gravamen temporal de entidades de crédito y establecimientos financieros de crédito. Declaración del ingreso de la prestación" y el modelo 798, "Gravamen temporal de entidades de crédito y establecimientos financieros de crédito. Pago anticipado", y se establecen las condiciones y el procedimiento para su presentación (BOE núm. 29, de 3 de febrero de 2023), de aplicación para el ejercicio 2023.

[30]   Modelos 795, 796, 797 y 798 incorporados por la Disposición final tercera. Orden HFP/94/2023, de 2 de febrero, por la que se aprueban el modelo 795, "Gravamen temporal energético. Declaración del ingreso de la prestación", el modelo 796, "Gravamen temporal energético. Pago anticipado", el modelo 797, "Gravamen temporal de entidades de crédito y establecimientos financieros de crédito. Declaración del ingreso de la prestación" y el modelo 798, "Gravamen temporal de entidades de crédito y establecimientos financieros de crédito. Pago anticipado", y se establecen las condiciones y el procedimiento para su presentación (BOE núm. 29, de 3 de febrero de 2023), de aplicación para el ejercicio 2023.

[31]   Modelos 795, 796, 797 y 798 incorporados por la Disposición final tercera. Orden HFP/94/2023, de 2 de febrero, por la que se aprueban el modelo 795, "Gravamen temporal energético. Declaración del ingreso de la prestación", el modelo 796, "Gravamen temporal energético. Pago anticipado", el modelo 797, "Gravamen temporal de entidades de crédito y establecimientos financieros de crédito. Declaración del ingreso de la prestación" y el modelo 798, "Gravamen temporal de entidades de crédito y establecimientos financieros de crédito. Pago anticipado", y se establecen las condiciones y el procedimiento para su presentación (BOE núm. 29, de 3 de febrero de 2023), de aplicación para el ejercicio 2023.

[32]   Nueva redacción del apartado tercero dada por la disposición final dos de la Orden HAP/2455/2013, de 27 de diciembre (BOE núm. 313, de 31 de diciembre de 2013).
     Orden HAP/2201/2014, de 21 de noviembre, por la que se modifica la Orden EHA/3021/2007, de 11 de octubre, por la que se aprueba el modelo 182 de declaración informativa de donativos, donaciones y aportaciones recibidas y disposiciones realizadas, así como los diseños físicos y lógicos para la sustitución de las hojas interiores de dicho modelo por soportes directamente legibles por ordenador y se establecen las condiciones y el procedimiento para su presentación telemática a través de internet, y se modifican los modelos de declaración 184, 187, 188, 193 normal y simplificado, 194, 196, 198, 215 y 345; se simplifican

Modelo 038. Relación de operaciones realizadas por entidades inscritas en registros públicos.

Modelo 156. Declaración informativa anual. Cotizaciones de afiliados y mutualidades a efectos de la deducción por maternidad.

Modelo 159. Declaración anual de consumo de energía eléctrica.

Modelo 165[33]. Declaración informativa de certificaciones individuales emitidas a los socios o partícipes de entidades de nueva o reciente creación.

Modelo 170[34]. Declaración informativa mensual de las operaciones realizadas por los empresarios o profesionales adheridos al sistema de gestión de cobros a través de cualquier tipo de tarjetas y mediante pagos asociados a números de teléfono móvil.

---

las obligaciones de información previstas en relación con la comercialización transfronteriza de acciones o participaciones de instituciones de inversión colectiva españolas y se modifican otras normas tributarias (BOE núm. 286, de 26 de noviembre de 2014):

«Disposición final segunda Modificación de la Orden HAP/2194/2013, de 22 de noviembre, por la que se regulan los procedimientos y las condiciones generales para la presentación de determinadas autoliquidaciones y declaraciones informativas de naturaleza tributaria

Se incluyen en la relación de declaraciones informativas a que se refiere el apartado 3 del artículo 1 de la Orden HAP/2194/2013, de 22 de noviembre, por la que se regulan los procedimientos y las condiciones generales para la presentación de determinadas autoliquidaciones y declaraciones informativas de naturaleza tributaria, la relación individualizada de los clientes partícipes o accionistas que hayan sido perceptores de beneficios distribuidos por la institución de inversión colectiva o que hayan efectuado reembolsos o transmisiones de participaciones o acciones de la institución y la relación individualizada de los clientes con su posición inversora en la institución de inversión colectiva a 31 de diciembre del año inmediato anterior, a que se refiere el apartado 3 de la disposición adicional única del Reglamento del Impuesto sobre la Renta de no Residentes, aprobado por Real Decreto 1776/2004, de 30 de julio, y reguladas en el artículo 3 de la Orden EHA/1674/2006, de 24 de mayo».

Declaración incorporada por la Disposición Final Segunda de la Orden HAP/2455/2013, de 27 de diciembre (BOE núm. 313, de 31 de diciembre de 2013).

[33]   Declaración incorporada por la Disposición Final Segunda de la Orden HAP/2455/2013, de 27 de diciembre (BOE núm. 313, de 31 de diciembre de 2013).

[34]   Nueva denominación del modelo 170, dada por la Disp. Final Segunda de la Orden HAC/747/2025, de 27 de junio, por la que se aprueba el modelo 196, Declaración informativa mensual de cuentas en toda clase de instituciones financieras y resumen anual de retenciones e ingresos a cuenta sobre rendimientos del capital mobiliario y rentas obtenidas por la contraprestación derivada de cuentas en toda clase de instituciones financieras; el modelo 181, Declaración informativa de préstamos y créditos, y operaciones financieras relacionadas con bienes inmuebles; el modelo 170, Declaración informativa mensual de las operaciones realizadas por los empresarios o profesionales adheridos al sistema de gestión de cobros a través de cualquier tipo de tarjetas y mediante pagos asociados a números de teléfono móvil, y el modelo 174, Declaración informativa sobre todo tipo de tarjetas, y se establecen las condiciones y el procedimiento para su presentación; y se modifica la Orden EHA/98/2010, de 25 de enero, por la que se aprueba el modelo 171, Declaración informativa anual de imposiciones, disposiciones de fondos y de los cobros de cualquier documento, así como los diseños físicos y lógicos para la presentación en soporte directamente legible por ordenador y se establecen las condiciones y el procedimiento para su presentación telemática (BOE núm.

Modelo 171. Declaración informativa anual de imposiciones, disposiciones de fondos y de los cobros de cualquier documento.

Modelo 172[35] Declaración informativa sobre saldos en monedas virtuales.

Modelo 173[36] Declaración informativa sobre operaciones con monedas virtuales.

Modelo 174[37]. Declaración informativa sobre todo tipo de tarjetas.

Modelo 179[38]. Declaración informativa trimestral de la cesión de uso de viviendas con fines turísticos.

Modelo 180. Impuesto sobre la Renta de las Personas Físicas, Impuesto sobre Sociedades e Impuesto sobre la Renta de No Residentes (establecimientos permanentes). Retenciones e ingresos a cuenta sobre determinadas rentas o rendimientos procedentes del arrendamiento o subarrendamiento de inmuebles urbanos. Resumen anual.

169, de 15 de julio de 2025). Denominación original: « Declaración informativa anual de las operaciones realizadas por los empresarios o profesionales adheridos al sistema de gestión de cobros a través de tarjetas de crédito o de débito».

[35]   Incorporado por la Disp. Final Primera Orden HFP/887/2023, de 26 de julio, por la que se aprueban el modelo 172 «Declaración informativa sobre saldos en monedas virtuales» y el modelo 173 «Declaración informativa sobre operaciones con monedas virtuales», y se establecen las condiciones y el procedimiento para su presentación (BOE núm. 180, de 29 de julio de 2023)

[36]   Incorporado por la Disp. Final Primera Orden HFP/887/2023, de 26 de julio, por la que se aprueban el modelo 172 «Declaración informativa sobre saldos en monedas virtuales» y el modelo 173 «Declaración informativa sobre operaciones con monedas virtuales», y se establecen las condiciones y el procedimiento para su presentación (BOE núm. 180, de 29 de julio de 2023)

[37]   Nuevo modelo 174 incorporado por la Disp. Final Segunda de la Orden HAC/747/2025, de 27 de junio, por la que se aprueba el modelo 196, Declaración informativa mensual de cuentas en toda clase de instituciones financieras y resumen anual de retenciones e ingresos a cuenta sobre rendimientos del capital mobiliario y rentas obtenidas por la contraprestación derivada de cuentas en toda clase de instituciones financieras; el modelo 181, Declaración informativa de préstamos y créditos, y operaciones financieras relacionadas con bienes inmuebles; el modelo 170, Declaración informativa mensual de las operaciones realizadas por los empresarios o profesionales adheridos al sistema de gestión de cobros a través de cualquier tipo de tarjetas y mediante pagos asociados a números de teléfono móvil, y el modelo 174, Declaración informativa sobre todo tipo de tarjetas, y se establecen las condiciones y el procedimiento para su presentación; y se modifica la Orden EHA/98/2010, de 25 de enero, por la que se aprueba el modelo 171, Declaración informativa anual de imposiciones, disposiciones de fondos y de los cobros de cualquier documento, así como los diseños físicos y lógicos para la presentación en soporte directamente legible por ordenador y se establecen las condiciones y el procedimiento para su presentación telemática (BOE núm. 169, de 15 de julio de 2025).

[38]   Modelo 179 incorporado por la Disposición final Primera.Uno de la Orden HAC/612/2021, de 16 de junio (BOE núm. 145, de 18 de junio de 2021), siendo de aplicación en relación con las cesiones de uso de viviendas con fines turísticos realizadas a partir del 26 de junio de 2021, y cuya intermediación se haya producido a partir de esta fecha.
Con anterioridad había sido incorporado por la disposición final 1 de la Orden HFP/544/2018, de 24 de mayo, por la que se aprueba el modelo 179, "Declaración informativa trimestral de la cesión de uso de viviendas con fines turísticos" y se establecen las condiciones y el procedimiento para su presentación (BOE núm. 131, de 30 de mayo de 2018).

Modelo 181. Declaración informativa de préstamos y créditos, y operaciones financieras relacionadas con bienes inmuebles.

Modelo 182. Declaración informativa de donativos, donaciones y aportaciones recibidas y disposiciones realizadas.

Modelo 184. Impuesto sobre la Renta de las Personas Físicas, Impuesto sobre Sociedades e Impuesto sobre la Renta de No Residentes. Entidades en régimen de atribución de rentas. Declaración informativa anual.

Modelo 187. Declaración informativa de acciones y participaciones representativas del capital o del patrimonio de las instituciones de inversión colectiva y resumen anual de retenciones e ingresos a cuenta del Impuesto sobre la Renta de las Personas Físicas, Impuesto sobre Sociedades e Impuesto sobre la Renta de No Residentes en relación con las rentas o ganancias patrimoniales obtenidas como consecuencia de las transmisiones o reembolsos de esas acciones y participaciones.

Modelo 188. Impuesto sobre la Renta de las Personas Físicas, Impuesto sobre Sociedades e Impuesto sobre la Renta de No Residentes (establecimientos permanentes). Retenciones e ingresos a cuenta. Rentas o rendimientos del capital mobiliario procedentes de operaciones de capitalización y de contratos de seguros de vida o invalidez. Resumen anual.

Modelo 189. Declaración informativa anual acerca de valores, seguros y rentas.

Modelo 190. Resumen anual de retenciones e ingresos a cuenta del Impuesto sobre la Renta de las Personas Físicas. Rendimientos del trabajo y de actividades económicas, premios y determinadas ganancias patrimoniales e imputaciones de renta.

Modelo 192. Declaración informativa anual de operaciones con Letras del Tesoro.

Modelo 193. Declaración resumen anual de retenciones e ingresos a cuenta sobre determinados rendimientos de capital mobiliario del Impuesto sobre la Renta de las Personas Físicas y sobre determinadas rentas del Impuesto sobre Sociedades y del Impuesto sobre la Renta de No Residentes correspondiente a establecimientos permanentes).

Modelo 194. Impuesto sobre la Renta de las Personas Físicas, Impuesto sobre Sociedades e Impuesto sobre la Renta de No Residentes (establecimientos permanentes). Retenciones e ingresos a cuenta sobre rendimientos del capital mobiliario y rentas derivadas de la transmisión, amortización, reembolso, canje o conversión de cualquier clase de activos representativos de la captación y utilización de capitales ajenos. Resumen anual.

Modelo 195. Declaración trimestral de cuentas u operaciones cuyos titulares no han facilitado el NIF a las entidades de crédito en el plazo establecido.

Modelo 196[39]. Declaración informativa mensual de cuentas en toda clase de instituciones financieras y resumen anual de retenciones e ingresos a cuentas sobre rendimientos del

---

[39]   Nueva denominación del modelo 196, dada por la Disp. Final Segunda de la Orden HAC/747/2025, de 27 de junio, por la que se aprueba el modelo 196, Declaración informativa mensual de cuentas en toda clase de instituciones financieras y resumen anual de retenciones e ingresos a cuenta sobre rendimientos

capital mobiliario y rentas obtenidas por la contraprestación derivada de cuentas en toda clase de instituciones financieras.

Modelo 198. Declaración anual de operaciones con activos financieros y otros valores mobiliarios.

Modelo 199. Declaración anual en euros de identificación de las operaciones con cheques de las entidades de crédito.

Modelo 231[40]. Declaración de información país por país.

Modelo 232[41]. Declaración informativa de operaciones vinculadas y de operaciones y situaciones relacionadas con países o territorios calificados como paraísos fiscales.

Modelo 233[42]. Declaración informativa por gastos en guarderías o centros de educación infantil autorizados.

Modelo 234[43]. Declaración de información de determinados mecanismos transfronterizos de planificación fiscal.

Modelo 235. Declaración de información de actualización de determinados mecanismos transfronterizos comercializables.

Modelo 236. Declaración de información de la utilización de determinados mecanismos transfronterizos de planificación fiscal.

---

del capital mobiliario y rentas obtenidas por la contraprestación derivada de cuentas en toda clase de instituciones financieras; el modelo 181, Declaración informativa de préstamos y créditos, y operaciones financieras relacionadas con bienes inmuebles; el modelo 170, Declaración informativa mensual de las operaciones realizadas por los empresarios o profesionales adheridos al sistema de gestión de cobros a través de cualquier tipo de tarjetas y mediante pagos asociados a números de teléfono móvil, y el modelo 174, Declaración informativa sobre todo tipo de tarjetas, y se establecen las condiciones y el procedimiento para su presentación; y se modifica la Orden EHA/98/2010, de 25 de enero, por la que se aprueba el modelo 171, Declaración informativa anual de imposiciones, disposiciones de fondos y de los cobros de cualquier documento, así como los diseños físicos y lógicos para la presentación en soporte directamente legible por ordenador y se establecen las condiciones y el procedimiento para su presentación telemática (BOE núm. 169, de 15 de julio de 2025). Denominación original: «Impuesto sobre la Renta de las Personas Físicas, Impuesto sobre Sociedades e Impuesto sobre la Renta de No Residentes (establecimientos permanentes). Retenciones e ingresos a cuenta sobre rendimientos del capital mobiliario y rentas obtenidas por la contraprestación derivada de cuentas en toda clase de instituciones financieras, incluyendo las basadas en operaciones sobre activos financieros, declaración informativa anual de personas autorizadas y de saldos en cuentas de toda clase de instituciones financieras. Resumen anual».

[40]   Modelo 231 incorporado al apartado 3 por la disposición final 1 de la Orden HFP/1978/2016, de 28 de diciembre BOE núm. 315, de 30 de diciembre de 2016).

[41]   Modelo 232 incorporado al apartado 3 por la disposición final 1 de la Orden HFP/816/2017, de 28 de agosto (BOE núm. 208, de 30 de agosto de 2017).

[42]   Incorporado por la Orden HAC/1400/2018, de 21 de diciembre (BOE núm. 312, de 27 de diciembre de 2018.

[43]   Incorporado por la Disp. Final Primera Uno de la Orden HAC/342/2021, de 12 de abril (BOE núm. 88, de 13 de abril de 2021), en vigor desde el día 14 de abril de 2021.

Modelo 238[44]. Declaración informativa para la comunicación de información por parte de operadores de plataforma.

Modelo 239[45] Declaración de información de determinados mecanismos de planificación fiscal en el ámbito del Acuerdo Multilateral entre Autoridades Competentes sobre intercambio automático de información relativa a los mecanismos de elusión del Estándar común de comunicación de información y las estructuras extraterritoriales opacas.

Modelo 270[46]. Resumen anual de retenciones e ingresos a cuenta, gravamen especial sobre los premios de determinadas loterías y apuestas.

Modelo 280[47]. Declaración informativa anual de Planes de Ahorro a Largo Plazo.

Modelo 281[48]. Declaración informativa trimestral de operaciones de comercio de bienes corporales realizadas en la Zona Especial Canaria sin que las mercancías transiten por territorio canario.

Modelo 282[49]. Declaración informativa anual de ayudas recibidas en el marco del Régimen Económico y Fiscal de Canarias y otras ayudas de Estado, derivadas de la aplicación del Derecho de la Unión Europea.

---

[44]   Incorporado por la Dispo. Final Primera 2 de la Orden HAC/72/2024, de 1 de febrero, por la que se aprueban el modelo 040 «Declaración censal de alta, modificación y baja en el registro de operadores de plataforma extranjeros no cualificados y en el registro de otros operadores de plataforma obligados a comunicar información» y el modelo 238 «Declaración informativa para la comunicación de información por parte de operadores de plataformas», y se establecen las condiciones y el procedimiento para su presentación (BOE» núm. 31, de 5 de febrero de 2024).

[45]   Modelo incorporado por la Disp. Final Primera de la Orden HAC/266/2024, de 18 de marzo, por la que se aprueba el modelo 239, «Declaración de información de determinados mecanismos de planificación fiscal en el ámbito del Acuerdo Multilateral entre Autoridades Competentes sobre intercambio automático de información relativa a los mecanismos de elusión del Estándar común de comunicación de información y las estructuras extraterritoriales opacas» y se establecen las condiciones y el procedimiento para su presentación, y se modifica la Orden HAC/342/2021, de 12 de abril, por la que se aprueba el modelo 234 de «Declaración de información de determinados mecanismos transfronterizos de planificación fiscal», el modelo 235 de «Declaración de información de actualización de determinados mecanismos transfronterizos comercializables» y el modelo 236 de «Declaración de información de la utilización de determinados mecanismos transfronterizos de planificación fiscal» (BOE núm. 72, de 22 de marzo de 2024).

[46]   Declaración incorporada por la Disposición Final Segunda de la Orden HAP/2455/2013, de 27 de diciembre (BOE núm. 313, de 31 de diciembre de 2013).

[47]   Modelo incorporado por la disposición final 2 de la Orden HAP/2118/2015, de 9 de octubre (BOE núm. 247, de 15 de octubre de 2015).

[48]   Orden HFP/1285/2023, de 28 de noviembre, por la que se aprueba el modelo 281, «Declaración informativa trimestral de operaciones de comercio de bienes corporales realizadas en la Zona Especial Canaria sin que las mercancías transiten por territorio canario» y se establecen las condiciones y el procedimiento para su presentación, y por la que se regulan los requisitos del «Libro registro de operaciones de comercio de bienes corporales realizadas en la Zona Especial Canaria sin que las mercancías transiten por territorio canario (BOE núm. 286, de 30 de noviembre de 2023).

[49]   Modelo incorporado por la Disp. Final primera.1 de la Orden HAP/296/2016, de 2 de marzo (BOE núm. 59, de 9 de marzo de 2016).

Modelo 283[50]. Declaración informativa anual de ayudas recibidas en el marco del Régimen fiscal especial de las Illes Balears.

Modelo 289[51]. Declaración informativa anual de cuentas financieras en el ámbito de la asistencia mutua.

Modelo 290[52]. Declaración informativa anual de cuentas financieras de determinadas personas estadounidenses.

Modelo 291. Declaración informativa de cuentas de no residentes.

Modelo 296. Impuesto sobre la Renta de No Residentes. No residentes sin establecimiento permanente. Declaración anual de retenciones e ingresos a cuenta.

Modelo 299. Declaración anual de determinadas rentas obtenidas por personas físicas residentes en otros Estados miembros de la Unión Europea y en otros países y territorios con los que se haya establecido un intercambio de información.

Modelo 318[53]. Impuesto sobre el Valor Añadido. Regularización de las proporciones de tributación de los períodos de liquidación anteriores al inicio de la realización habitual de entregas de bienes o prestaciones de servicios.

Modelo 340. Declaración informativa regulada en el artículo 36 del Reglamento General de las actuaciones y los procedimientos de gestión e inspección tributaria y de desarrollo de las normas comunes de los procedimientos de aplicación de los tributos.

Modelo 345. Declaración informativa anual de Planes de pensiones, sistemas alternativos, Mutualidades de Previsión Social, Planes de Previsión Asegurados, Planes Individuales de Ahorro Sistemático, Planes de Previsión Social Empresarial y Seguros de Dependencia.

Modelo 346. Resumen anual de subvenciones e indemnizaciones a agricultores o ganaderos.

Modelo 347. Declaración anual de operaciones con terceras personas.

Modelo 349. Declaración recapitulativa de operaciones intracomunitarias.

Modelo 390. Declaración-resumen anual del Impuesto sobre el Valor Añadido.

Modelo 480. Declaración-resumen anual del Impuesto sobre las Primas de Seguros.

Modelo 586[54]. Declaración recapitulativa de operaciones con gases fluorados de efecto invernadero.

---

[50] Incorporado por la Disp. Final Primera.1 de la Orden HAC/1031/2024, de 25 de septiembre, por la que se aprueba el modelo 283, «Declaración informativa anual de ayudas recibidas en el marco del Régimen Fiscal especial de las Illes Balears» y se determinan las condiciones y procedimiento para su presentación (BOE núm. 234, de 27 de septiembre de 2024).

[51] Modelo incorporado por la Disp. Final primera.1 de la Orden HAP HAP/1695/2016, de 25 de octubre (BOE núm. 260, de 27 de octubre de 2016).

[52] Modelo incorporado por la Disposición Final uno de la Orden HAP/1136/2014, de 30 de junio (BOE núm. 160, de 2 de julio de 2014).

[53] Modelo incorporado por la Disposición final primera de la Orden HAC/1270/2019, de 5 de noviembre (BOE núm. 314, de 31 de diciembre de 2019).

[54] Modelo incorporado por la disposición final 1 de la Orden HAP/369/2015, de 27 de febrero (BOE núm. 55, de 5 de marzo de 2015).

Modelo 611. Impuesto sobre Transmisiones Patrimoniales y Actos Jurídicos Documentados. Declaración Resumen Anual de los pagos en metálico del Impuesto que grava los documentos negociados por Entidades Colaboradoras.

Modelo 616. Impuesto sobre Transmisiones Patrimoniales y Actos Jurídicos Documentados. Declaración Resumen Anual de los pagos en metálico del Impuesto que grava la emisión de documentos que lleven aparejada acción cambiaria o sean endosables a la Orden.

Modelo 720. Declaración informativa sobre bienes y derechos situados en el extranjero.

Modelo 721[55]. Declaración informativa sobre monedas virtuales situadas en el extranjero.

4[56]. Las disposiciones de esta orden son también de aplicación a los siguientes modelos de declaración censal, comunicación o solicitud de devolución:

Modelo 030. Declaración censal de alta en el Censo de obligados tributarios, cambio de domicilio y/o de variación de datos personales.

Modelo 040.[57] Declaración censal de alta, modificación y baja en el Registro de operadores de plataforma extranjeros no cualificados y en el Registro de otros operadores de plataforma obligados a comunicar información.

Modelo 113[58]. Comunicación de datos relativos a las ganancias patrimoniales por cambio de residencia cuando se produzca a otro Estado miembro de la Unión Europea o del Espacio Económico Europeo con efectivo intercambio de información tributaria.

Modelo 121[59]. Impuesto sobre la Renta de las Personas Físicas. Deducciones por familia numerosa o por personas con discapacidad a cargo. Comunicación de la cesión del derecho a la deducción por contribuyentes no obligados a presentar declaración.

Modelo 140. Impuesto sobre la Renta de las Personas Físicas. Deducción por maternidad. Solicitud de abono anticipado y comunicación de variaciones.

---

[55] Incorporado por la Disp. Final primera de la Orden HFP/886/2023, de 26 de julio, por la que se aprueba el modelo 721 «Declaración informativa sobre monedas virtuales situadas en el extranjero», y se establecen las condiciones y el procedimiento para su presentación (BOE núm. 180, de 29 de julio de 2023).

[56] Nuevo apartado incorporado por el art. único.3 de la Orden HAP/2762/2015, de 15 de diciembre (BOE núm. 304, de 21 de diciembre de 2015).

[57] Incorporado por la Dispo. Final Primera 1 de la Orden HAC/72/2024, de 1 de febrero, por la que se aprueban el modelo 040 «Declaración censal de alta, modificación y baja en el registro de operadores de plataforma extranjeros no cualificados y en el registro de otros operadores de plataforma obligados a comunicar información» y el modelo 238 «Declaración informativa para la comunicación de información por parte de operadores de plataformas», y se establecen las condiciones y el procedimiento para su presentación (BOE» núm. 31, de 5 de febrero de 2024).

[58] Modelo incorporado por la disposición final 1 de la Orden HAP/2835/2015, de 28 de diciembre (BOE núm. 312, de 30 de diciembre de 2015).

[59] Modelo incorporado por la Disp. Final Primera de la Orden HFP/105/2017, de 6 de febrero (BOE núm. 35, de 10 de febrero de 2017).

Modelo 149[60]. Impuesto sobre la Renta de las Personas Físicas. Régimen especial aplicable a los trabajadores desplazados a territorio español. Comunicación de la opción, renuncia, exclusión, o fin del desplazamiento.

Modelo CCT[61]. Solicitud de inclusión y comunicación de renuncia al sistema de cuenta corriente en materia tributaria.

Modelo A22.[62] Impuesto especial sobre los envases de plástico no reutilizables. Solicitud de devolución.

Modelo A23[63]. Impuesto sobre los Gases Fluorados de Efecto Invernadero. Solicitud de devolución.

Modelo A24[64]. Impuesto sobre los Líquidos para Cigarrillos Electrónicos y otros Productos relacionados con el Tabaco. Solicitud de devolución por envíos dentro de la Unión Europea.

Artículo 2. *Formas de presentación de las autoliquidaciones*

La presentación de las autoliquidaciones podrá ser realizada de las siguientes formas:

a)[65] Presentación electrónica por Internet, la cual podrá ser efectuada mediante:

1.°[66] Un sistema de identificación, autenticación y firma electrónica utilizando un certificado electrónico reconocido emitido de acuerdo con las condiciones que establece la *Ley*

---

[60]   Modelo incorporado por la disposición final 2 de la Orden HAP/2783/2015, de 21 de diciembre (BOE núm. 306, de 23 de diciembre de 2015).

[61]   Incorporado por la disposición final 1 de la Orden HFP/1032/2021, de 29 de septiembre (BOE núm. 234, de 30 de septiembre de 2021), en vigore desde el 1 de octubre de 2021.

[62]   Incorporado por la Orden HFP/1314/2022, de 28 de diciembre, por la que se aprueban el modelo 592 «Impuesto especial sobre los envases de plástico no reutilizables. Autoliquidación» y el modelo A22 «Impuesto especial sobre los envases de plástico no reutilizables. Solicitud de devolución», se determinan la forma y procedimiento para su presentación, y se regulan la inscripción en el Registro territorial, la llevanza de la contabilidad y la presentación del libro registro de existencias (BOE núm. 313, de 30 de diciembre de 2022).

[63]   Modelo incorporado por al disp. final cuarta dos de la Orden HFP/826/2022, de 30 de agosto (BOE núm. 209, de 31 de agosto de 2022).

[64]   Modelo incorporado por la Disp. Final Primera de la Orden HAC/86/2025, de 13 de enero, por la que se aprueba el modelo 573 «Impuesto sobre los líquidos para cigarrillos electrónicos y otros productos relacionados con el tabaco. Autoliquidación» y el modelo A24 «Impuesto sobre los líquidos para cigarrillos electrónicos y otros productos relacionados con el tabaco. Solicitud de devolución por envíos dentro de la Unión Europea», se determina la forma y el procedimiento para su presentación, y se regula la inscripción en el Registro territorial de los contribuyentes del artículo 64 quinquies de la Ley de Impuestos Especiales (BOE núm. 27, de 31 de enero de 2025).

[65]   Nueva redacción de la letra a) dada por el art. único.1 de la Orden HAP/1846/2014, de 8 de octubre (BOE núm. 246, de 10 de octubre de 2014).

[66]   Nueva redacción del núm. 1.° de la letra a) dada por la Orden HFP/231/2018, de 6 de marzo (BOE núm. 59, de 8 de marzo de 2018).

59/2003, de 19 de diciembre, de Firma Electrónica[67] que, según la normativa vigente en cada momento, resulte admisible por la Agencia Estatal de Administración Tributaria.

2.º En el caso de obligados tributarios personas físicas, salvo que se trate de alguno de los supuestos señalados en el artículo 3.1 de esta Orden, también se podrá realizar la presentación mediante el sistema de firma con clave de acceso en un registro previo como usuario, establecido en el apartado primero.3.c) y desarrollado en el anexo III de la Resolución de 17 de noviembre de 2011 de la Presidencia de la Agencia Estatal de Administración Tributaria, por la que se aprueban sistemas de identificación y autenticación distintos de la firma electrónica avanzada para relacionarse electrónicamente con la citada Agencia Tributaria[68].

b)[69] Presentación mediante papel impreso generado exclusivamente mediante la utilización del servicio de impresión desarrollado a estos efectos por la Agencia Tributaria en su sede electrónica solo en el supuesto de los modelos de autoliquidación 111, 115, 122, 130, 131,136 y 309.

c)[70] Las declaraciones del modelo 100 «Impuesto sobre la Renta de las Personas Físicas» y del modelo 714 «Impuesto sobre el Patrimonio», también podrán presentarse electrónicamente por Internet mediante la consignación del Número de Identificación Fiscal (NIF) del

---

[67]   La referencia se entenderá realizadas a la Ley 6/2020, de 11 de noviembre, reguladora de determinados aspectos de los servicios electrónicos de confianza, de acuerdo con lo recogido en la Disp. Final Primera de Orden HAC/611/2021, de 16 de junio, por la que se aprueba el formulario 035 "Declaración de inicio, modificación o cese de operaciones comprendidas en los regímenes especiales aplicables a los sujetos pasivos que presten servicios a personas que no tengan la condición de sujetos pasivos o que realicen ventas a distancia de bienes o determinadas entregas nacionales de bienes" y se determinan la forma y procedimiento para su presentación (BOE núm. 145, de 18 de junio de 2021).

[68]   Por la Disp. Final Primera.4 de la Orden HAP/365/2016, de 17 de marzo (BOE núm. 70, de 22 de marzo de 2016), las referencias del apartado al "sistema de firma con clave de...", serán sustituidas por las siguientes: «Cl@ve, sistema de identificación, autenticación y firma electrónica común para todo el Sector Público Administrativo Estatal, regulado en la Orden PRE/1838/2014, que permite al ciudadano relacionarse electrónicamente con los servicios públicos mediante la utilización de claves concertadas, previo registro como usuario de la misma».

[69]   Nueva redacción de la letra b) dada por el art. 3 Orden HFP/1395/2021, de 9 de diciembre (BOE núm. 298, de 14 de diciembre de 2021), en vigor el 1 de enero de 2023, y se aplicará a las autoliquidaciones del modelo 303 correspondientes al ejercicio 2023 y siguientes.

Redacción anterior dada por la Disp. final primera de la Orden HAC/277/2019, de 4 de marzo (BOE núm. 62, de 13 de marzo de 2019).

Redacción anterior dada por la Disp. Final de la Orden HFP/105/2017, de 6 de febrero (BOE núm. 35m de 10 de febrero de 2017).

Redacción anterior dada por la Disp Final Primera.1 de la Orden HAP/365/2016, de 17 de marzo (BOE núm. 70, de 22 de marzo de 2016).

Redacción anterior dada por el art. único.4 de la Orden HAP/2762/2015, de 15 de diciembre, por la que se modifica la Orden HAP/2194/2013, de 22 de noviembre (BOE núm. 304, de 21 de diciembre de 2015).

[70]   Nueva redacción de la letra c) dada por la Disp Final Primera.2 de la Orden HAP/365/2016, de 17 de marzo (BOE núm. 70, de 22 de marzo de 2016).

obligado tributario u obligados tributarios y del número o números de referencia previamente solicitados a la Agencia Tributaria, según el procedimiento establecido en la Resolución de 17 de noviembre de 2011 de la Presidencia de la Agencia Estatal de Administración Tributaria, por la que se aprueban sistemas de identificación y autenticación distintos de la firma electrónica avanzada para relacionarse electrónicamente con la citada Agencia Tributaria, en el apartado primero.3.a) y desarrollado en el anexo I.

d)[71] En lo que se refiere al Impuesto sobre la Renta de las Personas Físicas, la presentación de la declaración también podrá realizarse a través de la confirmación del borrador de declaración de acuerdo con el procedimiento que se establezca en la Orden ministerial anual de aprobación del modelo del Impuesto sobre la Renta de las Personas Físicas.

Artículo 3[72]. *Autoliquidaciones de presentación electrónica obligatoria por Internet*
    1. La presentación electrónica por Internet establecida en el artículo 2.a)1.º de la presente Orden, basada en certificados electrónicos reconocidos, tendrá carácter obligatorio para aquellos obligados tributarios que tengan el carácter de Administración Pública, o bien se encuentren inscritos en el Registro de Grandes Empresas regulado en el apartado 5 del artículo 3 del Reglamento General de las actuaciones y los procedimientos de gestión e inspección tributaria y de desarrollo de las normas comunes de los procedimientos de aplicación de los Tributos, aprobado por el Real Decreto 1065/2007, de 27 de julio, bien estén adscritos a la Delegación Central de Grandes Contribuyentes o bien tengan la forma de sociedad anónima o sociedad de responsabilidad limitada[73].

A estos efectos tendrán el carácter de Administración Pública las entidades definidas en el apartado 2 del artículo 3 del texto refundido de la Ley de Contratos del Sector Público, aprobado por el Real Decreto Legislativo 3/2011, de 14 de noviembre.

Asimismo, la presentación electrónica por Internet establecida en el artículo 2.a)1.º de la presente Orden, basada en certificados electrónicos reconocidos, tendrá carácter obligatorio, en cualquier caso, en las autoliquidaciones del Impuesto sobre el Valor Añadido de aquellos obligados tributarios cuyo período de liquidación coincida con el mes natural, de acuerdo con lo establecido en los apartados 1.º, 2.º, 3.º y 4.º del artículo 71.3 del Reglamento del Impuesto sobre el Valor Añadido, aprobado por el Real Decreto 1624/1992,

---

[71]   Nueva redacción de la letra d) dada por la Disp. Final Primera de la Orden HFP/255/2017, de 21 de marzo (BOE núm. 70 de 23 de marzo de 2017).
    Redacción anterior dada por el art. único.1 de la Orden HAP/1846/2014, de 8 de octubre (BOE núm. 246, de 10 de octubre de 2014).
    Redacción anterior dada por la Disp. Final primera de la Orden HAP/455/2014, de 20 de marzo (BOE núm. 71, de 24 de marzo de 2014).
[72]   Nueva redacción del art. 3 dada por el art. único.2 de la Orden HAP/1846/2014, de 8 de octubre (BOE núm. 246, de 10 de octubre de 2014).
[73]   Nueva redacción del primer párrafo dada por la Disp. Final 1.2 de la Orden HFP/231/2018, de 6 de marzo (BOE núm. 59, de 8 de marzo de 2018).

de 29 de diciembre, y en el supuesto del Modelo 430 "Impuesto sobre primas de seguros. Declaración-Liquidación", cualquiera que sea el obligado a su presentación.

2. También tendrá carácter obligatorio la presentación electrónica por Internet, con cualquiera de los sistemas previstos en el artículo 2.a) y c) de esta Orden en la presentaciones correspondientes al Impuesto sobre la Renta de las Personas Físicas y al Impuesto sobre el Patrimonio a realizar por las personas físicas que deban realizar la declaración del Impuesto sobre el Patrimonio.

3. Los obligados tributarios que deban utilizar obligatoriamente la presentación electrónica de las autoliquidaciones por medio de alguno de los sistemas previstos en el artículo 2.a)1.º de la presente Orden no podrán utilizar otras formas de presentación electrónica, salvo que la Orden aprobatoria del correspondiente modelo de autoliquidación así lo disponga.

Artículo 4. *Presentación de las autoliquidaciones obtenidas en papel impreso del servicio de impresión de la Agencia Estatal de Administración Tributaria*

1. Cuando la autoliquidación se genere mediante la utilización del servicio de impresión desarrollado por la Agencia Tributaria en su Sede Electrónica, será necesaria la previa cumplimentación, bien de los respectivos formularios disponibles en la citada Sede, o bien de los modelos de declaración ajustados a los contenidos que hayan sido aprobados y que son obtenidos al utilizar un programa informático para la obtención del fichero con la autoliquidación a transmitir, que podrá ser el programa de ayuda para la presentación de la declaración desarrollado por la Agencia Tributaria, u otro que obtenga un fichero con el mismo formato e iguales características y especificaciones que aquél.

2. Serán de aplicación las siguientes disposiciones:

a) Será necesaria la conexión a Internet para poder obtener las autoliquidaciones impresas válidas para su presentación.

b) No será precisa la utilización de etiquetas identificativas, ya que el servicio de impresión genera el propio código de barras de la etiqueta con los datos identificativos del titular.

c) La confirmación de los datos incorporados a la declaración se producirá con la presentación de la correspondiente autoliquidación en los lugares señalados en los apartados 3, 4 y 5 de este artículo.

d) No se deberá ensobrar ni remitir a la Agencia Tributaria la autoliquidación cuando ésta se presente en una entidad colaboradora.

e) No producirán efectos ante la Agencia Tributaria las alteraciones o correcciones manuales de los datos impresos que figuran en las autoliquidaciones, salvo los que se refieran al Código Internacional de Cuenta Bancaria (IBAN) en el momento de la presentación en la entidad colaboradora.

No obstante, por motivos de seguridad, el dato del Número de Identificación Fiscal (NIF) del obligado tributario se deberá cumplimentar manualmente.

3. Si el resultado de la autoliquidación es a ingresar, su presentación e ingreso será realizada en cualquier entidad de depósito sita en territorio español que actúe como colaboradora en la gestión recaudatoria (Bancos, Cajas de Ahorros o Cooperativas de Crédito).

4. Si el resultado de la autoliquidación es una solicitud de devolución, la presentación de la autoliquidación se realizará en cualquier entidad de depósito sita en territorio español que actúe como colaboradora en la gestión recaudatoria (Bancos, Cajas de Ahorros o Cooperativas de Crédito) donde el obligado tributario desee recibir el importe de la devolución. Asimismo, podrá presentarse también en cualquier Delegación o Administración de la Agencia Tributaria.

No obstante lo anterior, cuando el obligado tributario solicite la devolución por transferencia bancaria en una cuenta abierta en entidad de crédito que no actúe como colaboradora en la gestión recaudatoria de la Agencia Tributaria, la autoliquidación deberá ser presentada en las oficinas de la Agencia Tributaria.

En el supuesto de que el obligado tributario no tenga cuenta abierta en entidad de depósito sita en territorio español, o concurra alguna otra circunstancia que lo justifique, se hará constar dicho extremo adjuntando a la solicitud escrito dirigido al titular de la Administración o Delegación de la Agencia Tributaria que corresponda, quien, a la vista del mismo y previas las pertinentes comprobaciones, podrá ordenar la realización de la devolución que proceda mediante la emisión de cheque nominativo del Banco de España. Asimismo, se podrá ordenar la realización de la devolución mediante la emisión de cheque cruzado o nominativo del Banco de España cuando ésta no pueda realizarse mediante transferencia bancaria.

5. En el supuesto de autoliquidaciones negativas, con resultado a compensar o en el supuesto de autoliquidaciones en las que se renuncie a la devolución a favor del Tesoro Público, las mismas se presentarán bien directamente ante cualquier Delegación o Administración de la Agencia Tributaria o por correo certificado dirigido a la Delegación o Administración de la Agencia Tributaria correspondiente al domicilio fiscal del obligado tributario.

Artículo 5[74]**.** *Suprimido*

Artículo 6. *Habilitación y condiciones generales para la presentación electrónica por Internet de las autoliquidaciones*

1. La presentación electrónica por Internet de las autoliquidaciones a través de la Sede electrónica de la Agencia Tributaria podrá ser efectuada:

a) Por los obligados tributarios o, en su caso, sus representantes legales.

b) Por aquellos representantes voluntarios de los obligados tributarios con poderes o facultades para presentar electrónicamente en nombre de los mismos declaraciones y autoli-

---

[74]   Art. 5 suprimido por la Disp Final. Primera.3 de la Orden HAP/365/2016, de 17 de marzo (BOE núm. 70, de 22 de marzo de 2016).
Redacción anterior dada por el art. único.3 de la Orden HAP/1846/2014, de 8 de octubre (BOE núm. 246, de 10 de octubre de 2014).

quidaciones ante la Agencia Tributaria o representarles ante ésta, en los términos establecidos en cada momento por la Dirección General de la Agencia Tributaria.

c) Por las personas o entidades que, según lo previsto en el artículo 92 de la Ley
58/2003, de 17 de diciembre, General Tributaria, ostenten la condición de colaboradores
sociales en la aplicación de los tributos y cumplan los requisitos y condiciones que, a tal
efecto, establezca la normativa vigente en cada momento.

2. La presentación electrónica por Internet de las autoliquidaciones a través de la
Sede electrónica de la Agencia Tributaria estará sujeta al cumplimiento de las siguientes
condiciones generales:

a) El obligado tributario deberá disponer de Número de Identificación Fiscal (NIF) y estar identificado, con carácter previo a la presentación, en el Censo de Obligados Tributarios a
que se refiere el artículo 3 del Reglamento General de las actuaciones y los procedimientos de
gestión e inspección tributaria y de desarrollo de las normas comunes de los procedimientos
de aplicación de los tributos, aprobado por el Real Decreto 1065/2007, de 27 de julio. Para
verificar el cumplimiento de este requisito el obligado tributario podrá acceder a la opción
«mis datos censales» disponible en la Sede electrónica de la Agencia Tributaria. En el caso
de declaración conjunta del Impuesto sobre la Renta de las Personas Físicas formulada por
ambos cónyuges, las circunstancias anteriores deberán concurrir en cada uno de ellos.

b)[75] Para efectuar la presentación electrónica por Internet de acuerdo con alguno de los
sistemas establecidos en el artículo 2.a)1.º de la presente Orden, basados en certificados
electrónicos reconocidos, el obligado tributario deberá disponer de un certificado electrónico, que podrá ser el asociado al Documento Nacional de Identidad electrónico (DNI-e) o
cualquier otro certificado electrónico reconocido que, según la normativa vigente en cada
momento, resulte admisible por la Agencia Tributaria.

Cuando la presentación electrónica se realice utilizando alguno de los sistemas establecidos en el artículo 2.a)1.º de la presente Orden, basados en certificados electrónicos
reconocidos, por apoderados o por colaboradores sociales debidamente autorizados, serán
éstos quienes deberán disponer de su certificado electrónico reconocido, en los términos
señalados en el párrafo anterior.

c) Para efectuar la presentación electrónica, el obligado tributario o, en su caso, el
presentador, deberá con carácter previo bien cumplimentar y transmitir los datos del formulario, ajustado a los contenidos de los modelos aprobados en las correspondientes órdenes
ministeriales, que estarán disponibles en la Sede electrónica de la Agencia Tributaria o bien
utilizar un programa informático para la obtención del fichero con la autoliquidación a transmitir, que podrá ser el programa de ayuda para la presentación de la declaración desarrollado

---

[75]   Nueva redacción de la letra b) dada por el art. único.4 de la Orden HAP/1846/2014, de 8 de octubre (BOE
núm. 246, de 10 de octubre de 2014).

por la Agencia Tributaria, u otro que obtenga un fichero con el mismo formato e iguales características y especificaciones que aquél.

3. La transmisión electrónica de las autoliquidaciones con resultado a ingresar, cuando no se opte por la domiciliación bancaria como medio de pago, deberá realizarse en la misma fecha en que tenga lugar el ingreso resultante de aquellas.

No obstante lo anterior, en el caso de que existan dificultades técnicas que impidan efectuar la transmisión electrónica en la misma fecha del ingreso, podrá realizarse dicha transmisión electrónica hasta el cuarto día natural siguiente al del ingreso. Ello no supondrá, en ningún caso, que queden alterados los plazos de declaración e ingreso previstos en las correspondientes órdenes ministeriales aprobatorias de los modelos de declaración.

4. En aquellos casos en que se detecten anomalías de tipo formal en la transmisión electrónica de las declaraciones, dicha circunstancia se pondrá en conocimiento del presentador de la declaración por el propio sistema mediante los correspondientes mensajes de error, para que proceda a su subsanación.

5. Excepcionalmente, la normativa propia de cada tributo podrá establecer condiciones para la presentación electrónica que sean complementarias de las recogidas en este artículo.

Artículo 7. *Procedimiento general para la presentación electrónica por Internet de las autoliquidaciones con resultado a ingresar, cuando el pago no se realice mediante domiciliación bancaria*

Tratándose de autoliquidaciones cuyo resultado sea una cantidad a ingresar y cuyo pago total (o bien el correspondiente al primer plazo, en caso de autoliquidaciones del Impuesto sobre la Renta de las Personas Físicas en que se opte por esta modalidad de fraccionamiento del pago) se efectúe por medio distinto a la domiciliación bancaria, el procedimiento a seguir para la presentación electrónica será el siguiente:

a) En primer lugar, el obligado tributario o, en su caso, el presentador, deberá ponerse en contacto con la Entidad colaboradora, ya sea por vía electrónica (directa o a través de la Sede electrónica de la Agencia Tributaria) o acudiendo a sus sucursales para realizar el pago de la cuota resultante y facilitar a dicha Entidad los datos siguientes:

1.º Número de Identificación Fiscal (NIF) del obligado tributario (9 caracteres).

2.º Período al que corresponde la presentación (2 caracteres):

1T, 2T, 3T y 4T: Presentaciones trimestrales.

01, 02, 03, 04, 05, 06, 07, 08, 09, 10, 11, 12: Presentaciones mensuales.

0A (cero A): Presentaciones anuales o no periódicas.

1P, 2P y 3P: Presentaciones de períodos diferentes a los anteriores.

3.º Ejercicio al que corresponde la presentación (4 caracteres).

4.º Código del modelo de la declaración/autoliquidación (3 caracteres).

5.º Tipo de autoliquidación («I»: Ingreso).

6.º Importe a ingresar, expresado en euros con dos decimales (deberá ser mayor que cero).

Opciones (en caso de autoliquidaciones del Impuesto sobre la Renta de las Personas Físicas):

Opción 1: No fracciona el pago.

Opción 2: Sí fracciona el pago y no domicilia el segundo plazo.

Opción 3: Sí fracciona el pago y sí domicilia el segundo plazo, en las condiciones establecidas en el artículo de la Orden aprobatoria del modelo.

Una vez realizado el ingreso, la Entidad colaboradora proporcionará al obligado tributario o al presentador el recibo-justificante de pago a que se refiere el apartado 3 del artículo 3 de la Orden EHA/2027/2007, de 28 de junio, por la que se desarrolla parcialmente el Real Decreto 939/2005, de 29 de julio, por el que se aprueba el Reglamento General de Recaudación, en relación con las entidades de crédito que actúan como colaboradoras en la gestión recaudatoria de la Agencia Tributaria.

En dicho recibo-justificante de pago, en todo caso, deberá figurar el Número de Referencia Completo (NRC) asignado por la entidad colaboradora al ingreso realizado.

b) Una vez efectuada la operación anterior, el obligado tributario o, en su caso, el presentador conectará con la Sede electrónica de la Agencia Tributaria y accederá al trámite de presentación correspondiente a la autoliquidación que desea transmitir.

Realizada dicha selección, cumplimentará el correspondiente formulario e introducirá el Número de Referencia Competo (NRC) proporcionado por la Entidad colaboradora.

No se requerirá la introducción del Número de Referencia Competo (NRC) en los siguientes casos:

– Cuando el obligado tributario se encuentre acogido al sistema de cuenta corriente en materia tributaria.

– Cuando el pago se efectúe en formalización por órganos de la Administración General del Estado.

La normativa propia de cada tributo podrá establecer otros supuestos en los que se exceptúe la introducción del Número de Referencia Competo (NRC).

c)[76] A continuación, procederá a transmitir la autoliquidación utilizando cualquiera de los sistemas establecidos en el artículo 2.a) de la presente Orden.

Si el presentador es colaborador social debidamente autorizado, será necesario realizar la presentación utilizando el sistema previsto en el artículo 2.a)1.º de la presente Orden, usando su propio certificado electrónico reconocido.

No obstante, en los supuestos de presentación de las autoliquidaciones mediante el sistema previsto en la letra c) del artículo 2 de esta Orden, el obligado tributario deberá ob-

---

[76]   Nueva redacción de la letra c) dada por el art. único.5 de la Orden HAP/1846/2014, de 8 de octubre (BOE núm. 246, de 10 de octubre de 2014).

tener el Número de Referencia Completo (NRC) de la entidad colaboradora de forma directa, por vía electrónica o bien acudiendo a sus oficinas, y proceder a transmitir la autoliquidación mediante la consignación del Número de Identificación Fiscal (NIF) del obligado tributario u obligados tributarios, el Número de Referencia Competo (NRC) y el número o números de referencia del borrador o de los datos fiscales previamente suministrados por la Agencia Tributaria.

d) Si la autoliquidación es aceptada, la Agencia Tributaria le devolverá en pantalla los datos de la autoliquidación con resultado a ingresar validados con un código seguro de verificación de 16 caracteres, además de la fecha y hora de la presentación.

e) En el supuesto de que la presentación fuese rechazada, se mostrará en pantalla la descripción de los errores detectados. En este caso, se deberá proceder a subsanar los mismos, bien en el formulario de entrada, bien con el programa de ayuda con el que se generó el fichero, o repitiendo la presentación si el error fuese ocasionado por otro motivo.

f) El obligado tributario o presentador deberá conservar la autoliquidación aceptada así como el documento de ingreso debidamente validados con el correspondiente código seguro de verificación.

Artículo 8[77]. *Procedimiento para la presentación electrónica de autoliquidaciones con resultado a ingresar, cuando el pago se realice mediante domiciliación bancaria*

Si se trata de autoliquidaciones a ingresar cuyo pago se pretende efectuar mediante domiciliación bancaria en una entidad de depósito colaboradora en la gestión recaudatoria de la Agencia Tributaria o en una entidad que no ostente la condición de colaboradora en

---

[77] Nueva redacción del art. 8 dada por el art. cuarto de la Orden HFP/1397/2023, de 26 de diciembre, por la que se modifican la Orden EHA/1274/2007, de 26 de abril, por la que se aprueban los modelos 036 de Declaración censal de alta, modificación y baja en el Censo de empresarios, profesionales y retenedores y 037 Declaración censal simplificada de alta, modificación y baja en el Censo de empresarios, profesionales y retenedores, la Orden EHA/3695/2007, de 13 de diciembre, por la que se aprueba el modelo 030 de Declaración censal de alta en el Censo de obligados tributarios, cambio de domicilio y/o variación de datos personales, la Orden EHA/3111/2009, de 5 de noviembre, por la que se aprueba el modelo 390 de declaración-resumen anual del Impuesto sobre el Valor Añadido, la Orden HAP/2194/2013, de 22 de noviembre, por la que se regulan los procedimientos y las condiciones generales para la presentación de determinadas autoliquidaciones, declaraciones informativas, declaraciones censales, comunicaciones y solicitudes de devolución, de naturaleza tributaria, así como las Órdenes por las que se aprueban los modelos 289 y 345 (BOE núm. 311, de 29 de diciembre de 2023).

Redacción anterior: «*Si se trata de autoliquidaciones a ingresar cuyo pago se pretende efectuar mediante domiciliación bancaria en una entidad de depósito colaboradora en la gestión recaudatoria de la Agencia Tributaria, el procedimiento de presentación electrónica será el siguiente:*

a) El obligado tributario o, en su caso, el presentador conectará con la Sede electrónica de la Agencia Tributaria y accederá al trámite de presentación correspondiente a la autoliquidación que desea transmitir.

Las personas o entidades que ostenten la condición de colaboradores sociales en la aplicación de los tributos podrán dar traslado por vía electrónica de las órdenes de domiciliación que previamente les hubieran comunicado los obligados tributarios en cuyo nombre actúan.

b) Una vez llevada a cabo dicha selección, se cumplimentará el formulario correspondiente consignando la orden de domiciliación y se introducirá el Código Internacional de Cuenta Bancaria (IBAN) de la cuenta en que se domicilie el pago, que, en todo caso, deberá reunir los requisitos establecidos en el artículo 2 de la Orden EHA/1658/2009, de 12 de junio, por la que se establecen el procedimiento y las condiciones para la domiciliación del pago de determinadas deudas cuya gestión tiene atribuida la Agencia Estatal de Administración Tributaria.

En todo caso, la orden de domiciliación deberá referirse al importe total que resulte a ingresar de la autoliquidación cuya presentación electrónica se está efectuando, sin perjuicio de las particularidades previstas en la Orden Ministerial de aprobación del modelo del Impuesto sobre la Renta de las Personas Físicas.

c) A continuación, procederá a transmitir la autoliquidación utilizando cualquiera de los sistemas establecidos en el artículo 2.a) de la presente Orden [redacción de la letra c) dada por el art. único.11 de la Orden HAP/1846/2014, de 8 de octubre (BOE núm. 246, de 10 de octubre de 2014)].

Si el presentador es colaborador social debidamente autorizado, será necesario realizar la presentación utilizando el sistema previsto en el artículo 2.a)1.º de la presente Orden, usando su propio certificado electrónico reconocido.

No obstante, en el supuesto de presentación de las autoliquidaciones mediante el sistema previsto en el artículo 2.c) de la presente Orden, el obligado tributario procederá a transmitir la autoliquidación mediante la consignación del Número de Identificación Fiscal (NIF) del obligado tributario u obligados tributarios y el correspondiente número o números de referencia del borrador o de los datos fiscales previamente suministrados por la Agencia Tributaria.

d) Si la autoliquidación con orden de domiciliación es aceptada, la Agencia Tributaria, devolverá en pantalla los datos de la misma y la codificación de la cuenta de domiciliación validada con un código seguro de verificación, además de la fecha y hora de la presentación.

El obligado tributario o el presentador deberán conservar la declaración aceptada y validada con el mencionado código electrónico.

e) En caso de que la presentación con orden de domiciliación fuera rechazada, se mostrará en pantalla la descripción de los errores detectados con el fin de que se pueda llevar a cabo la posterior subsanación de los mismos con el programa de ayuda con el que se generó el fichero, o en el formulario de entrada, o repitiendo la presentación si el error se hubiese originado por otras causas.

f) La Agencia Tributaria comunicará las órdenes de domiciliación de los obligados tributarios a las diferentes Entidades colaboradoras, las cuales procederán a cargar en cuenta el importe domiciliado el último día del plazo de ingreso en periodo voluntario o a abonarlo en la cuenta restringida que corresponda.

Una vez efectuado el adeudo de la domiciliación, la Entidad colaboradora remitirá al obligado tributario el recibo-justificante del pago realizado, de acuerdo con las especificaciones recogidas en el apartado 2 del artículo 3 de la Orden EHA/2027/2007, de 28 de junio, por la que se desarrolla parcialmente el Real Decreto 939/2005, de 29 de julio, por el que se aprueba el Reglamento General de Recaudación, en relación con las Entidades de crédito que actúan como colaboradoras en la gestión recaudatoria de la Agencia Tributaria.

g) De acuerdo con el procedimiento y en los plazos previstos en los apartados 3 y 4 del artículo 3 de la Orden EHA/1658/2009, de 12 de junio, por la que se establece el procedimiento y condiciones para la domiciliación del pago de determinadas deudas cuya gestión tiene atribuida la Agencia Tributaria, los obligados tributarios podrán rectificar o revocar las órdenes de domiciliación previamente trasmitidas al presentar electrónicamente autoliquidaciones con resultado a ingresar.

Asimismo, y en los términos y condiciones previstos en el apartado 5 del precepto anterior, los obligados tributarios podrán rehabilitar órdenes de domiciliación previamente revocadas por ellos».

la gestión recaudatoria estatal que se encuentre dentro de la Zona Única de Pagos en Euros (Zona SEPA), el procedimiento de presentación electrónica será el siguiente:

a) El obligado tributario o, en su caso, el presentador conectará con la Sede electrónica de la Agencia Tributaria y accederá al trámite de presentación correspondiente a la autoliquidación que desea transmitir.

Las personas o entidades que ostenten la condición de colaboradores sociales en la aplicación de los tributos podrán dar traslado por vía electrónica de las órdenes de domiciliación que previamente les hubieran comunicado los obligados tributarios en cuyo nombre actúan.

b) Una vez llevada a cabo dicha selección, se cumplimentará el formulario correspondiente consignando la orden de domiciliación y se introducirá el Código Internacional de Cuenta Bancaria (IBAN) de la cuenta en que se domicilie el pago, que, en todo caso, deberá reunir los requisitos establecidos en el artículo 2 de la Orden EHA/1658/2009, de 12 de junio, por la que se establecen el procedimiento y las condiciones para la domiciliación del pago de determinadas deudas cuya gestión tiene atribuida la Agencia Estatal de Administración Tributaria.

En todo caso, la orden de domiciliación deberá referirse al importe total que resulte a ingresar de la autoliquidación cuya presentación electrónica se está efectuando, sin perjuicio de las particularidades previstas en la Orden Ministerial de aprobación del modelo del Impuesto sobre la Renta de las Personas Físicas, así como, en el caso de domiciliaciones en entidad que no ostente la condición de colaboradora en la gestión recaudatoria estatal que se encuentre dentro de la Zona Única de Pagos en Euros (Zona SEPA), de las posibles comisiones y gastos bancarios previstos en la Orden EHA/1658/2009, de 12 de junio.

c) A continuación, procederá a transmitir la autoliquidación utilizando cualquiera de los sistemas establecidos en el artículo 2.a) de la presente orden.

Si el presentador es colaborador social debidamente autorizado, será necesario realizar la presentación utilizando el sistema previsto en el artículo 2.a)1.º de la presente orden, usando su propio certificado electrónico reconocido.

No obstante, en el supuesto de presentación de las autoliquidaciones mediante el sistema previsto en el artículo 2.c) de la presente orden, el obligado tributario procederá a transmitir la autoliquidación mediante la consignación del número de identificación fiscal (NIF) del obligado tributario u obligados tributarios y el correspondiente número o números de referencia del borrador o de los datos fiscales previamente suministrados por la Agencia Tributaria.

d) Si la autoliquidación con orden de domiciliación es aceptada, la Agencia Tributaria, devolverá en pantalla los datos de la misma y la codificación de la cuenta de domiciliación validada con un código seguro de verificación, además de la fecha y hora de la presentación.

El obligado tributario o el presentador deberán conservar la declaración aceptada y validada con el mencionado código electrónico.

e) En caso de que la presentación con orden de domiciliación fuera rechazada, se mostrará en pantalla la descripción de los errores detectados con el fin de que se pueda llevar a cabo la posterior subsanación de los mismos con el programa de ayuda con el que se generó el fichero, o en el formulario de entrada, o repitiendo la presentación si el error se hubiese originado por otras causas.

f) De acuerdo con el procedimiento y en los plazos previstos en los apartados 3 y 4 del artículo 3 de la Orden EHA/1658/2009, de 12 de junio, por la que se establece el procedimiento y condiciones para la domiciliación del pago de determinadas deudas cuya gestión tiene atribuida la Agencia Tributaria, los obligados tributarios podrán rectificar o revocar las órdenes de domiciliación previamente trasmitidas al presentar electrónicamente autoliquidaciones con resultado a ingresar.

Asimismo, y en los términos y condiciones previstos en el apartado 5 del precepto anterior, los obligados tributarios podrán rehabilitar órdenes de domiciliación previamente revocadas por ellos.

g) Efectuada la presentación, la gestión de la orden de domiciliación se regirá por lo dispuesto en la Orden EHA/1658/2009, de 12 de junio, por la que se establecen el procedimiento y las condiciones para la domiciliación del pago de determinadas deudas a través de las entidades de crédito que prestan el servicio de colaboración en la gestión recaudatoria de la Agencia Estatal de Administración Tributaria.

Artículo 9. *Procedimiento para la presentación electrónica de autoliquidaciones con resultado a ingresar, con solicitud de aplazamiento o fraccionamiento, compensación o con reconocimiento de deuda*

1. Con ingreso parcial de la deuda. En los casos de autoliquidaciones con resultado a ingresar en las que el obligado tributario pretenda efectuar el pago de una parte de la deuda total y, al tiempo, solicitar la compensación, el aplazamiento o fraccionamiento o bien simplemente reconocer la deuda por el resto del importe a ingresar, el procedimiento de presentación electrónica de la declaración o autoliquidación será el siguiente:

a) En primer lugar, el obligado tributario o, en su caso, el presentador deberá ponerse en contacto con la Entidad colaboradora, ya sea por vía electrónica (directa o a través de la Sede electrónica de la Agencia Tributaria) o acudiendo a sus sucursales para realizar el pago parcial de la cuota resultante y facilitar a dicha Entidad los datos siguientes:

1.º Número de Identificación Fiscal (NIF) del obligado tributario (9 caracteres).

2.º Período al que corresponde la presentación (2 caracteres):

1T, 2T, 3T y 4T: Presentaciones trimestrales.

01, 02, 03, 04, 05, 06, 07, 08, 09, 10, 11, 12: Presentaciones mensuales.

0A (cero A): Presentaciones anuales o no periódicas.

1P, 2P y 3P: Presentaciones de períodos diferentes a los anteriores.

3.º Ejercicio al que corresponde la presentación (4 caracteres).

4.º Código del modelo de la declaración/autoliquidación (3 caracteres).

5.º Tipo de autoliquidación («I»: Ingreso).

6.º Importe a ingresar, expresado en euros con dos decimales (deberá ser mayor que cero e inferior a la cuota total resultante de la declaración o autoliquidación).

Una vez realizado el ingreso, la Entidad colaboradora proporcionará al obligado tributario o al presentador el recibo-justificante de pago a que se refiere el apartado 3 del artículo 3 de la Orden EHA/2027/2007, de 28 de junio, por la que se desarrolla parcialmente el Real Decreto 939/2005, de 29 de julio, por el que se aprueba el Reglamento General de Recaudación, en relación con las Entidades de crédito que actúan como colaboradoras en la gestión recaudatoria de la Agencia Tributaria.

En dicho recibo-justificante de pago, en todo caso, deberá figurar el Número de Referencia Completo (NRC) asignado por la Entidad colaboradora al ingreso realizado.

b) Una vez efectuada la operación anterior, el obligado tributario o, en su caso, el presentador conectará con la Sede electrónica de la Agencia Tributaria y accederá al trámite de presentación correspondiente a la autoliquidación que desea transmitir.

Realizada dicha selección, introducirá el Número de Referencia Competo (NRC) proporcionado por la Entidad colaboradora y cumplimentará el correspondiente formulario haciendo constar, además, la opción u opciones que ejercerá posteriormente respecto de la cantidad no ingresada.

En ningún caso podrán simultanearse las opciones de aplazamiento o fraccionamiento y la de simple reconocimiento de deuda.

c)[78] A continuación, se procederá a transmitir la autoliquidación con cualquiera de los sistemas establecidos en el artículo 2.a) de la presente Orden.

Si el presentador es colaborador social debidamente autorizado, será necesario realizar la presentación mediante el sistema previsto en el artículo 2.a)1.º de esta Orden, usando su propio certificado electrónico reconocido.

No obstante, en el supuesto de presentación de las autoliquidaciones mediante el sistema previsto en el artículo 2.c) de la presente Orden, el obligado tributario deberá obtener el Número de Referencia Completo (NRC) correspondiente al ingreso parcial realizado de la entidad colaboradora de forma directa, por vía electrónica o bien acudiendo a sus oficinas y proceder a transmitir la autoliquidación mediante la consignación del Número de Identificación Fiscal (NIF) del obligado tributario u obligados tributarios, el Número de Referencia Completo (NRC) y el correspondiente número o números de referencia del borrador o de los datos fiscales previamente suministrados por la Agencia Tributaria.

---

[78] Nueva redacción de la letra c) dada por el art. único.7 de la Orden HAP/1846/2014, de 8 de octubre (BOE núm. 246, de 10 de octubre de 2014).

d) Si la autoliquidación es aceptada, la Agencia Tributaria, a través de su Sede Electrónica, devolverá en pantalla la declaración validada con un código seguro de verificación, la fecha y hora de la presentación y una clave de liquidación de diecisiete caracteres.

Con dicha clave podrá solicitarse electrónicamente compensación, aplazamiento o fraccionamiento del importe no ingresado, en el mismo momento de su obtención, o en un momento posterior, a través del procedimiento habilitado al efecto en la Sede electrónica de la Agencia Tributaria.

El obligado tributario o el presentador deberán conservar la declaración aceptada y validada con el código electrónico anteriormente citado.

En ningún caso, la presentación electrónica de la declaración o autoliquidación tendrá, por sí misma, la consideración de solicitud de compensación, aplazamiento o fraccionamiento de deuda. Por ello, una vez terminada dicha presentación, el obligado tributario deberá presentar ante la Agencia Tributaria, por cualquiera de los medios previstos al efecto, la correspondiente solicitud de compensación, aplazamiento o fraccionamiento, a la que será de aplicación lo previsto en los artículos 71 y siguientes de la Ley 58/2003, de 17 de diciembre, General Tributaria y 55 y siguientes del Reglamento General de Recaudación, aprobado por el Real Decreto 939/2005, de 29 de julio, y en los artículos 65 de la Ley General Tributaria y 44 y siguientes del Reglamento General de Recaudación, respectivamente.

e) En el supuesto de que la presentación fuese rechazada, se mostrará en pantalla la descripción de los errores detectados. En estos casos, se deberá proceder a subsanar los mismos con el programa de ayuda con el que se generó el fichero o en el formulario de entrada o repitiendo la presentación si el error fuese originado por otro motivo.

2. Sin ingreso. En los casos de autoliquidaciones con resultado a ingresar en las que el obligado tributario pretenda solicitar la compensación, el aplazamiento o fraccionamiento o bien simplemente reconocer la totalidad de la deuda resultante, el procedimiento de presentación electrónica de la declaración o autoliquidación será el siguiente:

a) El obligado tributario o, en su caso, el presentador conectará con la Sede electrónica de la Agencia Tributaria y accederá al trámite de presentación correspondiente a autoliquidación que desea transmitir.

Realizada dicha selección, cumplimentará el correspondiente formulario haciendo constar, además, la opción u opciones que ejercerá posteriormente respecto de la cantidad no ingresada.

En ningún caso podrán simultanearse las opciones de aplazamiento o fraccionamiento y la de simple reconocimiento de deuda.

b)[79] A continuación, se procederá a transmitir la autoliquidación con cualquiera de los sistemas establecidos en el artículo 2.a) de la presente Orden.

---

[79]   Nueva redacción de la letra b) dada por el art. único.8 de la Orden HAP/1846/2014, de 8 de octubre (BOE núm. 246, de 10 de octubre de 2014).

Si el presentador es colaborador social debidamente autorizado, será necesario realizar la presentación mediante el sistema previsto en el artículo 2.a)1.º de esta Orden, usando su propio certificado electrónico reconocido.

No obstante, en el supuesto de presentación de las autoliquidaciones mediante el sistema previsto en el artículo 2.c) de la presente Orden, el obligado tributario procederá a transmitir la autoliquidación mediante la consignación del Número de Identificación Fiscal (NIF) del obligado tributario u obligados tributarios y el correspondiente número o números de referencia del borrador o de los datos fiscales previamente suministrados por la Agencia Tributaria.

c) Si la autoliquidación es aceptada, la Agencia Tributaria, a través de su Sede Electrónica, devolverá en pantalla la declaración validada con un código seguro de verificación, la fecha y hora de la presentación y una clave de liquidación de dieciséis caracteres.

Con dicha clave podrá solicitarse por vía electrónica compensación, aplazamiento o fraccionamiento del importe total de la declaración o autoliquidación, en el mismo momento de su obtención, o en un momento posterior, a través del procedimiento habilitado al efecto en la Sede electrónica de la Agencia Tributaria.

El obligado tributario o el presentador deberán conservar la declaración aceptada y validada con el código electrónico anteriormente citado.

En ningún caso, la presentación electrónica de la autoliquidación tendrá, por sí misma, la consideración de solicitud de compensación, aplazamiento o fraccionamiento de deuda. Por ello, una vez terminada dicha presentación, el obligado tributario deberá presentar ante la Agencia Tributaria, por cualquiera de los medios previstos al efecto, la correspondiente solicitud de compensación, aplazamiento o fraccionamiento, a la que será de aplicación lo previsto en los artículos 71 y siguientes de la Ley 58/2003, de 17 de diciembre, General Tributaria y 55 y siguientes del Reglamento General de Recaudación, aprobado por el Real Decreto 939/2005, de 29 de julio, y en los artículos 65 de la Ley General Tributaria y 44 y siguientes del Reglamento General de Recaudación, respectivamente.

d) En el supuesto de que la presentación fuese rechazada, se mostrará en pantalla la descripción de los errores detectados. En estos casos, se deberá proceder a subsanar los mismos con el programa de ayuda con el que se generó el fichero o en el formulario de entrada o repitiendo la presentación si el error fuese originado por otro motivo.

Artículo 10. *Procedimiento para la presentación electrónica de autoliquidaciones con resultado a ingresar, con solicitud de pago mediante entrega de bienes del Patrimonio Histórico Español*

1. Con ingreso parcial de la deuda. En los casos de autoliquidaciones con resultado a ingresar en las que el obligado tributario, conforme a la normativa aplicable, pretenda efectuar el ingreso de una parte de la deuda total y, al tiempo, solicitar la realización del

pago de la parte restante mediante la entrega de bienes del Patrimonio Histórico Español, el procedimiento de presentación electrónica de la autoliquidación será el siguiente:

a) En primer lugar, el obligado tributario o, en su caso, el presentador deberá ponerse en contacto con la Entidad colaboradora, ya sea por vía electrónica (directa o a través de la Sede electrónica de la Agencia Tributaria) o acudiendo a sus sucursales para realizar el pago parcial de la cuota resultante y facilitar a dicha Entidad los datos siguientes:

1.º Número de Identificación Fiscal (NIF) del obligado tributario (9 caracteres).

2.º Período al que corresponde la presentación (2 caracteres):

1T, 2T, 3T y 4T: Presentaciones trimestrales.

01, 02, 03, 04, 05, 06, 07, 08, 09, 10, 11, 12: Presentaciones mensuales.

0A (cero A): Presentaciones anuales o no periódicas.

1P, 2P y 3P: Presentaciones de períodos diferentes a los anteriores.

3.º Ejercicio al que corresponde la presentación (4 caracteres).

4.º Código del modelo de la declaración/autoliquidación (3 caracteres).

5.º Tipo de autoliquidación («I»: Ingreso).

6.º Importe a ingresar, expresado en euros con dos decimales (deberá ser mayor que cero e inferior a la cuota total resultante de la declaración o autoliquidación).

Una vez realizado el ingreso, la Entidad colaboradora proporcionará al obligado tributario o al presentador el recibo-justificante de pago a que se refiere el apartado 3 del artículo 3 de la Orden EHA/2027/2007, de 28 de junio, por la que se desarrolla parcialmente el Real Decreto 939/2005, de 29 de julio, por el que se aprueba el Reglamento General de Recaudación, en relación con las Entidades de crédito que actúan como colaboradoras en la gestión recaudatoria de la Agencia Tributaria.

En dicho recibo-justificante de pago, en todo caso, deberá figurar el Número de Referencia Completo (NRC) asignado por la Entidad colaboradora al ingreso realizado.

b) Una vez efectuada la operación anterior, el obligado tributario o, en su caso, el presentador conectará con la Sede electrónica de la Agencia Tributaria y accederá al trámite de presentación correspondiente a la autoliquidación que desea transmitir.

Realizada dicha selección, introducirá el Número de Referencia Competo (NRC) proporcionado por la Entidad colaboradora y cumplimentará el correspondiente formulario haciendo constar, además, su intención de optar por el pago mediante la entrega de bienes del Patrimonio Histórico Español.

c)[80] A continuación, se procederá a transmitir la autoliquidación con cualquiera de los sistemas establecidos en el artículo 2.a) de la presente Orden.

---

[80]   Nueva redacción de la letra c) dada por el art. único.9 de la Orden HAP/1846/2014, de 8 de octubre (BOE núm. 246, de 10 de octubre de 2014).

Si el presentador es colaborador social debidamente autorizado, será necesario realizar la presentación mediante el sistema previsto en el artículo 2.a)1.º de esta Orden, usando su propio certificado electrónico reconocido.

No obstante, en el supuesto de presentación de las autoliquidaciones mediante el sistema previsto en el artículo 2.c) de la presente Orden, el obligado tributario deberá obtener el Número de Referencia Completo (NRC) correspondiente al ingreso parcial realizado de la entidad colaboradora de forma directa, por vía electrónica o bien acudiendo a sus oficinas y proceder a transmitir la autoliquidación mediante la consignación del Número de Identificación Fiscal (NIF) del obligado tributario u obligados tributarios, el Número de Referencia Completo (NRC) y el correspondiente número o números de referencia del borrador o de los datos fiscales previamente suministrados por la Agencia Tributaria.

d) Si la autoliquidación es aceptada, la Agencia Tributaria, a través de su Sede Electrónica, devolverá en pantalla los datos de la misma validados con un código seguro de verificación, la fecha y hora de la presentación y una clave de liquidación de diecisiete caracteres.

Con dicha clave podrá solicitarse la realización del pago del importe no ingresado mediante la entrega de bienes del Patrimonio Histórico Español, en el mismo momento de su obtención, o en un momento posterior, a través del procedimiento o servicio habilitado al efecto en la Sede electrónica de la Agencia Tributaria.

El obligado tributario o el presentador deberán conservar la autoliquidación aceptada y validada con el código electrónico anteriormente citado.

En ningún caso, la presentación electrónica de la autoliquidación tendrá, por sí misma, la consideración de solicitud de pago mediante la entrega de bienes del Patrimonio Histórico Español. Por ello, una vez terminada dicha presentación, el obligado tributario deberá presentar ante la Agencia Tributaria, por cualquiera de los medios previstos al efecto, la correspondiente solicitud de pago con bienes del Patrimonio Histórico Español, a la que será de aplicación lo previsto en el artículo 40 del Reglamento General de Recaudación, aprobado por el Real Decreto 939/2005, de 29 de julio.

e) En el supuesto de que la presentación fuese rechazada, se mostrará en pantalla la descripción de los errores detectados. En estos casos, se deberá proceder a subsanar los mismos con el programa de ayuda con el que se generó el fichero o en el formulario de entrada o repitiendo la presentación si el error fuese originado por otro motivo.

2. Sin ingreso en efectivo. En los casos de autoliquidaciones con resultado a ingresar en las que el obligado tributario, conforme a la normativa aplicable, pretenda solicitar la realización del pago de la deuda resultante mediante la entrega de bienes del Patrimonio Histórico Español, el procedimiento de presentación electrónica de la autoliquidación será el siguiente:

a) El obligado tributario o, en su caso, el presentador conectará con la Sede electrónica de la Agencia Tributaria y accederá al trámite de presentación correspondiente a la autoliquidación que desea transmitir.

Orden HAP/2194/2013, de 22 de noviembre

Realizada dicha selección, cumplimentará el correspondiente formulario haciendo constar, además, la opción de pago mediante la entrega de bienes del Patrimonio Histórico Español.

b)[81] A continuación, se procederá a transmitir la autoliquidación con cualquiera de los sistemas establecidos en el artículo 2.a) de la presente Orden.

Si el presentador es colaborador social debidamente autorizado, será necesario realizar la presentación mediante el sistema previsto en el artículo 2.a)1.º de esta Orden, usando su propio certificado electrónico reconocido.

No obstante, en el supuesto de presentación de las autoliquidaciones mediante el sistema previsto en el artículo 2.c) de la presente Orden, el obligado tributario procederá a transmitir la autoliquidación mediante la consignación del Número de Identificación Fiscal (NIF) del obligado tributario u obligados tributarios y el correspondiente número o números de referencia del borrador o de los datos fiscales previamente suministrados por la Agencia Tributaria.

c) Si la autoliquidación es aceptada, la Agencia Tributaria, a través de su Sede Electrónica, devolverá en pantalla los datos de la misma validados con un código seguro de verificación, la fecha y hora de la presentación y una clave de liquidación de diecisiete caracteres.

Con dicha clave podrá solicitarse la realización del pago mediante la entrega de bienes del Patrimonio Histórico Español, en el mismo momento de su obtención, o en un momento posterior, a través del procedimiento o servicio habilitado al efecto en la Sede electrónica de la Agencia Tributaria.

El obligado tributario o el presentador deberán conservar la autoliquidación aceptada y validada con el código electrónico anteriormente citado.

En ningún caso, la presentación electrónica de la declaración o autoliquidación tendrá, por sí misma, la consideración de solicitud de pago mediante la entrega de bienes del Patrimonio Histórico Español. Por ello, una vez terminada dicha presentación, el obligado tributario deberá presentar ante la Agencia Tributaria, por cualquiera de los medios previstos al efecto, la correspondiente solicitud de pago con bienes del Patrimonio Histórico Español, a la que será de aplicación lo previsto en el artículo 40 del Reglamento General de Recaudación, aprobado por el Real Decreto 939/2005, de 29 de julio.

d) En el supuesto de que la presentación fuese rechazada, se mostrará en pantalla la descripción de los errores detectados. En estos casos, se deberá proceder a subsanar los mismos con el programa de ayuda con el que se generó el fichero o en el formulario de entrada o repitiendo la presentación si el error fuese originado por otro motivo.

---

[81] Nueva redacción de la letra b) dada por el art. único.10 de la Orden HAP/1846/2014, de 8 de octubre (BOE núm. 246, de 10 de octubre de 2014).

Artículo 11. *Procedimiento para la presentación electrónica de autoliquidaciones con resultado a devolver, a compensar o negativas*

Tratándose de autoliquidaciones con resultado a devolver (tanto con solicitud de devolución como con renuncia a la misma), a compensar o negativas, el procedimiento a seguir para la presentación electrónica será el siguiente:

a) El obligado tributario o, en su caso, el presentador conectará con la Sede electrónica de la Agencia Tributaria y accederá al trámite de presentación relativo a la autoliquidación que desea transmitir y seguidamente cumplimentará el formulario que corresponda.

b)[82] A continuación, se procederá a transmitir la autoliquidación con cualquiera de los sistemas establecidos en el artículo 2.a) de la presente Orden.

Si el presentador es colaborador social debidamente autorizado, será necesario realizar la presentación mediante el sistema previsto en el artículo 2.a)1.º de esta Orden, usando su propio certificado electrónico reconocido.

No obstante, en el supuesto de presentación de las autoliquidaciones mediante el sistema previsto en el artículo 2.c) de la presente Orden, el obligado tributario procederá a transmitir la autoliquidación mediante la consignación del Número de Identificación Fiscal (NIF) del obligado tributario u obligados tributarios y el correspondiente número o números de referencia del borrador o de los datos fiscales previamente suministrados por la Agencia Tributaria.

c) Si la autoliquidación es aceptada, la Agencia Tributaria, devolverá en pantalla los datos de la misma validados con un código seguro de verificación, la fecha y la hora de la presentación. Tratándose de declaraciones o autoliquidaciones con resultado a devolver en las que el obligado tributario hubiera optado por percibir la devolución mediante transferencia, se incluirá la codificación de la cuenta designada a tal efecto.

El obligado tributario o el presentador deberán conservar la autoliquidación aceptada y validada con el mencionado código electrónico.

d) En caso de que la presentación fuera rechazada, se mostrará en pantalla la descripción de los errores detectados con el fin de que se pueda llevar a cabo la posterior subsanación de los mismos con el programa de ayuda con el que se generó el fichero, o en el formulario de entrada, o repitiendo la presentación si el error se hubiese originado por otras causas.

Artículo 12. *Formas de presentación de las declaraciones informativas*

La presentación de las declaraciones informativas podrá ser realizada de las siguientes formas:

---

[82]   Nueva redacción de la letra b) dada por el art. único.11 de la Orden HAP/1846/2014, de 8 de octubre (BOE núm. 246, de 10 de octubre de 2014).

a)[83] Presentación electrónica por Internet, la cual podrá ser efectuada mediante:

1.º[84] Un sistema de identificación, autenticación y firma electrónica utilizando un certificado electrónico reconocido emitido de acuerdo con las condiciones que establece la *Ley 59/2003, de 19 de diciembre, de Firma Electrónica*[85] que, según la normativa vigente en cada momento, resulte admisible por la Agencia Estatal de Administración Tributaria.

2.º[86] En el caso de obligados tributarios personas físicas y para los modelos 038, 179, 180, 182, 187, 188, 190, 193, 198, 231, 233, 234, 235, 236, 238, 239, 282, 283, 296, 318, 345, 347, 349, 390, 720 y 721 salvo en los supuestos señalados en el artículo 13.1 de esta orden, también se podrá realizar la presentación mediante el sistema Cl@ve, sistema de identificación, autenticación y firma electrónica común para todo el Sector Público Administrativo Estatal, regulado en la Orden PRE/1838/2014, que permite al ciudadano relacionarse electrónicamente con los servicios públicos mediante la utilización de claves concertadas, previo registro como usuario de la misma.

b)[87] .

c)[88] .

---

[83]   Nueva redacción de la letra a) dada por el art. único.12 de la Orden HAP/1846/2014, de 8 de octubre (BOE núm. 246, de 10 de octubre de 2014).

[84]   Nueva redacción del núm. 1.º de la letra a) dada por la disp. final uno.3 de la Orden HFP/231/2018, de 6 de marzo (BOE núm. 59, de 8 de marzo de 2018).

[85]   La referencia se entenderá realizadas a la Ley 6/2020, de 11 de noviembre, reguladora de determinados aspectos de los servicios electrónicos de confianza, de acuerdo con lo recogido en la Disp. Final Primera de Orden HAC/611/2021, de 16 de junio (BOE núm. 145, de 18 de junio de 2021).

[86]   Nueva redacción dada por la Disp. Final Primera.2 de la Orden HAC/1031/2024, de 25 de septiembre, por la que se aprueba el modelo 283, «Declaración informativa anual de ayudas recibidas en el marco del Régimen Fiscal especial de las Illes Balears» y se determinan las condiciones y procedimiento para su presentación (BOE núm. 234, de 27 de septiembre de 2024).

Redacción anterior dada por la Disp. Final Primera de la Orden HAC/495/2024, de 21 de mayo (BOE» núm. 128, de 27 de mayo de 2024).

Redacción anterior dada por la Disposición final Primera.Dos de la Orden HAC/612/2021, de 16 de junio (BOE núm. 145, de 18 de junio de 2021).

Redacción anterior dada por la Disp. Final Primera Dos de la Orden HAC/342/2021, de 12 de abril (BOE núm. 88, de 13 de abril de 2021), en vigor desde el día 14 de abril de 2021.

Redacción anterior dada por la disposición final 1.2 de la Orden HAC/1270/2019, de 5 de noviembre (BOE núm. 314, de 31 de diciembre de 2019).

[87]   Letra b) suprimida por el art. 2.1 de la Orden HAC/1274/2019, de 18 de diciembre (BOE núm. núm. 314, de 31 de diciembre de 2019).

Redacción anterior dada de la letra b) dada por el art. único.12 de la Orden HAP/1846/2014, de 8 de octubre (BOE núm. 246, de 10 de octubre de 2014).

[88]   Letra c) suprimida por la disp. final uno.4 de la Orden HFP/231/2018, de 6 de marzo (BOE núm. 59, de 8 de marzo de 2018).

Artículo 13[89]. *Declaraciones informativas de presentación electrónica obligatoria por Internet*

1. La presentación electrónica por Internet utilizando alguno de los sistemas previstos en el artículo 12.a)1.º, basada en certificados electrónicos reconocidos, tendrá carácter obligatorio, para todas las declaraciones informativas de aquellos obligados tributarios que, bien tengan el carácter de Administración Pública, bien estén adscritos a la Delegación Central de Grandes Contribuyentes o a alguna de las Unidades de Gestión de Grandes Empresas de la Agencia Estatal de Administración Tributaria, o bien tengan la forma de sociedad anónima o sociedad de responsabilidad limitada, así como, en el supuesto de la declaración-resumen anual del Impuesto sobre el Valor Añadido, modelo 390, correspondiente a obligados tributarios cuyo período de liquidación coincida con el mes natural, de acuerdo con lo establecido en los apartados 1.º, 2.º, 3.º y 4.º del artículo 71.3 del Reglamento del Impuesto sobre el Valor Añadido, aprobado por el Real Decreto 1624/1992, de 29 de diciembre, y en los supuestos del modelo 194 "Impuesto sobre la Renta de las Personas Físicas, Impuesto sobre Sociedades e Impuesto sobre la Renta de No Residentes (establecimientos permanentes). Retenciones e ingresos a cuenta sobre rendimientos del capital mobiliario y rentas derivadas de la transmisión, amortización, reembolso, canje o conversión de cualquier clase de activos representativos de la captación y utilización de capitales ajenos. Resumen anual", y del modelo 480 "Declaración-resumen anual del Impuesto sobre las Primas de Seguros", cualquiera que sea el obligado a su presentación.

A excepción de lo establecido en el párrafo anterior, en el supuesto de obligados tributarios personas físicas y en relación con el modelo 720, "Declaración informativa sobre bienes y derechos situados en el extranjero", será obligatoria la presentación electrónica por Internet pudiendo utilizar cualquiera de las formas de presentación previstas en el artículo 12.a) de esta Orden.

A estos efectos tendrán el carácter de Administración Pública las entidades definidas en el apartado 2 del artículo 3 del texto refundido de la Ley de Contratos del Sector Público aprobado por el Real Decreto Legislativo 3/2011, de 14 de noviembre.

2. Los obligados tributarios que deban utilizar obligatoriamente la presentación electrónica de las declaraciones informativas utilizando alguno de los sistemas previstos en el artículo 12.a).1.º de esta Orden, basada en certificados electrónicos reconocidos, no podrán utilizar otras formas de presentación electrónica, salvo que la Orden aprobatoria del correspondiente modelo de declaración informativa así lo disponga.

---

[89]   Nueva redacción dada por el art. único.13 de la Orden HAP/1846/2014, de 8 de octubre (BOE núm. 246, de 10 de octubre de 2014).

Artículo 14[90]

Artículo 15[91].

Artículo 16. *Habilitación y condiciones generales para la presentación electrónica por Internet de las declaraciones informativas*

1. La presentación electrónica por Internet de las declaraciones informativas a través de la Sede electrónica de la Agencia Tributaria podrá ser efectuada:

a) Por los obligados tributarios o, en su caso, sus representantes legales.

b) Por aquellos representantes voluntarios de los obligados tributarios con poderes o facultades para presentar electrónicamente en nombre de los mismos declaraciones y autoliquidaciones ante la Agencia Tributaria o representarles ante ésta, en los términos establecidos en cada momento por la Dirección General de la Agencia Tributaria.

c) Por las personas o entidades que, según lo previsto en el artículo 92 de la Ley 58/2003, de 17 de diciembre, General Tributaria, ostenten la condición de colaboradores sociales en la aplicación de los tributos y cumplan los requisitos y condiciones que, a tal efecto, establezca la normativa vigente en cada momento.

2. La presentación electrónica por Internet de las declaraciones informativas a través de la Sede electrónica de la Agencia Tributaria estará sujeta al cumplimiento de las siguientes condiciones generales:

a) El obligado tributario deberá disponer de Número de Identificación Fiscal (NIF) y estar identificado, con carácter previo a la presentación, en el Censo de Obligados Tributarios a que se refiere el artículo 3 del Reglamento General de las Actuaciones y los Procedimientos de Gestión e Inspección tributaria. Para verificar el cumplimiento de este requisito el obligado tributario podrá acceder a la opción «mis datos censales» disponible en la Sede electrónica de la Agencia Tributaria.

b)[92] Para efectuar la presentación electrónica utilizando alguno de los sistemas previstos en el artículo 12.a)1.º el obligado tributario deberá disponer de un certificado electrónico reconocido, que podrá ser el asociado al Documento Nacional de Identidad electrónico (DNI-e) o cualquier otro certificado electrónico reconocido que, según la normativa vigente en cada momento, resulte admisible por la Agencia Tributaria.

---

[90]   Art. 14 suprimido por el art. 2.2 de la Orden HAC/1274/2019, de 18 de diciembre (BOE núm. núm. 314, de 31 de diciembre de 2019).

[91]   Artículo suprimido por la disp. final uno.5 de la Orden HFP/231/2018, de 6 de marzo (BOE núm. 59, de 8 de marzo de 2018).

[92]   Nueva redacción de la letra b) del apartado 2 por el art. único.15 de la Orden HAP/1846/2014, de 8 de octubre (BOE núm. 246, de 10 de octubre de 2014).

Cuando la presentación electrónica descrita en el párrafo anterior se realice por apoderados o por colaboradores sociales debidamente autorizados, serán éstos quienes deberán disponer de su certificado electrónico reconocido.

c) Para efectuar la presentación electrónica, el obligado tributario o, en su caso, el presentador, deberá generar previamente un fichero con la declaración a transmitir ajustado a los diseños lógicos señalados en las correspondientes órdenes ministeriales de aprobación de los modelos y que estarán disponibles en la Sede electrónica de la Agencia Tributaria.

Para la obtención de dicho fichero podrá utilizarse el programa de ayuda desarrollado por la Agencia Tributaria u otro programa informático capaz de obtener un fichero con el mismo formato.

3. En aquellos casos en que se detecten anomalías de tipo formal en la transmisión electrónica de las declaraciones, dicha circunstancia se pondrá en conocimiento del presentador de la declaración por el propio sistema mediante los correspondientes mensajes de error, para que proceda a su subsanación.

Artículo 17. *Procedimiento para la presentación electrónica por Internet de las declaraciones informativas*

1. El procedimiento para la presentación electrónica por Internet de las declaraciones informativas será el siguiente:

a) El obligado tributario o, en su caso, el presentador, se pondrá en comunicación con la Sede electrónica de la Agencia Tributaria en Internet y seleccionará el modelo a transmitir.

b)[93] A continuación procederá a transmitir la correspondiente declaración utilizando cualquiera de los sistemas previstos en el artículo 12.a) 1.º de esta orden.

Si el presentador es una persona o entidad autorizada a presentar declaraciones en representación de terceras personas, será necesario realizar la presentación mediante el sistema descrito en el artículo 12.a) 1.º de esta orden, usando su propio certificado electrónico reconocido.

No obstante, salvo en los supuestos señalados en el artículo 13.1 de esta orden en los que sea obligatoria la presentación basada en certificados electrónicos reconocidos, la presentación electrónica por Internet de la declaración informativa también podrá realizarse mediante la forma descrita en el artículo 12.a) 2.º de esta orden.

c) Si la declaración es aceptada, la Agencia Tributaria le devolverá en pantalla los datos de registro de tipo 1 que figuran en el anexo de las respectivas órdenes de aprobación de

---

93   Nueva redacción de la letra b) del apartado 1 dada por el art. .2.3 de la Orden HAC/1274/2019, de 18 de diciembre (BOE núm. núm. 314, de 31 de diciembre de 2019).
Redacción anterior dada por el art. único.16 de la Orden HAP/1846/2014, de 8 de octubre (BOE núm. 246, de 10 de octubre de 2014).

los modelos, validados con un código seguro de verificación de 16 caracteres, además de la fecha y hora de presentación.

d) En el supuesto de que la presentación fuera rechazada se mostrará en pantalla un mensaje con la descripción de los errores detectados, debiendo proceder a la subsanación de los mismos.

e) El obligado tributario, o en su caso, el presentador deberá conservar la declaración aceptada con el correspondiente código seguro de verificación.

f) Con posterioridad a la recepción del fichero transmitido y con el fin de que la información sea procesada e incorporada al sistema de información de la Agencia Tributaria correctamente, el Departamento de Informática Tributaria de la Agencia Tributaria efectuará un proceso de validación de datos suministrados de forma electrónica, en el que se verificará que las características de la información se ajustan a las especificaciones establecidas de acuerdo con los diseños físicos y lógicos descritos en el anexo de las respectivas órdenes de aprobación de los modelos informativos.

g) Una vez realizado dicho proceso, en el servicio de consulta y modificación de declaraciones informativas en la Sede electrónica de la Agencia Tributaria, se ofrecerá al obligado tributario la información individualizada de los errores detectados en las declaraciones para que pueda proceder a su corrección. En caso de que no se hayan subsanado los defectos observados se podrá requerir al obligado para que en el plazo de 10 días, contados a partir del día siguiente al de la notificación del requerimiento, subsane los defectos de que adolezca. Transcurrido dicho plazo sin haber atendido el requerimiento, de persistir anomalías que impidan a la Administración tributaria el conocimiento de los datos, se le tendrá, en su caso, por no cumplida la obligación correspondiente y se procederá al archivo sin más trámite.

2. En aquellos supuestos en que por razones de carácter técnico no fuera posible efectuar la presentación por Internet en el plazo establecido reglamentariamente para cada declaración informativa, dicha presentación podrá efectuarse durante los cuatro días naturales siguientes al de finalización de dicho plazo.

Artículo 18[94]. *Procedimiento para la presentación electrónica por Internet de documentación complementaria a las autoliquidaciones, declaraciones informativas, declaraciones censales, comunicaciones y solicitudes de devolución*

1. En los casos en que, habiéndose presentado electrónicamente por Internet la autoliquidación, declaración informativa, declaración censal, comunicación o solicitud de de-

---

[94]   Nueva redacción dada por la Disp. Final Segunda.Uno de la Orden HAP/841/2016, de 30 de mayo (BOE núm. 133, de 2 de junio de 2016).
Redacción anterior dada por el art. único.5 de la Orden HAP/2762/2015, de 15 de diciembre (BOE núm. 304, de 21 de diciembre de 2015).

volución, la normativa propia del tributo establezca que los obligados tributarios deban acompañar a las mismas cualquier documentación, solicitud o manifestación de opciones que no figuren en los propios modelos o formularios de declaración, autoliquidación, declaración censal, comunicación o solicitud de devolución, tales documentos, solicitudes o manifestaciones se podrán presentar en el Registro Electrónico de la Agencia Estatal de Administración Tributaria, de acuerdo con lo previsto en la Resolución de 28 de diciembre de 2009, de la Presidencia de la Agencia Tributaria, por la que se crea la Sede electrónica y se regulan los registros electrónicos de la Agencia Tributaria.

Para ello, el obligado tributario o, en su caso, el presentador, deberá acceder, a través de la Sede electrónica de la Agencia Tributaria, al trámite de aportación de documentación complementaria que corresponda según el procedimiento asignado a los distintos modelos de declaración, autoliquidación, declaración censal, comunicación o solicitud de devolución.

El procedimiento que se establece en el presente artículo también se utilizará en los supuestos de declaraciones, autoliquidaciones con resultado a devolver o solicitudes de devolución, presentadas electrónicamente, cuando el obligado tributario solicite la devolución mediante cheque cruzado del Banco de España.

2. La presentación electrónica por Internet, utilizando alguno de los sistemas de identificación y autenticación admitidos por la Agencia Tributaria, de los documentos a que se refiere el apartado 1 de este artículo y de toda documentación con trascendencia tributaria relativa a procedimientos tributarios gestionados por la Agencia Tributaria, tendrá carácter obligatorio para todos aquellos obligados tributarios inscritos en el Registro de Grandes Empresas regulado en el apartado 5 del artículo 3 del Reglamento General de las actuaciones y los procedimientos de gestión e inspección tributaria y de desarrollo de las normas comunes de los procedimientos de aplicación de los Tributos, aprobado por el Real Decreto 1065/2007, de 27 de julio.

Esta obligatoriedad no resultará aplicable, pudiendo presentarse estos documentos presencialmente, cuando atendiendo a la naturaleza del trámite o procedimiento concreto o bien a una imposibilidad técnica, así se precise.

Artículo 19[95]. *Formas de presentación de las declaraciones censales, comunicaciones y solicitudes de devolución*

La presentación de las declaraciones censales, comunicaciones y solicitudes de devolución, a que se refiere el artículo 1.4 de esta orden, podrá ser realizada utilizando alguna de las siguientes formas:

a) Presentación electrónica por Internet, la cual podrá ser efectuada mediante:

---

[95]   Nuevo artículo incorporado por el art. único.6 de la Orden HAP/2762/2015, de 15 de diciembre (BOE núm. 304, de 21 de diciembre de 2015).

1.º[96] Un sistema de identificación, autenticación y firma electrónica utilizando un certificado electrónico reconocido emitido de acuerdo con las condiciones que establece la *Ley 59/2003, de 19 de diciembre, de Firma Electrónica*[97] que resulte admisible por la Agencia Estatal de Administración Tributaria según la normativa vigente en cada momento.

2.º En el caso de obligados tributarios personas físicas, también se podrá realizar la presentación mediante el sistema de firma con clave de acceso en un registro previo como usuario establecido en el apartado primero.3.c) y desarrollado en el anexo III de la Resolución de 17 de noviembre de 2011 de la Presidencia de la Agencia Estatal de Administración Tributaria, por la que se aprueban sistemas de identificación y autenticación distintos de la firma electrónica avanzada para relacionarse electrónicamente con la citada Agencia Tributaria[98].

b)[99] Presentación mediante papel impreso generado exclusivamente mediante la utilización del servicio de impresión desarrollado a estos efectos por la Agencia Tributaria en su Sede Electrónica.

c)[100] En papel impreso, que podrá ser descargado directamente de la página web de la Agencia Estatal de Administración Tributaria, www.agenciatributaria.es, o bien podrá ser obtenido en las Delegaciones o Administraciones de la Agencia.

Artículo 20[101]. *Habilitación y condiciones generales para la presentación electrónica por Internet de las declaraciones censales, comunicaciones y solicitudes de devolución*

1. La presentación electrónica por Internet de las declaraciones censales, comunicaciones y solicitudes de devolución, a que se refiere el artículo 1.4 de esta orden, a través de la sede electrónica de la Agencia Tributaria, podrá ser efectuada:

a) Por los obligados tributarios o, en su caso, sus representantes legales.

---

[96]   Nueva redacción del núm. 1.º dada la disp. final uno.6 de la Orden HFP/231/2018, de 6 de marzo (BOE núm. 59, de 8 de marzo de 2018).

[97]   La referencia se entenderá realizadas a la Ley 6/2020, de 11 de noviembre, reguladora de determinados aspectos de los servicios electrónicos de confianza, de acuerdo con lo recogido en la Disp. Final Primera de Orden HAC/611/2021, de 16 de junio (BOE núm. 145, de 18 de junio de 2021).

[98]   Por la Disp. Final Primera.4 de la Orden HAP/365/2016, de 17 de marzo (BOE núm. 70, de 22 de marzo de 2016), las referencias del apartado al "sistema de firma con clave de...", serán sustituidas por las siguientes:

«Cl@ve, sistema de identificación, autenticación y firma electrónica común para todo el Sector Público Administrativo Estatal, regulado en la Orden PRE/1838/2014, que permite al ciudadano relacionarse electrónicamente con los servicios públicos mediante la utilización de claves concertadas, previo registro como usuario de la misma».

[99]   Nueva redacción de la letra b) dada por la Disp. Final Primera.Cuatro de la Orden HFP/105/2017, de 6 de febrero (BOE núm. 35, de 10 de febrero de 2017).

[100]   Original letra b), que por la Disp. Final Primera.Cuatro de la Orden HFP/105/2017, de 6 de febrero, pasa a ser la letra c).

[101]   Nuevo artículo incorporado por el art. único.7 de la Orden HAP/2762/2015, de 15 de diciembre (BOE núm. 304, de 21 de diciembre de 2015).

b) Por aquellos representantes voluntarios de los obligados tributarios con poderes o facultades para presentar electrónicamente en nombre de los mismos declaraciones censales, comunicaciones y solicitudes de devolución ante la Agencia Tributaria o representarles ante ésta, en los términos establecidos en cada momento por la Dirección General de la Agencia Tributaria.

c) Por las personas o entidades que, según lo previsto en el artículo 92 de la Ley 58/2003, de 17 de diciembre, General Tributaria, ostenten la condición de colaboradores sociales en la aplicación de los tributos y cumplan los requisitos y condiciones que, a tal efecto, establezca la normativa vigente en cada momento.

2. La presentación electrónica por Internet de las declaraciones censales, comunicaciones y solicitudes de devolución, a que se refiere el artículo 1.4 de esta orden, a través de la sede electrónica de la Agencia Tributaria estará sujeta al cumplimiento de las siguientes condiciones generales:

a) El obligado tributario deberá disponer de Número de Identificación Fiscal (NIF) y estar identificado, con carácter previo a la presentación, en el Censo de Obligados Tributarios a que se refiere el artículo 3 del Reglamento General de las Actuaciones y los Procedimientos de Gestión e Inspección tributaria. Para verificar el cumplimiento de este requisito el obligado tributario podrá acceder a la opción «mis datos censales» disponible en la Sede electrónica de la Agencia Tributaria. En el caso de declaración conjunta del modelo 030 formulada por ambos cónyuges, las circunstancias anteriores deberán concurrir en cada uno de ellos.

b)[102] Para efectuar la presentación electrónica por Internet utilizando alguno de los sistemas previstos en el artículo 19.a)1.º el obligado tributario deberá disponer de un certificado electrónico reconocido, que podrá ser el asociado al Documento Nacional de Identidad electrónico (DNI-e) o cualquier otro certificado electrónico reconocido que, según la normativa vigente en cada momento, resulte admisible por la Agencia Tributaria.

En los casos en que se pueda cumplimentar una única Declaración censal de alta en el Censo de obligados tributarios, cambio de domicilio y/o variación de datos personales, modelo 030, formulada por ambos cónyuges, la presentación se realizará utilizando cualquiera de los sistemas de identificación y autenticación establecidos en el artículo 19.a) de esta orden de uno de ellos quien deberá haber sido previamente apoderado para la presentación de esta declaración y dicho apoderamiento deberá figurar incorporado en el Registro de apoderamientos regulado por la Resolución de 18 de mayo de 2010, de la Dirección General de la Agencia Estatal de Administración Tributaria, en relación con el registro y gestión de apoderamientos y el registro y gestión de las sucesiones y de las representaciones legales de menores e incapacitados para la realización de trámites y actuaciones por Internet ante la Agencia Tributaria.

---

[102] Nueva redacción dada por la Disp. Final Segunda.Dos de la Orden HAP/841/2016, de 30 de mayo (BOE núm. 133, de 2 de junio de 2016).

Cuando la presentación electrónica se realice por colaboradores sociales debidamente autorizados, serán éstos quienes deberán disponer de su certificado electrónico reconocido en los términos anteriores.

c) Para efectuar la presentación electrónica, el obligado tributario o, en su caso, el presentador, deberá con carácter previo cumplimentar y transmitir los datos del formulario ajustado a los contenidos de los modelos aprobados en las correspondientes órdenes ministeriales que estarán disponibles en la Sede electrónica de la Agencia Tributaria.»

3. En aquellos casos en que se detecten anomalías de tipo formal en la transmisión electrónica de las declaraciones, dicha circunstancia se pondrá en conocimiento del presentador de la declaración por el propio sistema mediante los correspondientes mensajes de error, para que proceda a su subsanación.

4. Excepcionalmente, la normativa propia de cada tributo podrá establecer condiciones para la presentación electrónica que sean complementarias de las recogidas en este artículo.

Artículo 21[103]. *Procedimiento para la presentación electrónica por Internet de las declaraciones censales, comunicaciones y solicitudes de devolución*

El procedimiento para la presentación electrónica por Internet de las declaraciones censales, comunicaciones y solicitudes de devolución, a que se refiere el artículo 1.4 de esta orden, será el siguiente:

a) El obligado tributario o, en su caso, el presentador conectará con la Sede electrónica de la Agencia Tributaria y accederá al trámite de presentación relativo a la declaración, comunicación o solicitud de devolución que desea transmitir y seguidamente cumplimentará el formulario que corresponda.

b) A continuación, se procederá a transmitir la declaración, comunicación o solicitud de devolución con cualquiera de los sistemas establecidos en el artículo 19.a) de la presente Orden.

Si el presentador es colaborador social debidamente autorizado, será necesario realizar la presentación mediante cualquiera de los sistemas previsto en el artículo 19.a)1.º de esta Orden, usando su propio certificado electrónico reconocido.

c) Si la declaración o solicitud de devolución es aceptada, la Agencia Tributaria, devolverá en pantalla los datos de la misma validados con un código seguro de verificación de 16 caracteres, la fecha y la hora de la presentación. Tratándose de solicitudes de devolución en las que el obligado tributario hubiera optado por percibir la devolución mediante transferencia, se incluirá la codificación de la cuenta designada a tal efecto.

---

[103] Nuevo artículo incorporado por el art. único.8 de la Orden HAP/2762/2015, de 15 de diciembre (BOE núm. 304, de 21 de diciembre de 2015).

El obligado tributario o el presentador deberán conservar las declaraciones, comunicaciones y solicitudes de devolución aceptadas y validadas con el mencionado código seguro de verificación.

d) En caso de que la presentación fuera rechazada, se mostrará en pantalla la descripción de los errores detectados con el fin de que se pueda llevar a cabo la posterior subsanación de los mismos en el formulario de entrada, o repitiendo la presentación si el error se hubiese originado por otras causas.

Artículo 22[104]. *Presentación de comunicaciones en papel impreso obtenido del servicio de impresión de la Agencia Estatal de Administración Tributaria*

1. La presentación de las comunicaciones en papel impreso obtenido mediante la utilización del servicio de impresión desarrollado por la Agencia Estatal de Administración Tributaria en su Sede Electrónica se realizará en cualquier Delegación o Administración de la Agencia Tributaria.

2. En la comunicación en papel impreso obtenido mediante la utilización del servicio de impresión desarrollado por la Agencia Estatal de Administración Tributaria en su Sede Electrónica no será necesario la incorporación de etiquetas identificativas ya que la impresión genera el propio código de barras de la etiqueta, con los datos identificativos del titular.

Los datos impresos en estas comunicaciones prevalecerán sobre las alteraciones o correcciones manuales que pudieran contener, por lo que éstas no producirán efectos ante la Agencia Estatal de Administración Tributaria.

La confirmación de los datos incorporados al modelo se producirá cuando se realice la presentación del mismo debidamente suscrito en cualquier Delegación o Administración de la Agencia Estatal de Administración Tributaria.

Artículo 23[105]. *Solicitud de rectificación de la declaración del Impuesto sobre la Renta de las Personas Físicas*

1. Cuando los contribuyentes consideren que su declaración del Impuesto sobre la Renta de las Personas Físicas ha perjudicado de cualquier modo sus intereses legítimos, podrán solicitar la rectificación de la misma, de conformidad con el artículo 126 del Reglamento General de las actuaciones y los procedimientos de gestión e inspección tributaria y de desarrollo de las normas comunes de los procedimientos de aplicación de los tributos, marcando la casilla correspondiente del modelo de declaración del Impuesto sobre la Renta de las Personas Físicas.

---

[104] Nuevo art. 22 incorporado por la Disp. Final Primera.Cinco de la Orden HFP/105/2017, de 6 de febrero (BOE núm. 35, de 10 de febrero de 2017).

[105] Nuevo art. 23 incorporado por la Disp. Final Primera.Dos de la Orden HFP/255/2017, de 21 de marzo (BOE núm. 70 de 23 de marzo de 2017).

2. La solicitud podrá acompañarse de la documentación en que se basa la solicitud de rectificación y los justificantes, en su caso, del ingreso efectuado por el contribuyente. Los citados documentos o escritos podrán presentarse a través del registro electrónico de la Agencia Estatal de Administración Tributaria, regulado mediante Resolución de 28 de diciembre de 2009, de la Presidencia de la Agencia Estatal de Administración Tributaria por la que se crea la sede electrónica y se regulan los registros electrónicos de la Agencia Estatal de Administración Tributaria. También podrán presentarse en el registro presencial de la Agencia Estatal de Administración Tributaria. Todo ello se entenderá sin perjuicio de lo dispuesto en el apartado 4 del artículo 16 de la Ley 39/2015, de 1 de octubre, del Procedimiento Administrativo Común de las Administraciones Públicas.

3[106]. La presentación de una solicitud de rectificación del Impuesto sobre la Renta de las Personas Físicas de acuerdo con lo dispuesto en el apartado 1 de este artículo deberá realizarse por vía electrónica en los términos, condiciones y con arreglo al procedimiento regulado en los artículos 20 y 21 de esta orden. Serán admitidos los sistemas electrónicos de identificación, autenticación y firma previstos en el artículo 2.a).1.º y 2.º y 2.c) de esta orden. En ningún caso será de aplicación lo dispuesto en los apartados b) y c) del artículo 19 de esta orden.

4[107]. No obstante lo dispuesto en el apartado anterior, la solicitud de rectificación del Impuesto sobre la Renta de las Personas Físicas también podrá realizarse por medios electrónicos, a través del teléfono, mediante llamada al número 901 200 345 (accesible también a través del teléfono 91 535 68 13), exclusivamente para aquellos contribuyentes que cumplan los requisitos que consten en la sede electrónica de la Agencia Estatal de Administración Tributaria en Internet, y siempre que la autoliquidación a rectificar se haya presentado a través del Servicio de tramitación del borrador/declaración. A estos efectos, por la Agencia Estatal de Administración Tributaria se adoptarán las medidas de control precisas que permitan garantizar la identidad de los contribuyentes que efectúan la solicitud de rectificación de autoliquidación.

5[108]. Las solicitudes de rectificación presentadas de acuerdo con lo establecido en este artículo producirán los efectos establecidos en el artículo 67 bis del Reglamento del Impuesto sobre la Renta de las Personas Físicas, aprobado por Real Decreto 439/2007, de 30 de marzo.

---

[106] Nueva redacción del apartado 3 dada por la Disp. Final Uno.7 de la Orden HFP/231/2018, de 6 de marzo (BOE núm. 59, de 8 de marzo de 2018).

[107] Incorporado por la Disp. Final Uno.7 de la Orden HFP/231/2018, de 6 de marzo (BOE núm. 59, de 8 de marzo de 2018).

[108] Incorporado por la Disp. Final Uno.7 de la Orden HFP/231/2018, de 6 de marzo (BOE núm. 59, de 8 de marzo de 2018).

Disposición adicional primera[109]. *Pagos en condiciones de comercio electrónico seguro en la sede electrónica de la Agencia Estatal de Administración Tributaria*

El pago de aquellas deudas que conforme a la normativa vigente puedan ser pagadas a través de la sede electrónica de la Agencia Estatal de Administración Tributaria podrá ser efectuado mediante tarjetas de crédito o débito y en condiciones de comercio electrónico seguro.

Para ello, la Agencia Estatal de Administración Tributaria deberá contratar dicho servicio con una Entidad de crédito. En el citado contrato también se incluirá el servicio de recepción de transferencias instantáneas soportado bajo el esquema SEPA Instant Credit Transfer (SCT Inst) definido por el European Payments Council (EPC), bien a través de Sistema Nacional de Compensación Electrónica (SNCE, regulado por el Banco de España), bien por otros sistemas europeos que ofrezca similares garantías y coberturas entre las entidades adheridas para los contribuyentes, conforme la cobertura de la Ley 41/1999, de 12 de noviembre, sobre sistemas de pagos y de liquidación de valores.

El suministro por la Entidad de crédito a la Agencia Estatal de Administración Tributaria de la información de detalle de estos pagos y el ingreso de su importe en el Tesoro Público se efectuarán en las siguientes condiciones:

a) Finalizada cada operación, la entidad financiera facilitará a la Agencia Estatal de Administración Tributaria los datos necesarios para la correcta identificación de cada pago efectuado.

b) En la entidad con la que se contrate el servicio se abrirán las cuentas en la que se ingresarán los pagos recibidos. Dichas cuentas se clasificarán conforme a los criterios establecido en el apartado 2 del artículo 5 de la Orden EHA/2027/2007, de 28 de junio, por la que se desarrolla parcialmente el Real Decreto 939/2005, de 29 de junio, por el que se aprueba el Reglamento General de Recaudación, en relación con las entidades de crédito que prestan el servicio de colaboración en la gestión recaudatoria de la Agencia Estatal de Administración Tributaria.

Con la periodicidad y procedimiento que se determine en el pliego de cláusulas administrativas se transferirán los importes recaudados a la cuenta abierta al efecto por la Agencia Estatal de Administración Tributaria en el Banco de España. Desde esta última cuenta se ordenará el ingreso de su importe en la cuenta del Tesoro en el Banco de España.

---

[109]   Se renumera la disp. Adic. única como Disp. Adicional Primera, por el art. 2 de la Orden HAC/1285/2020, de 29 de diciembre (BOE núm. 341, de 31 de diciembre de 2020), con efectos desde el 1 de enero de 2021.
Nueva redacción dada por la Disposición adicional segunda de la Orden HAC/350/2019, de 5 de marzo (BOE núm. 75, de 28 de marzo de 2019).
Redacción anterior por la incorporación del art. único.9 de la Orden HAP/2762/2015, de 15 de diciembre (BOE núm. 304, de 21 de diciembre de 2015).

Disposición adicional segunda[110]. *Pagos mediante transferencia bancaria a través de las Entidades colaboradoras en la gestión recaudatoria encomendada a la Agencia Estatal de Administración Tributaria*

El pago de las deudas que, conforme a la normativa vigente, pueda ser efectuado a través de la sede electrónica de la Agencia Estatal de Administración Tributaria también podrá ser realizado mediante transferencia bancaria a las cuentas abiertas al efecto en las Entidades de crédito autorizadas para actuar como colaboradoras en la gestión recaudatoria en los supuestos, términos y condiciones que se desarrollen en el ámbito de la gestión recaudatoria estatal por la Dirección General de la Agencia Estatal de Administración Tributaria.

Disposición transitoria única. *Pervivencia temporal en las formas de presentación*

1. Hasta el 1 de enero de 2015 no será aplicable lo dispuesto en los artículos 9 y 10 de la presente Orden a los siguientes modelos de autoliquidación:

Modelo 115. «Impuesto sobre la Renta de las Personas Físicas, Impuesto sobre Sociedades e Impuesto sobre la Renta de no Residentes (establecimientos permanentes). Retenciones e ingresos a cuenta sobre determinadas rentas o rendimientos procedentes del arrendamiento o subarrendamiento de inmuebles urbanos.»

Modelo 123. «Impuesto sobre la Renta de las Personas Físicas. Retenciones e ingresos a cuenta sobre determinados rendimientos del capital mobiliario. Impuesto sobre Sociedades e Impuesto sobre la Renta de no Residentes (establecimientos permanentes). Retenciones e ingresos a cuenta sobre determinadas rentas.»

Modelo 124. «Impuesto sobre la Renta de las Personas Físicas. Impuesto sobre Sociedades e Impuesto sobre la Renta de no Residentes (establecimientos permanentes). Retenciones e ingresos a cuenta sobre rendimientos del capital mobiliario y rentas derivadas de la transmisión, amortización, reembolso, canje o conversión de cualquier clase de activos representativos de la captación y utilización de capitales ajenos.»

Modelo 126. «Impuesto sobre la Renta de las Personas Físicas. Impuesto sobre Sociedades e Impuesto sobre la Renta de no Residentes (establecimientos permanentes). Retenciones e ingresos a cuenta sobre rendimientos del capital mobiliario y rentas obtenidas por la contraprestación derivada de cuentas en toda clase de instituciones financieras, incluyendo las basadas en operaciones sobre activos financieros.»

Modelo 128. «Impuesto sobre la Renta de las Personas Físicas. Impuesto sobre Sociedades e Impuesto sobre la Renta de no Residentes (establecimientos permanentes). Retenciones e ingresos a cuenta. Rentas o rendimientos del capital mobiliario procedentes de operaciones de capitalización y de contratos de seguro de vida o invalidez.»

---

[110]   Incorporada por el art. 2 de Orden HAC/1285/2020, de 29 de diciembre (BOE núm. 341, de 31 de diciembre de 2020), en vigor desde el 1 de enero de 2021.

Modelo 130. «Impuesto sobre la Renta de las Personas Físicas. Actividades económicas en estimación directa. Pago fraccionado. Declaración.»

Modelo 131. «Impuesto sobre la Renta de las Personas Físicas. Actividades económicas en estimación objetiva. Pago fraccionado. Declaración.»

Modelo 216. «Impuesto sobre la Renta de no Residentes. Rentas obtenidas sin mediación de establecimiento permanente. Retenciones e ingresos a cuenta.»

Modelo 430. «Impuesto sobre primas de seguros. Declaración-Liquidación.»

2[111]. Hasta el 1 de enero de 2015 no será aplicable lo dispuesto en el apartado 2.º de la letra a) del artículo 2 de la presente Orden a los siguientes modelos de autoliquidación, manteniendo sus actuales formas de presentación:

Modelo 117. «Impuesto sobre la Renta de las Personas Físicas, Impuesto sobre Sociedades e Impuesto sobre la Renta de no Residentes. Retenciones e Ingresos a cuenta/Pago a cuenta. Rentas o ganancias patrimoniales obtenidas como consecuencia de las transmisiones o reembolsos de acciones y participaciones representativas del capital o del patrimonio de las instituciones de inversión colectiva.»

Modelo 123. «Impuesto sobre la Renta de las Personas Físicas. Retenciones e ingresos a cuenta sobre determinados rendimientos del capital mobiliario. Impuesto sobre Sociedades e Impuesto sobre la Renta de no Residentes (establecimientos permanentes). Retenciones e ingresos a cuenta sobre determinadas rentas.»

Modelo 124. «Impuesto sobre la Renta de las Personas Físicas. Impuesto sobre Sociedades e Impuesto sobre la Renta de no Residentes (establecimientos permanentes). Retenciones e ingresos a cuenta sobre rendimientos del capital mobiliario y rentas derivadas de la transmisión, amortización, reembolso, canje o conversión de cualquier clase de activos representativos de la captación y utilización de capitales ajenos.»

Modelo 126. «Impuesto sobre la Renta de las Personas Físicas. Impuesto sobre Sociedades e Impuesto sobre la Renta de no Residentes (establecimientos permanentes). Retenciones e ingresos a cuenta sobre rendimientos del capital mobiliario y rentas obtenidas por la contraprestación derivada de cuentas en toda clase de instituciones financieras, incluyendo las basadas en operaciones sobre activos financieros.»

Modelo 128. «Impuesto sobre la Renta de las Personas Físicas. Impuesto sobre Sociedades e Impuesto sobre la Renta de no Residentes (establecimientos permanentes). Retenciones e ingresos a cuenta. Rentas o rendimientos del capital mobiliario procedentes de operaciones de capitalización y de contratos de seguro de vida o invalidez.»

Modelo 216. «Impuesto sobre la Renta de no Residentes. Rentas obtenidas sin mediación de establecimiento permanente. Retenciones e ingresos a cuenta.»

---

[111]   Nueva redacción del párrafo primero del apartado 2 por el art. único.17 de la Orden HAP/1846/2014, de 8 de octubre (BOE núm. 246, de 10 de octubre de 2014).

3. Hasta el 1 de enero de 2015 no será aplicable lo dispuesto en las letras a) y b) del artículo 2 de la presente Orden a los siguientes modelos de autoliquidación, manteniendo hasta entonces sus actuales formas de presentación:

Modelo 115. «Impuesto sobre la Renta de las Personas Físicas, Impuesto sobre Sociedades e Impuesto sobre la Renta de no Residentes (establecimientos permanentes). Retenciones e ingresos a cuenta sobre determinadas rentas o rendimientos procedentes del arrendamiento o subarrendamiento de inmuebles urbanos.»

Modelo 130. «Impuesto sobre la Renta de las Personas Físicas. Actividades económicas en estimación directa. Pago fraccionado. Declaración.»

Modelo 131. «Impuesto sobre la Renta de las Personas Físicas. Actividades económicas en estimación objetiva. Pago fraccionado. Declaración.»

4[112]. Para la presentación del modelo 100 correspondiente a ejercicios anteriores a 2015 se podrá seguir utilizando el procedimiento regulado en el artículo 5 de la Orden HAP/2194/2013, de 22 de noviembre, por la que se regulan los procedimientos y las condiciones generales para la presentación de determinadas autoliquidaciones, declaraciones informativas, declaraciones censales, comunicaciones y solicitudes de devolución, de naturaleza tributaria, en la redacción vigente hasta la entrada en vigor de esta orden.

Disposición derogatoria única. *Derogación normativa*

A partir de la entrada en vigor de la presente Orden quedan derogadas cuantas disposiciones de igual o inferior rango se opongan a lo previsto en ella.

Disposición final primera. *Modificación de la Orden EHA/2027/2007, de 28 de junio, por la que se desarrolla parcialmente el Real Decreto 939/2005, de 29 de julio, por el que se aprueba el Reglamento General de Recaudación, en relación con las Entidades de crédito que actúan como colaboradoras en la gestión recaudatoria de la Agencia Tributaria*

El primer párrafo del apartado 3 del artículo 3 de la Orden EHA/2027/2007, de 28 de junio por la que se desarrolla parcialmente el Real Decreto 939/2005, de 29 de julio, por el que se aprueba el Reglamento General de Recaudación, en relación con las Entidades de crédito que actúan como colaboradoras en la gestión recaudatoria de la Agencia Estatal de Administración Tributaria queda modificado en los siguientes términos:

(...)

Disposición final segunda. *Entrada en vigor*

La presente Orden entrará en vigor y se aplicará a las declaraciones informativas y los modelos de autoliquidación 100, 200, 220 y 714 cuyo plazo reglamentario de presentación se inicie a partir del día uno de enero de 2014, en el supuesto de los modelos 200 y 220

---

[112] Nuevo apartado incorporado por la Disp. Final Primera.5 de la Orden HAP/365/2016, de 17 de marzo (BOE núm. 70, de 22 de marzo de 2016).

siempre que la presentación se realice utilizando los modelos de declaración aprobados por la orden ministerial correspondiente para los ejercicios 2013 y siguientes.

Respecto al resto de las autoliquidaciones referidas en el apartado 2 del artículo 1 de esta Orden y a los modelos de declaración informativa 038 y 349, la presente Orden entrará en vigor y se aplicará a aquellas cuyo período de liquidación se inicie a partir del 1 de enero de 2014.

7. Modelos y formularios IVA: Normativa

NORMATIVA
https://sede.agenciatributaria.gob.es/Sede/ayuda/23manual/IVA.html

04

Impuesto sobre el Valor Añadido. Solicitud de aplicación del tipo del 4% a vehículos destinados a transportar habitualmente a personas con minusvalía en silla de ruedas o con movilidad reducida.

Ley 37/1992, de 28 de diciembre, del Impuesto sobre el Valor Añadido. Artículo 91. Dos.1.4º.

Reglamento del Impuesto sobre el Valor Añadido, aprobado por Real Decreto 1624/1992, de 29 de diciembre. Artículo 26 bis. Dos.

https://www.agenciatributaria.gob.es/AEAT.sede/procedimientoini/GZ13.shtml

035

Declaración de inicio, modificación o cese de operaciones comprendidas en los regímenes especiales aplicables a los sujetos pasivos que presten servicios a personas que no tengan la condición de sujetos pasivos o que realicen ventas a distancia de bienes o determinadas entregas nacionales de bienes

Orden HAC/611/2021, de 16 de junio, por la que se aprueba el formulario 035 «Declaración de inicio, modificación o cese de operaciones comprendidas en los regímenes especiales aplicables a los sujetos pasivos que presten servicios a personas que no tengan la condición de sujetos pasivos o que realicen ventas a distancia de bienes o determinadas entregas nacionales de bienes» y se determinan la forma y procedimiento para su presentación (BOE núm. 145, de 18 de junio de 2021).

039

Comunicación de datos relativa al régimen especial del grupo de entidades en el impuesto sobre el valor añadido.

Orden EHA/3788/2008, de 29 de diciembre, por la que se aprueba el modelo 039 de Comunicación de datos, relativa al Régimen especial del Grupo de Entidades en el Impuesto sobre el Valor Añadido y se modifican la Orden HAC/3626/2003, de 23 de diciembre, y la Orden EHA/3398/2006, de 26 de octubre. (BOE núm. 314 de 30 de diciembre de 2008).

Orden HAP/1222/2014, de 9 de julio, por la que se modifica la Orden EHA/3434/2007, de 23 de noviembre, por la que se aprueban los modelos 322 de autoliquidación mensual, modelo individual, y 353 de autoliquidación mensual, modelo agregado, y el modelo 039 de Comunicación de datos, correspondientes al Régimen especial del Grupo de Entidades en el Impuesto sobre el Valor Añadido, y la Orden HAC/3625/2003, de 23 de diciembre, por la que se aprueba el modelo 309 de declaración-liquidación no periódica del Impuesto sobre el Valor Añadido (BOE núm. 171, de 15 de julio de 2014).

https://www.agenciatributaria.gob.es/AEAT.sede/procedimientoini/GZ33.shtml

303

Impuesto sobre el Valor Añadido. Autoliquidación

Orden EHA/3786/2008, de 29 de diciembre, por la que se aprueban el modelo 303 Impuesto sobre el Valor Añadido, Autoliquidación, y el modelo 308 Impuesto sobre el Valor Añadido, solicitud de devolución: Recargo de equivalencia, artículo 30 bis del Reglamento del IVA y sujetos pasivos ocasionales y se modifican los Anexos I y II de la Orden EHA/3434/2007, de 23 de noviembre, por la que se aprueban los modelos 322 de autoliquidación mensual, modelo individual, y 353 de autoliquidación mensual, modelo agregado, así como otra normativa tributaria (BOE núm. 314 de 30 de diciembre de 2008).

Orden EHA/1033/2011, de 18 de abril, por la que se modifica la Orden EHA/3786/2008, de 29 de diciembre, por la que se aprueban el modelo 303 Impuesto sobre el Valor Añadido, Autoliquidación, y el modelo 308 Impuesto sobre el Valor Añadido, solicitud de devolución: Recargo de equivalencia, artículo 30 bis del Reglamento del IVA y sujetos pasivos ocasionales y se modifican los Anexos I y II de la Orden EHA/3434/2007, de 23 de noviembre, por la que se aprueban los modelos 322 de autoliquidación mensual, modelo individual, y 353 de autoliquidación mensual, modelo agregado, así como otra normativa tributaria. (BOE núm. 100 de 27 de abril de 2011).

Orden HAP/2194/2013, de 22 de noviembre, por la que se regulan los procedimientos y las condiciones generales para la presentación de determinadas autoliquidaciones y declaraciones informativas de naturaleza tributaria (BOE núm. 283, de 26 de noviembre de 2013).

Orden HAP/2215/2013, de 26 de noviembre, por la que se modifica la Orden EHA/3786/2008, de 29 de diciembre, por la que se aprueba el modelo 303 Impuesto sobre el Valor Añadido, Autoliquidación; la Orden EHA/1274/2007, de 26 de abril, por la que se aprueban los modelos 036 de Declaración censal de alta, modificación y baja en el Censo de empresarios, profesionales y retenedores y 037 Declaración censal simplificada de alta, modificación y baja en el Censo de empresarios, profesionales y retenedores; la Orden EHA/3787/2008, de 29 de diciembre, por la que se aprueba el modelo 340 de declaración informativa regulada en el artículo 36 del Reglamento General de las actuaciones y los procedimientos de gestión e inspección tributaria y de desarrollo de las normas comunes de los procedimientos de aplicación de los tributos, así como otra normativa tributaria (BOE núm. 286, de 29 de noviembre de 2013).

Orden HAP/2373/2014, de 9 de diciembre, por la que se modifica la Orden EHA/3111/2009, de 5 de noviembre, por la que se aprueba el modelo 390 de declaración-resumen anual del Impuesto sobre el Valor Añadido, y los modelos tributarios del Impuesto sobre el Valor Añadido 303 de autoliquidación del Impuesto, aprobado por la Orden EHA/3786/2008, de 29 de diciembre, y 322 de autoliquidación mensual individual del Régimen especial del Grupo de entidades, aprobado por Orden EHA/3434/2007, de 23 de noviembre, así como el modelo 763 de autoliquidación del Impuesto sobre actividades de juego en los supuestos de actividades anuales o plurianuales, aprobado por Orden EHA/1881/2011, de 5 de julio (BOE núm. 306, de 19 de diciembre de 2014).

Orden HFP/417/2017, de 12 de mayo, por la que se regulan las especificaciones normativas y técnicas que desarrollan la llevanza de los Libros registro del Impuesto sobre el Valor Añadido a través de la Sede electrónica de la Agencia Estatal de Administración Tributaria establecida en el artículo 62.6 del Reglamento del Impuesto sobre el Valor Añadido, aprobado por el Real Decreto 1624/1992, de 29 de diciembre, y se modifica otra normativa tributaria (BOE núm. 115, de 15 de mayo de 2017).

Orden HFP/1307/2017, de 29 de diciembre, por la que se modifican la Orden EHA/1274/2007, de 26 de abril, por la que se aprueban los modelos 036 de declaración censal de alta, modificación y baja en el censo de empresarios, profesionales y retenedores y 037 declaración censal simplificada de alta, modificación y baja en el censo de empresarios, profesionales y retenedores, la Orden EHA/3434/2007, de 23 de noviembre, por la que se aprueban los modelos 322 de autoliquidación mensual, modelo individual, y 353 de autoliquidación mensual, modelo agregado, y la Orden EHA/3786/2008, de 29 de diciembre, por la que se aprueba el modelo 303 impuesto sobre el valor añadido, autoliquidación.

Orden HAC/1148/2018, de 18 de octubre, por la que se modifican la Orden EHA/3434/2007, de 23 de noviembre, por la que se aprueban los modelos 322 de autoliquidación mensual, modelo individual, y 353 de autoliquidación mensual, modelo agregado, y el modelo 039 de comunicación de datos, correspondientes al régimen especial del grupo de entidades en el impuesto sobre el Valor Añadido, la Orden EHA/3012/2008, de 20 de octubre, por la que se aprueba el modelo 347 de declaración anual de operaciones con terceras personas, así como los diseños físicos y lógicos y el lugar, forma y plazo de presentación, la Orden EHA/3786/2008, de 29 de diciembre, por la que se aprueben el modelo 303 Impuesto sobre el Valor Añadido, autoliquidación, la Orden EHA/3111/2009, de 5 de noviembre, por la que se aprueba el modelo 390 de declaración-resumen anual del Impuesto sobre el Valor Añadido y se modifica el anexo I de la Orden EHA/1274/2007, de 26 de abril, por la que se aprueban los modelos 036 de declaración censal de alta, modificación y baja en el censo de empresarios, profesionales y retenedores y 037 declaración censal simplifica-da de alta, modificación y baja en el censo de empresarios, profesionales y retenedores, y la Orden HAP/2194/2013, de 22 de noviembre (BOE núm. 263, de 31 de octubre de 2018).

Orden HAC/1274/2020, de 28 de diciembre, por la que se modifica la Orden EHA/3434/2007, de 23 de noviembre, por la que se aprueban los modelos 322 de autoliquidación mensual, modelo individual, y 353 de autoliquidación mensual, modelo agregado, y el modelo 039 de Comunicación de datos, correspondientes al Régimen especial del Grupo de Entidades en el Impuesto sobre el Valor Añadido, la Orden EHA/3786/2008, de 29 de diciembre, por la que se aprueba el modelo 303 Impuesto sobre el Valor Añadido, Autoliquidación y la Orden EHA/769/2010, de 18 de marzo, por la que se aprueba el modelo 349 de declaración recapitulativa de operaciones intracomunitarias (BOE núm.340, de 30 de diciembre de 2020).

Orden HAC/646/2021, de 22 de junio, por la que se modifican la Orden EHA/3434/2007, de 23 de noviembre, por la que se aprueban los modelos 322 de autoliquidación mensual, modelo individual, y 353 de autoliquidación mensual, modelo agregado, y el modelo 039 de Comunicación de datos, correspondientes al Régimen especial del Grupo de Entidades en el Impuesto sobre el Valor Añadido, la Orden EHA/3786/2008, de 29 de diciembre, por la que se aprueban el modelo 303 Impuesto sobre el Valor Añadido, Autoliquidación, la Orden EHA/3111/2009, de 5 de noviembre, por la que se aprueba el modelo 390 de declaración-resumen anual del Impuesto sobre el Valor Añadido y la Orden HFP/417/2017, de 12 de mayo, por la que se regulan las especificaciones normativas y técnicas que desarrollan la llevanza de los Libros registro del Impuesto sobre el Valor Añadido a través de la Sede electrónica de la Agencia Estatal de Administración Tributaria establecida en el artículo 62.6 del Reglamento del Impuesto sobre el Valor Añadido, aprobado por el Real Decreto 1624/1992, de 29 de diciembre, y se modifica otra normativa tributaria (BOE núm. 150, de 24 de junio de 2021).

Orden HFP/1124/2022, de 18 de noviembre, por la que se modifican la Orden EHA/3434/2007, de 23 de noviembre, por la que se aprueban los modelos 322 de autoliquidación mensual, modelo individual, y 353 de autoliquidación mensual, modelo agregado, y el modelo 039 de comunicación de datos, correspondientes al Régimen especial del grupo de entidades en el Impuesto sobre el Valor Añadido; la Orden EHA/3786/2008, de 29 de diciembre, por la que se aprueban el modelo 303 Impuesto sobre el Valor Añadido, Autoliquidación, y el modelo 308 Impuesto sobre el Valor Añadido, solicitud de devolución: Recargo de equivalencia, artículo 30 bis del Reglamento del IVA y sujetos pasivos ocasionales y se modifican los anexos I y II de la Orden EHA/3434/2007, de 23 de noviembre, por la que se aprueban los modelos 322 de autoliquidación mensual, modelo individual, y 353 de autoliquidación mensual, modelo agregado, así como otra normativa tributaria; y la Orden EHA/3111/2009, de 5 de noviembre, por la que se aprueba el modelo 390 de declaración-resumen anual del Impuesto sobre el Valor Añadido y se modifica el anexo I de la Orden EHA/1274/2007, de 26 de abril, por la que se aprueban los modelos 036 de Declaración censal de alta, modificación y baja en el Censo de empresarios, profesionales y retenedores y 037 Declaración censal simplificada de alta, modificación y baja en el censo de empresarios, profesionales y retenedores (BOE núm. 280, de 22 de noviembre de 2022).

Orden HAC/819/2024, de 30 de julio, por la que se modifica la Orden EHA/3786/2008, de 29 de diciembre, por la que se aprueban el modelo 303 Impuesto sobre el Valor Añadido, Autoliquidación, y el modelo 308 Impuesto sobre el Valor Añadido, solicitud de devolución: Recargo de equivalencia, artículo 30 bis del Reglamento del IVA y sujetos pasivos ocasionales; y se modifican los Anexos I y II de la Orden EHA/3434/2007, de 23 de noviembre, por la que se aprueban los modelos 322 de autoliquidación mensual, modelo individual, y 353 de autoliquidación mensual, modelo agregado, así como otra normativa tributaria (BOE núm. 188, de 5 de agosto de 2024).

https://www.agenciatributaria.gob.es/AEAT.sede/procedimientoini/G414.shtml

639   Modelos y formularios IVA: Normativa

308
Solicitud de devolución régimen especial Recargo Equivalencia y sujetos pasivos ocasionales.
Orden EHA/3786/2008, de 29 de diciembre, por la que se aprueban el modelo 303 Impuesto sobre el Valor Añadido, Autoliquidación, y el modelo 308 Impuesto sobre el Valor Añadido, solicitud de devolución: Recargo de equivalencia, artículo 30 bis del Reglamento del IVA y sujetos pasivos ocasionales y se modifican los Anexos I y II de la Orden EHA/3434/2007, de 23 de noviembre, por la que se aprueban los modelos 322 de autoliquidación mensual, modelo individual, y 353 de autoliquidación mensual, modelo agregado, así como otra normativa tributaria (BOE núm. 314 de 30 de diciembre de 2008).
Orden EHA/1033/2011, de 18 de abril, por la que se modifica la Orden EHA/3786/2008, de 29 de diciembre, por la que se aprueban el modelo 303 Impuesto sobre el Valor Añadido, Autoliquidación, y el modelo 308 Impuesto sobre el Valor Añadido, solicitud de devolución: Recargo de equivalencia, artículo 30 bis del Reglamento del IVA y sujetos pasivos ocasionales y se modifican los Anexos I y II de la Orden EHA/3434/2007, de 23 de noviembre, por la que se aprueban los modelos 322 de autoliquidación mensual, modelo individual, y 353 de autoliquidación mensual, modelo agregado, así como otra normativa tributaria (BOE núm. 100 de 27 de abril de 2011).
Orden HAC/819/2024, de 30 de julio, por la que se modifica la Orden EHA/3786/2008, de 29 de diciembre, por la que se aprueban el modelo 303 Impuesto sobre el Valor Añadido, Autoliquidación, y el modelo 308 Impuesto sobre el Valor Añadido, solicitud de devolución: Recargo de equivalencia, artículo 30 bis del Reglamento del IVA y sujetos pasivos ocasionales; y se modifican los Anexos I y II de la Orden EHA/3434/2007, de 23 de noviembre, por la que se aprueban los modelos 322 de autoliquidación mensual, modelo individual, y 353 de autoliquidación mensual, modelo agregado, así como otra normativa tributaria (BOE núm. 188, de 5 de agosto de 2024).
https://www.agenciatributaria.gob.es/AEAT.sede/procedimientoini/G403.shtml
309
Declaración-Liquidación no periódica.
Orden HAC/3625/2003, de 23 de diciembre, por la que se aprueba el modelo 309 de declaración-liquidación no periódica del Impuesto sobre el Valor Añadido. (BOE núm. 312 de 30 de diciembre de 2003).
Orden EHA/3212/2004, de 30 de septiembre, por la que se establecen las condiciones generales y el procedimiento para la presentación telemática por internet de las declaraciones correspondientes a los modelos 308, 309, 341, 370, 371, 430 y 480 (BOE núm. 243 de 8 de octubre de 2004).
Orden EHA/769/2010, de 18 de marzo, por la que se aprueba el modelo 349 de declaración recapitulativa de operaciones intracomunitarias, así como los diseños físicos y lógicos y el lugar, forma y plazo de presentación, se establecen las condiciones generales y el procedimiento para su presentación telemática, y se modifica la Orden HAC/3625/2003, de 23 de diciembre, por la que se aprueben el modelo 309 de declaración-liquidación no periódica del Impuesto sobre el Valor Añadido, y otras normas tributarias. (BOE núm. 76 de 29 de marzo de 2010).

Orden HAP/1222/2014, de 9 de julio, por la que se modifica la Orden EHA/3434/2007, de 23 de noviembre, por la que se aprueban los modelos 322 de autoliquidación mensual, modelo individual, y 353 de autoliquidación mensual, modelo agregado, y el modelo 039 de Comunicación de datos, correspondientes al Régimen especial del Grupo de Entidades en el Impuesto sobre el Valor Añadido, y la Orden HAC/3625/2003, de 23 de diciembre, por la que se aprueba el modelo 309 de declaración-liquidación no periódica del Impuesto sobre el Valor Añadido (BOE núm. 171, de 15 de julio de 2014).

Orden HFP/1247/2017, de 20 de diciembre, por la que se modifican la Orden HAC/3625/2003, de 23 de diciembre, por la que se aprueba el modelo 309 de declaración-liquidación no periódica del Impuesto sobre el Valor Añadido, y la Orden EHA/3695/2007, de 13 de diciembre, por la que se aprueba el modelo 030 de declaración censal de alta en el censo de obligados tributarios, cambio de domicilio y/o variación de datos personales, que pueden utilizar las personas físicas, se determinan el lugar y forma de presentación del mismo, así como otra normativa tributaria.

Orden HAC/1416/2018, de 28 de diciembre, por la que se modifica la Orden HAC/3625/2003, de 23 de diciembre, por la que se aprueba el modelo 309 de Declaración-liquidación no periódica del Impuesto sobre el Valor Añadido; la Orden EHA/1274/2007, de 26 de abril, por la que se aprueban los modelos 036 de Declaración censal de alta, modificación y baja en el censo de empresarios, profesionales y retenedores y 037 de Declaración censal simplificada de alta, modificación y baja en el censo de empresarios, profesionales y retenedores; la Orden EHA/3695/2007, de 13 de diciembre, por la que se aprueba el modelo 030 de Declaración censal de alta en el Censo de obligados tributarios, cambio de domicilio y/o variación de datos personales, que pueden utilizar las personas físicas y la Orden HAP/1751/2014, de 29 de septiembre, por la que se aprueba el formulario 034 de Declaración de inicio, modificación o cese de operaciones comprendidas en los regímenes especiales aplicables a los servicios de telecomunicaciones, de radiodifusión o de televisión y a los prestados por vía electrónica en el Impuesto sobre el Valor Añadido y se regulan distintos aspectos relacionados con el mismo (BOE núm. 314, de 29 de diciembre de 2018).

Orden HFP/1245/2022, de 14 de diciembre, por la que se modifica la Orden HAC/3625/2003, de 23 de diciembre, por la que se aprueba el modelo 309 de declaración-liquidación no periódica del Impuesto sobre el Valor Añadido (BOE núm. 303, de 19 de diciembre de 2022)

https://www.agenciatributaria.gob.es/AEAT.sede/procedimientoini/G404.shtml

318
Impuesto sobre el Valor Añadido. Regularización de las proporciones de tributación de los periodos de liquidación anteriores al inicio de la realización habitual de entregas de bienes o prestaciones de servicios

Orden HAC/1270/2019, de 5 de noviembre, por la que se aprueba el modelo 318, «Impuesto sobre el Valor Añadido. Regularización de las proporciones de tributación de los periodos de liquidación anteriores al inicio de la realización habitual de entregas de bienes o prestaciones de servicios» y se determinan el lugar, forma, plazo y el procedimiento para su presentación (BOE núm. 314, de 31 de diciembre de 2019).

https://sede.agenciatributaria.gob.es/Sede/procedimientoini/G419.shtml?faqId=9ea5f15ad1465 710VgnVCM100000dc381e0aRCRD

322

Impuesto sobre el Valor Añadido. Grupo de entidades. Modelo individual. Autoliquidación mensual.

Orden EHA/3434/2007, de 23 de noviembre, por la que se aprueban los modelos 322 de auto-liquidación mensual, modelo individual, y 353 de autoliquidación mensual, modelo agregado, y el modelo 039 de Comunicación de datos, correspondientes al Régimen especial del Grupo de Entidades en el Impuesto sobre el Valor Añadido. (BOE núm. 286 de 29 de noviembre de 2007).

Orden EHA/3786/2008, de 29 de diciembre, por la que se aprueban el modelo 303 Impuesto sobre el Valor Añadido, Autoliquidación, y el modelo 308 Impuesto sobre el Valor Añadido, solicitud de devolución: Recargo de equivalencia, artículo 30 bis del Reglamento del IVA y sujetos pasivos ocasionales y se modifican los Anexos I y II de la Orden EHA/3434/2007, de 23 de noviembre, por la que se aprueban los modelos 322 de autoliquidación mensual, modelo individual, y 353 de autoliquidación mensual, modelo agregado, así como otra normativa tributaria (BOE núm. 314 de 30 de diciembre de 2008).

Orden EHA/3378/2011, de 1 de diciembre, por la que se modifica la Orden EHA/3012/2008, de 20 de octubre, por la que se aprueba el modelo 347 de declaración anual de operaciones con terceras personas, así como los diseños físicos y lógicos y el lugar, forma y plazo de presentación, la Orden EHA/3787/2008, de 29 de diciembre, por la que se aprueba el modelo 340 de declaración infor-mativa regulada en el artículo 36 del Reglamento General de las actuaciones y los procedimientos de gestión e inspección tributaria y de desarrollo de las normas comunes de los procedimientos de aplicación de los tributos y la Orden EHA/3434/2007, de 23 de noviembre, por la que se aprueban los modelos 322 de autoliquidación mensual, modelo individual, y 353 de autoliquidación men-sual, modelo agregado, y el modelo 039 de Comunicación de datos, correspondientes al Régimen especial del Grupo de Entidades en el Impuesto sobre el Valor Añadido. (BOE núm. 298 de 12 de diciembre de 2011).

Orden HAP/2194/2013, de 22 de noviembre, por la que se regulan los procedimientos y las condiciones generales para la presentación de determinadas autoliquidaciones y declaraciones informativas de naturaleza tributaria (BOE núm. 283, de 26 de noviembre de 2013).

Orden HAP/1222/2014, de 9 de julio, por la que se modifica la Orden EHA/3434/2007, de 23 de noviembre, por la que se aprueban los modelos 322 de autoliquidación mensual, modelo indivi-dual, y 353 de autoliquidación mensual, modelo agregado, y el modelo 039 de Comunicación de datos, correspondientes al Régimen especial del Grupo de Entidades en el Impuesto sobre el Valor Añadido, y la Orden HAC/3625/2003, de 23 de diciembre, por la que se aprueba el modelo 309 de declaración-liquidación no periódica del Impuesto sobre el Valor Añadido (BOE núm. 171, de 15 de julio de 2014).

Orden HAP/2373/2014, de 9 de diciembre, por la que se modifica la Orden EHA/3111/2009, de 5 de noviembre, por la que se aprueba el modelo 390 de declaración-resumen anual del Impuesto sobre el Valor Añadido, y los modelos tributarios del Impuesto sobre el Valor Añadido 303 de autoliquidación del Impuesto, aprobado por la Orden EHA/3786/2008, de 29 de diciembre, y 322 de autoliquidación mensual individual del Régimen especial del Grupo de entidades, aprobado por Orden EHA/3434/2007, de 23 de noviembre, así como el modelo 763 de autoliquidación del Impuesto sobre actividades de juego en los supuestos de actividades anuales o plurianuales, aprobado por Orden EHA/1881/2011, de 5 de julio (BOE núm. 306, de 19 de diciembre de 2014).

Orden HFP/417/2017, de 12 de mayo, por la que se regulan las especificaciones normativas y técnicas que desarrollan la llevanza de los Libros registro del Impuesto sobre el Valor Añadido a través de la Sede electrónica de la Agencia Estatal de Administración Tributaria establecida en el artículo 62.6 del Reglamento del Impuesto sobre el Valor Añadido, aprobado por el Real Decreto 1624/1992, de 29 de diciembre, y se modifica otra normativa tributaria (BOE núm. 115, de 15 de mayo de 2017).

Orden HFP/1307/2017, de 29 de diciembre, por la que se modifican la Orden EHA/1274/2007, de 26 de abril, por la que se aprueban los modelos 036 de declaración censal de alta, modificación y baja en el censo de empresarios, profesionales y retenedores y 037 declaración censal simplicada de alta, modificación y baja en el censo de empresarios, profesionales y retenedores, la Orden EHA/3434/2007, de 23 de noviembre, por la que se aprueban los modelos 322 de autoliquidación mensual, modelo individual, y 353 de autoliquidación mensual, modelo agregado, y la Orden EHA/3786/2008, de 29 de diciembre, por la que se aprueba el modelo 303 impuesto sobre el valor añadido, autoliquidación.

Orden HAC/1148/2018, de 18 de octubre, por la que se modifican la Orden EHA/3434/2007, de 23 de noviembre, por la que se aprueban los modelos 322 de autoliquidación mensual, modelo individual, y 353 de autoliquidación mensual, modelo agregado, y el modelo 039 de comunicación de datos, correspondientes al régimen especial del grupo de entidades en el impuesto sobre el Valor Añadido, la Orden EHA/3012/2008, de 20 de octubre, por la que se aprueba el modelo 347 de declaración anual de operaciones con terceras personas, así como los diseños físicos y lógicos y el lugar, forma y plazo de presentación, la Orden EHA/3786/2008, de 29 de diciembre, por la que se aprueban el modelo 303 Impuesto sobre el Valor Añadido, autoliquidación, la Orden EHA/3111/2009, de 5 de noviembre, por la que se aprueba el modelo 390 de declaración-resumen anual del Impuesto sobre el Valor Añadido y se modifica el anexo I de la Orden EHA/1274/2007, de 26 de abril, por la que se aprueban los modelos 036 de declaración censal de alta, modificación y baja en el censo de empresarios, profesionales y retenedores y 037 declaración censal simplicada de alta, modificación y baja en el censo de empresarios, profesionales y retenedores, y la Orden HAP/2194/2013, de 22 de noviembre (BOE núm. 263, de 31 de octubre de 2018).

Orden HAC/1274/2020, de 28 de diciembre, por la que se modifica la Orden EHA/3434/2007, de 23 de noviembre, por la que se aprueban los modelos 322 de autoliquidación mensual, modelo individual, y 353 de autoliquidación mensual, modelo agregado, y el modelo 039 de Comunicación de datos, correspondientes al Régimen especial del Grupo de Entidades en el Impuesto sobre el Valor Añadido, la Orden EHA/3786/2008, de 29 de diciembre, por la que se aprueba el modelo 303 Impuesto sobre el Valor Añadido, Autoliquidación y la Orden EHA/769/2010, de 18 de marzo, por la que se aprueba el modelo 349 de declaración recapitulativa de operaciones intracomunitarias (BOE núm. 340, de 30 de diciembre de 2020).

Orden HAC/646/2021, de 22 de junio, por la que se modifican la Orden EHA/3434/2007, de 23 de noviembre, por la que se aprueban los modelos 322 de autoliquidación mensual, modelo individual, y 353 de autoliquidación mensual, modelo agregado, y el modelo 039 de Comunicación de datos, correspondientes al Régimen especial del Grupo de Entidades en el Impuesto sobre el Valor Añadido, la Orden EHA/3786/2008, de 29 de diciembre, por la que se aprueba el modelo 303 Impuesto sobre el Valor Añadido, Autoliquidación, la Orden EHA/3111/2009, de 5 de noviembre, por la que se aprueba el modelo 390 de declaración-resumen anual del Impuesto sobre el Valor Añadido y la Orden HFP/417/2017, de 12 de mayo, por la que se regulan las especificaciones normativas y técnicas que desarrollan la llevanza de los Libros registro del Impuesto sobre el Valor Añadido a través de la Sede electrónica de la Agencia Estatal de Administración Tributaria establecida en el artículo 62.6 del Reglamento del Impuesto sobre el Valor Añadido, aprobado por el Real Decreto 1624/1992, de 29 de diciembre, y se modifica otra normativa tributaria (BOE núm. 150, de 24 de junio de 2021).

Orden HFP/1124/2022, de 18 de noviembre, por la que se modifican la Orden EHA/3434/2007, de 23 de noviembre, por la que se aprueban los modelos 322 de autoliquidación mensual, modelo individual, y 353 de autoliquidación mensual, modelo agregado, y el modelo 039 de comunicación de datos, correspondientes al Régimen especial del grupo de entidades en el Impuesto sobre el Valor Añadido; la Orden EHA/3786/2008, de 29 de diciembre, por la que se aprueban el modelo 303 Impuesto sobre el Valor Añadido, Autoliquidación, y el modelo 308 Impuesto sobre el Valor Añadido, solicitud de devolución: Recargo de equivalencia, artículo 30 bis del Reglamento del IVA y sujetos pasivos ocasionales y se modifican los anexos I y II de la Orden EHA/3434/2007, de 23 de noviembre, por la que se aprueban los modelos 322 de autoliquidación mensual, modelo individual, y 353 de autoliquidación mensual, modelo agregado, así como otra normativa tributaria; y la Orden EHA/3111/2009, de 5 de noviembre, por la que se aprueba el modelo 390 de declaración-resumen anual del Impuesto sobre el Valor Añadido y se modifica el anexo I de la Orden EHA/1274/2007, de 26 de abril, por la que se aprueban los modelos 036 de Declaración censal de alta, modificación y baja en el Censo de empresarios, profesionales y retenedores y 037 Declaración censal simplificada de alta, modificación y baja en el censo de empresarios, profesionales y retenedores (BOE núm. 280, de 22 de noviembre de 2022).

Orden HAC/1167/2024, de 17 de octubre, por la que se modifican la Orden EHA/3434/2007, de 23 de noviembre, por la que se aprueban los modelos 322 de autoliquidación mensual, modelo individual, y 353 de autoliquidación mensual, modelo agregado, y el modelo 039 de Comunicación de datos, correspondientes al Régimen especial del grupo de entidades en el Impuesto sobre el Valor Añadido, y la Orden EHA/3111/2009, de 5 de noviembre, por la que se aprueba el modelo 390 de declaración-resumen anual del Impuesto sobre el Valor Añadido (BOE núm. 258, de 25 de octubre de 2024).

https://www.agenciatributaria.gob.es/AEAT.sede/procedimientoini/G407.shtml

340
Declaración informativa de operaciones incluidas en los libros registro.

Orden EHA/3787/2008, de 29 de diciembre, por la que se aprueba el modelo 340 de declaración informativa regulada en el artículo 36 del Reglamento General de las actuaciones y los procedimientos de gestión e inspección tributaria y de desarrollo de las normas comunes de los procedimientos de aplicación de los tributos. (BOE núm. 314 de 30 de diciembre de 2008).

Orden EHA/3062/2010, de 22 de noviembre, por la que se modifican las formas de presentación de las declaraciones informativas y resúmenes anuales de carácter tributario correspondientes a los modelos 038, 156, 159, 170, 171, 180, 181, 182, 183, 184, 187, 188, 189, 190, 192, 193, 194, 195, 196, 198, 199, 291, 296, 299, 340, 345, 346, 347, 349, 611 y 616 y por la que se modifica la Orden EHA/1658/2009, de 12 de junio, por la que se establece el procedimiento y las condiciones para la domiciliación del pago de determinadas deudas cuya gestión tiene atribuida la Agencia Estatal de Administración Tributaria. (BOE núm. 289 de 30 de noviembre de 2010).

Orden EHA/3378/2011, de 1 de diciembre, por la que se modifica la Orden EHA/3012/2008, de 20 de octubre, por la que se aprueba el modelo 347 de declaración anual de operaciones con terceras personas, así como los diseños físicos y lógicos y el lugar, forma y plazo de presentación, la Orden EHA/3787/2008, de 29 de diciembre, por la que se aprueba el modelo 340 de declaración informativa regulada en el artículo 36 del Reglamento General de las actuaciones y los procedimientos de gestión e inspección tributaria y de desarrollo de las normas comunes de los procedimientos de aplicación de los tributos y la Orden EHA/3434/2007, de 23 de noviembre, por la que se aprueban los modelos 322 de autoliquidación mensual, modelo individual, y 353 de autoliquidación mensual, modelo agregado, y el modelo 039 de Comunicación de datos, correspondientes al Régimen especial del Grupo de Entidades en el Impuesto sobre el Valor Añadido. (BOE núm. 298 de 12 de diciembre de 2011).

Orden HAP/2194/2013, de 22 de noviembre, por la que se regulan los procedimientos y las condiciones generales para la presentación de determinadas autoliquidaciones y declaraciones informativas de naturaleza tributaria (BOE núm. 283, de 26 de noviembre de 2013).

Orden HAP/2215/2013, de 26 de noviembre, por la que se modifica la Orden EHA/3786/2008, de 29 de diciembre, por la que se aprueba el modelo 303 Impuesto sobre el Valor Añadido, Autoliquidación; la Orden EHA/1274/2007, de 26 de abril, por la que se aprueban los modelos 036 de Declaración censal de alta, modificación y baja en el Censo de empresarios, profesionales y retenedores y 037 Declaración censal simplificada de alta, modificación y baja en el Censo de empresarios, profesionales y retenedores; la Orden EHA/3787/2008, de 29 de diciembre, por la que se aprueba el modelo 340 de declaración informativa regulada en el artículo 36 del Reglamento General de las actuaciones y los procedimientos de gestión e inspección tributaria y de desarrollo de las normas comunes de los procedimientos de aplicación de los tributos, así como otra normativa tributaria (BOE núm. 286, de 29 de noviembre de 2013).

https://www.agenciatributaria.gob.es/AEAT.sede/procedimientoini/GI24.shtml

341
Solicitud de reintegro compensaciones en el Régimen Especial de Agricultura, Ganadería y Pesca.

Orden de 15 de diciembre de 2000, por la que se aprueba el modelo 341, en pesetas y en euros, de solicitud de reintegro de compensaciones en el régimen especial de la agricultura, ganadería y pesca del Impuesto cobre el Valor Añadido (BOE núm. 302 de 18 de diciembre de 2000).

Orden EHA/3212/2004, de 30 de septiembre, por la que se establecen las condiciones generales y el procedimiento para la presentación telemática por internet de las declaraciones correspondientes a los modelos 308, 309, 341, 370, 371, 430 y 480 (BOE núm. 243 de 8 de octubre de 2004).

https://www.agenciatributaria.gob.es/AEAT.sede/procedimientoini/GZ10.shtml

349
Declaración recapitulativa de operaciones intracomunitarias.

Orden EHA/769/2010, de 18 de marzo, por la que se aprueba el modelo 349 de declaración recapitulativa de operaciones intracomunitarias, así como los diseños físicos y lógicos y el lugar, forma y plazo de presentación, se establecen las condiciones generales y el procedimiento para su presentación telemática, y se modifica la Orden HAC/3625/2003, de 23 de diciembre, por la que se aprueban el modelo 309 de declaración-liquidación no periódica del Impuesto sobre el Valor Añadido, y otras normas tributarias. (BOE núm. 76 de 29 de marzo de 2010).

Orden EHA/3062/2010, de 22 de noviembre, por la que se modifican las formas de presentación de las declaraciones informativas y resúmenes anuales de carácter tributario correspondientes a los modelos 038, 156, 159, 170, 171, 180, 181, 182, 183, 184, 187, 188, 189, 190, 192, 193, 194, 195, 196, 198, 199, 291, 296, 299, 340, 345, 346, 347, 349, 611 y 616 y por la que se modifica la Orden EHA/1658/2009, de 12 de junio, por la que se establece el procedimiento y las condiciones para la domiciliación del pago de determinadas deudas cuya gestión tiene atribuida la Agencia Estatal de Administración Tributaria. (BOE núm. 289 de 30 de noviembre de 2010).

Orden EHA/1721/2011, de 16 de junio, por la que se aprueba el modelo 222 para efectuar los pagos fraccionados a cuenta del Impuesto sobre Sociedades en régimen de consolidación fiscal estableciéndose las condiciones generales y el procedimiento para su presentación telemática, se elimina el modelo 197 de declaración de las personas y Entidades que no hayan comunicado su Número de Identificación Fiscal a los Notarios mediante la derogación del apartado cuarto y del anexo IV de la Orden de 27 de diciembre de 1990, y se modifica la Orden EHA/769/2010, de 18 de marzo, por la que se aprueba el modelo 349 de declaración recapitulativa de operaciones intracomunitarias, así como los diseños físicos y lógicos y el lugar, forma y plazo de presentación, se establecen las condiciones generales y el procedimiento para su presentación telemática, y se modifica la Orden HAC/3625/2003, de 23 de diciembre, por la que se aprueba el modelo 309 de declaración-liquidación no periódica del Impuesto sobre el Valor Añadido, y otras normas tributarias.(BOE núm. 148 de 22 de junio de 2011).

Orden HAP/2725/2012, de 19 de diciembre, por la que se modifica la Orden EHA/3111/2009, de 5 de noviembre, por la que se aprueba el modelo 390 de declaración-resumen anual del Impuesto sobre el Valor Añadido, la Orden HAC/171/2004, de 30 de enero, por la que se aprueba el modelo 184 de declaración informativa anual a presentar por las entidades en régimen de atribución de rentas, los diseños físicos y lógicos a los que deben ajustarse los soportes directamente legibles por ordenador del modelo 198 de Declaración anual de operaciones con activos financieros y otros valores mobiliarios, aprobados por la Orden EHA/3895/2004, de 23 de noviembre, y la Orden EHA/3062/2010, de 22 de noviembre, por la que se modifican las formas de presentación de las declaraciones informativas y resúmenes anuales de carácter tributario correspondientes a determinados modelos. (BOE núm. 306, 21 de diciembre de 2012).

Orden HAP/2194/2013, de 22 de noviembre, por la que se regulan los procedimientos y las condiciones generales para la presentación de determinadas autoliquidaciones y declaraciones informativas de naturaleza tributaria (BOE núm. 283, de 26 de noviembre de 2013).

Orden HAC/174/2020, de 4 de febrero, por la que se modifica la Orden EHA/769/2010, de 18 de marzo, por la que se aprueba el modelo 349 de declaración recapitulativa de operaciones intra-comunitarias, así como los diseños físicos y lógicos y el lugar, forma y plazo de presentación, se establecen las condiciones generales y el procedimiento para su presentación telemática, y se modifica la Orden HAC/3625/2003, de 23 de diciembre (BOE núm. 52, de 29 de febrero de 2020).

Orden HAC/1274/2020, de 28 de diciembre, por la que se modifica la Orden EHA/3434/2007, de 23 de noviembre, por la que se aprueban los modelos 322 de autoliquidación mensual, modelo individual, y 353 de autoliquidación mensual, modelo agregado, y el modelo 039 de Comunicación de datos, correspondientes al Régimen especial del Grupo de Entidades en el Impuesto sobre el Valor Añadido, la Orden EHA/3786/2008, de 29 de diciembre, por la que se aprueba el modelo 303 Impuesto sobre el Valor Añadido, Autoliquidación y la Orden EHA/769/2010, de 18 de marzo, por la que se aprueba el modelo 349 de declaración recapitulativa de operaciones intracomunitarias (BOE núm. 340, de 30 de diciembre de 2020).

https://www.agenciatributaria.gob.es/AEAT.sede/procedimientoini/GI28.shtml

---

353

Impuesto sobre el Valor Añadido. Grupo de entidades. Modelo agregado. Autoliquidación mensual.

Orden EHA/3434/2007, de 23 de noviembre, por la que se aprueban los modelos 322 de auto-liquidación mensual, modelo individual, y 353 de autoliquidación mensual, modelo agregado, y el modelo 039 de Comunicación de datos, correspondientes al Régimen especial del Grupo de Entidades en el Impuesto sobre el Valor Añadido. (BOE núm. 286 de 29 de noviembre de 2007).

Orden EHA/3786/2008, de 29 de diciembre, por la que se aprueban el modelo 303 Impuesto sobre el Valor Añadido, Autoliquidación, y el modelo 308 Impuesto sobre el Valor Añadido, solicitud de devolución: Recargo de equivalencia, artículo 30 bis del Reglamento del IVA y sujetos pasivos ocasionales y se modifican los Anexos I y II de la Orden EHA/3434/2007, de 23 de noviembre, por la que se aprueban los modelos 322 de autoliquidación mensual, modelo individual, y 353 de autoliquidación mensual, modelo agregado, así como otra normativa tributaria (BOE núm. 314 de 30 de diciembre de 2008).

Orden EHA/3378/2011, de 1 de diciembre, por la que se modifica la Orden EHA/3012/2008, de 20 de octubre, por la que se aprueba el modelo 347 de declaración anual de operaciones con terceras personas, así como los diseños físicos y lógicos y el lugar, forma y plazo de presentación, la Orden EHA/3787/2008, de 29 de diciembre, por la que se aprueba el modelo 340 de declaración informativa regulada en el artículo 36 del Reglamento General de las actuaciones y los procedimientos de gestión e inspección tributaria y de desarrollo de las normas comunes de los procedimientos de aplicación de los tributos y la Orden EHA/3434/2007, de 23 de noviembre, por la que se aprueban los modelos 322 de autoliquidación mensual, modelo individual, y 353 de autoliquidación mensual, modelo agregado, y el modelo 039 de Comunicación de datos, correspondientes al Régimen especial del Grupo de Entidades en el Impuesto sobre el Valor Añadido. (BOE núm. 298 de 12 de diciembre de 2011).

Orden HAP/2194/2013, de 22 de noviembre, por la que se regulan los procedimientos y las condiciones generales para la presentación de determinadas autoliquidaciones y declaraciones informativas de naturaleza tributaria (BOE núm. 283, de 26 de noviembre de 2013).

Orden HAP/1222/2014, de 9 de julio, por la que se modifica la Orden EHA/3434/2007, de 23 de noviembre, por la que se aprueban los modelos 322 de autoliquidación mensual, modelo indivi-dual, y 353 de autoliquidación mensual, modelo agregado, y el modelo 039 de Comunicación de datos, correspondientes al Régimen especial del Grupo de Entidades en el Impuesto sobre el Valor Añadido, y la Orden HAC/3625/2003, de 23 de diciembre, por la que se aprueba el modelo 309 de declaración-liquidación no periódica del Impuesto sobre el Valor Añadido (BOE núm. 171, de 15 de julio de 2014).

Orden HFP/1307/2017, de 29 de diciembre, por la que se modifican la Orden EHA/1274/2007, de 26 de abril, por la que se aprueban los modelos 036 de declaración censal de alta, modificación y baja en el censo de empresarios, profesionales y retenedores y 037 declaración censal simplificada de alta, modificación y baja en el censo de empresarios, profesionales y retenedores, la Orden EHA/3434/2007, de 23 de noviembre, por la que se aprueban los modelos 322 de autoliquidación mensual, modelo individual, y 353 de autoliquidación mensual, modelo agregado, y la Orden EHA/3786/2008, de 29 de diciembre, por la que se aprueba el modelo 303 impuesto sobre el valor añadido, autoliquidación.

Orden HAC/1274/2020, de 28 de diciembre, por la que se modifica la Orden EHA/3434/2007, de 23 de noviembre, por la que se aprueban los modelos 322 de autoliquidación mensual, modelo individual, y 353 de autoliquidación mensual, modelo agregado, y el modelo 039 de Comunicación de datos, correspondientes al Régimen especial del Grupo de Entidades en el Impuesto sobre el Valor Añadido, la Orden EHA/3786/2008, de 29 de diciembre, por la que se aprueba el modelo 303 Impuesto sobre el Valor Añadido, Autoliquidación y la Orden EHA/769/2010, de 18 de marzo, por la que se aprueba el modelo 349 de declaración recapitulativa de operaciones intracomunitarias (BOE núm. 340, de 30 de diciembre de 2020).

Orden HAC/646/2021, de 22 de junio, por la que se modifican la Orden EHA/3434/2007, de 23 de noviembre, por la que se aprueban los modelos 322 de autoliquidación mensual, modelo individual, y 353 de autoliquidación mensual, modelo agregado, y el modelo 039 de Comunicación de datos, correspondientes al Régimen especial del Grupo de Entidades en el Impuesto sobre el Valor Añadido, la Orden EHA/3786/2008, de 29 de diciembre, por la que se aprueban el modelo 303 Impuesto sobre el Valor Añadido, Autoliquidación, la Orden EHA/3111/2009, de 5 de noviembre, por la que se aprueba el modelo 390 de declaración-resumen anual del Impuesto sobre el Valor Añadido y la Orden HFP/417/2017, de 12 de mayo, por la que se regulan las especificaciones normativas y técnicas que desarrollan la llevanza de los Libros registro del Impuesto sobre el Valor Añadido a través de la Sede electrónica de la Agencia Estatal de Administración Tributaria establecida en el artículo 62.6 del Reglamento del Impuesto sobre el Valor Añadido, aprobado por el Real Decreto 1624/1992, de 29 de diciembre, y se modifica otra normativa tributaria (BOE núm. 150, de 24 de junio de 2021).

Orden HFP/1124/2022, de 18 de noviembre, por la que se modifican la Orden EHA/3434/2007, de 23 de noviembre, por la que se aprueban los modelos 322 de autoliquidación mensual, modelo individual, y 353 de autoliquidación mensual, modelo agregado, y el modelo 039 de comunicación de datos, correspondientes al Régimen especial del grupo de entidades en el Impuesto sobre el Valor Añadido; la Orden EHA/3786/2008, de 29 de diciembre, por la que se aprueban el modelo 303 Impuesto sobre el Valor Añadido, Autoliquidación, y el modelo 308 Impuesto sobre el Valor Añadido, solicitud de devolución: Recargo de equivalencia, artículo 30 bis del Reglamento del IVA y sujetos pasivos ocasionales y se modifican los anexos I y II de la Orden EHA/3434/2007, de 23 de noviembre, por la que se aprueban los modelos 322 de autoliquidación mensual, modelo individual, y 353 de autoliquidación mensual, modelo agregado, así como otra normativa tributaria; y la Orden EHA/3111/2009, de 5 de noviembre, por la que se aprueba el modelo 390 de declaración-resumen anual del Impuesto sobre el Valor Añadido y se modifica el anexo I de la Orden EHA/1274/2007, de 26 de abril, por la que se aprueban los modelos 036 de Declaración censal de alta, modificación y baja en el Censo de empresarios, profesionales y retenedores y 037 Declaración censal simplificada de alta, modificación y baja en el censo de empresarios, profesionales y retenedores (BOE núm. 280, de 22 de noviembre de 2022).

Orden HAC/1167/2024, de 17 de octubre, por la que se modifican la Orden EHA/3434/2007, de 23 de noviembre, por la que se aprueban los modelos 322 de autoliquidación mensual, modelo individual, y 353 de autoliquidación mensual, modelo agregado, y el modelo 039 de Comunicación de datos, correspondientes al Régimen especial del grupo de entidades en el Impuesto sobre el Valor Añadido, y la Orden EHA/3111/2009, de 5 de noviembre, por la que se aprueba el modelo 390 de declaración-resumen anual del Impuesto sobre el Valor Añadido (BOE núm. 258, de 25 de octubre de 2024).

https://www.agenciatributaria.gob.es/AEAT.sede/procedimientoini/G408.shtml

360

Solicitud de devolución del Impuesto sobre el Valor Añadido soportado por determinados empresarios o profesionales establecidos en el territorio de aplicación del Impuesto.

Orden EHA/789/2010, de 16 de marzo, por la que se aprueban el formulario 360 de solicitud de devolución del Impuesto sobre el Valor Añadido soportado por empresarios o profesionales establecidos en el territorio de aplicación del impuesto, el contenido de la solicitud de devolución a empresarios o profesionales no establecidos en el territorio de aplicación del impuesto, pero establecidos en la Comunidad, Islas Canarias, Ceuta o Melilla, y el modelo 361 de solicitud de devolución del Impuesto sobre el Valor Añadido a determinados empresarios o profesionales no establecidos en el territorio de aplicación del impuesto, ni en la Comunidad, Islas Canarias, Ceuta o Melilla, y se establecen, asimismo, las condiciones generales y el procedimiento para su presentación telemática (BOE núm. 77 de 30 de marzo de 2010).

Orden HAP/841/2016, de 30 de mayo, por la que se aprueban los modelos 364 «Impuesto sobre el Valor Añadido. Solicitud de reembolso de las cuotas tributarias soportadas relativas a la Organización del Tratado del Atlántico Norte, a los Cuarteles Generales Internacionales de dicha Organización y a los Estados parte en dicho Tratado» y 365 «Impuesto sobre el Valor Añadido. Solicitud de reconocimiento previo de las exenciones relativas a la Organización del Tratado del Atlántico Norte, a los Cuarteles Generales Internacionales de dicha Organización y a los Estados parte en dicho Tratado» y se establecen las condiciones generales y el procedimiento para su presentación electrónica, y se modifica la Orden EHA/789/2010, de 16 de marzo, así como otra normativa tributaria (BOE núm. 133, de 2 de junio de 2016).

Orden HAC/498/2024, de 21 de mayo, por la que se modifica la Orden EHA/789/2010, de 16 de marzo, por la que se aprueban el formulario 360 de solicitud de devolución del Impuesto sobre el Valor Añadido soportado por empresarios o profesionales establecidos en el territorio de aplicación del impuesto, el contenido de la solicitud de devolución a empresarios o profesionales no establecidos en el territorio de aplicación del impuesto, pero establecidos en la Comunidad, Islas Canarias, Ceuta o Melilla, y el modelo 361 de solicitud de devolución del Impuesto sobre el Valor Añadido a determinados empresarios o profesionales no establecidos en el territorio de aplicación del impuesto, ni en la Comunidad, Islas Canarias, Ceuta o Melilla, y se establecen, asimismo, las condiciones generales y el procedimiento para su presentación telemática (BOE núm. 129, de 28 de mayo de 2024)

https://sede.agenciatributaria.gob.es/Sede/procedimientoini/GZ09.shtml?faqId=0a09e4b8fa465710VgnVCM100000dc381e0aRCRD

361

Solicitud de devolución por empresarios o profesionales no establecidos en el territorio de aplicación del impuesto.

Orden EHA/789/2010, de 16 de marzo, por la que se aprueban el formulario 360 de solicitud de devolución del Impuesto sobre el Valor Añadido soportado por empresarios o profesionales establecidos en el territorio de aplicación del impuesto, el contenido de la solicitud de devolución a empresarios o profesionales no establecidos en el territorio de aplicación del impuesto, pero establecidos en la Comunidad, Islas Canarias, Ceuta o Melilla, y el modelo 361 de solicitud de devolución del Impuesto sobre el Valor Añadido a determinados empresarios o profesionales no establecidos en el territorio de aplicación del impuesto, ni en la Comunidad, Islas Canarias, Ceuta o Melilla, y se establecen, asimismo, las condiciones generales y el procedimiento para su presentación telemática (BOE núm. 77 de 30 de marzo de 2010).

Orden HAP/841/2016, de 30 de mayo, por la que se aprueban los modelos 364 «Impuesto sobre el Valor Añadido. Solicitud de reembolso de las cuotas tributarias soportadas relativas a la Organización del Tratado del Atlántico Norte, a los Cuarteles Generales Internacionales de dicha Organización y a los Estados parte en dicho Tratado» y 365 «Impuesto sobre el Valor Añadido. Solicitud de reconocimiento previo de las exenciones relativas a la Organización del Tratado del Atlántico Norte, a los Cuarteles Generales Internacionales de dicha Organización y a los Estados parte en dicho Tratado» y se establecen las condiciones generales y el procedimiento para su presentación electrónica, y se modifica la Orden EHA/789/2010, de 16 de marzo, así como otra normativa tributaria (BOE núm. 133, de 2 de junio de 2016).

Orden HAC/498/2024, de 21 de mayo, por la que se modifica la Orden EHA/789/2010, de 16 de marzo, por la que se aprueban el formulario 360 de solicitud de devolución del Impuesto sobre el Valor Añadido soportado por empresarios o profesionales establecidos en el territorio de aplicación del impuesto, el contenido de la solicitud de devolución a empresarios o profesionales no establecidos en el territorio de aplicación del impuesto, pero establecidos en la Comunidad, Islas Canarias, Ceuta o Melilla, y el modelo 361 de solicitud de devolución del Impuesto sobre el Valor Añadido a determinados empresarios o profesionales no establecidos en el territorio de aplicación del impuesto, ni en la Comunidad, Islas Canarias, Ceuta o Melilla, y se establecen, asimismo, las condiciones generales y el procedimiento para su presentación telemática (BOE núm. 129, de 28 de mayo de 2024)

https://sede.agenciatributaria.gob.es/Sede/procedimientoini/GZ09.shtml?faqId=0a09e4b8fa465710VgnVCM100000dc381e0aRCRD

362

Solicitud de reembolso en el marco de las relaciones diplomáticas, consulares y de los Organismos Internacionales reconocidos por España.

Orden de 24 de mayo de 2001, por la que se establecen los límites de las franquicias y exenciones en régimen diplomático, consular y de organismos internacionales a que se refiere la disposición final primera del Real Decreto 3485/2000, de 29 de diciembre. (BOE núm. 126 de 26 de mayo de 2001).

http://www.agenciatributaria.es/AEAT.internet/Modelos_formularios/modelo_362.shtml

363

Solicitud de reconocimiento previo de la exención en el marco de las relaciones diplomáticas, consulares y de los Organismos Internacionales reconocidos por España.

Orden de 24 de mayo de 2001, por la que se establecen los límites de las franquicias y exenciones en régimen diplomático, consular y de organismos internacionales a que se refiere la disposición final primera del Real Decreto 3485/2000, de 29 de diciembre. (BOE núm. 126 de 26 de mayo de 2001).

https://www.agenciatributaria.gob.es/AEAT.sede/procedimientoini/GZ12.shtml

364

Impuesto sobre el Valor Añadido. Solicitud de reembolso de las cuotas tributarias soportadas relativas a la Organización del Tratado del Atlántico Norte, a los Cuarteles Generales Internacionales de dicha Organización y a los Estados parte en dicho Tratado.

Orden HAP/841/2016, de 30 de mayo, por la que se aprueban los modelos 364 «Impuesto sobre el Valor Añadido. Solicitud de reembolso de las cuotas tributarias soportadas relativas a la Organización del Tratado del Atlántico Norte, a los Cuarteles Generales Internacionales de dicha Organización y a los Estados parte en dicho Tratado» y 365 «Impuesto sobre el Valor Añadido. Solicitud de reconocimiento previo de las exenciones relativas a la Organización del Tratado del Atlántico Norte, a los Cuarteles Generales Internacionales de dicha Organización y a los Estados parte en dicho Tratado» y se establecen las condiciones generales y el procedimiento para su presentación electrónica, y se modifica la Orden EHA/789/2010, de 16 de marzo, así como otra normativa tributaria (BOE núm. 133, de 2 de junio de 2016).

https://www.agenciatributaria.gob.es/AEAT.sede/procedimientoini/GZ86.shtml

365

Impuesto sobre el Valor Añadido. Solicitud de reconocimiento previo de las exenciones relativas a la Organización del Tratado del Atlántico Norte, a los Cuarteles Generales Internacionales de dicha Organización y a los Estados parte en dicho Tratado.

Orden HAP/841/2016, de 30 de mayo, por la que se aprueban los modelos 364 «Impuesto sobre el Valor Añadido. Solicitud de reembolso de las cuotas tributarias soportadas relativas a la Organización del Tratado del Atlántico Norte, a los Cuarteles Generales Internacionales de dicha Organización y a los Estados parte en dicho Tratado» y 365 «Impuesto sobre el Valor Añadido. Solicitud de reconocimiento previo de las exenciones relativas a la Organización del Tratado del Atlántico Norte, a los Cuarteles Generales Internacionales de dicha Organización y a los Estados parte en dicho Tratado» y se establecen las condiciones generales y el procedimiento para su presentación electrónica, y se modifica la Orden EHA/789/2010, de 16 de marzo, así como otra normativa tributaria (BOE núm. 133, de 2 de junio de 2016).

https://www.agenciatributaria.gob.es/AEAT.sede/procedimientoini/GZ87.shtml

368

Declaración de IVA de los regímenes especiales de servicios de telecomunicaciones, de radiodifusión o de televisión o electrónicos.

Orden HAP/460/2015, de 10 de marzo, por la que se aprueba el modelo 368 de «Declaración-liquidación periódica de los regímenes especiales aplicables a los servicios de telecomunicaciones, de radiodifusión o de televisión y a los prestados por vía electrónica en el Impuesto sobre el Valor Añadido» y se determinan las condiciones generales y el procedimiento para la presentación del mismo. (BOE núm. 66, de 18 de marzo de 2015).

https://www.agenciatributaria.gob.es/AEAT.sede/procedimientoini/G330.shtml

369

Autoliquidación de los regímenes especiales aplicables a los sujetos pasivos que presten servicios a personas que no tengan la condición de sujetos pasivos, que efectúen ventas a distancia de bienes y ciertas entregas interiores de bienes

Orden HAC/610/2021, de 16 de junio, por la que se aprueba el modelo 369 «Impuesto sobre el Valor Añadido. Autoliquidación de los regímenes especiales aplicables a los sujetos pasivos que presten servicios a personas que no tengan la condición de sujetos pasivos, que efectúen ventas a distancia de bienes y ciertas entregas interiores de bienes» y se determinan la forma y procedimiento para su presentación (BOE núm. 145, de 18 de junio de 2021)

Orden HFP/493/2022, de 30 de mayo, por la que se modifica la Orden HAC/610/2021, de 16 de junio, por la que se aprueba el modelo 369 «Impuesto sobre el Valor Añadido. Autoliquidación de los regímenes especiales aplicables a los sujetos pasivos que presten servicios a personas que no tengan la condición de sujetos pasivos, que efectúen ventas a distancia de bienes y ciertas entregas interiores de bienes» y se determinan la forma y procedimiento para su presentación (BOE núm. 131, de 2 de junio de 2022).

380

Declaración-Liquidación en operaciones asimiladas a las importaciones.

Orden EHA/1308/2005, de 11 de mayo, por la que se aprueba el modelo 380 de declaración-liquidación del Impuesto sobre el Valor Añadido en operaciones asimiladas a las importaciones, se determinan el lugar, forma y plazo de presentación, así como las condiciones generales y el procedimiento para su presentación por medios telemáticos. (BOE núm. 114 de 13 de mayo de 2005).

Orden EHA/3482/2007, de 20 de noviembre, por la que se aprueban determinados modelos, se refunden y actualizan diversas normas de gestión en relación con los Impuestos Especiales de Fabricación y con el Impuesto sobre las Ventas Minoristas de Determinados Hidrocarburos y se modifica la Orden EHA/1308/2005, de 11 de mayo, por la que se aprueba el modelo 380 de declaración-liquidación del Impuesto sobre el Valor Añadido en operaciones asimiladas a las importaciones, se determinan el lugar, forma y plazo de presentación, así como las condiciones generales y el procedimiento para su presentación por medios telemáticos. (BOE núm. 288 de 1 de diciembre de 2007).

Orden HAP/2456/2013, de 27 de diciembre, por la que se modifican la Orden EHA/3947/2006, de 21 de diciembre; la Orden EHA/3482/2007, de 20 de noviembre y la Orden HAP/1229/2013, de 1 de julio (BOE núm. 313, de 31 de diciembre de 2013).

Orden HFP/626/2023, de 14 de junio, por la que se aprueban las normas de desarrollo en relación a los movimientos de envíos garantizados, los modelos 504 "Solicitud de autorización de expedición o recepción de productos objeto de los impuestos especiales de fabricación con destino a o procedentes del resto de la Unión Europea", 505 "Autorización de expedición o recepción de productos objeto de los impuestos especiales de fabricación con destino a o procedentes del resto de la Unión Europea", 507 "Solicitud de devolución en el sistema de envíos garantizados", se determina la forma y procedimiento para su presentación, y se regula la inscripción en el registro territorial (BOE núm. 144, de 17 de junio de 2023).

https://www.agenciatributaria.gob.es/AEAT.sede/procedimientoini/DB06.shtml

390
Declaración resumen anual I.V.A.

Orden EHA/3111/2009, de 5 de noviembre, por la que se aprueba el modelo 390 de declaración-resumen anual del Impuesto sobre el Valor Añadido y se modifica el anexo I de la Orden EHA/1274/2007, de 26 de abril, por la que se aprueban los modelos 036 de Declaración censal de alta, modificación y baja en el Censo de empresarios, profesionales y retenedores y 037 Declaración censal simplificada de alta, modificación y baja en el Censo de empresarios, profesionales y retenedores. (BOE núm. 280 de 20 de noviembre de 2009).

Orden HAP/2725/2012, de 19 de diciembre, por la que se modifica la Orden EHA/3111/2009, de 5 de noviembre, por la que se aprueba el modelo 390 de declaración-resumen anual del Impuesto sobre el Valor Añadido, la Orden HAC/171/2004, de 30 de enero, por la que se aprueba el modelo 184 de declaración informativa anual a presentar por las entidades en régimen de atribución de rentas, los diseños físicos y lógicos a los que deben ajustarse los soportes directamente legibles por ordenador del modelo 198 de Declaración anual de operaciones con activos financieros y otros valores mobiliarios, aprobados por la Orden EHA/3895/2004, de 23 de noviembre, y la Orden EHA/3062/2010, de 22 de noviembre, por la que se modifican las formas de presentación de las declaraciones informativas y resúmenes anuales de carácter tributario correspondientes a determinados modelos. (BOE núm. 306, 21 de diciembre de 2012).

Orden HAP/2194/2013, de 22 de noviembre, por la que se regulan los procedimientos y las condiciones generales para la presentación de determinadas autoliquidaciones y declaraciones informativas de naturaleza tributaria (BOE núm. 283, de 26 de noviembre de 2013).

Orden HAP/2373/2014, de 9 de diciembre, por la que se modifica la Orden EHA/3111/2009, de 5 de noviembre, por la que se aprueba el modelo 390 de declaración-resumen anual del Impuesto sobre el Valor Añadido, y los modelos tributarios del Impuesto sobre el Valor Añadido 303 de autoliquidación del Impuesto, aprobado por la Orden EHA/3786/2008, de 29 de diciembre, y 322 de autoliquidación mensual individual del Régimen especial del Grupo de entidades, aprobado por Orden EHA/3434/2007, de 23 de noviembre, así como el modelo 763 de autoliquidación del Impuesto sobre actividades de juego en los supuestos de actividades anuales o plurianuales, aprobado por Orden EHA/1881/2011, de 5 de julio (BOE núm. 306, de 19 de diciembre de 2014).

Orden HAP/2429/2015, de 10 de noviembre, por la que se modifican la Orden EHA/3127/2009, de 10 de noviembre, por la que se aprueba el modelo 190 para la declaración del resumen anual de retenciones e ingresos a cuenta del Impuesto sobre la Renta de las Personas Físicas sobre rendimientos del trabajo y de actividades económicas, premios y determinadas ganancias patrimoniales e imputaciones de renta y la Orden EHA/3111/2009, de 5 de noviembre, por la que se aprueba el modelo 390 de declaración-resumen anual del Impuesto sobre el Valor Añadido (BOE núm. 276, de 18 de noviembre de 2015).

Orden HAP/1626/2016, de 6 de octubre, por la que se modifica la Orden EHA/3127/2009, de 10 de noviembre, por la que se aprueba el modelo 190 para la declaración del resumen anual de retenciones e ingresos a cuenta del Impuesto sobre la Renta de las Personas Físicas sobre rendimientos del trabajo y de actividades económicas, premios y determinadas ganancias patrimoniales e imputaciones de renta; y se modifican asimismo otras normas tributarias (BOE núm. 246, de 11 de octubre de 2016).

Orden HFP/417/2017, de 12 de mayo, por la que se regulan las especificaciones normativas y técnicas que desarrollan la llevanza de los Libros registro del Impuesto sobre el Valor Añadido a través de la Sede electrónica de la Agencia Estatal de Administración Tributaria establecida en el artículo 62.6 del Reglamento del Impuesto sobre el Valor Añadido, aprobado por el Real Decreto 1624/1992, de 29 de diciembre, y se modifica otra normativa tributaria (BOE núm. 115, de 15 de mayo de 2017).

Orden HAC/1148/2018, de 18 de octubre, por la que se modifican la Orden EHA/3434/2007, de 23 de noviembre, por la que se aprueban los modelos 322 de autoliquidación mensual, modelo individual, y 353 de autoliquidación mensual, modelo agregado, y el modelo 039 de comunicación de datos, correspondientes al régimen especial del grupo de entidades en el impuesto sobre el Valor Añadido, la Orden EHA/3012/2008, de 20 de octubre, por la que se aprueba el modelo 347 de declaración anual de operaciones con terceras personas, así como los diseños físicos y lógicos y el lugar, forma y plazo de presentación, la Orden EHA/3786/2008, de 29 de diciembre, por la que se aprueban el modelo 303 Impuesto sobre el Valor Añadido, autoliquidación, la Orden EHA/3111/2009, de 5 de noviembre, por la que se aprueba el modelo 390 de declaración-resumen anual del Impuesto sobre el Valor Añadido y se modifica el anexo I de la Orden EHA/1274/2007, de 26 de abril, por la que se aprueban los modelos 036 de declaración censal de alta, modificación y baja en el censo de empresarios, profesionales y retenedores y 037 declaración censal simplificada de alta, modificación y baja en el censo de empresarios, profesionales y retenedores, y la Orden HAP/2194/2013, de 22 de noviembre. (BOE, 31 de octubre de 2018).

Orden HAC/1274/2019, de 18 de diciembre, por la que se modifican la Orden EHA/3111/2009, de 5 de noviembre, por la que se aprueba el modelo 390 de declaración-resumen anual del Impuesto sobre el Valor Añadido y la Orden HAP/2194/2013, de 22 de noviembre, por la que se regulan los procedimientos y las condiciones generales para la presentación de determinadas autoliquidaciones, declaraciones informativas, declaraciones censales, comunicaciones y solicitudes de devolución, de naturaleza tributaria (núm. 314, de 31 de diciembre de 2019).

Orden HAC/646/2021, de 22 de junio, por la que se modifican la Orden EHA/3434/2007, de 23 de noviembre, por la que se aprueban los modelos 322 de autoliquidación mensual, modelo individual, y 353 de autoliquidación mensual, modelo agregado, y el modelo 039 de Comunicación de datos, correspondientes al Régimen especial del Grupo de Entidades en el Impuesto sobre el Valor Añadido, la Orden EHA/3786/2008, de 29 de diciembre, por la que se aprueban el modelo 303 Impuesto sobre el Valor Añadido, Autoliquidación, la Orden EHA/3111/2009, de 5 de noviembre, por la que se aprueba el modelo 390 de declaración-resumen anual del Impuesto sobre el Valor Añadido y la Orden HFP/417/2017, de 12 de mayo, por la que se regulan las especificaciones normativas y técnicas que desarrollan la llevanza de los Libros registro del Impuesto sobre el Valor Añadido a través de la Sede electrónica de la Agencia Estatal de Administración Tributaria establecida en el artículo 62.6 del Reglamento del Impuesto sobre el Valor Añadido, aprobado por el Real Decreto 1624/1992, de 29 de diciembre, y se modifica otra normativa tributaria (BOE núm. 150, de 24 de junio de 2021).

Orden HFP/1124/2022, de 18 de noviembre, por la que se modifican la Orden EHA/3434/2007, de 23 de noviembre, por la que se aprueban los modelos 322 de autoliquidación mensual, modelo individual, y 353 de autoliquidación mensual, modelo agregado, y el modelo 039 de comunicación de datos, correspondientes al Régimen especial del grupo de entidades en el Impuesto sobre el Valor Añadido; la Orden EHA/3786/2008, de 29 de diciembre, por la que se aprueban el modelo 303 Impuesto sobre el Valor Añadido, Autoliquidación, y el modelo 308 Impuesto sobre el Valor Añadido, solicitud de devolución: Recargo de equivalencia, artículo 30 bis del Reglamento del IVA y sujetos pasivos ocasionales y se modifican los anexos I y II de la Orden EHA/3434/2007, de 23 de noviembre, por la que se aprueban los modelos 322 de autoliquidación mensual, modelo individual, y 353 de autoliquidación mensual, modelo agregado, así como otra normativa tributaria; y la Orden EHA/3111/2009, de 5 de noviembre, por la que se aprueba el modelo 390 de declaración-resumen anual del Impuesto sobre el Valor Añadido y se modifica el anexo I de la Orden EHA/1274/2007, de 26 de abril, por la que se aprueban los modelos 036 de Declaración censal de alta, modificación y baja en el Censo de empresarios, profesionales y retenedores y 037 Declaración censal simplificada de alta, modificación y baja en el censo de empresarios, profesionales y retenedores (BOE núm. 280, de 22 de noviembre de 2022).

Orden HFP/1397/2023, de 26 de diciembre, por la que se modifican la Orden EHA/1274/2007, de 26 de abril, por la que se aprueban los modelos 036 de Declaración censal de alta, modificación y baja en el Censo de empresarios, profesionales y retenedores y 037 Declaración censal simplificada de alta, modificación y baja en el Censo de empresarios, profesionales y retenedores, la Orden EHA/3695/2007, de 13 de diciembre, por la que se aprueba el modelo 030 de Declaración censal de alta en el Censo de obligados tributarios, cambio de domicilio y/o variación de datos personales, la Orden EHA/3111/2009, de 5 de noviembre, por la que se aprueba el modelo 390 de declaración-resumen anual del Impuesto sobre el Valor Añadido, la Orden HAP/2194/2013, de 22 de noviembre, por la que se regulan los procedimientos y las condiciones generales para la presentación de determinadas autoliquidaciones, declaraciones informativas, declaraciones censales, comunicaciones y solicitudes de devolución, de naturaleza tributaria, así como las Órdenes por las que se aprueban los modelos 289 y 345 (BOE núm. 311, de 29 de diciembre de 2023).

Orden HAC/1167/2024, de 17 de octubre, por la que se modifican la Orden EHA/3434/2007, de 23 de noviembre, por la que se aprueban los modelos 322 de autoliquidación mensual, modelo individual, y 353 de autoliquidación mensual, modelo agregado, y el modelo 039 de Comunicación de datos, correspondientes al Régimen especial del grupo de entidades en el Impuesto sobre el Valor Añadido, y la Orden EHA/3111/2009, de 5 de noviembre, por la que se aprueba el modelo 390 de declaración-resumen anual del Impuesto sobre el Valor Añadido (BOE núm. 258, de 25 de octubre de 2024).

https://www.agenciatributaria.gob.es/AEAT.sede/procedimientoini/G412.shtml

952.
Comunicación de la modificación de la base imponible en supuestos de concurso y por crédito incobrable

Artículo 24 del Reglamento del Impuesto sobre el Valor Añadido

https://sede.agenciatributaria.gob.es/Sede/procedimientoini/G416.shtml?faqId=49a4548e11975710VgnVCM100000dc381e0aRCRD